【美】弗兰克·施马兰格 / 著
Frank Schmalleger
徐轶超 / 译
裴广川 / 审校

美国刑事司法

Criminal Justice: A Brief Introduction
Eleventh Edition（第11版）

中国政法大学出版社
2020·北京

Authorized translation from the English language edition, entitled CRIMINAL JUSTICE: A BRIEF INTRODUCTION, Eleventh Edition, ISBN: 9780133591316 by SCHMALLEGER, FRANK J., published by Pearson Education, Inc., Copyright © 2016, 2014, 2012, 2010 by Pearson Education, Inc. and its affiliates.

All rights reserved. No part of this book may be reproduced or transmitted in any form or by any means, electronic or mechanical, including photocopying, recording or by any information storage retrieval system, without permission from Pearson Education, Inc.

Chinese Simplified language edition published by China University of Political Science and Law Press Co., Ltd., Copyright © 2020.

本书中文简体字版由Pearson Education（培生教育出版集团）授权中国政法大学出版社在中华人民共和国境内（不包括香港、澳门特别行政区及台湾地区）独家出版发行。未经出版者书面许可，不得以任何方式复制或抄袭本书中的任何部分。

本书封底贴有Pearson Education（培生教育出版集团）激光防伪标签。无标签者不得销售。

版权登记号：图字01-2017-3684号

代序一

《美国刑事司法》是美国部分大学法学院的教材，原作者是美国知名教授弗兰克·施马兰格（Frank Schmalleger），他是北卡罗来纳大学彭布洛克校区的荣誉退休教授。徐轶超先生在美留学期间将这本书翻译为中文本，值中文版出版之际嘱我作序。这本书是由美国学者讲述美国社会现实生活中的刑事司法，读后有耳目一新之感，于是欣然命笔。这是一本客观、务实、有用的新书，其中不乏新视点，从中可以看到美国刑事司法的真实面貌，可感受到一股客观、务实的学术研究之风。

一

《美国刑事司法》一书，为我们中文读者提供了诸多的新视点，为我们全面认识美国刑事司法提供了条件，我愿就写序之机，对此粗略进行梳理。

美国是一个全面实行法治的国家，从中小学生逃学到"9·11"事件都由刑事司法管辖，但是，它又是世界上监禁人数最多的国家，美国人口仅占世界人口的5%，但监狱关押的人口却占世界关押人口的25%。在美国，除监狱内关押的人犯之外，还有大量被判缓刑的人员，据2012年1月的统计，相当于监狱内关押人口的57%在执行缓刑。

美国是一个统一的美利坚合众国，但是各州却有独立的司法权。美国有联邦宪法，各州也有自己的宪法，联邦有初审法院、上诉法院、最高法院，各州也有自己的初审法院、上诉法院、最高法院。各州法院要以各州的宪法、法律为依据进行刑事司法审判。联邦法院在审理刑事案件时，也只依据联邦宪法、法律进行审理。美国联邦最高法院对各州审理的刑事案件鲜有涉及，只有州法律与联邦法律相冲突时，或违反联邦宪法人权法案时，才适用联邦法律对州法院审判的案件进行纠正。这种双轨制的司法机构、法律系统是在美国立国之初，由建国先贤们通过协议确定下来的。

美国是一个代议制国家，联邦最高法院是根据议会通过的宪法由议会建立起来的，但联邦最高法院对法律的解释权高于议会。联邦最高法院可以裁定议会的决定违宪，并予以撤销，美国联邦最高法院可以述法律之未述。

美国是一个在刑事司法中实行陪审团制的国家，但许多州并不实行陪审团制。即使实行陪审团制的州，也并非全面实行陪审团制。初审法院、社区法院审理案件通常由法官独断，没有陪审团出席审判。陪审团制是英美法系独有的陪审制度，但并非普遍适用，更非尽善尽美，某州对适用陪审团制的强奸罪用DNA测验进行验证发现百余起是错案。

美国是一个三权分立、严格实行法治的国家，但警察和法官却有宽泛得出奇的自由裁量权。警官不仅对轻罪（即判刑1年以下的轻罪）有广泛的自由裁量权，对判刑1年以上的重罪案件也有广泛的自由裁量权，只要警官本人认为证据不足，就可以宣告无罪。对于轻罪、青少年犯罪，法官处理案件可以不做笔录，由法官定罪并宣告刑罚。美国各州的州长是行政首长，但他不仅可以指责警察逮捕人数太少，也可以提出议案干预司法，经州议会通过后，由州长签字生效，成为州立刑法。

美国是一个判例法国家，但在美国刑事司法过程中也大量适用成文法，甚至美国已经完成了刑事法的法典化，以至于把那些仍坚持实行判例法的州称作判例法州。

美国是一个强调权利平等的国家，按照美国联邦宪法的规定，不分种族、民族、性别、文化程度一律平等，但通过将监狱内关押的罪犯数量根据不同种族、不同民族、不同性别、不同文化程度进行分析比较，不平等现象却比比皆是。在此仅举一例，每10万个美国白人中有459个人被监禁，每10万个非洲裔美国人中有3047人被监禁。

美国是典型的商品社会，美国警察在20世纪20年代是工薪最高的职位之一，进入21世纪以来，警察工资普遍下降，以致要求辞职的现象普遍发生。金钱也成为美国警察腐败的根源，社会将其分为从当事人手中接受小恩小惠的"食草者"和借机进行权钱交易的"食肉者"，但是"也不乏忠贞之士"，如在2005年卡特里娜飓风登陆新奥尔良之后，当地发生了混乱。警察面对求助的群众无能为力，有2名警察因羞愧而自杀。

美国的刑事司法特别强调办案严格遵守审限，它既是宪法规定的公民权利，也是刑事司法中共同的严格制度，但又允许没完没了地上诉。本书中有一个例子，一个人反复上诉35年，辞世后此案才算了结，但有罪判决却一直未能执行。

以上本书中所反映的林林总总，如云卷云舒，开拓了我们的眼界，使我们对美国刑事司法的现状有了更为真切清晰的了解。

二

英美法系刑事司法制度具有实用性的特点，是我国刑法学界的共识。美国刑法受英国刑法影响很深，而英国刑法是由盎格鲁-撒克逊人和诺尔曼人的习惯演变过来的，因此从根源探究，美国刑事司法必然具有实用性的特点。从美国本土建国二百余年的实践来看，美国的刑事司法制度是在犯罪高潮来了又走、走了又来的过程中，随着治理犯罪的需要而发展，随着有效治理犯罪而完善的。本书的特点在于用历史与现实相结合的方法，揭示了一条美国刑事司法制度实用性特点的形成和发展的基本线索。正是在保障个人权利与保障公共秩序两个基点之间左右游移的轨迹，成就了美国刑事司法制度。

20世纪60年代至70年代是美国的民权时代，美国社会把个人权利放在首位。个人权利至上主义者主张，要在一定程度上牺牲一些公共安全和可预测性，以保证公民的基本自由。

无论在民权时代之前还是在民权时代之后，与"个人权利优先论"同时存在的另一种"公共安全优先论"主张，在个人权利与公共安全发生冲突时，可以适当牺牲个人权利以维持公共安全。在个人权利与公共安全这座天平上，公共安全重于个人权利。

为了保证个人权利必须打击犯罪，为了保证公共安全也必须打击犯罪，"个人权利优先"和"公共安全优先"两种观点在打击犯罪问题上是一致的。二者的区别主要在于：为了公共安全，是否可以在打击犯罪的时候侵犯犯罪嫌疑人的权利。现在美国已就此达成共识：既要打击犯罪，又要承认罪犯和普通守法公民一样，都有其不被侵犯的合法人权。美国的刑事司法制度正是在寻求个人权利与公共安全的平衡点的过程中不断发展和完善的。美国联邦宪法的权利法案、正当程序原则等正是美国社会寻求平衡的产物。美国联邦宪法第四、第五、第六、第八、第十四修正案确立的人权法案是美国司法制度不可缺少的权利基础（详见本书第五章表5－1）。

对美国刑事司法中的正当程序制度的建立和运作过程的描述，是《美国刑事司法》的另一亮点。

1791年12月15日，美国国会通过了《美国联邦宪法第四修正案》，要求司法系统官员尊重个人在整个刑事司法过程中的权利，还规定人们的住宅和人身不受无理的搜查和扣押。对这一规定的解读是"权利包括人身、住宅、文件和财产不受无理搜查和扣押，不可侵犯并且不得泄露"。据此确立了非法证据排除原则，1914年，美国联邦最高法院通过里程碑式的案例，将正当程序原则变成了现实。1914年发生的费力蒙特维克使用美国邮件出售彩票案是一项联邦犯罪，维克理应被定罪，但由于该案证据是警察在没有搜查证的情况下搜查时获取的，结果是美国联邦最高法院以非法搜查并扣押证物为由宣告被告人无罪，从而确立了非法证据排除的理论。如果警察在最初搜查或扣押时违反了正当程序原则，其所获取的证据就会毁了可以证明被告人有罪的证据，使有罪证据被污染而失去证据效力。在保障犯罪嫌疑人合法权利思潮的推动下，保护犯罪嫌疑人合法权利的米兰达规则也出现了（详见本书第五章"米兰达警告"）。

《联国联邦宪法》所规定的被告人权利以及在此基础上形成的正当程序原则并不是一成不变的。美国联邦最高法院可以通过文字和案例不断作出新的诠释，以适应保护公共秩序的需要。

在1960年之前，美国联邦最高法院很少涉及州和地方刑事司法系统的整体操作，非法证据排除规则虽然早在1914年维克案件中就已经开始适用，但1961年之前，它并未成为各州普遍适用的规则。直到1961年美国联邦法院大法官厄尔·沃伦的决定，此规定才受到全美各州法院的普遍认可。到20世纪80年代，美国联邦最高法院保守派越来越强调公共秩序和公共安全的重要性。在司法实践中，警察违反正当程序办案要对无罪判决负全部责任，改为由警察承担大部分责任。到了20世纪80年代后，严格的非法证据排除规则也逐渐削弱。原来规定的没有搜查证的情况下所获得的证据绝对无效，变为在威胁到警察安全或避免证据灭失的情况下无证也可以搜查；只要有正当理由相信警察自己可以从警局拿到搜查证也可以搜查；原来搜查仅限人身，后来扩展至人所在的周边环境，如居室院落等。甚至1984年在汉堡法院以诚信例外证据法则为由，允许警方基于"合理诚信的"将有改动的证据在法庭上适用。

美国刑事司法中非法证据排除规则促使犯罪概念发生变化，犯罪概念由"犯罪行为·犯罪意图"两特征论，转向"犯罪行为·犯罪意图·程序合法"三特征论。在美国程序改革发生后，在犯罪行为发生、犯罪意图业已存在的前提下，如果程序不合法，就不构成犯罪。而20世纪80年代的犯罪概念在美国两特征说下又有新的市场。本书原作者对于犯罪概念的特征由"犯罪行为、犯罪意图、程序合法"旧三特征，变为"犯罪行为、犯罪意图、犯罪行为与犯罪意图同时存在"的新三特征。这无疑体现了定罪的指导思想从维护个人权利向维护公共安全的倾斜。

上述内容表明：维护个人权利与保障公共秩序安全是美国刑事司法制度确立和发展的基础，美国社会追求个人权利和公共安全平衡的结果，催生了美国联邦宪法中由十个宪法修正案形成的权利法案，并在此基础上确立了非法证据排除规则。但它并非一步到位并在全国一体适用。非法证据排除规则从1914年费力蒙特·维克案就已确立，直到1961年在美国联邦最高法院首席大法官厄尔·沃伦的推动下才在全国各州普遍适用。但到20世纪80年代又向右摆，主动侧重对公共秩序的维护。美国的刑事司法正是在犯罪高潮来来去去的过程中、在社会追求保障个人权利与维护公共安全平衡的过程中确立起来的。

三

将刑事司法作为一门学科来研究，始于美国20世纪20年代后期。当时洛杉矶警察局的前任局长奥哥特·福尔默建议加州大学开设专门的课程研究刑事司法。这是一门实践领域的学科，是以刑事司法实践作为研究对象的学科，这个学科受到美国朝野的共同欢迎。

美国刑事司法注重数据的采集和分析，其主要的数据来源是美国联邦警察局刑事司法信息中心每年向全国公布犯罪情况统计和犯罪率的犯罪统一报告项目；另一个来源是美国司法统计局作出的关于犯罪受害人的情况调查。除此之外，《刑事司法犯罪统计资源汇编》一书也丰富了整个犯罪模型的内容。这些数据是构建美国刑事司法模型的基础。

美国刑事司法在实践中非常注重对基础数据的独创性的采集和研究，在此仅举两例：

第一，本书介绍了一份对于警察巡逻模式的调查项目，由项目主持人秘而不宣，将一个城市分成 16 个区块，然后分别按照巡逻时间以日夜不间断巡逻等模式进行试验。其结论是：警察巡逻的方式对犯罪率的升降毫无影响，从而为警力的科学调配提供了客观基础。

第二，在 19 世纪 90 年代末，美国进入了"严厉打击犯罪的时代"并持续至今。但专家依据统计数据证明，在美国由于人口增加，犯罪人的绝对数也在增加，但犯罪率一直在稳步下降。政客和媒体关于犯罪的鼓噪对社会的影响力日渐式微。司法独立的根基日渐清晰。

美国的刑事司法创新活动是在实践经验的基础上展开的，实现社会正义是美国刑事司法追求的最终目的。在这里，社会正义是让清白守法的公民免受犯罪行为的侵害，享受安宁和高质量的生活环境。但是因为"正义"是个非常复杂的概念，一遇到具体问题人们就会发现，正义似有似无，有时竟然不见了。警察打击犯罪本应受到群众好评，但警察却常常被视为敌人。为了实现社会正义，就必须打击犯罪，从而形成了对犯罪强调责任和惩罚的理论。为了保障公民有安宁和高质量的生活环境，就创造出控辩对抗的刑事诉讼理论和保障被告人合法权利的人权保障学说及米兰达规则。

美国刑事司法重在实践先行，本书介绍了不定期刑、混合刑期；介绍了私人监狱；还介绍了许多新的辅助性刑罚方法，如社区劳动、家庭软禁、电子监控、羞辱谴责等。在美国，违反道德与违反刑法并不存在不可逾越的鸿沟。正如美国著名民权运动领袖马丁·路德·金的一句名言，"道德宇宙的弧线是漫长的，但它弯曲向司法"。这是美国社会所推崇的观点，正是这种文化形成了道德与刑事司法同在的美国刑事司法。这种文化也正在继续催生美国刑事司法形成新的特征。

以上内容是我阅读《美国刑事司法》一书之后的点滴心得，它足以表明这是一本反映美国刑事司法实际面目的书，真实可信，可供借鉴。此译著问世，将会为我们进一步了解美国刑事司法提供客观扎实的依据，对推动我国刑事司法的进步不无裨益。

略就此文以飨读者，是为序。

裴广川*

---

* 裴广川，刑法学专家，中国政法大学教授，北京市广川律师事务所主任律师。

代序二

　　徐轶超先生翻译的这本著作最大的特点就是他用了极其完美的组织框架，详尽地为广大的研究者和学生完整地介绍了美国刑事司法领域的全部课程内容。徐轶超先生毕业于美国马里兰大学帕克学院刑事司法专业。我相信在马里兰大学帕克学院的硕士生涯能够使他更好地介绍美国的犯罪学和刑事司法专业。徐轶超先生在美国留学期间做了很多刑事司法领域的研究工作，还翻译了大量的刑事司法专业的资料，为广大的中国研究者和学生对美国刑事司法专业的研究打下了坚实的基础。本书的每一个章节综述了刑事司法研究的一个重要理论和实证性研究。从这个意义上来说，这本书用回顾和总结的方法来介绍美国等西方国家的犯罪学和刑事司法理论，我认为这是徐轶超先生在翻译过程中的一种创新式思维，这种方式最大程度的还原了刑事司法体系的本真，我相信这种写作方式能够使广大的中国读者受益匪浅。

　　本书的结构依照美国刑事司法体系的组织结构展开。第一章概述了美国的刑事司法制度的历史，总结了美国犯罪趋势和美国刑法的特点。随后的章节分别从警察制度、法院定罪与量刑制度、矫正制度和替代矫正等制度继续对刑事司法制度进行研究。最后，本书对美国少年司法制度进行了探讨。

　　这本书的另一个重要意义在于能够使广大的中美学者加强学术上的交流，互相借鉴两国在该领域的可取之处。徐轶超先生翻译的这本书能够在学术层面帮助广大的中国学者和学生更加准确、深入、透彻地了解美国犯罪学和刑事司法领域的全部内容。

加里·拉弗里*

---

* 加里·拉弗里（Gary LaFree），美国马里兰大学犯罪学与刑事司法系教授，美国犯罪学协会以及国家暴力研究协会高级学者，恐怖主义及应对策略全国研究联盟（National Consortium for the Study of Terrorism and Responses to Terrorism，START）主席，是美国刑事司法界国宝级学者。

加里·拉弗里教授于1979年在印第安纳大学社会学系获得博士学位，曾担任美国犯罪学学会国际犯罪学部门的主席（1991～1993年）、美国社会学协会主席（1991～1993年）、哈里弗兰克古根海姆基金会执行委员会（2001～2006年）和司法研究统计协会执行委员会主席（2000～2001年）。2005～2006年期间，加里·拉弗里教授担任美国犯罪学学会（ASC）主席。2006年被任命为美国犯罪学学会特邀学者，并于2008年被任命为国家科学院法律与司法委员会成员。

前　言

刑事司法是一个充满活力的研究领域。当前不管是刑事司法学者还是学习刑事司法的学生，仍面临着这个领域信息不断更新变化的挑战，其中包括不断变化的犯罪、有新闻价值的执法举措、相关经费的约束、国家不断面临的安全威胁、新颁布的法规、执法方法和司法系统技术的创新、美国联邦最高法院的决定对美国社会的改变和矫正机构在实践过程中不断产生的新举措。

面对美国刑事司法系统的这些飞速变化，本书语言简洁、内容流畅、具有最新信息，值得学生拥有，快速且简便地获取准确的当下信息成为现代生活至关重要的一部分，本书通过图片、视频互动网站、点对点练习和其他诸多特点提供了这样的渠道。

本书的第一版在互联网还没有普及的时候便已经出版了。在互联网技术高度发达的今天，我们同样也需要与时俱进，把最新、最贴切生活的刑事司法资讯加入到每一个新版本当中。本书的第一版出版时才400页左右，我们一直在填充新的内容。像之前的那些版本一样，本书同样更新了大量数据和更丰富的互联网资源以满足法学学生和实践者的需求。

本书的第十一版目前可以通过纸质书和电子书形式获得，此次我们关注的重点是美国的犯罪情况和刑事司法系统中传统关注的三个问题：警察、法院和矫正。我们将通过更多地真实故事和图片来让读者来深入了解刑事司法系统。本书的主要功能包括：

- 自由还是安全？你来决定。从本书的第一版出版至今，关于维护个人权利和保障公共安全到底谁放在首位，一直是我们所讨论的主题。随着时代的变迁，这个问题的侧重点也一直在发生变化。当我们注重保障公共安全时，势必会侵犯个人权利，本书的每一个章节都会有这方面的批判性思考，目的就是使读者开动脑筋思考一下，怎样的刑事司法体系才能保持二者的平衡。

● 支付它。本书的很多章节都在讨论刑事司法系统财政现状这个问题，我相信这个问题也是目前刑事司法界的一个热点问题。如何克服财政经费不足和司法资源短缺，是我们一直关注的重点。

● 基于证据的司法实践。这个问题在本书的前几个章节中将会得到重点的关注，并且会贯穿全书。请着重关注警务、法院和矫正这三个部分。

● 刑事司法新闻。本书将通过融入大量的刑事司法新闻和案例来介绍整个刑事司法制度，目的是让读者能够通过多个维度来洞悉刑事司法系统的一切内容。

● 刑事司法职业生涯。本书这个部分以提问和回答的形式介绍了刑事司法系统中各种工作的内容，目的是使读者做出正确的职业选择。

● 多元文化主义和多样性。这个部分与美国的多元文化紧密关联，强调刑事司法人员在工作时需要能够和具有不同文化背景的群体合作。

● 伦理和职业化。它提出并要求坚持刑事司法实践的道德准则，突出道德和道德标准的重要作用。这些道德准则包括美国惩教协会、美国缓刑和假释协会、国际警察协会、美国律师协会和美国监狱协会的道德守则。

● 图片化。本书采用插图和图表的形式来强化对相关概念的理解，通过视觉化的方式来让读者消化其中的内容和刑事司法的理念。这么做也强有力地突出了我们想要强调的重点和刑事司法领域的核心内容。

作为众多刑事司法书籍的作者之一，我常常惊讶于很多的司法程序最终被理解为不够正义。我真诚地希望通过本书的出版可以促进刑事司法体系的改革。我始终相信，随着社会意识的不断提高，我们的刑事司法制度一定会趋于完善，并且会更加公平和公正。如果您有任何的意见或建议，我非常希望您能够通过下面的邮箱来联系我。

弗兰克·施马兰格
终生名誉教授
北卡罗来纳大学彭布罗克分校
cjtoday@mac.com

附1：本书第十一版的修订内容

第一章 刑事司法简介

- 随机开枪者和大规模枪击的新讨论开启了这一章。
- 增加了有关传统犯罪率下降的讨论和对比。犯罪分子越来越多地使用新的涉及电脑和其他数字设备的犯罪手段来实施犯罪计划。
- 新的监控技术问世。
- 可持续的正义或刑事司法实践和机构的想法。
- 刑事司法事业的名单已经扩大。
- 基于证据的实践战略得到了更多的重视。

第二章 犯罪统计

- 大量的电视犯罪节目已经有改动和更新。
- 讨论了犯罪和刑事犯罪的性质的变化，包括数字时代带来的机遇。
- 整个章节的犯罪统计数据已经更新。
- 疯狂杀手的讨论得到了加强。
- 本章增加了一个新的盗窃案例。
- 讨论2013年VAWA重新授权立法。
- 关于枪支犯罪和枪支管制的讨论已经大幅度更新并扩大。
- 毒品犯罪部分已经修改，包括承认大麻在科罗拉多州和华盛顿州的合法化。

第三章 刑事法律

- 用了一个新的故事开启了这一章。
- 讨论2010年美国联邦最高法院"持有人诉人道主义法"案，包括支持恐怖组织犯罪的言论。
- 关于伊斯兰法的部分已经得到加强。
- 讨论立法原则，以及佛罗里达州的乔治·齐默曼案。
- 讨论关于警方诈骗的辩护。
- 用间谍的故事结束了这一章。

第四章 警察：任务与组织

- 讨论女性联邦调查局特工的比例。

- 一个新的 Paying for It（为它支付）框已经被添加到这个章节，标题是"经济衰退"。
- 媒体与刑事司法的关系。
- 添加了更多有关警察聚变中心的信息。
- 有关私人安全的部分也有所增加。
- 讨论了联邦司法局的一个项目——并提供其网页链接，智能警务倡议（SPI）。

第五章　警察：法律问题

- 开篇描述了2012年洛杉矶警方的传染性射击事件。
- 2013年美国联邦最高法院的贝利诉美国案。
- 对普通视图搜索的讨论已经扩展到数字媒体和电脑搜索。
- 增加了巡逻人员这一新的职业框。
- 增加了2011年新泽西州最高法院的案件。
- 增加了2012年美国联邦最高法院案件佩里诉新罕布什尔州案和有关目击者身份识别方面的内容。
- 讨论了美国国家司法研究所电子犯罪技术卓越中心协助建立电子犯罪预防和调查、数字证据收集以及国家和地方执法检查能力。

第六章　警察：问题与挑战

- 以一个新的开篇故事开始。
- 讨论了作为官员反对自证的保护的加尔维特权利。
- 增加了一个关于成本效益监管的新型 Paying 框。
- 关于警方民事责任的部分以芝加哥市的一个新的故事开始。
- 更详细地讨论公众对警察活动的印象。
- 纽约市警察局对穆斯林团体进行的一项监督计划。

第七章　法院

- 针对社区法院的讨论内容已经大大加强。
- 介绍和定义专门法院一词。
- 新增辩诉交易部分的介绍。

第八章　法庭工作和刑事审判

- 开篇故事已经修改和更新。

- 一个新的数据显示了美国在预防犯罪方面经费的缺乏。
- 一个新的支付框描述了法庭的成本效益。

第九章 量刑

- 更新统计的在国家监狱服刑的比例数据。
- 增加了美国联邦最高法院的哈里斯诉美国案，其中法官认为增加了强制性的最低限度的事实不必在起诉书中被指控、提交给陪审团，或者证明超出了合理的怀疑。
- 增加了美国联邦最高法院的加尔诉美国案，其中法院澄清了其在根据联邦量刑指南进行上诉审查中的地位。
- 增加了关于法医死亡调查的新职业框。
- 讨论了2013年美国量刑委员会提交给国会的报告。
- 讨论了2012年对"三振出局法"影响的审查。
- 讨论了加利福尼亚州"三振出局法"最近的变化。
- 介绍和讨论了正义再投资的概念。
- 讨论了国家州法院中心最近的一份报告有关识别增加再犯的可能性因素的内容。
- 增加了一个新的"为它支付"框，包括成本效益的修正和判决。
- 描述了重新引入受害者权利修正案的努力。
- 讨论国家死刑修正章程。
- 增加了国家免除登记处最近的一份报告结果。
- 2012年关于死刑威慑效果研究的总结。
- 全国有关死刑的调查的发现。

第十章 缓刑、假释和社区矫正

- 以一个新的故事开始。
- 更新了美国有关缓刑、假释和社区矫正的所有相关统计数据。
- 描述了新的联邦缓刑和审前服务自动案件追踪系统（PACTS）。
- 描述了加利福尼亚州2011年刑事司法调整法对缓刑的影响，以及该州的假释服务和人口。
- 描述了对加利福尼亚州假释实践全面审查的结果。
- 更新了关于监狱训练营计划的讨论。

- 描述了关于 GPS 监测的内容。
- 讨论了囚犯重新融入社区的问题。
- 更新了关于联邦赞助的 SVORI 计划的讨论。
- 扩大讨论了"二次机会法"。
- 描述缓刑和假释中基于证据的政策和实践。

第十一章 监狱与看守所

- 以一个新的故事开始。
- 增强了关于监禁哲学的讨论。
- 更新了关于当下监狱人口的统计数据的讨论。
- 强调了加利福尼亚州 2011 年刑事司法调整法对监禁率的影响，以及在加利福尼亚州处理被判定有罪的罪犯和监狱扩张的问题框。
- 增加了一个关于加利福尼亚监狱联邦监督的新闻报道。
- 增加了一个题为"监狱人口"的新框，包括"谁在监狱，为什么？"和"有多少人在监狱？"的话题。
- 讨论了选择性监禁的原则，以及各州在减少监狱人口方面的努力。
- 更新了所有关于监禁的统计数据。
- 讨论了 2011 年美国联邦最高法院的 Minneci 诉 Pollard 案，因为国家侵权法已经"等同于替代的损害赔偿诉讼"。

第十二章 监狱生活

- 以一个新的故事开始。
- 更新了统计数据，包括在州监狱中的最严重的男性和女性犯罪，以及有父母的孩子的统计数据。
- 更新了关于监狱暴动的部分，包括 2009 年的骚乱。
- 更新了关于监狱帮派或安全威胁团体的部分。
- 增加了两个 2012 年美国联邦最高法院的案件。
- 更新了艾滋病毒感染者、监狱强奸、精神病囚犯和老年囚犯的数据。
- 讨论了 BOP 分享有关可疑或已知是恐怖分子的情报的努力。
- 讨论了联合国女性囚犯待遇和非拘禁规则，又被称为"曼谷规则"。

第十三章 青少年司法

- 更新了整个章节的统计数据。

- 讨论了2012年美国联邦最高法院的米勒诉阿拉巴马州案。
- 更新了被拘禁青少年的特点的部分。
- 增加了讨论2012年改善女童少年司法制度的内容。
- 对青少年的发展需求有了新的认识。
- 全国青少年监护中心（NC4YC）于2010年启动并获得了OJJDP的支持。
- 增加了一个新的关于以实证为基础的少年司法问题。
- 国家女子学院（NGI）由全国性的合作伙伴资助，包括犯罪和犯罪委员会（NCCD）和青少年司法办公室和"预防犯罪"（OJJDP），以及NCCD女孩和年轻女性中心。
- 一项新的研究成果——"改革青少年司法：发展方法"被报道。

附2：关于我的刑事司法研究中心（My CJ Lab for Criminal Justice）的简介

使用MyCJLab个性化学习。MyCJLab是一个在线作业、教程和评估系统，旨在吸引学生和提高学习质量。这个功能强大的作业和测试管理器可以让你创建、导入和管理在线作业的分配、测验和测试的自动评分。你可以选择的范围十分广泛，包括时间限制、监督和允许的最大尝试的次数。MyLab意味着更少的时间和更多的教学成果。

在课堂/测验准备作业中使用预先加载的内容进行评估、测试和预建章节测验。在准备课堂作业之前评估你的学生的知识。学生获得具体的自动反馈以帮助提高他们的表现，而导师可以准确地看到学生的表现（他们上课前的知识水平）。学生可以准备一个最新的测试他们的文字和基础知识的测验。这些家庭作业会预先建立自动反馈和等级跟踪。你可以涵盖教科书中的每个目标，使用预建章节测验；可以选择自定义每个测验或按原样分配，教师只需选择截止日期即可。

章节结尾的问题和批判性思维练习。可以分配这些问题并用于衡量学生对本章的理解和挑战他们的写作技巧。

以最新的时事新闻和视频作为问题讨论的开端。这种方法可以使学生简便快速地将进出教室，并且可以训练学生的批判性思维。这个系统通过这种方式也可以对学生有更好的评估。

采用多媒体的形式让学生对有争议的问题进行讨论。每个问题都要求学生选择一个立场来进行讨论，从而达到提升学生分析能力的目的。

使用虚拟和问题视频帮助学生探索关键概念和问题。在这些视频中，教授讨论了文中提出的概念并且提供有关现实世界应用的见解。短文写作提示和提供分级标准使得这些在 MyLab 中可以轻易分配。这些视频也可以从多媒体资源库中获得。

培养更好的写作能力与写作空间。一名优秀的学习者往往在课程中表现得更好。这个训练旨在通过写作来评估对概念的掌握和批判性思维，我们创造了写作空间。这是一个单一的分配、跟踪和评分系统，并与学生快速交流产生有意义的个性化反馈。

使用多媒体进行教学审查和分配多媒体资源图书馆。为了帮助你构建作业，或为你的单词添加额外的具有吸引力的元素，每个 MyCJLab 课程都附带一个多媒体库。资源包括视频、抽认卡、模拟试题、章节幻灯片和摘要。

新功能：让学生跟随系统报表掌握学习进度。查看、分析和清楚、简便地了解学习成果，并获得你需要保留的信息。确保你的学生处于整个课程的轨道中。报表提供了学生在课堂上的表现数据，章节和课程水平还可以以视觉的方式了解。

指导补充

指导手册与测试银行。包括课堂讨论的内容大纲和教学建议，以及从章节中选择的章节问题的答案文本。还包含测试银行的 Word 文档版本。

TestGen。这个电脑化的测试生成系统为您提供最大的灵活性电子或线上创建和管理测试。它提供了国家用于查看和编辑测试库问题的最先进的功能，拖动选定的问题到您正在创建的测试中，可打印出各种各样的精美格式化测试布局。从 TestGen 附带的测试库中选择测试项目以快速创建测试，或从头开始写自己的问题。TestGen 的随机生成器使得每次使用问题时都会显示不同的文本或计算的数字值。

PowerPoint 演示文稿。我们的演讲提供清晰、简单的大纲和笔记，用于课堂授课和学习材料。书中的照片、插图、图表和表格都包含在演示文稿中。

作者简介

弗兰克·施马兰格（Frank Schmalleger），博士，北卡罗来纳大学彭布洛克校区杰出荣誉退休教授。他从事刑事司法教学二十余年，并连续16年担任大学社会学、社会工作、刑事司法学的学科带头人，1991年被授予"杰出教授"的称号，2001年被评为"荣誉退休教授"。

施马兰格博士1970年在圣母大学和俄亥俄州立大学获得双硕士学位，1974年在俄亥俄州立大学获得社会学博士学位，主要从事犯罪学方向的分析及研究。

他在密苏里州圣路易斯韦伯斯特大学任副教授期间，发展了治安管理和损失预防的研究项目。他从事教学已有十余年，也曾通过网络教授刑事司法学相关课程，并创建了全世界第一个网络课堂，这极大地帮助了那些接受远程教育的学生。施马兰格是一系列刑事司法学一流网站的创始人，支持本书内容建设的网站也在其内。

弗兰克·施马兰格著有许多著名的刑事司法学论文和著作，包括当前被广泛使用的《当代刑事司法》（2013年）、《当代犯罪学》（2012年）、《当代刑事法律》（2013年）和《互联网刑事司法以及犯罪学指导》（2009年）。

施马兰格还创建了《刑事司法研究》杂志，他在Pearson担任编辑期间还编纂了《21世纪刑事司法》系列丛书，该系列丛书成为格林伍德出版社在刑事司法领域最具影响力的系列丛书。

施马兰格的理论可以用一句话来概括:"为了学术交流,我们首先要吸引学生、教授以及政策制定者的兴趣,然后再保持他们对知识的热衷度。我们所写的、所说的、所教的必须与当前社会中的热点问题相关,并且必须对这些问题的解决有所帮助。"

正义是行动中的真理!
——本杰明·迪斯雷利

任何地方的不公正都是对各地正义的威胁。
——马丁·路德·金

目录 CONTENTS

第一部分 美国的犯罪

第一章 刑事司法简介 （3）
  介绍 （3）
  本书主题 （9）
  刑事司法和基本的公正 （13）
  美国刑事司法：系统和功能 （15）
  美国刑事司法：程序 （19）
  正当程序与个人权利 （21）
  刑事司法是基于证据的实践 （25）
  总结 （30）

第二章 犯罪统计 （33）
  介绍 （33）
  犯罪统一报告项目和全国事故报告系统 （36）
  犯罪统一报告项目和全国事故报告系统的转型期 （44）
  犯罪统一报告项目和全国犯罪受害者调查的比较 （67）
  特殊类型的犯罪 （68）
  总结 （87）

第三章 刑事法律 （89）
  介绍 （89）
  法律的本质和目的 （90）
  法治 （91）
  法律的种类 （93）
  一般犯罪类别 （96）

犯罪的一般特征 …………………………………………（100）
特定的犯罪行为构成要件 ………………………………（106）
刑事抗辩类型 ……………………………………………（109）
总结 ………………………………………………………（122）

第二部分　警察系统

第四章　警察：任务与组织 …………………………………（127）
  介绍 ………………………………………………………（127）
  警察的任务 ………………………………………………（128）
  现代美国警务：从联邦到地方 …………………………（133）
  警察——社区关系 ………………………………………（142）
  基于实践证据的警务制度 ………………………………（146）
  自由裁量权和个体警官 …………………………………（150）
  总结 ………………………………………………………（150）

第五章　警察：法律问题 ……………………………………（153）
  介绍 ………………………………………………………（153）
  警察滥用职权 ……………………………………………（154）
  个人权利 …………………………………………………（157）
  搜查与扣押 ………………………………………………（158）
  逮捕 ………………………………………………………（168）
  审讯职能 …………………………………………………（181）
  总结 ………………………………………………………（202）

第六章　警察：问题与挑战 …………………………………（204）
  介绍 ………………………………………………………（204）
  警察人格和文化 …………………………………………（205）
  腐败与廉政 ………………………………………………（206）
  警察工作的危险 …………………………………………（214）
  恐怖主义对警务工作的影响 ……………………………（223）
  警察民事责任 ……………………………………………（228）

种族定性和偏见政策……………………………………………（234）
　　警察暴力…………………………………………………………（238）
　　职业规范与道德规范……………………………………………（243）
　　警察种族和性别的差异性………………………………………（247）
　　总结………………………………………………………………（251）

第三部分　审判系统

第七章　法院……………………………………………………（255）
　　介绍………………………………………………………………（255）
　　美国法院系统的历史和结构……………………………………（256）
　　美国州法院体系…………………………………………………（258）
　　联邦法院系统……………………………………………………（265）
　　审前活动…………………………………………………………（272）
　　总结………………………………………………………………（287）

第八章　法庭工作和刑事审判…………………………………（288）
　　介绍………………………………………………………………（288）
　　法庭工作小组：专业法庭活动者………………………………（288）
　　场外观察员：没有专业技术的法庭参与者……………………（304）
　　刑事审判…………………………………………………………（310）
　　刑事审判阶段……………………………………………………（314）
　　总结………………………………………………………………（332）

第九章　量刑……………………………………………………（334）
　　介绍………………………………………………………………（334）
　　刑事判决的理论和目标…………………………………………（335）
　　不定期刑的判决…………………………………………………（341）
　　结构化量刑………………………………………………………（343）
　　量刑制度的改革…………………………………………………（356）
　　审前调查…………………………………………………………（358）
　　受害人——永不忘记……………………………………………（360）

当代量刑的选择 …………………………………………（366）
死刑：终级制裁 …………………………………………（370）
总结 ………………………………………………………（390）

第四部分　矫正系统

第十章　缓刑、假释和社区矫正 ……………………（395）
介绍 ………………………………………………………（395）
什么是缓刑 ………………………………………………（397）
什么是假释 ………………………………………………（403）
缓刑与假释：优点与缺点 ………………………………（409）
缓刑监督官与假释执行官的工作 ………………………（415）
中间制裁 …………………………………………………（419）
缓刑与假释的未来 ………………………………………（429）
总结 ………………………………………………………（440）

第十一章　监狱与看守所 ……………………………（442）
介绍 ………………………………………………………（442）
看守所 ……………………………………………………（461）
私人化监狱 ………………………………………………（470）
总结 ………………………………………………………（475）

第十二章　监狱生活 …………………………………（477）
介绍 ………………………………………………………（477）
监狱生活调查 ……………………………………………（478）
男性囚犯世界 ……………………………………………（479）
女性囚犯世界 ……………………………………………（485）
监狱工作人员的世界 ……………………………………（491）
监狱暴动 …………………………………………………（492）
囚犯的权利 ………………………………………………（497）
当前关于监狱的观点 ……………………………………（502）
监狱面临的问题 …………………………………………（509）

总结 ………………………………………………………………（515）

第五部分 青少年司法系统

第十三章 青少年司法 ……………………………………………（521）
 介绍 ……………………………………………………………（521）
 历史上的青少年司法 …………………………………………（524）
 法律环境 ………………………………………………………（528）
 现行青少年司法程序 …………………………………………（535）
 后少年法庭期 …………………………………………………（546）
 总结 ……………………………………………………………（552）

附录 A ……………………………………………………………（555）
附录 B ……………………………………………………………（557）
后　记 ……………………………………………………………（562）

第一部分
美国的犯罪

第一章

刑事司法简介

学习目标

阅读本章后，应该能够：

1. 总结美国的犯罪历史及美国刑事司法制度的相应变化。
2. 描述刑事司法关于公共秩序（犯罪控制）和个人权利（正当程序）的观点，总结刑事司法制度如何平衡二者。
3. 解释刑事司法与一般公平和公正概念之间的关系。
4. 从三个主要组成部分和各自的功能来描述美国刑事司法制度。
5. 描述美国刑事司法的过程，包括刑事案件处理的阶段。
6. 定义法律的正当程序，包括美国法律制度保证正当程序之处。
7. 描述循证实践在当代刑事司法中的作用。
8. 解释多元文化主义和多样性对美国刑事司法体系的挑战和机遇。

介绍

2012年12月14日，年仅20岁、具有反社会人格的亚当·兰扎（Adam Lanza）在康涅狄格州新城的桑迪胡克小学（Sandy Hook Elementary School）进行了横冲直撞的射击。几分钟之内，兰扎就杀死了20名幼儿园学生、4名教师、1名校长和学校的心理学家。最后时刻，兰扎用三把枪中的一把对准自己、结束了自己的生命。在这场大屠杀之前，兰扎在学校附近的房子里枪杀了母亲。这个可怕的案件经媒体报道后，重新点燃了民众关于枪支管制的激烈辩论。

虽然这个案件由于结束了许多无辜的年轻人的生命而显得非常可怕，但这只不过是近年来在美国发生的诸多随机大规模枪击事件中的一例。仅在2012年就发生了12次随机大规模杀戮事件，7月份在科罗拉多州的一个电影院午夜放映《黑暗骑士崛起》时，独立枪手詹姆斯·霍姆斯（James Holmes）持枪射杀12人，另有58人受伤。

据有关专家称，这样的随机大规模枪击案的数量正在逐渐增加。据《华尔街日报》报道，"在20世纪80年代，总共有18起随机大规模枪击事件发生，20世纪90年代有54起，21世纪前10年有87起"。《华尔街日报》强调随机枪击事件，但2013年《美国今日》关于"大规模杀戮"的报道称，自2006年以来，为人所知的杀手总共有146人，在这种事件中有900人因此丧生。联邦调查局（FBI）把大规模枪击杀戮行为定义为一个特殊的事件，其中至少有4人因此丧生。

很多人也许会问一个问题——为什么这种随机枪击事件的数量在逐渐增加？在新城枪击案后，调查人员了解到，兰扎制作了一张巨大的电子表格，列出了以前的大规模枪击案件杀手的身份信息——包括犯罪细节、遇难人数、使用的武器、枪杀地点等。一位参与在兰扎家中搜集证据的高级调查员告诉警方，兰扎似乎正在试图"赢得"杀死最多人的记录，而且他可能已经为此计划了多年。

以前认识他的朋友和家人在桑迪·胡克（Sandy Hook）的枪击事件之后，很快就提出兰扎的精神健康存在问题，他是一个看起来痛苦、害羞、隐遁和排斥社会的人。科罗拉多州枪击手福尔摩斯在电影院枪击案发生前会见了至少三名心理健康专家，哥伦比亚广播公司（CBS）新闻报道说，这一事实"增加了福尔摩斯在枪击案发生之前被（精神病学家）明显关注的画面"。

我们需要明白枪支、脱离社会和精神疾病可以被证明是一个危险的组合，重要的是我们是否可以做一些事情来预测和防止随机大规模枪击事件的发生。但答案可能不像枪支管制那么简单。知道兰扎有严重的心理健康问题，但他是能够自由地生活在社会中，自我武装而不惊动当局，并攻击本来应该是在安全的公共场所的、无保护的那些无辜的人。正如本章稍后将详细解释的那样，美国社会是建立在对个人自由的需求与对公共安全的需求之间微妙的平衡之上的。这样的裂缝正是出现在这样的社会和法律结构中，它试图在这两个相反的目标之间取得平衡,就像随机大规模射击一样显露。

此处描述的大规模枪杀事件发生十几年之前,一个非常不同的刺痛美国社会和我们的司法体系的犯罪事件——2001年9月11日针对纽约市世界贸易中心和五角大楼的恐怖袭击事件。包括一架在宾夕法尼亚州农村坠毁的客机,这起袭击事件共造成近3000人死亡,并造成数十亿美元的财产的损失。自那时以来,它被列为美国有史以来最具破坏性的犯罪活动。由此产生的"反恐战争"改变了世界的政治面貌,迎来了美国社会的新时代。在这起袭击事件发生之前,大多数美国人生活得相对安全,大部分人不惧怕随机发生的人身攻击。然而,"9·11"袭击与近年来发生的大规模枪击杀人案件仍有一些共同之处。"9·11"袭击事件发生后,想要执行强有力的预防犯罪和安全措施的人与寻求维护个人权利的人发生了长时间的争论。这个近期围绕努力减少随机大规模杀戮事件的问题也是电视脱口秀、报纸社论和网络日志(博客)谈论的热点。它要求美国人必须决定愿意牺牲,哪些权利、自由和便利(如果有的话)以增加个人和公共安全。

无论在个人自由与公共安全之间的辩论中你的个人立场如何,重要的是要认识到恐怖主义(像群众枪杀行为)是一个潜在的可怕罪行。许多州和联邦政府制定了禁止恐怖主义的法令,尽管恐怖主义本身可能涉及许多其他类型的犯罪。例如世界贸易中心和五角大楼的袭击事件,包括谋杀、绑架、劫持、盗窃、重罪、殴打、阴谋和纵火。

表1-1 美国犯罪简史

1850~1880年	大规模的移民和内战引发社会动荡,导致犯罪率上升。
1920~1933年	禁令刺激了有组织犯罪的增加。
第二次世界大战后到20世纪60年代,美国的犯罪率相对稳定。	
1960~1970年	这一时期的民权运动强调人人平等,不分种族、肤色、信仰、性别或个人属性。这一时期通过报道看到了犯罪活动急剧增加。
20世纪70年代	谋杀、强奸和殴打的犯罪在不断增加。
20世纪80年代	20世纪80年代中期之前,大量的销售毒品和非法药物使用导致犯罪急剧增加。大城市成为犯罪集团的避风港,这些城市经历着房地产贬值和生活质量下降的情况。在这种背景下,里根总统宣布进入"毒品战争"。

续表

1992 年	美国黑人罗德尼·金被洛杉矶区的警务人员殴打的录像成为警察权力滥用的典型案例，引发轰动。
到 20 世纪 90 年代末	很多市民仍认为犯罪率还在上涨，而且许多罪犯逍遥法外。这导致美国社会更加注重责任和惩罚，美国进入了"严厉打击犯罪的时代"。
2001 年	一系列针对纽约、华盛顿和其他地区的恐怖袭击改变了执法的目的，并且全球达成共识。
2001 年	《美国爱国者法案》增加了联邦、州和地方警察机构调查的权限。
个人犯罪案件在 20 世纪 90 年代持续下降	
2009 年	历史上最大的金融诈骗庞氏骗局，随着伯纳德·麦道夫认罪，人们对华尔街金融家们的活动充满了猜疑，导致大范围针对白领犯罪的调查。白领犯罪被视为美式生活的一系列威胁而成为焦点。
2011 年	美国联邦调查局通缉的恐怖分子乌萨马·本·拉登被美国特种部队在巴基斯坦击毙，导致美国重新成为全世界恐怖分子想要袭击的目标。
2012～2014 年	美国最主要的犯罪是枪击事件和在美国各地公共场所的暴力犯罪。

毫无疑问，犯罪活动一直伴随着美国的历史发展，如何控制犯罪是全世界的政治家和政府领导首先考虑的事情。不过，美国近半个世纪的犯罪研究对当今整个世界的刑事司法系统有着深远的影响。美国的犯罪浪潮来了又退，1850～1880 年犯罪浪潮的兴起是因为大规模的移民和内战引起的社会动荡。广泛的有组织的犯罪活动是与 20 世纪早期的禁令相关联的。第二次世界大战后，美国的犯罪率保持相对稳定，这种情况一直持续到 20 世纪 60 年代。

20 世纪 60 年代至 70 年代，我们看到了对于少数民族、妇女和身心障碍者的关心和权利保护，并且很多其他组织也在做这个事情。这一时期的民权运动强调机会平等和尊重个人，不分种族、肤色、信仰、性别和个人特征。随着新的法律通过并适用，法院机制与民权运动得到了同步的发展。很快，在美国，很多人享受到了来之不易的个人权利。宪法、人权法案以及新的联邦和州法律，承认和保障了这些权利。到了 20 世纪 80 年代，民权运动已经深刻地影响了社会生活的各个领域，并且从教育和就业领域影响到刑事司法系统的活动。

过度地强调个人权利导致犯罪活动急剧增加。虽然一些研究人员怀疑，官方在20世纪70年代和80年代由美国联邦调查局（FBI）报道的"传统"的罪行的准确性，如对谋杀、强奸、殴打的描述，但是有许多先进的犯罪学理论可以解释这一现象。例如，美国一些文化分析师通过对美国不同阶层生存方式进行分析，认为公民新获得的自由权利和长期以来在社会地位上的对立和经济上的剥削，以及进而产生的敌对情绪，混合起来造成了传统社会关系的解体，进而也加剧了犯罪率的上升。

到了20世纪80年代中期，销售和使用非法药物犯罪的急剧增加威胁到美国社会的基础。可卡因和后来研制出来的一种叫"Crack"的毒品渗透到了美国的各个角落。大城市成为贩毒团伙的避风港，许多市区对于销售、使用非法药物持放任态度，甚至资助药物罪犯。这些城市房地产价值急剧下降，居民生活质量受到严重侵蚀。

到了20世纪80年代末期，社区和乡镇的居民为他们的社区生活进行战斗。巨额租金已经威胁到了社会结构和生活，在枪口下生活早已成为习以为常的美国生活方式。传统的价值观随着越来越多的人公开在公园或者度假村吸食"Crack"而消失殆尽。为了找到一种方法来阻止犯罪率上升的大潮，许多人呼吁用"法律和命令"来解决这个问题。作为回应，美国总统罗纳德·里根创立了一个内阁级"毒品沙皇"的职位以面对"毒品战争"。经过缜密的思考，最有效的办法就是动用军队进行海上通道和空中通道的巡逻，以控制外来毒品进入美国境内。乔治·布什总统很快就接受并扩大了里根政府的反毒品战争。

10年之后，一些重大犯罪被美国媒体广泛报道，这就使得公众认为目前的传统犯罪的打击手段无法控制，我们需要一些新的手段去应对犯罪。其中有二个比较典型的案例：一个是非政府的极端组织，在俄克拉荷马市制造的艾尔弗雷德·默拉联邦大厦爆炸事件；另一个是1999年在科罗拉多州哥伦拜恩高中的12名学生和1名老师被杀的事件。

公众认为犯罪率始终在不断上升，他们坚信犯罪分子经常能够逃避惩罚或者仅仅是被司法机关"打一个巴掌"。在这样的背景下，整个社会更加强调责任和惩罚。到了20世纪90年代末，公众采用了新的个人问责制来应对犯罪，因为所有人都担心成为受害者。增强责任的呼声越来越高涨，并且开始取代以往强调个人权利的观点。保守派政治家明显感受到了来自公众的压力，就像得克萨斯州参议员菲尔·格拉姆所说的,"公众希望抓住罪犯的喉咙,然后把他们关进监狱,并且停止修建如同度假村一样的监狱"。

之后,2001年9月11日针对纽约市和华盛顿特区的恐怖袭击,造成了大量的伤亡和一系列悲剧,这件事把公众担心个人成为受害者的情绪融入了公众意识当中。这次袭击造成了110层的世贸中心倒塌和五角大楼的局部坍塌,成千上万的人在此次事件中受伤甚至丧生。虽然执法和安全机构都无法阻止"9·11"袭击,但是他们已经从过去的被动预防恐怖犯罪转变为主动打击,这部分内容我们将在第六章详细介绍。

"9·11"事件表明,减少犯罪和保护公民的人身安全是一个全世界都需要努力的事情,这样做不仅可以保护本土居民,也可以保护在国外的公民不受到伤害。这次袭击事件还表明,发生在世界其他地区的犯罪同样可以影响到美国本土的安全。这次事件充分证明了吸取多元文化对于打击犯罪和恐怖主义是十分有帮助的。正如本书第二章所指出的,恐怖主义是一种犯罪行为,防止恐怖主义和对恐怖袭击事件的事后调查,是相关州和联邦执法机构非常重要的职能。

与以往不同,在2002年至2003年,一种新型的犯罪方式出现了,企业的高管或者白领通过故意篡改公司的财务报告来进行犯罪。这些篡改使股市下跌,严重打击了投资者的信心,并且威胁到了企业员工的养老保险计划。这一类犯罪是一些龙头企业蓄谋已久并且参与实施的犯罪。为了努力恢复美国金融市场的秩序,小布什总统在2002年7月30日签署了《萨班斯—奥克斯利法案》。这个法案被称作自20世纪30年代初的《证券法》以来,对于公司管理、财务公开、公民账户管理最重要的法案。这个法案是为了阻止公司欺诈,并要求企业高管对他们自己的行为负责。

如今,白领犯罪仍然是联邦检察官关注的焦点。比如,2012年得克萨斯州时年61岁的亿万富翁艾伦·斯坦福,被联邦陪审团认定,犯了损失7亿美元的庞氏骗局犯罪,在此之前,他已经安然无事将近20年。检察官使陪审团相信,斯坦福把非法集中投资者的资金存入他的金融服务公司的个人账户,他用这些钱让他个人及其家族成员享受奢华生活,包括购买私人飞机、游艇及大量豪宅等。定罪后,斯坦福被判110年监禁。

同样地,大多数读者可能至今还记得发生在2009年的一个故事,投资基

第一章 刑事司法简介

金经理伯纳德·麦道夫承认操作一个庞氏骗局，他诈骗了投资者 50 亿美元的资产。麦道夫承认他犯有 11 项重罪，包括证券欺诈、邮件欺诈、洗钱与伪证罪。在他认罪之后，尽管联邦缓刑官员三次建议判处缓刑，但他仍然被判处 150 年监禁。我们将在本书第二章详细讨论白领犯罪。

当前时代的特点是"传统"犯罪如强奸、抢劫和入室行窃（详见第二章）的犯罪率很低而且在不断下降，但随机大规模枪击、大量的市内谋杀和新形式的犯罪活动使今天的犯罪前景复杂化。例如，在 2012 年，在科罗拉多州的奥罗拉、康涅狄格州的纽敦、新泽西州的卡姆登和密歇根州的底特律发生的大规模枪击事件中，报告的谋杀案比历史上任何时候都多，其他城市，包括芝加哥、伊利诺伊州，也出现了创纪录的谋杀案。更详细地说，今天许多其他类型的犯罪是基于互联网或涉及其他形式的高科技手段来实施犯罪的。犯罪分子通过社会媒体或基于互联网的交易合法地获取数字信息（和金钱），是虚拟世界中犯罪活动显著增加的重要原因。这样的犯罪活动对现实世界的人们有很大的影响。此外，通过网络空间媒介犯下的罪行常常没有被发现，或者只是随着时间的推移才被发现。如果我们检查所有形式的犯罪，我们可能会发现，今天的犯罪已经经历了从历史形式的犯罪向涉及计算机和其他数字设备的重大转变。详细内容请访问 http：／／www.trutv.com／library／crime.

本书主题

这本书探讨了美国的刑事司法，包括刑事司法系统、相关机构和司法程序。当前所有的刑事司法研究都基于个人权利和公共秩序这个主题之上。本书借鉴了历史的发展，形成了我们对美国的法律制度、犯罪和司法的理解。它是我们能否正确理解当代刑事司法的决定因素，其中包括刑法、警方行为、量刑和矫正。

在 20 世纪 60 年代至 70 年代，美国社会把个人的权利放在首位。这一时期被称为民权时代。民权运动让一些之前被非法剥夺权利的人意识到，很多权利是他们本来就应该享有的，比如尊重不同种族、性别、性取向的人和残疾人。民权运动很快扩大到包括许多其他群体的权利，包括犯罪嫌疑人、假释和缓刑犯、被审判者、囚犯和受害者。由于重视公民权利的思想占主导地位，新的法律和法院判决在很多方面扩大了对这些权利的适用。

社会给予了那些犯罪嫌疑人很多关注。因为很多人认为，在一个文明社会，我们同样应该保证他们的权利和自由，我们不能因为他们是犯罪嫌疑人或者是罪犯就忽略他们的人权。维权人士担心政府不必要的限制行为，认为它们是对个人权利和自由的践踏。他们认为，要在一定程度上牺牲一些公众安全，以保证基本自由。因此，刑事人权活动人士要求的司法法制要限制警察权力，这样司法机构就拥有最高标准的程序问责机制。

在20世纪60年代至70年代，美国刑事司法的主导理念是注重保障刑事被告人的权利，同时探究犯罪和暴力的根源。在过去的30年里，我们饶有兴趣地目睹了公共秩序、公共安全、被害人权利的发展，结果是不尽如人意的。这种态度的转变可能是由于国家对我们的社会无力的失望；司法系统控制犯罪的效果不好；无法让罪犯内心找到一个评判是非的标准。在公共政策领域，2001年9月11日的恐怖袭击之后，保守主义占上风，并通过对儿童的性犯罪案例广泛宣传，被赋予了新的生命。当前持续不断的暴力犯罪受害者的故事被媒体报道，这似乎成为目前美国媒体的支柱。

过去公众认为罪犯是贫穷或者个人状况不好的弱势者，他们依然有资格享有基本的权利。但是今天，公众的观点已经很大程度上改变了。他们认为罪犯就是社会生活中一个危险的掠食者，他们剥夺了守法公民的基本权利。这反映了当前美国公众"强硬对付犯罪"的态度，许多美国人更加关注罪犯是如何被法律惩罚的。例如，在2010年底，加利福尼亚州州参议员一致通过《切尔西法案》，该法案旨在对那些针对未成年人性犯罪的罪犯增加刑期和假释期以及假释条件。这个法案是以一个于2010年被奸杀的年仅17岁的名为切尔西·金的青少年命名的，由州长签字后很快在立法机关通过。很多州即便是在预算紧张的时候（如加利福尼亚州）仍然在延长性犯罪罪犯的刑期，限制他们的生活自由，并且向公众公布这些罪犯的当前状况。

自由还是安全？你决定

2009年，美国联邦最高法院大法官克拉伦斯·托马斯在华盛顿一家酒店的宴会厅对一群高中论文竞赛的获奖者发表了讲话。托马斯利用这个场合，专门为我们国家的权利法案作出解释，指出义务和权利的重要性。托马斯说:"今天我们的权利受到了很大的关注。""的确,我认为权利在扩散。"但他接着说:"我经常惊讶于那些似乎被委屈的人所拥有的真正的高贵。难道我们的责任和义务的法案都不应该有平等的时间吗?"

目前刑事司法系统面临的挑战似乎是在个人权利和个人自由与社会控制以及对合法权利的尊重之间取得平衡。几年前,在对国家城市和飞速上升的犯罪率进行严格管控的强大运动的鼎盛时期,《纽约邮报》主办了一次关于犯罪和民权的会议。会议的主旨发言人是纽约市长鲁道夫·W.朱利亚尼。朱利亚尼在演讲中指出,个人自由和个人责任之间的紧张关系是他所在城市和国家面临的犯罪问题的症结所在。朱利亚尼曾在2008年获得共和党总统候选人提名。朱利亚尼说:"我们错误地指望政府和民选官员承担起解决犯罪问题的责任,而每个公民必须承担起修复我们社会问题的责任。""我们只看到权力的压迫面。……我们看不到的是,自由不是一个概念,在这个概念中,人们可以做任何他们想做的事,做任何他们能做的事。自由与权威有关。自由是指每个人都愿意对自己所做的事让与合法的权威并非常谨慎。"

你决定

我们怎么能像托马斯法官所建议的那样,在美国社会中实现权利和义务的平衡?朱利亚尼说:"我们没有看到,自由不是一个人们可以做任何他们想做的事、做任何他们能做的概念。"是否有可能平衡个人权利和个人自由与社会控制和对合法权威的尊重?

参考文献

亚当·利普塔克:"向学生群体开放缄默司法",载《纽约时报》2009年4月13日,http://www.nytimes.com/2009/04/14/us/14bar.html(访问日期:2012年6月2日);菲利普·泰勒:"公民自由主义者:朱利亚尼的努力威胁第一修正案",自由论坛在线版,http://www.FrutoMuluM.Org。

即便是在国家预算紧张、减少了立法者关于犯罪惩罚开支的热情的时候,公民个人权利和公共秩序之间的紧张关系,依然成为大多数刑事司法政策制定的基础。那些支持个人权利的人继续强调罪犯在被指控和审判时依然享有个人权利，而那些支持公共秩序的人更加注重受害者的权利，并且呼吁我们应该更加注重公共秩序，对罪犯严厉惩罚。为了阐述这些认识，本书的主题可以表述如下：

个人权利倡导者

寻求在刑事司法过程中保护个人自由的刑事正义是这本书的主题。

当前，全社会在维护公共安全和降低犯罪活动方面达成了共识。具体表现为：一方面，我们需要平衡公民的自由权利；另一方面，我们要尊重那些被起诉的犯罪嫌疑人的权利，并且保障他们的利益。一切控制未来犯罪率的活动都是在保持公共安全和减少犯罪活动带来的伤害的前提下进行的。正如美国官方解释的那样，我们要像保障那些遵守法律的普通公民一样去保障犯罪嫌疑人的宪法权利、自由权利。最高法院不仅必须意识到来自社区的不可控的危险行为，并且要保证减小对守法公民所带来的风险，还要妥善处理受害者的切身利益和需要，并安抚那些守法公民对犯罪的恐惧和担心他们自身受到伤害的情绪。然而，重要的是要认识到，个人权利与公共安全倡导者之间的戏剧性事件现在发生在一个脆弱的经济环境中，其特点是财政限制和对有效公共政策的关注。

图 1-1　本书主题

注：通过行政管理平衡对个人权利的关注与公共秩序的需要

图 1-1 代表了我们的主题，它很好地说明了当今关于刑事司法系统的两

种观点。个人权利的倡导者强调在刑事司法的过程中保护个人的自由；公共秩序的支持者认为在犯罪活动威胁到公共安全的时候，我们应该把公共秩序放在首位。最近，已从美国联邦最高法院退休的桑德纳·戴·奥康纳总结了两种观点的不同之处："在什么程度上，为阻止恐怖主义和犯罪而设定的法律花费的人民自由的成本会超过立法提案的安全性？"在这本书里，我们将寻找平衡个人权利和公共秩序的方法和视角去满足两者的需求。因此，你将会通过讨论这篇文章发现我们的主题在"自由还是安全？"之内。

刑事司法和基本的公正

2008年11月，在选举日当天，当选总统巴拉克·奥巴马向全国和世界发表了鼓舞人心的胜利演说。他说："所有那些怀疑美国这个灯塔是否依然明亮的人们，今天晚上我们再次证明，我们国家真正的力量并非来自我们武器的威力或财富的规模，而是来自我们持久的理想：民主、自由、机会和永不灰暗的希望。"总统当晚的演讲最值得回味的一句话就是："道德宇宙的弧线是漫长的，但它弯曲向司法。"这句总统最喜欢的话来自马丁·路德·金1967年在南方基督教领袖会议上的演讲。

我们不可否认司法世界的力量是强大的，这也是总统选择这句话的原因。但现实是，司法是一个可望而不可即的术语。虽然当晚的听众被总统的讲话所鼓舞，但是又有几个人清楚地知道司法意味着什么，以及我们最终要采取何种措施。即使我们生活在同一个社会中，司法代表的事情也是不同的，而且就像司法在政治家那里总是一个模糊的术语一样，司法在很多情况下不能在刑事司法系统中得到实现。举例来说，司法对所有人都公平吗？这是我们共同的一个愿望，不管在今天还是明天都是如此，答案是不清楚的。因为个人利益和社会需求经常出现分歧。司法从社会或整个国家的角度来看和个人或者一小部分人的想法是不相同的。正因为如此，我们才把注意力转移到司法的本质上。

英国哲学家和政治家本杰明·迪斯雷利（1804~1881年）认为"司法就是正确的行动"。并强调它还包含了道德公正的原则。一本流行词典将"司法"定义为"最符合道德框架的事情或者是最接近真理的事情"。社会司法的概念涵盖了文明社会的各个方面，它与我们对公平的信念和我们基于道德对事物的判断是相连接的。社会司法问题包括个人问题、团体问题（如公司和政府机构）、贫富问题、性别问题、种族问题、社会联系等所有方面。抽象地说，社会司法包括了我们对个人发展和文化发展的最高理想。

民事司法是社会司法的一部分，它包括了公平地处理个人、政府机构、个人企业（如合同履行、事务处理、招聘、平等对待员工等）的法律关系。刑事司法是社会司法的另一个方面，它强调对于违法行为的打击。正如我们前面提到的，守法公民出于保护自己利益的需要，由刑事司法系统逮捕并且惩罚那些违法的人。与此同时，刑事司法的理念是通过执法机关（法院和矫正机构）保护那些无辜的人并且公平地处罚那些犯罪分子。

刑事司法在理想状态下的宣言是：通过司法机关做"正义的事"。因此，至关重要的是要记住"正义"这个词，它是一个最值得信任和追求的词语。正义也是刑事司法系统工作的目标。我们每天都在面对如何正义地处理犯罪的问题和接受那些对正义的挑战。然而现实往往是事与愿违的。因为这里面包含了太多的复杂因素，所以，当我们从不同的视角去观察正义的时候，它就像躲起来了一样。对一些人来说，刑事司法体制和刑事司法机构似乎偏向使用它们强大的权力。它们在执法的时候有充沛的资金支持，有强大的组织，声势浩大但效果却不明显，其效果是公众往往把司法机关看作敌人而不是公众利益的保护者。

另一方面，司法工作者（包括警察、检察官、法官和矫正机关的人员）经常抱怨自己尽管努力工作，但最后得到的往往是公众的公开批评。这些工作人员说，人们对于刑事司法系统的批评很多时候是过分的。因为他们只看到了那些没有工作经验和工作技巧的人处理的案件，没有看到绝大多数人员的努力工作。我们必须意识到那些刑事司法工作人员经常告诉我们的话，处理一个罪犯要经过复杂的法律程序和行政管理程序，而不是轻轻松松可以解决的。实事求是地说，虽然刑事司法系统考虑的是绝大多数人的利益，但是结果却很少令人皆大欢喜。刑事司法的结果是在特定案件下的社会产物，它就像一个产品一样是经过团体努力的结果。在这个过程中，肯定要加入很多情绪、事理和对特定事件的关注情况。

无论我们现在选择站在这个争论的哪一边，最关键的是，我们要意识到在执法过程中那些事务多如牛毛,但是我们必须要重视刑事司法的本质是伸张正义。例如,2005 年对流行音乐巨星迈克尔·杰克逊涉嫌娈童指控的刑事审判,或者 2011 年在杰克逊去世后对他的私人医生康拉德·默里的审判,或者已被绳之以法的凯西·安东尼,因为当局说她杀了她的小女儿;或乔迪·阿里亚斯或乔治·齐默尔曼案(更详细的问题在本书第八章讨论)。这些审判都是公平正义的吗?同样,我们也会质疑"9·11"事件过后,那些被逮捕和长期拘留的上百名穆斯林人员,因为当他们被释放以后没有任何证据显示他们与恐怖袭击有关。回答这些问题的同时,我们肯定会揭露出很多关于美国刑事司法系统的问题,那些发现问题的人肯定也会有很多的话要说。

美国刑事司法:系统和功能

共识模型

我们之前已经说过刑事司法系统由警察、法院和矫正机构组成。我们将在下面逐一介绍它们各部分的职能。刑事司法的初衷是把司法系统所有的部门放到一起,去实现司法的公正合理。所以,从刑事司法的角度来说,我们通常都有一个共识模型。共识模型假设刑事司法系统中的所有部门都直接地服务于一个目标,并且不管案件如何变化或者人员如何流动,它们都可以顺利地运行,保证司法目标的实现。

但是这个刑事司法系统的模型在现实生活中更多的是作为一种分析的工具,这违背了当初设计它的初衷。不论是在自然技术科学研究领域还是社会科学研究领域,分析工具仅仅是一个让我们去更方便地解释科学现象的选项。当我们适用这个模型去解释一些刑事司法机关行为的时候,比如逮捕、起诉和审判,我们发现我们并不需要这个模型就可以很顺利地预知未来将要发生什么。

这个模型被广泛地批评,也就意味着有很多刑事司法组织和机构目前正在使用它。这些用语言来形容的组织让我们想起了那些声称接近完美的社会组织。这个模型设计的初衷是:它就像一部精准运转的机器,让我们避免人力、物力的浪费。一旦出现行为错误,就可以马上得到纠正。但是,在实践中，我们发现这个系统并没有像描述的那样完美，并且设计得过于简单。在适用这个模型的时候，矛盾无处不在。机构之间的冲突，机构内个体成员之间不尽相同的目标，以及系统根据不同的政治形势、人员安排和个人的自由裁量权在不断变化。

刑事司法新闻：监控技术已经被应用

芝加哥警察局监控摄像系统和麦克风单元位于街道上方。该监控系统包括一个摄像头、高带宽无线通信、频闪灯和枪击识别系统，所有这些都保护于防弹外壳中。该市正在安装监控系统，以发现犯罪和恐怖活动。这些单位是否侵犯了芝加哥居民的个人自由？

乔治·奥威尔（George Orwell）在60多年前写作的《1984》一书中设想了一个极权主义政权，它建立了一个广泛的监视网络来监视人们的一举一动。今天，在2001年9月11日的恐怖袭击之后，美国建立了一个可与《1984》相媲美的监视网络，但没有涉及极权政权。

IMS Research 称，在"9·11"事件发生10年后，美国估计有3000万台监控摄像头。美国执法部门还在实施面部识别技术、车牌阅读器和枪械警报系统。这些事态发展促使美国公民自由联盟的杰伊·斯坦利警告说，这个国家正走向"一个全面的监视社会，在这个社会中，你的一举一动，你的每笔交易都是由一些计算机正式登记和记录的"。

然而，大多数美国人并没有感到惊慌，实际上也很喜欢这种趋势。2007年，ABC新闻和华盛顿邮报的民意调查显示，71%的受访者赞成增加视频监控。此外，法院已经表示，在公共场所平视的监视摄像机不违反美国联邦宪法第四修正案，该修正案禁止政府进行不合理的搜查或扣押。

技术已经走过了漫长的道路，因为监控摄像机拍摄了两张"9·11"劫机者在波士顿洛根机场登机的小型颗粒状照片。今天的相机可以收集和存储具有更多像素信息的图像，从而可以放大照片并捕获以前未检测到的细节。

2003年，芝加哥市开始投入建造美国最广泛的监控系统之一，由警察部门运营 2000 台摄像机，并对运输系统、学校系统和私人实体运营的其他摄像机进行集中监控。

2011 年，城市研究所通过研究芝加哥三个街区使用监控摄像头的情况发现，这种方式确实使两个社区的犯罪率有所下降。例如，在洪堡公园附近，与毒品有关的犯罪和抢劫案下降了近 33%，暴力犯罪下降了 20%。

芝加哥在其视频监控网络上花费了 6000 多万美元。虽然联邦国土安全部的补助金补足了这一成本，但这种系统的维护成本很高，并且与其他执法活动（例如巡逻）争夺稀缺的税收资金。然而，城市研究所发现，芝加哥在洪堡公园的相机上花费的每 4.30 美元就节省了 1 美元。

芝加哥使用安装在杆上的无线摄像头采用"Pantiltzoom"技术，允许操作员跟踪主体并尤其关注它们。官员可以手动执行此操作，但随着图像数量的激增，执法部门越来越多地转向可以对数千张图片进行分类以查找特定图像的视频分析软件。这涉及使用面部识别或特定形状和颜色识别的复杂软件。同样的技术也用于读取车牌的扫描仪，并通过与州汽车许可证数据库的直接推送自动检查号码。

全国各地的警察部门也正在实施新的声波技术来监测枪声。这种类型的系统中最著名的是 Shotspotter™，需要在整个城市安装传感器，这些传感器可以对声波进行三角测量并识别 5 码内枪声的位置。波士顿警察局花费约 150 万美元安装枪击检测系统，并花费 150 000 美元至 175 000 美元的年度维护费。

枪械警报系统的有效性尚未得到独立研究的证明。根据制造商的说法，大约三分之一的报告涉及汽车回火、建筑和其他城市噪音的误报。但一个明显的优势是：枪击报告比报警呼叫快 1~2 分钟到达，使警员更快地到达现场。有时系统也会收到从未发出的枪声。

参考文献

Delores Handy, "Surveillance Technology Helps Boston Police Find Location of Gunfire," WBUR, Dec. 23, 2011, http://www.wbur.org/2011/12/23/shotspotter.

> James Vlahos, "Surveillance Society: New High-Tech Cameras Are Watching You," *Popular Mechanics*, Oct. 2, 2009, http://www.popularmechanics.com/technology/military/4236865.
>
> "Surveillance Cameras Cost-Effective Tools for Cutting Crime, 3-Year Study Concludes," Urban Institute, Sept. 19, 2011, http://www.urban.org/publications/901450.html.

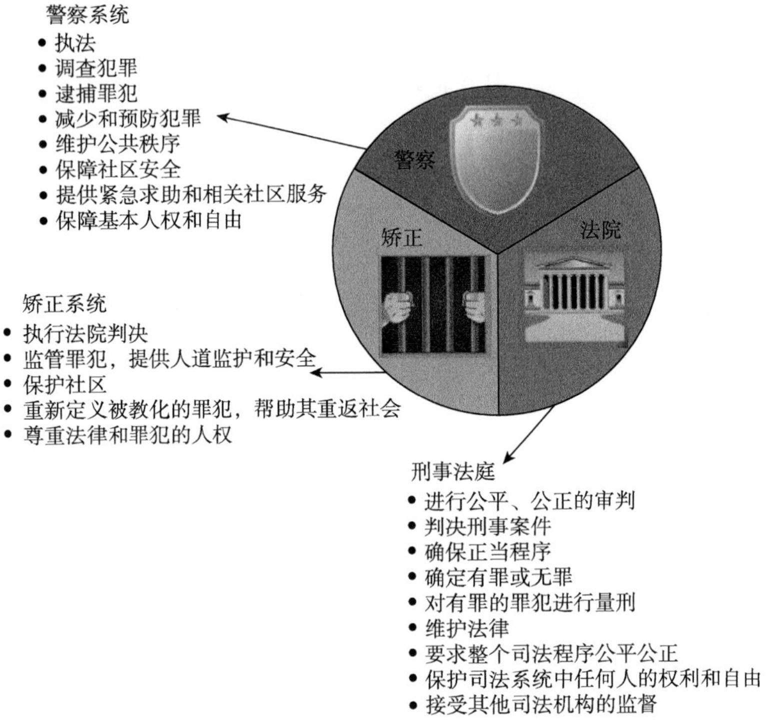

警察系统
- 执法
- 调查犯罪
- 逮捕罪犯
- 减少和预防犯罪
- 维护公共秩序
- 保障社区安全
- 提供紧急求助和相关社区服务
- 保障基本人权和自由

矫正系统
- 执行法院判决
- 监管罪犯，提供人道监护和安全
- 保护社区
- 重新定义被教化的罪犯，帮助其重返社会
- 尊重法律和罪犯的人权

刑事法庭
- 进行公平、公正的审判
- 判决刑事案件
- 确保正当程序
- 确定有罪或无罪
- 对有罪的罪犯进行量刑
- 维护法律
- 要求整个司法程序公平公正
- 保护司法系统中任何人的权利和自由
- 接受其他司法机构的监督

图1-2 美国刑事司法系统和主要功能

冲突模型

冲突模型提供了另一种研究美国刑事司法的方法。冲突模型认为刑事司法各机构的利益会驱使内部成员为了这个系统而服务。根据这个模型，由于目标的不同，个别机构经常发生冲突。因为所有的部门都是为刑事司法这一个系统而工作，那么他们的工作目标、压力来源、晋升通道和加薪方式都是

不同的，所有的这些因素导致这根本就不像一个完整的系统。

犯罪学家杰罗姆·斯科尔尼克做的一项关于犯罪破案率的经典研究，很好地支持了那些认为不需要刑事司法系统的人的观点。破案率是一种测量警方破案情况的方式。警方越多地侦破案件，就证明他们对公众的服务越好。斯科尔尼克在一起入室盗窃的案件中发现，当这个犯人被抓获的时候，警方建议他坦白一些其他是他做的但他还没有承认的案件。警方说："你帮助我们破案，我们也会帮助你出去。"就这样，这个罪犯承认了其他400件入室盗窃案件。在他认罪之后，警方就可以很自豪地对外宣称，他们"破获"了很多案件。与此同时，这个犯罪嫌疑人也很高兴，因为警方和检察官将会在审判之前替他说话。

这两种模式可以带给我们很多启发。司法机构拥有很多职能（警察、法院、矫正），并且所有等级的机构（联邦、州、地方）都在这个系统中紧密地联系在一起。然而，在如此大规模的刑事司法系统下面，各部门之间的合作是非常困难的。比如，警察部门热衷于把罪犯送进监狱，而监狱部门就不得不工作在犯人由于过多而十分拥挤的监狱，他们肯定愿意执行对那些非暴力犯罪人员的提前释放程序。最后到底是谁赢了这场持久的"战役"？恐怕胜利只属于政客们和扯皮的半官方机构。每个人都该被关怀，然而，因为系统内部的冲突，导致司法目标被影响，甚至有时候被牺牲。

美国刑事司法：程序

无论是否有系统，刑事司法机构都必须按照有关程序来处理发生的案件。本书对刑事司法案件的处理程序的分析，提供了两条很实用的指导路线和一张关于刑事司法原本处理案件程序"道路"的地图。图1-3展示了联邦司法系统处理刑事案件的过程，其是从犯罪调查报告开始的。大多数州的处理过程都大同小异。

表1-2所示的各个阶段在本书的不同地方进行了详细讨论。第五章"警务：法律方面"讨论调查和逮捕。第一次出庭和提审的各个方面，包括保释金和可能的审前释放，都在第七章"法院"中讨论。刑事审判及其参与者在第八章"法庭工作组和刑事审判"中有详细描述。第九章"判决"概述了现

图1-3 联邦司法办公室网站：CrimeSolutions. gov。该网站有助于研究有效性与刑事司法有关的方案。该网站如何提供帮助政策制定者？（司法办公室）

代量刑实践，并描述了许多现代监狱的替代品。第十章"缓刑、假释和社区矫正"涉及缓刑和假释的实践及其相关问题。第十一章"监狱和看守所"讨论了监禁背后的哲学。第十二章"监狱生活"描绘了监狱内部的生活，并描绘了为应对监禁的痛苦而发展起来的社会结构。司法系统的详细信息参见http://www.360degrees.org。

表1-2 美国刑事司法程序

侦察▶	授权▶	逮捕▶	登记▶
当犯罪事实被发现后，收集证据和跟踪调查并努力确定嫌疑人的程序启动。	法官向警察发放逮捕令，为逮捕提供合法依据。	逮捕是指限制被捕者的人身自由。逮捕是一种严重的司法程序。在逮捕后和审讯之前，犯罪嫌疑人通常被告知其宪法权利和米兰达权利。	登记是管理被逮捕人的程序。登记的内容包括指纹、照片和个人信息。登记意味着构成逮捕。在某些司法辖区，DNA也可能被记录。

续表

初次到庭▶	预审▶	起诉▶	提审▶
逮捕后几个小时内必须安排法官与犯罪嫌疑人见面。法官将告知犯罪嫌疑人面临的指控和权利,并提供保释的机会。	预审程序的目的是审查是否有足够的证据继续进行司法程序。这也是检察官检测证据强度的程序。	在一些州,检察官可能会寻求继续案件的信息。其他州则要求大陪审团将起诉书交给被告人。大陪审团查看检察官提出的证据,决定是否应该进行审判。	法官提审被告人,告知他们面临的指控和权利,并要求提出抗辩,包括无罪、认罪、没有异议。没有异议可能导致被定罪,但在审判中不能视为认罪。
审判▶	量刑▶	矫正▶	再社会化▶
当被告人不认罪或无异议时,刑事审判将会举行。刑事审判涉及控辩双方对抗的过程。在大多数的审判中,由陪审团根据有罪或无罪的证据决定是否有罪,而法官只确保程序的公平性。	罪犯被定罪后,由法官来决定量刑处罚。审判前,举行量刑庭审,双方的律师可以提供信息影响法官的判决。	量刑程序之后,进入矫正程序。矫正机构将执行施加给被告人多种量刑处罚。	并不是所有的犯罪都会被判入狱。法律对罪犯的缓刑有规定或限制。缓刑监督官需要定期检查罪犯的情况。罪犯服部分刑期后可能被假释。缓刑、假释都会伴随着义务,需要假释官评估检查。

正当程序与个人权利

正当程序

关于保障个人权利的法律依据在美国联邦宪法第四、第五、第六和第十四修正案中都有所规定,并且被公众广为知晓。这就意味着法律在规则和形式上都对个人权利加以保护。在刑事诉讼中,正当法律程序被理解为包含以下基本元素立法和定义罪名、法庭公正审理案件的管辖权;形式正确的刑事指控;通知和给犯罪嫌疑人提供辩护的权利;根据既定程序审判;除非被定罪,解除所有限制或义务。

美国宪法规定,刑事司法案件必须保证程序的公正和公平。简单地说就是保证程序的公平性。保障被告人在面临起诉的时候，个人权利受到州或者联邦法院的保护。根据正当程序标准，侵犯个人权利会使得证据或者指控无效，特别是在上诉阶段。以下内容展示了被告人在刑事诉讼中的基本权利。

人权法案保障的个人权利
- 在被证明有罪之前被认为是无罪的权利
- 反对对人和居住地进行无理搜查的权利
- 反对没有合理根据的逮捕的权利
- 反对不合理地扣押个人财产的权利
- 反对自证其罪的权利
- 向警方提出公平质疑的权利
- 在整个司法程序中免受人身伤害的权利
- 聘请律师的权利
- 接受陪审团审判的权利
- 知情权
- 盘问控方证人的权利
- 发表言论和出庭作证的权利
- 对于同一罪行不得两次审判的权利
- 反对残忍或不寻常的惩罚的权利
- 接受正当程序的权利
- 接受快速审判的权利
- 在刑事诉讼中获得律师协助的权利
- 反对过度保释的权利
- 反对过度罚款的权利
- 无论种族、性别、宗教信仰、偏好和其他个人属性，都享有与他人同等待遇的权利

正当程序规则的内容在美国联邦宪法的前十条作出了规定，这些内容被称为《权利法案》。这些关于权利的保证内容在美国联邦宪法第四、第五、第六和第十四修正案中体现得最为明显。其中《美国联邦宪法第五修正案》规

定:"没有人可以在非正当法律程序下剥夺别人的生命、自由和财产。"《美国联邦宪法第十四修正案》对州的正当程序作出了规定,它规定每个州必须保护公民的合法的个人权利。

所有的法院特别是美国联邦最高法院,都对《权利法案》作出了解释。正当程序标准是20世纪60年代由沃伦法院(1953~1969年)设置的,这个标准对日后联邦最高法院关于对刑事诉讼程序的规定有着深远的影响。以首席大法官厄尔·沃伦为首的沃伦法院,注重在刑事诉讼过程中保障那些无辜者的权利免受国家机关强大压力的影响。在不懈的努力下,《权利法案》以制度化的形式存在于我们的日常生活当中。当今美国所有的刑事司法行为,都建立在正当程序的标准之下,换句话说就是,个人权利在刑事司法程序过程中得到了尊重。

法院在界定权利方面的作用

虽然宪法涉及许多问题,但我们一直所称的"权利"的解释是开放的。如果不是因为美国联邦最高法院在历史上的某个时刻决定在提交给它的案件中承认这些权利,那么许多现代权利尽管已写入宪法,但在实践中是不存在的。例如,在著名的吉迪恩诉温赖特案(1963年)中,美国联邦最高法院接受了《美国联邦宪法第六修正案》对所有刑事被告享有律师权利的保证,并授权各国为无力支付律师费的被告提供律师。在吉迪恩之前,除了在重大案件和一些联邦法院,法院为无法负担律师费用的被告指定律师几乎是未知的。在吉迪恩判决之后,法院任命律师变得司空见惯,全国各地的司法管辖区都采取了措施,为贫困的被告公平选择律师。然而,重要的是要注意,尽管美国联邦宪法第六修正案特别指出,"在所有刑事诉讼中,被告应享有权利。……为了得到辩护律师的协助",它没有说,国家应当提供律师。正是美国联邦最高法院解释了宪法。

美国联邦最高法院是非常强大的,它的决定往往会产生深远的影响。法官在吉迪恩这样的案件中作出的决定实际上成为具有基础性的法律。就所有实际目的而言,此类决定往往与立法行动同等重要。基于这个原因,我们在描述影响司法过程的司法判例时提到了"法官制定的法律"(而不是立法的法律)。

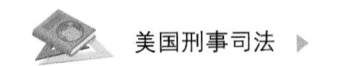

法院判决所承认的权利应不断加以完善，虽然变化的过程通常非常缓慢，但新的解释可能会扩大或缩小宪法保障的适用范围。

最终目标：通过程序控制犯罪

> **犯罪控制模式**：犯罪控制模式是从刑事司法的角度强调对犯罪分子采取有效的逮捕和定罪。正当程序模式是从刑事司法的角度，强调在整个司法程序的过程中保护个人的权利。

这本书我们主要探讨两个目标：①需要严格依照法律执行并维护公共秩序；②当个体受到不公对待时，应该保护个人的权利，特别是在刑事司法系统中。第一条原则在你被逮捕和定罪的时候是非常有价值的。它通常被称为司法系统的犯罪控制模型。犯罪控制模型第一次引起学术界的注意，是在20世纪60年代，斯坦福大学法学教授赫伯特·帕克做的一项很有说服力的关于刑事司法的研究。出于这个原因，它有时也被称为"帕克的犯罪控制模型"。

第二条原则被称为正当程序模式，因为它更加强调保护个人权利。正当程序是为了保护那些无辜的人不被定罪，它是美国刑事司法的一个基础性组成部分。它需要仔细、明智地考虑每一个案件的事实。在正当程序模式下，警察需要在逮捕、审讯和处理的过程中，考虑到犯罪嫌疑人的权利。同样，检察官和法官也需要在审判和出示证据的过程中，考虑那些犯罪嫌疑人受宪法保护的权利。

犯罪控制和正当程序往往被认为是对立的目标。事实上，美国刑事司法的一些批评者认为，过多强调犯罪控制往往使程序正义得不到保障。还有一些分析家坚持认为，我们的刑事司法对犯罪分子太过"溺爱"，并且对于无辜的人的权利保护太少。尽管像这样的意识形态斗争很难避免，我们可以认为美国司法系统的犯罪控制是通过正当程序实现的，这就是一种社会控制系统，处于这个过程之中的人都能够受到公平的对待。这种执法模式对于理解个人在美国刑事司法系统中的权利，提供了一种可行的概念框架。

刑事司法是基于证据的实践

2011年，美国政府要求国家司法研究所主任约翰·罗柏创立文化科学研究中心。这意味着我们在从一个很关键的并且是全新的视角，根据过去的一些经验数据来让我们的研究结果更加科学透明。科学是对过去传统思维的一种挑战，通过科学我们可以在刑事司法领域创造出一个全新的项目和策略，并且我们可以观察到它们是如何运作的。罗柏说，国家司法中心应该被我们称为一个"科学机构"。详见http：//nij.ncjrs.gov/multimedia/video-laub1.htm.

（相比2011年的）仅一年之前，助理检察长劳瑞·O.罗宾逊宣布成立了一个被称为"司法项目办公室"的新机构，它被视为美国司法部的左膀右臂，其用大量的资金来资助这些在全国刑事司法实践中表现最突出的机构。罗宾逊说，证据一体化项目的目的是让那些致力于研究犯罪和青少年司法的专业人士，扩展他们的专业知识，并且把他们的研究付诸实践，因而又被称为证据整合倡议（EZI）。司法项目办公室正在努力通过这个项目的资助来整合相关的科学和研究数据。罗宾逊说，更重要的是，我们将通过对这个以证据为基础的项目来推动证据成为司法的基础。

就像之前所说的，通过研究发现，证据在一个犯罪案件中不仅仅是孤立存在的，它也是破案的手段。因此，基于证据的打击犯罪策略已经经过科学测试和社会科学调查论证。无论是作为一个职业领域，还是作为一个研究领域，科学研究已成为刑事司法职业化的一个重要因素。就像罗宾逊承认的那样，如今刑事司法的政策制定层面正在强烈呼吁，司法领域的一切活动都应当基于证据来实施。

根据专家对证据和相关研究的评估，Crime Solution.gov这个网站中的项目可以被分为"有效的""无效的""可以发展的"。本书第四章对这个观点有相应的论述，基于证据的司法实践，在今后的很多年，可以在刑事司法领域的政策制定和行政管理中扮演更加重要的角色。要进一步了解刑事司法政策制定者今天面临的一些问题，请访问http：//www.besmartoncrime.org的智能犯罪联盟，并阅读该联盟向国会和总统提出的建议。

刑事司法学术的开始

刑事司法作为一门学科被人们所研究开始于20世纪20年代后期，洛杉矶警察局的前局长奥格特·福尔默劝说加州大学开设相应的课程专门研究刑事司法。福尔默加入了一个由他的学生奥兰多·威尔逊（1900~1972年）和威廉·帕克（后来于1950~1966年担任洛杉矶警察局的局长）组织的一个旨在加强警察工作专业性的训练。主要受福尔默影响的结果，早期的刑事司法教育是实践导向，这是一种为在职从业人员延伸的在职培训。因此，在刑事司法学科的初期，刑事司法的学生主要是将一般的管理原则应用到警察机构中。刑事司法被视为实践领域的学科，主要涉及组织效能问题的研究。

到了20世纪60年代，有关刑事司法在警察的教育方面开始借助于一些相关领域的社会科学调查研究作为技术支持，比如借助犯罪学、社会学、心理学、政治学等学科作为技术支持，以求全面展开对司法系统各个方面的研究。科学研究被应用到刑事司法系统是在1967年总统委员会的司法执行部门和行政管理部门的倡导下进行的，这个倡导直接影响了1968年的《街道安全和犯罪控制法案》。该法案领导建立了国家执法和刑事司法机构，这个机构后来成为国家司法研究所（NIJ）。作为其使命的核心部分，国家司法研究所继续提供大量资金支持，通过科学探索各个与刑事司法有关的学科，力求在刑事司法领域做出更多的研究成果，到地方社区帮助打击犯罪的来自司法部门的资金支持大概每年有3亿美元。现在，刑事司法作为一门独立学科成立的一百年后，它在以司法实践证据为基础的研究方法下蓬勃发展。助理总检察长罗宾逊是这样说的："正义的专业人士一直在实验室和法庭收集、分析和使用证据，这种工作方式已经持续了百年。随着经济的发展，我们需要创造出更多的方法来配合时代的需要，社会科学研究的结构又返回到以服务受害者为基础的新研究项目中去。司法实践的证据在刑事司法领域仿佛又找到了一个新的家。"

多元文化主义和多样性的刑事司法

2011年摩门教一个分支即摩门教基要派的前领导人沃伦·杰夫斯由于性侵犯2名未成年的女教徒被判处终身监禁。在审讯中，检察机关采用录音设备对杰夫斯强奸一名12岁女孩的情况进行记录。杰夫斯曾是FBI十大通缉犯名单上的人，他将至少在45年内没有资格获得假释。这种一夫多妻制的传统最早是从19世纪犹他州的宗教兴起的，但是州政府禁止这种做法已经有一百多年的时间了。虽然一夫多妻制是这个教会的核心教义，但是宗教官方依旧宣布废除了这个制度。有人估计，今天居住在犹他州和亚利桑那州的人，有超过3万人还是在沿用一夫多妻制。这样一种家庭生活方式的存在，可以作为一个指标来说明美国是一个多元文化主义和多样性的社会。

多元文化主义可以描述为整个社会由无数个小家庭组成，每个小家庭都有自己的文化、规范、价值观和日常行为。虽然当今的美国社会是真正的多元化社会，由各种各样的种族和民族遗产、多种宗教、不协调的价值观、不同的传统、不同的语言构成的，但多元文化主义在美国并不是什么新鲜事。在欧洲人到达西半球之前的数千年，美国本土的原住民都说着自己的语言，他们拥有不同的习俗和不同的宗教。17世纪从东部迁徙过来大量移民，导致更丰富的多元化。伴随着早期和19世纪中期的奴隶贸易，给美国带来了大量的不同价值观、信仰和行为方式，这种多样性经常与当时的文化发生冲突。19世纪末和20世纪初，这种不同语言和文化的融合有效地解决了不同族群之间的交流障碍，形成了多元的美国社会。

如今美国多元文化的面貌与过去完全不同，它受到了高出生率民族和大量移民民族的深刻影响。比如，那些以西班牙语为母语的墨西哥、古巴、中美洲、南美洲的移民涌入美国的人群中，有很多是非法移民，还有的是出于对自己国家政府和法律的不信任，所以选择了移民。出于对自己非法身份的担心，他们很容易成为欺骗、敲诈、勒索犯罪的对象。详细信息参见 http://www.justicestudies.com/pubs/immcrime.pdf。

多样性的特点同时影响了这些移民和那些美国本土出生的人。人口普查局的统计数据显示，白人占人口总数的71%，并在过去的40年呈现稳步下降的趋势；西班牙裔人口占到总人口的12%并且快速增长；非洲裔美国人占美国人口总数的12%；亚洲及太平洋岛裔移民占总数的近4%；美洲原住民，包括美洲印第安人、爱斯基摩人、阿留申人，低于总人口数量的1%。像这样的人口统计只能是估计，因为其中存在很多复杂的因素，比如被调查人可能是混血儿。不过即便统计不是很精确，我们仍然可以发现，今天的美国是一个多种族、多元化的国家。

种族和民族只是人们在谈论多元文化时用的流行语。毕竟，不是某个人的种族或者民族决定了个人的价值观、态度或行为。白人文化并不是美国社会统一的社会文化，用这种想法去思考这个问题肯定是错误的。我们不可能让所有的黑人都分享同一个价值观，让所有的西班牙裔美国人都遵循同一个传统，甚至要求他们说西班牙语。

多元文化主义，今天被作为一个术语使用，不过是多样性的一种形式。总之，多元文化主义和多样性这两个概念，包括许多具有社会意义的区别。当代的文化多样性和社会多样性让我们注意到整个社会是与种族、民族、亚文化、世代、宗教、经济和性别界线相关联的。生活方式的多样性也是很重要的。事实证明，生活方式很少被外界社会所影响，但是这并不意味着它不被社会文化多样性的观点所影响。这仅仅意味着一些生活方式要比其他一些正统的生活方式的被主流社会认可度低，至少目前是这样的。因此，即便是在当今这个尊重和鼓励选择多样性生活方式的多元社会环境下，选择一种生活方式很可能就会犯罪，比如一夫多妻制。

多元文化主义将贯穿本书的很多章节，以及国际和比较刑事司法的相关领域。就目前而言，我们可以充分地认识到，不同群的不同的价值观念、观点和行为特点对整个司法系统有着重大的影响。无论是在警察对一个母语非英语的嫌疑人下达命令的情况下（这时候在法庭就需要一名翻译来传达这个命令），还是在对警察极度不信任的少数民族人口生活的社区工作时（这里的人不情愿去举报犯罪行为），又或是一些刑事司法机构缺乏女性代表或者在"9·11"事件以后对一些阿拉伯人的非理性怀疑，这些多元文化主义和多样性表现出来的是对美国刑事司法工作的一种特殊的挑战。最后，正如我们所看到的，多元化社会下的司法机构对它的要求和期望是进退两难的。如何保障个人权利的表达和如何保障社会的安全、控制整个社会，这种情况与我们这本书的主题非常相似。

为它付出：刑事司法成本效益

过去几年的大萧条迫使州和地方政府对预算做出一些艰难的选择。由于应税收入下降、消费者支出减少、房产价值下降以及许可费减少，政府收入下降，许多地方的官员被迫减少支出和遏制服务。刑事司法机构未能免受预算削减的影响，许多人正在寻找以较低成本提供优质服务的方法。值得注意的是，今天强调资源的有效利用，还要求加强政府支出的问责制和透明度。

为了讨论今天在整个司法系统中对成本效率的关注，在整个文本中出现了许多类似这样的内容，并描述了警察部门、法院和矫正机构正在做的事情，因为他们越来越负责任地管理纳税人的钱。值得注意的是，今天强调资源的有效利用，还要求加强政府支出的问责制和透明度。

为了帮助司法机构明智地利用资源，美国司法部于2012年宣布了一个新网站：https://crimesolutions.gov，旨在为政策制定者、司法系统管理员和纳税人提高评估州和地方反犯罪计划的有效性的能力。该网站由位于华盛顿特区的国家司法研究所（NIJ）运营，被联邦官员称其为"单一、可靠的在线资源，为从业人员和政策制定者提供有关刑事司法、少年司法和犯罪受害者服务"。

一旦选择刑事司法程序进行审查，与NIJ合作的专家会分析可用的研究，记录该计划的有效性和成本效益。然后根据既定标准对CrimeSolutions.gov进行评分，并确定为①有效；②有希望；③无效。如果某项计划的证据不足或不一致，则不会获得排名。在撰写本书时，33%的评审项目被评为"有效"，而另有57%被评为"有希望"。

最后，梅丽莎·希克曼·巴洛在2012年对刑事司法科学学院的总统演讲中提出了可持续司法的概念。巴洛说，可持续司法可以被定义为"刑法和刑事司法机构、政策和实践，在当前实现正义而不损害后代获得公正社会利益的能力"。换句话讲，可持续司法是指现在可以负担得起并进入未来的刑事司法实践和机构。访问https://www.crimesolutions.gov/topics.aspx，了解有关正在评估的计划类别的更多信息。

参考文献

crimesolutions.gov；Melissa Hickman Barlow，"可持续司法：2012年总统对刑事司法科学学院的演讲"，《司法季刊》，第30卷，第1期（2013年），第1~17页。

总结

美国在过去半个世纪对犯罪的处理经验，对于塑造今天的刑事司法系统是有巨大影响的。犯罪的浪潮来来去去，过去的一个世纪里一些表现突出的事件显得尤为重要，其中就包括20世纪初禁酒令和大规模的有组织犯罪的小高潮，20世纪60年代至70年代，"传统"犯罪大幅增加，在同一时期，药物滥用对美国人的生活造成了严重的威胁，最后是2001年9月11日发生的恐怖袭击事件。这些事件都对美国的刑事司法系统造成了深远的影响。

这本书的主题是个人权利和公共秩序。正如本章所指出的，任何犯罪嫌疑人的个人权利应该得到和那些守法公民的权利一样的保障。与此同时，我们要意识到社会需要对那些社区中的犯罪行为立即采取控制，保护那些守法的公民不受伤害。这个主题是由两个对立的学派进行阐述的：他们分别是提倡注重个人权利的学派和强调我们应该更加注重保护公共秩序的学派。美国刑事司法机关遇到的最大挑战来自司法实践，当有关部门执法的时候，他们必须同时承认和支持犯罪嫌疑人和非犯罪嫌疑人的人权，并且还要分清他们之间的差别和特权。

虽然正义可能是一个难以捉摸的概念，但是我们需要特别认识到刑事司法是与社会正义紧密联系在一起的，其中包括个人对公平、公正的信念和人在文化信仰方面关于公平和公正的信念，这是很重要的。刑事司法作为社会司法的一个方面，它关注的是那些违反刑法的犯罪行为，并将其作为目标来实现。虽然刑事司法在社会管理领域的主要责任是去逮捕和惩罚那些犯罪分子，但是刑事司法的根本目的是保护那些无辜的人，公平地对待违法者，让他们在刑事司法行政管理机关得到平等的对待。

本章刑事司法的程序主要分为三个部分——警察、法院、矫正。这三个部分可以为了一个工作目标一起工作。之前我们告诫过大家，从这三个部分去理解刑事司法的初衷是让大家更加简便地了解这个系统。那么，理解刑事司法系统更加现实的方法可能就是我们不去使用一些系统方法。从非系统方面理解，刑事司法过程被描绘为一个支离破碎的活动，个人和刑事司法机构在这个过程中的利益和目标有时候是相同的，但是有时候又是矛盾的。

刑事案件处理的各个阶段包括：侦查、授权、逮捕、登记、初次到庭、预审，大陪审团退回起诉书或者检察官补充一些信息，在法院程序之前提审被告；进入审判程序，裁决或审判、量刑以及矫正。矫正作为一个研究领域包括：监狱、缓刑、监禁和假释。

正当程序原则，美国主要强调了美国联邦宪法前十个修正案的内容。宪法是美国刑事司法的中心。正当程序（也称为正当法律程序）是指程序上的公平，并要求刑事案件的处理是在公平和公正的程序下进行的。美国刑事司法系统是通过正当程序来实现犯罪控制的最终目标的。

美国刑事司法作为一门学科存在，起始于20世纪20年代。相关的科学研究已经成为刑事司法系统的主要组成部分，并且刑事司法部门强烈呼吁司法部门的一切行为都应该基于司法实践的证据进行。基于司法实践的证据的司法行为，是一种打击犯罪的策略，它是基于社会调查研发出的一种策略，并且已经经过科学测试证明可以应用于实践中去的一种策略。

当前的美国社会是一个多元化的社会，其中包含了各种各样的种族和民族的文化遗产、多元宗教、不协调的价值观、不同的传统、不同的语言。美国刑事司法的实践过程是多元化并且复杂的，因为在多元化的社会环境下我们没有关于"对""错"的共同认知，也没有关于"什么是正义"的精确答案。因此，这种多元化的表现，更多的是对司法人员工作的一种挑战，也可以说是一种机遇。

问题回顾

1. 描述美国在过去半个世纪中的犯罪历史。在此期间发生了什么值得注意的犯罪事件或活动，以及可能产生于什么样的社会和经济条件？

2. 这本书的主题是什么？根据这一主题，个人权利观点与公共秩序观点之间有何区别？

3. 本章还提及，在受到当今财政考虑的制约时，个人权利与公共秩序在经济环境中发挥作用。循证策略如何有助于实现个人权利和公共秩序倡导者的目标？

4. 什么是正义？本章讨论的正义包括哪些方面？刑事司法如何与更广泛的平等和公平概念相关联？

5. 刑事司法系统的主要组成部分是什么？他们如何相互关联？他们会怎么发生冲突？

6. 列出描述美国刑事司法系统特征的案件处理阶段。

7. "正当法律程序"一词的含义是什么？美国法律制度中的哪些部分是正当程序的保障？

8. "循证实践"这个术语是什么意思？研究在刑事司法中的作用是什么？研究如何影响犯罪控制政策？

9. 什么是多元文化主义？什么是社会多样性？多元文化主义和多样性对当代美国社会刑事司法实践有何影响？

第二章

犯罪统计

学习目标

阅读本章后，应该能够：

1. 描述联邦调查局的犯罪统一报告项目/全国事故报告系统（UCR/NIBRS）项目，包括其目的、历史及其告诉我们当今美国犯罪的内容。
2. 描述全国犯罪受害者调查（NCVS）项目，包括其目的、历史及其告诉我们当今美国犯罪的内容。
3. 比较和对比 UCR 和 NCVS 数据收集和报告程序。
4. 描述本章讨论的任何三种特殊犯罪类别在当下具有何种重要意义。

介绍

CBS 电视台名牌节目《CSI：迈阿密》在超过 55 个国家吸引了 5000 万常规观众，并在 2012 年播出前播出了 10 季。但 CSI 节目远远超出了迈阿密系列和 CSI 特许经营，现在以纽约市、拉斯维加斯和其他地区为特色的节目，可实时和按需提供给全球 200 个国家近 20 亿观众收看。2012 年，CSI 系列第五次被评选为世界上最受关注的电视节目。另一个受欢迎的犯罪节目"法律与秩序"在 2010 年结束前已经运行了 20 季，并由此拆分为《法律与秩序：犯罪意图》和《法律与秩序：特殊受害者》。今天最受欢迎的犯罪节目，《NCIS》和《NCIS：洛杉矶》（CBS），平均每集超过 2100 万观众，还有其他数十个聚焦于犯罪的电视节目可供全国观众观看。

社会评论员说，过多的犯罪活动轰炸电视广播节目显示了美国电视观众喜欢与犯罪有关的娱乐活动及他们对警察工作和刑事司法系统的迷恋。许多人补充说，吸引观众的不是暴力犯罪剧，而是犯罪者被抓住时的正义感和公平竞争感。访问 CSI 网站 http://www.cbs.com/primetime/csi，或通过 http://www.facebook.com/NCIS 成为 Facebook 上的 NCIS 粉丝。

本章有两个目的：第一，它提供了使用统计的方法去检验研究报告中的数据，通过使用这个方法可以对目前美国的犯罪情况有一个总览。第二，对当下人们特别感兴趣的犯罪做了特别的分类，其中包括了侵害妇女的犯罪、对老年人的犯罪、仇恨犯罪、企业和白领犯罪、有组织犯罪、枪支犯罪、毒品犯罪、网络犯罪和恐怖主义。

虽然本章我们会看到很多关于犯罪的统计，但是我们要记住，不论数据来源于何处，所有的统计都是对于犯罪报告的集中体现，我们不应该忘记犯罪让很多人失去了生命、造成了痛苦、降低了工作效率和影响了生活质量。现实生活中的受害人和罪犯，他们都有自己真实的生活，他们有自己的家庭、有自己的工作和美好的梦想。这一点与犯罪电视剧中的情节是完全不同的。所以，当我们审视这些犯罪统计数字的时候，我们绝不能忽视数字背后的人。

犯罪数据和社会政策

犯罪统计是对所有犯罪活动的一个总览。如果使用得当，犯罪统计图片可以作为一个功能强大的工具用于创建社会政策。各个层级的决策者，包括立法会议员、其他当选的官员，还有整个刑事司法系统的管理人员，都是依靠犯罪数据分析去评估现有的方案，评估和设计新的犯罪控制的措施，申请资金并筹备新的法律和犯罪控制的方法。许多"强硬"政策，如"三振出局"运动在 20 世纪 90 年代风靡全国，它是基于对现有无效方案的测量后制定出来的，目的就是减少累犯的发生。

然而，有些人质疑犯罪统计数据的全面性和客观性。社会事件（包括犯罪）是复杂的、难以量化的。即使是应该包括哪些罪行以及哪些罪行被排除在统计报告之外的决定本身也是一种反映政策制定者利益和偏见的判断。此外，数据收集战略所使用的特定罪行的定义通常与法定描述不同。最后，如第一章所述，基于互联网的犯罪和使用其他形式高科技的犯罪的数量在不断增加，多年前设计的统计报告程序可能无法完全计算此类犯罪。正如著名的犯罪学家赫伯特·帕克（Herbert Packer）曾经说过的那样，"我们可以随心所欲地犯罪；取决于我们选择被视为犯罪的人"。

我们应该注意公众对犯罪的看法不总是真实的，知名的犯罪学家诺弗尔·莫里斯指出，新闻媒体的舆论对于犯罪的报道要比官方数据对公众的影响力大得多。莫里斯经过4年的研究（在20世纪90年代中期）发现：比如，国家新闻媒体对于犯罪的报道频率比以往增加了4倍。与此同时，在这个时期，不论是国家媒体还是地方媒体，关于犯罪的故事都是头条新闻。莫里斯说，具有讽刺意味的是，当我们过多地关注关于犯罪的故事的时候，也就意味着这个时期的犯罪应该稳定地下降，而且暴力事件不应该频发。事实却是截然相反的。正如莫里斯所说，在这样如洪水般的误导信息涌来的时候，那些联邦和州的各地方政客开始慢慢地被舆论影响，也认为当前的社会需要严厉打击犯罪的政策。

犯罪数据的收集

犯罪统一报告（UCR）：这是由美国联邦调查局刑事司法信息中心部门用来进行统计并且做出专业报告的一个项目。犯罪统一报告项目向美国全国公布犯罪情况，其中包括做出年度总结和犯罪率的统计数据。

全国犯罪受害者调查（NCVS）：这是一个由美国司法统计局做出的关于犯罪受害人的年度报告，这个调查最关键的是对于那些之前没有被官方统计到的受害者的情况做出报告。

司法统计局（BJS）：这是一个美国的司法机关，它的职责是负责收集刑事司法的数据，包括一年一度对全国犯罪受害者的调查收集工作。

全国范围的犯罪统计主要有两个来源：一个是美国联邦调查局的犯罪统一报告项目，这个项目是关于各年度美国全境重大犯罪的总览；第二个来源是司法统计局做出的关于全国犯罪受害者的调查。当前美国关于介绍犯罪具体情况的数据，可能大多数都来自犯罪统一报告项目（UCR）和全国犯罪受害者调查项目（NCVS）。这两个项目中的大多数统计都来自警察部门对于犯罪受害者做出的报告。

另一个重要的犯罪数据来源是犯罪者自己对犯罪行为的报告，具体的方式是通过问卷调查他们曾经卷入或者实施的犯罪行为。关于犯罪者的自身报告在这本书中就不做过多的详细介绍了，因为它并不是在全国范围内通用的，而且并不经常使用。此外，犯罪分子也不会如实报告自己的犯罪行为，这就使得关于他们自身犯罪行为的调查的真实性得不到保障。然而，对于那些可用的犯罪分子自身报告显示，严重的犯罪行为要比官方公布的数据更加广泛和多样化。

其他的定期刊物也可以丰富我们对整个国家的犯罪模型的了解。比如，一本名为《刑事司法犯罪统计资源汇编》的书就是对各年度所有犯罪信息的统计，同时也对刑事司法系统的信息做出总结。这本资源汇编的书是由司法统计局（BJS）编写的，并且网络版本会随着数据的不断更新而增加其内容。国家司法研究所（NIJ）是美国的主要研究机构。司法部门、青少年司法和预防犯罪行为办公室、联邦司法统计资源中心、国家受害者信息资源中心将继续提供有用的犯罪信息，以加强我们对犯罪的认识。

犯罪统一报告项目和全国事故报告系统

犯罪统一报告项目的发展

美国国会授权总检察长调查犯罪的总体情况、联邦调查局执行这个项目。在短期之内，该局首先建立一个警察系统首长的联盟，这样就可以方便对全国的犯罪进行统计，完成一个统一的犯罪统计系统。警察系统首长的联盟曾建议使用现成的资料，于是警察曾经处理的公民的刑事案件材料就成为 FBI 此项计划的研究基础。

在这个项目开始的第一年，美国联邦调查局的犯罪统一项目就收到了来自43个州400个城市的报告，有2000万人包含在这批报告中。现在将近有1.8万的执法机构为这个项目提供信息，这些数据来自城市、乡村、大学和学院、部落，还有州政府部门。为了保障报告的统一性，联邦调查局在这个项目中重新对犯罪和相关的术语做了新的标准定义。许多出版物（包括犯罪统

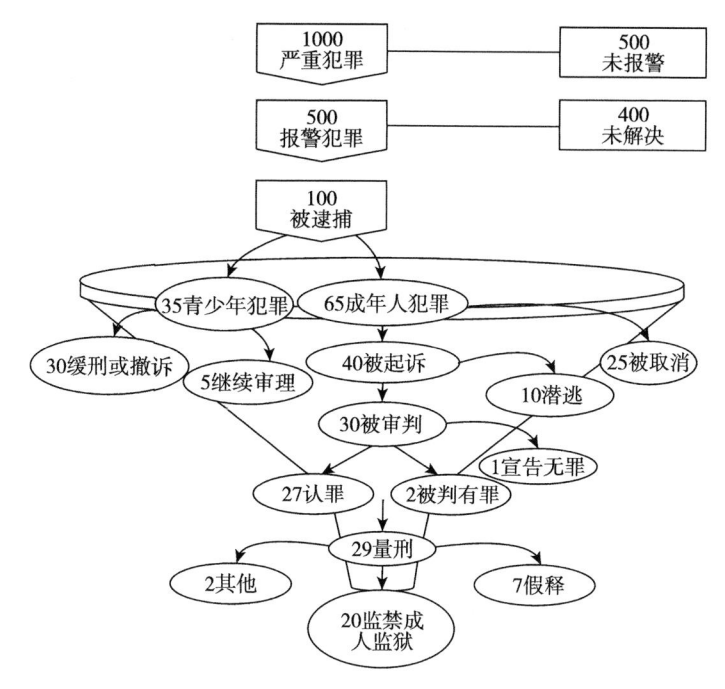

```
                    ┌──────────┐         ┌──────────┐
                    │  1000    │─────────│  500     │
                    │ 严重犯罪 │         │ 未报警   │
                    └──────────┘         └──────────┘
                    ┌──────────┐         ┌──────────┐
                    │  500     │─────────│  400     │
                    │ 报警犯罪 │         │ 未解决   │
                    └──────────┘         └──────────┘
                         │
                    ┌──────────┐
                    │  100     │
                    │ 被逮捕   │
                    └──────────┘
```

图 2-1　美国刑事司法漏斗

一报告手册和执法档案手册）都提供给这些参与的机构，通过联邦警察局召开的讨论会和文字说明会来培训这些人员如何使用这些手册。

　　根据警察系统首长联盟的建议，犯罪统一报告项目的设计初衷是允许通过不同时间的犯罪指数（Crime Index）对比来研究犯罪，关于 1960 年首次出版。犯罪指数主要总结了一下目前最主要的七种犯罪类型：谋杀、强奸、抢劫、严重袭击、入室盗窃、扒窃和机动车盗窃，这些案件以犯罪率的形式表现在犯罪指数之中。1979 年，在国会的授权下，纵火罪被添加到这个犯罪指数当中。犯罪指数对主要犯罪进行简单的分类。

　　然而多年来，考虑到犯罪率的不断上升，犯罪指数并没有给我们提供一个准确表达犯罪趋势的清晰图片，因为绝大多数的犯罪报告都是关于盗窃罪行的，对于其他犯罪的报告很少出现。被隐藏的盗窃犯罪的数量比当前报告出来的数量更多、情况更为严重，因为有很多盗窃犯罪很难被抓住，所以导致了司法管辖区域的人对于犯罪的概念就是高盗窃率，他们对于其他犯罪（比如谋杀和强奸）很少提及。2004 年 6 月，美国联邦调查局的刑事司法信息服务政策咨询委员会宣布,停止在犯罪统一报告项目中使用犯罪指数报告,相应地开始使用更加直接的暴力犯罪总量和财产犯罪总量数据报告。这种报告将一直延续到我们研究出更加适用的方法才会被替代。

虽然研究出一种新的犯罪指数统计方法还在继续,但是犯罪统一报告项目还是在针对不同的犯罪种类提供有用的犯罪报告,这些报告通过不同犯罪时间和不同的区域来进行对比,来达到研究犯罪从而控制犯罪的目的。当我们阅读以下内容时,我们要意识到当前的犯罪统一报告对于犯罪分类的定义更加的平行化,这并不是法律意义上的犯罪定义,仅仅是为了报告的方便而创制出来的分类方法。因为本书的很多犯罪定义都是从犯罪统一报告中衍生出来的,你需要记住本书的很多犯罪定义并不是法律意义上的定义,记住这一点很重要。

全国事故报告系统

从1988年开始,美国联邦调查局的犯罪统一报告项目研发了一种新型的犯罪收集方法,它叫作全国事故报告系统(National Incident-Based Reporting System,NIBRS)。全国事故报告系统是对原来犯罪统一报告项目的一种延伸,它对于犯罪统一报告项目有着很重要的替代作用。原来的犯罪统一报告更加注重对于犯罪的总结,全国事故报告系统更加倾向于通过不同的事件来解释犯罪(如表2-1所示)。

表2-1 传统 UCR 和增强 UCR/NIBRS 报告的区别

传统 UCR	增强 UCR/NIBRS
主要统计每月总犯罪数	主要统计个人事件记录,包括8种主要犯罪类型和38种其他犯罪类型,以及受害者、罪犯和财产损失等全面的案件信息
每连续袭击事件只记录一次,减少了多重袭击中次要袭击的数量	记录每次事件中的多重袭击
不区分犯罪完成和未完成状态	区分犯罪完成和未完成的状态
收集5种类别的暴力犯罪事件	重新定义"暴力犯罪事件"的概念

续表

传统 UCR	增强 UCR/NIBRS
只收集关于杀、抢、暴力犯罪的武器使用信息	记录所有案件的枪支使用情况
提供 8 种主要犯罪和 21 种其他犯罪的逮捕数据	提供 8 种主要犯罪和 49 种其他犯罪的全面逮捕情况。

NIBRS 不是单独的报告；相反，它是当代 UCR 系统的新方法——因此我们使用术语 UCR/NIBRS 来描述今天的统一犯罪报告计划。旧的 UCR 系统依赖于犯罪数据的统计表，而这些数据通常只计算频率，新的 UCR/NIBRS 系统收集了关于每个犯罪事件的许多细节。其中包括有关发生地点、使用的武器、受损或被盗财产的类型和价值、罪犯和受害者的个人特征、两者之间任何关系的性质，以及投诉处置的信息。全国事故报告系统里所有的市、县、州和联邦法律执行部门，都把各自的犯罪详细数据和逮捕活动按照级别提交给州事件报告系统或者是全国统一报告系统。

在犯罪统一报告项目中，区分第一部分和第二部分的罪行被变更为 22 种一般类型的犯罪：纵火、殴打、贿赂、盗窃、伪造、贪污、敲诈勒索、暴力强奸、诈骗、赌博、杀人、绑架、盗窃、机动车盗窃、毒品犯罪、非暴力强奸、色情、卖淫、接收赃物、抢劫、故意毁坏财物和携带武器犯罪。其他类型的犯罪集中表现为空头支票、流浪、行为不检、醉酒驾车、非暴力家庭犯罪、酒后违法行为、偷窥行为、离家出走、非法侵入等，这些行为都被归为"其他"犯罪行为。全国事故报告系统收集的数据也包括对犯罪过程中数据的收集，其中包括犯罪嫌疑人是否服用酒精、药品、毒品或者在犯罪发生时是否使用了计算机。

美国联邦调查局从 1989 年 1 月开始接受全国事故报告系统提供的数据，虽然当局想要从 1999 年完全地使用全国事故报告系统，但是拖延是常有的事情，到目前为止，全国事故报告系统的数据采集形式仍未被全部适用。因为它是一个灵活的系统，所有从项目中得到的数据都在不停地变化。比如，在 2003 年有三部分数据被添加到关于执法人员被杀和被殴打的信息系统当中。其他的新数据被添加到犯罪团伙的犯罪报告中去了。

在全国事故报告系统中研发新的方法，目的是提高犯罪数据的数量、质量、及时性和执法部门对数据编译、分析、审核及公布犯罪数据的能力。全国事故报告系统最显著的一个优势，就是从收集的数据中，根据特殊信息的需要去分解或者整合某些犯罪数据。《美国犯罪》的最新一版可以在 http：//www.fbi.gov/states-services/crimestats 上查阅。你也可以通过 http：//wordata-tool.gov 上的 UCR 表格 I 创建一个你特别感兴趣的犯罪数据统计。

其他有关犯罪报告的变化是从 1990 年开始的，根据犯罪意识和《校园安全法案》的要求，所有的大学都需要公布他们的年度校园安全报告。绝大多数大学都把自己的犯罪数据提供给美国联邦调查局，这样就可以增加事故报告的多样性。美国教育部报告指出，2012 年在美国所有的大学发生了 11 起谋杀案件和 3944 起暴力强奸案件。报告同时指出，2012 年有 1664 起抢劫案件和 2614 起暴力殴打案件，还有 18 554 起入室盗窃案件和 3238 起机动车盗窃案件。虽然这些数字看起来很大，但是我们需要注意的是，除了强奸和暴力性侵犯罪，大学校园的暴力犯罪率要比同龄非大学青年暴力犯罪率低了很多。强奸和暴力性侵犯罪在这两个群体之间没有太大的差别。

历史趋势

美国犯罪率：历史的趋势

1933~1959 年：从 1933 年到 1941 年，犯罪率从每 10 万美国人中有 770 起降至 508 起。1941 年，在第二次世界大战期间，大量年轻男子进入军队，犯罪率急剧下降。

1960~1989 年：从 1960 年到 1980 年，犯罪率从每 10 万美国人有 1887 起上升到 5950 起。从 1960 年左右开始，基于多重因素，犯罪率开始上升。战争的结束使许多年轻人回到了美国，1945~1955 年，出生率飙升。到了 1960 年，婴儿潮一代成了青少年，并已进入有犯罪倾向的年龄。此外，报告程序得到简化，围绕犯罪的宣传增加了报道的数量。警察机构变得越来越专业，导致数据增加和更准确的数据收集。而且，20 世纪 60 年代是动荡的岁月。越南战争、民权斗争以及大量毒品

> 加剧导致社会不平衡，从而导致犯罪率上升。
>
> 1990~2012年：从1991年到2012年，犯罪率从每10万美国人有5897起降至3246起。严格的法律、扩大的司法系统以及警察对人员和打击犯罪技术的资金增加被认为是犯罪率下降的原因。警方无法控制的其他变化可能发挥了作用，同样包括经济扩张和人口老龄化。在20世纪90年代，失业率下降了36%，这也可能导致犯罪率的下降。
>
> 2013年至今：近年来，一些城市的凶杀和其他暴力犯罪增加。犯罪趋势的第四次转变可能即将开始。经济不确定性、失业率上升、越来越多的前囚犯回到街头以及青少年人口和帮派活动的增加可能很快导致犯罪率持续上升。

大多数的全国犯罪统一报告项目和全国事故报告系统的信息，被以犯罪率的形式报告出来。这些犯罪率的计算方法是按照不同的小单元来计算，而不是按照全国人口总数作为一个整体来计算的。全国犯罪统一报告项目一般采用比较大的人口单元来公布，比如以10万人作为一个单元。因此，这两个项目在2012年的报告中关于强奸犯罪的犯罪率是这样描述的：在每10万名美国居民中有26.9人犯暴力强奸罪。这些公布的犯罪率是非常有意义的，因为我们可以在不同的地区或者不同的历史时间去比较犯罪率。1960年公布的强奸犯罪的犯罪率是在每10万名美国居民中仅仅有10个人犯此种犯罪。我们最初认为强奸犯罪率的上升，是因为人口的上升，所以犯罪的数量也跟着上升了，但是犯罪率没有发生变化。当我们比较这两个年份的犯罪率时，我们发现，犯罪率的上升比例显著地高于人口增长比率。这些数据需要被解读，虽然我们能根据犯罪率呈现出来的趋势来判断某种犯罪的发生概率到底有多少，但是这些判断往往是不准确的。因为这些判断仅仅是依据犯罪发生的平均值，并没有考虑到个人的生活环境，比如个体居住的大环境、个人财产状况和受教育的程度等。虽然犯罪率可能会告诉我们，当所有的条件聚合会发生什么、犯罪的整体趋势如何，但是当我们在分析个体案件的时候，还是要谨慎地使用这些数据。

自联邦调查局采用犯罪统一报告项目开始，犯罪率已经发生三次主要的变化了，目前我们目睹第四次转变的发生。第一次转变发生在20世纪40年代，这个时期犯罪率明显下降，因为大多数年轻男性都去军队服役参加第二次世界大战了。年轻男性是所有人口中最容易犯罪的群体，把他们部署到海外可以大大地降低犯罪率。1933~1941年，犯罪指数从每10万人有770个罪犯减少到每10万人中有508个罪犯。第二个值得我们注意的犯罪率转变的时期是在1960年到1990年，从这个时期的犯罪统计数据来看，犯罪率明显上升。这个时期犯罪率的上升原因是多方面的。第二次世界大战仍然是其中的一个原因。战争结束后，大量的年轻男性回归到正常的生活状态中，1945~1955年，出生率一飞冲天，大量的战后婴儿在这个时期诞生了。到了1960年，第一批战后婴儿成长为青少年，也就意味着他们进入了最容易犯罪的年龄。这个特殊原因造成了整个社会年轻人的比例严重不协调，造成犯罪率的直线上升。这个时期的犯罪率高还有一个重要的原因：要求让受害者把报告递交给警察部门，并且与社会公众相关的犯罪率上升的受害者情况成为警察部门重点报告的内容。在最初考察官方统计犯罪的时候，很多犯罪是未被发现的。随着官方统计的发展，对于结果的统计越来越精确，并且统计的范围也越来越大，这就使得很多相关部门也与这些犯罪率增长数据相关联。

20世纪60年代是一个动荡的年代，越南战争、公民权利斗争、世俗主义苗头的上升、不可思议的离婚率、各种各样形式的"解放"、迷幻药和大量的其他药物的滥用，这些因素冲击着当时的社会。社会规范变得模糊，群体对于个人的控制能力明显下降。正是由于在这个时期没有"规则"，才导致了美国社会这个时期的犯罪率不断上升。

从1960年到1980年，犯罪率由每10万美国居民中有1887人上升至5950人。20世纪80年代初，当大量的战后婴儿长大成人，他们已经度过最容易犯罪的青少年时期，而且美国的社会文化也慢慢地过渡到20年前的样子，那么整个社会的犯罪率与之前拉平了，这个时期的特征是很明显的。然而在不久之后，与毒品有关的犯罪行为的增多，再次把美国的犯罪率拉高了，特别是那些暴力犯罪行为导致美国的犯罪率再次飙升。

第三次犯罪率显著降低的转变时期是1991~2012年之间。在此期间，公布的犯罪率从每10万人有5897人犯罪减少到3246人。这个数字的下降并不是从1975年开始的。美国的司法部门分析认为犯罪率下降有以下原因：

1. 全国协调、合作、大范围地努力打击犯罪，这些行动开始于1968年《街道安全法案》和2001年《美国爱国者法案》。

2. 更加强大和更加完善的刑事司法机构，直接造成了联邦政府和州政府要投入更多的经费来打击犯罪，投入更多的精力在犯罪控制项目上。

3. 警察部门自主研发出了很多针对犯罪的项目，比如社区警务方案（详见本书第四章）。

4. 大规模的受害者运动和1984年制定的《联邦犯罪受害者法案》（VOCA，详见本书第九章）以及1994年制定的《反对侵害女性犯罪法案》（VAWA，本章稍后讨论）直接使美国司法部门成立了针对犯罪受害者的办公机构。

5. 量刑的改革，包括各种各样的关于"对犯罪者强硬处理的意见"的倡议（详见本书第九章）。

6. 大幅度地使用监禁刑（详见本书第十一章）使得关于量刑的法律发生了相应的变化（详见本书第九章）。

7. 1970年开始的"毒品战争"运动，直接催生了严惩毒品经销商和毒品犯罪累犯的做法。

8. 法医学的发展和执法技术的进步，包括应用通信工具、互联网技术的进步，还有DNA技术的使用（详见本书第九章）。

比严格的法律更加重要的是扩大刑事司法系统和增加警察经费，或者改变打击犯罪的技术。但是这些可能受到经济和人口因素的影响，这些因素虽然远远地超过政策制定者的控制范围，但是也对犯罪率的降低起到了作用。其中就包括经济的扩张和人口的逐年老龄化。20世纪90年代，美国失业率下降到36%，与此同时，20~34岁的人口也下降了18%。因此，20世纪90年代的犯罪率下降可能不是政策制定者的努力得来的，而是失业率的下降和人口结构的变化造成的。

值得注意的是，当前的法律执行部门的管理者经常会觉得他们的工作是十分有效的，因为当前的犯罪率一直保持在一个很低的水平。结果是：警察部门给予他们的工作人员很大的压力去人为地降低犯罪率，比如在结案的时候对那些罪行轻微的罪犯予以降级处理。这样纸面上的犯罪率就会保持在很低的状态。事实上，2012年一个关于纽约警察机关退休人员的调查表明，操纵犯罪报告在纽约警察机关已习以为常。有迹象表明，这种有疏漏的犯罪统计报告在美国全国范围内是一个很平常的现象。2012 年的另一项调查也发现了类似的问题。例如，在对密尔沃基警察机关的犯罪报告进行调查时，我们发现有上百起严重的暴力案件被人为地篡改为轻微犯罪，出现在最后的犯罪报告当中，可想而知，这些所谓的轻微犯罪不会被包含在最后统计的犯罪率之中。在这个调查报告被公布之后，密尔沃基警察局长爱德华·弗林要求该部门的 70 名警员重新接受联邦调查局犯罪报告课程的培训。

犯罪率的第四次转变可能正在发生。有些人认为当前的经济条件不稳定，对于那些没有工作技巧的人来说，失业率在不断攀升，越来越多的有犯罪前科的人重新回归社会，他们很多人是青少年，因此他们多数容易受到犯罪帮派的影响或者模仿别人犯罪。除此之外，很多的自然灾害也为犯罪提供了条件，因为这会造成社会混乱，比如 2005 年发生的卡特里娜飓风造成了当地的混乱，也滋生了很多犯罪。公共安全和司法项目负责人杰克·赖利认为，"我们在有些时候是可以人为地降低犯罪率的，这取决于我们在了解犯罪的一些信息后采取何种方式去预防它们的发生"。

频繁但随机的大规模枪击和大量的市内谋杀案也在改变着美国犯罪的面貌。

最近的一个研究表明，虽然传统犯罪的犯罪率明显降低，但是在一些城市谋杀率却显著升高。有些城市和乡镇的谋杀率甚至上升了 200%，其中包括克萨斯州的埃尔帕索、加利福尼亚州的丘拉维斯塔和威斯康星州的麦迪逊市。加利福尼亚州的阿纳海姆、内布拉斯加州的林肯市、加利福尼亚州的圣何塞市和内华达州的里诺市的谋杀率上升了 100%。

最后，重要的是要意识到虽然官方的美国犯罪率可能接近多年低点，但其他一些国家的犯罪活动水平仍然很高。例如，墨西哥政府和贩毒集团之间的持续战争导致超过 7 万人死亡，并且在过去 8 年中失踪人数超过 27 000 人，因此暴力犯罪迅速升级。暴力犯罪中大部分与部落和政治冲突有关，现在扩展到非洲、中东和欧洲部分地区，一位英国作家最近评论说，"犯罪已成为全球焦虑，伴随着气候变化、银行业危机和疾病暴发，它将继续恶化"。

犯罪统一报告项目和全国事故报告系统的转型期

通过 UCR/NIBRS 项目获得的美国犯罪数据报告正经历一个过渡阶段，因为 FBI 将更多的 NIBRS 数据整合到其官方总结中。向 NIBRS 报告的过渡很复杂，因为 NIBRS 收集的数据不仅比传统 UCR 程序更多，用于 NIBRS 下某些犯罪活动的定义也不同于传统 UCR 程序下的定义。联邦调查局指定供警察部门用于统计和报告发生在其管辖范围内的犯罪的标准参考出版物是《统一犯罪报告手册》，这是该手册的最新版本，它指导和告知了将在接下来几页中看到的有关犯罪统计的讨论。可以在 http://www.justicestudies.com/pubs/ucrhandbook.pdf 上访问整个 164 页的统一犯罪报告手册。对该文件的彻底审查表明，许多传统的 UCR 数据报告术语和结构仍然存在。

图 2-2 显示了美国联邦调查局的犯罪时钟，长期以来，该时钟每年都作为绘制美国犯罪频率图表的一种速记方式进行计算。请注意，犯罪时钟数据暗示了犯罪的规律性，但实际上并不存在。此外，虽然犯罪时钟是一个有用的图表工具，但它不是基于犯罪活动的速率的衡量标准，也不允许随时间进行简单的比较。其中包括 7 项主要罪行：谋杀、强暴（暴力强奸）、抢劫、严重伤害、机动车盗窃、入室盗窃和盗窃。

犯罪时钟区分了两类犯罪：暴力犯罪和财产犯罪。暴力犯罪（又称个人犯罪）包括谋杀、强暴（暴力强奸）、抢劫和严重伤害。值得注意的是，在加利福尼亚州和其他一些州，几乎所有的暴力犯罪都被称为"可打击的"，因为在这些州，二振或三振出局法会导致任何实施两次或两次以上此类犯罪的人被长期监禁。财产犯罪包括机动车盗窃、入室盗窃、纵火和盗窃。除了使用这种简单的二分法之外，UCR/NIBRS 的数据并不能清晰地衡量他们所涵盖的犯罪的严重程度。

与大多数 UCR/NIBRS 统计数据一样，犯罪时钟数据是基于向警方报告（或发现）的犯罪。对于一些违规行为，报告的数字可能接近实际发生的数字。例如，谋杀是一种由于其严重性而难以隐瞒的犯罪。即使犯罪没有立即被发现，受害者也常常很快被家人、朋友和同事所怀念，有人向警方提交了一份"失踪者"报告。汽车盗窃是另一种犯罪，报告的数字与实际发生率相似，可能是因为保险公司要求受害人在支付索赔之前提交警方报告。

在今天的 UCR/NIBRS 报告中，一个常用的术语是"清除率"，它指的是已"解决"的已报告犯罪的比例。清除主要根据逮捕来判断，不涉及司法处理。一旦实施逮捕，就视为已为报告目的"清除"了犯罪。当执法当局认为他们知道谁犯罪但不能逮捕时,可能会产生特别的澄清(有时称为特别手段的澄清)。例如,犯罪者可能逃离该国或死亡。

表2-2总结了2012年UCR/NIBRS项目统计数据。

表2-2 警察所知的主要犯罪,2010(UCR/NIBRS 第一部分犯罪)

犯罪类型	数量	犯罪率 (每100 000)	破案率(%)
个人/暴力犯罪			
谋杀	14 827	4.7	62.5
暴力强奸	84 376	26.9	40.1
抢劫	354 520	112.9	28.1
袭击	760 739	242.3	55.8
财产犯罪			
入室盗窃	2 103 787	670.2	12.7
盗窃	6 150 598	1959.3	22.0
机动车盗窃	721 053	229.7	11.9
放火	52 766	18.7	20.4
总计	10 242 666	3264.7	

2012 CRIME CLOCK STATISTICS

A Violent Crime occurred every — 26.0 seconds
One Murder every — 35.4 minutes
One Forcible Rape every — 6.2 minutes
One Robbery every — 1.5 minutes
One Aggravated Assault every — 41.5 seconds

A Property Crime occurred every — 3.5 seconds
One Burglary every — 15.0 seconds
One Larceny-theft every — 5.1 seconds
One Motor Vehicle Theft every — 43.7 seconds

图2-2 联邦调查局犯罪时钟,显示2012年度重大犯罪的发生频率

资料来源:联邦调查局,美国犯罪,2012(华盛顿特区:美国司法部,2013)。

自由还是安全？你决定

银行客户的着装要求？

帽衫或蒙面汗衫在 2012 年 Trayvon Martin 在佛罗里达州致命枪击事件后成为全国新闻。17 岁的黑人马丁穿着连帽衫，与乔治·齐默曼（George Zimmerman）发生明显争执，乔治·齐默曼是一个在封闭的社区工作的西班牙社区观察志愿者。枪击事件发生后，带帽运动衫成为种族歧视的标志，并激发了大规模的包括美国众议员鲍比·拉什的响应，他在众议院戴着墨镜、身穿帽衫。

然而，甚至在马丁枪击案发生之前，一些银行就禁止戴墨镜、戴头巾、穿带帽运动衫的人进入，他们称之为银行抢劫犯的"首选制服"。为了阻止抢劫案件的增加，许多银行要求顾客在进入金融机构前摘下帽子和太阳镜。例如，2009 年，休斯敦地区的银行开始张贴标语，要求客户摘下牛仔帽，有些人认为这个要求太过分了。由于在德克萨斯有 60 家斯特林银行的分行要求客户遵守这些规定，没有一家分行被抢劫。斯特林银行发言人 Graham Painter 说："我们不想让我们的老客户认为我们是在告诉他们应该如何着装。但是这似乎是合理的，并不是太多要求让我们比强盗有优势。"

然而，并非所有银行都在顺应潮流。马萨诸塞州公民银行（Citizens Bank of Massachusetts）发言人梅洛迪·杰克逊（Melodie Jackson）说："我认为，在通过这样的措施来识别嫌疑犯方面，你需要权衡的是方便顾客还是额外利益。""我们正在密切关注这件事的动态。"

尽管如此，着装规范标志正在全国各地的银行变得司空见惯，而且这一要求很可能将很快成为银行和其他金融场所事实上的标准。

你决定

银行"着装要求"是否会冒犯客户？你如何与发布这种要求的银行开展业务？如果他们穿着你认为可疑的着装，你会歧视他们吗？如果是这样，什么类型的服装会引起你的怀疑？

> **参考文献**
>
> Cindy Horswell,"一些银行的着装要求抵制帽子和太阳镜",载《休斯敦纪事报》2009年4月23日;Michael S. Rosenwald, Emily Ramshaw,"银行提出着装要求以遏制劫匪",载《波士顿环球报》2002年7月13日。"密苏里银行尝试揭露劫匪",载《警察杂志在线》2002年10月25日,http://www.police-mag.com/t_news-pick.cfm? rank571952(2013年10月25日)。

第一部分 犯罪行为

谋杀

谋杀是一种非法剥夺他人生命的行为。根据 UCR/NIBRS 报告关于谋杀的统计,美国的谋杀率在逐年升高。其中包括警察部门报告或者发现的非过失杀人的所有案件。其中不包括自杀、正当防卫、因为自然灾害或者事故造成的死亡和仅具有谋杀他人动机的情形。2012年有14 827件谋杀案件引起了美国警察部门的注意。一级谋杀是指有计划地谋杀他人的行为;二级谋杀是指故意和非法杀害他人的行为,但是它和一级谋杀罪的区别在于,二级谋杀罪一般是没有提前计划的,多数情况下是因为犯罪嫌疑人一时冲动造成了杀人的后果。

谋杀是第一部分犯罪中人数最少的犯罪种类,2012年的谋杀率是每10万人有4.7人。一般来说,谋杀犯罪一般发生在最热的月份。2012年谋杀案件发生最多的月份是八月。从地理学的角度上来说,谋杀大多数发生在美国的南部。因为南部的人口是相对较多的,但是想要做一个有意义的地区之间的谋杀案件数量对比是很难的。

年龄并不是谋杀犯罪的障碍。2012年的统计显示,有144名婴儿被杀,271名75岁或者75岁以上的老人被杀。并且我们发现年龄在20~24岁的年轻人是最容易被谋杀的群体,大多数的杀人犯也处于这个年龄阶段。

枪支是谋杀犯罪最主要的武器。2012年,枪支使用在所有的死亡案件中占到了69.3%。其中,手枪和猎枪的使用比例是15:1,步枪和猎枪的使用比例是相同的。刀的使用率是12.5%,其他的武器包括炸药、毒药、毒品、钝器、手、脚和拳头。

2012 年所有的谋杀犯罪只有 12.2% 的罪犯是杀害了"陌生人"。有 45.1% 的犯谋杀罪的罪犯和被害者的关系没有被查明。最多的情况是熟人作案，而其中朋友之间的作案情况是最为常见的。谋杀犯罪在大多数情况下（41.8%）是因为矛盾而产生，但是谋杀犯罪有时也是伴随着其他犯罪而产生的，比如抢劫、强奸、入室盗窃。但是这样的杀人犯罪往往出于一时冲动而不是提前计划好的。

谋杀犯罪有的时候是狂热的，有时候可能一次杀害两个人，有的时候可能在不同的地方连续作案。2013 年，一名狂热的杀手在几天内杀死了 3 个人，然后逃入了加利福尼亚州南部的山区，最后在一间小屋的隐蔽处被击毙。他曾是洛杉矶警察局的一名警官，在因诬告另一名警官过度使用武力而被开除后，他正试图对警察局实施报复。另一个在华盛顿特区进行恐怖活动的"狙击队"成员——41 岁—— 一名为约翰·艾伦·穆罕默德的杀人狂，2002 年在华盛顿地区策划了一次恐怖袭击，最后他和一名年仅 17 岁的牙买加移民少年一起被逮捕，因为他们在 3 个星期内使用枪支在马里兰州、弗吉尼亚州和华盛顿地区随机枪击 13 个无辜群众，造成 13 个人死亡。最后，穆罕默德和这名少年被判谋杀罪，穆罕默德被判处死刑，这名少年因为一名检察官的努力被判处监禁，并且至 2006 年不能享有被假释的权利。

与杀人狂形成对比的是大规模的杀人行为，这主要是指那些在一个地方、因一件事杀害 4 个或者更多人的行为。最近的大规模杀人犯包括康涅狄格州新城的射手亚当兰扎（他在 Sandy Hook 小学校杀了 20 名一年级学生和 6 名成年人）；在科罗拉多州，詹姆斯·伊根·霍姆斯在电影院疯狂射杀（死亡 12 人，受伤 58 人）；2007 年，在弗吉尼亚州理工学院发生了一起杀人案，名叫赵承熙的人杀害了 33 人并造成了 20 人受伤；蒂莫西·麦克维是一名反政府组织的人体炸弹携带者；穆罕默德·阿塔和他领导的恐怖组织在 2001 年 9 月 11 日袭击了美国；1991 年，乔治·亨特在德克萨斯州基林的卢比咖啡厅杀害了 24 人并造成了 20 人受伤。

另一种谋杀类犯罪是连环杀人案。连环杀人案一般有一定的时间跨度，并且分为三个或者更多的独立犯罪行为。连环杀人案可能是在一天内进行的，也可能是在一个月内进行更或者是在一年内进行。近年来比较著名的连环杀人凶手是杰弗里·达莫，他因连续杀害了 15 名年轻男子而被判入狱 936 年，

（后来他自己在监狱中也被谋杀了）；Ted Bundy 杀死了许多大学女性；亨利·李·卢卡斯现在被关押在德克萨斯州一所监狱，承认了 600 起谋杀案，后来又被撤回（但被判犯有 11 起谋杀罪并与至少 140 起谋杀案有关）；奥蒂斯·图勒（Ottis Toole）是卢卡斯的犯罪伙伴；邪教组织领导人查尔斯·曼森，仍然在为追随者杀死 7 名加利福尼亚人（包括著名女演员莎朗·泰特）而服刑；俄罗斯的"汉尼拔·莱克特"安德烈·奇卡蒂洛（Andrei Chikatilo）杀害了 52 人，其中大多数是学童；大卫·伯科维茨（David Berkowitz，也被称为"山姆之子"）在纽约市周围的爱人小巷中杀死了 6 人；Unabomber 的 Theodore Kaczynski 对"革新派"人物进行了一系列炸弹袭击；西雅图的绿河杀手，加里·莱昂·里奇韦，一位 54 岁的画家，在 2003 年承认在 20 世纪 80 年代杀害了 48 名女性。

美国联邦关于杀人犯罪的法律在 2004 年得到了修正，乔治·布什总统签署了《未诞生婴儿暴力受害者法》。这项法案将处于杀害或者谋杀怀孕妇女及其身体的任何阶段的犯罪单独地作为一项联邦犯罪。这项关于杀害婴儿的犯罪是通过一个叫拉奇·彼得森和她未出生的儿子被杀害的案件被人们所熟知的。这项法案主要就是对杀害孕妇的行为和流产行为进行严厉的打击。

因为谋杀是一种严重的犯罪，它消耗了大量的警察资源。因此，在过去的几年里，它的破案率最高。2012 年，超过 62.5% 的杀人犯被逮捕。如图 2-3 所示为联邦调查局关于杀人罪统计数据的扩充。

暴力强奸

普通的强奸和暴力强奸通常采用多种性攻击方式，其中包括同性强奸行为和女性强奸男性的行为。在美国联邦调查局的犯罪统一报告项目中，一般意义上的暴力强奸是指采用暴力行为、违背他人意愿进行的性行为。具体来说，就是这种侵入（不论多么轻微）阴道或者肛门的行为（不论是在身体的哪一个部分或者使用何种物体），或者通过口交的方式在受害者身上所发生的没有获得对方同意的使性需求得到满足的行为，都被认为是强奸。2012 年美国联邦调查局采用了对强奸犯罪的新定义，那就是不再像以前那样定义强奸的对象只能是女性。在此之前，针对男性的那些性暴力行为被认为是性骚扰、性猥亵，或者是在联邦调查局犯罪统一报告项目中类似的犯罪类型，都没有被认定为强奸行为。法定的强奸行为还包括那些针对未成年人的非暴力性行

图 2-3　谋杀和社会关系（2012）

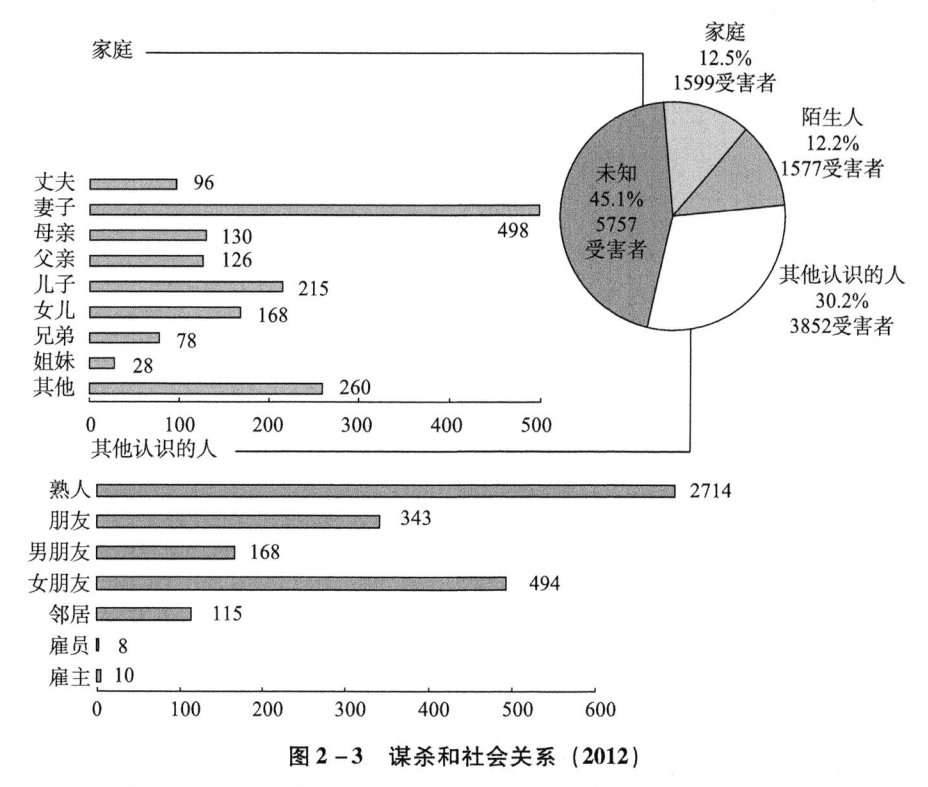

资料来源：美国联邦调查局，2012 年（华盛顿特区：美国司法部，2013 年）。

为，这些行为没有被统计在强奸犯罪之中，但是试图通过暴力或者是威胁来达到发生性行为目的的行为属于强奸犯罪。

暴力强奸是所有的暴力犯罪中被报告最少的犯罪。据警察部门统计，每 4 起暴力犯罪只有 1 起被报告出来。1992 年的一份报告中这个数字甚至更低，报告显示只有 16% 的强奸犯罪能够被报告。受害者羞于承认自己被强奸是最大的原因。因为在过去的很多年历史中，如果一个人承认自己被强奸，并且要在接踵而至的审判中陈述犯罪的细节，这是让很多受害者难以接受的。在过去的几十年，这一情况已经得到改变，相关部门能够更加精确地报告强奸行为和其他性犯罪。经过专门训练的女探员经常去拜访这些女性受害者，并且她们能够更好地了解受害者的内心情况，给予她们心理安慰。询问受害人被强奸的历史，在很多情况下已经不再被视为法庭的必要程序。

犯罪统一报告项目和全国事故报告系统的统计显示，2012 年有 84 376 起暴力强奸犯罪被报告出来，这一数字较上一年有略微的下降。但是在有些时候，即便是其他的暴力犯罪的发生率降低，关于强奸的犯罪率仍旧在上升。强奸犯罪像杀人犯罪一样随着季节变化。2012 年的强奸犯罪报告显示，发生强奸犯罪最多的时候是在夏天最热的时候，发生强奸犯罪最少的时候就是 1 月、2 月和 11 月、12 月。

强奸犯罪经常发生于犯罪嫌疑人对受害者有一定的了解、计划好日期进行犯罪。受害者可能被囚禁并且遭受重复的强奸。在异性强奸犯罪中，女性是潜在受害者，和年龄、长相、职业是没有关系的。犯罪人通过使用个人的暴力行为侮辱受害人、虐待受害人的身体来得到感官上的满足，这种行为完全是由一方主导并且发泄兽欲的犯罪行为。强奸的受害者往往会丧失个人价值观、感到绝望、无助和感情脆弱敏感、感到羞愧甚至丧失对生活的希望。

当前主流的观点认为暴力强奸犯罪是一种有预谋的犯罪行为，罪犯追求的是对暴力的满足而不是性本身带来的满足。女权主义女作家苏珊·博朗米尔 1975 年的一篇关于权利的论文认为，强奸犯罪最初的原因是因为男人对于女性进入他们的"领域"感到不满，所以他们采用暴力的手段来继续保持原来的性别不平等的状况。虽然很多作者关于暴力强奸犯罪的分析都认可这篇文章的观点，但是至少有一篇文章让很多人对于强奸犯罪有一个再思考的过程：1995 年丹尼斯·史蒂文斯的一项关于有强奸犯罪前科的人的调查显示，41% 的人认为他们之所以强奸是因为他们好色而不是对于暴力的追逐。

据统计，强奸犯罪大多数都是熟人作案或者是朋友侵犯。通过约会来实施强奸行为也属于这一类犯罪，这种类型的犯罪要比我们想象的发生概率要大得多。20 年前，很多的强奸犯罪都使用了迷药来实施犯罪，这种迷奸行为已经引起了犯罪人员的注意。迷药是一种几乎没有任何味道的禁药。这种迷药在黑市很容易买到，并且它很容易溶于水，受害者食用后可以被麻痹近几个小时完全没有知觉，那么如果在这种情况下实施强奸行为简直是太简单了。

婚内强奸一般没有被认为是犯罪，但是现在这种类型的强奸犯罪被美国刑事司法所重视，并且在过去的十几年内不断地用法律来打击这种行为。同样地，虽然很多州的法律中的强奸罪仅仅包括男性对女性的强奸，对于性骚扰也仅认定为男性性骚扰女性。但实践中这类犯罪还是被控以法定强奸罪。

2012年一名28岁的弗吉尼亚州的女性英语老师承认了她有4项重罪，因为她与她的一名15岁的男学生保持不正当的性关系。一名叫作阿托马的高中老师也承认他调戏并且猥亵了他的学生。

抢劫罪

抢劫罪是一种犯罪者和受害者面对面交锋的犯罪行为。抢劫罪常常和盗窃罪相关联，因为最初它仅仅是财产犯罪（我们将在后文中探讨入室盗窃）。在抢劫罪中，犯罪分子可能经常使用武器或者是暴力威胁。在犯罪统计报告项目或者是全国事故报告项目中，抢夺钱包和盗窃口袋中钱包的行为并不被认为是抢劫罪，而是被认定为盗窃罪。

如图2-4所示，（街道或高速公路上的）个人最容易成为抢劫目标。银行、加油站、便利超市和其他企业是第二类容易被攻击的目标。其中，入室抢劫占了16.9%。2012年有354 520件抢劫案件被警察部门报告出来，其中有43.5%是在街道或者高速公路发生的，这意味着大多数抢劫发生在室外，而且大多数受害者是在公共场所时被抢劫的。暴力抢劫的犯罪分子不使用武器而是依靠身体力量来达到犯罪的目的，这一类型占到了42.5%。在所有的抢劫犯罪中，枪的使用率是41.0%，刀的使用率是7.8%，使用枪支抢劫犯罪没有被起诉的占20%。

在之前的犯罪统一报告项目和全国事故报告系统中，当抢劫犯罪发生时，不管有多少人被抢劫，仅仅记录一次。但是目前这两个项目得到了修改，要确保精确地记录每次抢劫犯罪中的受害者人数，才可以保证数据的及时性和有效性。因为统计犯罪时，我们是依据法律规定犯罪的最严重的程度来统计的，它仅仅显示了犯罪分子在实施犯罪的那个特殊阶段。因此，如果抢劫犯罪和其他更加严重的犯罪相关联时，抢劫罪就被更严重的犯罪所吸收。比如，3%的抢劫犯罪受害者同时也遭到了强奸，并且大量的杀人犯罪的受害者也是抢劫犯罪的受害者。

抢劫犯罪是城市地区的一个主要犯罪种类，大多数抢劫犯都是少数族裔的年轻男性。2012年，抢劫犯罪在城市中的犯罪率为每10万名常住人口中有293.6人实施此类型的犯罪，这个数字明显低于乡村地区。2012年，被逮捕的抢劫犯罪嫌疑人中有87%为男性，60%在25周岁以下，57%为少数族裔。

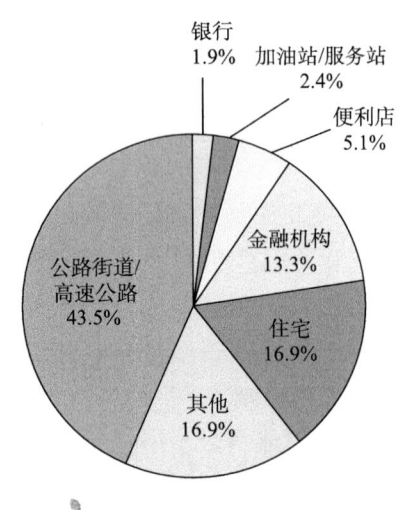

银行 1.9%
加油站/服务站 2.4%
便利店 5.1%
金融机构 13.3%
住宅 16.9%
其他 16.9%
公路街道/高速公路 43.5%

图 2-4 抢劫发生地（2012）

资料来源：改编自美国联邦调查局，《2012 年美国犯罪》（华盛顿特区：美国司法部，2013 年）。

刑事司法新闻："闪电抢劫"——下一个媒体现象

用短信或 Twitter 将大量人群聚集在一起进行自发事件的"快闪族"让警察感到厌烦，因为他们缺乏许可、可能具有破坏性。然而现在，警察正面临着一个更严重的问题：社交媒体指引人们（通常是青少年）前往零售商店并进行抢劫。

与传统的抢劫案不同，闪电抢劫有一种暴徒抢劫商店的感觉。当社交媒体将人们聚集在一起时，他们往往甚至不认识对方，并且很少进行规划。一个 YouTube 上的视频展示了大量狂欢的青少年在一家便利店进行抢劫并食用那里的零食和苏打水，店里的员工无助地看着他们。这持续了几分钟。

佛罗里达大学的研究科学家 Read Hayes 在接受《华尔街日报》采访时说，这是"暴徒行为，但它是有预谋的，这是一个新事物"。

根据全国零售联合会最近的一项民意调查，10% 的店主报告称他们在过去 12 个月内遭受过闪电抢劫，其中一半表示他们在此期间经历了 2

到 5 起犯罪。至少有 42% 的案件涉及嫌疑人被逮捕，他们都与社交媒体或短信有关，83% 的事件涉及青少年。

由于闪电抢劫涉及多达 50 人，因此商店员工无法阻止他们，甚至可能受伤。众所周知，参与者会在抢劫时打击员工。除了商品的损失，零售商也担心失去顾客。根据全国零售联合会的一份白皮书，"一群疯狂的青少年抢走商品并穿过商店通道，为顾客和商店员工制造恐慌和潜在的安全问题"。

便利店的一次抢劫案可能涉及数百美元的商品，高端零售商的成本可能会更高。2011 年 4 月，约有 20 名闪电抢劫者从华盛顿特区的服装店偷走了价值 2 万美元的商品。

通过社交媒体聚集的年轻人也可能在没有偷窃的情况下犯下暴力或破坏行为。例如，在费城，青少年在一家高档百货公司打倒了路人并殴打了购物者。此类事件促使市长迈克尔·A.纳特加强警察巡逻，并在晚上 9 点前对青少年实行宵禁。

在许多情况下，闪电劫匪被监控摄像头记录在录像带上，使他们易被逮捕和定罪。他们也可能在社交媒体上被识别或被逮捕而离开现场。警方只需要寻找大量年轻人，尤其是那些声称从商店购买物品但没有收据的人（尽管截停和搜查人们所涉及的法律问题可能会给执法人员带来麻烦）。

即使赃物的总价值很高，每个人偷窃的价值往往也很低，因此很难判处参与者严重的罪行。通常指控的是三级盗窃和暴乱。当参与者不使用枪支甚至不认识对方时，不适用刑事合谋指控。

在 2011 年马里兰州发生了几起闪电抢劫事件之后，州立法机构提出的一项法案将使每个参与者都成为一名抢劫总价值数额的闪电抢劫犯，从而允许更严厉的判决。在另一个应对中，克利夫兰市认为通过社交媒体召唤任何类型的暴徒都是犯罪行为，但该提议被撤回。

参考文献

"Flash Mobs Aren't Just for Fun Anymore", NPR, May 26, 2011, http://www.

> npr. org/2011/05/26/136578945/flash-mobs-arent-just-for-fun-anymore.
> "'Flash Robs' Vex Retailers", *Wall Street Journal*, October 21, 2011, http://online. wsj. com/article/SB10001424052970203752604576643422390552158. html.
> "Multiple Offender Crimes", National Retail Federation White Paper, August 2011, http://www. nrf. com/modules. php? name = News&op = viewlive&sp_id = 1167.

暴力伤害

2006年4月,一个叫亚瑟·J.麦克卢尔的人抢走了名为约翰松的人的兔子头饰,约翰松很生气,随后两个人厮打了起来。这一情况一度导致商场关闭了10分钟,麦克卢尔最终被捕。在这个事件发生的时候,周围有很多人在围观,包括很多当时在合影的孩子。麦克卢尔否认打了约翰松,之后他被公司解雇了。

暴力伤害有两种类型:一种是简单的攻击行为,另一种是严重的攻击行为。根据统计报告来看,简单的伤害行为最典型的就是推推搡搡。虽然有的时候简单的伤害包括打架的行为,更为准确的法律术语应该称为故意伤害。严重的暴力伤害和简单的暴力伤害,最简单的区分方法就是看犯罪者是否使用武器,还有受害者是否需要医疗救助。当犯罪者使用了武器,那我们就认为犯罪者想要谋杀受害者,不管最后是否对受害人造成了伤害。后来,在一些案件中,犯罪统计报告项目和全国事故统计报告项目将这样的暴力袭击定性为严重暴力伤害,因为这样的行为可能会造成严重的后果。

2012年,美国法律执行部门报告了760 739起严重暴力伤害案件。就像强奸报告一样,暴力伤害案件最容易发生的季节同样是夏季,最不容易发生的季节也是1月、2月、11月和12月。大多数严重暴力伤害案件都是使用钝器或拳脚(27%),不经常使用的是刀具(19%)和火(22%)。因为这些犯罪者在一般情况下知道自己的行动会给受害者带来怎样的伤害,严重的伤害案件相对来说比较容易解决。2012年的报告中,有将近56.4%的严重伤害案件的犯罪者被逮捕。

入室盗窃

虽然入室盗窃犯罪经常会和个人事务相联系,有时候甚至会发生肢体冲突,但总的来说它主要还是一种针对财产的犯罪。入室盗窃往往针对的是经济利益或者财物，然后把这些物品变为现金。2012 年有将近 210 万件案件被报告，总计犯罪金额 47 亿美元，平均每个受害者的损失有 2230 美元。

犯罪统一报告项目和全国事故报告系统将入室盗窃犯罪分为三类：①强行入室盗窃；②不使用暴力的非法入室盗窃行为；③试图使用暴力的入室盗窃。在绝大多数地区，入室盗窃行为通常不使用暴力手段。没有锁的门和敞开的窗户容易引来入室盗窃犯罪，法律对于入室盗窃行为的界定在大多数情况下是没有暴力行为的，犯罪者的目的仅仅是入室然后盗窃财物。2012 年的报告显示，60.5% 的入室盗窃案件是强行进入的；33.2% 是非法进入的；6.3% 是试图使用暴力进入的。最危险的入室盗窃行为是在家中有人在时候犯罪者实施犯罪（约占 10%）。当入室盗窃行为发生在家中有人的时候，受害者遭受暴力攻击的概率比家中无人的时候高出 30%。虽然我们对入室盗窃犯罪的想象是一个黑衣人打坏窗户然后进入家门，一般在这个时候家里的人都在睡觉。但事实上大多数的入室盗窃犯罪都发生在家中无人和白天的时候。

关于入室盗窃犯罪的破案率，我们将和其他财产犯罪一样在后文进行讨论，一般来说概率是比较低的。2012 年，入室盗窃的破案率只有 12.4%。入室盗窃犯罪的罪犯一般是不认识受害者的，大多数罪犯犯罪的时候都会隐藏自己的身份，这就造成了受害者最后无法指证犯罪人。

一般盗窃

偷窃（Larceny）是盗窃（theft）的另一个说法，几乎所有有价值的东西都可以被偷。犯罪统一报告项目和全国事故报告系统的专业术语是盗窃犯罪。美国的一些州把偷窃行为分为简单的偷窃行为和复杂的偷窃行为。区分它们的标准就是犯罪分子偷窃财物的价值。偷窃行为在犯罪统一报告项目和全国事故报告系统下不论是偷窃了何种价值的物品都被定为偷窃。该报告把偷窃犯罪定义为以下内容：

- 机动车盗窃
- 入店行窃
- 建筑物内行窃
- 盗窃机动车零件及配件
- 盗窃自行车
- 盗窃投币机

- 抢夺钱包
- 扒窃

如图2-5所示，从统计资料的观点来看，近些年最常见的盗窃犯罪案件为机动车盗窃案件和盗窃机动车配件的案件，例如，盗窃轮胎、轮毂、轮毂罩、导航仪、CD播放器、光盘、手机等，都在犯罪报告中得到过体现。

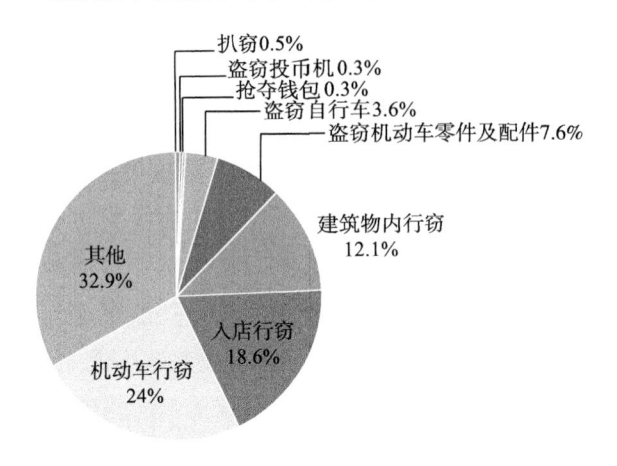

扒窃 0.5%
盗窃投币机 0.3%
抢夺钱包 0.3%
盗窃自行车 3.6%
盗窃机动车零件及配件 7.6%
建筑物内行窃 12.1%
入店行窃 18.6%
机动车行窃 24%
其他 32.9%

图2-5 盗窃罪分布（2012年）

资料来源：美国联邦调查局，《2012年美国犯罪》（华盛顿特区：美国司法部，2013年）。

多元文化主义和多样性：种族和刑事司法系统，第1部分

几年前，宾夕法尼亚大学法学院的拉尼·吉尼尔教授接受了公共电视节目"智库"的采访。该节目的主持人本·瓦顿伯格问吉尼尔："当我们谈论犯罪、犯罪、犯罪时，我们真的使用黑人、黑人、黑人的代码吗？"吉尼尔以这种方式回应："在很大程度上，是的，我认为这是一个问题，不是因为我们不应该处理年轻黑人可能犯下的不成比例的犯罪数量，而是因为如果我们不能谈论种族，那么当我们谈论犯罪时，我们事实上在谈论其他事情，这意味着我们在承认问题所在和试图解决问题方面并不诚实。"

当然，犯罪是由所有种族的个人犯下的。然而，犯罪——特别是暴力、街头和掠夺性犯罪——与种族之间的联系显示出一种惊人的模式。在大多数犯罪类别中，黑人罪犯的被逮捕数量等于或超过白人罪犯的被逮捕数量。在任何一年中，黑人的被逮捕数量占所有暴力犯罪的约38%，占逮捕人口的50%。然而，黑人只占美国人口的12%。当检查比例（基于种族的相对比例的）时，统计数据甚至更加惊人。例如，黑人的谋杀犯罪率是白人的10倍。类似的比率，当计算其他暴力犯罪时，表明黑人比白人更多涉及其他街头犯罪，如殴打、入室盗窃和抢劫。相关研究表明，美国30%的年轻黑人男性在任何一天都受到惩教监督——这一比例远高于该国其他任何种族的成员。关于逮捕的统计数据不仅表明黑人和少数族裔犯罪者人数过多，而且美国社会学协会的一份报告显示，"黑人男性和女性是严重暴力犯罪的受害者，且比率远远高于白人"。

对司法系统公平感兴趣的人来说，真正的问题是如何解释如此巨大的种族差异。当代研究似乎反驳了今天的美国司法系统是种族主义的说法。例如，最近，奥马哈内布拉斯加大学的犯罪学家保琳·K. 布伦南检查了种族和族裔对女性轻罪判刑的影响，发现"种族/族裔并没有直接影响判决"。布伦南发现，由于先前记录和惩戒严重程度等因素的不同，黑人和西班牙裔女性"比白人女性更有可能被监禁"。

然而，一些作者继续坚持认为，逮捕和监禁率方面的种族差异是由于非洲裔美国人在歧视性刑事司法系统中的差别待遇。例如，威斯康星大学怀特沃特分校的犯罪学家马文·D. 弗利表示，非洲裔美国人作为刑事司法专业人员的代表人数不足，导致他们在逮捕和监禁统计数据中的比例过高。弗利说，一些警察相比白人更倾向于逮捕黑人，经常逮捕没有足够证据支持刑事指控的黑人，涉及黑人被告的刑事案件的过度收费用——导致误导统计表显示黑人对更大比例的犯罪负有责任。

其他作家不同意。例如，在《种族主义刑事司法系统的神话》中，威廉·威尔班克斯声称，尽管美国刑事司法实践在过去可能具有显著的种族主义色彩，尽管种族主义的某些残余可能确实存在，但今天的制度处理刑事被告时多数是客观的。威尔班克斯表明，使用统计数据，"从逮捕到假释的每一点都很少或根本没有证据表明总体种族效应，因为黑人和白人的百分比结果并没有太大的差异"。威尔班克斯小心翼翼地反对那些继续暗示该制度是种族歧视的论证。他说，"这个问题的最佳证据来自全国犯罪调查，该调查每年采访130 000名美国人关于其犯罪受害情况……受害者陈述为黑人的罪犯百分比通常与逮捕数据中黑人罪犯的百分比一致"。

司法系统的实际公平性问题可能与感知公平性的问题完全不同。正如马里兰大学的凯瑟琳·K. 罗素所指出的那样,"经过研究表明,黑人和白人对刑事司法系统运作的公正性持有相反的看法;黑人在赞美时往往更加谨慎,并经常将制度视为不公平和种族偏见;相比之下,白人对司法系统有良好的印象。关键不在于白人对司法系统完全满意,而是相对于黑人而言,他们对制度更有信心"。

简而言之,如果要获得更广泛的社区接受度,今天的司法系统必须是种族中立的;而"正义是盲目的"这句俗语可能很好地指导司法系统参与者在所有种族歧视地区的行动。

盗窃家畜和农业设备的行为也算是盗窃犯罪的一种。事实上,盗窃仅仅是一个大类,在犯罪报告中有很多具体的盗窃犯罪分类。比如,1995 年耶鲁大学指控该校一名 25 岁的学生朗·格拉默涉嫌骗取学校的助学金。学校官方认为,格拉默伪造了他的大学和高中成绩单,不仅如此,他还伪造了教授的推荐信,从而才会被耶鲁大学录取。耶鲁大学官方认为,正是由于格拉默的这种不当的行为,他们才会提供给他 61 475 美元的奖学金,并为他提供助学贷款。现在格拉默已经被学校开除。

根据报告,盗窃的类型是多种多样的,包括财物盗窃及其利益的盗窃。财物盗窃的范围可以从偷钱包到偷窃价值 1 亿美元的飞机不等。盗窃犯罪报告的目的是把贪污、诈骗、造假等犯罪从盗窃罪中剔除出来。盗窃犯罪一般来说以犯罪分子对物品的实际控制为既遂的标准,一些网络盗窃工程图纸或者是盗窃电脑软件和电脑信息的行为并不认为是盗窃行为。但是如果是盗窃电脑设备、电子电路或者电脑音箱的行为,就属于盗窃行为。2004 年联邦调查局证实思科网络公司可能利用网络盗窃了一些其他公司的知识产权。该盗窃使用了将近 800 兆字节的专有软件源代码来控制这些公司的网络路由器。由于柯思科制造的网络路由器的使用率已经达到了全部网络路由器的 60%,美国官方担心如此多的市场占有率可能会导致整个网络系统的瘫痪。

2012 年的警方报告显示,美国全国有 6 150 598 件盗窃案件发生,被盗窃财物总价值 60 亿美元。盗窃犯罪是被报告的最为频繁的犯罪类型,但是有些时候盗窃犯罪又是被报告最少的犯罪类型,因为很多时候由于盗窃的金额太少不足以引起警察部门的注意。2012 年的盗窃犯罪报告显示,平均每起盗窃犯罪的损失为 987 美元。

个人信息盗窃：一种新型的盗窃犯罪。

2010年5月，年仅26岁的美国网络社交网站"脸书"（Face book）的创始人、亿万富翁马克·扎克伯格宣称，他的公司可以为客户提供更加安全的个人信息保护。他表示该公司服务将会更加人性化，以保障使用者的个人信息不会被泄露，或者是根据使用者自己的意愿可以有选择地公开自己的个人信息。用户可以自己在线设置自己的个人信息，因为这样更加人性化，更容易避免个人信息的泄露。这项服务可以有效避免犯罪分子利用网络上公布的个人信息去利用别人的身份实施犯罪。

个人信息盗窃包括通过冒充他人个人信息，盗窃他们的信用卡、商品、服务，这是一种特殊的盗窃行为。根据联邦最新的一项调查显示，2010年有550万居民的个人信息被盗窃，但是大多数此类犯罪行为都没有被统计和报告。司法统计局的信息显示，2010年至少有8%的公民的个人信息被盗窃。同时，个人信息盗窃犯罪也成为美国目前增长最快的犯罪类型之一。

1998年颁布《个人信息盗窃以及潜在威胁法案》后，个人信息盗窃成为一项联邦犯罪。法律规定，不论何人，只要是在当事人没有授权或者同意的情况下转让、使用以及利用他人的个人信息或者教唆他人偷窃个人信息的，均视为违反联邦宪法。

2004年《个人信息盗窃法案》规定，盗窃他人信用卡号码和盗窃他人其他个人数据的行为应当增加2年有期徒刑。这项法案还规定，如果犯罪者使用盗窃来的他人的个人信息触犯其他犯罪的，比如恐怖主义犯罪，应当加重处罚。

据国家白领犯罪中心的调查显示，盗窃身份的犯罪都是几种比较常见的方式。大多数是通过办公室垃圾提取有效的个人信息，有的是通过消费小票，有的是通过银行取款单或者信用卡申请表来盗窃个人信息。还有一种方式叫做"肩窥"，具体来说就是犯罪嫌疑人透过偷窥他人书写的个人信息，或者偷看他人在电脑上输入的个人信息。窃听也是一种盗窃个人信息的方法，这也是一种比较普遍的个人信息盗窃方式。窃听一般发生在受害者使用自动取款机通过电话办理银行业务的时候，比如通过电话提供个人信息和信用卡号码。犯罪者同样也可以通过互联网窃听到受害者的个人信息，比如，一些互联网用户回复一些垃圾邮件时，就会泄露自己的个人信息。这种邮件的内容一般都是很诱人的商品打折信息，或者其他各种利益诱惑，但同时也会要求受害者填写其姓名、地址、信用卡号码、日期等。个人信息盗窃犯罪一般都会依赖高科技技术，因为当今社会的很多个人信息都是通过虚拟途径填写被获取使用的。

机动车盗窃

出于管理记录的目的，UCR/NIBRS 项目将机动车定义为由动力装置驱动或牵引、在道路上行驶的、供乘用或（和）运送物品或进行专项作业的轮式车辆，包括汽车及汽车列车、摩托车及轻便摩托车、拖拉机运输机组、轮式专用机械车和挂车等，但不包括任何在轨道上运行的车辆。盗窃机动车犯罪不包括火车、飞机、推土机、大多数农场使用的机器、船舶、船只、飞行器，盗窃这些将被视为盗窃罪（larceny-theft）。驾驶登记在自己名下的机动车不属于盗窃机动车。因此，一个家庭拥有的机动车应被视为夫妻双方的共同财产，即便是在夫妻一方单独驾驶该机动车时，也是双方的财产。

就像我们之前所说的，如果受害者的机动车被盗窃了，保险公司只能在执法部门报告以后才能进行理赔。一些机动车盗窃犯罪的报告可能是虚假的。一些人的车如果接近报废或者由于种种原因可能无法进行销售，那么他们就可能通过谎报被盗窃者欺骗保险公司从而获得赔偿。

2012 年有 721 053 辆机动车被盗窃。每名受害者的损失在 6019 美元，被盗窃的机动车总价值在 43 亿美元。2012 年机动车盗窃犯罪的破案率只有 11.9%。大城市的机动车盗窃犯罪的破案率是最低的，农村地区的犯罪破案率是最高的。这些被盗窃的汽车很快就被拆解为零件进行销售，因为这样很难追回被盗车辆，也不容易被警察部门发现。在一些地区的地下拆车点，拆解被盗汽车然后把销售这些配件是一项很大的贸易，有的商店一天甚至可以拆解十几辆汽车。

机动车盗窃犯罪也可能转化为暴力犯罪，比如劫车犯罪的罪犯往往是先将机动车驾驶员强行拉出车外然后才实施犯罪。国家司法统计局估计每年发生的劫车案件大概有 34 000 件，占机动车盗窃犯罪总数的 1%。已经逮捕的盗窃机动车的犯罪报告显示，一般的犯罪者都为年轻男性，2010 年有 42% 的被逮捕者的年龄在 25 周岁以下，并且 81.1% 为男性。

纵火犯罪

2012 年犯罪报告项目总共接到 15 000 家执法部门上报的犯罪报告。其中只有 14782 家上报了纵火犯罪。一些机构提供的数据只能说明财产被烧毁了和被烧毁的财产价值的金额等。纵火犯罪的统计只能针对那些故意或者是恶意通过纵火来达到犯罪目的的行为。火源来源不明或者存疑被排除在纵火犯罪的统计之外。

2012 年建筑物内部纵火和焚毁建筑物（住宅、仓库、生产设施等）的行为是最典型的纵火犯罪报告行为。纵火烧毁机动车的行为是第二大纵火犯罪类型，2012 年有 21 494 辆机动车被焚毁，有 10 609 起焚毁案被报告。每起纵火犯罪的受害者的平均损失在 12 796 美元，总计金额为 10 亿美元。就像其他的财产犯罪一样，纵火犯罪的犯罪破案率仅为 20%。关于纵火犯罪的统计好像一直无人过问。1979 年，国会下令将纵火犯罪添加到第一部分的犯罪之中。但是今天还是有很多执法部门还没有像犯罪报告项目所要求的那样，将其管辖区内的纵火犯罪汇总纳入统计。

1982 年国会对于这些难题做出了相应的处理措施，并且目前已经在特殊纵火犯罪项目中得到了解决。根据国家消防中心的数据显示，美国联邦调查局目前已经针对纵火犯罪展开了特殊纵火犯罪报告系统。这个报告系统设计的初衷是对犯罪统一报告项目进行补充。

第二部分　犯罪行为

犯罪统计报告项目之中当然也会有那些被联邦警察局列为第二部分犯罪行为的。第二部分的犯罪行为一般比第一部分的犯罪行为要轻微，其中包括扰乱社会秩序和所谓的无受害者犯罪。第二部分的犯罪行为统计都是逮捕记录，但并不是警察部门的犯罪报告。之所以这么统计，是因为多数第二部分的犯罪报告可能永远不会引起警察部门的注意，也就不会被逮捕。第二部分的犯罪可以从表 2-3 中得出结论，表 2-3 显示的是 2010 年每个类型犯罪被逮捕的数量。

表 2-3　UCR/NIBRS 第二部分犯罪（2012）

犯罪类型	逮捕数量
普通攻击	1 199 475
伪造、假冒	67 046

续表

犯罪类型	逮捕数量
诈骗	153 535
挪用公款	16 023
接收赃物	97 670
破坏公物	228 463
武器	149 286
卖淫和相关的犯罪	56 575
性犯罪	68 355
滥用毒品	1 552 432
赌博	7 868
针对家庭的犯罪	107 018
酒精作用下的犯罪	1 282 957
白酒类违法行为	441 532
公共醉酒	551 271
扰乱治安	543 995
流浪	27 003
违反宵禁/游荡	70 190

第二部分犯罪行为的逮捕计数方法是计算犯罪者被羁押的次数。通过表2-3的统计我们可以看出，它只是提供了实际逮捕的人数。有一些犯罪嫌疑人被逮捕的次数远远超过一次。

全国犯罪受害者调查

关于美国国家犯罪统计的第二大数据来源是全国犯罪受害者调查（National Crime Victimization Survey，简称NCVS），这个调查是受害者自己上报而不是警察部门上报的。这个调查设计的初衷是统计当前实际的犯罪发生数量，而不是为了上报犯罪或者其他目的。首次全国犯罪受害者调查是在1972年进行的，是在20世纪60年代，在美国国家调查中心和总统委员会的法律执行部门以及司法管理部门的一致努力下启动的，因为他们发现有很多犯罪被统计所遗漏。这个调查针对的就是那些没有被警察部门上报的犯罪和没有引起官方注意的犯罪。在全国犯罪受害者调查项目启动之前,我们对于那些没有被上报和没有被发现的犯罪知之甚少。

全国犯罪受害者调查报告的数据开始改变美国犯罪学家对犯罪的看法。因为这个调查要比犯罪统一报告项目报告的犯罪项目内容更广,并且这个调查是受害者自己报告的。很多城市的犯罪受害率要比官方的统计高出2倍甚至更多。其他的城市,像密苏里州的圣路易斯、新泽西州的纽瓦克等,它们的犯罪受害率和全国犯罪受害者调查报告的统计数据十分接近。纽约一直被视为一个犯罪率较高的城市,但也是受害者自行报告率最低的一个城市。2017年全国犯罪受害者调查显示,纽约有56%的暴力犯罪受害者和88%的盗窃犯罪受害者没有向警察报案。

全国犯罪受害者调查的数据是将司法统计局根据美国统计局提炼出来的数据加以整合。美国统计局每年会安排两次专门的工作人员去采访将近90 000户家庭,将近160 000人作为统计的样本。只有12岁及以上的才会被采访。每户家庭会在统计的样本中保持3年,然后再换新的家庭进样本。

全国犯罪受害者调查的信息来自个人或者家庭的受害者报告,这些数据不论法律执行部门是否已经上报这个犯罪。法律执行部门收集各种类型犯罪的数据,然后总结各种犯罪发生的原因,在总结的时候不论受害者是否上报,都要给出具体的原因来加以总结。司法统计局每年都会在网络上公布年度报告。

与犯罪统一报告项目和全国事故报告系统相似,全国犯罪受害者调查的数据来自全国的强奸案件、性侵害案件、抢劫案件、暴力案件、入室盗窃案件、盗窃案件和机动车盗窃案件。1977年的犯罪受害者调查不包括的犯罪有谋杀、绑架、受害者自身犯罪(这种犯罪往往是违背犯罪者的意愿去实施的)、商业盗窃案件和商业入室盗窃。全国犯罪受害者调查的统计方法和之前的犯罪统一报告项目的汇报系统有些类似。这个统计系统只统计那些针对同一个人的严重刑事案件。虽然被调查的对象包括年龄12岁及以上的人,但是它只统计那些已经完成的犯罪和未遂的犯罪。

近年来,全国犯罪受害调查的情况如下:
- 每年有15%的美国家庭曾经受到不同程度的犯罪骚扰。
- 美国每年的犯罪受害者人数大概在2200万人。

- 城市人口受到犯罪侵害的概率是农村人口的 2 倍。
- 有大概一半的暴力犯罪和比 1/3 多一点的财产犯罪是会被警察部门上报的。
- 男人比女人更有可能成为犯罪的受害对象。
- 年轻人比老人有可能成为犯罪的受害对象。
- 黑人比其他种族的人口更有可能成为暴力犯罪的受害对象。
- 低收入家庭更有可能遭到暴力犯罪的侵袭。

表 2-4 UCR/NIBRS 与 NCVS 的数据比较

犯罪种类	UCR/NIBRS	NCVS
个人/暴力犯罪		
杀人罪	14 827	—
强奸	84 376	346 830
抢劫	354 520	741 760
严重伤害	760 739	996 110
财产犯罪		
入室盗窃	2 103 787	3 764 540
盗窃罪	6 150 598	15 224 700
机动车盗窃	721 053	633 740
纵火	52 766	—
总数	10 242 666	26 465 570

联邦司法统计局 2011 年的一个报告显示，全国犯罪受害者调查（NCVS）显示的犯罪率是自该调查进行以来最低的。犯罪率的下降是从 20 世纪 90 年代中期开始的，其中暴力犯罪从 1993 年到 2011 年降低了 60%。虽然这个统计显示近年来的犯罪率有所下降，但是犯罪统一报告项目的统计显示，当前的犯罪率较 20 世纪初期或中期的犯罪率还是有明显上升的。一些调查者认为，全国犯罪受害者调查比犯罪统一报告项目（VCR）和全国事故报告系统（NIBRS）的数据更加可信，因为它都是通过受害者自身上报来收集数据的，这样一来显然要比警察部门收集的数据更好。关于这两方面的对比请看表 2-4。

犯罪统一报告项目和全国犯罪受害者调查的比较

就像本章之前所说的那样，犯罪统一报告项目（VCR）和全国犯罪受害者调查（NIBRS）都是基于社会政策设计的用于预防或者减少犯罪的一种模型。这些政策希望通过这些调查的模型来解释犯罪行为并且通过收集到的信息来研究犯罪。但是不幸的是，当前的学者忘记了它们仅仅是一个统计工具，仅仅是对收集到的数据的一个描述，这些统计数据并不能解释犯罪或者说在这方面的说服力很弱。比如，全国犯罪受害者调查关于"家庭犯罪率"的调查显示，家庭犯罪是最为频繁的犯罪形态，其特点如下：①由黑人主导；②由年轻人主导；③有6个或以上团伙成员；④由家庭的承租者来领导；⑤一般发生在城市的中心地区。这些发现结合统计数据可以表明，大多数犯罪都发生在同一个种族之间，这就使得一些调查者认为，在同一种社会文化框架下的人的犯罪对象也是他们同一种族的人。这个结论在某些情况下可能是正确的，但是大多数犯罪的发生还是因为城市内部的地理位置而不是仅仅因为文化结构。仅仅通过调查样本的描述，我们很难知道每个案件发生的具体原因到底是什么。

就像其他的很多社会科学的统计一样，犯罪统一报告项目（VCR）和全国犯罪受害者调查（NIBRS）并非不存在问题的。因为犯罪统一报告项目的数据是基于市民最初向警察部门的报告，那么它就存在着几个固有的困难：第一，并不是所有的人在受到犯罪侵害时都会报告。一些受害者害怕向警察部门报告，因为他们不相信警察可以给予他们需要的帮助。第二，即便是受害者向警察部门报告，报告的犯罪种类也很少。其中包括无受害者犯罪，也被称为扰乱社会秩序犯罪，比如吸毒、卖淫和赌博。同样，白领犯罪和高科技手段犯罪，比如贪污和电脑犯罪，因为它们很难被发现，所以很少被官方统计在案。第三，受害者报告并非完全正确。受害者的记忆可能是错的，受害者可能是只记得一个部分或者是基于寻求警察的帮助，或者是受到他人的压力歪曲了事实。美国联邦调查局承认这些缺点，并表示"有充分文件证明，传统的简易报告制度的主要局限在于它无法跟上犯罪和犯罪活动的变化。无法掌握白领犯罪的程度就是这种更多局限性的一个具体例子"。第四，高科技和计算机犯罪，如白领犯罪，并不总是"适合"传统的报告类别，导致他们可能在今天的犯罪统计数字中减少代表性。第五，所有的报告必须经过官方过滤，这就很可能造成数据的不准确。正如数学家弗兰克·哈根指出的那样，"政府十分热衷于积累统计数据，他们收集这些数据，然后再对这些数据进行加工。但是你不要忘了这些数据都是第一时间被上报的，但是这些官员却执着于对这些数据'肆意妄为'"。

犯罪统一报告项目是基于受害者寻求警察的帮助，全国犯罪受害者调查项目正好与之相反，它是基于受害者自己的报告和对他们进行个人采访后得到的数据。调查的结果被扭曲可能存在以下几个原因：首先，不管我们的调查问题多么客观，调查结果都不可避免地会带有被调查者的个人主观色彩，一些回答可能是真实的，但是一些回答可能和犯罪毫无关联。其次，究其本质而言，调查的信息来源是那些愿意和调查者交流的人，更多的人是不愿意去回答调查问题的，即便是他们是受害者。同样，一些受害者也不愿和非警察部门的调查者交流，有些人可能向调查者编造了故事来应付调查。就像全国犯罪受害者调查项目首页报告的那样，"关于犯罪细节的信息最直接的渠道是受害者，但是这么说并不意味着我们试图去推翻警察部门的记录或者其他有关犯罪的文献记载"。

最后，因为犯罪统一报告项目和全国犯罪受害者调查项目都是人为确立的，他们仅仅包含了创立者认为恰当的数据部分。比如，2001年犯罪统一报告项目的统计并不包括包括那些参加"9·11"暴力恐怖袭击的人，因为美国联邦调查局把这个事件定义为非正常事件。虽然美国联邦调查局承认2001年有2830起关于"9·11"暴力恐怖袭击的杀人案件报告，但是最后将这些数据从最后的报告中移除了。最后的犯罪报告不包括这样的异常事件彰显了统计本身的任意性。

特殊类型的犯罪

犯罪类型学是一种用于研究和刻画犯罪行为的分类方案的学科。有很多种关于犯罪的分类，每一种分类都有它自己的逻辑。犯罪分类的系统对犯罪进行分类可能基于法律的标准、犯罪的动机、受害者的行为、每个罪犯的特点或者其他分类标准。犯罪学家特伦斯·麦斯和理查德·麦克库尔注意到，犯罪分类的设计初衷是要简化程序，把同类的犯罪行为归为一类。因此，一般情况下我们把犯罪分为两个类型：暴力犯罪和财产犯罪。事实上，很多的犯罪分类都是重叠的和非独占性的，比如，暴力犯罪里面就可能会包含财产犯罪，财产犯罪也可能会导致暴力犯罪。因此，没有一种犯罪的分类可以包含所有的犯罪细节。

社会关联性是区分犯罪的一个重要的因素，本章其余部分介绍的犯罪是当前比较重要的法定罪分类。它们是侵犯女性的犯罪、侵犯老年人的犯罪、仇恨犯罪、企业犯罪和白领犯罪、有组织的犯罪、枪支犯罪、毒品犯罪、高科技和计算机犯罪、恐怖主义犯罪。

侵犯女性的犯罪

犯罪受害者中的女性是一个值得特殊关注的群体，不管是在犯罪统一报告项目还是全国犯罪受害者调查项目，都把犯罪的受害者按照性别来进行分类。据统计显示，除了强奸犯罪之外，其他的犯罪的女性受害者数量明显比男性要少。统计数据显示，除了强奸之外，每个主要个人犯罪类别中女性受害的频率低于男性。美国整体暴力受害率约为每1000人中有12岁或以上男性9.4人，每1000人中有女性6.6人。然而，当女性成为暴力犯罪的受害者时，她们比男性更容易受伤（分别为29%和22%）。此外，由于犯罪威胁，女性比男性更多地改变了她们的生活方式。妇女（特别是那些生活在城市的妇女）对于她们的旅行地点以及离开家的时间越来越谨慎，特别是当她们无人陪伴时，在许多情况下也会对不熟悉的男性持谨慎态度。

约会强暴、近亲乱伦、虐待配偶、跟踪和其他危害妇女的行为、卖淫和色情传播，严重地危害着当前的美国社会。家庭暴力是目前造成美国女性受伤的最主要的原因。美国前卫生局局长埃弗雷特指出，遭受自己的伴侣殴打是美国女性身体健康的第一大威胁。以下是美国国家妇女反暴力调查的结论：

● 美国女性经常会受到暴力袭击。有52%的女性声称他们在小的时候或者是在成年后遭受过暴力侵害。

● 每年将近有190万的妇女会遭受暴力侵害。

● 18%的女性曾经遭受过强奸或者经历过强奸未遂行为。

- 在所有的强奸报告中。有22%的受害者是在12岁以下的时候遭受第一次强奸，32%是在12岁到17岁之间。
- 美国本土的女性和阿拉斯加地区的本土女性最容易遭受强奸和暴力侵害，关于侵犯亚洲女性和太平洋岛的女性的犯罪报告是最少的。西班牙裔女性比非西班牙裔女性受到犯罪侵害的概率要低。
- 女性受到伴侣暴力侵害的概率要比男性大。25%的女性被访者表示他们曾经受到了现在或者前任配偶、同居伴侣、约会对象的强奸或者暴力侵害，男性则只有8%。
- 女性面临的主要暴力来源是伴侣。76%的女性在18周岁以后被现任或前任配偶、同居伴侣、约会对象强奸或伤害身体，男性则只有18%。女性比男性更容易在暴力袭击中受伤，曾经在18周岁以后被强奸的32%的女性和16%的男性会在最近一次强奸时受伤，曾经在18周岁以后被暴力伤害身体的39%的女性和25%的男性会在最近一次暴力袭击中受伤。
- 8%的被调查女性和2%的被调查男性表示他们曾经被人跟踪过。据统计，每年有将近100万的女性和37.1万的男性被跟踪过。

《反对侵害女性犯罪法案》（VAWA）

根据调查结果我们可以发现，我们应该采取更多的措施来减少这些对女性的伤害。这些建议已经被联邦和州政府采纳，这些地区准备针对这一问题制定专门的法律来控制家庭暴力。联邦家庭暴力和联邦服务法案规定，联邦政府将针对这些受虐待的妇女设立专门的办公机构，增加更多的妇女避难所，并且在检察院和法院增加针对受虐待妇女案件的专门机构。

1994年的《联邦控制暴力犯罪和执法法案》就是为了针对妇女暴力犯罪所制定的。这个法案标志着国家开始注重家庭暴力犯罪、跟踪妇女的犯罪和性骚扰犯罪。根据美国的历史我们可以发现，针对女性的暴力犯罪一般来说都是因为男女不平等造成的。

《反对侵害女性犯罪法案》（VAWA）旨在消除针对女性的各种暴力行为，这个项目的预算高达16亿美元。其中包括：①针对女性受害者的需要对警察、检察官、法官进行培训；②为了防止家庭暴力案件鼓励使用逮捕措施；③针对女性受害者提供特殊的服务；④在全国范围内建立更多的妇女避难所；

⑤在全国范围内宣传如何预防强奸犯罪的技巧。这部法律还强调了"强奸盾牌法",其目的是保护受害者的隐私,特别是性隐私。

VAWA 第二章部分介绍了为打击暴力侵害妇女罪行的赠款提供的资金。资助的目的是协助各州和地方政府"制定和加强有效的执法和起诉战略,打击针对妇女的暴力犯罪,并在涉及暴力侵害妇女的案件中发展和加强受害者服务"。

该法还规定了违反保护令、违反国家界限的罪行以及越过国家界线对国内伴侣进行攻击的罪行。在发生死亡案件的情况下,它对最后一种罪行规定了最高至终身监禁的联邦处罚。

VAWA 第五章部分介绍了创设热线电话、教育研讨会、信息材料和针对为性侵犯受害者提供帮助的专业人士的培训计划。法律的另一部分名为"妇女安全之家法",增加了受虐妇女庇护所的补助金,鼓励在家庭暴力案件中执行逮捕,并规定设立全国家庭暴力热线,为其提供咨询、信息和援助。该法案还规定,家庭暴力的受害者,州法院发布的任何保护令必须得到其他州和联邦政府的承认,并且必须"强制执行",就好像强制执行国家命令一样。

VAWA 在 2000 年、2005 年和 2013 年再次被国会授权。2005 年 VAWA 重新授权了一项名为"国际婚姻经纪人管理法案"(IMBRA)的新法规。IMBRA 为可能移民到美国的潜在外国新娘提供潜在的救生保护。最后,2013 年重新授权每年为 6.59 亿美元提供 5 年的可用计划,以加强司法系统对针对女性和某些男性的犯罪的反应,包括对男女同性恋、双性恋和变性美国人的保护。

最后,50 个州和哥伦比亚市通过反跟踪法,提供了很多的措施来加强对女性的保护。当他们遇到跟踪他们的犯罪分子的时候,可以对 80% 女性提供保护。在联邦层面上来说,最关键的就是在 1996 年国会通过了针对跟踪妇女行为的法律规定。这个法律同样对网络跟踪行为作出了限制,如果有人使用互联网手段威胁或者性骚扰女性,那么其将会受到惩罚。网络跟踪是十分隐蔽的,因为它不需要肇事者和受害者处于同一个地理位置。相似,电子通信工具也具备这样的特点,很难去阻止这样的骚扰和威胁的发生。

侵害老年人的犯罪

相较其他年龄组,在犯罪统计中,老年人受害者相对较少。犯罪受害的情况看起来好像是随着年龄的增长而下降的，这表明老年人不是暴力和财产犯罪的目标。更为关键的是，老年人居住的区域比年轻人更加安全，因为政府会提供财政经费来保证他们的安全。

大多数关于老年人犯罪受害者的数据都来自全国犯罪受害者调查，这项调查中主要针对65岁以上的老年受害者。我们发现，不管是在暴力犯罪还是财产犯罪之中，老年人受害者在所有的数据中人数是最少的。针对侵害老年人的犯罪者的一些方面，我们还是应该注意的。一般来说，老年犯罪受害者与青年犯罪受害者相比，表现出如下特点：

• 更加容易成为财产犯罪的受害者（针对老人的犯罪90%是财产犯罪，相比而言，针对12~24岁的人的财产犯罪比例只有40%）。

• 更加容易遇到持枪犯罪的犯罪者。

• 更加容易被陌生人侵害。

• 更加容易白天在自己家附近受到犯罪侵害。

• 更倾向于向警察部门报告自己的犯罪受害情况，特别是遭受暴力犯罪之后。

• 更加容易受到身体伤害。

此外，当老年人遇到暴力犯罪侵害的时候往往不能够很好地保护自己。

老年人的犯罪受害情况有时由年轻人造成，比如老年护理人员对老年人的身体虐待。老年人的犯罪人身虐待分为两类：家庭和机构。家庭虐待往往发生于与受害者有关的照顾者；机构虐待发生在居住环境中，如退休中心、疗养院和医院。这两种针对老年人的犯罪也可能会涉及性侵害有联系。

老年人也经常成为骗子的目标。骗局集中于商业和金融欺诈（包括电话营销欺诈）、慈善捐赠欺诈、葬礼和墓地欺诈、房地产欺诈、看守欺诈、汽车和房屋维修欺诈、生活信托欺诈、医疗保健欺诈（例如，承诺"奇迹治疗"）和医疗保健提供者欺诈（由其他合法的医疗服务提供者进行过度收费和不合理的重复收费）。虚假的"朋友"可能故意将老年人目标与其他目标隔离开来，希望通过短期秘密贷款或彻底盗窃来挪用资金。同样，年轻人可能假装浪漫地与老年受害者恋爱或假装深爱老年人以索取金钱、收到不适当的礼物或继承。

最后，针对老年人的犯罪上升可能是因为战后婴儿潮的那批人现在到了退休的年龄。这个增长不仅仅是因为这批人的人口数量大，也因为他们比上一代退休的老人更加富有，对于骗子来说他们更加有吸引力。

仇恨犯罪

1990 年乔治·H. W. 布什总统签署的《仇恨犯罪法案》是对犯罪报告统计的一个重大的改变。这项法案授权于 1991 年开始收集关于仇恨犯罪的数据。美国国会将仇恨犯罪定义为那些由于种族、肤色、宗教、国籍、性别的个人或者群体激发的犯罪行为。2012 年，在全国范围内，警察机构报告了 5796 件仇恨犯罪事故，其中包括 3 起谋杀案。如图 2-6 所示，有 18.7% 的事故是出于宗教偏见，48.5% 是因为种族矛盾，还有 12.1% 的事故是出于种族偏见或者国家主义思想，另外 19.2% 的仇恨犯罪是基于性取向问题。还有一小部分是以身体或者精神有残疾的人作为仇恨犯罪的侵害对象。

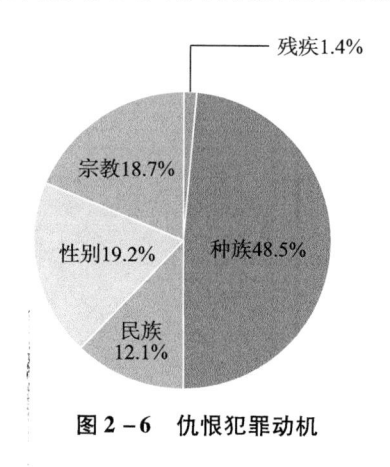

图 2-6 仇恨犯罪动机

继"9·11"恐怖袭击之后，一些地区的当权者对于仇恨犯罪的态度发生了剧烈的转变，因为这一时期的种族犯罪率一直在下降，而宗教主义犯罪和民族主义犯罪在急剧增加。特别是信仰伊斯兰教的人更加容易成为仇恨犯罪的侵害对象。

仇恨犯罪虽然也会造成人为的破坏，轻微的攻击或者是严重的侵害，但是最主要还是由恐吓组成。2012 年的一些抢劫和强奸案件也被归入了仇恨犯罪之中。

虽然大多人都会认为仇恨犯罪是基于种族仇恨，但是 1994 年的《控制暴力犯罪法案》创建了一种新的犯罪种类"基于性别的暴力犯罪"。国会将这个犯罪定义为施暴者因为性别或者性别歧视采取的犯罪行为。1994年的《控制暴力犯罪法案》没有针对基于性别歧视的犯罪确立有针对性的惩罚措施,预计触犯这个法案的人将在现行的法律下被起诉重罪。1994年的《控制暴力犯罪法案》还规定,对于那些出于歧视残疾人的犯罪也被归为仇恨犯罪之中。

2010年奥巴马总统签署了《马修谢巴德和詹姆斯博德法案》。该法案扩大了对仇恨犯罪的定义,把基于性取向、性别、针对残疾人的歧视犯罪纳入仇恨犯罪之内。这项法案还修正了《仇恨犯罪统计法》,包括基于性别歧视产生犯罪动机的犯罪,以及针对青少年的仇恨犯罪。

图2-7 前罗格斯大学学生哈伦·拉维,20岁,被指控15项刑事犯罪,其中包括歧视恐吓和侵犯隐私等,导致他的同性恋室友泰勒·金文泰的自杀。为什么仇恨犯罪被法律特别关注?

很多州都模仿联邦的法律来起草自己的歧视犯罪法规。2012年,前罗格斯大学的学生杜哈伦·拉维年仅20岁就面临了15项刑事指控,其中包括恐吓、侵犯隐私,以及涉嫌与2010年他的室友泰勒·金文泰的自杀案件有关。因为拉维通过网络摄像头拍摄了他的室友和另一位男性的亲密视频,然后拉维把这个视频上传到网络上,这让他的室友觉得害怕和尴尬,所以选择自杀。

这个案件的检察官说,拉维所犯的罪行正是仇恨犯罪的罪行,因为他这是一种对男同性恋者的歧视犯罪。最后拉维被判处监禁30天。

仇恨犯罪有时候也被称为歧视犯罪。比如,很多人不能接受同性恋的生活方式,他们歧视同性恋者,在很多情况下,正是因为这种歧视造成了很多人的自杀。美国南方法律中心对这类存在这种歧视的群体做了一项跟踪调查,结果他们发现在2012年美国全国有1018个这样的群组。正如阿拉巴马州的蒙哥马利说的那样,这样的群组数量从2000年开始至今增加了66%,他们大多数是因为的新反对移民组织和反政府爱国者组织的形成。这些所谓的"主权公民"组织的极端分子声称,根本不承认政府的主权,包括政府征税的权利和执法的权利。根据美国南方法律中心的统计,加利福尼亚州这样的组织最多(68个)。从全国范围来看,2010年美国南方法律中心证实有170个纳粹主义组织、136个白人主义组织、136个种族主义组织、26个基督徒主义组织、149个黑人分裂组织、42个新同盟组织、221个黑社会组织。

值得注意的是,仇恨犯罪统计数据在数据来源之间存在巨大差异,并且NCVS报告的仇恨犯罪数量远远超过UCR。然而,与UCR不同,NCVS收集报告的仇恨犯罪数据,而不是向警方报告,并允许受害者决定是否发生了仇恨犯罪。在http://www.justicestudies.com/pubs/hatecrimes2014.pdf上可阅读2014年BJS关于利用NCVS统计数据的仇恨犯罪的报告。

企业犯罪和白领犯罪

在第一章我们提到过白领犯罪,我们通过对阿伦·斯坦福和伯尼·麦道夫的案例做过简单的介绍。斯坦福2012年被定罪,因为他触犯了13项金融诈骗罪名并且造成了113个国家3万个投资者损失70亿美元。斯坦福的诈骗行为持续了将近20年,并且他一直在说服他的客户并且告诉他们他的投资是安全的。在这些证据下,他被判处110年监禁。

还有一个很著名的金融诈骗案件就是臭名昭著的麦道夫案,他在2009年承认他经营庞氏骗局非法获利500亿美元。这个案件被称为华尔街最大的诈骗案件,麦道夫利用非法的手段让投资者的这500亿美元消失不见了。麦道夫是纳斯达克前主席,他承认犯有11项重罪,包括证券欺诈、邮件欺诈、电信欺诈、洗钱和伪证罪。他被判处150年监禁。

近年来经济形势不容乐观,再加上房地产市场和就业市场持续低迷,这就造成了抵押贷款的快速增长,也增加了诈骗犯罪发生的概率。抵押贷款诈骗是一项联邦重罪,其中包括当申请贷款的时候对个人资质、个人收入、资产等隐瞒不如实报告,也包括对个人的不动产或者动产过高估计以欺骗贷款的行为。

抵押资产研究所调查发现,从 2009 年开始,抵押贷款诈骗犯罪逐年走高。联邦机构说他们正在被抵押贷款诈骗犯罪所淹没,但是他们也发现了一些新的诈骗手段。一个新的骗局是:犯罪者告诉那些被骗走房屋的人其可以为他们提供帮助,但是前提是他们必须支付几千美元的服务费,在受害者支付费用后,他们就会马上消失。2009 年初,美国联邦贸易委员会公布了执法机关利用法律手段打击抵押贷款诈骗的曲线图,这个举动让很多人误认为该组织是联邦政府的附属机关。

在美国刑事司法体系下,企业可以被视为独立的法律实体。比如,2002 年,联邦陪审团认为安达信全球会计公司涉嫌损坏公司的破产文件、妨碍司法调查。据查,这个公司 2002 年就已经不存在了,但是直到 2005 年它才停止所有的业务。

虽然企业可能会被认定犯罪,但是其主要的责任人则被认定为白领犯罪。白领犯罪的概念是美国学者埃德温·萨瑟兰于 1939 年首次提出的。萨瑟兰提出了"犯罪组合"(就是与企业犯罪相关联的犯罪)理论,并且他认为该罪比街头犯罪对美国社会的破坏更大。

2002 年 7 月,乔治·布什总统针对企业诈骗犯罪要求联邦政府创制了一部新的法律。他在华尔街对这些企业的领导说,此时此刻,美国的经济需要更加高尚的道德标准,这就需要更加严格的法律来约束企业的行为,同时也需要企业的领导更加有责任感。几个月之后,总统签署了《萨班斯·奥克斯利法案》。这项新的法律旨在惩罚企业犯罪和账户诈骗,也是为了惩罚腐败行为和保护员工和股东的利益。这项法案要求企业的管理人员必须亲自保证公司账目的真实性和准确性。这项法案同时对于那些妨碍司法调查故意毁坏相关文件的行为加大了处罚的力度。

有组织的犯罪

对于大多数人来说,说起有组织的犯罪就会想到黑手党等画面。虽然有组织的犯罪行为表现出来的是一个群体现象，但是在群组之中包含很多种不同的犯罪行为。美国在过去的几十年中，以传统的西西里黑手党为主的犯罪组织已经逐渐减少，相反以古巴黑手党、海地黑手党、哥伦比亚黑手党等为主的新的犯罪集团逐渐兴起。其中可能包括城市内部的帮派，最为人熟知的就是洛杉矶和芝加哥的帮派，他们参与国际贩毒，组织监狱内部的帮派，雇佣大量的打手，从事与毒品或者其他犯罪有关的行为。值得注意的是，这些帮派都与毒品贸易有关，并且获得了丰厚的利益。

这些犯罪集团的违法行为通常是通过国际合作来进行的，这些行为被称为跨国有组织犯罪。这些跨国犯罪集团中特别值得注意的是香港的黑社会、南美的卡罗因联盟、意大利黑手党、日本黑帮、俄罗斯马菲亚犯罪集团和西非的犯罪集团。这些组织从事的犯罪活动都超越了它们本国的领土范围。在世界的一些地方，犯罪集团和恐怖组织是有经济往来的，它们拿出大量的现金来支持恐怖主义活动并且极力地支持它们建立反对政府的武装组织。

美国前中央情报局局长詹姆斯·伍尔西指出，有组织的犯罪在今天并不是什么特殊情况，一些政府发现他们的权力一直被束缚在自己国家，他们的外交利益岌岌可危。毒贩和恐怖分子之间的联系有运送毒品、偷渡非法移民、大规模的金融和银行诈骗、走私武器等行为。这些行为在冷战时间都是致命的犯罪行为。对于现在学习刑事司法的学生来说，我们要意识到犯罪不再仅仅局限于一个国家。犯罪是全球性的，在一个国家发生的犯罪可能会影响到全球。

枪支犯罪

在美国文化中，枪支和枪支犯罪似乎随处可见。美国联邦宪法基于历史原因保障公民的持枪权，使美国成为一个武装良好的社会。枪支在许多类型的犯罪中都被使用。每年约有 100 万起严重犯罪（包括杀人、强奸、抢劫和殴打）涉及使用手枪。一年内，美国大约有 8800 起凶杀案使用了枪支。BJS 的一份报告发现，18% 的州监狱囚犯和 15% 的联邦囚犯在犯罪时持有武器，9% 的州监狱囚犯说他们曾在犯罪时开枪。

枪支管制问题在 2013 年 1 月 30 日成为焦点，当时的参议员黛安·范斯坦、宇航员马克·凯利、全国步枪协会副主席韦恩·拉皮埃尔等人出席了美国参议院司法委员会关于枪支暴力的听证会。在听证会上，拉皮埃尔强调了宪法赋予公民的持枪权，而范斯坦和其他人则称美国公民享有基本的安全权。就像刑事司法中的许多其他问题一样，当天的争论集中在个人权利和公共安全之间的紧张关系上。

听证会结束时，委员会听到了要求加强联邦枪支管制的呼声，要求禁止持有攻击性武器、限制弹药库的容量，并扩大潜在枪支拥有者接受背景调查的范围。

然而就在几年前，美国联邦最高法院大力支持个人携带武器的权利。《美国联邦宪法第二修正案》规定："训练有素的民兵是一个自由国家安全的保障，人民持有和携带武器的权利不得侵犯。"在2008年华盛顿哥伦比亚特区诉海勒一案中，美国联邦最高法院推翻了华盛顿哥伦比亚特区的枪支管制条例，裁定"第二修正案保护个人持有枪支的权利，该市对手枪的全面禁止以及即使出于正当防卫的需要也不得在家中持有枪支的规定，侵犯了这一权利"。法院对海勒案的判决是彻底且明确的。该判决明确宣称《美国联邦宪法第二修正案》保护"个人有权持有与民兵服务性质无关的枪支，并将该枪支用于传统的合法目的，例如在家中自卫"。

继海勒案之后，一些人质疑法院的裁决是否可能局限于联邦飞地，如华盛顿哥伦比亚特区，或者是否适用于其他司法管辖区。2010年，在麦克唐纳诉芝加哥城一案中，美国联邦最高法院在推翻芝加哥和伊利诺伊州橡树园市的枪支管制条例时回答了这个问题。法官们发现，"持有和携带武器的权利必须被视为美国联邦宪法固有的实质性保障"。在麦克唐纳案中，法院将个人出于正当防卫的需要在家中持有枪支的权利确立为一项"基本的"宪法权利。法院宣布的任何基本权利都不得被任何级别的法律所侵犯，除非政府能够证明迫切需要这样做，且只有在施加的限制尽可能最小的情况下。因此，在麦克唐纳案之后，各州和地方司法机构仍可对枪支所有权施加限制，例如登记的要求，或禁止被定罪的重罪犯持有手枪，但这些限制必须是合理的，不能是极端的。

在海勒案之前颁布的最重要的法律之一是1993年的《布雷迪预防手枪暴力法》，该法规定了购买手枪前需要等待5天时间，并建立了一个枪支经销商在出售手枪之前必须使用的全国即时犯罪背景检查系统。5天的等待期在

1998 年被取消，因为当时开始使用即时的计算机后台检查系统。

与枪支所有权有关的另一项重要立法是 1994 年的《暴力犯罪控制和执法法》，该法案规定了美国境内的枪支销售管理内容，首次禁止制造 19 种军用攻击武器，包括具有特定作战特征的武器，例如能够容纳 10 发以上子弹的高容量弹夹。然而在 2004 年，美国国会由于没有延长对攻击性武器的禁令，这一禁令就终止了。1994 年的法律还禁止向青少年出售或转让枪支，禁止青少年持有枪支，并禁止向有家庭暴力前科的人出售枪支。

1996 年出台的《家庭暴力罪犯枪支禁令》禁止有家庭暴力前科的个人持有或使用枪支。然而，该禁令通过后不久，全国数百名被判犯有家庭暴力罪的警察被发现违反了这项禁令，引发了争议。一些警官失去了工作，其他人则被安置在不要求他们携带枪支的岗位上。

在 1999 年哥伦比亚高中枪击案发生后，一些州开始加强对手枪和攻击性武器的控制。例如，加州立法机关将枪支购买限制在每月一支，并收紧了一项为期 10 年的对攻击性武器的禁令。同样，伊利诺伊州通过了一项法律，要求枪支持有者把武器锁起来，不得让任何 14 岁以下的人使用。

2004 年，在主要警察组织的敦促下，美国参议院否决了一项枪支工业保护法案的计划。该法案在 2005 年重新启动，在国会两院获得通过，并在 10 月 31 日由乔治·W. 布什总统签署成为法律，被称为《保护合法枪支贸易法案》，该法案规定枪支制造商和大多数枪支经销商免受枪支犯罪受害者及其幸存者提起的诉讼。法律将免除疏忽作为对枪支经销商提起民事诉讼的可行理由，若是枪支经销商不小心将枪支出售给有可能在犯罪中使用枪支的人；法律规定，只有经销商在出售枪支前了解购买者的犯罪意图时，才能对其提起诉讼。枪械制造者同样免于被指控制造潜在致命物品的责任。

然而到了 2013 年，正如本节开头参议院听证会发出的信号，一系列震惊全国的随机大规模枪击事件（本章和第一章对此作了描述）突出表明，需要采取更多的枪支管制措施。因此，奥巴马总统签署了 23 项关于枪支安全的行政命令，并呼吁国会解决美国的枪支暴力问题。

尽管联邦法律限制向重罪犯出售手枪，但司法统计局（BJS）的一项研究发现，大多数罪犯是从朋友、家人或黑市上获得的枪支，而不是在销售场所购买的。例如，最近的一项研究发现，没有证据表明严格的枪支管制法律会对犯罪产生影响。这项研究引用了50个州的数据，发现枪支管制法律并没有对犯罪率或是任何特定类型的严重犯罪产生影响。这项研究报告的作者说，这些法律在减少犯罪方面是无效的，因为这些法律并没有实质性地减少犯罪分子获得枪支的机会。

2013年12月，国会决定将生产不可探测的塑料手枪禁令延长10年。这类武器可以在任何由数字蓝图引导的3D打印机上生产。关于是否要求枪支制造商生成和保留他们生产的每一件武器的"弹道指纹"（子弹枪管留下的痕迹）的辩论仍在继续。尽管国家弹道指纹鉴定的要求可能还需要几年时间，但有3个州——加州、马里兰州和纽约——以及华盛顿哥伦比亚特区已经要求记录每一种新出售手枪的"指纹"特征。微印技术使用激光将武器的序列号编码刻在它所发射的每一个弹药筒上，加州当局相信，这种技术将能够追踪到手枪的制造商以及使用了遗留在犯罪现场的弹药筒的第一个购买者。

毒品犯罪

联邦调查局的统计数据显示，21世纪初，尽管许多其他犯罪的比率有所下降，与毒品有关的犯罪仍在继续上升。事实上，1973年至2006年间，美国因毒品犯罪而被捕的人数几乎增加了5倍；即使在20世纪90年代中期，因暴力犯罪和财产犯罪被逮捕的人数开始下降时（这一下降在今天仍在继续），毒品逮捕人数仍然没有减少。毒品逮捕率终于在2006年开始减少，但在此之前，毒品违法事件的大量增加导致了美国监狱人口的大幅增长。当今，美国因毒品犯罪而被捕的总人数超过了每年因任何其他罪行（包括酒后驾车）而被捕的人数，这有助于解释为什么美国的逮捕率没有以接近官方公布的犯罪率的下降速度下降（在他们提供的资料中不包括毒品犯罪）。如图2-8所示为1975年至2012年间美国因违反毒品法而被逮捕的嫌疑犯人数。

国家药物管制政策办公室（ONDCP）估计，美国每年的非法药物销售额约650亿美元，而联合国表示，美国、加拿大和墨西哥每年的非法药物销售额约1420亿美元。

单是违反禁毒法的行为本身就是犯罪，但越来越多的研究将药物滥用与其他严重罪行联系起来。兰德公司的一项早期研究发现，因犯中的大多数重刑犯都有滥用海洛因的广泛历史，通常与酒精和其他毒品相结合。一些城市

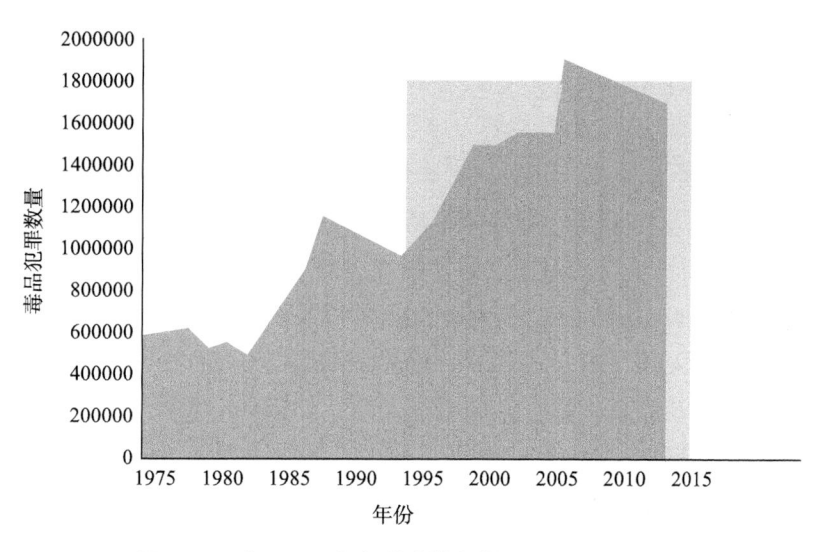

图 2-8　毒品犯罪每年被逮捕数量（1975~2010 年）

报告说，凶杀案中有很大一部分与毒品有关。最近的研究还将药物滥用与其他严重罪行联系起来。社区领导人意识到，数据分析也证实，吸食可卡因毒品对暴力犯罪有着深远的影响，凶杀率跟成年男性被捕者的可卡因使用率有密切的联系。囚犯调查数据显示，19% 的州囚犯和 16% 的联邦囚犯报告说，他们最近的大多数犯罪行为是为了获取购买毒品的钱。一项研究发现，13.3% 的被判有罪的监狱囚犯说，他们犯罪是为了获得买毒品的钱。

近年来，刑事司法系统处理涉毒人员的数量大幅度增加。例如，从 1984 年到 2012 年，每年被联邦法院指控涉毒的被告人数从 11 854 人增加到 30 000 多人。部分增长源于联邦药品法的改变以及新型毒品的出现，包括 K2 和 MDPV（亚甲基二氧吡咯戊酮）等。

虽然详细考虑毒品政策问题超出了本书的范围，但必须指出的是，包括科罗拉多州和华盛顿州在内的一些州最近已将拥有少量用于私人娱乐用途的大麻合法化，还有 17 个州和华盛顿哥伦比亚特区已经将医用大麻合法化。然而，在使用毒品后的影响下开车仍然是非法的，大麻中毒不能作为对其他犯罪行为的辩护。大麻的种植、销售和使用仍然是联邦犯罪，尽管联邦执法工作的重点更多地放在管制毒品物质和防止向未成年人出售这类物质上。

高科技和计算机犯罪

2012年1月20日,新西兰警方破获了一个特大网络盗版网站,这个网站导致版权所有者损失了近5亿美元。香港一个叫互联星空的注册网站拥有1.5亿的注册用户和每天50 000万的浏览量,其浏览量占到了全球网络浏览量的4%。这个网站提供大量的盗版视频、图片、音乐等,用户只需要支付少量的钱就可以获得这些盗版资源。同时,大量的网站广告位的出租费用据保守估计就价值数百万美元,这个网站一年的盈利将近4200万美元。

最后在新泽西最豪华的个人住宅,动用了一百多名警察才把犯罪嫌疑人抓住,因为这个豪宅里面安装了无数的电子监控和一个供逃脱的通道。

计算机犯罪也叫网络犯罪或者信息技术犯罪,它通过电脑和电脑技术作为工具来实施犯罪。盗窃电脑设备的犯罪也很多,但是它并不是计算机犯罪。真正的计算机犯罪不是盗窃计算机硬件设备,而是通过计算机来盗窃计算机信息的行为。

关于计算机犯罪的分类至今还没有一个被广泛接受的方法,澳大利亚犯罪研究所的彼得将计算机犯罪分为以下种类:①窃取服务,如窃听电话或者其他通信服务;②通过计算机手段来谋划犯罪,如通过电子邮件来商讨实施恐怖袭击的行为;③盗版行为,如盗取商业信息和信息版权的行为;④传播犯罪材料的行为,如传播色情信息的行为;⑤利用电子技术实施的金融诈骗和洗钱的行为;⑥计算机恐怖袭击行为,包括计算机病毒和网络恐怖主义行为;⑦电话营销欺诈行为;⑧非法窃听行为;⑨电子转账欺诈行为。

针对许多利用互联网的犯罪行为(如卖淫、贩毒、盗窃、欺诈行为)都不是新型的犯罪。相反,他们仅仅是利用了新的技术来实现犯罪。如2010年,有将近50个人因为传播儿童色情图片被逮捕,被解救的16名儿童表示他们被一些成年人强迫和成年人发生性爱行为,并且这些行为被用数码设备记录下来。通过进一步的调查,发现有将近1000人购买了这些儿童色情图片。

美国的相关人士表示,通过这起儿童色情图片案件我们可以发现,互联网和其他东西一样,都可以被人用作一些不可告人的犯罪行为。互联网确实改变了我们与他人社交的方式,也改变了商务模式、调查模式和娱乐模式,最重要的是它也改变了人们的犯罪模式。犯罪变化的速度显然要比法律针对新型犯罪制定法律的速度要快得多。

在过去的很多年中，计算机病毒已经习以为常，特别是现在使用互联网的人越来越多的情况下。计算机病毒第一次引起人们的注意的是在1988年，巴基斯坦电脑病毒在美国全面爆发，这个病毒是由阿姆贾德·法鲁克和他的兄弟制造的，这两个人大量拷贝这个病毒并且以极低的价格卖给西方的消费者。从这之后，我们不停地听到电脑病毒泛滥全球的新闻。

2003年，联邦立法者为了使那些"不请自来"的商业电子邮件和垃圾邮件负刑事责任而采取行动。《控制恶意营销和色情信息法案》从2004年1月1日起开始实施。这个法案规定，群发邮件的首要目的必须是用于商业广告和产品的销售和服务。这个法案要求商业信息邮件必须包含以下三个特征：①必须明确表示此邮件为商业广告或者是商品体验邀请；②该邮件必须有选择屏蔽功能，用户可以自由屏蔽；③发件人必须有明确的地址提供在邮件之上。根据一些专家估计，当前80%的邮件为垃圾邮件，一些州已经制定了相关的法律加以应对。

与计算机相关的犯罪有时也会牵扯到版权侵权行为。比如，2005年美国联邦最高法院听取了音乐产业人士的意见，在线音乐服务可能会存在对音乐版权的侵权行为。

网络钓鱼行为是一种新型的网络犯罪形式，它主要是依赖社会工程技术，通过受害者对诈骗软件的回复来实现犯罪目的。微软公司表示，网络钓鱼行为是一种全球范围内增长迅速的网络诈骗行为，这种犯罪主要是通过邮件诱骗用户的个人信息然后进行犯罪。网络钓鱼是一种相对较新的高科技欺诈形式，它使用有着官方外观的电子邮件来吸引受害者回复，将他们引导到虚假网站。微软公司表示，网络钓鱼是"当今世界增长最快的在线欺诈形式"。网络钓鱼电子邮件通常指示收件人在账户被取消之前验证或更新账户信息。网络钓鱼计划大多数针对主要银行、联邦存款保险公司、IBM、eBay、PayPal和一些主要的医疗保健提供商，旨在窃取有价值的信息，如信用卡号、社会保险号、用户ID和密码。

一些调查者已经证实，企业所使用的电脑中最为严重的安全隐患往往来自内部员工，其中包括70%无权限进入信息系统的行为和95%的网络入侵金融系统的行为，导致了巨大的金融损失。

从 2004 年开始，美国联邦政府开始发布国家计算机安全调查报告。这个报告是由美国司法局、美国统计局、美国国土安全局和美国国家网络安全局发起的。这个数据的收集工作在 2003 年甚至成为美国总统的施政方针之一。

恐怖主义犯罪

什么是恐怖主义活动？

针对外国恐怖主义组织的代理人的联邦执法工作的主要权力来自《美国法典》第 12 章中的"移民和国籍法"，该法对恐怖主义活动的定义如下：

（ⅱ）"恐怖主义活动"定义

如本章所使用，"恐怖主义活动"一词是指根据犯罪所在地的法律属于违反法律的任何活动（或者，如果在美国实施，根据美国或任何国家的法律是非法的）并涉及以下任何一项：

Ⅰ. 任何运输工具（包括飞机、船只或车辆）的劫持或破坏。

Ⅱ. 扣押或拘留，并威胁要杀害、伤害或继续拘留另一个人，以迫使第三人（包括政府组织）做出或不做任何行为作为释放被扣押或扣留的个人的明确或隐含条件。

Ⅲ. 暴力袭击受国际保护的人［如第 18 章第 1116（b）（4）条所定义］或限制该人的自由。

Ⅳ. 暗杀。

Ⅴ. 使用任何生物制剂、化学制剂、核武器或核装置，或使用爆炸物或枪械（仅用于个人经济利益），意图直接或间接危害一人或多人的安全，或对财产造成重大损害。

Ⅵ. 威胁、企图或串谋实施上述任何一项行为。

（ⅲ）定义"参与恐怖主义活动"

如本章所使用，"从事恐怖主义活动"一词是指以个人身份或作为组织成员实施恐怖主义活动，或者行为者知道或有合理理由应知道的行为，提供材料支持任何个人、组织或政府随时进行恐怖活动，包括以下任何行为：

Ⅰ. 准备或计划恐怖主义活动。

Ⅱ. 收集关于恐怖主义活动潜在目标的信息。

Ⅲ. 向行为人知道或有理由相信的任何个人提供任何类型的物质支持，包括安全屋、运输、通信、资金、虚假文件或身份证明、武器、爆炸物或培训、恐怖活动。

Ⅳ. 为恐怖主义活动或任何恐怖主义组织索取资金或其他有价物品。

Ⅴ. 征募任何个人加入恐怖主义组织、恐怖主义政府或从事恐怖主义活动。

自2001年9月11日世贸中心恐怖袭击以来，恐怖主义犯罪活动和对未来恐怖活动的预防，已经成为美国司法系统官方关注的主要问题之一。在"9·11"之前的很长时间，人们对恐怖主义的认知还远远不够。在2001年，国际恐怖分子进行了共864起世界范围内的袭击，比前一年1106起袭击有所下降。

目前为止，恐怖主义还没有一个统一的定义可以在所有情况和背景下适用。有一些定义是自然成文法规定的，还有一些是为了特别目的而被创造出来作为测定成功打击恐怖主义的标尺。比如，FBI定义恐怖主义是一种以恐吓胁迫政府及公民为目的，或具有其他任何政治、社会目的的暴力行为，或危及人类生命安全的违法犯罪行为。一种最综合、最普遍适用的恐怖活动定义，可以在联邦移民和国家活动列表中找到。

恐怖主义的种类

区别主要的两种形式的恐怖主义是十分重要的：国内的和国际的恐怖主义。区别来自它们的起源、基地的运作和恐怖组织的目标。国内的恐怖主义涉及非法使用武力或暴力的组织或个人设立基地并且在美国境内运作，并且他们的恐怖活动没有任何国际方向，只面向美国政府和居民。国际的恐怖主义和国内的相反，是非法使用武力或暴力的个人或团体，并且与国外力量有着联系，它们的活动越过国境侵害百姓及其财产，去恐吓胁迫政府与百姓，或抱有任何其他政治和社会目标。国际恐怖主义有时被错误地叫成外国的恐怖主义，严格从术语上讲，仅仅指发生在美国境外的恐怖主义。

另外一种恐怖主义叫作网络恐怖主义，悄悄初露端倪。网络恐怖主义利用高科技（尤其是电脑和网络）计划并实施恐怖袭击。该术语于1980年被巴里·科林创造出来，他是一个在加州情报安全学院的高级学者，他用这个词来表示网络和恐怖主义的融合。这个词后来被广泛应用于一篇1996年的RAND报告中，称之为新兴恐怖主义，他们使用科技形成一个组织。该报告警告即将到来的"网络战争"或"信息战争"，恐怖分子可能利用配套的网络攻击美国的经济、商业、军队建设。一年之后，FBI 探员马克·波利特提供了一种有效地对"网络恐怖主义"的定义，称它是恐怖组织或隐秘机构有预谋的、有政治目的，通过利用电脑系统、互联网络、信息数据等手段，以平民为目标的暴力袭击行为。

网络恐怖主义发展潜在威胁是多变且丰富多样的。一些人说，成功的网络恐怖主义袭击国家的航空管制系统，可能引起半空中的飞机相撞，或袭击食物或谷物加工厂使其彻底改变固定营养元素的含量标准，可能致病或杀死大量少年儿童。其他这样的袭击可能导致国家电网的崩溃，或使银行和股票的交易转账记录发生混乱。网络恐怖主义可能袭击的目标几乎无穷无尽。在一个 2005 年的国家电脑安全调查中，专家们发现，几乎一半人都在期待一个"电子珍珠港"，其中未来几年的美国社会会被恶意的黑客们拖入混乱之中。

恐怖组织和恐怖分子的范围

在 2013 年退休之前，FBI 主任罗伯特穆勒区分三个组织层次去描述极端暴力分子寻找机会去伤害美国及其利益。穆勒称，最顶层的是"基地组织，曾公布了新生核心点在非政府地区、部落领域、巴基斯坦边境的省份"。穆勒称，中间层是最复杂的，"我们发现，小团体与已确定的恐怖组织有一定的联系，但是小团体具有十分强的自主性。想象一下，他们是由基地组织与当地激进分子和复杂特工混合产生的"。穆勒提到，最下面一层"是由当地极端分子组成的。他们自我激进、自我资助、自我执行。他们在网络上而不是在国外训练营地中碰面。他们不和基地组织有正式的从属关系，但是他们被基地组织的暴力信息激励着"。

恐怖分子们活跃在世界各个角落，美国不是他们唯一的目标。恐怖组织运作在南美、非洲、中东、拉丁美洲、菲律宾、日本、印度、伊朗、英国、尼泊尔和一些过去从苏联独立出来的国家。

2001 年，美国尝试发展对国家公共基础设施的综合保护计划，总统乔治·布什创立国土安全局，并任命国土安全局主任为内阁成员。国土安全局在 2002 年变成联邦政府中的一个部门。通过 http://www.dhs.gov. 访问国土安全部的网站，通过国家反恐中心的世界事件追踪中心可以追踪国家和国际恐怖事件。网址是 http://www.nctc.gov/wits/witsnextgen.html。

国际环境下的犯罪

虽然因本文篇幅所限，不允许进行一个关于跨国犯罪的深度讨论，但值得注意的是，犯罪活动变成全球大问题，而且许多犯罪组织与跨国犯罪联系在一起，包括本土的毒品运作、贩卖人口、走私、网络犯罪、洗钱以及其他更多传统形式的犯罪。比如，在 2012 年，联合国报告称，犯罪已经成为最大的国际问题之一，通过计算发现犯罪收益全球每年达 2.1 万亿美元，或者准确地说，大约占了 3.6% 全球 GDP 总值。

联合国犯罪调查报告称，来自近 100 个国家的官方犯罪统计，提供了一个全球犯罪活动的概况。从历史的角度看，该调查显示，财产犯罪是特点明显地随着国家经济发展而发展的（它在所有公布的犯罪案件中占约 82%），侵犯人身安全的犯罪在发展中国家发生得更加频繁（它在所有案件中占了 43%）。国际犯罪受害者调查（ICVS）补充了官方世界犯罪调查统计数据，展示了约 50 个国家的数据。对 1989 年、1992 年、1996～1997 年、2000 年和 2005 年的 5 个调查，分别被完整地展现出来。

更多关于其他国家司法系统的信息可以从世界刑事司法系统现状书中找到，网址是 http://bjs.ojp.usdoj.gov/content/pub/html/wfcj.cfm。另外一个有关国际刑事司法信息的网站是司法国际中心国家学院，网址是 http://www.nij.gov/international。2005 年 ICVS 的数据可以在以下网址中找到 http://www.unicri.it/documentation_centre/publications/icvs/_pdf_files/ICVS2004-05report.pdf.

总结

FBI 犯罪统一报告项目（UCR）始于 1930 年，它是国会授权美国司法部长调查美国犯罪的统计项目。今天的犯罪统一报告项目和全国事故报告系统每年都会上报一级重罪数据或重罪案件数据，以及那些较为不严重的二级犯罪的逮捕数据。一级重罪是指谋杀、暴力强奸、抢劫、故意伤害、入室盗窃、扒窃、机动车盗窃和纵火等犯罪。二级犯罪的范围更广，包括毒品犯罪、醉酒驾驶、人身攻击等犯罪。犯罪统一报告项目仅传统地提供了总结性的犯罪数据，该项目正在随着详细的全国事故报告系统（NIBRS）的执行而改进。它将对传统的犯罪统一报告进行再设计，将会聚集更多关于每个犯罪事件的细节数据，比如犯罪发生地，凶器，涉案财产的种类和价值，犯罪分子和受害者个人特征，犯罪分子和受害者的关系，以及对投诉的处理。

全国犯罪受害者调查（NCVS）是第二个关于美国犯罪主要统计数据来源。全国犯罪受害者调查在1972年第一次进行，基于受害者自我报告而不是警方的报告。全国犯罪受害者调查一般建立于来自国家理论研究中心和1967年总统委员会的执法和司法行政部分的努力，揭示了一直以来被称作犯罪黑暗数字的问题——那些不被报告给警局的犯罪和相对被司法系统官方隐藏的犯罪。受害者自我报告的数据分析的犯罪种类比先前UCR统计所公布的更普遍、更广泛。

犯罪统一报告项目和全国犯罪受害者调查项目有几个明显的不同之处。首先，犯罪统一报告项目所使用的数据收集自执行机构制作的群众关于犯罪的报告，而全国犯罪受害者调查项目利用的数据来自调查报告。其次，因为犯罪统一报告项目和全国犯罪受害者调查项目的数据都来自于人，所以都只含有他们设计者所认为合适的数据，报告概括的结构也不同。

这一章讨论了一些特特殊种类的犯罪，包括侵害女性的犯罪、侵害老人的犯罪、仇视类的犯罪、企业和白领犯罪、组织犯罪、枪支犯罪、毒品犯罪、高科技和电脑犯罪、恐怖主义犯罪。每一个类型的犯罪都受到当今社会的特别关注。

复习思考题

1. 描述联邦调查局统一犯罪报告项目的历史发展，并列出其报告的犯罪情况。全国事故报告系统（NIBRS）的持续实施如何改变UCR计划？根据新的UCR/NIBRS报告的数据与传统UCR计划下报告的犯罪统计数据有何不同？

2. 描述全国犯罪受害者调查（NCVS）的历史。NCVS的数据告诉我们今天在美国犯罪的情况如何？

3. 本章讨论的特殊犯罪类别是什么？他们为什么重要？

第三章

刑事法律

学习目标

阅读本章后，应该能够：
1. 总结法律的目的、主要来源和发展。
2. 明确法治及其在西方民主社会中的重要性。
3. 总结各类法律及其各自的目的。
4. 描述五类犯罪及其特征。
5. 描述犯罪的八个一般特征。
6. 解释刑事犯罪具体构成要素的含义。
7. 比较、对比刑事抗辩的四大种类。

介绍

2012年10月，7名著名的意大利地震学家被判犯有过失杀人罪，并因未能向历史名镇拉奎拉（L'Aquila）的居民发出即将发生的地震的警告而被判处6年徒刑。他们声称地震预测并不是一门精确的科学而否认责任，科学家们还被要求支付法庭费用，并向该市赔偿1020万美元的赔偿金。6.3级地震摧毁了位于罗马以东的田园地区阿布鲁佐地区的拉奎拉市中心，审判的判决三年多之后才到来。地震造成309人死亡，数千人无家可归或受伤。在作出判决时，法院同意检方的论点，即"有可能通过预测风险并采用减轻这种风险的措施"。科学家们未能这样做，导致了这一惨剧的发生。

法律约束着我们生活的方方面面，当法律适用于我们的日常生活时我们应该知道法律的内容并予以遵守。正如本章所示，法律规定了可预测性，因为人们可以研究法律并确切地知道它们的要求。然而，对于被定罪的科学家来说，没有人曾经因为未能做出准确的地震预测而被判有罪，他们被判为谋杀罪使国际科学界震惊，担心因科学失败或不准确而受到刑事审判的攻击的科学家越来越多。

法律的市质和目的

想象一下，没有法律的社会会是什么样子。法律授权或禁止一个确定的行为，它是规则创造的产物，它对人们的行为有指引作用。没有民法，人们就不会知道可以从其他人那里期待什么，也不可能对未来的计划有任何程度的肯定。没有刑法，人们就不会感到安全，强权可以从弱小的个体身上夺走任何他们想要的东西。没有宪法，人们就无法实现作为一个自由国家的公民拥有的最基本的权利。一个社会需要法律去保障公平和公正，防止无辜的人受到侵害。

特别而言，法律约束了人与人之间、党派和党派之间的关系，以及政府机构和个人之间的关系。法律引导并同时约束人们的行为，法律也会授权给每一个人，以此来维持社会秩序。法律也服务于其他目的。法律可以确保法律创造的内容在哲学上、道德上、经济上是可以信赖的。法律稳定价值，支持已公布的社会特权模式。法律维持已有的权利关系。最后，法律支撑着罪犯的改造和惩罚系统。法律的修改循序渐进地促进着整个社会的有序变化。

我们的法律是建立在法律条文、宪法文件和数百年各级法院的所有裁决判例之上的。根据最权威的《布莱克法律词典》，"法律"一词一般认为包括成文法和判例法。成文法是指"写在书面上的法律"。成文法来自立法行为，且常常被认为是国家的法律。成文法中存在刑事和民事两个领域，并被称为法典。一旦法律以已有的组织格式写下，即称作被编纂成法典。联邦法规则服从《联邦法典》（U.S.C），可以全部在网上查看 http://www.law.cornell.edu/uscode。州法典和市政法令也都可以以法定格式便捷地写下。刑法的书写形式被称作刑事法典。我们会在之后讨论判例法，它是一种来自司法判决结论的法律。

但是美国的法律并非成文法。如果所有的"法律"都以文本的形式呈现出来，那么法律将会变得很容易被人们所理解，也就不需要当前这么多律师来从事法律的相关工作。但是有一些法律，如法院先前颁布的判例，它们并不存在于书本上，这就是普通法中被拿来解释的部分。普通法是根据日常社会风俗、规则和实践被创造出来的不成文历史先例的传统格式，其中有许多在早期受到司法判决的支持。普通法原则仍然被用来解释许多州的很多法律问题，因此，它在美国司法辖区并不少见，被称作"普通法司法辖区"或"普通法州"。

法治

社会、经济和任何社会政治的稳定在很大程度上取决于一个可预测的法律系统的发展程度和法治化程度。西方民主国家坚持依法治国，有时也被称作法律至上。法律规则的中心信念是：一个有序的社会必须被已经颁布的基本原则和已知并公平一致地适用于所有社会成员的法律所掌控。在这个宗旨下，没有人可以凌驾于法律之上，包括那些制定或执行法律的人，他们同样也要遵守法律。例如：在2012年，底特律市前民主党市长科威敏·基尔帕特里克被联邦陪审团裁定犯有24宗罪，其中包括他利用职务便利进行广泛的敲诈勒索，最终他被判28年徒刑。在这个例子中，这个原则得到了很好的阐释。

法治被称作我们的文化中最伟大的政治成就。没有它，其他的人类成就很可能无法完成，特别是那些需要很多人共同努力才能完成的情况尤其如此。约翰·肯尼迪总统生动地解释了法治，他说："美国人可以不同意法律，但是不能不遵守它；为的是一个法治的政府而不是人治的政府，没有人享有特权而不去遵循法律，没有人有资格藐视法庭和法律。"

法治也被称作西方自由世界的基石，这意味着正当程序原则（在本书第一章讨论过）在任何刑事诉讼中都必须被遵循，且正是正当的法律程序成为检验原则国家权力专制程度的衡量标准。

美国律师协会（American Bar Association）指出，法治包含以下元素：

1. 在政权统治下的社会，法律体系健全，个人私权免遭不法侵害。
2. 法律规范的制定高度客观且法律的实施相对公平。
3. 自由限制在一定范围之内，法律理念和法律设施是为了个人和群体的目标的实现。
4. 在实体和程序上，有相应的法律制度和机制可实施以限制政府权力、保护个人利益。

图 3-1　前底特律市长基尔帕特里克（Kwame Kilpatrick，左上），前伊利诺伊州州长罗德·布拉戈耶维奇（Rod Blagojevich，右上），前美国代表威廉姆·杰斐逊（William Jefferson，左下）和前新奥尔良市长雷·纳金（Ray Nagin，右下）。正如他们的案例所表明的那样，法治意味着没有人凌驾于法律之上，包括那些制造法律的人。基尔帕特里克被指控犯有 10 项重罪，他在 2009 年 2 月被释放之前，已被判减刑并在监狱服刑 99 天；他因违反缓刑而于 2010 年重新入狱，并于 2013 年再次被判有罪，因为他使用他的市长办公室来执行一系列广泛的机架式阴谋（为此他又被判处 28 年徒刑）。布拉戈耶维奇于 2011 年因联邦刑事指控受到审判，并因电报欺诈、未遂敲诈勒索、索取贿赂和共谋等罪名被定罪。杰斐逊曾在美国众议院任职 9 个任期，之后因 2009 年使用办公室索取贿赂而被判处 13 年监禁。纳金于 2014 年被判有罪并因涉嫌参与 500 万美元的贿赂和阴谋计划而被判处 10 年徒刑，该计划在他工作的大部分时间内都在执行。如何向不熟悉法律的人解释法治？

法理学是法哲学或法律的科学和研究，包括法治。要了解有关法治的更多信息，包括其历史发展，请访问 http：//www.lexisnexis.com/about-us/rule-of-law。

第三章 刑事法律

法律的种类

刑法和民法是现代法学中最著名的类型。然而，学者和哲学家们在法律的来源、意图和适用上，对法律的类别进行了许多区分。

> **刑法**
>
> 刑法是定义和列举那些侵犯国家或社会利益或者冒犯他人的行为性质的法律。刑法的最基础的概念是假设犯罪行为侵害的不仅是个体，还有社会整体利益。
>
> 犯罪行为不仅危害了受害者的权益，还扰乱了社会秩序。正是因为这个原因，所以国家采用正义的手段来对他们进行惩罚。国家将会严格按照刑事程序依法惩罚那些违反刑法的人。
>
> **举例**：谋杀、强奸、抢劫和故意伤害都属于违反刑法的行为。
>
> **行政法**
>
> 行政法是政府创建用来管理工业、商业和个人的法律，其中大部分内容不涉及犯罪。虽然行政机构不具备法庭效力，但是它们可以根据行政法对个人或群体进行行政管理。
>
> **举例**：税法、健康守则、空气污染条例、机动车管理法和建筑守则都属于行政法。
>
> **成文法**
>
> 成文法是指那些被记录在书上，被记录成文字的法律。
>
> **举例**：立法机关的法案。
>
> ● **实体刑法**：它是成文法的一种，它记录了各种类型的犯罪以及对罪犯恰当的惩罚措施。
>
> ● **刑事诉讼法**：它是成文法的一种，它规定了法律权利执行的程序。这些法律一般在刑事司法系统中会基于证据和程序来实现。
>
> **民法**
>
> 民法是调整公民、企业、其他组织、政府机构之间的关系的法律。

与刑法不同，如果有人违法了州或者联邦民法，那么民法将对双方的关系进行管理。

通常情况下人们都会诉求赔偿金（购物或金钱）。违反民法不是犯罪，一般情况下是违反合同或者侵权。侵权是指那些错误的和违反合同的行为。侵权是一种错误而不是犯罪，但是也会上法庭。民法更多的是关注能力而不是动机。但是如果动机是明确的，很可能也属于犯罪。受害者可以寻求货币赔偿。

举例：合同、离婚、儿童抚养、不动产变更等。

判例法

判例法源于法律判决，一般情况下是指之前的先例。它代表了之前判决的智慧结晶，一旦法院的判决被宣布，它就会被记录下来。在上诉阶段，判决背后的理由也会被记录下来。

最高法院是最高级别的上诉法院。过去的判决将会对未来的审判具有非常重要的参考价值。

垂直的规定要求上级法院在作出决定时需要考虑下级法院之前作出的决定。

同一级别的法院作出的决定需要遵从之前的判决结果。

举例：遵循法律规定下的判例，在作出判决之前必须考虑之前类似的判决，这种之前的判决对未来的判决具有指导意义。

普通法

普通法源于使用和习惯而不是书面法规。

举例：美国的刑法基本上源于英国的普通法。每个州都会编纂它们自己的普通法。

刑法

刑法，是指规定公共犯罪或者对国家、社会的违法行为的性质和处罚的规章制度。一旦发生犯罪行为，社会秩序就会受到损害，触犯刑律的人将受到惩罚。对犯罪的惩罚在哲学上是正当的，因为犯罪者意图伤害且应对此负责。刑法以宪法原则为基础，在适用刑事司法系统的既定程序范围内运作，由制定法（成文法）和判例法组成。

成文法

成文法有两种类型：实体法和程序法。实体法描述了什么是特定的犯罪，如谋杀、强奸、抢劫、故意伤害，并详述每个特定犯罪相对应的刑罚。程序法是决定诉讼过程中法定权利的行使的法律。例如，刑事诉讼法规定了收集证据和刑事司法系统处理犯罪分子的流程。关于证据的一般规则，搜查、扣押、逮捕和审判程序，以及其他特殊司法系统的运作流程，也都涵盖在程序法之中。除了联邦政府，每个州都有自己的刑事诉讼法。刑事诉讼法在公平和效率的问题上，平衡了嫌疑犯的权利和国家利益。阅读刑事诉讼法的联邦规则，见 http：//www.law.cornell.edu/rules/frcrmp。了解关于证据的联邦规则，见 http：//www.law.cornell.edu/rules/fre。

民法

民法，与刑法相比，掌管着人、企业、其他组织、政府机构之间的关系，它包括合同、婚姻、子女的抚养和监护、财产转让、设立遗嘱、过失、就业不公平行为、制造和销售有危险的消费品，以及其他多种契约和社会义务的规定。当违反民法时，紧接着就是民事诉讼。通常来说，民事诉讼会要求赔偿（通常是财产或金钱形式的赔偿）而不是刑罚。违反民法并不是犯罪，它可能是一种违约或是侵权的行为，它只是损害或伤害了合同另一方利益的行为。因为侵权行为是一种个人错误而不是犯罪，那么受害的个人可以通过法院机制（这种机制就是提起民事诉讼）来得到补偿。民事诉讼中寻求救济的当事人被称为原告，对抗寻求救济者的人被称为被告。刑事案件的受害者有时也会提起民事诉讼。一旦一个犯罪者被定罪，受害者可以决定通过美国的民事法律制度要求罪犯以金钱的形式来进行补偿。

行政法

还有另一种法律是行政法。行政法是政府创立用来控制行业、企业和个体活动的法规。税收法、卫生法、对污染和废弃物处理的限制、车辆注册的法律、建筑规范的法律，这些都是行政法的内容。其他行政法规则涵盖了海关方面（进出口）、移民、农业、产品安全，以及绝大多数制造业领域。在大多数情况下，违反行政法不是犯罪。但是，刑法和行政法规可以重叠。比如，一种有组织的犯罪活动是将有毒废弃物处置在一个被许多行政法规覆盖的区域，在许多州，这种行为就会导致刑事诉讼。

判例法

法律专家还会讨论判例法，又称案例法。判例法来自司法机构多年判决形式的判例和上诉法院（审理上诉）刑事、民事、行政法案件年复一年智慧的积累。一旦一个法院判决被宣布，就会被记录下来。在上诉阶段，判决背后的推理都会被记录下来。在判例法下，这种推理会被其他法院在未来相似案件中再次考虑。识别先前判决作为判例的原则指导对未来案件的考虑，称作遵循先例，并成为美国现代判例法的基础。遵循先例原则使得法律具有可预测性。当然，有最大影响力的是美国联邦最高法院的判决，它公布的判决成为下级法院法律推理得出结论的指导。

了解更多美国刑法的演变参见 http://schmalleger.com/pubs/evolution.pdf。一些网上刑法学期刊可以在 http://www.law.berkeley.edu/228.htm 和 http://wings.buffalo.edu/law/bclc/bclr.htm 阅读到。

一般犯罪类别

违反刑法的行为有多种不同类型，其严重程度也各不相同。违反刑法的行为可分为五大类：①重罪；②轻罪；③违法行为；④叛国和间谍罪；⑤未完成犯罪（如表3-1所示）。

重罪

重罪即非常严重的犯罪，包括谋杀、强奸、故意伤害、抢劫、入室盗窃和纵火。现今，许多重罪犯受到了监禁刑的惩戒，尽管潜在的处罚范围包括从罚金、假释到死刑的所有内容。在英美法系之下（在之前的章节讨论过），重罪犯被判死刑，他们的财产则可能会作充公处理。根据判例法的传统，现如今被判重罪的人通常会失去特定的权益。例如，一些州将重罪定罪和入狱作为无异议离婚的依据。其他的州禁止罪犯投票、从政和持有枪支等，也禁止罪犯在一些专业领域工作，如医药、法律、警察等行业。

轻罪

轻罪即相对较轻的罪行，比如小额盗窃、轻微伤害或过失伤害、私闯民宅、持有盗窃工具、扰乱公共秩序治安、寻衅滋事、谎报犯罪、开空头支票（但支票数额可能决定此类犯罪的分级）。大体上，轻罪是监禁刑罚在一年或以的犯罪。事实上，绝大多数轻罪犯会受到缓刑判决，需缴纳罚金和接受缓刑监督。

表 3-1 一般犯罪类别

重罪	未完成犯罪
被判处死刑或在监狱监禁至少 1 年的刑事犯罪。	尚未完成的犯罪。亦是由一个行为或朝着另一个犯罪的预期目标迈进的一步构成的犯罪
违法行为	轻罪
违反刑法的行为。此外，在某些司法管辖区，一种轻微的犯罪，如乱穿马路，也被称为违法行为。	通常监禁在当地监禁设施中，在特定管辖区的法律规定的期限内可判处监禁的罪行，通常为 1 年或 1 年以下。
叛国	间谍
美国公民帮助外国政府推翻本国政府、对美国发动战争或严重伤害美国的行为，也包括企图推翻其所在社会的政府。	"收集、传输或丢失"与国防有关的信息，其方式应使美国的敌人能够获得这些信息，并可利用这些信息为他们提供便利。

违法行为

第三种犯罪是违法行为。尽管严格而言，所有违反刑法的行为都叫违法行为，但这个词是针对那些相对更轻微的违犯刑法的行为而言的。这个意义下的违法行为指的是诸如横穿马路、随地吐痰、乱扔垃圾、特定的交通违法行为、不系安全带等行为。如果用另一个词来表述的话，就是轻微违规行为。人们违反法律后，通常会收到罚单并随后被释放，他们通常承诺会如期出庭。

如果他们出庭，可能会被豁免这笔原本要邮寄给法院的罚款。

叛国和间谍罪

重罪、轻罪、违法行为和犯这些罪的人组成了司法系统的日常工作。然而，特殊类别的犯罪确实是存在的，我们应当有所了解。它们包括叛国罪和间谍活动，它们通常被视为两个最为严重的犯罪。叛国可以被定义为"美国公民为了帮助外国政府推翻本国政府、发动战争对抗或严重伤害美国的行为"。间谍是一个类似叛国的罪行，但其可能是非公民个体的犯罪。"收集、传输或泄露"有关国防的信息，并通过这些手段使信息被敌国利用，均属于此罪。

未完成犯罪

另一种特殊的犯罪种类叫未完成犯罪。未完成犯罪指的是"不完全或部分"，初步犯下罪行并没有被充分完成。犯罪计划就是个例子。当一个人预谋犯罪，以任何行动开始实施他的犯罪计划，被普遍认为是逮捕和起诉的充分根据。例如，一个女人意图杀了她的丈夫，那么她可以打个电话或通过网络找到一个杀手来实施她的计划。电话和网络搜索就是她意图谋杀的证据，这些都可能会导致她因预谋谋杀而入狱。另一种犯罪未遂是发生在犯罪者试图着手犯罪时，却因为他没有能力去完成预定的犯罪而放弃犯罪。例如，业主到家时发现一个窃贼正准备入室，这导致窃贼掉落了他准备窍门入室的工具并开始逃跑。在大多数地区，这个倒霉的窃贼可以被逮捕并被起诉入室盗窃未遂。

> **自由还是安全？你决定**
>
> **暴力言论应该言论自由吗？**
>
> 2005年，弗吉尼亚州的一个陪审团判定42岁的穆斯林学者阿里·阿尔蒂米米犯有多项罪名，包括煽动罪、阴谋携带枪支和爆炸物，以及要求其他人与美国作战。这位美国出生的伊斯兰精神顾问经常在伊斯兰信息和教育中心（也被称为弗吉尼亚州福尔斯彻奇教堂的 Dar al Arqam

伊斯兰中心）宣扬圣战。检察官告诉陪审团，阿里·阿尔蒂米米口头鼓励他的追随者与恐怖组织一起训练，并对美国及其盟友进行暴力圣战。阿里·阿尔蒂米米大部分时间都生活在华盛顿特区，并在乔治梅森大学获得计算生物学博士学位。十几岁时，他在沙特阿拉伯和家人一起度过了两年，在那里，他对伊斯兰教产生兴趣。

定罪后，阿里·阿尔蒂米米被判处终身监禁，且70年内没有假释的可能性，以保证他永远不会离开监狱。

阿里·阿尔蒂米米案提出了一些有趣的问题，其中包括暴力言论何时从自由表达转变为刑事辩护的问题。《美国联邦宪法第一修正案》保障言论自由的权利，这是我们民主生活方式的根本保证。因此，例如，那些在美国倡导新形式政府的人的言论受到保护，即使他们的想法可能看起来反美并且考虑不周。在1957年罗斯诉美国的案件中，美国联邦最高法院认为，"言论和媒体的保护是为了确保人们所希望的政治和社会变革能够实现无拘无束地交替发生"。

然而，重要的是要记住，宪法权利并非没有限制。也就是说，它们在不同的条件下具有不同的适用性。即使在我们的自由主义规则下，某些形式的言论也太危险了。

例如，言论自由并不意味着你有权在一个拥挤的剧院中站起来并大喊"火！"这是因为这种感叹之后的恐慌可能会造成伤害，并会导致公众有受伤的风险。因此，法院认为，虽然宪法保障言论自由，但法律仍有限制（在公园里大喊"火！"可能不会被视为可诉的罪行）。

同样地，说"总统应该死"，听起来可怕，可能仅仅是个人意见问题。然而，任何说"我要杀死总统"的人都会被关进监狱，因为威胁总统的生命是犯罪行为，就像在大多数司法管辖区内传播迫在眉睫的暴力威胁一样。

阿里·阿尔蒂米米的错误可能是他在2001年9月11日袭击事件发生5天后在弗吉尼亚举行的公众集会上发表讲话的时间太过敏感。阿里·阿尔蒂米米在演讲中呼吁对西方进行"圣战"和"暴力圣战"。后来，他与追随者一同引用他的话说,他将阿富汗的美国军队称为"合法目标"。

对定罪阿里·阿尔蒂米米的批评者指出了一种看似双重的标准,在这种标准下,人们可以因不受欢迎的言论而被捕,但不会因为普及言论而被捕(无论其所暗示的暴力程度如何)。例如,他们注意到,保守派专栏作家安·库尔特曾以书面形式提出"我们应该入侵(穆斯林)国家,杀死他们的领导人并使他们皈依基督教",但她从未因为她所写的内容而被捕。

2010年,美国联邦最高法院决定就霍尔德诉人道主义法案作出判决,以区分保护言论自由与构成恐怖主义组织犯罪支持的言论。在这种情况下,首席大法官约翰·G. 罗伯茨(John G. Roberts, Jr)写道,关于构成对恐怖组织的犯罪支持的言论,"它必须采取与外国恐怖组织协调或在其指导下培训、提供专家建议或协助的形式"。

你决定

阿里·阿尔蒂米米宣传暴力是否是非法的?为什么是或者为什么不是?根据Holder诉人道法项目的标准,你是否认为阿里·阿尔蒂米米的言论可以升级到对恐怖组织的支持水平?我们还有更多的恐惧来自压抑言语(甚至像蒂米的演讲)而不是言论自由吗?如果是这样,为什么?

参考文献

"弗吉尼亚人被判对美国宣战罪",载《今日美国》2005年4月27日;乔纳森·特里,"暴力言论何时仍然是言论自由?",载《今日美国》2005年5月3日;埃里克·利奇布劳,"政府继续窃听防御",载《纽约时报》2006年1月24日,http://www.nytimes.com/2006/01/24/politics/24cnd-wiretap.html(2008年8月28日访问);霍尔德诉人道主义法项目,美国联邦最高法院,第08–1498号(2010年6月21日决定)。

犯罪的一般特征

从西方法学的角度来看,所有的犯罪可以说有着某些共同的特点。犯罪本身的概念可以说也是基于一般原则的。总之,这些功能在本节进行了描述,它构成了本质犯罪的概念。传统的法律观点认为，该罪的本质包括三个关联的元素：①违法行为，法律用语为犯罪行为；②有罪的精神状态，即犯罪意图；③两者同时存在。

犯罪行为

根据定义，犯罪需要犯罪行为、犯罪意图以及两者的同意：

违法行为

构成犯罪的首要必要要件是犯罪嫌疑人的一些行为触犯了法律。这样的行为被称作犯罪行为。这个词的意思是"有罪的行为"。一般来说，一个人必须在他受到刑事制裁之前犯下一些有意识的罪行。要成为什么不是犯罪，但做什么可能是犯罪。例如，有人被发现使用毒品可以被逮捕，而别人只是承认自己是一个吸毒者（也许是电视脱口秀或网站上），那么他就不能基于此而被逮捕。一个吸毒者认罪后，警察可能会开始收集一些具体的证据去证明他过去的犯罪行为，或者会监视那个人未来可能会发生犯罪的行为。随后基于具体的犯罪行为或者是涉及了有关法律控制的物品才会被逮捕。

在20世纪初流行的《流浪法》一般在法院不可用，因为它并没有说明具体行为违反了法律。但是，一个不作为的行为可能会构成犯罪。例如，《忽视儿童法》规定了家长和监护人如果不履行照顾自己孩子的义务，应承担的责任。

恐吓行为也可以是犯罪。例如，恐吓要杀人可能会导致因恐吓犯罪而被逮捕。这种针对美国总统的恐吓会被特勤局严肃对待，还有那些吹嘘计划暴力袭击总统的人也会被逮捕。即使犯罪未遂也是非法的。例如，企图谋杀或强奸，即使该犯罪计划没充分的实施，也已是一种严重的犯罪。

犯罪计划是另一种犯罪行为。当实施一个犯罪计划，它以最终行为的发生为目的，即使没有发生犯罪结果，当事人也会因他的犯罪计划而被捕。例如，当人们在计划引爆公共建筑时，他们可以在爆炸前合法停止。但凡他们采取了措施，进一步实施他们的犯罪计划，他们就已经满足了构成犯罪的行为要件。买炸药、互相联络、选定目标建筑，都是推进犯罪计划的行为。但并不是所有的犯罪计划都要求有促进目标犯罪的行为才有可能被逮捕。从专业的角度看，关于犯罪计划的犯罪可以被看作完全不同于有目标的犯罪。犯罪谋划者还在考虑，比如在 1994 年，美国联邦最高法院维持了瑞沙特·沙巴尼与毒品有关的定罪，在特定的禁毒法律下，根据法院的判决，即使在没有行为直接导致犯罪目标，也可因"犯罪共谋"本身作为逮捕和起诉的依据。

犯罪意图

犯罪意图是犯罪的第二个组成部分，是一个术语，字面意思是"有罪的精神状态"，是指被告人当问题行为发生时存在的特殊的心理状态。作为犯罪的一个组成部分，犯罪意图的重要性不言而喻。它可以从犯罪事实中看出来，有些法院认为，"所有的犯罪首先表现在犯罪意图中"。只有当行为人试图实施犯罪行为时，他的行为才可以达到被追究刑事责任的程度，这一般取决于犯罪意图的程度。

我们用四个等级或种类来区分犯罪意图：①故意（purposely）；②明知（knowing）；③盲动（recklessly）；④疏忽（negligently）。有目的或故意的犯罪行为是为了实现某些目的而实施的行为。有时故意行为的危害结果可能是意想不到的，然而，这并不减少刑事责任。比如，在全美司法辖区内运行的转移的犯意理论，如果一个人瞄准并射击受害者但是射偏了，杀了另外一个人，那么他将被判以谋杀罪。转移的犯意理论认为，凶手意图杀人的犯意已存在于犯罪之时，只不过由他意图杀害的目标受害者转移到了实际被子弹击中而死亡的人身上而已。

明知的行为是有意识去做的。一个人的故意行为总的表现是明知，但一个人可能做出一个明知的犯罪行为却不是为了犯罪。比如，航空公司的机长允许乘务员携带可卡因登机来获取性回报，但是其本身没有走私毒品的故意。在这种情况下，如果航空公司机长准许空姐携带可卡因登机，毒品将被运送，而且机长是明知的。再举一个例子，如果一个 HIV 感染者明知将在无保护措施的情况下和另一个人性交，那么他的性伴侣可能会被传染。

盲动和疏忽犯罪

盲动行为是一种增加伤害风险的活动。与明知行为相反，认知可能是盲动的一部分，但盲动的可能性多于确定性。例如，实践中，危险驾驶罪在许多国家是一种常见的被诉讼的犯罪，当驾驶员危险驾驶时，也就意味着他已经将别人置于危险之中。

一个人应当知道时，即使他不是直接故意造成该结果，也存在犯罪意图。

一个人疏忽的行为会危及其他人，当伤害发生时，即使没有造成负面结果的故意，也可以被认定为刑事过失犯罪。例如，父母把年仅 12 个月的孩子单独留在浴缸中后离开，如果孩子溺水身亡，那么他的父母可以被起诉过失杀人罪。但是应该强调的是，疏忽本身不是犯罪，产生危害结果才是犯罪。当疏忽行为低于可以接受的标准时，该行为才可能成为犯罪证据。这个如今应用于刑事法院的标准是虚构一个理性人。在一个给定的案例下，正常理智的人在相同的情况下，是否能够认知更多，并做出与被告人不同的行为，成为判断标准。"正常理智的人"的标准，为陪审团在处理犯罪嫌疑人有罪或无罪这个棘手的问题时提供了准绳。

重要的是要注意犯罪意图，即使是故意的意图，动机也是不一样的。动机是指一个人犯罪的原因。虽然动机证据可以在刑事审判中被用以帮助证明犯罪，动机本身却不是构成犯罪的一个重要因素。因此，我们不能说一个不好的或者不道德的动机使得一个行为构成犯罪。

犯罪意图是一个难懂的概念。它不仅在哲学上和法律上很复杂，因为一个人的精神状态很少能直接被人知道，除非他自己坦白。因此，犯罪意图一般必须从人的行为和周围所有这些行为的情况来推断。但是，纯属意外的，不涉及鲁莽或疏忽的行为，不能作为刑事或民事责任的依据。"即便是狗"，著名的联邦最高法院大法官奥利弗·温德尔·霍姆斯曾写道，"被绊倒和被踢也是有区别的"。

严格责任

严格责任（或绝对责任）是一种特殊的犯罪类别，不需要任何有罪的精神状态，并且对所有犯罪都需要犯罪行为和犯罪意图的原则提出了重大例外。严格责任使得行为人主观上没有任何违法意图而做某事的行为构成犯罪。常规交通违法行为被视为严格责任的一个例子。严格责任在哲学上基于这样一个假设：无论行为者的意图是什么，造成伤害本身都是值得责备的。

常规交通违规通常被视为严格的责任违规。在 55 英里/小时的区域内以 65 英里/小时的速度行驶是违法的，即使驾驶员可能在听音乐、思考，或只是随波逐流，但完全不知道自己的车辆超过了标牌规定的速度限制。法定强奸是严格责任的另一个例子，这种犯罪通常发生在两个同意的人之间，只要求犯罪者与未成年人发生性关系。描述犯罪的法规通常避免提及任何可定罪的精神状态。在许多司法管辖区，"犯罪者"是否知道"被害人"的确切年龄，"被害人"是否谎报自己的年龄或是否已给予同意都无关紧要，因为法定强奸法是"一种防止被视为在法律上无能力给予同意的人遭受性剥削的企图"。

违法行为和犯罪意图同时具备

违法行为和犯罪意图同时具备，是犯罪的第三个基本构成要素。要求违法行为和犯罪意图发生于同一人。如果一个人之前的行为没有满足刑法对犯罪的要求，例如，一个人可能打算杀死另一个人，他开车到预定的被害人家里，准备好他的枪，想象他将如何实施谋杀，就在他接近被害人的家时，被害人穿过街道去杂货店。如果两个人在路上不小心发生碰撞，预期的被害人死亡。此时行为和意图没有竞合，不构成故意杀人犯罪。

其他犯罪特征

一些学者认为，犯罪有三个特征，我们刚刚概括了犯罪行为、犯罪意图及其竞合，都足以构成"犯罪"法律概念的本质。然而，其他学者认为，现代西方法律更加复杂，识别犯罪还需五个额外的原则作为补充：①因果关系；②伤害；③合法性；④惩罚性；⑤必要伴随情况。现在我们将依次讨论每一个附加犯罪的特征。

因果关系

因果关系是指有犯意的犯罪行为可能会造成危害。一些犯罪只要求犯罪行为，还有一些则要求犯罪者的行为导致特定结果发生才负刑事责任。但是，有时其中的因果关系并不清晰。例如，让我们考虑一个利用致命武器进行攻击的故意杀人行为，犯罪嫌疑人持枪射击了另一个人造成受害者严重受伤但并没有立即死亡。受害者在医院里医治了一年多的时间，最后受害者死亡是由于形成血凝块而造成的。在这种情况下，很可能辩护律师会辩称，被告人没有造成死亡，受害者的死亡是因为疾病造成的。如果陪审团认可律师的说法，那么被告人可能会被免责或被判轻罪，如攻击罪。

为了阐明因果关系的问题，美国法律研究所建议使用术语"法律原因"，以强调法律的概念，并方便辨认原因，排除任何推测。这样一个原因必须在时间上和空间上接近于结果的发生。法律原因可以区别于其他可能导致结果产生的原因，但它不是刑事起诉的基础，因为它们太复杂、不易明确或者无法在法庭上被证明。

伤害

伤害可能发生在任何罪行之中，尽管并不是所有的伤害都是犯罪。当一个人被谋杀或强奸，伤害可以被明确地确定。然而，一些犯罪可以说罪犯本身就是受害者。实施者（和他们的律师）认为，他们只会对自己造成伤害，他们很享受去犯这样的犯罪。实施卖淫、非法赌博和吸毒犯罪的人通常会被归类为"受害者"。法学理论学者认为，"这些罪犯并没有认识到他们的行为所造成的社会危害"。在一些地区，如果长期存在卖淫行为、非法赌博行为和吸毒行为，不仅会导致该地区房价下降，家庭生活破裂的数量增多，也会造成其他传统犯罪的增加。因为仅仅使用金钱就可以支持这些所谓"受害者"的活动，所以那些守法的公民会逐渐搬离该地区。

刑事起诉很少要求伤害作为一个单独的证明要件，因为它包含在有罪的行为的概念之中。例如，在谋杀犯罪中，"杀害一个人"造成了伤害，但是严格地说是一个行为，需要必要的犯意使之成为犯罪。类似的推理应用于定罪导致没有伤害。通常为了说明这一困境，举例如下：一个攻击者在向一个盲人扔石头，但由于石头没有打中盲人，盲人依然不知道此人正试图伤害他。这种情况是否能够为追究扔石头的人的刑事责任提供依据？批评者认为，伤害原则是基于实际造成的伤害或事故再进行惩罚，理性的做法应是对犯意和行动的惩罚，不管是否造成实际损害。这种理论还证明为什么我们说犯罪的本质只有三个行为：①行为；②犯意；③违法行为和有罪的主观状态同时存在。

合法性

合法性原则强调了一个事实或一个行为，如果法律规范没有对其加以定义就不能称之为犯罪。例如，只要你到了饮酒的年龄，喝啤酒就是对身体有好处的。这样的说法因为没有被法律禁止，所以就不能被定罪。当然，在禁酒时期，情况是完全不同的（事实上，美国的一些地区仍然是无论年龄大小，喝酒、购买或公共消费酒精都违反法律）。合法性原则的概念还包括事后的法律不溯及既往，这意味着法律无法约束昨天的行为，只对法律创建之后的行为具有约束力。

惩罚性

惩罚性原则认为，不能说还没有法律规定惩罚的行为构成犯罪。例如盗窃，如果法律仅仅说"偷是违法的"，就不是犯罪。惩罚犯罪必须明确，如果一个人被判违反了法律，那么就可以依法对其实施制裁。

必要伴随情况

最后，法律规定要求一些罪行有特定的某些额外的要件出现。一般来说，这些伴随的要件包括时间和地点。由法律规定的，作为犯罪的必要要件的有时被称为必要伴随的要件，表明这种情况下的存在是必要的，其他要件包含在相关法规之内，为犯罪成立的条件。例如，佛罗里达州的法律规定，在任何16岁以下儿童面前故意实施任何下流或淫荡的行为被认定为犯罪。同样，如果这种行为发生在16岁以上的人的面前，可能就不被认定为犯罪行为。有时伴随情况增加了犯罪程度或犯罪程度的严重性。

犯罪情节也可以归类为加重或减轻的情节，根据法律，可能可以对被判有罪的罪犯增加或减少惩罚。然而，加重和减轻处罚的情节，主要是与审判阶段的刑事起诉有关。我们将在本书第九章中进行讨论。

特定的犯罪行为构成要件

既然我们已经确定了构成犯罪的一般概念的原则，我们可以检查个别的条款，看哪些特定的（犯罪）法定要件构成一个特定的犯罪。基于给定的实例，法律规定对于一个人从事犯罪活动的指控，什么条件是必要的。因此，构成要件是犯罪行为特定的法律内容，控方必须对其加以证明。例如，在美国几乎所有的管辖区，一级谋杀的犯罪包括四个截然不同的要件：

1. 有不法行为；
2. 杀害对象是人；
3. 有动机；
4. 有计划。

任何特定犯罪的构成要件是最基本的犯罪法定构成要件，没有它，犯罪就不能成立。由于各司法辖区的法规不同，特定犯罪特定要件的可能也会有所不同。对特定犯罪的被告人定罪，检察官、法官或陪审团必须证明所有必需的法定要件的存在，且需要被告人对该罪负责。如果罪犯有一个要件不能排除合理怀疑，刑事责任将不能被证实，应当认定被告人无罪。

以谋杀为例

每一个法定的犯罪构成要件都有一个目的。如前所述,在一级谋杀罪中,非法谋杀这一行为是其必备的构成要件。并不是所有的杀戮都是非法的,例如在战争中杀人,这些杀戮是有计划的,并且有时也是"恶意"的,当然这种行为本身就是故意的,然而根据《国际公约》,交战方发动战争,在战争中杀人就是合法的。

一级谋杀的第二个要件规定杀害对象必须是人。杀死动物、打猎、给年老和受伤的宠物安乐死,即使计划涉及恶意杀害动物(可能是因为矛盾杀了垃圾桶边邻居家的狗),也不构成一级谋杀。这样的杀戮可能违反了有关虐待动物的法规,但不是谋杀。

故意是一级谋杀的第三个要件,它是行为的基础。无故意或无目的地杀害不是一级谋杀,但是这种行为可能违反其他的法律。

最后,谋杀必须有恶意。恶意有不同类型。二级谋杀涉及恶意仇恨或怨恨。一种更极端的恶意为一级谋杀所必要的,有时这句话用预谋来描述这个要件。这种极端的恶意需要被证明是明显的、有计划的谋杀。一级谋杀经常被描述为"埋伏",该行为表明行为人思考并计划了此种非法杀害的行为。

二级谋杀的指控,在大多数地区需要证明故意杀害一个人,但没有像一级谋杀罪那样要求具有必要的主观恶意程度。激情犯罪是二级谋杀的典型情况。激情犯罪中,罪犯感到的恶意为仇恨或怨恨,这没有"预谋"那么严重。杀人或者三级谋杀,是另一种类型的杀人,可以简单地定义为非法杀人。意图方面不仅在主观上缺乏恶意,凶手可能没有任何伤害受害者的目的。

过失杀人的指控往往是被告人的行为因为过失或鲁莽造成的。21 岁的内森在 2001 年以过失杀人的罪名被指控,这是因为他与另一个滑雪运动员在维尔山附近发生了碰撞,并且造成了另一名运动员的死亡。根据科罗拉多州的法律,过失杀人罪最高可判 16 年,但是陪审团认为他仅仅犯了轻罪,最后法官仅判他入狱 90 天。

犯罪事实

理解"犯罪事实"(corpus delicti)概念的一个方法是:意识到除非可以

先证明有犯罪结果已经发生，否则一个人不能被审理是否犯罪。换句话说，成立一个犯罪的犯罪事实，国家需要证明有人已经违反了刑法（表3-2）。这个术语通常会与法定犯罪的构成要件相混淆，有时人们会误以为指的是谋杀案中受害者的尸体。实际上其有完全不同的内涵。

表3-2 犯罪的主体

犯罪客观方面（犯罪行为） +	犯罪动机（犯意） =	犯罪
		仅结果 仅仅发生房屋烧毁不是犯罪，除非是一方有犯罪行为。起火可能是漏电或自然发生的结果，如闪电。
		仅动机 如果没有实际的犯罪，个人不能受到惩罚，即使这个人已经正式承认犯罪。没有证据证明行为的发生，不能认定为犯罪。
		犯罪的构成 只有当犯罪行为发生，并引起犯罪结果，才构成犯罪事实。没有这两个要素同时存在，就没有"犯罪"。

有两个方面的犯罪事实：①某种结果已经产生；②产生了刑法上的责任。例如，盗窃罪需要证明某个人的财产被偷，并且以非法占有为目的永久剥夺所有者的财产。如果不能证明任何财产被偷了，那么认定盗窃罪的事实就是不够的。在纵火案件中，犯罪的事实是由①燃烧的建筑或其他财产和②一定犯罪行为导致燃烧共同组成。换句话说，燃烧的犯罪事实不仅包括燃烧这一事实，还需要一些人的故意行为，而不是由于自然的原因或意外造成的。

我们应该注意，罪犯的身份通常不是犯罪事实的一个要件。因此，犯罪事实不再强调是谁犯的或为什么犯罪。这一原则在蒙大拿的案例中有明确的阐述，该州的最高法院认为，"凶手的身份不是一个犯罪事实的构成要件"。在凯德案中（1924 年），法院认为，"起诉谋杀罪，证明犯罪事实只需证明杀害这个行为，不需要证明谋杀者是什么身份。犯罪事实的基本构成要素是造成死亡和导致死亡的事实，仅此而已。"《布莱克法律词典》用另一种方式对它加以表达："犯罪事实是已实际发生的犯罪事实。"

刑事抗辩类型

- **不在场证明**：被告人无法犯罪，因为在犯罪时他或她位于其他地方。
- **理由**：被告人承认有关行为，但声称该行为对于避免一些更大的罪恶是有必要的。

  举例：正当防卫、必要性、防卫他人、同意、保护家庭和财产，以及抵制非法逮捕都是辩护理由的例子。

- **申辩**：该行为发生时的某些个人状况或情况使得行为人不应根据刑法追究其责任。

  举例：胁迫、年龄、错误、非自愿中毒、无意识、挑衅、精神错乱、能力下降和精神上的无能，是用于申辩辩护的例子。

- **程序性辩护**：被告人在司法程序中受到一定程度的歧视，或者该案在调查或被起诉控犯罪时未正确遵循官方程序的某些重要方面。

  举例：诱捕、拒绝快速审判、双重危险、检控不端行为、附带禁止反言、警方欺诈和选择性起诉，都是程序性辩护的例子。

当一个人被指控犯罪，他或她通常会被提供一些辩护。这种辩护的目的是说明为什么他或她不应该承担该刑事指控，辩护（应对刑事指控）由被告人提供的证据和论证组成。我们的法律制度一般承认四大类的辩护：①不在场证明；②理由；③申辩；④程序性辩护。不在场证据如果证明是有效的，就意味着被告人不可能犯罪，因为他或她在案件发生时位于其他地方（通常与他人）。当被告人提供了辩护的理由，那么就意味着他或她承认实施了有问题的行为，但声称这是必要的，目的是避免一些重刑惩罚。被告人提供申辩辩护，通常被告人会声称他们是由于个人在一些具体条件或情况下才实施了该行为，因此他们不应该负刑事责任。程序性辩护声称被告人在司法过程中受到歧视，通常指的是被告人被指控的事实没有得到公正的调查等。

> **多元文化与多样性：伊斯兰法**
>
> 2012 年，Amina bint Abdul Halim bin Salem Nasser，一名六十多岁的女性，在沙特阿拉伯王国被斩首，罪名是巫术和蛊惑。虽然王国没有规定对巫术的死刑，但是在强大、保守的神职人员敦促对命理人员和信仰治疗者施加最严厉的惩罚之后，刑罚是由西北省的 Jawf 地方当局执行的。
>
> 像许多阿拉伯国家一样，沙特阿拉伯遵循伊斯兰法律（或阿拉伯语的伊斯兰教法，意为"上帝的道路"）。自 2001 年 9 月 11 日恐怖主义袭击美国，导致阿富汗塔利班政权遭到破坏以及伊拉克战争以来，伊斯兰法律一直引起美国的极大兴趣。对于美国刑事司法学生而言，重要的是要认识到伊斯兰法律是指基于伊斯兰教义的法律观念，并且其与伊斯兰背景下被误导的狂热者所犯下的恐怖主义行为没有内在联系。同样，伊斯兰法律与圣战（穆斯林圣战）或伊斯兰原教旨主义绝不是同一概念。
>
> 对伊斯兰教的各种解释构成了许多国家的法律基础，一些国家的整个法律体系都以伊斯兰原则为基础。例如，《伊拉克宪法》第 1 章第 2 条（标题为"基本原则"）宣称："伊斯兰教是国家的官方宗教，是立法的基本来源。"其（a）款规定："没有与伊斯兰无可争议的规则相矛盾的法律可以被通过。"《伊拉克宪法》在 2005 年全民公决中得到多数通过而被批准。伊斯兰法律在许多其他国家也具有相当大的影响力，包括叙利亚、伊朗、巴基斯坦、沙特阿拉伯、科威特、阿拉伯联合酋长国、巴林、阿尔及利亚、约旦、黎巴嫩、利比亚、埃塞俄比亚、塔吉克斯坦、乌兹别克斯坦和土耳其（其官方实践为政教分离）。
>
> 伊斯兰法律基于四个历史来源。按重要性排序，这些来源是：①古

兰经（也拼写可兰经）或伊斯兰教圣书，穆斯林认为它们是上帝或真主说的话；②先知穆罕默德的教义；③在"古兰经"和"先知"都没有直接解决问题的情况下，神职人员达成共识；④理由或逻辑，当在其他三个来源中找不到解决方案时应该使用它。

先知穆罕默德被《剑桥伊斯兰教百科全书》描述为"先知—上师"，在麦加市（现在的沙特阿拉伯）成为宗教改革者。然而，后来，他前往麦地那，在那里他成为新成立的宗教社会的统治者和立法者。在他作为立法者的角色中，穆罕默德颁布了立法，其目的是教人们做什么，以及如何表现以获得救恩。因此，今天的伊斯兰法律是建立在法律和道德义务的基础上的职责和仪式系统，所有可能发出忠实信徒必须遵守的命令的宗教领袖（或领导者）当局最终都受该法的制裁和约束。

当代伊斯兰法律承认七种 Hudud 罪行，或基于宗教限制的罪行。Hudud（有时拼写为 Hodood 或 Huddud）的罪行基本上违反了阿拉伯文化所解释的"自然法"。这些罪行通常被描述为对上帝的罪行。在《古兰经》中规定的应当惩罚的四种 Hudud 罪行是：①对安拉及其使者的战争；②盗窃；③通奸或淫乱；④奸淫或通奸的错误指控。"古兰经"提到了另外三项 Hudud 罪行，其中没有规定任何惩罚：①"地球上的腐败"；②饮酒；③高速公路抢劫。对这些罪行的惩罚是由传统决定的。"地球上的腐败"是一种普遍的宗教罪行，在西方尚未得到很好的理解，其中包括贪污、反合法权威的革命、欺诈和"削弱社会"等活动。

除了 Hudud 罪行之外的所有罪行都属于一种称为 tazirat 的罪行类别。Tàzir 罪行被视为精神社会认为不可接受的任何行为，它们包括针对社会和个人的犯罪，但不包括针对上帝的犯罪。Tazir 犯罪可能要求提出 quesas（报复）或 diya（赔偿或罚款）。需要 quesas 的犯罪是基于阿拉伯原则"以眼还眼，以鼻子还鼻子，以牙齿还牙齿"，并且通常需要进行体罚，包括死亡。Quesas 罪行可能包括谋杀、过失杀人、殴打和致残。

与西方的成文法不同，伊斯兰法律没有编纂，这意味着法官有权根据他们对古兰经、先例的解读和个人判断来解释法律。然而，在一些受伊斯兰教法管辖的国家，刑事诉讼法可以书面形式找到，类似于西方的对应法。

不在场证明

《刑事审判律师参考书》认为，"不在场证明不同于所有其他的辩护"。因为它基于以下前提：被告人确实是无辜的，这直接否认了被告人犯了法。我们即将讨论的所有其他辩护都是承认罪犯犯了罪，但有理由不追究刑事责任。而不在场证明这一理由或借口可能产生"无罪"的结果，因为被告人完全是无辜的。

不在场证明的最好方式是目击者证明和支持被告人不在场的相关文件材料。一个人被指控犯罪时可以使用不在场证据，这表明犯罪发生时他不在犯罪现场。例如，酒店收据、目击指证和参与社交活动，都可以被用来证明嫌疑人不在场。

理由

辩护理由是一种占有道德优势的材料。理由是人们发现自己处于困境下，被迫选择两害相权取其轻的做法。一般来说，为了避免行为人实施更大的伤害，被侵害的人认为其所实施的保护行为是有必要的。例如，故意引起火灾可能构成纵火罪，但一名消防员可以设置一个防火墙来阻止大火威胁整个社区，这么做是为了保存一个小镇的财产。法律认为，设立一个防火墙这样的行为是正当行为。理由包括：①正当防卫；②防卫他人；③保护住宅和财产安全；④必要性；⑤受害人同意；⑥抵制非法逮捕。

正当防卫

2009年5月，当俄克拉荷马市的药剂师杰罗姆·艾斯兰面对两个抢劫犯时，据说他拿了一把枪，击中了其中一个人的头部。第二个实施抢劫的男人随即就跑了。现场的保安摄像机记录下了这样一个药店的场景，艾斯兰站在柜台后面，用枪对实施抢劫的人连开5枪，强盗立刻躺在了地板上随即死了。

事后，艾斯兰被控一级谋杀罪，这引发了一场激烈的关于正义和正当防卫的争论。不过，并非所有的人都认为艾斯兰是一个英雄。两年多后，在 2011 年，59 岁的艾斯兰被俄克拉荷马市陪审团判决犯有一级谋杀罪，并被判处不可假释的终身监禁。

　　正当防卫可能是最知名的理由。正当防卫是为确保自己在面对危险时免受伤害或死亡而对别人造成必要的伤害。一个人对攻击者通常可以使用这种防御。然而，法院一般认为，一个人被袭击时不存在一个"撤退的可能性"时才应采用正当防卫。换句话说，从法律上来说，只有当行为人走投无路或没有逃跑的可能性时，使用正当防卫才是最安全的。一些州，如佛罗里达州，已制定了"坚持立场"的法律，取消了撤退要求，并允许使用武力而不需要受害者逃避其攻击者或放弃。到 2013 年，接近 30 个州已经通过了这些法律，尽管在对佛罗里达州的邻居守望者乔治·齐默尔曼的谋杀指控被宣告无罪后，法规受到严密审查，后者在身体对抗中射杀了 17 岁的特拉维恩·马丁。具有讽刺意味的是，齐默尔曼的防守没有引起任何支持的立场，而是依靠传统的正当防卫战略。

　　采取防御力量的大小必须与要防卫的力量大小或威胁的感知程度成正比。要在合理的限度内实施，是适当地在一个给定的情况下不能过度使用。合理的力量也可以被认为是，为了保护自己或他人的财产面临实质性的威胁时所采取的必要的最低限度的武力防卫。只有当在面临那些立即威胁到人身并会造成伤害或死亡的情况时，防御者才能采用致命的武力来保护自己免受这些侵害，只有在这样的情况下采用致命武力才被认为是合理的。防御者不能使用致命武力对抗非致命武力。

　　正当防卫的力量是本文中使用的术语，意味着体力，不延伸到情感、心理、经济、心理或其他形式的胁迫。例如，在面对一个劫匪的抢劫和袭击时，受害者可以声称正当防卫，但是在防止金融竞争对手恶意收购公司的行为时，就没有主张正当防卫的权利。

　　正当防卫有时发生在杀害虐待自己的配偶的案件当中。在防卫合理的时候，陪审团可能会接受这一理由，认为这样的行为是正当防卫。但是，妻子冷冷地计划杀害长期虐待自己的丈夫的行为，并不会在法庭上得到认可。

防卫他人

　　使用武力正当防卫普遍扩展到当第三人遇到迫在眉睫的危险时，允许使用合理的武力来捍卫他的权利。帮助他人防卫仅仅限于同本人有关系的他人，如配偶、父母、孩子、亲戚或者雇员、雇主等。现在英国已不再持这种观点。但是美国现在有半数左右的州仍把"防卫他人"限制在同本人有某种关系的人这个范围之内，另有半数左右的州取消了这种限制，防卫他人也可以包括防卫那些不相识的他人，因此，在这些州的刑法典中已不再有自身防卫和防卫他人这两种不同的规定。防卫他人不能用于帮助朋友或家庭成员实施非法的行为。例如，一个人故意救助在犯罪中失利的罪犯，不能认为是帮助他人防卫。根据法律规定帮助他人防卫同样不适用于事后防卫。

保护住宅和财产安全

在大多数地区，业主可以使用合理的非致命力量去防止他人非法或侵犯破坏自己的财产。作为一般规则，对人类生命的保护重于对财产的保护，使用致命武力来保护财产并不合理，除非犯罪者的违法行为可能打算或正在对另一个人实施暴力行为。例如，开枪的人杀了一个手无寸铁的入侵者，不能因声称"捍卫财产"来避免刑事责任。然而，一个人杀了一个正在抢劫的武装强盗，可以作为辩护的理由。

使用机械设备来保护财产是一种特殊的法律领域。因为通常是不允许为了防御而设置致命武力陷阱的，一般不允许用弹簧猎枪和爆炸装置保护无人值守和闲置的财产。如果一个人受伤是由于一个机械装置造成的，那么因此受伤或死亡的人可以向设置设备的人提起刑事诉讼。

此外，保护自己住宅的"犯罪行为"可能不需要承担刑事责任。法律认为的"住宅"是一个人的住所，无论其是个人所有的、租来的，还是借来的。酒店客房、船上的房间、租来的房间都被认为是住宅。早期关于撤退的规定中，一个人受到攻击，撤退时可能因被致命武力威胁而撤退到自己的住宅中，被称之为"城堡例外"。城堡例外可以追溯到16世纪英国法学家的著作《爱德华爵士理论》。"城堡例外"普遍承认一个人的住宅是最终的和不可侵犯的撤退场所，这是一项基本的权利。一个人不可以撤退到更远的地方，即使这样的撤退是存在可能性的，但也没有必要在面对迫在眉睫的威胁时放弃他的住宅。一些法院的判决已经将"城堡例外"做了延伸，其中包括营业的地点、商店和办公室等。

必要性

必要性是指使用一些非法行动去防止更大的伤害，这是一种有用的防御，但不能涉及严重的身体伤害。著名但不成功地使用这种防御理论的案件发生在 19 世纪晚期英国国王诉史蒂芬案件中。这个英国的案例关于一场海难中三个水手和一个男孩乘一艘救生船漂流在海上。在海上度过许多天没有食物和水的日子后，其中两个水手决定杀死并吃掉这个男孩。审判中他们认为这样做是必要的，因为这样做后或许他们将会存活下来。然而法院认为，男孩不是一个直接威胁他们生存的理由，从而拒绝了这种辩护。他们被定为谋杀罪并判处死刑，但最后他们被皇家赦免了。尽管食人通常是违法的，但某些特殊情况下，如果食人可以使其他人存活，可能会被认为是必要的。法院认为如果当时他因病自然死亡然后被吃掉，这种情况可适用必要性来辩护。

受害人同意

受害人同意的辩护是指无论伤害是否已经发生，受伤的人允许他或她实施这样的行为。例如，"避孕套强奸犯"，在 1993 年乔尔·瓦尔迪兹被判犯有强奸罪后，陪审团拒绝了他所谓的他遵守了受害者使用安全套的请求就不是强奸的辩护理由。瓦尔迪兹醉酒后手持一把刀威胁被害人，受害者请求他使用安全套来进行性行为，最后他同意了受害者的请求。他说："我是答应了她的请求后，我们再做爱的。"

抵制非法逮捕

所有司法管辖区都可能遇到罪犯拒捕的情况。可以预见，逮捕行动遇到阻力是无可厚非的，特别是在实施逮捕的警员过度使用武力的情况下。一些州有法律规定详细地限制了这样的阻力和可以使用的条件。这样的法律一般规定，拘捕或非法搜查的执法人员如果使用或企图使用武力进行逮捕或搜查，一个人可以使用除了致命武力以外的合理的力量进行反抗。这种法律背后的基本原理是：一旦超过了法律规定的情形，警察所做的便不再是职务行为。例如，根据加利福尼亚州的法律，当警察拦住一个没有合理怀疑的人或无理由逮捕一个人时，显然他此时并没有依法履行他的职责，那么这种行为就是违法的。如果是被逮捕的人首先诉诸武力，那么警察的行为就不属于我们所抵制的非法逮捕行为。除非执法人员在没有许可的情况下使用致命武力，否则使用致命武力抵抗逮捕的行为是不合理的。

申辩

与理由不同，申辩不声称问题中的行为是在合理的情况下实施的，或行为是合乎道德的。申辩是实施非法行为的人对当时对他或她的行为不应依法承担责任。例如，袭击警察的人认为警察真的是一个伪装的太空外星人来绑架他，那么这个人可能会因为精神失常被认为是"无罪"的。申辩辩护的行为在道德上并不比所犯错误更有意义，但可能仍然在是否承担刑事责任的基础上考虑一个人是否有行为能力或另外一些特殊情况。法律认可的申辩包括：①胁迫；②年龄；③错误；④无意识中毒；⑤无意识；⑥挑衅；⑦精神错乱；⑧缺乏行为能力；⑨精神不健全。

胁迫

胁迫的辩护取决于理解的情况。胁迫被定义为"一个人威胁或胁迫另一个人犯罪，若无此胁迫，则犯罪人不会犯此罪"。一个人可能在被胁迫下犯罪，例如，某人偷了雇主的现金以满足绑匪的赎金要求，以此来解救自己的孩子。后来因盗窃或挪用公款而被逮捕，这个人可以辩称自己觉得必须犯罪，以确保孩子的安全。胁迫通常不是一个有用的辩护，当犯罪为了避免严重的伤害，并且伤害可能大于胁迫的犯罪行为时，只有在这种情况下才会影响陪审员和法官的思维。

年龄

年龄提供了另一种避免刑事指控的借口。这起源于古代的信仰，这种信仰认为孩子直到7岁左右前是不具备辨别是非的能力的。早期基督教的教会批准的教义信仰认为，要根据年龄对应的理性发展阶段确立刑事责任。因此，只有大一点的孩子才可能会为他们的罪行负责。

时至今日，这种信仰扩大的范围远远超出了7岁的年龄。在许多州，16岁被确定为能够作为成人刑事起诉的年龄；有的州适用17岁，还有的州适用18岁。当一个人的年龄比刑事责任年龄低时，被称为青少年犯罪（参见本书第十三章）。在大多数地区，7岁以下儿童无论犯多么严重的罪行都不能被指控，甚至不会构成青少年犯罪。

错误

两种类型的错误都可以用来作辩护：一个是法律错误，另一个是事实错误。法律错误很少被认为是一个可以接受的辩护理由。大多数人意识到了解法律是他们的责任，因为法律适用于他们。"不知法者不赦"是一个古老的格言，这句话至今仍然可以听到，然而有时确实也会出现这样的情况。例如，一位老妇人种植大麻作物，因为这种作物可以用来泡茶以缓解自己的关节炎疼痛。当在她的花园发现这种植物时，她没有被捕，但被告知了相关的法律规定，以及根据这些法律将如何适用于她的行为。

事实错误是一个更有用的辩护形式。例如，2000年在田纳西州布拉德利县，39岁的查尔斯·博林格因强奸被定罪。随后该判决在刑事上诉法院被撤销了。博林格承认他和他15岁的邻居做爱。但是，在他的辩护中，博林格声称他有充分的理由证明他错误地认识了女孩的年龄。

无意识中毒

无意识中毒可能形成另一个辩护借口的基础。毒品和酒精可能会产生中毒。自愿中毒很少成为刑事指控的辩护理由，因为它是一个自我的状态。在我们的法律传统中，人们普遍认识到精神状态改变后的自愿行为不能用于免除刑事责任。有些州的刑事法律的一般原则和具体规定认为，自愿中毒不能作为犯罪行为免责的辩护借口。

但是，无意识的中毒则另当别论。有些人可能会被欺骗或隐瞒食用一种有毒的物质，犯罪人可能在不知情的情况下摄入春药、有毒品装饰的甜点。由于社会人士广泛熟知酒精的味道和影响，所以，由于喝酒导致的无意识中毒很难证明。

无意识

无意识是一个很少使用的借口。个人不能对他或她无意识时做的一切负责。因为无意识的人们很少做任何事情，这个辩护在法庭上几乎没有出现过。然而，在梦游、癫痫发作和神经功能障碍的情况下可能会导致危害结果的发生。在这种情况下，无意识的辩护可能会被认可。

挑衅

挑衅是指一个人打算激怒另一个人的情绪所引起的反应。一些法院认为，他或她可能不是有罪的犯罪行为，或可能犯罪的程度比较低。尽管大多数州不会看好口头挑衅，挑衅的辩护常用在酒吧争吵的情况下，也被用于一些妻子杀死了自己的丈夫或者孩子杀死自己的父亲的情况下，因为多年的口头和身体虐待使挑衅这种借口成立。在这些情况下，后者也许是因为身体伤害的程度与丈夫或父亲死亡的后果看起来不成比例，法院不会欣然接受挑衅辩护。通常，挑衅辩护更容易在未成年人罪犯发生严重的违法行为时被接受。

精神错乱

2013年，55岁的犹他州森特维尔市的迈克尔·塞利内特认罪但患有精神病，并因3年前枪杀他41岁的邻居托尼·皮尔斯而被判入狱。塞利内特声称皮尔斯心灵感应地强奸了他的妻子，尽管他承认邻居从未接触过这名女子。法庭文件显示，塞利内特早在几年前就被诊断出患有器质性脑紊乱，这可能是因为车祸导致头部受伤。

从刑法的角度来看的，精神错乱是一个法律概念，而不是医学概念。精神错乱的法律定义通常很少被心理或精神心理疾病的专业人士理解；相反，它是一个开放的概念，使司法系统适用于特定的被告人，并以此来判断有罪或无罪。因此，医学观念的精神错乱并不总是和法院、立法机构定义的精神错乱的概念相一致。精神错乱的精神状态在医学和法律概念之间是存在差异的，这种差异常常导致双方的专家证人在刑事法庭上产生分歧，并且可能会提供相互矛盾的证词。

在娱乐产业中，精神错乱的辩护发挥了很大的作用，因为电影和电视节目经常使用它。然而在实践中，精神错乱作为辩护借口已经很少存在了。根据国家精神卫生研究所资助的涉及8个州的研究显示，在县级法院采用精神错乱的辩护比率不到1%。研究还显示，只有26%的精神错乱认定请求成功，90%的人认为使用该辩护之前，就已经被诊断出患有精神疾病。美国律师协会的权威解释说，"充分的证据表明，在美国的重罪案件中使用精神错乱辩护的适用率不到1%，并且这其中仅有1/4的人取得成功"。尽管如此，还是有一些法规给予精神错乱以法律定义。

缺乏行为能力

缺乏行为能力或缺乏行为责任，是某些司法辖区承认的辩护借口。2003年美国审判委员会发表政策声明称，缺乏行为能力可能意味着"被告人虽然被判有罪，但由于理解不法行为的能力明显受阻，可能会被免除处罚。理解受阻的原因包括：对攻击或从事犯罪的原因存在偏差；控制行为的能力有限和被告人的理解能力存在问题等"。在许多法庭，一些被告人以缺乏行为能力作为辩护理由，承认这一事实需要一份权威的声明。这样的声明可能是基于被告人的精神条件来作出的，如果被告人不符合精神疾病或精神缺陷的条件，法院就不予支持，但仍可能降低他的刑事责任。根据加州大学洛杉矶分校的法学教授彼得的说法,"缺乏行为能力的辩护,最初是被苏格兰普通法法庭审理的肇事司机杀人的案件中适用,其目的是用于降低惩罚的力度"。

缺乏行为能力的辩护,它取决于有证据能够表明被告人的精神状态是在受损时实施的犯罪行为。辩护缺乏行为能力是最有用的,它可以表明,因为一些精神缺陷的原因,被告人所形成的犯意是受损的。然而与精神错乱辩护相比,这可能导致"无罪",因为它是建立在"精神状态失常的情况下犯罪,虽然不足以免罪,但可能根据相关的特定精神状态,影响某些犯罪或犯罪的程度,从而可以予以减免处罚"。例如,被告人有出现精神异常的证据,当行凶发生在极端的情绪困扰的情况下,可以从一级谋杀罪降为二级谋杀罪。同样,在某些司法辖区,如果有证据可以表明被告人缺乏行为能力,也可以被认定为过失杀人罪。

一些地区已经完全取消了缺乏行为能力的辩护,使之与精神错乱辩护一样。例如,加利福尼亚州刑法废除了此辩护,称"为了公共政策的实施,在刑事诉讼或少年审判中应当不允许以缺乏行为能力的原因减轻刑事责任,不允许以不可抗拒的冲动为由进行辩护"。

精神不健全

在大多数州,被告人必须能够理解程序的性质,必须能够协助他或她自己的法律辩护。而精神不健全是指罪犯在案发时的精神状态评估。当发现被告人患有精神疾病时,应当为其指定辩护律师。2008年,印第安纳州诉爱德华兹的案件中,美国联邦最高法院甚至认为被告人如果精神失常干扰审判程序,律师可以代表他们提出停止审判。

程序性辩护

程序性辩护声称,被告人在司法过程中以某种方式受到歧视,或者正式程序的一些重要方面存在违法的情况,因此,那些提供这种辩护者认为,被告人不应承担任何刑事责任。这里的程序性辩护我们将讨论:①陷阱;②双重危机;③禁止反言;④选择性起诉;⑤拒绝超期审判;⑥检察官不当行为;⑦警察欺诈。

陷阱

陷阱是指被告人因为受执法人员不当行为或非法行为引诱而从事犯罪的

事实。关于陷阱的辩护认为，执法人员有效地制造了一个犯罪机会，否则这个犯罪就不会发生。由陷阱引起的犯罪活动的想法，必定是由刑事司法系统的官方所引起的。陷阱也可以是卧底警察说服被告人去犯罪，并告诉他们这么做不会触犯刑法。为了避免陷阱的发生，警务人员切不可从事那些会导致他人犯罪的行为。仅仅为想要犯罪的人提供一个犯罪的机会，并不算是陷阱。

图3-2 案例：纽约市警察局的街头犯罪小组正在准备一天的工作。伪装成强盗攻击这些装扮的人。诱捕可能不是一个有效的防御。为什么不呢？

双重危机

《美国联邦宪法第五修正案》明确表示，没有人可以被两次以同样的理由受到惩罚，这就是所谓的双重危机。换句话说，被无罪释放或发现无罪的人不会再因同一犯罪事实面临"生命或人身的威胁"。已被定罪的人也是如此，他们不能再次因相同的事由受到审判。因缺乏证据撤销的情况也适用双重危机的规则，因为它并不能导致一个新的审判。美国联邦最高法院裁定，"双重负担条款是为了防止三个不同类型的权力滥用：无罪释放后因同样的事由第二次起诉的；定罪后因同样的罪行被第二次起诉的；同样的罪行受到多重处罚。"

一罪不受两次审理原则不适用在案件审判错误的时候。因为一些错误的程序，下级法院被告人的定罪被搁置（例如，审判法院法官对陪审团指示不当），可以对相同的事实提起诉讼或重审。同样的，当被告人的案子被认定无效却审判成功，或者当陪审团不能达成一致的裁决（导致悬而不决的陪审团），会进行二审。但是，被告人在联邦和州法院的审判不能认为违反了一事不受双重审理的原则。

一般来说，因为民事和刑事法律的目的不同，即使他们被发现在刑事法庭"无罪"，也可以在民事法庭被判民法赔偿，这不违反双重危机原则。例如，在2005年演员罗伯特·布莱克杀妻的案件中，即便他在刑事法庭承认了他确实杀害了他的妻子，他同样要在民事审判中应审判的结果支付3000万美元给他妻子的孩子。在这种情况下，民事处罚是对他们犯罪的行为导致的形式和后果来进行惩罚，不过法院的民事案件可能不是在刑事法庭审判。

禁止反言

禁止反言类似于双重危机，但它适用于事实已由一个"有效的和最终的判决所终止"的情形。这些事实不能成为新的诉讼的对象。例如，如果因被告人有不在场证明被宣告无罪，就不容许对这个人预备谋杀的行为进行再次指控。

选择性起诉

选择性起诉的程序性辩护是基于《美国联邦宪法第十四修正案》中关于"平等保护"的法律规定。这种辩护可以在两个或两个以上的个人涉嫌参与犯罪但不是对所有人都起诉的情况下适用。基于现有证据的力量不是犯罪的目标，可以公平地适用选择性起诉这种辩护借口。然而，如果审判在不公平的起诉基础上或存在一些武断和歧视性的情况下（如种族、性别、友谊、年龄或宗教的偏好）进行，这种辩护可能会得到认可。在1996年的一个案件中，被告人指出"政府拒绝起诉是由于种族歧视"。在这个背景下，联邦最高法院重申了合理限制选择性起诉的相关规定，并且美国联邦最高法院最后裁定被告人胜诉。

拒绝超期审判

《美国联邦宪法第六修正案》保护迅速审判的权利，其目的是防止潜在的无辜的人一直被关在监狱。联邦政府和大多数州的法律（通常称为迅速的审判行为）限定在所需的时间期限内快速审理。他们通常会设置一个合理的期限，如被逮捕之后90天或120天审结。如果超出设定的法定期限，必须释放被告人，没有继续审判的可能。

检察官不当行为

另一个程序性辩护的理由是检察官不当行为。一般来说，法律学者使用检察官不当行为这个词来形容由检察官给政府一个不公平的优势或者偏见来影响被告人或证人的权利。检察官被期望拥有最高的道德标准，故意允许虚假证词、隐藏明显有助于被告的信息，或者过分使用偏向性言语以影响陪审团，这些检察官的不当行为都可以成为被告人的辩护理由。

警察欺诈

警察欺诈是通过制造证据，由警察给被告人制造被害人受害的"事实"后，在警方调查时发现并将其逮捕的行为。例如，2011 年，前纽约警察局缉毒侦探斯蒂芬·安德森在法庭作证时被证明对无辜的人进行栽赃，这种情况在纽约警察局的缉毒部门中很常见。安德森说："这是一个提高逮捕数量和给上司留下好印象的快速和方便的方法。"

同样，在 1995 年审判的一桩涉嫌双重谋杀的案件中，被告人辛普森的辩护律师指出，指控辛普森的证据已经被警察加工过了，并且这些警察对辛普森有极端的不利看法。警方的说法并不都是合法的，但是一些被告人以索赔欺诈作为辩护的理由是因为他们知道他们是有罪的。正如一位观察家所说，警察欺诈行为出自极端偏执的国防政府和警察机构。政治经济学家弗朗西斯·福山说："这种类型的辩护会导致公众极端不信任政府，因为公众相信政府有一个侵犯个人权利巨大的阴谋。"当然，警察欺诈的辩护策略是不必要的，因为它会受到正义的官员和公众的强烈监督，有效地将注意力从刑事被告人身上转移到警察官员身上，有时会产生糟糕的结果。

总结

法律是行为的准则，通常以法规的形式颁行，它调节着人们各方之间的关系。法律的主要功能之一就是维护公共秩序。法律还有助于调节人际互动，加强道德信仰，维护一个社会的经济环境，提高可预测性，促进有序的社会变化，保障个人权利，识别违法者和纠正错误，对不法者实施惩罚和报复。因为法律是由统治者制定的，他们倾向于反映和支持社会最强大的群体的利益。

法治，崇尚法律的至高无上，要求有序社会的原则必须与法律确立的原则相一致，并适用于所有的成员。这意味着没有人能凌驾于法律之上，它要求即使是那些制定或执行法律的人员也必须遵守法律。法治在西方民主国家被视为一个重要的基石，没有它，无序和混乱可能就会盛行。

本章识别各种类型的法律，包括刑法、民法、行政法、判例法和程序法。本章的内容主要涉及的是刑法，即在刑法下定义那些对国家和社会有害的行为，并用法律来制裁这些行为。

违反刑法的行为有许多不同的类型，其严重程度也不同。本章讨论了五类：①重罪；②轻罪；③违法行为；④叛国和间谍罪；⑤未完成犯罪。

从西方法理学的角度来看，所有的罪行都共享某些特征，这些特征构成了犯罪法律概念的本质。犯罪的本质包括三个构成要件：①违法行为，在法律术语中被称为犯罪行为；②犯罪意图，或犯意；③违法行为和犯罪意图二者同时存在。因此，犯罪行为的本质可被一个犯罪行为的心理状态的影响。还有五个额外的原则有助于我们充分理解犯罪的概念：①因果关系；②伤害；③合法性；④惩罚性；⑤必要伴随情况。

我们的法律制度承认四大类抗辩理由：①不在场证明；②理由；③申辩；④程序性辩护。不在场证据如果证明是有效的，意味着被告人是不可能犯罪的，因为他或她当时不在犯罪现场。当被告人提供了一个理由，表示他或她承认实施了犯罪行为，但声称这是必要的，以避免一些更严重的伤害结果发生。被告人提供申辩辩护，声称因一些个人条件或特殊情况才实施的犯罪行为，根据刑事法律规定，他或她不应该负责。程序性辩护是因为被告人是在司法过程中，司法程序的一些重要的权利受到了歧视或区别对待，这就意味着在正式审理的过程中，司法程序的一些重要方面没有得到正确地遵守。

复习思考题

1. 法律的目的是什么？没有法律的社会是什么样的？

2. 什么是法治？它在西方民主国家的重要性是什么？说"没有人凌驾于法律之上"是什么意思？

3. 本章讨论哪些类型的法律？每种类型的目的是什么？

4. 违反刑法的五类行为是什么？描述每种类型，并根据严肃性对它们进行排名。

5. 列出并描述犯罪的八个一般特征。构成犯罪概念法律本质的"三个构成要件"是什么?

6. 犯罪事实是什么意思?犯罪事实如何区别于可以判定特定被告人犯下该罪行的法定构成要件?

7. 我们的法律制度承认哪四大刑事抗辩?它们在什么情况下适用?

第二部分
警察系统

第四章

警察：任务与组织

📚 学习目标

阅读本章后，应该能够：
1. 解释民主社会中警察的任务。
2. 描述当今美国的三大公共执法部门。
3. 描述美国私人保护服务及其未来可能扮演的角色。
4. 总结警察部门的典型组织结构。
5. 总结美国警务的发展历史，并描述各时期的特点。
6. 描述社会警务，并解释其如何区别于传统警务形式。
7. 解释循证警务，并证明其在警务管理领域的潜力。
8. 解释警方自由裁量权如何影响现代执法。

介绍

在 2012 年 3 月底，数以百计的民主人士代表发起了占领华尔街运动，并与一些纽约当地的警察发生了冲突，在这次运动中，当局甚至动用了防爆装置。那些抗议者打着他们所谓的"经济和政治精英所维护的社会是不公平的"旗号，试图在纽约联合广场公园扎营，并呼吁市警察局长凯利辞职。

大多数示威者都是以和平的方式进行抗议的，他们似乎只是想要与当局和平对抗。几个人推倒了警方用以隔离人群的障碍物，并曾与试图拆除营地的警察发生冲突。混战结束之前，警察使用警棍、塑料盾牌、胡椒喷雾控制那些试图不守规矩的抗议者。到活动结束的时候，警方逮捕了四人，在这次冲突中至少有一名抗议者严重受伤。纽约联合广场的暴乱表明，维护社会秩序是当今警察工作的一个重要组成部分。

警察的任务

警察工作在民主社会的基本目的是：①保障法律的执行；②逮捕罪犯；③预防犯罪；④维护社会治安；⑤为社区提供所需的相关服务。简而言之，正如1822年英国警务系统的创始人罗伯特·皮尔爵士所解释的那样："警察存在的基本任务就是减少犯罪和社会混乱。"接下来，我们将仔细解释这五项警察工作的基本内容。

执行法律

警察在政府的授权下运行他们执法的权利。总体来说，警察机构是联邦法律、州法律和地方法律的主要实施者。毫无疑问，警察将自己视为打击罪犯的战士，并且这种观点被公众和大众媒体所广泛接受。

虽然警察从事执法工作，但这并不是他们唯一的工作。实际上，大多数警察把大部分时间花在应答非紧急公共服务电话、控制交通和开罚单上。大多数警察并没有参与到紧张的、持续性的、打击犯罪的活动中去。有研究显示，只有约10%至20%所调用的警备力量会实际参与到涉及需要真正执法反应的行动中去（也就是说，最终可能导致逮捕和起诉的情况），我们将在本章后面更详细地讲述这一情况。

即使警察常常忙于执法，他们也不可能执行全部的法律。警察资源包括人力、车辆和调查所需的资源。因为所有的警察资源都是有限的，那么这就会导致警察更多地把注意力放在某些具体类型的犯罪上。以前的法律禁止未成年人犯罪，这对于今天的社会仍然有意义。但是，比如，在人行道上吐痰或汽车鸣笛使马受到惊吓，这些都是与历史因素相关的犯罪。尽管这些犯罪仍然"记录在案"，但是很少有（如果有的话）警察去考虑执行这些法律。一些学者已经观察到，警察往往会调整自己的执法行为，以满足他们所服务的民众需求。例如，如果某些地方不满"按摩院"的发展，当地警察部门很可能会加大扫除的执法力度，最终可能会导致这些企业搬迁或倒闭。虽然警察机构的执法实践明显受到社区利益的左右，但是个别警察仍然优先会从他们的部门、同龄人和上司那里获得执法动力。

警察不仅是法律的执行者，还是法律的支持者。这意味着执法人员的个人行为应起到模范作用并且使他人尊重和遵守法律。例如，休班的警察如果被人看到在高速公路上超速驾驶或在朋友聚会上吸食大麻，这样的行为不仅亵渎了警察职业本身，也是对所有执法同仁的不尊重，甚至是对法律本身的不尊重。因此，在这个层面上，我们可以说，人们对法律的尊重态度始于个人和公共执法人员的行为。

逮捕罪犯

一些罪犯在调查中被捕，甚至在招认之时或之后立即被捕。例如，就在炸坏阿尔弗雷德·P. 默拉联邦大楼 90 分钟以后，一个名叫蒂莫·麦克维的人开着一辆没有车牌的汽车逃离了那里。之后，蒂莫·麦克维在俄克拉荷马州的高速公路上被巡警在例行巡逻时拦截了下来，当警官询问麦克维的夹克里面隆起的物体是什么时，麦克维承认这里面是一把枪。然后警察以携带并隐蔽武器为由拘捕了麦克维。通常，麦克维将立即出现在法官面前，然后被保释。然而，也许是命该如此，具有戏剧性的一幕是：派去处理麦克维的法官也卷入了一场旷日持久的离婚案中，因此，他在监狱里面待的时间比预期的要久得多，随后看来，这对于麦克维的打击是巨大的。随着爆炸事件的调查深入，联邦调查局（FBI）行为科学部门的克林顿·R. 万匝特先生分析了整件事，他的结论是：袭击者可能是一个土生土长的 20 岁左右的白人男性，他曾在军队服役，并且可能是某边缘军事组织的一员，麦克维具有以上的全部特征。一起工作的联邦调查局和俄克拉荷马州警察也意识到麦克维可能就是那个放置炸弹的人，从而对他产生了怀疑。虽然最终麦克维被捕获（但不得不说，有关部门靠的是一点运气），但是绝大多数罪犯的逮捕是经过警察大量调查后得出的结果。调查最开始通常是基于报案或者是对犯罪现场的分析。刑事侦查的过程通常包括：侦查、收集证据、前期准备、辨认，以及使用证据来显示发生了什么和谁将为此负责。犯罪发生后，刑事调查人员通常被称为侦探，其中的很多工作是需要与警方的其他资源通力协作的，包括现场调查警员或法医提供的分析。

预防犯罪

预防犯罪是主动消解犯罪的方法，它是"预测、识别和评估犯罪风险，并开始采取行动消除或减少它的发生"。在犯罪发生之前，警察机关就采取行动，从而防止伤害的发生。虽然预防犯罪是较新的观点，但是这个想法可能像人类社会一样古老。保护贵重物品、限制访问敏感地区和监视可疑人的活动，在很久之前的19世纪就被使用，并且以此为基础建立了一个完整的西方警察部队。

技术与项目

现代预防犯罪的目标不仅在于减少刑事犯罪活动的机会和降低其潜在的影响，也包括减轻公众对犯罪的恐惧感。法律的实施和犯罪的预防措施包括技术和程序两个方面。犯罪预防的技术包括：访问控制（包括出入检查）、监测（如视频监控）、威慑盗贼设备（锁、警报和绳索）、安全照明和提高观察度。通过设计环境来预防犯罪（CPTED）是一种一般预防犯罪的专业方法，该方法需要建筑师和公共安全顾问的共同努力。

还有一种方法叫作犯罪热点分析，它主要注重分析那些基于警方数据显示出的在地理位置上犯罪活动比较猖獗的地区。预测警务也称为犯罪预测，它是第三种技术手段，其主要是基于犯罪数据进行定量分析，从而期望从中找出潜在的犯罪目标，再进行精确的打击。

与技术相比，犯罪预防项目是一个集中有关资源来减少特定形式的刑事犯罪威胁的系统。例如，费城警察局的操作识别系统旨在阻止盗窃行为和帮助追缴赃物，这个项目的目的在于教育公民辨识、标记和列出他们的贵重物品以防止被盗窃，告诉民众警察帮助他们追缴的重要性。通过操作识别、警察部门提供雕刻笔等方式，建议民众采取拍摄和复原贵重物品的方法，警察部门还提供窗纸、汽车保险杠贴纸，以确保公民参与到这个项目中来。其他犯罪预防项目通常针对的是校园犯罪、帮派活动、滥用毒品、暴力犯罪、家庭暴力、招摇撞骗、车辆盗窃或社区入室盗窃等犯罪行为。

今天的犯罪预防计划取决于社区的参与程度、信息的开放程度、公共风险教育和可能的预防措施。例如，邻里监督计划就建立在邻居互相积极监督的基础上，通常由该区域内业主和商人发现一些不寻常的情况后采取相应的行动。公民个人提供帮助的国际犯罪打击组织和美国犯罪打击组织就是典型例子，其典型做法就是公民将关于阻止犯罪活动的建议传达给相关的执法机构。可以通过 http://www.c-s-i.org 详细了解国际犯罪打击组织，可以通过 http://www.ncpc.org 详细了解国家预防犯罪委员会。

犯罪预测

执法部门预防犯罪的能力，在一定程度上依赖于警察预测何时何地可能会发生犯罪。正确有效的预测意味着有限的警力资源可以被分配到最需要的地区。有一项预测技术叫做警务责任系统。虽然警务责任系统可能听起来像一个软件程序，但它实际上是一个由犯罪的过程分析和警察管理构成的程序，是由纽约警察局在20世纪90年代中期为了帮助警察管理者更好地评估他们的表现和预见潜在的犯罪所建立的。首先，警务责任系统包括收集和分析911报警电话和官方报告的信息。这种详细、及时的信息反映了开发使用这一特殊软件的目的。上报后的结果形成映射地图，可以随着时间的推移来揭示犯罪的模式、确定犯罪时间和犯罪的热点地区，以及正在进行的犯罪活动。该地图也显示巡逻人员在某个区域的数量、进行调查逮捕的情况等，从而帮助指挥官监督预防犯罪工作的进展情况。

犯罪统计系统基于 windows 的空间统计分析软件分析犯罪事件的位置，它是第二个利用技术预测犯罪活动的软件，它类似于警务责任系统。内德莱文和他的同事从国家司法研究所（NIJ）获得了资助，从而开发了犯罪统计系统。这个系统为犯罪提供的统计工具包括分析识别犯罪热点、事件的空间分布和空间距离，以帮助犯罪分析师确定彼此相关的目标。网站 chicagocrime.org 以地图的形式介绍了城市的犯罪统计数据，可以在 http://chicago.everyblock.com/crime 上了解到。

警务责任系统是预测警务的一种形式。预测警务可以被定义为一种应用分析技术（特别是定量分析技术）去探寻潜在的犯罪分子和预防犯罪，或基于统计预测来解决之前已经发生的犯罪的系统。预测方法可以被分为四类：①预测犯罪；②预测犯罪嫌疑人；③对潜在犯罪者的认证；④预测犯罪受害者是个体还是群体。在具体的实践中，警务责任系统仅仅关注第一类，但是我们仍需要把其他的三个类别指出来。

维护社会治安

执法、调查犯罪、逮捕罪犯和预防犯罪都是艰巨的任务。毕竟法律的内容是纷繁复杂的，罪犯行为也是多如牛毛，需要警察部门的充分重视。不过，犯罪是以法规的形式明确定义的，因此在数量上就会有一定的限制。维护社会治安是警察无穷无尽的义务，它不仅涉及那些触犯法律的活动（以维护社会治安），也会关乎许多其他的活动。例如，执法人员监督游行、公共示威和罢工的工人，他们通常会确保每个参与者的行为仍然在公民的权利范围内，并保证他们不会扰乱当地社区居民的生活。

罗伯特·H. 郎沃思曾写过大量有关警察的文章，他表示，维持治安通常是每个警察应尽的责任。他说："基本上，警察部门依靠巡逻警员来维护治安。一名巡警如果在工作上比较清闲，那么就说明他之前的工作做得不错。因为这说明在该区域内没有民众抱怨社会不公、秩序不好。"

许多警察部门把公民生活质量作为减少犯罪和维持治安的行动策略效果好坏的衡量标准。影响生活质量的犯罪（quality-of-life offenses）一般是指轻微违反法律的行为（有时又叫轻微犯罪），它主要包括制造麻烦（例如，过量的噪音、涂鸦、废弃的汽车和单纯破坏）或反映社会腐败（行乞和侵略性的乞讨、随地小便、卖淫、漫游青年团伙、公共消费酒精和街道药物滥用）来破坏社会和商业秩序。流浪汉无家可归，虽然不一定是违法的（除非它涉及某种形式的侵害），但也通常在生活质量项目要解决的范围内。警察采访那些无家可归的人，使他们中的许多人搬到了避难所和医院，或者因为一些其他的犯罪被逮捕。许多人声称，在社区里减少影响生活质量的犯罪数量可以恢复秩序、减少民众对犯罪的恐惧、减少发生严重犯罪的数量。然而，生活质量项目并未得到社会的一致认可，此项目受到了那些支持"警察的执法方法不应受制于社会和经济问题"观点的人的批评。

类似的维护治安的方法还有破窗理论。该理论是基于物理衰变的概念，如垃圾和废弃的建筑物，暗示法律在这一区域没有被执行，从而衍生出无序，最后导致犯罪。这一理论提出的方法是：把违法者挤出该街道或社区，并发出一个信号，守法者可以自由行动。破窗理论表明，通过鼓励对公共场所破旧建筑的修复和控制无序行为的发生，警察机构可以创建一个整洁有序的环境，从而使得严重犯罪无法轻易发生。这一方法虽然可取，但是维护公共秩序的成本巨大。警察出身的作家查理斯·R.斯沃森说："任何社会发展达到一定的程度，其通过警方维持公共秩序大部分取决于社会愿意支付的金钱。"斯沃森还说，这涉及：①通过税款支持的警察资源的价格支付；②可提供给大众的减少无序行为的数量、种类和自由的程度。

提供服务

司法研究所的学者发现"在美国境内的任何公民在任何城市、郊区或小镇都可以调动警察资源，他们只需拿起电话，直接打电话给警察部门就可以了"。打电话叫警察"被视为警务在民主社会的基石"。尽管拨打911电话也可以请求紧急医疗和消防服务，但美国全国约70%的911电话是打给警察的。

911的电话打进来，然后被传送到巡逻人员、专业单位或其他紧急救援人员那里。现在有个在线服务http://crimereports.com，可以提供地图显示与犯罪相关的事件和调用911调度员的情况。你可以使用它来查看你所生活的社区里的犯罪情况。除了911，一些城市也采用"311非紧急公民服务系统"来解决这一问题。美国十多个大城市，包括巴尔的摩、达拉斯、拉斯维加斯、纽约、底特律和圣何塞，也采用员工"311非紧急公民服务系统"。现在"311非紧急公民服务系统"也计划在一些州全部范围内实施。

现代美国警务：从联邦到地方

美国的执法部门被认为是世界上最复杂的。美国三大执法部门和司法管辖区（联邦、州和地方）创造了各种各样的警察机构来执行法律。不幸的是，太多的司法管辖区之间存在一致性，例如命名、功能或执法机构的权力。快速增长的私人保安公司使这个问题变得更复杂，保安公司在营利的基础上运作，并提供服务，在传统意义上，这也被视为执法活动。

联邦机构

数十个联邦执法机构分布在美国的14个政府部门和28个非实体部门之中（表4-1）。除了表4-1中列出的执法机构，许多其他联邦政府机构也参与了执法检查、监管和控制活动。根据政府会计办公室（GAO）的报道，非军事联邦机构中共有137 929名执法人员，它规定了授权个人执行的四个特定功能：①进行刑事调查；②执行搜查令；③逮捕；④携带枪支。例如，联邦调查局（FBI）是最著名的联邦执法机构之一，接下来，我们将对其进行描述。可以通过http://www.justicestudies.com/federal访问联邦执法机构的主页进行了解。

表4-1 美国警察：联邦执法机构

农业部	司法部
美国林务局	酒精、烟草、枪支和炸药管理局（ATF）
商业部	监狱管理局（BOP）
出口执法局	毒品管制局（DEA）
国家海洋渔业管理局	联邦调查局（FBI）
国防部	美国法警局
空军特别调查办公室	**劳动部**
陆军犯罪调查部门	劳动力敲诈勒索调查办公室
防御犯罪调查服务	**国务院**
海军调查服务	外交安全服务部
能源部	**交通部**
国家核安全管理局	联邦空中警察计划
任务操作办公室	**财政局**
安全运输办公室	国税局（IRS），刑事调查部门
卫生和服务部	财政税收执法监察部门
食品和药物管理局（FDA）	**退伍军人事务部（弗吉尼亚州）**
刑事调查办公室	安全执法办公室
国土安全部（DHS）	**美国邮政总局**
联邦执法培训中心（FLETC）	邮政检查服务
联邦保护服务	**其他办公室与执法人员**
运输安全管理局	美国法院行政办公室

续表

美国海岸警卫队	美国警察
美国海关与边境保护局（CBP），包括美国边境巡逻	环境保护署（EPA），刑事调查部门
美国移民和海关执法局（ICE）	联邦储备委员会
美国特勤局（SS）	田纳西流域管理局（TVA）
内政部	国会山警察
印第安事务局	美国造币局
土地管理局	美国最高法院警察
鱼类和野生动物服务办公室	华盛顿特区警察厅
国家公园管理局	
美国公园警察	

美国联邦调查局（FBI）

美国联邦调查局（FBI）可能是世界上最著名的执法机构。联邦调查局一直备受重视，对许多美国人来说，联邦调查局是一个值得信任的机构，并认为它是一个可以为其他执法机构树立榜样的机构。联邦调查局前局长威廉·韦伯斯特也认同这个观点，他说："多年来，美国人民一直认为联邦调查局是最专业的执法部门。我们一直在使用现代形式的管理和技术打击犯罪，我们是一个可以将男性和女性的角色发挥到极致的执法部门。正是因为这个原因，我们只寻求那些专业的，并愿意在工作中付出汗水的人来延续我们传统的忠诚、勇敢和完整性。"

美国联邦调查局（FBI）的历史跨越一百多年，它成立于1908年，最初是作为美国司法部的调查机构。它创建的部分动机是由于当时其他机构无法阻止美国那个时期的政治和商业腐败行为。我们可以通过http://www.fbi.gov/about-us/history/brief-history了解联邦调查局的历史。

今天联邦调查局设立的目的就像该机构的使命声明中所指出的那样："联邦调查局的使命是保卫美国，反对恐怖主义和外国情报威胁，维护和执行美国的刑法，并为联邦、州、市和国际机构及合作伙伴提供导向和刑事司法服务。"美国联邦调查局的总部位于华盛顿的宾夕法尼亚大道的J.埃德加·胡

图 4-1 案例：图为匈牙利布达佩斯的国际执法学院教学楼。国际执法学院活动是由美国联邦调查局和匈牙利政府合作创办的全球警察训练基地。多为来自东欧和亚洲大部分地区刑事司法的领导人和高管参与。为什么它对于建立国际警察有着重要的桥梁意义？

佛大楼，该机构的总部支持该机构的人员在全国和世界各地展开工作。总部工作人员负责确定调查重点，监督重大案件，管理组织的资源、技术和人员。

联邦调查局的日常工作是由大约 13 500 名特工和 20 100 名文职雇员分配到 56 个办事处和 400 个办公室（派出机构）完成的。特工负责监督每个办公室，除了华盛顿特区、洛杉矶和纽约三大办事处之外，每个办公室还配备了副主任。联邦调查局的女性特工有 2600 多名（近 20%），FBI 的 11 个外地办事处负责女性特工。

联邦调查局在世界各地的许多主要城市还开办了法律专员办公室（称为 Legats），包括伦敦和巴黎。它们在东道主国家和警察机构之间协调进行执法活动并促进相关法律的执行。在冷战结束几年之后的 1995 年，美国联邦调查局（FBI）在莫斯科开设了法律专员办公室。莫斯科的办公室协助俄罗斯警察机构打击在该国不断增长的有组织犯罪，帮助美国政府追踪潜逃到俄罗斯的犯罪嫌疑人。同样在 1995 年，东欧的联邦调查局学院（国际执法学院，ILEA）在匈牙利的布达佩斯成立，其目的是在东欧国家培养警察管理人员学习最新的打击犯罪的技术。10 年后的 2005 年，美国联邦调查局局长罗伯特·米勒三世在布达佩斯国际执法学院发表讲话，他告诉在场的政府官员和外交官们，虽然在过去"好篱笆出好邻居"。但今天，从 21 世纪全球执法界的角度来看，分隔就意味着更少的安全，而不是更多的稳定，所以现在是"好桥梁出好邻居"。

美国联邦调查局同时利用 DNA 总指数系统（CODIS）建立法医 DNA 样本数据库，以确定一些严重罪行的罪犯（如强奸、其他性侵犯、谋杀和某些针对未成年人的犯罪），以及从罪犯中采集 DNA 样本。现在 CODIS 所用的一部分国家 DNA 指标体系（NDIS）由 1994 年的联邦 DNA 鉴定法案正式授权。法案通过后，联邦、州和地方执法机构从聚集在犯罪现场的生物证据中采取的 DNA 样本的数量日益增多。CODIS 可以迅速识别所有犯罪者的生物信息并找到一个匹配的证据样本和一个相应的存储配置文件。到 1998 年，每个州都已经立法建立了自己的 CODIS 数据库，并且要求把某些严重罪行的罪犯的 DNA 信息输入到系统当中。2014 年中期，CODIS 数据库已经包含了超过一千万个 DNA 样本。可以通过 http://www.dna.gov/dna-databases/codis 了解 CODIS。

联邦调查局的实验部门位于弗吉尼亚州的匡提科，它是一个世界上最大和最全面的犯罪实验室，它为全国范围内的犯罪提供了科学的解决方案和相关服务。它也是美国唯一一个全方位服务的联邦法医实验室。实验室的活动包括犯罪现场调查、特殊监测摄影、指纹检验测试、法院证据检验（包括 DNA 测试）、法院证词的实验分析和其他科学技术服务。联邦调查局为美国所有的执法机构提供免费的实验室服务。

联邦调查局还负责营运美国科学院计划项目，它是培训部门的一部分。这个项目始于 1935 年，第一届学生只有 23 名，后来改名为联邦调查局国家警察训练学院。1940 年，学院从华盛顿特区搬到位于弗吉尼亚州的匡提科美国海军基地。1972 年，正如今天我们所知道的那样，联邦调查局国家警察训练学院正式开放了，整个学校占地 334 亩。最近的统计数据显示，学院项目自开始运营以来总共培养了 43 229 名毕业生，其中包括 176 名国际毕业生。项目开展以来提供了超过 200 门课程。联邦调查局还提供了各种各样的训练机会，并对个人的就业进行支持，其中包括课堂培训、通过互联网的远程教育，相关课程还可以通过联邦调查局的内部网进行学习。

联邦调查局和反恐

2001年9月11日的恐怖袭击事件不久之后,美国联邦调查局(FBI)调整了其工作关注的重点,目的是防止未来再次发生像这样大规模的恐怖袭击活动。为了打击恐怖主义,美国联邦调查局反恐部门收集、分析并与各联邦机构以及全国的执法机构进行紧密地配合,共享重要信息和关键的情报,其中包括美国中央情报局(CIA)、美国国家安全局(NSA)和美国国土安全部(DHS)。这项工作由联邦调查局总部的反恐部门协调进行。各个领域的办公室、常驻机构都是该项工作的重中之重。总部管理国家威胁预警系统,这个系统允许联邦调查局向执法机构和公共安全部门立即发布涉及恐怖威胁的重要公告。"飞行小队"提供专门的反恐知识、经验、语言能力,以及联邦调查局办公室和相关机构需要的分析支持。联邦调查局对抗恐怖主义的一个必不可少的武器是恐怖主义联合特遣部队(JTTF)。我们将在第六章详细讨论恐怖主义联合特遣部队。

2009年美国爆发了经济危机,国家的经济部门开始了对抵押贷款和金融欺诈的调查,这消耗了大量的调查资源。联邦调查局副主任约翰·S. 皮斯托尔告诉参议院司法委员会,联邦调查局在总部创建了一个国家抵押欺诈的团队,并增加了经纪人和分析师来处理有关抵押贷款欺诈的调查工作。调查工作采用了一个新的工具——一个房地产市场分析的计算机应用程序,通过搜索房产交易记录来确定个人或企业的购买属性,并且防止在投放市场之前通过虚假评估人为地提高其价值。

州立机关

> **为它付出:经济低迷时期的警务**
>
> 2013年,警察执行研究论坛(PERF)发布了一份题为"警务与经济衰退"的报告,该出版物的副标题是"努力提高效率是新常态"。这份长达50页的文件基于四项调查,是PERF于2008年开始向全国各地的警察管理人员询问有关其部门经济状况的调查。报告指出,"前三次调查产生的结果可以概括为'严峻',这意味着几乎所有机构都报告面临预算削减,并正在制订减少服务或裁员的计划"。

PERF发现，在2008年左右的经济危机深处，32%的机构已经取消了新员工的招募，而72%的机构报告说，他们花在培训上的资金减少了。同样地，67%的机构已经取消了加薪，58%的机构正在实施减少服务的计划。对调查做出回应的机构中有31%的人表示，公民服务请求的响应时间有所增加，或者可能因预算削减而增加。虽然并非所有机构都报告裁员，但有45%的人报告称冻结招聘。最后，在对早期PERF调查作出回应的所有机构中，略多于一半的人表示已经取消了获取新技术的计划。

面对预算削减，警察部门也进行了重组。几乎一半的部门报告停止或大幅减少自行车巡逻等专业单元，22%表示他们已经与其他部门合并了一些服务。许多执法机构还表示，他们通过派遣一些内部职位（如派遣犯罪分析和书桌工作）与文职员工和志愿者一起，将更多的官员转移到现场。最后，34%的机构表示，巡逻级别（即任何时候分配到一个地区的军官人数，或一个地区巡逻的小时数）都已降低。

然而，自那些初步调查以来，警方资金的趋势有所改善，一些部门报告货币稳定或增加流入。现在，只有一半的机构削减了招聘工作，而那些机构对早期调查的回应比较少；现在的机构减少了对培训的削减；几乎有一半的人为他们的官员加薪。

许多部门现在报告说增加他们的官员加班费，而不是扩大他们的工资单上的全职人员数量。从长远来看，资助加班时间比雇用更多的全职人员更便宜，因为全职人员的就业福利（包括医疗保险和退休费用）会大大增加机构的成本。

过去六年或更长时间内，警察预算削减似乎导致的一件好事是提高了许多执法领域的效率。一些人使用"智能警务"这一术语来描述由于执法管理人员所面临的经济紧缩而出现的态度转变。

根据智能警务计划（SPI），智能警务的目标是"制定有效、高效和经济的策略——以减少犯罪率和高案例关闭率来衡量"。SPI也在本书第五章中涉及。

SPI 是司法协助局、非营利性 CNA 公司和数十个警察部门之间的合作计划，据说，"有效的警务需要一种可以衡量的紧密集中的协作方式；基于完善、详细的分析，并包括促进和支持问责制的政策和程序。"

加利福尼亚州桑尼维尔市正在使用一种智能警务形式。这个城市约有 140 000 人，在那里，警察和消防员经过交叉训练，以便在紧要关头可以互相协助。例如，在 2012 年，该市能够召集正在完成轮班的消防员换上警察制服，并帮助在城市中寻找一名在工作场所枪击案中杀死三人的男子。研究表明，由于交叉培训，桑尼维尔在公共安全方面的支出低于周边社区——人均 519 美元，而帕洛阿尔托为 950 美元，山景城（加利福尼亚州）为 683 美元。

另一种形式的智能警务是两年前在洛杉矶发起的，计算机模型提示官员可能发生的犯罪行为，并告诉调度员将警察派往可能的犯罪现场。该计划被洛杉矶警察局称为"预测性警察"，确定了犯罪的潜在"热点"（有时甚至小到 500 平方英尺的"区域"），并预测未来在这些地点发生犯罪的可能性。然后，巡逻人员被指示"进入禁区"。

然而，除非市政当局能够实施有效的智能警务策略，否则节省警力可能不是一个好主意。2012 年，加利福尼亚大学伯克利分校的研究人员在 1960 年至 2010 年期间研究了美国中型城市和大型城市的犯罪行为，他们发现"每一美元花在警察身上的费用大约相当于 1.60 美元受害成本的减少，这表明美国城市雇用的警察太少"。

从 SPI 网站 http://www.smartpolicinginitiative.com 了解有关智能监管的更多信息。

大多数州警察机构是在 19 世纪末或 20 世纪初为了满足特定的需求而建立的。德州游骑兵创建于 1835 年。在德州成为一个单独的州之前，它发挥着一个军事组织的作用，并负责在边界巡逻。偷盗牲口是墨西哥州地区面对的主要问题之一。马萨诸塞州是第二个建立执法机构的州。今天，国家监管机构具有多样性。表 4-2 提供了一个典型的州立执法机构的名单。

表4-2　美国的治安管理：州执法机构

酒精管理机构	港务局	州警察
鱼类及野生动物管理机构	州调查局	州大学警察
高速公路巡逻警	州公园警察	称重站

国家执法机构通常是按照一定的模式组建的。第一个模式是集中模式，其主要任务是结合国家高速公路的巡逻警进行刑事调查。集中型的国家警察机构的一般任务包括以下几点：

- 有需要的时候协助当地执法部门进行刑事调查；
- 身份鉴识部门统一数据库；
- 集中维护犯罪记录储存库；
- 进行高速公路巡逻；
- 为市县级警员提供培训。

宾夕法尼亚州的警察局（今天被称为宾夕法尼亚州立警察局）是现代第一个将这些职责结合起来的机构，被称为"第一个现代州立警察机构"。密歇根州、新泽西州、纽约州、佛蒙特州和特拉华州继宾州模式建立以后也纷纷效仿建立了自己的警察部门。

第二个模式是警察组织的分权模式。这个模式多数在美国南部实施，但在中西部地区和一些西方国家，这个模式也同样适用。该模式通过创建至少两个独立的机构，以明确区分国家公路交通执法和其他国家级执法的功能。北卡罗来纳州、南卡罗来纳州和佐治亚州这几个州分别建立了公路巡警和国家调查局。尽管各自机构的名称可能不同，但是它们的功能在很大程度上是相似的。例如，在北卡罗来纳州，两个主要的州一级执法机构是北卡罗来纳公路巡警和国家调查局。佐治亚州拥有公路巡警和佐治亚调查局。南卡罗来纳州设有高速公路巡逻警和南卡罗来纳执法部门。

使用分散模式的州通常有许多附属的其他执法机构。例如，北卡罗来纳州创建了一个国家野生动物委员会，并授权建立了拥有执法权力和控制酒精饮料的机构，以及一个独立的执法机构负责特定的机动车盗窃案件。像其他地方的政府机构一样，州警察机构的预算也受到最近经济衰退的影响。

警察——社区关系

社区警察

在过去的25年里，警察在警民关系中的角色已经发生了很多改变。最初，PCR模式是基于许多警察管理员把警察作为执法人员的角色与社区服务隔离开来而建立的，并且社区居民经常反对警察管辖他们的社区。因此，PCR模式通常是伴装努力克服公共社区的猜疑和敌意而成立的。

今天，越来越多的执法管理人员接受了服务提供者的角色。现代警察部门经常帮助人民解决大量的个人问题，其中许多行为并不涉及任何违法活动。例如，警察经常帮助生病或精神失常的人，组织社区进行犯罪预防工作、解决未成年人的家庭纠纷，疏通交通，对儿童和青少年在毒品滥用方面进行教育。因为提供服务的作用远远超过针对违法情况直接采取的措施，大多数警察经常把这些问题转化为人际问题来解决，而不是逮捕，比如，匿名戒毒会、家庭暴力中心和戒毒康复项目。

在当代美国，有人说，警察部门的功能很像个商业公司。根据哈佛大学治安行政会议的内容，有三个通用类型的"企业战略"来指导美国的治安：①战略治安；②解决问题治安；③社区治安。

战略治安，是一种改革时代遗留下来的产物，"强调加强传统方法控制、处理犯罪的能力"。战略治安保留了传统的警察打击犯罪的职业目标，但扩大了实施的目标，包括非传统类型的罪犯，如连环罪犯、犯罪团伙、网络药物分销、高级白领和计算机罪犯。为了实现目标，战略治安策略通常要求警员在执行警务时利用技术手段，包括情报行动、卧底行动、电子监控和复杂的取证方法。

其他两个策略也得到了更多的认同。解决问题治安策略（或面对问题治安）认为，许多罪犯都是由于社区现有的社会条件引起的。为了控制犯罪，警察管理者试图发现和寻找有效地解决这些潜在的社会问题的方法。解决问题治安策略最大化地利用了社区资源，例如社区咨询中心、福利项目和工作培训设施。它还试图通过谈判和冲突管理的方法来教育社区居民。例如，警察可能会询问居民的住房情况，解决管理不善的问题，并清理垃圾、安装更好的照明设施，为他们提供房子和公寓的安全设备，他们相信，干净、明亮的安全区域能够威慑犯罪活动。

第三个策略也是最新的策略——社区的治安策略（有时称为面向社区的治安策略），它与其他两个策略完全不同，它被描述为警察和社区之间的一种合作关系，这样他们就可以一起解决犯罪和管理无序行为的问题。社区警务办公室（COPS）所提供的定义更为正式，它认为社区治安策略"是一种哲学，其通过促进组织战略，支持系统地使用伙伴关系和解决问题的技巧，主动解决引起公共安全问题的直接原因，如犯罪、社会障碍和对犯罪的恐惧，以此减少犯罪"。

社区治安制度概念的进化，来自早期的警方人员乔治·凯尔和罗伯特的研究。他们在新泽西州的纽瓦克和密歇根州的弗林特地区的徒步巡逻研究项目表明："警察如果在他们工作的社区进行巡逻，可以促进更多社区成员保持积极乐观的态度。"特若詹维茨的《社区警务》于 1990 年出版，它可能是关于这个课题的权威著作。

社区治安制度通过创建社区与警察的有效合作关系，以求实现社区能够积极地参与到犯罪控制的任务当中去。在社区治安制度的设想下，社区和警察将同时负责建立和维护社区的治安。因此，在定义警察角色之前，社区居民比以往更能充分地参与到社区治安的工作当中。警察专家杰罗姆·H. 尼克说："社区治安策略正是基于这个概念，与单纯的警察制度相比，这种方式的警察和公众的联合能够更有效、更人道地维护公共安全和公共秩序。"根据尼克的观点，社区治安策略至少涉及四个要素：①以社区为基础的预防犯罪；②重新定位的巡逻活动，强调非紧急服务的重要性；③增加公众对警察的问责；④指令的权利分散化，包括各级警察的决策采用更多的平民意见。正如一位学者解释的那样，"社区治安寻求一种整合，将传统意义上被视为不同的执法、秩序维护和社会服务的警察角色整合起来。这些角色整合的核心是与社区建立合作伙伴关系，确定社区需要解决的问题是什么，以及如何解决"。

社区警务是一条双行道，它不仅需要警察意识到社会的需求，也需要公民参与到打击犯罪的行动之中去。正如丹佛警察局的特蕾西·哈里森侦探说的那样，"当社区的邻居开始监视彼此，这就会导致想要企图犯罪的人降低或打消犯罪意图，然后你就能看到犯罪率下降了。因为这些人已经对从事犯罪活动产生了反感情绪,因为他们知道现在不只是警察会监视他们的行动"。

尽管社区警务工作开始于大城市,但是这些社区参与项目的行动和解决问题的精神将会传播到广大的农村地区。农村地区的警察部门在具体操作中具有分散性的特点,也被称为邻里自监治安制度。司法援助局(BJA)在对邻里自监治安制度的警察报告中指出,"陈旧的观点是,在农村地区,警察与公众的关系比大城市更为紧密"。在大都市地区,有效的社区治安需要社区的所有成员参与识别和解决问题。

社区治安策略现在仍在被持续强调。1994年的暴力犯罪控制和执法行动,又被称为1994年公共安全伙伴关系和社区治安制度,它强调社区警务在打击犯罪中发挥的重要作用。这项行动增加了执法人员的数量,并且高度关注社区成员关于犯罪预防和控制的积极互动。社区警务行动的目的是:①大幅增加执法人员的数量,(通过警察巡逻项目)直接与公众互动;② 对执法人员提供更多和更有效的培训,提高他们与社区成员互动、解决问题、提供服务和其他技能;③鼓励发展和实施创新项目,允许社区成员协助当地执法机构预防犯罪;④鼓励发展新技术来帮助当地执法机构,调整他们预防犯罪的重点。

为了响应1994年的法律,美国司法部创建了社区警务办公室(COPS)。社区警务办公室按照管理所需的资金和最初的巡逻目标数量,增加了100 000名社区警务人员。1999年是美国司法部和警察实现一个重要的里程碑的时期,因为在这个时期,在预算资金内,警察的人数增加到了100 000名。从2000年起,国会就开始为社区警务办公室提供资金,并且国会仍在继续资助这个机构。2002年,社区警务办公室采用了国土安全部的意见,强调社区警务在收集恐怖主义嫌疑犯信息活动中发挥的至关重要的作用——这是本章后面讨论的话题。2012年,联邦为社区警务办公室开出了2亿美元的财政年度预算,其中大部分的预算是当地警察部门用来雇佣全职警员的,或者重新雇佣那些被解雇的警员。2012年该支出在持续扩大,并且警察部门偏好招聘从墨西哥湾地区退伍的军人。自成立以来,该项目已经花费了124亿美元,资助雇佣了117 000名警察。了解更多请访问:http://www.cops.usdoj.gov.。

社区警务和反恐怖主义

著名警方学者大卫·L.卡特说:"警察高管普遍关心的是,增加反恐责任可能需要从社区治安中转移资源。"他说,问题是这种观念是存在误导的,因为社区治安提供了一个自然的收集反恐情报信息的渠道。州和地方警察部门可以把收集到的信息汇集到联邦机构,尤其是联邦调查局。卡特指出,"社会紧张感的增加更需要执法和社区之间保持着密切的、交互式的对话,以打击恐怖主义活动"。

对社区警务的批判

一些学者指出,社区治安制度已经成为美国当代警察改革的主题。然而,它自成立以来就存在着一些问题并且一直困扰着这项改革的进行。首先,社区警务的范围、复杂性和演变的性质使之难以衡量其有效性。此外,公民对警察的满意度很难概念化和量化。早期是通过个别警察与公民进行面对面的互动来调查满意度。他们通常发现,非洲裔美国人对警察的不满要高于大多数的其他人种。最近的研究继续显示,非洲裔美国人对警察的态度依然不好。更广泛的研究显示,这种不满可能根源于总体的生活质量和社区的类型。平均而言,非洲裔美国人的生活质量水平低于其他大多数种族的美国公民,他们经常住在"问题"社区,例如,毒品走私、街头犯罪经常在这里发生。最近的研究得出的结论是,生活条件而非种族导致大多数公民对警察产生不满。

社区治安制度的研究也经常困惑于对社区环境的定义。社会学家们将"社区"一词定义为"有共同文化和共同利益的生活地区",他们倾向于否认一个社区需要受地理位置的限制。此外,警察部门倾向于将社区定义为"在管辖权下公共或私人住宅开发的地区"。罗伯特提醒警察规划者,"基于地理位置和共同利益的社区意识已被公共交通、大众传媒和大众媒体扩大裂痕了"。

研究人员根据警察对"社区"的定义察觉到,当地社区对社区成员之间的问题和相应的解决方案可能会有小范围的共识。佛罗里达中央大学的罗伯特·玻姆教授和他的同事们发现,当地社区虽然可能会有一些"关于社会问题及其解决方案的共识。但这没能成为整个社区的共识。事实上,它可能只存在于一个相对较小的利益相关群体之中,大部分严重的问题和实用的解决方案则存在较大差异"。

最后,不断有证据表明,并非所有的警察或管理者们都愿意接受非传统的警察工作。原因之一是:社区警务的目标通常与警察工作的目标相冲突

（如逮捕），这导致警务人员认为社区警务是低效的，甚至是在浪费时间。同样，作为服务提供者的许多警员，都不愿意承担在法律严格意义之外的、多于社区需求的新的责任。一些学者提出警示说，警察亚文化是致力于传统的警察工作——几乎完全集中在打击犯罪，如果警察部门只努力推进社区治安制度，那么将会耗尽整个部门的精力，使其基本任务无法完成。还有人认为，只有做好警察的本职工作，才能为当下的创新提供支持，才能实现社区警务的改革目标。

一些政府官员也不愿接受社区治安制度。例如，15年前，纽约市长鲁道夫·朱利安尼就曾批评过警察部门的社区警务人员计划（CPOP），他说"这个计划导致警员做了太多的社会工作，但逮捕量太少"。同样，许多市民还没准备好接受大量的警察参与他们的个人生活。即便是在动荡、抗议游行多发的20世纪60年代末和70年代初，一些组织仍然怀疑警察的工作效果。无论多么包容社区警务程序，警察和公众之间的"鸿沟"仍有待弥补。制止违法行为的警察角色将一直在警察部门和部分社区之间不断产生摩擦。

基于实践证据的警务制度

1968年，美国国会通过了《综合犯罪控制和安全街道法案》，并创建了执法援助机构（LEAA）。执法援助机构负责提供大量的资金支持来打击犯罪、预防犯罪和降低犯罪等计划。有些人将执法援助机构计划与美国月球着陆太空计划比较之后认为：如果把足够的钱投入到执法援助机构，那么任何问题都能解决了。不幸的是，犯罪问题比挑战登月更加难以解决；甚至，在近80亿美元的支出后，执法援助机构仍没能接近它的目标。1982年，当国会拒绝提供进一步的资金支持时，执法援助机构也就到此停止了。

执法援助机构是警察管理的重要遗产。1969年到1982年的调查充分显示，在执法援助机构实践过程中提供了大量科学的警察管理经验，更重要的是，建立了警察管理项目评估的传统。当初执法援助机构坚持对每个项目的成果都进行一个评估，因此这一系统被称为科学的警察管理方法。科学的警察管理指的是应用社会科学技术研究警察管理从而达到提高效率的目的，减少公民投诉的频率，提高可用资源的有效利用率。科学警察管理的鼎盛时期发生在20世纪70年代，这是因为当时比现在更容易获得联邦资金的支持。

当前，联邦政府在国家司法研究所（NIJ）和司法统计局（BJS）的支持下继续进行刑事司法研究和评价研究。司法项目办公室（OJP）由国会创建于1984年，在发展国家预防和控制犯罪的能力方面为联邦政府提供指导。国家刑事司法参考咨询服务（NCJRS）是国家司法研究所（NIJ）的一部分，帮助研究人员查找适用于他们研究项目的信息。国家刑事司法参考咨询服务计算机数据库的"自定义搜索"可以在线完成，可以在大多数刑事司法领域产生丰富的信息。国家司法研究所（NIJ）还发布了一系列信息定期报告，如《NIJ杂志》和《NIJ研究调查》，这有助于刑事司法实践者和研究者了解最近的发现。可通过http：//www.nij.gov/publications.详细了解。

堪萨斯城实验

历史

迄今为止，最著名的警察管理应用社会研究是堪萨斯城关于预防巡逻的实验。其在1974年发表了这个为期一年的实验结果。这项研究是由警察基金会赞助的，其将南部密苏里州的堪萨斯城划分为15个地区。其中5个"小区"以通常的方式进行巡逻；在另一组5个"小区"进行的巡逻活动翻了一倍；最后1/3的"小区"被安排了一个新颖的方案：除非民众呼叫，否则没有巡逻警察分配给他们，也没有穿制服的人员进入该地区。这个项目计划是保密的，公民之间并不知道巡逻与非巡逻城市的区别。

堪萨斯城实验的结果令人惊讶，从"预防犯罪记录"（那些巡逻的活动有所调整的地区）看出，像一般盗窃、抢劫、汽车盗窃、入室盗窃、破坏公物等犯罪，三个实验地区并没有显示出显著差异。同样，公民似乎没有注意到巡逻模式的变化和两个地区巡逻频率的改变。实验的调查结论显示，在实验前后，公民对犯罪的恐惧没有变化。1974年研究的最终报告总结："驱车巡逻来制造一种警察无所不在的感觉是失败的。警察逻辑上好心好意做的事本以为会有成效，但是结果却没有任何效果。"这项结果已经激发了对传统政策的科学研究。

堪萨斯城的研究关注的第二项是"响应时间"，它发现，尽管警察对公民报警持续快速的反应，但几乎没有提高公民对警察或逮捕嫌疑犯的满意度。研究发现，警察在接到报警后赶到现场的时间确实已经有所下降。因此，警察以最快的反应介入调查对于公民最后的满意度并不是特别有效。

效果

堪萨斯城的研究大大影响了警察对于预防巡逻和传统策略应对公民要求援助所做的管理设想的作用。评估主管约瑟夫·刘易斯在警察基金会说，"我认为，现在几乎每个人都同意，你做任何事都比随机巡逻要好"。尽管堪萨斯城的研究使人们对基本的巡逻有一些质疑，但它仍然是警务工作的中心。新的巡逻策略有效利用了人力资源，重新安排了不同形式的巡逻活动。一种是根据一天中不同的时间或一个区域内的报警频率来安排直接参与巡逻的警察的数量。这个想法是大多数警官在犯罪频发的街上巡逻时产生的。特拉华州的威尔明顿是第一个采用分离式巡逻的城市，只有部分警力执行例行巡逻，剩下的警员都在从事回应报警、作报告和进行调查等工作。

一些城市会优先解决出警服务，但只有在严重犯罪发生时才会快速出警，轻微犯罪（比如少量盗窃和某些公民投诉）都会通过邮件的方式处理，或以公民来警察局报告的方式来解决。早期的政策研究（比如堪萨斯城巡逻实验）旨在识别和调查指导警察工作的一些基本假设。许多人对这样的研究最初的反应是："为什么我们要学习？现在我想每个人都应该知道答案了！"然而堪萨斯城实验的例证表明，传统智慧显然并不总是正确的。

当前基于实践证据的治安制度

在 20 世纪末，警察研究员劳伦斯·W. 谢尔曼呼吁监管美国警察的新方法是使用研究指导和评估实践。谢尔曼告诉他的读者，"警察实践应该是基于效果最好的科学证据"。谢尔曼在题为《以证据为基础的政策：政策基于科学，不是奇闻》的研究中说："应使用最好的研究结果、评估机制和警员为警察工作的实施提供指导方针。"换句话说，就是用日常研究警察项目来评估当前的实践，并在未来指导相关人员和警察作出决策。关于这部分内容的任何讨论，重要的是要记住依据的是科学证据，而不是刑事证据。

"基于实践经验提供的证据是治安的基本前提"，谢尔曼说，"我们都有权陈述自己的意见，但那并不是事实"。我们自己认为的事实，或者我们的信念认为应该做的事情，经常被证明是错误的。例如，在20世纪60年代至70年代的民权运动中，许多地区的警方高管试图采取严厉的方法来控制示威者。催泪瓦斯充斥着街头、高压消防水管对准游行示威者、警犬喝退众人的场景，是许多人对那个时代的印象。这种高压手段有意想不到的后果——激怒抗议者。简单粗暴的控制策略和使用物理障碍的方式，很大程度上是无法控制局面的。

一些人认为，以实践证据为基础的模式为警界提供了一个长期的创建成本效益的方法，在当前的经济环境中，"这是当前唯一的可替代操作方式"。"在一个经济紧缩和预算削减的时代"，英国作家尼尔韦恩和亚历克斯·默里认为，"警察部门必须明智地投资有良好的减少或防止犯罪记录的项目和计划"。今天的以实践证据为基础的模式被称为现在警界中一个"最强大的改变力量"。未来工作组成员、联邦调查局监察特工卡尔·J. 詹森三世指出，未来成功的执法管理人员必须研究手下人员。"他们不需要研究警察本身"，詹森指出，"但他们需要在日常工作中研究如何去使用这些人"。

剑桥大学的犯罪学研究把回答以下问题作为以证据为基础的研究的目标：
- 警察如何在不侵犯公民自由权的前提下提供最大限度的公共安全？
- 如何在警界做到更物有所值的投资以减少降低犯罪率所需的成本？
- 可以通过警务工作的时间和地点更好地预防犯罪吗？
- 可以从辨别区分出失败的警察活动和有成本效益的方法吗？
- 有更好的政策减少不断增长的监狱人口造成的高成本吗？
- 基于成本效益的警察服务的可能性是什么？
- 发展基于实践证据的研究的前景是什么？

2010年，创新的英国警察专业人士和学者创立了英国循证（即基于实践证据的）警务协会（BSEBP），其目的是：①"促进和提升"增加使用最好的研究证据来解决治安问题；②支持新警察从业人员和研究人员的研究；③警察从业者和公众进行沟通的研究成果。

美国的一个联邦司法援助局的项目——智能警务倡议（SPI）"支持建立以证据为基础的执法机构办公室，它要求所有的策略必须是有效的、高效的、经济的"。了解SPI可访问http://www.smartpolicinginitiative.com。

自由裁量权和个体警官

虽然执法机构难以摆脱国际恐怖主义的威胁,但是个别警官仍继续保持相当大的自由裁量权。警察的自由裁量权是指执法人员具有决定调查或逮捕嫌疑人、行使职权、实施制裁的权力。正如作者所言,"警察的权力可以非常具体也可以非常模糊"。是否质疑、是否逮捕嫌疑人并执行其他任务,是完全由警官个人在没有任何密切监督的情况下快速作出的决定。肯尼斯·卡尔普·戴维斯开创了警察自由裁量权的研究,他说,"警察决定执行什么法律、在什么场合、如何实施"。可自由支配的权力使个体警官的意义大于所有部门指南和官方政策声明的总和。

巡逻警察经常反对严格执法,他们往往是采用非正式的方式来处理具体情况。因为缺乏足够的证明有罪的证据,轻微违反法律的违规行为、受害者拒绝投诉和某些违反刑法的行为都可能导致不逮捕的自由裁量产生。警察通常在涉及轻微犯罪时行使宽松的自由裁量权;严重的、明确的犯罪行为也可能偶尔会由于自由裁量而决定不逮捕。在酒后驾车、贩卖违禁药物和暴力犯罪的现场,警察可能会采取警告而不是逮捕。

总结

警察:目的与机构

警察在民主社会的基本使命包括5个部分:①执法(特别是刑法);②逮捕罪犯;③预防犯罪;④维护社会治安;⑤为社区提供所需的相关服务。

当代美国治安由联邦、州和地方的警察系统组成,其如同一幅复杂的图画。每个联邦机构都有自己的执法部门,由国会授权执行特定的法规。此外,州执法机关也尤为重要,如高速公路巡逻由国家创建专门的执法机构进行管辖。今天的许多执法机构会下设县和市政当局。巡逻是警察的核心职责,除此之外,还包括调查、审讯和学习日益专业化的职能。

私人警务作为最近迅速增长的供出租的安全机构的代表,成为美国警察机构的又一新增重要分支。警察受雇于政府和执法机关,私人警务受雇于个人的安保需要。私人警务工作在美国占到了 1/3 的比例，并且警察部门已经意识到了它的重要性。

警察管理包括出警活动的管理、控制、指挥，协调人力、物力资源，预防犯罪，逮捕罪犯，查获赃物，执行监管和帮助服务。几乎所有正式的美国执法机构都包括分支部门和权威部门。警察机构的角色通常分为两类：指挥和执行。指挥或监察活动直接关系到警察的日常工作，执行人员的日常运作包括角色管理等。

本章明确了警察四个历史时期的警务：①政治时代；②改革时代；③社区治安时代；④新时代。有人说，新的执法时代的主要特征是：警察的主要目的是保家卫国。其他人认为，新时代是依靠强调先导情报来巩固其地位的。

警民关系计划是一项强调理解违法者的运动，并意味着越来越积极的警民交流。社区警务是警察部门的职责，这是在他们所服务的社区在警民合作的基础上建立起来的，目的是共同打击和预防犯罪。

基于实践证据的治安制度，包括使用对警察工作实施指导方针的研究结果以评估机构、单位和人员。该政策是运用日常的警察工作程序的研究结果来评估当前实践，并指导警察在未来作出有效决策。

警察的自由裁量权是指警察在执法活动中对职权的行使。换句话说，自由裁量权是选择决定调查、逮捕、处置嫌疑人、执行公务、制裁措施的权力。警察通常在涉及轻微犯罪的情况下行使自由裁量权，但自由裁量权也可能造成对严重的犯罪行为决定不逮捕的情况。

问题回顾

1. 民主社会中维持治安的基本目的是什么？它们如何相互一致？它们会以何种方式不一致？

2. 本章描述的三大公共执法部门是什么？为什么在美国有这么多不同类型的执法机构？如果有的话，您认为哪些问题是由如此多样化的机构造成的？

3. 今天美国私人保护服务的性质和范围是什么？您认为私人保护服务将在未来发挥什么作用？如何确保这些服务的质量？

4. 本章描述的警察管理的各种特征是什么？什么是指挥链？

5. 美国警务的历史发展阶段是什么？不同历史时代的警务风格有何不同？

6. 什么是社区警务？它与传统警务有何不同？社区警务是否为改善美国的警务服务提供了真正的机会？为什么？

7. 什么是基于实践证据的治安制度？它在未来管理警察组织方面有什么潜力？

8. 什么是警方的自由裁量权？今天的警官是如何行使自由裁量权的？这是否会影响他们的部门和整个警务专业呢？

第五章

警察：法律问题

> 学习目标

阅读本章后，应该能够：

1. 描述对警察行为的法律限制和警察滥用权力的情况。
2. 解释权利法案和民主启发的法律约束如何帮助我们保护个人自由。
3. 描述警察可以合法进行搜查或扣押财产的情况。
4. 定义逮捕，并说明逮捕过程的通用描述如何可能与该术语的法律理解不一致。
5. 描述情报功能，包括警方讯问和米兰达警告的作用。

介绍

2012 年，洛杉矶警察局（LAPD）收到阿里幸存的父母要求赔偿 1.2 亿美元的民事诉讼指控。19 岁的阿卜杜勒·阿里是乌斯派信徒，他在加利福尼亚州伍德兰希尔斯区的好莱坞高速公路中段被警察汽车追逐，在被迫停车后被洛杉矶警察开枪打死。根据警方从一架现场的直升机拍摄的视频资料显示，该人在逃跑的过程中曾多次以射击的姿态威胁追逐他的警方，而且似乎是使用了一种武器指向警方。虽然他后来被发现是手无寸铁的，据说在追逐过程中他告诉 911 调度员他将交出他的枪。辩护律师解释说，要以每颗子弹一百万的价格要求警方对射击的 120 发子弹进行赔偿。

执法专家说，"传染性的枪声"瞬间刺激了警官的肾上腺激素并促使他们相信自己受到生命威胁，导致他们连续射击。事件的复杂性还在于阿里本想加入洛杉矶警察局，但因为纪律原因而被开除。

警察的问题并不只是警察暴力使用枪支。新奥尔良州被卡特里娜飓风摧毁了两个月后，疲倦的警察局卷入了一场公共关系的噩梦中。在法国街区工作的美联社电视新闻（APTN）人员用镜头记录了两个白人警察殴打一个毫无反抗能力的 64 岁的非裔美国人，他的名字叫罗伯特·戴维斯，是一名退休小学教师。通过录像可以看到，1/3 的警察抓住并推搡 APTN 新闻团队。事件结束后，戴维斯被逮捕并被指控犯酒后聚众滋事、拒捕、殴打警察和公共恐吓的罪名。戴维斯后来告诉记者，他已 25 年没有喝酒，他只不过跟警察问路，麻烦随之而来。新奥尔良警察主管沃伦·莱利迅速谴责这些警察的行为。"视频中看到的警察行为在这种场合是决不允许的"，莱利说，他当即宣布解雇警员兰斯先令和罗伯特，对另一个警官史密斯停职停薪。之后不久，美国司法部宣布对这一事件进行民权调查。

警察滥用职权

罗德尼·金事件

国家民众对戴维斯事件的激愤程度远远低于 1991 年的洛杉矶警察殴打司机罗德尼·金事件。金是一名 25 岁的失业非裔美国人，他涉嫌违反《机动车法》。警方称，金超速并在巡逻警察的追逐下拒绝停车。警方声称他驾驶 1988 年生产的现代汽车，以每小时 115 英里的速度在洛杉矶郊区的高速公路行驶——尽管后来汽车制造商表示，该车辆无法超过每小时 100 英里的速度。

最终金停下了车，当时洛杉矶警察局的警察开始使用警棍和拳头攻击他，并两次使用电击枪。警察还踢伤了他的胃部、脸部和背部，导致他的 11 根骨头骨折、牙齿掉落、碾碎颧骨并造成脚踝骨折。一位目击者告诉记者，她听到金乞求警察停止殴打，但他们"都大笑，像是在举办一个狂欢聚会一样"。金最终接受了脑损伤手术。参与殴打的警员称，在金的身上搜出 6 英尺 3 英寸、重 225 磅的苯环己哌啶（PCP），他和他的另两个警察同伴感觉受到了威胁。

整个事件的录像是被一个业余摄影师的摄像机捕捉到的。这段长达 2 分钟的录像带在国家电视台反复播放，并被数百个地方电视台转播。录像视频引爆了公众对洛杉矶警察的怒火，洛杉矶警察局局长达里尔·盖茨和司法部发起了对全国执法活动的审查。

1992年，加州陪审团判决4个被告警察无罪——这一判决引起洛杉矶的骚乱。然而一年后，在1993年的春天，联邦法院判决警官斯泰西和劳伦斯·鲍威尔有罪，因为他们侵犯了金的宪法权利："未经正当法律程序不得剥夺人身自由权，其中包括不得故意使用不合理的暴力。"同年，两人都被判两年半的有期徒刑，但是这远远低于《联邦量刑指南》的规定。随后，他们在1995年12月被释放，并于1996年彻底解决了这场为期3年的官司，同时也解决了是否违反了《联邦量刑指南》的问题。最后，联邦政府宣布警察西奥多和提摩太·温德无罪。

1994年，《洛杉矶城市报》报道了金最终以380万美元赢得了这场民事诉讼。观察家之后得出的结论是：金本人并不是一个模范公民，殴打事件发生在他抢劫而被假释的过程中。从那时起，他一直因各种其他指控而被捕，包括入室抢劫、斗殴、吸毒和暴露癖。无论如何，在公众想要确保公民免受警察滥用权力侵犯的呼声日益高涨的时期，1991年的金被殴打事件仍旧会是社会的焦点事件。

本章想要说明的是：法律环境下，从搜查、扣押到审讯犯人的警察活动，没有人可以凌驾于法律之上。我们看到，当今社会民主主义激励着法律来限制警察权力，以确保个人自由，遏制美国警察权力的过度发展。然而，警方执法规则的不断变化，及其持续性发展构成了本章的内容。详情请见 http://www.policedefense.org.

法律改革思潮

美国联邦宪法《权利法案》中有专门针对警察权力滥用而保护公民权利的条款。然而，现代美国的法律环境比45年前要复杂得多。那个时候《权利法案》在全国刑事司法程序中的作用很大程度上只是浮于表面。在执法实践中，尤其是在州和地方级别的警察局，在搜查、逮捕和审讯时，只给个人权利留下了小部分空间。警方在那时通常比现在更不正式，调查人员经常基于他们的心情来来去去，甚至在没有搜查令的情况下也入室搜查。审讯可能会很快地演变成暴力——臭名昭著的能在身体上留下一些痕迹的"橡胶软管"工具被广泛地使用在那些被认为口供作假的嫌疑人身上。同样，"用于教训嫌疑犯的书"可能意味着使用厚厚的电话本殴打疑犯，导致一些可见的伤痕。虽然这样的虐待行为不一定出现在所有的警察机构的日常实践中，虽然这可能是相对较小比例的警察行为，但控制这样的行为仍然可以在一定程度上减少潜在的职权滥用。

表 5-1 美国的司法体系中具有特殊重要意义的宪法修正案

权利保证	修正案
不受无理搜查扣押的权利	第四
无正当原因不被逮捕的权利	第四
反对自证其罪的权利	第五
一罪不受两次审理的权利	第五
遵循正当法律程序的权利	第五、第六、第十四
及时审判的权利	第六
陪审团审判的权利	第六
指控知情权	第六
反复询问证人的权利	第六
律师的权利	第六
强迫证人代表的权利	第六
合理保释	第八
反对过度罚款的权利	第八
反对残酷和异常的刑罚的权利	第八
公民宪法权利的普适性	第十四

20世纪60年代，经过美国联邦最高法院首席大法官厄尔·沃伦（1891~1974年）的努力，加速了刑事诉讼中保障个人权利的过程。沃伦法院裁决中对警察调查、逮捕和审讯的程序进行了严格约束。后来审判法庭的裁决、量刑程序和执行都受到人道主义标准的约束。

沃伦法院也抓住《美国联邦宪法第十四修正案》的内容，依据法律规定要求州和联邦刑事司法机构坚持宪法法院的解释。在1966年的亚利桑那州米兰达警告案件中，强调联邦最高法院的判决对个人权利具有最终有效的法律效力，建立了著名的警察告知嫌疑人的"权利磋商"。出于理想主义的思考，沃伦法院（1953～1969年）接受了有罪的人也有自由权利的事实，从而使大多数美国人的权利得到了保护。在此后的几十年里，沃伦法院在个人权利领域适用新保守主义理论，通过创建一些例外的规则和约束，在嫌疑人阅读他们的权利之前，允许警察紧急询问，最高法院承认警察现实中的日常工作和确保公共安全的所需要实施做的行为的合法性。

个人权利

监督与平衡

美国联邦宪法规定了一个在立法、司法、行政（总统）机构相互制衡的制度系统。系统的一个分支总是对其他分支机构负责，旨在确保没有任何一个人或机构强大到足以篡夺宪法规定的权利和自由。倘若没有问责制，可以想象一个警察国家，执法将是绝对的力量，那么有关政治因素和个人恩怨远比有罪或无罪的客观因素更能影响执法结果。

在我们的政府系统，法院成为解决争端的领域，法院不仅解决人与人之间的争端，还包括公民和政府之间的争端。司法系统处理后，人们觉得他们没有得到应有的尊重和尊严，根据法律可以到上诉法院获得赔偿。这样的上诉通常是基于程序问题和有罪或无罪的考量。

在这一章，我们专注于刑事司法领域有关个人自由权利在宪法中的保障。它们涉及的问题大多是我们所说的涉及警察和其他刑事司法系统处理犯罪嫌疑人程序的权利。侵权往往发生在驳回指控、被告被无罪释放或被定罪的罪犯向高一级法院上诉的程序中。

正当程序的要求

你可能会想起在第一章中，美国联邦宪法第五、第六、第十四修正案中对正当程序的规定，要求司法系统官员在整个刑事司法过程中尊重个人的权利。与警察关系最密切的正当程序要求领域主要有三个：①证据和调查（通常称为搜查和扣押）；②逮捕；③审讯。在每个领域，美国联邦最高法院的决定，解决了大量的具有里程碑意义的事件。具有里程碑意义的决定对理解正当程序的要求和实际司法系统的日常操作产生了实质性的影响。具有里程碑意义的另一种理解是：他们帮助澄清"游戏规则"——警察和司法系统必须遵循程序指导方针。

我们将讨论的三个领域都是从几十年的法院判例得出的结论。然而，请注意：司法解释宪法正当程序的要求是不断发展的。新的决策可能会导致法院自身组织的重大变化和不断细化。

搜查与扣押

《美国联邦宪法第四修正案》指出，公民的住宅和人身不受无理搜查和扣押。这个修正案写道"公民享有人身、住宅、文件和财产不受无理搜查和扣押的权利，不得侵犯。除依照合理根据，以宣誓或代誓宣言保证，并具体说明搜查地点和扣押的人或物，否则不得发出搜查和扣押状。"该修正案是《权利法案》的一部分，在1791年12月15日在国会通过生效。

《美国联邦宪法第四修正案》中我们所熟悉的语言如"搜查令""合理依据"经常被新闻、电视节目、日常对话所引用。然而随着时间的推移，这些由美国联邦最高法院作出的解释，对当今司法系统产生了深远的影响。

非法证据排除规则

有关搜查和扣押的第一个具有里程碑式意义的案件是费力蒙特·维克案（1914年）。费力蒙特·维克被怀疑使用美国邮件出售彩票，这是一项联邦犯罪。联邦特工去维克家进行搜查并逮捕了维克。当时这些特工并没有搜查令，因为当时调查人员并不经常使用搜查证。他们没收了许多物品，以及嫌疑人的一些个人财产，包括衣服、报纸、书籍甚至糖果作为证据。

审判前，维克的律师要求退回个人物品，声称他们违背《美国联邦宪法第四修正案》中的禁止非法扣押的条款。法官同意了律师的请求，命令警局返还这些物品。然而基于被返还的物证，维克被联邦法院认定有罪并被判有期徒刑。通过其他法院的呼吁，维克的案子最终上诉到了美国联邦最高法院。

第五章　警察：法律问题

在那里，维克的律师认为，如果他的当事人的一些物品被非法扣押，那么警方就存在程序不当的问题。法院同意这个意见，并且推翻了之前对维克的定罪。

维克案现在被称为证据排除法则，认为非法证据不能被警方当作证据。作为控制警察行为的规则，当前特别关注警察在进行搜索或逮捕的过程中程序的合法性，特别是在逮捕中扣押是否符合法定程序可能影响证据是否可以用于定罪量刑。

联邦最高法院对于维克案件的判定是有限定的，当时只限于针对联邦特工警察，因为只有联邦特工参与非法扣押。关注更多关于证据排除规则和维克案以来的发展，可访问 http://tinyurl.com/59rsve。

先例存在的问题

维克案演示了联邦最高法院执行"游戏规则"的权力，还揭示了法院在规则创建中扮演着更为重要的角色。在维克案判决之前，联邦执法人员几乎没有意识到他们违反了正当程序。之前的做法并没有要求他们在搜查之前获得授权。维克案中产生新的规则，将永远改变联邦警察的执法活动。

维克案显示，目前的上诉制度关注"游戏规则"，这提供了一个现成的无罪释放的渠道。毫无疑问，费力蒙特·维克违反了联邦法律，陪审团也已对他定罪，但是警察的违法行为在先，使他逃脱了惩罚。即使警察有时确实违反正当程序原则，但当罪犯无罪释放时，我们的正义感瞬间被破坏。著名的美国联邦最高法院大法官本杰明·卡多佐（1870～1938 年）曾经抱怨："罪犯无罪释放，仅仅是因为警察犯了大错误。"

解决问题的办法之一就是让联邦最高法院解决涉及正当程序的理论问题。相关监察员和警察可以要求法院如何制定规则。然而，法院只能解决实际案例和命令下级法院对案件的法庭记录做好检查准备。

毒树之果理论

后来，法院根据西尔弗索恩木材公司诉美国案构建了证据规则（1920）。西尔弗索恩木材公司诉美国案，是建立在证据被非法扣押的基础之上的。虽然被污染的证据本身不能在法庭上适用，但依据其"果实"（后来证明来自非法扣押）宣判西尔弗索恩有罪。联邦最高法院推翻了这一判决，认为任何非法证据都不能用于审判。

西尔弗索恩案明确了一个新的正当程序原则，今天我们称之为"毒树之果理论"。这一原则对发达国家多年的警察调查工作有着影响的深远，当警察在最初的搜查或扣押时违反了正当程序，所获得的证据可能会毁了能够证明被告人有罪的证据。在这种情况下，很可能认为所有的证据被"污染"，成为无效的证据。

沃伦法院（1953~1969）

在 20 世纪 60 年代之前，美国联邦最高法院很少干涉州和地方刑事司法系统的整体运作。然而，正如作者所言，20 世纪 60 年代是一个年轻的理想主义时期，"没有经济萧条或世界大战的干扰，因此个人自由面临社会各界的审查"。虽然从 1914 年维克案开始，非法证据排除规则在联邦执法时成了首要的考虑因素，但是直到 1961 年联邦最高法院首席大法官厄尔·沃伦的判决，才彻底改变美国执法的面貌。俄亥俄州的马普案件（1961 年）使非法证据排除规则在州一级刑事诉讼中适用。著名的马普案为沃伦法院指明了方向，使得保障个人权利得到了全国各级机构的刑事司法系统的认可。详情请见 http://tinyurl.com/66yotaz。

搜查到逮捕

另一个重要案件是发生在加利福尼亚州的基梅尔案（1969 年），包括当地执法人员的逮捕和搜查活动。泰德·基梅尔因在其家中搜出证据而被判盗窃罪。当时，警察到达基梅尔的住所时有逮捕令，但没有搜查令，但是警察仍旧搜查了他整个三居室的房子，包括阁楼、一个小车间和车库。尽管警察意识到此次搜索可能会在法庭上遭受挑战，但是他们声称这是合理地发现证据，是逮捕过程的一部分。他们认为逮捕并进行搜查是必要的，应该不需要搜查令。从基梅尔的住宅和车库中的多处地方发现了超市里被盗的硬币，这成为审判中定罪的证据。

基梅尔案最终上诉到了美国联邦最高法院，联邦最高法院裁定对基梅尔住宅的搜查是无效的，因为住所受被告人的"直接控制"。法院判决的推理是：为了保护警察，在逮捕时可以进行搜查，但警察没有搜查令，他们的搜查范围必须受到限制。

早期的非法证据排除规则和其他法院的判决都凸显了一个事实，"《美国联邦宪法第四修正案》保护的是人,而不是地点"。换句话说,虽然通常听到"一个人的家就是他的城堡",在宪法的背景下,人们可以有一个合理有效的保护个人隐私的"房屋"。公寓、复式住宅、旅馆甚至纸板箱或无家可归者的临时帐篷都可以成为《美国联邦宪法第四修正案》保护的地方。例如,在明尼苏达州的奥尔森案(1990)中,美国联邦最高法院禁止搜查在别人家过夜的客人。法院说,《美国联邦宪法第四修正案》的保护取决于人是否享有一个合法的、隐私的地方。

表5-2 加利福尼亚州基梅尔案的影响(1969)

警察在逮捕时可能会搜查什么
被告本人
被告附近的区域
进行搜查的正当原因
保护实行逮捕的警官
防止证据被销毁
防止被告逃跑
何时搜查是非法的
超越了被告本人和被告所直接控制的区域时
进行时没有一个正当的理由

1998年明尼苏达州诉卡特的案件中,法院裁定,《美国联邦宪法第四修正案》规定被告人有权受到保护,"他必须证明他个人有一个隐私的地方期望不被搜查,而且他的期望是合理的"。法庭指出,"修正案保护隐私的程度取决于那个人在哪里。虽然过夜的客人可能在别人的家里会有一个合理的隐私空间……但仅是房主同意的情况下"。因此,设备维修人员不太可能在工作中被给予隐私保护。

2006年,乔治尼亚伦道夫法院裁定,如果一位居民给予许可,但同住的其他人不允许,警察不得进入房屋进行不正当搜查。一位专家在对贝利的评论中指出:"你如果允许这样做,那么无论你什么时候做搜查,人们都会被逮捕,不管他们在哪里,这都太过分了。"

汉堡法院（1969~1986）和伦奎斯特法院（1986~2005）

在20世纪90年代，新一轮动荡冲击着美国的保守主义，在这个时期，金融利益和生活中其他事物更加受到关注并得到法律保护。里根和老布什执政期间，许多人认为两位总统体现的是"传统式的"价值观，但是这反映了一个国家主流是寻求回归到"简单"稳定的时代。

在20世纪80年代末，美国联邦最高法院保守派作出的判决拉开了与沃伦法院的距离。虽然在这一时期，沃伦法院的判例已经到了登峰造极的程度，法院判决从20世纪70年代开始受到普遍支持——法官越来越承认社会秩序和公共安全的重要性。在首席大法官沃伦的指导下，新法院坚持的原则是：警察在刑事案件中超越法律执行职务，在被告声称警察侵犯他们的正当司法程序的权利时，警察需要承担大部分责任。今天这一宗旨仍然被法院沿用。

非法证据排除规则的诚信例外情况

汉堡法院的影响力从1969年持续到1986年，在维克和西尔弗索恩案中，"削弱"了最初的严格的非法证据排除规则的运用。在1984年美国诉莱昂案中，法院承认了所谓的诚信例外证据排除法则。在该案中，法院修改了非法证据排除规则，允许警方在搜查被裁定为非法的情况下，基于"合理诚信"获得的证据可以在法庭上适用。阿尔贝托·莱昂从一个告密者那里得到了线索，开始监视嫌犯。伯班克（加利福尼亚州）警察局调查人员基于监视中获得的信息申请搜查令，相信他们在遵守《美国联邦宪法第四条修正案》的要求，"除依照合理根据，不得发出搜查和扣押状"。

合理根据（probable cause）是一个复杂但重要的概念，它是指根据执法人员所了解的事实和情况或者所得到的可以合理信赖的信息，足以使一个正常而谨慎的人相信，犯罪正在发生或者已经发生。逮捕令被批准之前，警察必须证明出具逮捕令或搜查令的正当理由——下级法院法官确保警察获得逮捕令所需的合理根据。展示合理根据，法官将发布逮捕令，授权执法人员进行逮捕或进行搜查。

美国诉莱昂案中，持有逮捕令的警察在莱昂的3个住宅内搜查出了大量的药物和其他证据。尽管莱昂被判犯贩毒罪，但是后来在联邦地区法院判决对证据提出质疑，在复审法院的意见中，根据警察的证词，没有发现足以发

图 5-1 案例：警察正在检查突袭收集的疑似管制物品。非法证据排除规则意味着不合法收集的证据不能在法庭上出示，要求警察密切关注他们收集和处理证据的过程。非法证据排除规则是如何形成的？

布逮捕令的合理根据。

普通搜查学说

普通搜查学说（the Plain-View Doctrine）下的大多数证据都是"无意中"被发现的，也就是偶然性的。但是，1990年，美国联邦最高法院裁定的霍顿诉加利福尼亚一案表明，"即使偶然性是大多数普通搜查的特点，但是它不是认定证据排除的一个必要条件"。在霍顿案中，官方发出在特里布莱斯·霍顿的家搜查偷来的珠宝的搜查令。搜查中，警察没有搜查到被盗珠宝，却搜到了一把乌兹冲锋枪和一些手枪，据称是用于珠宝抢劫案的工具。但是搜查令明确要求搜查珠宝而非武器。霍顿在审判中被判犯有抢劫罪，起诉方将武器纳入证据。但是霍顿提出上诉，声称警察在十分确定他的家有武器的情况下才展开的搜查，因此偶然性这一必要前提被完全忽视了。但是他的上诉被拒绝了。从霍顿案来看，搜查发现并未作为目标的证物，不再被认定为非法证据的必要条件。

纯视图搜索在电子证据领域存在一个特殊的问题（在本章后面将详细讨论）。比如，如果一名警官获得搜查令，搜查他怀疑用于犯罪的电脑，那么他就可以很容易地访问存储在电脑上的其他文件和信息。例如，一名进行欺诈调查的警官可能会获得搜查个人电脑的搜查令，但随后需要检查个人电脑上的个人档案，以确定与调查有关的个人资料（如果有的话）。然而，如果他发现在这台机器上存储的盗版视频,他就可以通过非法拷贝数字媒体来指控计算机的所有者,因为这是受版权法保护的。因此,一些法律专家呼吁限制此类案件的潜在起诉范围,并将其限制在原搜查令规定的罪行范围内。目前还没有这样的限制,这促使一些评论人士提出"消除普通电脑搜索的法律解决方案"。

紧急财产搜索和紧急入口

在某些紧急情况下,警察可以在没有搜查证的情况下决定搜查或进入房屋。例如,2006年,布里格姆诉斯图尔特案中,法院就认可某些"警察可以在没有搜查令的情形下进入居民家中"的情况。该案中,警察紧急进入私人宅院是想制止一场打斗。

根据联邦调查局(FBI)的法律咨询部门所述,在以下三种情况下,"警察允许在没有授权的情况下采取紧急行动":①警察生命受到威胁;②犯罪嫌疑人准备或正在逃脱;③犯罪嫌疑人准备或正在销毁证据。以上任何一种情况都是《美国联邦宪法第四修正案》中对搜查令要求的例外情况。

紧急搜查是在特殊需求出现又没有搜查令的情况下进行的,在法律上称为紧急情况下的搜查。然而,紧急搜查需要以出现紧急情况为前提,执法人员负责阐释并证明他们不得不进行紧急搜查的原因。如果在法庭上,相关的执法人员未能成功地证明紧急搜查的必要性,那么他们找到的任何证据都不能使用。

美国联邦最高法院于1967年在沃登诉海登的案子中首次认定紧急搜查的合法性。在此案中,有人告诉警察武装强盗逃进了一座大楼,于是法院批准了警察可以在无搜查令的情况下搜查这座私人大楼。在亚利桑那州案(1978)中,最高法院认为,"如果根据《美国联邦宪法第四修正案》,警察推迟搜查会严重威胁到警察或他人的生命,那么警察就可以不需要搜查令而进行搜查"。

在1990年马里兰诉布依案中,扩大了当逮捕令还未到达警察手中,警察在潜逃罪犯隐藏的地点进行搜查的权力。此案的判决主要是为了保护公民和警察免受潜在的危险威胁,警察可以在没有搜查令、有合理依据甚至合理怀疑的情况下搜查。

在1995年阿肯色州诉威尔逊案中,美国联邦最高法院裁定,即使有搜查令，在进入住宅或其他房屋之前，警察通常必须先敲门，并宣布自己的身份。然而，在某些紧急情况下，警察可能不需要敲门或询问自己能否进入。在威尔逊案中，法院认为，《美国联邦宪法第四修正案》要求搜查令是合理的，但不应该要求严格地遵守，因为这样反而影响了执法利益的最大化。法院认为，当嫌疑人可能正在破坏证据，警察正在追捕逃脱者，或有可能造成警察生命危险的时候，警察不需要宣布身份即可直接进入。在威尔逊案件中，毒贩上诉，警察并未出示搜查令就进入了他家，而那时他正在将大麻冲进厕所。有人说这是关于毒品案中一个"敲门并出示证明"的例外。

在1997年威斯康星州诉理查兹一案中，联邦最高法院澄清其关于"不敲门"例外的立场，称个别法院有义务在"确定的、特定的事实和情况下合理作出是否需要敲门的判断"，法庭声称，"不敲门例外是合理的，当警察出现合理的怀疑时，敲门、宣布身份，在特定的情况下，会将危险放大，或将增加犯罪调查的难度"。法庭指出，"这个标准和合法执法之间的平衡问题，以及搜查令的执行问题与个人隐私利益被'不敲门'侵犯的平衡，还有待进一步思考"。

在2001年伊利诺伊州诉麦克阿瑟一案中，美国联邦最高法院裁定，当发现私人宅院中有犯罪嫌疑人隐匿其中，或者犯罪活动正在进行时，警察在申请搜查令的时候可以不必等待，先行进入。在2003年藏毒案中，法院裁定警察必须有15~20秒的等待，然后再敲门，宣布自己身份，以满足《美国联邦宪法第四修正案》的要求。

在2006年的密歇根诉哈德逊案中，法庭出乎意料地裁定警察进入嫌疑人房屋执行逮捕令前，没有进行"敲门并宣布身份"的行为是违反宪法的，"'敲门并宣布身份'是基于对公民利益的保护，包括对人的生命和身体（因为一个突然的行为可能引发暴力）、房产（因为公民可能会打开门，而强行进入可能会摧毁门）和隐私的尊重和保护"。但是，法院认为，"规则从来没有阻碍警察的正常调查取证行为"。法官认为，严格坚持"敲门并宣布身份"的规则的社会成本是相当大的，可能包括"严重的不良后果，包括有关罪证的流失或者增大放走危险的罪犯的风险"。法院的多数意见表明敲门并宣布身份"无益于调查取证，非法证据排除不能适用于此"。

在2011年肯塔基州诉金一案中，美国联邦最高法院驳回肯塔基州最高法院的决定，即警察闻到屋子里的大麻味道，在没有搜查令的情况下决定进入一个疑似毒贩的公寓，在他们敲门并大声宣布身份后，警察听到有声音来自公寓内，他们认为毒贩正在毁灭证据。然后他们破门而入，并一眼看到了使用毒品的证据。塞缪尔·阿利托给大多数法官忠告说："放弃宪法权利而选择在没有搜查令的情况下展开搜查，只能怪他们自己。"了解更多关于"敲门出宣布身份"的例外可以通过 http://www.justicestudies.com/pubs/emergency.pdf 查阅。

刑事司法职业：巡逻警官

- 名字：蒂默森·D. 雷德克
- 职位：加利福尼亚圣地亚哥的巡逻警官
- 教育背景：威诺娜州立大学（学士），拉斯维加斯的内华达大学（硕士）
- 专业：刑事司法学
- 受雇年份：2008 年
- 请对你的职位进行简要的描述：

在城市的指定地区，我负责接警电话和一些其他活动，例如交通堵塞和联系居民。

- 这个工作最吸引你的是什么？

我在上学的时候曾经和两个警察部门密切合作过。那里的官员启发我保护社区比提升自我更有意义。我渴望知识，我通过我所学知识的实际应用，与社区密切合作，维护社区治安并解决其他问题。在这一过程中，我将我所学的书本知识应用于实践。

- 面试过程是怎么样的？

测试过程是艰苦的。有八个不同的测试：笔试、调查问卷、体能测试、综合背景调查、测谎仪、任命机关面试、心理筛查和医学考试。最具挑战性的是任命机关面试，是由一个中尉和一个警官进行，他们询问我的背景和我为了成为一名警察所做的一切准备。我被要求应付一系列警察经常遇到的场景。这个过程帮助他们确定出现意外或压力的时候，我是否可以很快找到一个合乎逻辑的和适当的方法来应对。

- 你们典型的一天是怎样的？

巡逻警官每天在发生犯罪事件的地方开始进行巡逻。我们要准备处理意料之外的情况。或许某一天我们还要应对国内骚乱，以后还要帮助建立酒后驾车检查点以阻止酒后驾车，然后我们还需要搜索嫌疑人。

- 什么样的个人特点会对于这样的工作比较有帮助呢？

一个成功的警员必须知道如何与人说话。他们与他人的日常交流通常需要立即提供帮助并且要控制自己的情绪。我们可能面对一个试图自杀或者极端愤怒和有暴力性行为的人，或者要与遭受虐待的孩子面对面沟通，要能够巧妙地说话并快速构建与他人融洽的关系。

- 起薪大概是多少呢？

在4万美金到5万之间吧。

- 如果晋升后可能会有什么样的薪水呢？

警察在从学校毕业后，在部门内部得到晋升，那么他的工资也会相应地增加。获得学士学位或者硕士学位的人也会相应地得到不同比例的工资提升。

- 你对还在学习刑事司法的学生有什么建议吗？

学校将帮助学生了解基本的警察工作，提高他们解释和适用法律的能力，但也会增加学生解决问题和批判性思维技能的局限性，但是他们必须要找到解决办法，因为警察每天都会遇到复杂问题。

预期搜查证

预期搜查证是在搜查令发布的基础上而非在特定的地方执行逮捕的时候搜查犯罪证据的文书。这些权证可以作为证明违禁物品或其他刑事责任的证据，但这些证据不是在搜查令到的时候已经在场的证据。

预期搜查证原则上与普通的搜查令并无差异，在执行时也需要法官判定是否是违禁品，是否是证据确凿的犯罪，是否是逃亡的嫌疑人。

预期搜查证的合宪性是在2006年美国联邦最高法院审理的格拉布一案中被确定下来的。虽然当时预期搜查证已经颁布，但是联邦警察声称他们并没有搜查格拉布的房子。直到一个有幼儿色情录像带的包裹寄到了格拉布家，并被带进了房子里。包裹交付后，预期搜查证才开始执行，警察进入了房子，并找到了录像带，最后格拉布被捕。

逮捕

警察不仅收缴财物，还抓捕嫌疑人，这一过程称为逮捕。大多数人认为，逮捕就像他们在电视节目上看到的那样：在摄像机的监管下，警察追逐嫌疑人。诚然一些人被逮捕的过程确实是这样的。然而，在现实中，大多数逮捕更为普通。

在技术方面，执法人员限制一个人的自由离开，逮捕就发生了。警察需要大喊"你被捕了！"并提供米兰达警告，事实上，这个时候，嫌疑人甚至不认为自己是被拘留。决定并执行逮捕是在警察和犯罪嫌疑人之间展开的，情况通常始于礼貌的谈话和警察的要求。只有当嫌疑人试图离开并做出限制行为的时候，警察才会做出强制行为。在1980年美国诉登霍尔一案中，大法官波特·斯图尔特提出"自由离开的测试"来确定一个人是否已经被逮捕。斯图尔特写道，"'抓住'在《美国联邦宪法第四修正案》的含义里只是针对这个事件的情况，一个正常的人会遵守他不可以自由离开的规定"。"自由离开"测试一再对法院发起挑战。在1994年的加州诉斯坦案中，法庭决定再次使用这个测试来确定逮捕的地点。斯坦是一名疑似儿童性骚扰者和谋杀犯，在审讯中，法院裁定，"在决定一个人是否需要拘留时，法院必须检查所有的审讯过程、周围的情况，最终的调查目的只是决定是否正式逮捕或限制这个人的自由"。在2012年，大法官萨穆埃尔·小阿利托在豪斯一案中解释说，"监禁是一种词汇的艺术，它指出特定环境中的潜在危险性"。

年轻和缺乏经验不能成为评价一个人能力的标准。在2004年亚伯奥夫诉艾尔瓦拉多一案中，美国联邦最高法院发现，一名17岁的男孩在警察局长达2小时审讯中，没有享有米兰达警告的权利，警察也没有通知他的监护人。尽管男孩承认他参与谋杀，后来他被逮捕。法院说，男孩实际上没有被警方拘留，尽管他在一个固定地点被警察问话，但是根据审讯警察采取的行动表明，少年一直有离开的自由。法院说一个人是否实际上能够自由离开，只有根据当时审讯周围的环境决定。

2005年美国联邦最高法院审理穆勒诉蒙娜一案时明确表示，警察在居所进行逮捕必须要有合乎程序的逮捕令，除非对当事人的行为有合理怀疑。换句话说，警察在执行逮捕的时候为了避免人员的伤亡或者防止嫌疑人逃跑，可以在未取得逮捕令的情况下进行逮捕。

出于对嫌疑人的质疑而进行逮捕是最可能的逮捕形式。警察得出逮捕结论应基于一场已经发生过了的犯罪并且被逮捕人可能有罪的情形，这些元素的存在构成逮捕所需的条件。这些条件是在任何情况下进行逮捕的最低标准。

当一个警察遇到犯罪的时候，逮捕也有可能发生。这种情况下往往需要考虑罪犯的情况，以确保公众的安全。然而，在这种情况下，大多数逮捕是针对重罪而不是轻罪。事实上，许多国家不允许逮捕轻型罪犯，除非他是现行犯，可见犯罪是逮捕发生的必要条件。2001年有一个全国的头条新闻，是关于美国联邦最高法院授权德州的拉格维斯塔的巡警巴特·图雷克，以驾车没有系安全带为由逮捕了一个人。许多人认为这是不合理行使自由裁量权的表现。当时，图雷克让车停了下来，然后逮捕了这名叫盖尔·阿特沃特的当地年轻女性。当时她正驾驶一辆小货车在道路上行驶，并且她的两个小孩没有系安全带（年龄分别为3岁和5岁）。当时图雷克口头责令这个女人停车，并给她戴上手铐后，把她扣押在他的警车里，并开车送她到当地的警局。在警局，她被迫脱下鞋子，摘下首饰、眼镜并掏空口袋。警察给她照了照片，然后把她独自一人关在牢房约1个小时，最后她缴纳310美元后被保释。阿特沃特被指控犯有轻型违反德州驾驶安全法律的犯罪。后来她对指控供认不讳，并支付50美元的罚款。不久后，她和她的丈夫提起诉讼，称警察逮捕阿特沃特的行动违反了《美国联邦宪法第四修正案》的规定，该规定指出，逮捕需要有合法的逮捕令。最后，法院的结论是："《美国联邦宪法第四修正案》没有规定轻微犯罪就不可以进行无证逮捕，也并没有规定像驾车不系安全带这样的行为只能罚款不能逮捕。"

只要有合理依据，大多数司法管辖区允许未经批准逮捕重罪罪犯。但是有一些地方是需要逮捕令的。在这些地方，警察只要可以说明原因，法院一般都会发布逮捕令。法官通常会要求警察提交一份要求发布逮捕令的书面文件，在书面文件中，警察需要概述他们逮捕的理由。1980年纽约佩顿一案中，美国联邦最高法院裁定，如果需要进入嫌疑犯的私人住宅，除非嫌疑犯本人同意或有紧急情况存在，否则逮捕令是必要的。在佩顿一案中，法官们认为，"在非紧急情况下，任何人在没有得到授权的情况下是不能进行逮捕的"。在联邦最高法院2002年审理路易斯安那州诉柯克一案中，肯尼迪·柯克被匿名举报在他的公寓销售毒品，大法官们重申："《美国联邦宪法第四修正案》对逮捕确定了一个严格的界限，因此，警察需要得到授权才能进入私人的住宅或进行搜查。"

刑事司法新闻：联邦最高法院称警方需要担保 GPS 跟踪

警方总是需要法官的搜查令来搜查一个人的家，但直到最近，他们并不需要在车下放置全球定位系统（GPS）追踪装置，看看它去了哪里。

毕竟，警方不需要逮捕令就可以进入他们的汽车并在街道上追踪嫌疑人，而且有些人认为，GPS系统基本上是做同样的事情，只是数字化。

然而，联邦最高法院已经决定，GPS设备比尾随汽车更具侵入性。2012年1月，大法官以9：0的投票结果表明联邦调查局在将GPS装置连接到可疑毒贩车辆底部时需要搜查令。

"全球定位系统监测能够准确、全面地记录一个人的公共运动，反映出有关她的家庭、政治、宗教和性关系的大量细节"，法官索尼娅索托马约尔写道。

美国诉琼斯案中，法院首次处理全球定位系统，由于成本下降，该系统近年来成为一种常见的警察工具。法院还表示，它不会是最后一次处理蓬勃发展的高科技监控领域，其中还包括使用手机发出的信号跟踪某人的情况。

虽然所有的法官都同意联邦调查局违反了联邦宪法第四修正案，该修正案可以防止不合理的搜查和扣押，但他们对违法行为的处理存在分歧。

多数人认为，当联邦调查局特工连接GPS设备时，他们实际上是非法侵入。这种意见将作为未来所有法院判决的依据，认为不能触摸汽车，就像不能进入住房一样，即使汽车在公共街道上也是如此。

但塞缪尔·阿利托大法官为四人少数群体发言，他认为真正的违规行为不是触及汽车，而是违反了司机对隐私的期望。这是法院已经适用了45年的法律理论的一部分，该法律理论认为联邦宪法第四修正案"保护人民，而不是地方"，他写道。

阿利托解释说，如果大多数人的侵入概念不再适用于高科技追踪，将会有未来的案例。例如，当汽车中已经装有GPS设备时，警察甚至不必触摸汽车即可连接到设备中。他补充说，全国有超过3.22亿部手机拥有芯片，允许电话公司跟踪客户的位置。再次，警察可以简单地从公司获取跟踪数据，而无需接触手机。

索托马约尔法官写道，法院可能需要一段时间才能理清跟踪技术的所有含义。"在执行平凡任务的过程中"，她写道，美国人披露了他们拨打的电话号码，他们访问的网址以及"他们购买的书籍、杂货和药品"。

继美国诉琼斯案之后，联邦调查局被迫关闭其运作的约3000台GPS跟踪设备。在某些情况下，该机构必须得到法院命令，以便重新启动设备，以便找到并检索它们。

如果获得搜查令，警察仍然可以使用GPS追踪器；但联邦调查局首席法律顾问安德鲁韦斯曼表示，这可能很棘手。官员首先需要向法官证明他们的怀疑，显示"可能的原因"以及使用这种设备的必要性。

逮捕附带搜查

美国联邦最高法院建立了明确的规则，警察有权搜查一个被逮捕的人，无论性别。在被捕者被控制的第一时间就可以展开搜查，以免警察自身受到攻击。

这个关于逮捕附带搜查的"游戏规则"涉及警察的个人权益。在1973年美国诉罗宾逊一案中，法院支持警察在没有搜查证的情况下进行搜查，这项权利是为了保护警察的个人安全和证据不被破坏。法院说，"基于《美国联邦宪法第四修正案》逮捕嫌疑人的时候，合理的人身侵犯是允许的，如人身搜查这样的行为"。

在俄亥俄州诉特里案（1968）中，一位经验丰富的警官对他怀疑的两个人进行全身搜身，因为他怀疑这两个人有携带武器抢劫商店的嫌疑。这名警察已经服役了39年，他指出，当他看到这两个男人时，就觉得"他们鬼鬼祟祟"。当他走近他们时，他怀疑他们可能携带武器。因为担心伤害周围的市民，他迅速摁住了那两个人，使他们面对墙，并搜查他们的衣服，最后他发现其中一个人带着枪。这个人就是特里，他后来被俄亥俄州法院判携带、藏匿武器罪。

随后特里进行上诉，认为警察没有合理依据对他进行逮捕并且对他进行搜身。他认为，搜查是非法的，获得的对他自己不利的证据不应该在法庭出示。联邦最高法院予以否定："考虑到实际情况，我们不能盲目地要求执法人员获得所需证件后，再进行执法活动。执法人员需要保护自己和其他潜在的受害者，所以在他们缺乏确凿证据的情况下也可以进行逮捕。"

特里的案件设置了一个基于合理怀疑而压制某人进行搜身的标准。合理怀疑可以被定义为基于目前的事实和来自这些事实的合理推论产生的结论：某人在这样的条件下要进行犯罪活动。但是怀疑的程度也需要进一步证明，例如警察再进行进一步调查。合理怀疑是一个普遍和合理的相信犯罪已经进行或正在发生的信赖，它应该区别于合理依据。如前所述，合理依据是有理由相信一个特定的人已经并承认了犯罪。重要的是要注意，特里案中，所有的权力已经授予给警察，并明确表示，警察可以依据合理怀疑采取强制措施并进行搜身。阅读更多关于俄亥俄州诉特里的案例，可以参见 http://tinyurl.com/yf2jhc2。

在1989年美国诉斯考特案中，根据联邦最高法院的决定，执法人员在缺乏犯罪证据的情况下，可能会停止对短暂拘留人进行搜查。在这个案件中，法院裁定这种停止必须根据"整体情况"标准评估执法人员行为的合法性。在这种情况下，被告安德鲁·斯考特让警察产生了怀疑，因为他在火奴鲁鲁旅行时，用20美金的现钞支付了价值2100美金的机票。除此之外，被告当时显然是非常紧张的，并且没有通过行李检查。不正当的登机程序使调查毒品管制局（DEA）的工作人员强制检查了他的行李，并发现了超过1000克的可卡因。在斯考特的判决中，法院裁定，虽然没有证据能够证明检查行为是合法的，但是任何紧急情况下产生的一切合理的行为都是合法的。

在1993年的明尼苏达州诉迪克森一案中，美国联邦最高法院对警察对嫌疑人进行搜身的权力进行了限制，尤其当搜身本身仅仅是基于怀疑，且嫌疑人也并未能立即被证明携带了武器。在这种情况下，联邦最高法院裁定，"如果一个警察合理地对嫌疑人衣物内的物体轮廓或者其身份表示怀疑，在没有侵犯嫌犯的隐私权的情况下，警察可以依法搜查嫌疑人的外层衣物"。然而，在迪克森一案中，法官裁定，"警察从来没有想到这个里面凸起的是一个武器，也没有立即认出这是可卡因"。当警察按住嫌疑人进行简单搜查以后才发现，原来这里面是可卡因。因此，法庭判决，这名警察的行为在这种情况下不能被称为例外。法院认为，在任何情况下，在迪克森案中，警察的搜身行为远远超出规定允许的范围。法院最后总结："虽然特里（警察）有权把他的手放在被调查者的夹克和凸起的口袋里，但是特里是在搜身后才产生的合理怀疑，最后才得出的结论。因此，这个行为是非法的。"

就像我们前面所说的那样，紧急搜查一个人时，除《美国联邦宪法第四修正案》规定的紧急情形出现外，不得在没有获得授权的情况下进行搜查。在1979年的阿肯色州诉桑德斯案中，联邦最高法院意识到这些搜查需要付出很大的社会成本才能获得搜查令，比如，执法人员需要面临巨大的风险、造成证据的损失或毁灭，对审判的法官也会带来巨大的压力。

美国联邦调查局（FBI）的法律顾问部门针对紧急搜查情况提供了以下指导方针。请注意，所有的紧急搜查必须符合这四个条件：

1. 当认为被搜查的人有隐藏证据的嫌疑的时候，就可能会发生搜查行为；
2. 如果证据可能被毁灭，就可能会发生搜查行为；
3. 警察之前没有获得搜查的许可；
4. 证据被破坏产生的危害比搜查行动的危害更大。

车辆搜查

对于车辆，存在一个特殊的执法问题。车辆移动速度快，当司机或使用者被逮捕后，需要立即对车辆进行搜查。联邦最高法院第一个涉及车辆的案件是1925年的卡罗尔诉美国案。在卡罗尔案中，如果是基于一个可靠的信念认为可能会发生走私行为，但是未经授权就对这些车辆进行搜查，对于这一行为是否有效，法官们产生了分歧。然而，1964年在普雷斯诉美国案中，明确了对未授权搜查车辆行为的限制，普雷斯顿因为流浪被逮捕入狱。他的车辆被没收，并且被拖到警察局的车库，后来他的车又遭到了搜查。警察在车的储物箱发现了两把左轮手枪，在汽车尾箱里发现了更多其他的犯罪证据。普雷斯顿因非法持有武器和其他罪名被定罪，这个案件最终上诉到联邦最高法院。法院主张车辆是在被安全监管而且已经违法的情况下未经授权被搜查的。法庭解释道，时间和当时的情形已经可以推定警察获得进行搜查的许可了。

当搜查已被扣留的车辆时，如果搜查是例行检查或是出于合理依据，那么这个搜查是合理的。比如，在南达科他州诉奥普曼的案例中，法庭主张，如果搜查是在盘点和保证车主的安全时进行的，那么这个搜查行为就不是违法的。搜查的目的不是发现禁运品，而是为了保护车主的财物、避免可能发生的被窃行为，这种情况下搜出大麻是不违法的。在1987年的科罗拉多诉伯廷案中，法院重申了以下观点：警察在执行例行搜查时如果是为了盘点，就可以搜查在车辆中的封闭的储物盒。按法庭的话说，这样的搜查就是"很好地诠释机动车搜查的许可问题"。1990年，在佛罗里达州诉威尔斯案件中，法院赞成下级法院禁止在被告人的已没收的车辆的密闭箱子内搜索发现的大麻证物。法院主张，在这样的搜查合法前，以盘点为目的的标准化搜查是有必要的。法庭说，标准化的标准可能会采取部门政策的形式、成文的通用规则或是明确的程序。

总的来说，当涉及车辆时，按照《美国联邦宪法第四修正案》的规定，如果有合理怀疑支持，调查性地叫停车辆是允许的，如果存在合理依据，对于被停靠的车进行无搜查令的搜查是可行的。此时，合理怀疑就可以扩展成为合理依据。例如，1996年的奥尼拉斯诉美国案中，在尼古丁和危险毒品信息系统识别出汽车司机是已确认或被怀疑的毒品商人后，两位有经验的密尔沃基警察叫停了一辆有加利福尼亚牌照的汽车。一个警察注意到车后座的扶手处有个松散的控制板，便开始对车进行搜查。他们在控制板下发现了一包可卡因，最后司机和乘客被逮捕。受到指控后，被告上诉到美国高级法院，他们认为在停车场搜查的时候，警察不存在合理依据。事实上，在早上4点，两位警察一起检查这一机动车,是由于电脑的报告导致了对于毒品贩卖活动的合理怀疑。按照当地法律的观点,当发现松散的控制板时,合理怀疑变成了合理依据。合理依据允许对机动车的无搜查令搜查。对于这种排除性的准则叫做"稍纵即逝的目标例外"(fleeting-targets exception)。

无搜查令搜查车辆可以拓展到车辆的任何范围,可能包括大规模集装箱、卡车、汽车仪表上的小柜,如果警察有合理依据进行有目的的搜查,那么警察的搜查活动就是被允许的。在1991年的佛罗里达州诉吉米诺的案例中,警察逮捕了停靠的摩托车司机,并且法律允许警察搜查他的车。被告后来因涉嫌毒品犯罪被控告,因为在他的摩托车下面发现了一个包,里面装着可卡因。在起诉到法院时,被告争辩道,搜查令不可以拓展到车里的包和其他物件。而法院认为,《美国联邦宪法第四修正案》赋予犯罪嫌疑人的权利并没有被侵犯,当他允许警察搜查他的车的时候,他们打开了车里面的一个密封的箱子,他们有理由相信这就是他们要搜查的物品。在一定的条件下,这符合法律关于搜查的条件,对于警察来说,有合理的理由相信犯罪嫌疑人的同意范围也包括那个特殊的箱子。

在1982年美国诉罗斯案中,执法人员打开被告卡车内装有海洛因的袋子,法院认为此举并未超出警察的职权范围。基于之前对车辆舱内搜查的案例,上述搜查被认为是合理的。法院认为:"如果有理由证明对一辆在停车辆的搜索是合法的,那么对该车任意部位及其内部可能藏有物品的部分进行的搜查都是合理的。"此外,根据1996年美国联邦最高法院对瑞恩诉美国案的判决中,我们可以发现,执法人员一旦有正当目的,可以叫停正在行驶中的可疑车辆并对其进行搜查,即使此执法人员的主要职责是收税而不是交通执法,或者即使缺少相关的执法目标(在瑞恩案中,执法目标是缉毒),执法人员也可以叫停车辆,进行搜查。

考虑到执法人员的安全问题,驾驶人及乘客可能会被要求下车,此过程中搜查到的任何证据都会在法庭上适用。在1997年马里兰州诉威尔逊案中,美国联邦最高法院推翻了马里兰州法院之前的判决。在之前的判决中,马里兰州警察叫停一辆可疑车辆,随后乘客从膝部掉出了可卡因,马里兰州法院认为这样的行为是违法的。类似的案件还有2007年布兰德林诉加利福尼亚案中,法院判决被叫停车辆中的乘客必须受到扣留。出于对执法人员的安全考虑，执法人员会在车辆停止期间对其执行强制措施。然而，被叫停车辆中的任何乘客都可以使用《美国联邦宪法第四修正案》的条款来质疑叫停的合法性。

然而 1998 年，美国联邦最高法院开始严格限制无搜查令叫停车辆的搜查行为。在诺尔斯诉爱荷华州案中，帕特里克·诺尔斯超速驾车，警察给他发了传票但没有对其实施拘禁逮捕。执法人员随后在未征得诺尔斯的同意且没有合理依据的情况下，对诺尔斯的车辆进行了全面搜查。执法人员在车内发现了大麻，并逮捕了诺尔斯。那时，爱荷华州法律允许执法人员在只发放传票的情况下对可疑车辆进行全方位搜查。然而，联邦最高法院发现虽然出于对执法人员安全考虑，在例行停车检查时让驾驶人和乘客下车，并未侵犯他们过多的权利，但是并不能成为所谓的"全方位搜查如此大程度的侵犯"的辩护理由。因此，在法院看来，以逮捕拘禁嫌疑人为目的的搜查是可以辩解的，而仅以一张传单为凭证的搜查显然是不可以的。

在 1999 年怀俄明州诉霍顿案中，法院裁定持有法定搜查证明的警察可以搜查在车里的任何物件，包括搜查乘客的私人物品。桑顿诉美国案（2004年）更加肯定了抓捕人员在无法定证明的情况下对可疑车辆进行搜查的权利力，即使当时驾驶人已离开了所驾车辆。

在 2005 年伊利诺伊州诉卡布里斯案中，法院认为，在例行合法交通检查中使用缉毒犬是可以被允许的，并且这一行为在《美国联邦宪法第四修正案》的解释中不属于搜查行为。审判员约翰·保尔·史蒂文斯在其《告广大同胞书》中写道："训练有素的缉毒犬不会掀开可能隐蔽在大众视野下的违禁品，在合法的交通检查中使用缉毒犬不会牵涉到合法隐私的保密性。"

最后，在 2011 年，法院创造了一项"善意例外"条款，适用于搜查之时得到法定认可，而之后由于其他判例被裁定为违宪的行为。在 2007 年戴维斯诉美国案中，威廉·戴维斯因违反交通规则而被勒令停车检查。他随后给了执法人员一个假名字，因此，警察以向执法人员提供虚假信息为名逮捕了他。他驾驶的车辆受到了搜查，警察从戴维斯留在座位上的夹克里发现了一把手枪。戴维斯受到了指控，并被判非法持有武器。然而后来美国联邦第十一巡回上诉法院发现此搜查是非法的，依据是之前 2009 年联邦最高法院对亚利桑那州诉甘特案的裁决。尽管如此，下级法院还是坚持对戴维斯定罪，因为下级法院认为甘特案的裁决发生在戴维斯被逮捕之后。联邦最高法院同意了对戴维斯的定罪，称"以上诉先例为依据，不受'善意例外'的约束"。

自由还是安全？你决定

宗教与公共安全

2014年，20岁的卡桑德拉贝林被一个法国法庭定罪，并因违反2011年法国法律在公共场合佩戴全脸伊斯兰面纱（或面纱）而被罚款150欧元。在一系列恐怖事件发生后，法国政府禁止戴面纱或伊斯兰布卡。法国警方可以对在公共场合戴面纱的妇女处以罚款，但最近的报道显示，实际上很少有妇女被罚款。

2003年法国禁令发生在佛罗里达州，当时州法官珍妮特·索普（Janet Thorpe）裁定一名穆斯林妇女苏丹纳·弗里曼在拍摄国家驾驶执照时不能戴面纱。苏丹纳·弗里曼声称，当国家机动车部门要求她露出脸拍摄照片时，她的宗教权利受到了侵犯。她愿意向镜头展示她的眼睛，而不是她脸上的其他部分。

然而，索普法官说，"保护公众免受犯罪活动和安全威胁的重大利益"并没有对弗里曼修行宗教的能力造成不应有的负担。

听证会结束后，弗里曼的丈夫阿卜杜勒-马利克·弗里曼告诉记者："这是一个宗教原则，这是一个嵌入我们信徒的原则。因此，她不会这样做。"弗里曼的律师霍华德·马克斯在ACLU的支持下提起上诉，声称该裁决违反了美国宪法中固有的宗教自由保障。然而，两年后，佛罗里达州的一个上诉法院驳回了此案的进一步听证会。

你决定

公共安全的要求是否证明了这里描述的对宗教实践的各种限制？如果是这样，你会不会像法国禁止在公共场合戴面纱的做法一样？作为替代方案，是否应将照片ID（例如驾驶执照）替换为其他形式的身份证明（例如个人存储的DNA配置文件），以便适应像弗里曼这样的个人的信仰的需求？

路障与机动车检查站

《美国联邦宪法第四修正案》与《美国联邦宪法第十四修正案》保证了美国境内居民的自由与人身安全。法院也声称警察人员并无权力拘留或者逮捕和平从事自己事务的人们，除非有合理依据证明有犯罪活动发生。但是，在许多实例中，美国联邦最高法院裁定团体利益可以暂时超越个人自由，即使是在没有合理依据的情况下。1990年密歇根州警察部门诉希茨案就是其中之一。该案件涉及公路检查站的合法性，包括那些可以对非嫌疑人进行详细审查的检查站。在希茨案中，联邦最高法院判定此类检查站是合法的，因为它们对整个社区的安宁来说非常重要。

第二个案例是1976年美国诉马第尼斯·福尔特案，联邦最高法院赞成为拦截非法外国人而设立的特定国际检查站。联邦最高法院表示："要求所有的检查必须基于合理的怀疑是不切实际的，因为车流量往往多到无法对某辆特定的车进行搜查，以确定它是否搭载了非法的外国人。这样的要求也大大降低对精心安排的走私活动的威慑力，但是走私者确实经常在公路上通行。"

事实上，在2004年伊利诺伊州诉里德斯特案中，联邦最高法院认为，用于获得案件信息的公路路障是合法的。在本案中，公路路障仅仅是为了征求机动车驾驶者的协助以帮助侦破案件。用联邦最高法院的话说："警方在案件调查中为了寻求公众自愿配合的行为，法律通常是许可的。"

船只和汽车房屋

1983年美国诉维拉蒙特·马奎斯案拓展了卡罗尔案（前文中提到过）的决定，其包含了船只的内容。在此案中，联邦最高法院认为，水上交通工具就像轿车与卡车一样，很容易就可以脱离执法人员的管辖，因此允许警察无证搜查。

1985年美国加利福尼亚州诉卡内案中，联邦最高法院将警方对交通工具实施的无证搜查的范围扩大到了汽车房屋。之前在这个方面存在着争论，很多人支持汽车房屋不应像其他交通工具一样受到搜查和没收，因为它更像一个永久的居住地。在的裁决中，联邦最高法院否决了上述意见，理由是交通工具的位置与尺寸并不能改变它基本的功能。

1988年第十巡回法院审理的美国诉希尔案将游艇纳入了《美国联邦宪法第四修正案》的正当理由之下。了解更多有关车辆追击和《美国联邦宪法第四修正案》的内容,参见:http://www.justicestudies.com/pubs/veh_pursuits.pdf。

非嫌疑搜查

在1989年的两个判决中,美国联邦最高法院有史以来第一次出现了为了公众安全而暂时搁置个人隐私权利的情形。联邦最高法院启用了非嫌疑调查,此类调查针对的并不是案件嫌疑人。在1989年美国财政员工工会诉冯·拉布一案中,联邦最高法院以5∶4的投票支持美国海关总署的要求,对所有涉及禁毒和武器运输的员工,在他们要求职位提升或者工作调换时实施强制的毒品测试。联邦最高法院的多数法官表示:"我们认为,政府按照海关总署的要求进行非嫌疑调查的需要,其重要性超越了直接参与禁毒和武器运输工作员工的私人利益。"

第二个案例是1989年的斯金纳诉铁路工会执行委员会的案子,该案于当天宣判。在斯金纳一案中,法官以7∶2的投票比例,允许在这些严重的铁路事故后,对铁路员工强制进行药品或酒精测验。此案引用了1987年在马里兰州巴尔迪摩城区外的列车残骸事故中使用药品的证据,1987年的那次事故中造成了16人死亡,几百人受伤。

1991年联邦最高法院审理的佛罗里达州诉波斯蒂克案中,允许警方对城际巴士进行无证搜查,这将联邦最高法院置于较为保守的境地。波斯蒂克案会交由联邦最高法院审理,是因为佛罗里达州布劳沃德郡治安部门在巴士车站要求乘客下车并搜查他们的背包。特朗斯·波斯蒂克是车里的一名乘客,他允许警察搜查他的行李。警察在他的行李中发现了可卡因。波斯蒂克随后被逮捕并认定犯有携带毒品罪。但是佛罗里达州最高法院认为波斯蒂克的上诉有效,因为根据《美国联邦宪法第四修正案》的规定,搜查个人行李是违宪的行为。佛罗里达州最高法院认为,"一名无罪的乘客不会下车以躲避警方的盘问"。之后,佛罗里达州最高法院推翻了之前的判决。

佛罗里达州将此案上诉到了联邦最高法院,联邦最高法院认为,佛罗里达州最高法院在解释波斯蒂克没有下车的问题上犯了错误。联邦最高法院认为:"波斯蒂克是一名原本要坐车的乘客,即使警察没有出现,他也不会随意下车。在某种意义上他的行动已经被限定了,那是由于他要继续坐车离开的自然结果。"换句话说,波斯蒂克与其说受到警方行动的影响,还不如说他受到自己感觉的影响。如果他选择下车，可能就会错过这辆巴士。按照这种逻辑，联邦最高法院认定这种对巴士、火车、飞机和城市街道进行的无证搜查，只要在搜查前警方已经得到了乘客的许可就是合法的。但是警方不能胁迫乘客同意搜查，也不得向乘客传递这种搜查是强制的等此类信息。乘客对警方依法执行搜查的配合必须是出于自愿的。

与二十多年前联邦最高法院的决定不同，审判人员并没有要求警方告知乘客他们可以随意离开或者说他们拥有拒绝接受搜查的权利（虽然佛罗里达州的警方确实提醒过波斯蒂克）。联邦最高法院判定，任何人都可以拒绝警方的搜查。用联邦最高法院的话说，"正当的搜查需要将当时的情形考虑在内，乘客可以拒绝警方的要求，搜查就应该终止"。联邦最高法院还提到，"波斯蒂克的争辩是不合理的，因为任何携带毒品的正常人都不会同意警方搜查他的行李。所以，对正常人的搜查必须基于他无罪这一推定"。

很多人对这一决定表示批评，认为它又创造了一种"盖世太保"式的警方权力，以致乘坐公共交通的市民感到必须配合警方的搜查。持异议的大法官哈里·布莱克蒙、约翰·保罗·史蒂文斯、瑟古德·马歇尔认为，"巴士搜查"严重违反了《美国联邦宪法第四修正案》的价值观。但多数的法官同意这一裁决并写道："《美国联邦宪法第四修正案》禁止不合理的搜查以及逮捕，但并不包括自愿配合的情况。"然而，在2000年邦德诉美国案中，联邦最高法院判定，在未征得主人同意的情况下对巴士乘客的随身行李进行搜查，违反了《美国联邦宪法第四修正案》。

在2002年美国诉德雷顿案件中，美国联邦最高法院重申了自己的立场，警方不需要提醒巴士乘客他们有权利拒绝配合警方的搜查行动或者直接拒绝被搜查。

2004年，美国联邦最高法院明确表示，在美国境内对交通工具进行搜查，即使搜查是全面的，也是被许可的。在美国诉弗洛雷斯·蒙塔诺案中，海关人员打开了一辆由墨西哥进入美国的汽车油箱，并在其中发现了37公斤大麻。但海关人员承认他们行动的动机并不是相信会在其中发现走私品。联邦最高法院认为，在边境实施没有把握或者基于特殊原因进行的常规搜查与没收，美国国会也一直是支持的。联邦最高法院还表示，"政府在边境进行的非嫌疑搜查权力还包括移动、拆卸、重新组装一辆车的油箱"。了解更多的公共安全案例请见 http://www.justicestudies.com/pubs/psafety.pdf.

审讯职能

警察审讯

2003 年，伊利诺伊州在全国率先规定，对杀人案件的审讯，警方需要进行电子记录。州议员希望通过录音减少不真实的自白或者供述的发生率。法律规定，警察审讯人员必须将涉及犯罪嫌疑人的所有审讯都录音或者录像。法律也禁止对嫌疑人法庭上的陈述和忏悔不录音的行为。支持者认为，这一规定将有利于防止警察刑讯逼供。

一些人认为，警察审讯的强制记录以最少的成本获得了更多的好处。旧金山法学院的理查德·利奥认为，"通过建立客观、可检查的电子记录有助于查明真实的犯罪过程。使'咒骂竞赛'成为过去，并在刑事司法系统保存多个维度的稀缺资源"。按照利奥所说，要求记录所有的审讯过程有利于提高供述和定罪的准确性，这将对警察和检察官很有帮助，同时也会减少警察诱导自首和虚假自首行为，以及错误定罪的数量。

美国联邦最高法院已经将审讯定义为：警察应该了解并适当地、合理地引导或暗示嫌疑人供述涉罪行为的一切警察活动。审讯可能涉及的活动，远远超出了单纯的口头询问。值得注意的是，法院也认为，除非警察的言行涉及指出直接的问题，否则其逮捕和拘留的行为不构成审讯。一个警官可能指示嫌疑犯做什么或者与其闲聊，从法律角度来看，这也不构成审讯。一旦警察在有关犯罪信息方面开始询查，就构成了审讯。按照法院的解释，对犯罪嫌疑人的审讯，就像其他警察活动一样，也是受宪法限制的。警察讯问一系列里程碑式的规则都集中在美国联邦最高法院的决定中。

身体虐待

在一系列重大案件中，典型的就是 1936 年的布朗诉密西西比州案。起因是 1934 年在密西西比州，一名白人店主的店遭遇抢劫。在抢劫过程中，有人遇害。据传嫌犯是当地非裔美国人，一队警察前往其家中。他们将这个疑犯从家里拖了出来，用绳子将他的脖子套起来吊到一棵树上。他们若干次地将疑犯吊起，希望他能承认自己的罪行，但是他们最终一无所获。这队人是由一个副警长带领的,他抓捕了这个案件中的其他嫌犯,并在监狱里对嫌犯们进行抽打,直至嫌犯们"认罪"。这些供词被用于接下来的审判之中,于是3名被告全部被判谋杀罪。对他们的证词,密西西比州最高法院也是认可的。然而,在1936年,这个案件被美国联邦最高法院审查,所有的证词被推翻。法院的解释是:很难想象在这个案件中审讯的手法,它们比这个案件更加令人厌恶。

内在强迫

审讯存在身体虐待是宪法所不容的。在阿什克拉夫特诉田纳西州一案(1944)中,美国联邦最高法院认为,即便是审讯也不允许内在强迫。阿什克拉夫特被指控谋杀他的妻子泽尔马。在一个周六的晚上,他被逮捕了,随后由一群熟练的审讯者对其进行了轮番的审讯,这场审讯一直持续到周一早上。据说周一早上,他发表声明暗指他涉及谋杀。在审问的过程中,他没有遭受身体虐待,但是有炫目的光一直照射着他。调查人员后来作证说,嫌疑人要求香烟、食品、水,他们都"友好地"提供给了他。法院的裁决修正了对阿什克拉夫特的定罪,明确指出《美国联邦宪法第五修正案》规定不得以任何形式的威胁或者压力审讯,强迫犯罪嫌疑人自证其罪。

还有一个类似的案例是1940年判决的钱伯斯诉佛罗里达州案。在该案件中,在没有逮捕令的情况下,警方逮捕了4名黑人男子,因为警方怀疑他们对一位年长白人实施了抢劫。在经过了数日的充满敌意的审问后,4名男子供认了他们的罪行。于是,他们所供述的内容作为对他们进行审判的主要证据,最后4人全被判处死刑。在上诉的过程中,美国联邦最高法院认为,"在没有任何正式指控的非常情况下对他们的关押和审问,只能给上诉人带来恐怖和焦虑的情绪"。了解更多有关钱伯斯诉佛罗里达州案的内容,请访问http://tinyurl.com/4uy3c2w。

审讯:美国联邦最高法院将"审讯"定义为警察的任何行为,"警方应该知道这些行为有可能引起嫌疑人的有罪回应"。法院还指出,"通常伴随逮捕和拘留的警方言论或行为不会构成审讯",除非涉及尖锐或指示性问题。与其他警察活动领域一样,对嫌疑人的审讯受到法院解释的宪法限制,美国联邦最高法院的一系列具有里程碑意义的决定都集中在警察审讯上。

身体虐待：一系列重大案件中的第一件是布朗诉密西西比案。1936年，法院裁定，身体虐待不能用于获取供认或从嫌疑人那里获取信息。

内在强迫：在阿什克拉夫特诉田纳西州案（1944年）中，美国联邦最高法院认定，涉及内在强制的审讯是不可接受的。内在强迫是指任何形式的非身体胁迫，敌意或压力，试图逼迫嫌疑人供认。

心理操纵：审讯不应涉及复杂的欺骗或操纵。在亚利桑那诉福米案（1991年）中，美国联邦最高法院裁定，允许FBI线人冒充囚犯同伴欺骗犯罪嫌疑人是不合法的。审讯者在面对嫌疑人时不必严格诚实，但在询问嫌疑人时可以追求的限度必须受到限制。

审讯中的律师权利：埃斯科韦多诉伊利诺伊州案（1964年）和明尼克诉密西西比案（1990年）。

心理操纵

审讯不仅不得存在强迫和敌对，也不得通过心理操纵取得供认状。审讯者不一定要在疑犯面前完全诚实。在调查中可能会征求精神科医生和医疗专家的意见。然而，在1954年的亚拉诉德罗案中，通过技能娴熟的专业人士进行心理操纵取得供认状也是被法院明令禁止的。

1991年，就亚利桑那诉富勒南特案而言，美国联邦最高法院对使用复杂技术获取供认提出了更大的不确定性。福米是一名联邦监狱的囚犯，当时他被一名FBI线人的同犯秘密接近。该线人告诉福米，其他囚犯正在策划杀死他，因为有传言称他杀了一个孩子。如果他被告知犯罪的细节，他愿意保护福米。福米随后描述了他谋杀他11岁的继女过程。福米因谋杀案被捕，被审判并被定罪。

在向美国联邦最高法院上诉时，福米的律师辩称，由于线人传达的暴力威胁，他的供词被强迫。法院同意逼供是强迫的，并下令进行新的审判，但不能接纳供词作为证据。然而，与此同时，法院认为，如果其他证据仍被证明有罪，那么承认逼供应被视为无害的"审判错误"，不一定会导致定罪被撤销。这一决定特别重要，因为它部分地颠覆了法院早先在查普曼诉加利福尼亚州案（1967年）中的裁决，认为强迫供词是宪法错误的一种基本形式，它们自动使与其相关的任何定罪无效。在第二次审判中，他的供词未被证实，福米再次被定罪并被判处死刑。亚利桑那州最高法院推翻了对他的定罪，然而，该判决书描述了受害人在谋杀之前曾担心过她的生命并且已经证实的证据，这些证词是传闻并且使陪审团产生了偏见。最后，目击者识别领域还有讨论。2011年，在州诉亨德森一案中，新泽西州最高法院认为，必须修订目前评估目击证人身份的法律标准，因为它没有提供足够的可靠性措施；没有充分阻止不适当的警察行为；并夸大了陪审团评估身份证据的能力。

2012年，就佩里诉新罕布什尔州案而言，美国联邦最高法院承认目击者身份识别存在问题，特别是当熟练的执法审讯人员获得此类身份证明时。尽管如此，法院否认美国联邦宪法的正当程序条款要求在执法人员安排的不必要的暗示情况下未获得身份证明时，对目击者身份证明的可靠性进行初步司法调查。了解有关检测 FBI 欺骗的更多信息，请访问 http://www.justicestudies.com/pdf/truth_deception.pdf。

律师在审判中的权利

1964年，在埃斯科韦多诉伊利诺伊州的案件中，警方审讯中法律顾问出席的权利正式被认可。1981年，在爱德华兹诉亚利桑那州的案件中，为调查者建立了"明线规则"（是指不能违反指定的规则），来向律师解释嫌疑犯的权利。在爱德华兹的诉讼中，美国联邦最高法院重申了米兰达规则中涉及的内容，一旦嫌疑犯在拘留期间或者审讯期间要求律师的帮助，那么在律师出席之前，所有的审讯必须停止。

1986年密歇根州诉杰克逊案为爱德华兹提供了更深入的支持。在杰克逊的案件中，法院禁止警方对没有援用律师的嫌疑人启动提讯或类似的程序。1990年，法院重新在明尼克诉密西西比州案件中规定，嫌疑犯有权和他的律师商量，直到律师出席审讯才能继续审讯。同样地，通过亚利桑那州诉罗伯逊的案件（1988年），警方无权拒绝嫌疑犯在新一轮审讯中申请见律师的请求。

1994年，在戴维斯诉美国案中，法院保证了犯罪嫌疑人有会见律师的权利。在戴维斯案中，正在被审讯的犯罪嫌疑人放弃了米兰达规则的权利，但是他随后说道:"也许我应该跟律师谈谈。"调查者对嫌疑人重新审讯,他回答:"不,我不想要律师。"他上诉判决时,声称当他提到律师时,审讯应该停止。法院维持了该定罪,法院认为会见犯罪嫌疑人时明确他是否需要一名律师是一项很好的警务实践行为。

2009年美国联邦最高法院认为密歇根州诉杰克逊一案理应而且现在也已经被否决,这么做多少搏回了些法院的颜面。在蒙特霍诉路易斯安那州一案中,法庭认为对杰克逊案件进行严格意义的解读将会启发现在的实际问题。蒙特霍已被指控犯一级谋杀罪,而且提审时为他委托了一名律师。然而,他并没有要求与律师见面。就在同一天,警方给他宣读了米兰达权利,然后他同意协同警方查找作案武器。在搜寻途中,他向受害者的妻子写了悔罪信进行道歉。返回后,他第一次见到了他的法庭指定律师。审讯时,他的那封信承认了他并非过度防卫,最后他被宣判有罪,并处以死刑。法庭认为爱德华兹和杰克逊只是为了阻止警察的纠缠才可能产生请求聘用律师的想法,但是目前他们还没有打算请求律师介入。事实上,尽管法院为蒙特霍指定了一名律师,但是他从未使用过这一项权利。

最终,在2010年马里兰州诉沙特尔一案中,法庭认为警方可以在14天后或者更长的间隔后重新审讯放弃律师权利的犯罪嫌疑人。

犯罪嫌疑人的权利:米兰达规则

在犯罪嫌疑人权利领域,没有比米兰达诉亚利桑那州一案(1966)更为著名的案件了,因为其确立了著名的米兰达规则。许多人认为米兰达规则是沃伦法院案件裁决正当程序的核心。

该案被告埃内斯托·米兰达是在亚利桑那州凤凰城被捕的,他被指控绑架和强奸一名年轻女子。在警察总部,他被受害者指认出来。经过两个小时的审讯以后,米兰达签署了一份供认状,这成了之后指控其罪行的证据。

在上诉中,美国联邦最高法院对该案的处理意见,使其成为在过去的半个世纪里影响最深远的刑事司法意见。法院判决关于米兰达的定罪是违背宪法原则的,因为整个警察审讯的过程都没有注重他的权利,也没有给他提供律师协助,整个审讯过程中,他都屈从于警方的决定。

"法庭在审问嫌疑人之前必须事先对其警告,他有权保持沉默,他所说的一切都将成为呈堂证供。他有权要求律师在场,并且,如果他请不起律师,法庭可以为他指定一名律师。在审讯的时候,嫌疑犯必须享有上述权利。"做出如上警告并给予嫌疑人上述权利以后,当事人可以知晓并明智地放弃这些权利,并同意回答审问以及做出陈述。

图 5-2　案例:嫌疑人在逮捕之后立即阅读米兰达权利。嫌犯阅读米兰达权利会使警察排除犯错的机会。这些错误会导致什么样的后果呢?

为确保在嫌疑犯被抓的时候知道这些规则,都会在审讯前宣读米兰达权利。警方使用的米兰达警告的卡片上会印有这些权利。详见下述"米兰达警告"。

一旦犯罪嫌疑人已被告知米兰达权利,他们通常被要求签署一份文件,证实他们被告知并知晓自己的权利。如果嫌疑犯放弃了保持沉默和律师在场的权利,审问就可以立即进行了。

1992年,米兰达权利扩展到了生活在美国的非法移民当中。美国地方法院法官威廉·拜恩,批准了米兰达权利告知的印刷,并以几种语言的形式印刷了数百万份发给了那些被捕者。每年将近有150万被逮捕的非法移民被告知他们可以:①与律师谈话;②打电话;③要求可行的法律服务;④寻求审判官的审理;⑤可能获得释放;⑥与代表其国家的外交官接触。美国友情服务委员会墨美边境项目的罗伯托·马丁内兹认为,这种类型的通知有些"姗姗来迟",到目前为止,我们完全错误地对待了非法入境人员的公民权利。

第五章 警察：法律问题

表 5-3 米兰达警告

成人权利警告	以下问题犯罪嫌疑人必须肯定地回答，回答方式可以是明确说出答案或做出清楚的暗示，但沉默不能视为其放弃权利。
在押的年满 18 周岁的犯罪嫌疑人在被讯问前必须被告知以下权利：	
1. 你有权保持沉默。	
2. 你所说的一切在法庭上都能够用作呈堂证供。	1. 你是否了解上述权利？（答案必须是肯定的）
3. 你有权委托律师、受审时请律师陪同。	2. 了解完上述权利后，你是否愿意接受讯问？（答案必须是肯定的）
4. 如果你想在讯问前或讯问中有律师陪同，但你付不起律师费，在所有讯问前将免费为你提供一名律师。	3. 你现在是否愿意在律师不在场的情况下接受讯问？（答案必须是肯定的）
5. 即便在讯问中没有律师陪同，你仍有权在任何时间停止回答问题。	对于年龄为 14~17 岁的少年犯，必须提出以下问题：
权利的放弃	
警员在向在押人员告知、解释完其享有的权利后，在讯问前同样必须询问犯罪嫌疑人是否放弃其权利。	1. 你现在是否愿意在父母、监护人不在场的情况下接受讯问？（答案必须是肯定的）。

当米兰达权利最初流传时，一些人称赞其确保了宪法保障的个人权利。他们认为，为保障这些权利，最适宜的机构便是警察本身，因为警察参与了刑事司法程序的最初阶段。然而，米兰达警告的反对者认为，米兰达权利将警察机构置于矛盾的地位，因为他们在执法的同时，也必须提供给被告他们可以如何规避定罪及量刑的建议。在米兰达警告下，警察在一定程度上承担了被告法律顾问的角色。

在 1999 年美国诉迪克森的案件中，美国第四巡回上诉法院引用了一部国会于 1968 年通过的、几乎被遗忘的法律，试图推翻米兰达警告。《美国法典》第 18 号第二部分第 223 章第 3501 条规定："（犯罪嫌疑人作出的）犯罪陈述……如果是自愿作出的，应被接纳为证据。"在 2000 年的上诉中，美国联邦最高法院以 7:2 的投票比率维护了米兰达规则的地位，并且规定米兰达规则作为宪法规则（即美国宪法规定的一项基本权利）不为国会任何行为所取消。该案多数法官在迪克森诉美国案中写道，"米兰达规则及其子条款将继续适用"。

在 2004 年的美国诉派顿案中，美国联邦最高法院继续细化了始于 1966 年的米兰达规则。派顿案震惊了所有的法院听众，因为在此案件中，法院认为："单单没有作出米兰达警告一项行为并不侵犯犯罪嫌疑人的宪法权利，甚至不违反米兰达规则。"

派顿案始于一名被定罪的重罪犯的拘捕，因为一名联邦调查员向警察举报此人非法持有枪支。在拘捕时，警察尝试告知其享有的被告的权利，但该犯罪嫌疑人打断了警察的话并声称自己了解这些权利。然后警察询问其手枪的事情，这名犯罪嫌疑人交代了手枪的位置。在手枪被发现后，这名被告被控非法持有枪支且被定罪为重罪犯。

乍一看，派顿案似乎与1920年西尔弗索恩·伦巴公司诉美国案中法院确立的"毒树之果规则"及1963年王森诉美国案中规定的该规则适用于从非法搜查和扣押中获得的证据（包括口头证据）相悖。然而对于派顿案的理解，我们需要承认一个事实，即米兰达规则是基于《美国联邦宪法第五修正案》中不得强迫自证其罪的条款建立的。在派顿案中，法院认为，"该条款保护的核心是禁止在审讯中强迫犯罪被告自证其罪"。法院说，这一点不能被"通过自愿陈述获得的、不可证实的证词"推翻。换言之，法院认为，只有当：①胁迫陈述；②被告所做的、有可能在随后的审讯中归罪于他的自愿陈述，会因没有向他宣读米兰达规则而被排除。当然，这样的自愿陈述可能包含公开的认罪。

然而，法院认为，重要的是口头陈述必须与"犯罪嫌疑人未被警告权利的、自愿的陈述"相区别。也就是说，如果一名未被警察告知权利的犯罪嫌疑人，被警察讯问且告诉警察其藏匿非法武器或者用于犯罪的武器，武器从而能够被发现，随后在犯罪嫌疑人的审讯中武器可以被用作物证。然而，如果同样是这名未被告知权利的犯罪嫌疑人告诉警察其犯下一桩谋杀案，其犯罪自白则不被允许在审讯中被用作证据。在派顿案中，口头供述无法被认可，从其口供中得到的物证也不可以被认可。因此，派顿案中的法官写道："未被证实的果实（此处指手枪），并没有增加被指控者在审讯中自证其罪的风险。"

犯罪嫌疑人放弃米兰达权利

犯罪嫌疑人在接受警察讯问时，可以通过自愿地、会意地和合理地合法放弃他们的米兰达权利。会意的放弃只有当犯罪嫌疑人已经被告知他的权利，并且理解了这些权利后才能被作出。例如，用英语向一个说西班牙语的犯罪嫌疑人进行权利告知，无法产生会意的权利放弃。同样地，合理的权利放弃要求犯罪嫌疑人，有能力理解不使用米兰达权利所带来的后果。在1986年莫兰诉博白案中，美国联邦最高法院将会意的和合理的放弃定义为一个人"在充分知晓所要放弃的权利的本质，以及放弃权利所带来的后果时作出的权利放弃的决定"。在1987年的科罗拉多州诉斯普林案中，法院认为，即使犯罪嫌疑人没有被告知其将被问讯的所有涉嫌犯罪的细节，仍能够作出会意的和合理的权利放弃。

米兰达规则必然发现的例外

罗伯特·安东尼·威廉姆斯案中，美国联邦最高法院提供了一个从个人权利角度到公共秩序角度的改变。该案件集中体现了被告人权利的进步，达到米兰达规则的顶点。该案件始于1969年，在沃伦法院时代结束时，威廉姆斯因为涉嫌在圣诞节前谋杀一名10岁的小姑娘帕梅拉·鲍尔斯而被起诉。尽管威廉姆斯曾被告知其权利，但在探员们与被告一起乘坐汽车搜寻女孩尸体的时候，其中一名探员作出了被称为"基督教墓地的讲话"，该讲话被广为熟知。该侦探告诉威廉姆斯由于圣诞节将至，因此这件案件可以被认作是"基督教的事情"，因此帕梅拉可以有一个体面的葬礼而不是暴尸荒野。基于此，威廉姆斯最终松口了，并指引探员找到了尸体。然而，因为威廉姆斯未被提醒他在与探员谈话期间有权让律师陪同，联邦最高法院在1977年布鲁斯诉威廉姆斯案中推翻了对威廉姆斯的定罪，认为探员的话是"在被告人未有律师陪同的情况下故意引出的罪证"。

1977年，威廉姆斯谋杀案被重审，其指引探员们寻找尸体的言语不能被用作证据，被发现的尸体本身是有用的。然而，其向联邦最高法院上诉的理由是：由于其是通过非法手段收集的证据，所以发现的尸体是不能当作证据使用的。这次，在尼克斯诉威廉姆斯一案（1984）中，联邦最高法院肯定了对威廉姆斯的第二次定罪，认为无论如何尸体都会被发现，因为当威廉姆斯透露了尸体所在的位置时，探员们已经开始向其所述的地方去搜寻了。威廉姆斯一案的最终审判，创建了米兰达规则必然发现的例外。必然发现的例外就是证据，即使是通过不恰当方式获取的，如果它会在平常调查中出现，就可以被用于法庭之上。

米兰达规则的公共安全例外

2013年，美国官员宣布，他们会向19岁的波士顿马拉松轰炸机幸存者察尔纳耶夫（Dzhokhar Tsarnaev）提出质问，然后再向他宣读米兰达权利。察尔纳耶夫受伤并于他的兄弟在警察枪战中丧生后被捕。执法官员表示，他们会根据米兰达规则公认的公共安全例外对住院的察尔纳耶夫提出质询。公共安全例外创建于1984年美国联邦最高法院裁定纽约诉夸尔的案件为强奸案，该案受害者告诉警方，她的袭击者携带枪逃到附近的A&P超市。两名警察进入商店并逮捕了嫌犯。一名官员立即注意到那名男子戴着一个空的肩套，由于担心孩子可能会找到丢弃的武器，便迅速问他："枪在哪里？"夸尔被判犯有强奸罪，但对判决提起了上诉，要求禁止将武器作为证据，因为在询问他之前，官员没有告诉他米兰达的权利。联邦最高法院不同意这一说法，指出公共安全的考虑是压倒一切的，并且在有限的质疑之前否定了对权利建议的需要，这些问题的重点是防止进一步伤害的必要性。

美国联邦最高法院还认为，在警方发布米兰达警告的情况下，后来证明一个人可能患有精神问题疾病并不一定否定供认。科罗拉多诉康奈利案（1986）涉及一名男子，他与一位丹佛警察接触，并说他想承认谋杀一名年轻女孩。该官员立即宣告了他的米兰达权利，但该男子放弃了该权利并继续说话。当侦探到达时，该男子再次被告知他的权利，并再次予以放弃。被带到当地监狱后，这名男子开始听到"声音"，后来声称正是这些声音让他承认。在审判中，由于被告的精神状况，辩方不得自愿或自由地给予先前的供词否定。在上诉时，美国联邦最高法院不同意，称"在这种情况下没有发生强制性的政府行为"。因此，"自我强制"，无论是通过内疚还是错误的思维过程，（似乎都不会阻止关于嫌疑人心甘情愿地披露的信息引起的控诉。）

在米兰达的另一个改进中，警察线人与被告一起收集信息以便以后在审判时使用的合法能力在1986年的库尔曼诉威尔逊一案中得到了支持。被动地收集信息被判断，只要信息提供者没有试图获取信息，就可以接受。

在伊利诺伊诉诉珀金斯案（1990年）中，法院扩大了其立场，即在适当的情况下，即使是冒充同伴犯罪的卧底警官，对嫌犯的积极质疑也不需要米兰达警告。在帕金斯案中，法院认为，由于缺乏其他形式的胁迫，嫌疑人不知道提问者作为执法人员的身份这一事实，确保了他的陈述是自由的。用法院的话来说，"当被监禁的人自由地向他认为是同犯的人说话时"，警察主导的气氛和强迫的基本要素不存在。直接了解有关公共安全例外的更多信息参见 FBI 网站 http://www.justicestudies.com/pubs/public_safety.pdf。

米兰达权利以及盘问的意义

对米兰达权利的现代解释取决于对盘问的理解。按照最初的理解，米兰达权利强调了警察到达犯罪现场认定犯罪事实的必要性。只要嫌疑人尚未被拘留，并且调查人员也并未找到合理依据，问讯就可以在不受米兰达权利的限制下继续。在此类案件中，米兰达权利限制下的盘问还没有开始。

洛克诉齐默尔曼案（1982 年）提供了另一种例子，在该案中，嫌疑人在警方进行盘问之前就作了陈述。该嫌疑人烧毁了自己的房子，随后袭击并杀害了他的一名邻居。当消防部门赶到后，他朝消防人员开枪并杀害了消防队长。之后，他躲到了角落里，手里拿着枪，朝警方大喊："我杀了几个人？几个人死了？"这些自发的问题也会作为嫌疑人受审时的证据。

此外，在米兰达式的决定中，联邦最高法院还要求只有在"米兰达触发"条件出现时才给嫌疑人以警告。"米兰达触发"必须同时满足逮捕和拘禁的两个盘问条件。换句话说，警方可以拘禁嫌疑人并且在不向他们发问的情况下听他们讲述案件经过。当然，警方也可以在不发出米兰达警告的情况下提问，即使是在警察局的审讯室里也可以，只要被询问的人员既不是嫌疑人也未被逮捕。只有在警方积极、主动地向已被告知拘留的嫌疑人讯问并要求回应时，才需要米兰达警告。

根据 1987 年亚利桑那州诉蒙罗的案件，如果嫌疑人使用了米兰达权利来保持沉默，警方录制的第三方谈话也可以被用作证据。在蒙罗案中，嫌疑人宣称已经行使自己的米兰达权利，但是他愿意在警方录音的条件下与妻子谈话。这就可以视为他放弃了自己的米兰达权利。

如果嫌疑人并未放弃米兰达权利，那么在法庭上引用被告在米兰达警告之后的沉默行为就是违宪的。1976 年多伊尔诉俄亥俄州的案件中，美国联邦最高法院明确规定"嫌疑人的沉默不能被法庭用来攻击他"。即便如此，根据法院 1993 年对布莱希特诉阿布拉汉森案件的审理，利用这种沉默来攻击被告的努力并不能推翻陪审团已作出的有罪判决，除非"这种错误会对陪审团的判决产生巨大的、有害的影响"。

2004 年密苏里州诉塞伯特的案件表明了分两步走的警方盘问（嫌疑人被盘问并作出了有罪陈述，之后被告知他的米兰达权利，然后被再次盘问）的合法性。司法部门发现这种盘问不符合宪法，并写道："当米兰达警告被嵌入连续的盘问当中时，就可能会误导被告人，影响被告人理解自己的权利以及放弃权利可能产生后果的认识。"

在 2010 年佛罗里达州诉鲍威尔的案件中，联邦最高法院认为虽然警方盘问之前需要给出米兰达警告，但是用来发出警告的话语并非一成不变。法院在裁决中提到："在判定米兰达警告是否有效时，法院无需验证这些警告是否符合严格的定义，而只需验证这些警告是否向嫌疑人传递了他们的米兰达权利。"

同样发生在 2010 年的贝格伊斯诉汤姆金斯案中，法院指出，因为密歇根州的嫌疑人只是拒绝回答盘问人员所提的问题，并没有援引自己保持沉默的权利。法院规定，嫌疑人必须在警方结束提问之前清晰地表明自己保持沉默的权利。在本案中，被告凡·切斯特·汤姆金斯在讯问之前已经被告知了他的米兰达权利，虽然在历时 3 个小时的盘问中他基本保持沉默，但是他从未表示他想要保持沉默，或者说他不想与警方交谈，或者说他需要一名律师。在盘问临近结束，他被问及是否向上帝祈祷宽恕他枪杀了一名谋杀案的受害者时，他回答"是"。因此，这可以作为呈堂证供。

最后，在 2013 年，在萨利纳斯诉德克萨斯案中，联邦最高法院认定罪犯必须明确援引他的米兰达权利，如果不这样做，以后可能会在罪犯沉默的审判中被用作他有罪的证据。据法院称，"被告通常不会通过保持沉默来援引特权（反对自证其罪）"。

几种特殊的无需证明的证据

因为嫌疑人通常都了解无需证明的证据，这让法律施行变得更为复杂。无需证明的证据通常为物证，大多数的物证可以通过正常的调查程序获得。而特殊的无需证明的证据指的是非常私人的物件或者是人们身体的一部分。例如，已经摄入的药物、血细胞、体内异物、医用的植入的器官，以及 DNA、指纹和人的生物残余，也属于无需证明的证据。就已有的案例来看，对此类特殊情况的证据收集是一项较为复杂的任务。《美国联邦宪法第四修正案》保证了人们自身以及家庭不受侵犯的权利，法院根据此条修正案的解释是：不合理地获取此类证据是违法的，因而证据在庭审时无效。当这类私人的无需证明的证据出现时，案件就会变得分外复杂。

隐私权

1985 年的海斯诉佛罗里达州以及温斯顿诉李两起案件就展示了法庭在涉及私人的无需证明的证据时所受的限制。海斯案认定，在已有证据无法实施逮捕时，嫌疑人有权拒绝指纹采集。温斯顿案件指出，嫌疑人有权反抗有关权威部门违背嫌疑人意愿所做出的相关医学检测。

在温斯顿案件中，鲁道夫·李在离抢劫案现场几个街区的位置被发现。当时他的胸部中了一枪。抢劫案中，店主与抢劫者曾持枪互射，并且店主确定抢劫者中了一枪。在医院，店主指认李就是那名抢劫者。起诉方认为应该取出李胸部的子弹，因为这是证明他与此案有关联的物证，但是李拒绝手术。美国联邦最高法院在该案的裁决中指出不能强迫李进行手术，因为这一举措侵犯了《美国联邦宪法第四修正案》规定的人身权利。温斯顿案件是依照1966 年施墨贝尔诉加利福尼亚州的判例判定的。在 1966 年的案件中，被告被强行采血化验其体内的酒精含量。法院对本案的判决表示，除去如果不采取迅速行动证据就会被人体自然代谢损害的情况，证据应该在不侵犯人体的条件下被保留。

自由还是安全？你决定

匿名警察在公共活动中的存在

2013 年，民权律师在纽约联邦法院与代表纽约警察局的律师发生冲突。问题在于警察局的区域评估小组的活动，该小组承认它曾使用机密线人渗透整个城市的清真寺，通过录音和窃听对话收集情报信息。该部门的律师认为，这些活动对于衡量伊斯兰恐怖主义的可能性，以及在袭击发生之前发现可能的攻击是有必要的。在法庭审理前的 3 年内，警方已经进行了 4247 次清真寺访问并记录了 207 次录音。其他证据显示，举报人拍摄了信徒的照片，从用于报名参加伊斯兰教育课程的表格复制了电话号码，并拍摄了参加由约翰杰伊学院穆斯林学生协会组织的讲座的学生的照片。

部门律师辩称，警方应该能够在任何公共活动中匿名出席，并以"与公众相同的条件"进行调查。

> 然而，民权律师告诉法官，在没有犯罪证据或涉嫌犯罪意图的情况下，应禁止警方收集情报。律师们声称，这些活动相当于以种族为基础的间谍活动，而且仅仅因为他们的宗教信仰而不公平地瞄准人们和群体。在撰写本书时，法院尚未对案件作出决定。
>
> **你决定**
>
> 公共安全的要求是否证明了这里描述的各种警察监视活动的合理性？如果你是审理案件的法官，你会怎么决定？

体腔检测

在 2005 年初，纽约市萨福克郡的警方逮捕了 36 岁的特伦斯·海斯并指控他藏有大麻。当海斯被带上侦察车之后，他开始呛咳并产生了呼吸困难，很快他就休克了。在对他进行休克急救时，在他的气管里发现了一个塑料袋，袋中有 11 包可卡因。虽然海斯被救活了，但他面临监禁 25 年的刑罚。

有些嫌疑人可能会"咳出"证据，更多的则会把证据藏进他们体内。体腔检测也就成了现在警方面临的最具争议的调查之一。在监狱中，进行脱衣检测，包括体腔内部的检测都是允许的。

1985 年联邦最高法院审理的美国诉蒙托加·德·赫纳德兹案件关注了"食道走私"的情况。该案中，违法者吞食了装有可卡因或者海洛因的避孕套，这些赃物在等待排泄之后可以重新获得。其中一名此类"气球吞食者"的女性经哥伦比亚抵达美国。她被海关滞留并由一名女性特工实施了搜身检查。特工报告说这名女性的腹部很结实，并建议进行 X 光检查。嫌疑人拒绝接受检查。海关提出她可以选择飞回哥伦比亚进行进一步的检查，但是没有航班可以立即起飞，嫌疑人在房间里又滞留了 16 个小时。其间她拒绝饮水与进食。最后，法院命令对其进行 X 光检测。检测中发现了她肠胃中的"气球"。随后，这名女性又被滞留了 4 天，在她的排泄物中发现了许多装有可卡因的避孕套。法院对这名妇女判决监禁的理由充分，因为警方对她用身体携带毒品的怀疑已经被证实。而她所经历的不便，法院判定"完全是因为她所选的走私毒品的方式导致的"。

电子窃听

现代科技使通信形式日益复杂。美国联邦最高法院的判决中最早的、最著名的涉及电子沟通的案件是1928年奥姆诉美国案。奥姆利用他家里的电话讨论和办理走私业务。调查员根据线索窃听了他的谈话，随后对他进行了逮捕。被告人上诉到高等法院，认为相关机构没有搜查令，因此掌握的信息是非法的，违反了《美国联邦宪法第四修正案》有关住宅安全的内容。然而，法院的判决是：电话线没有延伸到被告家里，因此并不受宪法的保护。随后的联邦法规（稍后讨论）进行了大幅的修改，这便是奥姆·斯戴德案的意义。

卧底或线人携带的录音设备收集的信息可以被裁定为证据，这是在李诉美国案（1952年）和洛佩兹诉美国案（1963年）中产生的规则。1967年伯杰诉纽约案允许进行窃听和使用窃听器，并且国家法律为这样的设备和人员用此手段获得证据提供保护。

在电子窃听领域方面，1967年卡兹诉美国案判决之后，法院似乎面临重大变化。联邦特工将窃听装置安装在卡兹经常使用的公用电话设备上。在这种情况下，法院认为，一个人即使在公共场所也有隐私权，需要司法裁决基于合理根据发布有关令证。法院认为警方的这一系列行为侵犯了卡兹的隐私。

1968年李诉佛罗里达案中，法院适用了《联邦通信法案》，规定窃听所得的信息，没有搜查令就不能成为证据。有权允许窃听的，只有信息的发送人。《联邦通信法案》颁布于1934年，但是其并没有专门提到执法机构办案时需要进行窃听。然而1968年《综合犯罪控制和安全的街道法案》第3款规定，禁止窃听，但在下列情况下例外：①警官是一方当事人；②一方当事人不是警官但愿意提供通信信息；③警官依法取得搜查证。1971年美国诉怀特案中，法院认为，执法机构若得到一方同意而窃听，就不需要搜查证。

1984年联邦最高法院审理了美国诉卡洛案，毒品管制局（DEA）的特工以詹姆斯·卡洛进口可卡因为由逮捕了他。警察放了一个无线电发射器在50加仑的桶里，以便于侦察卡洛销售可卡因的情况。发射机放置在桶里是经过卖方同意的，但没有搜查令。发射器跟踪着卡洛到家，警方将毒贩被捕，并起诉其犯罪。卡洛上诉到美国联邦最高法院，称无线电传呼违反了他的合理的隐私期待，在没有搜查令的情况下，它是污点证据。法院同意，推翻了之前对他的定罪。

电子监控要求最小化

联邦最高法院在1978年的美国诉斯科特案中建立了相关的电子监控范围最小化需求。在具体相关的犯罪活动调查中，范围最小意味着官员必须尽一切合理的努力通过使用电话监听、窃听器等设备只监视那些有用的对话。如果监听的谈话是无辜的，监控人员必须立刻停止侵犯隐私。如果对话出现问题，若监视对象使用外国语言或"编码"，或者监视的内容是模棱两可的有人建议，调查人员应使用电子监听设备记录监听的内容，根据具体情况监控对话，努力做到范围最小化。

1986年的《电子通信隐私法》

早在1986年，国会通过《电子通信隐私法》（ECPA）给执法人员拦截有线通信（涉及人类的声音）带来了重大变化。ECPA主要针对三个方面的通讯：①窃听和微型窃听器；②录音笔；③可跟踪到拨打号码的跟踪设备。该法案还规定了警官获取相关通信情况的程序，并确立存储获得的电子通信和记录通信的要求。ECPA基本上要求调查人员必须获得法院允许的指令才能进行监听通信。然而录音笔的使用不需要获得法院指令。

1994年《通信协助执法法案》考虑到执法机构遇到的种种困难，因此拨款5亿美元来完善美国的窃听电话系统。法律还指定了一个标准的制定过程，重新设计了现有的设备，使窃听能够有效地面对并适应未来技术的进步。联邦调查局的电信行业联络机构认为："这个法律定义了对电信运营商的要求，确保执法的能力，根据法院的命令或其他合法的授权才能拦截通信。"2010年，3194起窃听请求经联邦和州法官批准，美国全国大约500万通信谈话被执法机构拦截。

1996年《电信法案》

1996年《电信法案》第4款明确规定，任何人使用电信设备，故意创建、招揽或开启电子设备，传播任何淫秽、下流、色情、肮脏、粗鄙的评论、要求、建议图像，或者任何以激怒、虐待、威胁或骚扰他人为目的的交流行为被认定为联邦犯罪。法律还针对这类犯罪的人规定了特殊的惩罚。

这部法律的其中一部分被称为《通信内容端正法案》（CDA），认定向未成年人传播淫秽或暴力的内容属于违法行为。然而，CDA的一部分被美国联邦最高法院在处理雷诺案（1997）时被认为是失效的。

2001 年的《美国爱国者法案》

2001 年的《美国爱国者法案》使警方调查人员更加容易拦截多种形式的电子通信行为。例如，根据以前的联邦法律，调查人员无法获得利用有线通信方式进行计算机欺诈的信息。然而，在一些著名的调查中，黑客偷了电话公司的服务资料，然后使用这些服务资料进行黑客攻击。

《美国爱国者法案》把计算机欺诈和滥用行为定义为重罪，并且增加到《美国法典》第 2516（1）部分第 18 款之中。该法案还列出了特定类型的犯罪中，调查人员获得有线通信窃听的程序。

《美国爱国者法案》对之前 ECPA 的内容也有所修改，特别是在关于管理执法机构访问存储电子通信（如电子邮件），包括存储线通信（如语音信箱）方面的规定。在修改之前，执法人员需要一个窃听令（而不是搜查）来获得未启封的语音通信资料。这是因为今天的电子邮件可能包含数字化声音"附件"，调查人员有时需要具备搜查令和窃听令才能获得特定的消息内容。在该法案下，现在同样的规则适用于存储有线通信和存储电子通信。窃听令不同于搜查令，只在需要拦截实时通话时才使用。

《美国爱国者法案》通过之前，联邦法律允许调查人员使用行政传票要求互联网服务提供商提供一个有限的信息，比如客户的名称、地址、工龄、支付手段。根据先前的法律，调查人员无法获得特定记录，其中包括信用卡号码或其他形式网络服务的详细信息。然而，只有这些信息才可以高度确定嫌疑人的真实身份，因为在很多情况下，用户在互联网注册时一般都使用假名字。

以前的联邦法律对技术也作了详细的规定，主要涉及电话通信。例如，对本地和长途电话账单需要记录，对不计费的互联网通信或互联网会议的持续时间也需要记录。同样地，之前的法律允许政府使用传票获得客户的"电话号码或其他用户号码或身份信息"，但没有定义这句话在互联网通信的背景下是什么意思。

《美国爱国者法案》修改了部分联邦法律，更新和扩展执法部门需要传票才能获得的记录的类型。"记录会议时间和持续的时间"和及"任何临时使用的网络地址"现在可能可以收费了。这种变化应该能马上识别出计算机犯罪，使得跟踪相关的互联网通信信息变得更加容易。

最后,《美国爱国者法案》有助于漫游窃听和多点窃听。漫游窃听是由法院批准发布的,窃听目标为特定的个人,而不是一个特定的电话号码或通信设备。因此执法人员的漫游窃听不受制于当嫌疑人从一个手机切换到另一个手机或有线电话的情况。

2006年乔治·布什总统签署2005年《美国爱国者修改和再授权法案》之后成为法律,也称为《爱国者法案(二)》,该法案由2001年最初的立法规定的14个条款组成,将到期的法案延期了4年(包括漫游窃听条款和允许当局记录商业记录)。它还解决了一些民权自由主义者批评之前的法律太过严格的问题。最后,新法律为大众运输系统和港口提供了额外的保护,弥补了一些旨在防止恐怖分子融资行为在法律上的漏洞,包括《对抗甲基苯丙胺流行法案》(CMEA)。CMEA旨在促进联邦、州和地方努力减少甲基苯丙胺的传播。

2011年5月,美国总统巴拉克·奥巴马签署了延长《美国爱国者法案》的规定,如果不签署,该法案就会过期。总统的签名使得漫游窃听和商业记录监听以及其他规定获得新生。

2001年《美国爱国者法案》和2005年《美国爱国者修改和再授权法案》

2001年10月26日,乔治·W.布什总统通过提供拦截和阻止恐怖主义法所需的适当工具,将《美国爱国者法案》纳入法律。这项法律是针对2001年9月11日以美国为目标的恐怖袭击而起草的,大大增加了联邦、州和地方警察机构的调查权。

该法案允许在没有逮捕令的情况下逮捕的某些嫌疑人监禁时间延长,扩大了"潜行和偷看"搜查的权限(在没有事先通知和嫌疑人缺席的情况下进行搜查),并增强了检察官的权力。该法律还提高了联邦当局窃听手机(包括无线设备)、分享情报信息、跟踪互联网使用情况、打击洗钱和保护美国边境的能力。根据该法所设立的许多打击犯罪的权力不仅限于恐怖主义行为,而且适用于许多不同类型的刑事犯罪。

2001年的法律引导个人权利倡导者质疑政府是否以牺牲公民自由为

第五章 警察：法律问题

代价不公平地扩大了警察权力。虽然《美国爱国者法案》的许多方面被批评为可能违宪，但第213条授权延迟通知执行逮捕令可能最容易受到质疑。美国公民自由联盟（ACLU）认为，根据这一部分，执法人员可以在居住者离开时通过搜查令进入房屋、公寓或办公室，搜索其财产，并无需告诉嫌疑人。ACLU还认为，这一规定是非法的，因为美国联邦宪法第四修正案保护公民不受不合理的搜查和扣押，并要求政府获得逮捕令，并在进行搜查之前通知其财产将被搜查的人，通知要求使嫌疑人能够主张其第四修正案的权利。

2005年，美国国会重新授权《美国爱国者法案》的大部分条款，2011年5月，美国总统奥巴马签署立法，规定延长美国爱国者法案和情报改革和预防恐怖主义法案中的若干恐怖主义监视条款。

阅读完整的2001年《美国爱国者法案》的网址为 http://www.justicestudies.com/pubs/patriot.pdf。《美国法典》第18章可在 http://tinyurl.com/lek6g 上找到。

自由还是安全？你决定

总统候选人辩论美国爱国者法案

2011年11月23日，共和党总统候选人纽特·金里奇和罗恩·保罗之间的电视辩论充分总结了自由与安全问题。以下是两位候选人之间的交流：

金里奇：我认为，如果这是一个刑法问题，那么在被证明有罪之前我们保留你无罪的权利是非常重要的。但如果你想找到一个可能拥有核武器的人，他们试图将这些武器带入美国城市，我想你想要使用你可能用来收集情报的所有工具，而《爱国者法案》显然是其中的关键部分。

保罗：我认为《爱国者法案》是不爱国的，因为它破坏了我们的自由。我和其他所有人一样关注恐怖袭击事件。蒂莫西麦克维是一个恶毒的恐怖分子，他被捕了，恐怖主义仍然存在。在国际和国内这都是一种犯罪,我们应该处理它。我们与蒂莫西麦克维进行了很好的交流。

金里奇:蒂莫西麦克维成功了。这就是重点。蒂莫西麦克维尔杀死了很多美国人。在你消灭一个美国主要城市之后,我不想要一条法律,"我们肯定会来找你"。我想要一条法律,上面写着:"当你试图占领一个美国城市时,我们会阻止你。"

你决定

《美国爱国者法案》如何限制美国公民的自由?公共安全的要求是否证明了该行为允许的对个人自由的限制?

电子和潜在的证据

网络、计算机网络和自动化数据系统为犯罪活动提供了许多新的机会。电脑和其他电子设备越来越多地被用于犯罪或组织和帮助犯罪之中。无论是在涉及攻击计算机系统犯罪还是传统的犯罪方面,如谋杀、洗钱、走私或欺诈,一个有效的电子证据已变得越来越重要。

电子证据是信息和数据调查值被存储或传输的一种电子装置。这样的证据往往是从犯罪现场收集或是从嫌疑犯身上获得的物理产品,如电脑、可移动磁盘、cd、dvd、ssd、闪存、智能手机、SIM卡、ipad、ipod等电子设备。

电子证据具有独特的特点:①潜伏性;②可以跨国快速、轻松地发送;③脆弱性,很容易被改变、破坏或被不当处理或被不适当地检查;④时间敏感。像DNA或指纹、电子证据是潜在的证据,因为它是不容易在正常条件下为人眼可见,需要专用设备和软件"看到"和评估这些电子证据。在法庭上,可能需要专家证词来解释这些电子证据的采集和检验过程。

2002年,电子证据遇到了特殊的挑战,计算机犯罪和知识产权部门(CCIPS)公布的《美国司法部刑事部门指导手册》,为执法人员在刑事调查搜索和获取计算机电子证据方面提供了依据。关于手册如何进行数字犯罪取证,可以通过http://www.justicestudies.com/pubs/electronic.pdf访问。

大约在同一时间,电子犯罪现场调查技术工作组(TWGECSI)发布了一个更详细的指南,以供执法人员使用收集到的电子证据。《电子犯罪现场调查手册》发布于1998年,旨在打击国家之间的网络犯罪,它与执法标准办公室、国家司法研究所之间建立了伙伴关系。工作小组被要求识别、定义并建立基本的标准,协助联邦和州政府机构处理与电子相关的调查和起诉。

TWGECSI 指南认为,执法时必须采取特殊的措施来记录、收集和保存电子证据并保持其完整性。指南还指出,第一个到达现场的执法人员(通常称为第一响应者)应采取措施,以确保现场每个人的安全并保护所有证据的完整性。整篇 TWGECSI 指南包括许多调查人员实际处理电子证据的方式,可以在 http://www.justicestudies.com/pubs/ecsi.pdf 了解。

数字证据一旦被收集,必须经过分析。因此,几年前,政府资助的数字证据审查技术工作组(TWGEDE)发布的数字证据的法庭检验标准是执法机构的指南。指南的建议包括:数字证据应该被保护并且保存原始证据的完整性,相关部门只能对副本进行检验。整个指南近 100 页,可以通过访问 http://www.justicest-udies.com/pubs/forensicexam.pdf 了解。最近的一个甚至更详细的指南,涉及互联网和计算机网络、出版的国家司法研究所,可访问 http://www.justic-estudies.com/pubs/internetinvest.pdf 了解。

关于不正当搜查的讨论,我们特别提到了电子证据的问题。在 1999 年美国诉凯利案中,联邦上诉法院裁定,犯罪嫌疑人一旦被逮捕进警察局,被告人便同意给予警察搜查他的公寓的权力,但没有扩展到搜索他的电脑。同样,在美国诉特纳案(1999)中,第一巡回上诉法院认为,警察在他的公寓使用不正当搜查手段搜查被告人的个人电脑,超过了被告人授权的范围。了解更多关于联邦调查局收集数字证据的内容,请访问 http://www.justicestudies.com/digital_evidence.pdf。

最近,国家司法研究所成立了电子犯罪技术卓越中心(ECTCoE),以协助建立国家和地方执法部门的电子犯罪预防和调查,以及数字证据收集和审查能力。该中心致力于识别电子犯罪和数字证据工具,技术和培训差距。2013 年,它编写了一本手册,概述了收集和分析数字证据的政策和程序,该手册以 Microsoft Word 格式通过国家执法和惩戒技术中心(NLECTC)网站 http://www.justnet.org 提供。

在任何电子证据的讨论中都特别提到无保证的搜索。在 1999 年美国诉 Carey 案件中,联邦上诉法院认为,被告人已经向警方表示搜查公寓的同意,一旦被带到警察局,就不会延伸到搜查他的电脑。同样,在美国诉特纳案

(1999年),第一巡回上诉法院认为,无证警察在其公寓内搜查被告人的个人电脑超出了被告的同意范围。最后,在2014年,美国联邦最高法院发现,"如果没有逮捕证,警方通常不会在被逮捕的个人手机上搜查数字信息"。Riley诉加州案中,被告因违反交通规则而被拦截,导致他因武器指控而被捕。官员没收了被告人的手机,并获取了相关信息,了解到他与街头帮派有关。最终,他被控与枪击有关,检察官根据手机上发现的帮派活动的证据申请加重处罚。法院的结论是,对手机的搜索"涉及的个人隐私权利比短暂的物理搜索要大得多"。了解更多关于从FBI收集数字证据的信息,请访问http://www.justicestudies.com/digital_evidence.pdf。

总结

法律限制警察行动主要源自美国联邦宪法的《权利法案》,特别是第四、第五、第六修正案(连同《美国联邦宪法第十四条修正案》)规定的要求执法人员按照正当的法律程序开展工作。正当的程序与警务工作最关注的三个主要领域是:①证据和调查(通常称为搜查和扣押);②逮捕;③审讯。美国联邦最高法院许多重要的裁定都发展了各领域的规定,本章讨论了这些裁定和警察工作的意义。

《权利法案》的目的是保护公民并制约警察权力的滥用。因为每个人都可能成为涉嫌犯罪的人,在任何州或地方的法律或程序中,它是通过保证正当的法律程序确保所有公民宪法权利的可能性。刑事案件的处理要求所有司法系统官员(不仅是警察)都要尊重个人的权利在整个刑事司法过程中正当的需求。

《美国联邦宪法第四修正案》认为,人们在他们的住所必须是安全的,并不受无理搜查和扣押。因此,如果执法人员搜查了犯罪嫌疑人合法的财产,那么他们通常需要说明他们工作的原因。联邦最高法院规定,当警察出于保护自己不受到犯罪分子的攻击的目的时,有权对被捕的人进行搜身并且可以对被捕者控制下的区域进行搜查。

逮捕是指执法人员限制一个人的自由离开。当警察发现罪犯正在进行犯罪时,那么逮捕就可能会发生。但大多数司法管辖区也允许无证逮捕涉嫌从事重罪的犯罪嫌疑人，这种犯罪不要求犯罪正在进行，只要之后能够证明逮捕有合理依据就可以了。

有用的信息用于执法叫做情报，本章表明，情报收集是警察部门至关重要的工作。当需要有用的信息时，警方经常询问犯罪嫌疑人、告密者以及那些可能知情的公民。当嫌疑人由羁押程序变为审讯程序后，警察必须在质询开始之前告知其享有的米兰达权利。米兰达规则是由联邦最高法院在1966年的米兰达诉亚利桑那州一案中规定的。警察必须确保犯罪嫌疑人知道他们的权利——包括面对警察的审讯时保持沉默的权利。

复习思考题

1. 列举对警方行为的一些法律限制，并列出可能被视为滥用警察权力的某些行为类型。

2. 人权法案和民主如何产生对警察的法律限制以帮助确保我们社会的个人自由？

3. 描述评估执法人员进行的搜查和扣押的法律标准。

4. 什么是逮捕？它们什么时候发生？法律对该术语的理解与对逮捕程序的描述有何不同？

5. 讯问在情报收集中的作用是什么？列出米兰达警告的每一点。最近美国联邦最高法院的哪些案件影响了米兰达的警告要求？

第六章

警察：问题与挑战

📚 学习目标

阅读本章后，应该能够：

1. 描述警察工作人格，将其与警察亚文化联系起来。
2. 描述不同类型的警察腐败和建立警察廉正的可能方法。
3. 描述警察在工作中面临的危险、冲突、挑战和压力来源。
4. 描述美国警察在后"9·11"环境中的角色转变。
5. 描述与警务有关的民事责任问题，包括针对警方的民事诉讼的常见来源。
6. 描述种族貌相和有偏见的警务，包括为何他们成为警务中的重要问题。
7. 总结使用武力的指导方针，并确定何时使用了过大的暴力。
8. 说明为什么职业化和道德在今天的警务中很重要。
9. 确定与警务中的种族和性别多样性有关的一些问题，并提出解决这些问题的方法。

介绍

2012年11月底的一个寒冷的夜晚，一位年轻的警官送给时代广场上的流浪汉一双新鞋和一双新袜子。这一幕被游客用手机拍下来上传到了社交网络，这个事件很快引起全社会的关注。虽然这位警官所做的并不是他的职责要求的内容，但是这些行为体现了警察工作的人性光辉。这位警官在接受媒体采访时说:"老实说,我并不值得你们这样采访,我只是喜欢帮助别人,这也是我成为一名警察的原因。"

今天的警察部门面临着许多复杂的问题,如贪污、职业危险、使用致命武力,这些问题都是由警察工作本身带来的。其他像种族歧视、民事责任、公众预期和立法行动等问题在实践中也越来越普遍。美国警察执法面临的最重大挑战之一就是他们今天是要去维护一个包含多元文化的社会治安。所有这些问题,我们将在下面的章节进行讨论。然而,随着警察招募的社会化进程的不断发展,去理解这个过程对我们来说是至关重要的,这是因为价值观和社会期望不仅是重要的警察本质问题之所在,也决定着警察如何看待和应对这些问题的根源。

警察人格和文化

刚入职的警察从那些经验丰富的警察那里学习和了解警察工作的所有内容。一个刚入职的警察会在警察的更衣室里,在警车中执行公务的时候,或一起喝咖啡的时候,向那些经验丰富的前辈"取经",这样一个新的警察将会慢慢地适应警察的价值所负载的亚文化。警察亚文化可以被理解为是"警察作为一种独特的社会特征与共同的身份的非正式的统一"。在决定新警察将来如何工作这一方面,这个非正式的社会化的过程比正规的警察学院培训发挥着更大的作用。通过它,新的警察会获得一个共享的世界观,"街头警察"是这个过程最好的解释。"街头警察知道部门的官方政策是什么,但是他们也知道用最有效的方式来完成工作。"当"菜鸟警察"成为"街头警察"的时候,他们会从其他警察那里知道如何用各种非正式的并且是可以被接受的手段来完成他们的工作。警察亚文化产生了一些不合规矩的人,也产生了一些只会说冠冕堂皇的话的人。

在20世纪60年代,著名的犯罪学家杰罗姆描述了他所谓的警察工作人格。威廉·威斯特拉加描述的警察人格符合之前关于盖里(印第安纳州)警察局的经典研究,他发现警察亚文化有着自己的"习俗、法律和道德",亚瑟·尼德侯夫的观察发现,在纽约市,警察之间玩世不恭是普遍的。最近有学者声称,警察部门存在一种"大窗帘的保密"行为,这种行为会保护周围的警察免遭局外人对其人格本质的质疑。我们可以通过对这些学者提供的警察工作时的个性表对这些现象有所了解。

一些警察的工作人格特点对其生存和工作是至关重要的。例如，因为警察往往暴露在高度情绪化的、有潜在的威胁和好战的人之中，并且警察会与他们对抗，所以他们必须发展有效的制裁策略来控制别人。同样，多疑是一个警察很好的本能，特别是在审讯和调查的时候。

然而，警察的其他人格特征并不都是有利的。例如，许多警察是愤世嫉俗的，有些甚至会敌视公众，因为公众不理解他们自己保守的价值观。这些特征源于他们与犯罪嫌疑人长期的接触，即使嫌犯在警察的眼中显然是有罪的，但其中大多数依然会否认他们的任何不当行为。最终，典型的警察工作导致他们的个人人格根深蒂固，这奠定了警察工作人格的基石。

警察人格的来源至少有两个方面。一方面，它可能已经存在于一些警察的人格之中并在工作中得到体现。支持这一观点的研究表明，来自保守背景的警务人员一般会认为自己是中产阶级道德的捍卫者。另一方面，警察人格的某些方面可以归因于警察亚文化，"菜鸟警察"被纳入警察队伍时会受到环境对他们潜移默化的影响。

研究人员报告了美国警察亚文化的相关元素，他们得出的结论是：像所有的文化一样，警察亚文化拥有一个相对稳定的信仰和价值观，它不太可能被改变。但是，通过外部压力，如招聘新成员、调查警察腐败或滥用职权行为、委员会报告，这些做法可能会给警察亚文化带来影响。了解更多关于警察亚文化和警察的行为，访问 http://clontzmccompanies.com/additional_readings/subculture.htm。

腐败与廉政

2013 年，康涅狄格州哈特福德的一个联邦陪审团找到了东黑文警察萨金特·约翰·米勒和他的三名同事，大卫·卡里、丹尼斯·斯伯丁和杰森·祖洛，指控他们侵犯了他们所服务的社区成员的公民权利。这四个人都是在一年前被联邦调查局特工逮捕的，被控串谋、逮捕、过度使用武力和妨碍司法。当局说，这些人在他们巡逻的街区花了数年时间骚扰和虐待公民，尤其是西班牙裔公民。被称为"米勒的孩子们"的警员从下午 4 点开始工作到午夜，并据称利用他们的权力恐吓嫌疑人承认他们可能没有犯下的罪行，并骚扰生活在当地拉丁裔社区的移民。2014 年，卡里在联邦监狱被判刑 30 个月，而斯伯丁被判 5 年，祖洛被判了 2 年。在他们被捕前不久，美国司法部对东避风港警察局发出了严厉的起诉书，称其成员广泛参与了"有偏见的警务、违宪搜查和缉获，以及过度使用武力"。

  早期警察的腐败问题一直备受关注，这可能是一个古老的和人类自然的倾向，一些有权力的人总是会滥用权力。在当今物质社会，这些趋势变得更加复杂、贪婪，他们在追求经济利益的同时，也会千方百计地逃避法律责任。这些非法提供给警方的诱感，范围从餐馆的一杯免费咖啡到毒贩承诺只要警察保证他们的违禁品安全到达指定地点，他们就会送给这些警察一笔巨额货款。著名犯罪学家卡尔说，"警察的本质，是一种充满了不当行为机会的职业。维护治安是一个高度可自由支配的、强制性的活动，维护治安的行为经常发生在私人场合，监管者哪怕是在有证人在场的情况下，也有可能会滥用他们的权力"。

  警察腐败造成的影响是深远的。威奇托大学的迈克尔指出，"不端行为不仅会对警员个人造成影响，也会对整个社区和整个警察部门的每一个警察造成影响。通常那些存在不端行为的警察会由于不当的行为引起国家的强烈反应，有时甚至是整个世界的强烈反应"。到底什么是腐败，并没有明确的概念。伦理学家说，警察腐败的范围可以从轻微罪行到严重的违法行为，这称为腐败的"滑坡"。现在大多数警察部门会明确禁止警员接受任何形式的"感谢"，哪怕是接受小赠品也不行，如一杯免费咖啡。"滑坡"观点认为，即使是很小的感谢，也有可能导致他们将来接受来自公众成员更大的贿赂。从一个警官开始接受这些好处的时候，我们就可以想见，即便是小恩小惠也可能很快就会被他人知道，并且大多数人会认为该警员在他的警务工作中会常常接受这样的礼物。正是由于这些小错误的积累，才会造成这些警察很容易滑到道德坡底。

  托马斯·巴克和大卫·卡特深入研究过警察腐败和"职业异常"的区分，"滥用权力，往往是进一步影响执法机关的行为"，伦理道德中心的前首席研究员、FBI 特工弗兰克·佩里说，"我们要明确区分警察异常行为和腐败之间的区别"。根据佩里的研究，警察异常行为是"不专业、随意休班、滥用线人、性骚扰、诋毁种族或性评论、伪造报告、谎报时间和出勤状况、裙带关系、任人唯亲和未经授权披露信息等行为"。佩里说，异常行为是个人和组织腐败的先导，可能最终导致完全腐败。因此，需要警察监管时常警告，使之保持警惕并积极进行干预，以防止腐败发生。

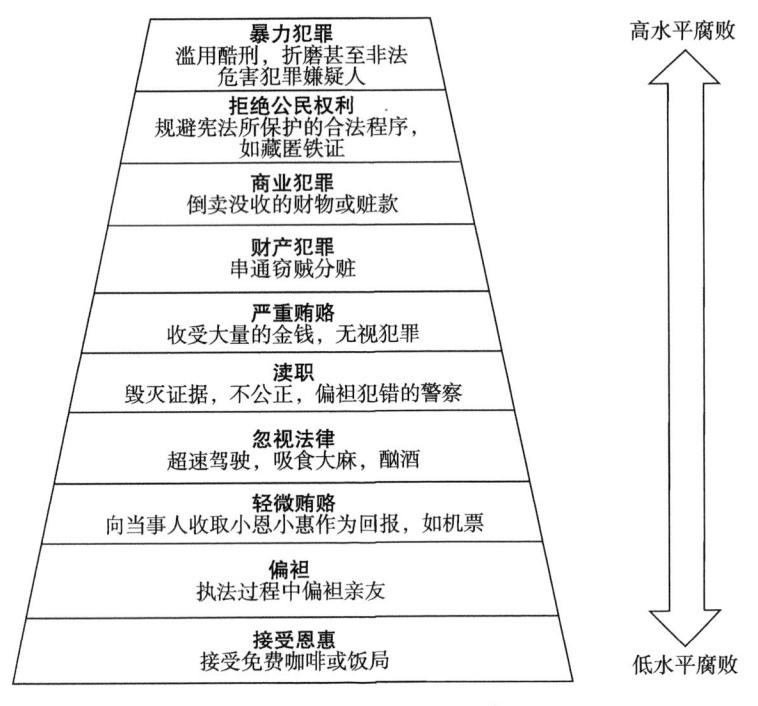

暴力犯罪
滥用酷刑，折磨甚至非法危害犯罪嫌疑人

拒绝公民权利
规避宪法所保护的合法程序，如藏匿铁证

商业犯罪
倒卖没收的财物或赃款

财产犯罪
串通窃贼分赃

严重贿赂
收受大量的金钱，无视犯罪

渎职
毁灭证据，不公正，偏袒犯错的警察

忽视法律
超速驾驶，吸食大麻，酗酒

轻微贿赂
向当事人收取小恩小惠作为回报，如机票

偏袒
执法过程中偏袒亲友

接受恩惠
接受免费咖啡或饭局

高水平腐败 ↑↓ 低水平腐败

图 6-1　警察腐败的严重类型

图 6-1 显示了警察腐败的严重类型，但是，不是每个人都会同意这样的排名。事实上，在对 6982 名纽约警察进行调查时发现，有 65% 的警察没有过度使用武力，我们在本章后面，将其定义成为一个腐败行为。同样，71% 的警察回应说，接受一份免费的午餐不能算是受贿，另有 15% 的警员表示，个人非法使用毒品不应被视为腐败。

在 20 世纪 70 年代早期，媒体用头版头条报道了纽约警察的腐败行为。媒体报道称，根据警局的卧底特工揭露，腐败资金大多数是由那些不道德的警察"收保护费"而产生的。克纳普委员会报告的作者们将腐败的警察区分为两种类型,称他们为"吃草者"和"肉食者"。"吃草者"是最常见的警察腐败,被形容为非法活动,不时发生在警察的正常工作中。它主要包括接受小额贿赂或犯有较轻罪的公民提供的服务,从而不逮捕或起诉当事人。"吃肉者"是一种更严重的腐败,主要涉及那些积极寻求非法赚钱机会的警察。"吃肉者"通过威胁或恐吓索取贿赂,而"吃草者"仅仅是不拒绝贿赂。

1993 年,在为期 11 天的克纳普委员会腐败听证会期间,爆发了由纽约法官和前副市长弥尔顿·莫伦领导的反纽约警察腐败游行。在众多启示中,警员谈论了盗窃没收毒品和殴打无辜的人等行为。例如,警官迈克尔·多德告诉委员会,他在离职后经营可卡因,用这些钱财在布鲁克林地区买了三套房子和一艘快艇。正直的警员(包括内部事务调查员)描述了他们如何努力来约束他们同伴的腐败堕落的行为,但是他们的这些努力遭到了上级领导部门的抵制。

这次听证会的反响在此之后依然在延续。杰弗里·贝尔德是该委员会的一个控告者。在贝尔德揭露这些腐败行为时,他本身也是一名警察部门的内部事务官,但事发后,败露的官员威胁他将破坏他的工作,甚至将淫秽材料送到他家里。

多元文化与多样性:监管多元文化社会

一些有背景、价值观和观点的社会团体的成员,虽然不直接支持违法,但与许多警察官员的情况形成鲜明对比。多文化执法方面的著名作家罗伯特·M. 舒斯塔说,警官"需要承认历史上警察与少数族裔关系不佳的事实,包括法律上的不平等待遇"。另一个原因是他们的接触带有负面的历史包袱。

换言之,尽管在刑法实施中的歧视在今天可能很常见,但在过去也是如此,建立在过去经验基础上的观念往往难以改变。此外,如果执法的职能是"保护和服务"来自各种背景的守法公民,那么对于官员来说,了解和尊重习惯、习俗、信仰、思维方式和传统上的差异就变得至关重要。与不同群体的成员交流、询问、协助和建立信任需要特殊的知识和技能,这些知识和技能与"法律就是法律"的事实无关,必须平等地执行。获得敏感度、知识和技能（对他人地位的赞赏增加），这将有助于改善与所有群体成员的沟通。

警察如何才能对涉及多元文化社会的警务问题更敏感？一些研究人员认为，所有不同背景的执法人员都是通过探索他们自己的偏见开始的。偏见是在事实已知之前形成的判断或观点，通常涉及对人群负面或不利的想法，可导致歧视。大多数人（包括警察）能够通过探索和根除自己的个人偏见，减少歧视不同人的倾向。

辨别偏见的一种方法是文化意识训练。正如今天一些警察部门的做法，文化意识训练探讨文化对人类行为（尤其是违法行为）的影响。文化意识训练一般分为四个阶段：

- 澄清文化意识与警察职业化的关系。正如舒斯塔所解释的，"一个警察越专业，他或她在应对各种背景的人时就越老练，他或她在跨文化接触中就越成功"。
- 认识到个人的偏见。在文化意识训练的第二阶段，要求参加培训的官员承认和识别自己的个人偏见。一旦偏见被发现，训练者就会努力说明它们如何影响日常行为。
- 获得警民关系的敏感性。在这一阶段的训练中，参与的官员了解历史和现有的社区警察的看法。通过使用精心挑选和合格的来宾演讲者或来自少数民族的参加者，可以加强培训效果。
- 发展人际关系技巧。这最后一阶段的训练，目的是帮助发展积极的语言和非语言沟通技能，这是与社区成员成功互动所必需的。许多训练者认为，基本技能训练将导致这种技能的持续发展，因为官员们将很快开始看到有效的人际技能的好处（在减少人际冲突方面）。

金钱——警察罪恶的根源？

犯罪学家埃德温·萨瑟兰将微分协会的理论应用于越轨行为的研究之中。萨瑟兰认为，一个人继续与另一个人联系会使他们越来越相似。当然，萨瑟兰谈论的是罪犯，而不是警察。然而，考虑到警察工作的两难境地：他们工作有时需要处理那些公民试图逃避交通罚单的情况,处理妓女和逮捕吸毒者的过程中还要和她们争吵。他们认为,只要"不伤害任何人",警察应该有权做他们想做的事情。警官队伍中有一些人,常常很直言不讳地拒绝社会的正式规范。因为他们的工资相对较低,这表明,他们的工作是没有价值的。通过观察这些因素的结合,就会很容易理解为什么警察会经常产生一种厌倦他们工作的态度。

图 6-2 案例:在 2012 年康涅狄格州布里奇波特市的一次新闻发布会上,美国康涅狄格州律师大卫·费恩说,"没有人凌驾于法律之上",他针对的是涉嫌贪污的东港警察逮捕了"米勒的男孩"一案。警察受法律约束吗?

警察的低工资可能是腐败的一个关键原因。在这个国家,警察的工资比其他职业低已经是不争的事实了,并且这个职业还要求个人有奉献精神、接受广泛的培训、面临较高工作压力和人身伤害的风险。当警察的专业技能增加时,许多警察管理员都希望工资也会随之增加。但是,不管警察的工资增长多少,都永远无法与那些通过从事走私活动的人所获得的惊人财富相比。

努力通过财政压力对腐败产生影响,是道德困境,亦是无法执行的法律,这给腐败提供了基础。在禁酒时期,威克沙姆委员会警告说,警察腐败的内在原因在于立法禁酒。对酒的巨大需求带来了许多问题,很多人会质疑法律的初衷,但同时也提供了大量的资源,旨在规避它。今天的禁毒和当时的禁酒时期有一些相似之处。只要有人愿意提供大量的资金来保证毒品交易的顺利进行,那么警察腐败的压力就仍然很大。

> **道德与职业**
>
> **执法誓言**
>
> 以我的名义,我永远不会
>
> 背叛我的徽章,我的诚信,
>
> 我的人格或公众信任。
>
> 我将永远有勇气坚持自己和他人的责任
>
> 为了我们的行动。
>
> 我将永远坚持宪法,忠于我的社区和我所服务的机构。
>
> 荣誉意味着一个人的话作为保证。
>
> 背叛被定义为对公众信任的背叛。
>
> 徽章是你办公室的象征。
>
> 正直在私人和公共生活中都是同一个人。
>
> 品格意味着人与人不同的品质。
>
> 公信力是对你所服务的人的信仰责任。
>
> 勇气是有力量承受不道德的压力、恐惧或危险。
>
> 问责意味着你对自己的宣誓负责。
>
> 社区意味着管辖权和公民服务。
>
> **关于道德的思考**
>
> 1. 执法誓言如何与的本章中的"执法道德守则"类似?它们有何不同?
>
> 2. 两人如何相互支持?

构建警察人格完整性

控制腐败的困难可以总结为这几个因素:警察不愿意报告他们同僚的腐败行为,警察管理者不愿意承认腐败的存在,同时也缺乏受害者的自愿报告。然而,高道德标准是警察职业的原则,这个原则可以通过正式的培训和同侪的社会化导向有效地传达到警察官员那里,这个原则也可以提高任何部门的诚信水平。当然,许多具有职业道德的官员都很正直。有证据表明,执法培训项目越来越注重培养新入职警察的使命感。就像联邦调查局（FBI）文章中解释的那样，"服务培训学院必须坚持对新的和有经验的警察进行伦理培训，这是不可或缺的一部分"。

道德培训是"重塑"战略的一部分，这个培训强调警察要拥有一个廉洁正直的态度。2001年，美国司法部（DOJ）公布了一份名为《促进警察廉正原则》的文件。文件的前言中说："社区治安要想成功、有效地降低犯罪率，公民对警察必须充分信任。我们必须共同努力，解决过度使用武力和种族歧视的问题，解决许多少数民族居民遭遇执法不公的情况，我们要建立公民对执法部门的信心并且保持警察队伍继续进步。我们的目标必须是通过专业执法，让所有公民感觉到他们是被公正、平等和尊重地对待。"该文件涉及的内容包括过度使用武力、投诉不端行为的调查、问责制管理、警察培训和招聘。阅读完整的文件，了解更多警察实践案例，可访问 http://www.justicestudies.com/pubs/integrity.pdf。

2000年，国际警察协会（IACP）为了强调警界中道德标准的重要性，采取了执法荣誉宣誓制度。国际警察协会表明，进行执法荣誉宣誓的警官应该承诺其行为是严格符合道德标准的。它是警察工作原则在执法道德规范中的体现，这部分内容在本章"道德和职业精神"中有所体现。

2005年12月，国家司法研究所在《警察廉正与实践研究报告》中指出，"警察机构文化的建立，可能更重要的是塑造警察的职业道德而非招聘'正确'的人"。作者通过观察发现，如果警局内部形成了不成文的规定（潜规则），并且这些规定是与书面政策相冲突的，那么这就很容易破坏一个机构的整体廉正。加强警察廉正建设，在 http://www.justicestudies.com/pubs/integrity.pdf 可了解。FBI有关警察腐败和道德问题的文章，可以访问 http://www.justices-tu-dies.com/pubs/policecorrup.pdf。

大多数大型执法机构有权处理自己的内部事务，就是有权对警察不当行为的指控进行调查。当腐败涉及当事人所在的机构时，并且当事人确实违反了联邦法规，那么联邦警察机构可能会要求审查此事并且报告该事件。联邦机构包括美国联邦调查局（FBI）和毒品管制局（DEA），当警察腐败严重到违反联邦法规时会参与调查。美国司法部通过各种调查办公室，对警察滥用权力侵犯公民权利的行为进行调查。司法部通常支持美国公民自由联盟

（ACLU）、全国有色人种促进协会和其他监管机构和社会群体，来对警察部门的工作进行监督。

涉嫌违法的人员可以援引他们的加里蒂权利，保护警官避免他们自证其罪。米兰达权利被用来保证犯罪嫌疑人的权利，加里蒂权利则被用来保证涉嫌犯罪的公职人员的权利。

对警察药物检测

警察非法涉及毒品的行为对滋生腐败有着潜在的影响。因此，警方集中力量打击吸毒人员。药物检测项目在当地警察部门是这样的，IACP已经开发了一个药物测试模型，旨在满足当地各部门对毒品测试的需求，建议定期测试那些被分配到特殊"高危"地区工作的执法者和员工。

现在，许多警察部门会要求其所有人员都要进行常规药物测试。2008年，纽约警察局（NYPD）开始采取随机测试来检查警员是否存在滥用合成类固醇的行为。测试后，这些警员就开始调查在布鲁克林地区涉嫌非法销售数百万美元的类固醇和人类生长激素的行为。尽管随机测试的行为是被1986年纽约州最高法院的文件所禁止的，但是法院支持药物测试的做法是基于警方的合理怀疑，那就是他们怀疑药物滥用已经或正在发生。1989年美国联邦最高法院的决定维持了美国海关人员的测试申请。然而许多围绕员工药物测试的法律问题仍未在法庭上得到解决。

使这个问题复杂化的是，警察对毒品和酒精成瘾成为警察活动的"障碍"。因此，1973年《联邦康复法案》规定，联邦执法部门有权在治疗前终止那些员工的工作合同。

在其他许多机构，警察部门的员工接受药物测试是一个敏感的话题。有人声称，现有的药物测试并不准确，会产生大量的"假阳性"。虽然重复测试和高阈值水平麻醉物质的血液等方法可以消除这些担忧，但是药物测试本身已经对警员的个人权利和职业尊严有所侵犯。

警察工作的危险

1991年10月15日，国家执法人员纪念碑在华盛顿特区纪念馆揭幕。

12 561名在值勤中丧生的执法人员的名字刻于此碑,其中包括美国警察官员罗伯特·福赛斯,他在1794年成为全国第一个被杀的执法人员。从此以后又增加了近7000名因执行任务而丧生的警员。在纪念馆中,交互式视频系统为游客提供简短的传记和已经死亡警员的照片。在线参观纪念馆请访问 http://www.nleomf.com。

正如纪念馆所暗示的那样,警察工作本身就存在危险。尽管许多警员从未使用过武器,但是我们知道一些警员在执行他们的工作任务时也会面对死亡的危险。在职警察也可能会死于工作压力、训练事故和交通事故等。然而,围捕刑事罪犯时面对死亡是警察和他们的家人最担心的事。

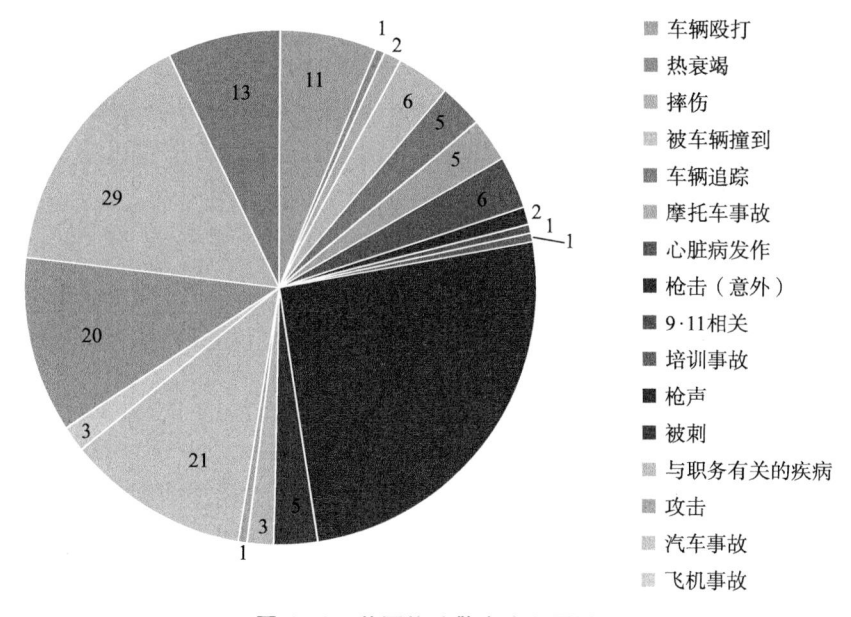

图 6-3 美国执法警官殉职原因

暴力事件的危险

当官员被枪杀时,最常见的情形是一名持有单一武器的嫌疑人。2012 年,62 名美国执法人员在执行任务中丧生。图 6-3 显示了 2012 年不同类型事件中遇难警员的数量。2001 年,对世界贸易中心的袭击造成了有史以来最大的一次值班执法人员的生命损失,造成 72 名警察丧生。

联邦调查局的一项研究发现,多数被杀的警察为人更加善良,在使用武力时相比其他执法人员在类似的情况下似乎更加保守。平时他们也是很受社区居民欢迎的警员,他们对每个人都很友好、随和。最后,这项研究还发现大多数警员被杀时没有穿防护背心。

统计警察被杀害的意义超出他们的个人悲剧本身,因为我们有必要把他们统计在一个大的框架下。大约有730 000名州和地方的警察员工和另外88 000名联邦特工为这个国家丧生。这些数字表明,在暴力事件中死亡的警员人数似乎在下降。

国家执法人员纪念基金主席克雷格·弗洛伊德说:"警员因为执法而牺牲的人数在下降。"他认为应当增强对警察部门和人员安全的关注,"很明显我们需要提高警官、训练员、工会领袖的安全意识"。执法死亡人数再次下降应归功于推动防弹衣的使用;增加可用性的非致命武器;更广泛地使用强制性措施;广泛和更好地分析警察监测仪视频,批判不合规矩的行为;更好地武装警察。

疾病和感染的风险

执法人员也面临着暴力行为以外的危险。可以通过血液和其他体液传播的严重疾病,可能因释放活性生物武器感染病毒,如炭疽或天花,以及罪犯和事故现场本身,就是危险的结合。谨慎是调查人员和急救先遣队需要首要铭记的事。在常规的刑事案件和事故调查中,也许很小的伤口和擦伤都会造成接触感染。例如,攻击或谋杀现场的碎玻璃和撞裂车辆的金属,刀的锋利边缘,或在对汽车、房屋和犯罪嫌疑人口袋进行药物搜查时被刀片和注射针头划伤。若不予理会,这些伤口将会越来越严重,正因如此,许多警察人员已成为艾滋病、乙肝、肺结核的主要感染对象,他们之中的多数人是因为接触受感染者的血液和其他行为被传染的。

警察有些时候也可能在使用仪器时被感染,比如,在测量酒精浓度时,处理所有类型的证据时,以及被拘留的罪犯攻击(特别是咬)时被感染。可以理解的是,警员十分担心他们面临的如艾滋病和其他凭借血液传播的疾病的威胁。然而,纽约警察局提醒警员:"警察的责任就是帮助那些需要我们服务的人。我们不能拒绝他们的求助。有传染病的人有权接受照顾和维护他们的尊严,我们应服务于所有公民。"

同样的问题还有生物制剂的威胁。虽然警员出勤此类犯罪现场和涉嫌窝藏这些危险生物制剂的地点时都配备了特殊的防护设备，并且所有的执法人员都被要求采取合理的措施，防止暴露在各种各样的传染性病原体之下，但是他们仍旧面临着潜在的危险。应急管理机构一般会推荐预防措施以防止接触传染性物质，更好地对抗传染病的威胁。联邦政府凭借《血液病原体法案》要求警察接受适当的培训，了解如何防止血液传染。该法案也要求警察接受为期一年的进修培训。

在未来几年，警察部门在处理关于艾滋病等传染病的案件时将面临越来越多的挑战。可预测的关注领域包括：①需要教育官员和其他警察员工对于艾滋病、炭疽和其他严重的传染病有所了解；②加强警察部门防止艾滋病的传播和其他传染病的责任；③要求执法活动中不带有歧视和教育警察在污染的环境中救生的措施。关于无歧视规定，国家司法研究所（NIJ）提出：支持警察拒绝帮助艾滋病患者，可能不会在法庭上受到支持。原因有二：一是帮助公民是警察的基本责任；二是通过偶然接触感染艾滋病的可能性很小。但是埃博拉病毒除外。

最后一个引起越来越多关注的问题是关于警察感染艾滋病毒。目前一些统计数据显示了感染艾滋病的警察人口数量，但公众关心的是警察管理者将如何解决这些问题。

> **刑事司法新闻：DNA 采样解决了一些最棘手的案例**
>
> 二十年来，设法逃脱了从 1989 年到 1996 年在纽约市外发生的三起杀人事件的侦查。
>
> 他骗过了专门的调查人员，因为他不符合连环杀手的形象：一个高智商的中年白人。但当他提交 DNA 样本作为假释申请的一部分时，发现他与犯罪现场发现的 DNA 非常接近。他于 2012 年 1 月被定罪，基本上只靠 DNA 的力量。
>
> DNA 似乎已成为 21 世纪的主要犯罪证据，甚至取代了指纹。通过擦拭口腔内部，可以很容易地从潜在的嫌疑人那里收集它。只要犯罪现场的样本没有受到损害，识别错误的人的机会被认为是 110 万分之一。

图 6-4　弗朗西斯科·阿塞维多（Francisco Acevedo）

当联邦调查局于 1998 年创建联合 DNA 指数系统时，DNA 证据的有效性得到进一步提高。通过 CODIS，联邦、州和地方执法官员可以共享 DNA 概况和证据。联邦调查局表示，该数据库包含超过 1000 万个 DNA 样本，并已用于 171 800 场比对。

受到使用 DNA 证据的更多判决的鼓舞，国会和各州逐渐扩大了需要接受 DNA 收集的人群。在 20 世纪 90 年代，收集任务仅涵盖被定罪的性犯罪者。然后扩大到包括被判犯有暴力罪行的人，再扩大到被判犯有重罪的人。最近，联邦政府和超过一半的州将范围扩大到了任何被捕的人，而没有等待他们被定罪。

根据司法部的数据，每年纳入到 CODIS 的数量从 2008 年的 75 000 增加到 2012 年的 120 万，增长了 15 倍。如此庞大的数量扩张往往使犯罪实验室不堪重负，犯罪实验室必须将每个 DNA 样本转换为数据库的数字序列。积压不断累积，减缓了法庭审理案件的速度，并且处理样品的压力导致一些实验室错误地识别 DNA 序列，从而引发后来发现的错误定罪。根据美国宪法法律和政策协会的报告，这种情况发生在休斯顿、拉斯维加斯和塔尔萨。

为了缓解积压，联邦政府从 2006 年到 2012 年向州和地方 DNA 实验室提供了 7.85 亿美元的资助，FBI 在 2011 年 9 月宣布它已经有效地消除了自己的积压。但是在 2012 年 4 月，阿拉巴马州法医部报告说，预算削减需要消除 15% 的劳动力，导致 1000 个 DNA 病例的积压。在本书第九章将会详细介绍 DNA 的法医使用和被捕者的强制性基因检测。

参考文献

Maryland v. King, U. S. Supreme Court, No. 12－207（decided June 3, 2013）.

"Federal Court: If You're Arrested, Officials Can Take a DNA Sample," *Christian Science Monitor*, July 25, 2011, http://news.yahoo.com/federal-court-youre-arrested-officials-dna-sample-235110510.html.

"A New Era of DNA Collections: At What Cost to Civil Liberties?" American Constitution Society for Law and Policy, September 2007, http://www.councilforr-esponsiblegenetics.org/pageDocuments/PG6T8WPI4A.pdf.

"Suspect in Yonkers Serial Killings Flew under the Radar," *The Journal News*, December 19, 2010, http://murderpedia.org/male.A/a/acevedo-francisco.htm.

警察的压力和疲劳

在卡特里娜飓风后，新奥尔良地区的两名警察使用他们的武器结束了自己的生命。他们中一个是司法部的发言人，名叫保罗；另一个是巡警，名叫劳伦斯·塞莱斯廷，他被警察局的副局长莱利形容为"一个优秀的警察"。2005 年新奥尔良飓风后，很多警员感到无能为力，因为无法帮助那些有需要的人，这些感觉严重加剧了警员的压力。"最重要的部分是看到我们所服务的公民每天被当作难民"，莱利说，"当警察穿过市中心，看到人们在乞求食物。但是警员们却无法帮助他们，这是一件很痛苦的事情。人们呼喊着我们的名字，因为我们知道他们无能为力，这也是压力"。

创伤事件（如飓风、恐怖袭击和暴力冲突）会让警察的情绪立刻紧张起来，但是长期经受这些压力会使他们感到衰弱，这种影响可能是最危险的，至少今天已成为可见的执法人员面临的威胁。虽然某种程度的压力可以是一个积极的动力，但是长期遭受严重的压力通常被认为对一个人是破坏性的，甚至会危及生命。

警察工作压力是一个自然的组成部分。总部设在纽约的美国压力研究所指出，全美排名前十的经受压力最大的工作种类中就有警察。危险、沮丧、文书工作、日常工作的要求、缺乏来自家人和朋友的理解，会导致他们承受负面压力。美国司法统计局指出以下几点：

- 每一个执法人员都会接触暴力、痛苦和死亡等压力源，这是必须承受的；
- 警员每天处理的罪犯可能会不被公众理解；
- 他们经常被要求强制工作，工作的内容随时变化；
- 他们可能没有足够的时间来陪自己的家人；
- 警察也面临着不寻常的压力，通常高度不安，例如处理儿童被害人或车辆事故的幸存者时。

一些警察的工作压力是具有破坏性的，比如，无论个人怎么努力，都无法克服挫折感，也无法带来有效的动力。警察的核心工作包括在全面调查的基础上实施逮捕，使之定罪，从而除去那些危害社会的人。但不幸的是，现实往往是远离理想的：逮捕可能不会导致定罪；可用证据可能不被允许在法庭上出示；量刑似乎太轻。看到惯犯重出江湖，他们会有无力和沮丧的感觉。看到无辜的受害者面临许多不公，可能给警察带来极大的压力，他们甚至会质疑自己的职业生涯。这也可能导致绝望，警察试图找到解脱。正如一位研究员指出，"警察的自杀率是普通人群的两倍之多"。

警察职业面临的压力并不是独一无二的，但因为警察工作历来都要求警员们要有"男子汉气概"，因此，警察之间拒绝承认他们面临的压力比其他职业群体更为普遍。

压力减轻

想要减轻压力是一件很自然的事情，幽默感可以帮助减轻压力。例如，卫生保健专业人员指出，尽管他们照顾的病人是重病甚至面临死亡的患者，但是说笑话也可以令他们感到开心。有时，警察也可以用同样的幽默来化解他们对黑暗或威胁的恐惧。保持幽默感、与压力事件保持距离是另一种应对的方式，虽然这样的距离感并不总是很容易维持。警察不得不经常面对严重的虐待儿童的情况，这会让他们产生压力。

体育锻炼、冥想、深呼吸、自我催眠、诱导放松、听音乐、做祈祷和食用美食都被认为是有效减轻压力的方式。可用来测量压力的设备有：手持心率监视器、血压仪等设备，"温敏器"（根据四肢血流量改变颜色）可以通过数值来反映心理状况。

关于警察压力的理论认为，警员承受压力的大小直接关系到他们对可能存在的压力的反应。这要求警员过滤掉无关的因素，区分真正有威胁的情况。因为压力过滤能力往往是天生的，与性格特征密切相关，一些研究者建议，应筛选心理素质好的应聘者来从事警察工作。

警官在家庭中受到的压力往往与其工作是直接相关的。因此，一些警察部门已经开发出一些程序来减轻警员的家庭压力。例如，科利尔县（佛罗里达州）配偶学院，对警察的配偶进行培训，来帮助减轻警员们面临的压力。他们希望通过 10 小时的项目培训，可以处理可能让警员们产生压力的问题，并通知参与者的部门和社区来帮助他们。目前在美国支持该项目的官员变得越来越多。该组织创造了一个情感自我保健培训（ESC）的倡议，要求警务人员进行定期的心理健康检查，比如，每年至少接受一次心理治疗师的治疗。了解详情可访问 http://www.badgeoflife.com。

刑事司法职业：警官

- 姓名：毒品代理人 克里斯蒂·托马斯
- 职位：佛罗里达州西棕榈滩市 QRT 代理（快速反应小组/禁毒）
- 大学就读：棕榈滩州立大学
- 专业：心理学
- 雇用年份：2007 年
- 请简要介绍一下你的工作：

作为一名毒品代理人，我的同事和我的目标是街头毒贩和其他生活质量问题，包括卖淫以及其他非法商业行为。我们利用自己的主动性开始在整个城市进行调查。我们以秘密身份购买麻醉品并与 S.W.A.T 合作。团队通过撰写搜索令，让他们执行。

- 典型的一天是什么样的？

典型的一天涉及进行研究和确定目标。一旦调查完成，我们就转向另一个。有些日子主要用于监视；而在其他时候，我们直接参与抓捕毒贩。

> ● 哪些品质/特征对这项工作最有帮助?
>
> 常识,诚实,正直,自信,自律,奉献,谦逊,镇定,身心强硬,战术意识,以最小化、无需监督的方式工作的能力。
>
> ● 起薪如何?
>
> 西棕榈滩警察局每年的起薪为45 324美元,并且福利很高。
>
> ● 升级到更高级别的工作岗位时,薪水潜力是多少?
>
> 到达PFC(巡逻员头等舱)和MPO(主巡逻员)的官员将获得每个级别的21%或22%加薪。排名提升随着时间的推移会产生显著的提升。
>
> ● 你有什么建议给大学中刚开始学习刑事司法的学生?
>
> 对于期望赢得所有战斗的人来说,这不是一项工作。你尽可能地努力,但是当案件没有按照你想要的方式进行时,你必须准备好迎接失望。获得学位,因为它将帮助你获得晋升。选择部门时,请确保它是你正在寻找的部门。我来到西棕榈滩体验和忙碌;我希望能够尽可能地受到挑战并做到尽可能多。如果你有成功的动力和决心,警员是一个非常有益的职业。

疲劳工作

如同压力,疲劳也会影响警察的工作。犯罪学家布莱恩·维拉指出,"疲劳是城市街头警察的代名词。加班作业、轮班工作、夜校、无尽的等待作证时间,工作的情感和生理需求都会引起疲惫。由于他们和社会生活中普通人的时间不一致,所以他们无法给自己凑出一个完整的时间段留给自己的家庭。他们用咖啡和疲劳顽强抗争"。

维拉发现,警察疲劳的情况是工业工人和矿业工作人员的6倍。维拉指出,一些部门设定的工作时间过长导致警察过度疲劳,这可能会导致事故、受到伤害和不当行为的发生。

为了解决这一问题,维拉建议警察部门"评审政策、完善程序、转变警察加班兼职的工作现状,通过改变连续工作时间的长度和处理过于疲惫的工作方式来改变这一现状"。维拉也表明,应当控制警察的工作时间,"应该就像我们控制许多其他职业群体的工作时间一样"。

恐怖主义对警务工作的影响

2001年9月11日的恐怖袭击对美国警务产生了重大影响。尽管美国警察部门的核心任务并没有改变，但现在各级执法机构已增加时间和其他资源来收集必要的情报和防备可能的恐怖袭击。

"9·11"事件的发生，对当地警察部门在应对恐怖主义方面起到了特别重要的作用。他们必须及时承担防止攻击、回应攻击、及时疏散人群、紧急医疗和稳定社会秩序的职责。最近《行政研究论坛》的一项调查显示，250名警察局长发现高管们坚信，通过社区警务网络向公民收集情报和交换信息，可以对恐怖主义预防做出贡献。

总部设在纽约市和华盛顿特区的外交关系委员会同意美国联邦反恐警察部门不再设立新部门的决定。委员会说，许多警察部门为了应对恐怖主义的威胁，加强了与联邦和当地机构（包括消防部门和其他警察部门）的联络，在许多其他方面通过加强培训应急计划来应对，这么做是可取的。

当地部门预防活动的参与程度，本质上取决于对预算资金和攻击可能发生的评估。例如，纽约警察局亲身体验了恐怖袭击（在世界贸易中心双子塔倒塌时，23名警员遇害），并因此创造了特殊的警察部门，专门负责反恐训练、预防和调查。大约1000名警察被重新分配给反恐培训部门，培训34 500个成员如何应对放射和化学武器的攻击。纽约市警察局探员被分配到国外与当地执法机构合作。在加拿大、以色列、东南亚和中东等地区追踪可能目标，并雇佣懂普什图语、波斯语、中东和乌尔都语语言的人员监控外国电视、广播和互联网通信信息。同时，国会还批准了将大量的资金用于危险材料防护服、防毒面具、便携式辐射探测器的研发。

2004年11月，为了给执法者和决策者提供指导意见，以响应与关键问题相关的反恐计划和紧急事件的发生，IACP宣布主动采取措施。IACP形容该计划是一个"积极的项目，因为它可以评估当前美国国土的安全问题，并制定和实施必要的行动来保护我们的社区，以免遭犯罪和恐怖主义的侵害"。IACP得出这样的结论："当前国土安全战略的基本缺陷是：它是没有充分开发或合并专家的建议,也没有采纳公众或国家公共安全组织的建议。"在此前提下,IACP 确定了许多的关键原则,并认为任何有效的国家国土安全战略都是制定政策的基础。

最后,在 2005 年,IACP 调整了"9·11"恐怖主义事件的评估和管理项目资源的相关文件。后"9·11"时期的治安是 IACP 项目、全国治安协会(NSA)、国家执法高管组织(NOBLE)、主要城市主管协会(MCCA)和基层警察部门一起合作进行的。可通过 http://www.justicestudies.com/pubs/amterrth.pdf 下载此刊物。

联邦调查局的联合反恐任务小组

IACP 承认,可行的反恐项目在地方层面需要关键机构之间的信息共享。联邦调查局组建了联合反恐任务小组(JTTFs),希望通过这种形式来结合联邦和地方的执法人员一起专注于处理特定的恐怖威胁。联邦调查局目前已建立或授权联合反恐任务小组设立了 56 家办事处。除了联合反恐任务小组,联邦调查局已经创造了很多地区反恐怖主义任务小组(RTTFs),与当地执法机构共享信息。联邦调查局把特工分配给联邦、州以及地方的同行进行一年两次的地区反恐怖主义任务小组培训,并讨论反恐侦查和情报共享等问题。联邦调查局说:"非传统的工作小组,在美国的恐怖主义问题上提供了必要的机制,它直接促使反恐资源向本地化转移。"地区反恐怖主义任务小组目前正在内陆西北、中南部、东南部、东北边境、南方腹地和西南地区逐渐建立。

随着"9·11"恐怖袭击以来的变化,美国的执法部门中有人建议应区分传统犯罪、恐怖主义和正在消退的战争。至少在某些情况下,军事行动和民事执法越来越集成化。在全球背景下,新兴的执法管理在不久的将来可能在执法中会起到关键作用。

情报先导警务和反恐怖主义

2005 年,美国司法部接受了情报先导警务的概念(ILP),并将其作为对抗恐怖主义行动中一种重要的技术。这种概念的主要方式就是分析情报信息,然后形成一个有用的视角。有效的信息情报通常是通过多方收集而成的,如报纸、监测、秘密行动、财务记录、电子窃听、采访、互联网监控和审讯。

执法情报或刑事情报是从不同的渠道收集并且评估信息，将相关的信息集成到一个集合中，并通过使用科学的方法产生结论或预测可能发生的犯罪现象来预防犯罪。尽管刑事调查通常是情报收集过程的一部分，但警察局的情报功能比单一的刑事调查更具有探索性和广泛性。

根据卡特的描述，"犯罪情报是一个协同产品，旨在给执法决策者针对复杂犯罪、犯罪企业、极端分子和恐怖分子，提供有意义和值得参考的方向"。卡特继续指出，执法情报包含两种类型：战术和战略。战术情报"包括获取与恐怖主义或犯罪威胁相关的信息并且使用此信息来逮捕罪犯"；战略情报"包括强化目标、使用策略和消除或减轻犯罪威胁"。

并不是每一个机构（尤其是地方机构）都需要创建一个专门的信息部。然而，即使没有一个专门的情报单位，执法机构也应该有能力有效地利用政府的各级组织的信息和情报。换句话说，即使警察机构可能没有必要分析所有信息，但它应该具有有效应对威胁它们信息的能力。了解更多关于执法情报功能和情报先导警务，可访问 http://www.justicestudies.com/pubs/intelled.pdf。

信息共享和反恐怖主义

2001年9月11日的悲剧性事件之后，很多人都认为在全国范围内建立有效的跨司法管辖区和执法机构共享刑事情报的做法是必要的。因此，各级政府当前在努力创建一个完全集成的刑事司法信息系统。根据最近的一个工作小组报告，完全集成的系统将是一个由公共安全网络和国土安全计算机系统给各机构提供所需要的信息组成，并把它们连成一体。这也就是说，不管这些信息被存储的物理位置在哪，都可以在第一时间提供完整、准确的信息。在一个完全集成的刑事司法信息系统中，信息将可以在工作站中运行，工作站可能是一辆巡逻车或一台笔记本电脑等。在这样一个系统中，每一个机构将与其他的机构分享他们的信息，而不仅仅局限于自己的管辖范围内，并且与联邦、州和地方的多个司法机构共享这些资源。在这样一个理想化的司法信息系统下，也可授权非司法机构来进行相应的工作。

LEO是一个被广泛使用的在线执法信息共享系统。LEO的内部网是专为社区执法提供服务的，它是一个国家交互式计算机通信和信息服务系统。一个用户可以访问任何经批准的授权机构的信息，这些信息构成了当地、州或联邦执法机构的信息网络。LEO 提供了一个先进的通信机制来联系美国各级执法部门。该系统包括电子邮件、网络聊天室、电子图书馆、在线日历、特殊利益局部重点领域以及远程自学模块等。你可以在 http://www.leo.gov Web 了解 LEO。

另一个重要的执法信息共享资源是国际正义和公共安全网络，它使用缩略词 NLETS 来代替。NLETS 的成员包括美国五十多个州、联邦机构和加拿大皇家骑警（RCMP）。NLETS 已经运营了近 40 年，原名为国家执法电信系统。它最近正在不断被完善，完善的目的主要是促进各种加密的数字通信。现在在美国和加拿大，它链接了 30 000 多个机构和超过一百万台接入设备，它满足了每月近 4100 万信息的传输。通过 NLETS 可以传输包括国家犯罪记录、国土警报消息、移民数据库、司机的记录和车辆登记、飞机注册、气象报告和有害物质等信息。你可以通过 http://www.nlets.org 了解 NLETS。

> **为它付出：具有成本效益的警务**
>
> 2011 年 1 月，新泽西州纽瓦克在美国最危险的城市名单中排名第 23 位，由于预算限制迫使该市减少向公民提供的服务，因此裁减了近一半的警察人员。由于酒店住宿税和当地非农就业人数减少，城市收入下降了 1/3，城市收取的停车费急剧下降。新泽西州的援助额外下降了 40%，加剧了城市的困境。
>
> 在警察局裁员后不久的 4 个月内，纽瓦克犯罪飙升。谋杀率比去年同期上升 73%；汽车盗窃案增加了 40%；劫车事件增加了 4 倍。被送往地区医院的射击受害者人数增加了一倍。虽然有些人声称并非所有这些犯罪增加都可以直接归因于警察人员的减少，但其他人则不太确定。随着警察人员的减少，预防犯罪方案也得到了很好的实施。其中之一是针对高犯罪率地区的"影响行动"，使这些街区的犯罪率下降了 35%。由于穿制服的人员被转移到街头巡逻，该计划被取消。
>
> 纽瓦克市已经重新雇用了一些警察，并不是唯一一面临财政压力的城市。在纽瓦克宣布裁员一年后，同样在新泽西州的卡姆登市的官员宣布，他们正在取消整个卡姆登警察局，并正在努力建立一个名为卡姆登市警

察局的全市警察部队。新部门通过以前执行冗余任务的资源和人员组合实现成本节约。然而，目前的计划并没有要求该部门将行动与卡姆登市治安官办公室合并，后者为该市的非法人地区提供服务。

虽然今天的合并部门代表了一种节省成本的方法，但其他部门则包括优先活动，减少和修改服务交付；重组权力机构；与其他机构和组织合作；使用主动警务方法而不是反应方法；采用预防和解决问题的服务模式；提高效率；外包服务；实施力量倍增器。

倍增，是指使用允许少数人员完成许多工作的技术。例如，置于犯罪多发地区并由警察监视的摄像机有时可以减少警察巡逻的需要，从而节省人员、车辆、通信和行政费用的巨额支出。

最后，另一项倡议，即智能警务（也在本书第四章讨论），利用所显示的技术来减少和解决犯罪。机构将其资源集中在已知的犯罪活动领域的热点警务就是这样一种技术；而预测性警务通过使用统计技术提供预测或预测犯罪的能力，有助于指导执法行动，并且是当今警务中越来越重要的概念。

支持有效监管的两个计划是智能警务计划（SPI）和国家执法和惩戒技术中心（NLECTC）。NLECTC致力于识别新兴技术，并评估其效率；而SPI是由司法协助局、海军分析中心和三十多个当地执法机构组成的协作联盟，致力于建立有效、高效和经济的循证执法战略。请访问http://www.smartpolicing-initiative.com 网站。国家执法和惩戒技术中心（NLECTC）可在http://www.justnet.org 上查阅。

全国刑事情报共享计划

尽管信息共享的技术在继续发展，但是大多数专家认为，一个完全集成的全国刑事司法信息系统目前尚不存在。2003年创建的国家刑事情报共享计划（NCISP）是依据司法部的全球正义信息共享计划而建立的，并由其全球情报工作小组（GIWG）领导，联邦政府、地方、州执法代表共同努力发展的。NCISP提供了具体步骤，执法机构可以在其中获得关键的执法和反恐共享信息。

计划的主持人提醒，并不是每个机构都可以根据所需的人员或资源创建一个正式的智库。然而，即使没有一个专门的信息部，每一个执法组织也必须能够有效地从范围广泛的政府各级组织机构使用可用的情报。NCISP 可在 http://www.justicestudies.com/pubs/ncisp.pdf 有所了解。

警察民事责任

2013 年，伊利诺伊州芝加哥市的官员同意支付 2250 万美元来解决针对该市警察局的诉讼。该款项向克里斯蒂娜·艾尔曼（Christina Eilman）及其家庭成员和她的律师支付，被认为是向警方不端行为受害者提供的最大金额。针对这座城市的民事诉讼源于艾尔曼在被警察拘留不到 24 小时后被逮捕和相对快速释放。2006 年 5 月，艾尔曼在被捕时是一名 21 岁的白人少女，在机场被警察警告不稳定和咄咄逼人的行为之后，她在芝加哥中途机场被拘留。她被带到警察局，警察得知她患有双相情感障碍。第二天在日落时分被释放，当她走上一个黑帮出没的非裔美国人街区的街道时，她没有得到任何帮助。她离开警察局后不久被诱骗进入一个高犯罪率的住宅区，一些年轻人威胁要对她进行性侵犯。艾尔曼从一个七层楼的窗户中挣脱出来并遭受严重伤害，包括骨盆破碎、多处骨折，以及严重的脑损伤。虽然她幸存下来，但她今天仍然生活在一个永久的孩子般的精神状态。第七届美国巡回上诉法院首席法官弗兰克·伊斯特布鲁克（Frank Easterbrook）对警察部门提出异议，称其官员"不妨将她释放到布鲁克菲尔德动物园的狮子窝里"。

关于执法人员的民事诉讼责任有两种类型：州和联邦。在州法院，一般常见的诉讼是涉及警察的民事诉讼。然而，在最近几年，越来越多的人在联邦法院对警察提起了诉讼，并声称警察侵犯了他们的人权，但是最后都被联邦法院拒绝。

民事诉讼的共同来源

警察可能参与各种各样的案子，这可能导致警察所在的部门卷入民事诉讼。关于警察民事责任的主要来源，警察程序专家查尔斯说，最常见的起诉警察的原因一般是"攻击、非法监禁和恶意起诉"。

当一名警员没有正当理由滥用权力，那么他就可能会面临指控。警察滥用权力的行为极为常见。由于警局可能会因员工的过失或恶意的行为承担责任，所以现在许多警察部门成为共同被告。

很多针对警察的民事诉讼是因为他们在执法活动中的过失。高速车辆的追逐尤其危险，因为有潜在的伤害无辜旁观者的可能。例如，比斯卡诉阿灵顿县警察的案件（1984）中，由于警察高速追逐罪犯时不小心撞到了正在等着过马路的阿尔文·比斯卡，导致他不幸失去了双腿，法院发现这起事故是警官因为没有接受良好的汽车驾驶训练，并违反了禁止高速追逐的部门政策条例。最后，阿尔文·比斯卡被赔偿了 500 万美元。

主管部门完全可以保护自己免受诉讼，在很大程度上，只要通过提供适当和足够的培训来提升人员素质并通过创建法规限制员工的权力就可以实现。例如，2011 年新奥尔良警察局的调查发现，"很多警察部门未能提供足够的指导和有效的培训来支持自己警员的工作"，"也未能形成有效的系统来确保警员有效而安全行使其权力"，我们可以通过实施政策来解决，"还可以适当地招募、培训并监督官员"，"建立可持续的改革将会减少犯罪和更有效地预防犯罪，保障社区公平，尊重访客和所有人的权利"。

美国联邦调查局（FBI）指出："交通事故最常见的情况就是在城市道路上的追逐。一些城市正在使用无人机（UAVs）与监控技术取代高速车辆的追赶。尽管直升机在过去也一直被使用，但是无人机技术的出现将使得跟踪嫌疑人更快、更安全。"

执法监管者也可能是诉讼的对象，因此他们要对自己的行为负责。如果可以表明监管者存在过失（当事人存在酗酒史、心理问题、性取向或采用药物滥用）或如果监管者在训练警员武装和部署他们之前存在失职，那么他们就可能会承担损害赔偿责任。

1989 年，俄亥俄州的一个案件最后被美国联邦最高法院裁定，"培训不当"可以成为法律责任的一个基础，培训不当相当于故意漠视人权。最后，基于这个理由，被告人被逮捕并送往警察局。

联邦诉讼

2012 年 4 月，在卡特里娜飓风袭击后的社会秩序崩溃时期，5 名前新奥尔良警察局的警员被判处监禁6~65年，因为他们侵犯手无寸铁的居民的权利。警察们声称他们认为居民是武装抢劫者，所以对6人开枪，杀死其中2人。

联邦法院受理了这起民事诉讼，指控警察存在不当行为，这次审判被称为"1983诉讼"，因为他们是基于在1871年美国国会通过的第42编第1983节规定的一个法案，该法案用以确保所有种族男性和女性的民权。该法案要求正当法律程序高于一切，任何人不可以剥夺他人的生命、自由或财产权。只要官员违反联邦法规定，州法律须让步于联邦法。

例如，1983诉讼中，警员在可疑的情况下射杀嫌犯，在未经正当程序的情况下剥夺了他人的生存权。同样，今后无正当理由逮捕犯人的案件，都需要参照1983法案来处理。

另一种类型的责任行动，是专门针对联邦官员或执法机构的，称为"比文思行动"。比文思诉6个未知的联邦特工案件（1971）建立了一个提起诉讼代理执行联邦法律的路径，该案类似于"1983诉讼"。"比文思行动"可能针对的是个人而不是国家或其机构。联邦官员通常会被法庭豁免，因为他们的行动动机与联邦法律是一致的。

在过去，主权豁免禁止对州和地方政府适用。主权豁免是一个法理概念，认为管理机构不能被起诉，因为它制定法律，因此不能对它进行约束。然而，今天的豁免是一个更复杂的问题。一些州已经通过立法正式放弃任何借口的豁免。例如，纽约州宣布公共机构也同样承担私人机构违反宪法权利的责任。其他州，比如加利福尼亚州颁布的法定条款也定义、限制了政府的责任。

众多州的商务豁免法令已被法院驳回。总的来说，美国正朝着限制责任的方向发展，采用联邦豁免原则保护个别官员，同时也满足了"善意"和"合理信任"的规则。

在联邦一级，主权豁免权的概念体现在《联邦侵权索赔法案》（FTCA）中，该法案赋予联邦政府机构从事广泛的自由支配的活动。联邦雇员错误或疏忽的行为被提起诉讼，可根据1988年《联邦雇员责任改革和侵权赔偿法案》（俗称《西部荒野法案》）得到豁免。美国联邦最高法院支持一种"合格的豁免"警官个人（而不是他们工作的机构），"宪法诉讼保护执法人员，如果官员相信他们的行为是合法合理的"。联邦最高法院也把"合格的豁免"形容为防御，不认为公共官员的行为应当赔偿损害，除非他们的行为是不合理的。法院表示，"合格的豁免保护的中心目标是防止过度干涉公共官员的职责"。法院在亨特诉布莱恩特案（1991）中说，"执法官员合理但引起不良后果的行为，仍可能有豁免权"。

今天存在合理意义上的豁免权，但它很大程度上是依据美国2001年联邦最高法院审理的苏西尔案，该案中，法院确立了一个双管齐下的违反宪法的政府工作测试评估。首先，审理该案件的法院必须决定被告人的行为侵犯了宪法权利是否是事实；其次，法院必须决定宪法权利是否明确。当权利明确后，法院裁定，"这将使被告人合理地清楚地认识到，他的行为是违法的"。总之，除非执法人员违反了现有的法律，否则都会给予他们合理的豁免保护，从而免于被起诉赔偿。

苏西尔判决最近面临着实质性的法律挑战，因为其中有严重的缺陷。法院指出，"遵循先例并不妨碍这个法院决定是否应该修改或放弃苏西尔程序"。

2007年，在哈里斯诉斯科特案件中，联邦最高法院选择支持因在追逐超速行驶的汽车司机时不小心撞到了一位少年，导致其四肢瘫痪的警察的行为。法官认为，司机非法不计后果的驾驶，是故意置自己和公众安全于不顾的超速驾驶，并指出若非警察拦阻可能已经伤害到了他人，他不完全是无辜的。法庭官员认为警察的行为是合理的，如果警察只是停止追逐，并不能保证安全。法院发现，"警察试图终止一个危险的超速驾驶行为才采取了追逐行为，即使这种行为可能会造成逃离司机严重受伤或死亡的风险，但这不违反《美国联邦宪法第四修正案》的内容"。

2013年的警方行政研究报告发现，大多数针对警察机关和司法机关的民事诉讼主要有：①警方使用不当暴力；②早期干预过当；③管理和监督不力；④执法过程中存在歧视、非法搜查、非法逮捕等；⑤处理性侵案件时存在性别歧视；⑥警员与精神疾病者交流存在问题。

今天，大多数警察部门在州和联邦层面有责任保护自己避免因执法行为引起民事诉讼，从而避免给自己造成严重经济损失。应对针对个人的民事诉讼，一些警员甚至还获得了私人救济。无论案件的结果如何，有两种类型的保险一般都会覆盖一定金额的法律费用。一个警察的法律赔偿责任会延伸到上级主管、城市管理者和社区本身，若保险不存在或者是不够赔偿，那么可能几乎需要耗尽城市金库以满足赔偿金。

在对德克萨斯州警察的样本研究后发现,大多数对抗警察的诉讼或民事诉讼会使个别警察更难做他们的工作。大多数支持的人认为,足够的训练、更好地筛选申请者、加强监督和公平待人可以减少诉讼的可能性。主要的建议有三个:①进一步明确关键政策,如在使用武力方面;②确保人员接受培训和管理,以便遵守政策;③加强管理和监督手段,以确保出现突发情况时从容应对。

刑事司法新闻:公共场所的警察活动录像是否合法?

2007年,西蒙·格利克走在波士顿公园,当时他看到警察对一名疑似毒品罪犯进行锁喉时,听到有人喊道:"你伤害了他,停下来。"

格利克拿出他的手机相机并开始录制现场,但是警察逮捕了他,并没收了该设备。将他带入监狱后,他们根据禁止秘密录音的州法律指控他,尽管警察可以清楚地看到手机。

对格利克的指控很快在市法院被驳回,但波士顿警方在接下来的4年中继续为他们的行为寻求合格的豁免权。然而,2011年8月,联邦上诉法院一劳永逸地否认任何合格的豁免权要求,并确认被拍摄的值班警官受美国联邦宪法第一修正案的保护,美国联邦宪法第一修正案也保障言论自由。波士顿警察局于2012年1月进行的一项内部调查得出结论,警察的判断力很差。两个月后,该市同意向格利克支付17万美元,以解决他对该市的民事诉讼。

现在,在原始事件发生5年之后,美国几乎所有的手机都装有摄像头,像格利克这样的逮捕行动经常发生。例如,2011年5月,纽约州罗切斯特市的一名警察逮捕了一名站在自己院子里的妇女,因为他拍摄了他搜查一名男子车的照片。

在逮捕她之前,这名警官说,"她站在我后面让我感到不安全"。她没有拿着枪,但她手中的摄像机在某些方面甚至更有效。显然,即使没有做错任何事,一些警察也不习惯被拍摄。他们或许还记得,大约20年前,当拍照手机不存在时,洛杉矶警察殴打罗德尼·金在洛杉矶中南

第六章 警察：问题与挑战

部造成了一场骚乱，损失达 10 亿美元。两名被拍摄的警察被判入狱 30 个月。

在格利克的决定中，上诉法院欢迎公民拍摄警察。"确保公众有权收集有关警察的信息"，法院宣称，"这不仅有助于揭露虐待行为，而且可能对政府更广泛的运作产生有益影响"。无论如何，制造此类行为的警察被逮捕并最终遭受公众蔑视和内部调查。这名女士被无罪释放，在她的视频在互联网上传播后，罗切斯特警方做了道歉并启动了关于人们记录在公共场所发生的警察活动的权利的培训计划。同样在 2012 年，华盛顿哥伦比亚特区警察局发布了一项通用命令，称"大都会警察局（MPD）承认公众成员拥有第一修正案的视频记录、照片和/或视频权利录音 MPD 成员，而 MPD 成员正在进行公务或在任何公共场所以官方身份行事，除非此类录音干扰警方活动"。

但是，培训计划和政策声明可能还不够。费城警方接受了公众对摄像机使用的培训，但是在 2012 年 3 月，他们逮捕了一名大学生，因为他拍摄了在他家门前进行交通拦截的警官的照片。他被指控妨碍司法、拒绝逮捕和行为不检。制作录音的法律并不容易理解。例如，与摄影和录像不同，ACLU 没有制作录音的一般权利。正如迈克尔·艾利森（Michael Allison）在伊利诺伊州布里奇波特（Bridgeport）的小镇发现的那样，在许多司法管辖区内，秘密录音肯定是不可思议的。

他告诉记者，2011 年底，他的法律听证会没有提供法庭记者，艾利森用口袋里的小型数码录音机录音，没有告诉法官。当他被发现时，艾利森被捕并被指控犯有重罪——窃听罪。当在他的设备上发现其他秘密录音时，又增加了 4 项罪名，这意味着他可能面临 75 年徒刑。这些指控最终被驳回，但伊利诺伊州司法部长对这项裁决提出上诉，要求他们恢复原状。

参考文献

"Police Reverse Stance on Taping of Officers' Actions," *The Boston Globe*, January 10, 2012, http://www.bostonglobe.com/metro/2012/01/10/police-reverse-stance-taping-officers-actions/va6glfwq9L1mUElv6a33HK/story.html.

> "Chief Sheppard, the RPD, and Emily Good," *Rochester City Newspaper*, September 2, 2011, http://www.rochestercitynewspaper.com/news/blog/2011/09/Chief-Sheppard-the-RPD-and-Emily-Good/.
>
> "Eavesdropping Case in Tiny Illinois Town Makes Big Waves," *Chicago Tribune*, January 2, 2012, http://articles.chicagotribune.com/2012-01-02/news/ct-met-eavesdropping-law-sidebar-20120102_1_eavesdropping-case-tiny-illinois-town-big-waves.
>
> Metropolitan Police Department (Washington, DC), General Order 3-4-19, July 19, 2012, http://legaltimes.typepad.com/files/go_304_19.pdf.

种族定性和偏见政策

种族定性

2011年，司法部美国公民权利部门（CRD）发表过一份针对新奥尔良警察局（NOPD）的措辞激烈的控诉。美国公民权利部门的调查形成了158页的报告，详述了警察在这个过程中剥夺了美国宪法和法律保护的个人权利。"报告确定了许多新奥尔良警局警官歧视性执法的行为"，作者得出的结论是，"我们有合理的理由相信程序中存在违反宪法和法律的歧视性政策"。作者说，"歧视性政策发生在警察部门就是不公平地执行或无法执行的法律，例如，差别对待不同种族、国籍、性别、宗教或性取向的人群"。作者的结论是，"基于信仰、种族、国籍、性别或宗教的偏见构成了非法歧视，通常被称为'歧视'或'偏见政策'"。

警察使用歧视性种族定性可能采取许多形式。少数警察差别性对待的事件不仅仅包括"驾驶错误的汽车"（例如，有色人种的人开一辆昂贵的、新型的宝马车），还包括通过错误的区域（也就是说，驾驶通过传统白人居民区）和因为轻微交通违规受到警察的骚扰（如轮胎充气不足或车牌字迹模糊）。

种族歧视一直被嘲讽地称为"黑驾驶"或"棕驾驶"。在20世纪90年代后期，关于种族歧视的问题得到了公众的注意，在新泽西州和马里兰州，警察被指控对那里的美国黑人司机存在种族歧视行为，最后警察部门不得不承认在交通事件中，种族是一个存在歧视的因素。

2003年，为了应对公众对歧视性种族评判的一片哗然，除了在涉及可能的恐怖分子嫌疑人的识别处理上，美国司法部禁止所有联邦执法机构采用歧视政策。据美国司法部指导规定，"在日常执法中，因为种族问题而决定让司机停车是被绝对禁止的"。

那些说种族或民族政策可行的人，是因为内在原因犯罪（或者他们在某种程度上导致贫困或增加受害的风险）。如果有什么区别的话，种族和民族可能只是简单地显示他们与某些类型的犯罪有显著相关性。虽然犯罪的真正原因可能是社会化和犯罪亚文化、经济贫困、缺乏实用的工作技能和代际贫困，但绝对不是民族本身造成的，它仅仅是一些执法机构提供的犯罪的可能性的一个指标。以乔治城大学法律中心教授大卫·科尔的研究为例，他指出，"在许多警察官员的心中，对种族和民族的差异反应并不是存在歧视或偏见，而是因为少数族裔的犯罪率确实更高"。科尔说，"黑人因毒品犯罪被送进监狱的人口是白人的13倍，因此在一定的条件下，警方存在的种族歧视也是有一定依据的"。

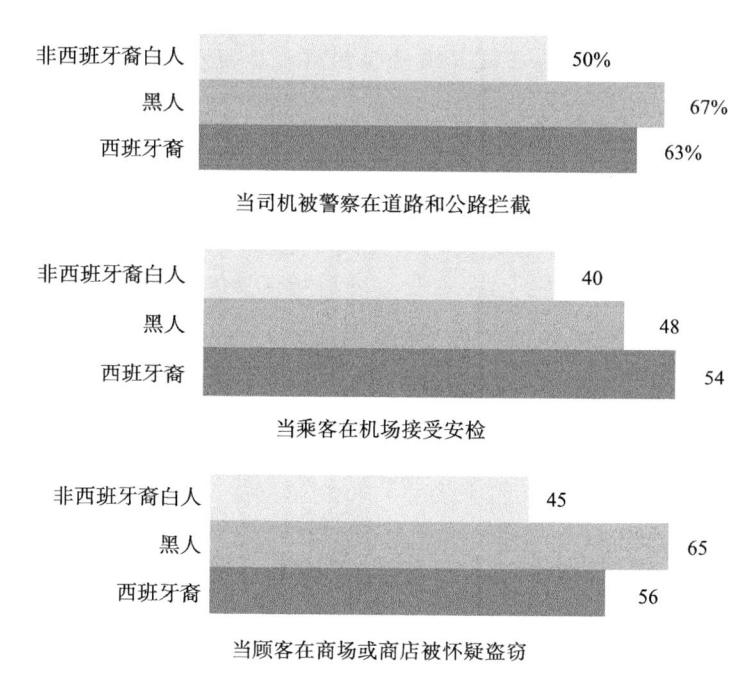

非西班牙裔白人 50%
黑人 67%
西班牙裔 63%

当司机被警察在道路和公路拦截

非西班牙裔白人 40
黑人 48
西班牙裔 54

当乘客在机场接受安检

非西班牙裔白人 45
黑人 65
西班牙裔 56

当顾客在商场或商店被怀疑盗窃

图6-5 上述情况，你认为"种族歧视"是普遍存在的吗？程度如何？
"是的，普遍存在的"百分比

2001年，社会学家奥尼宣称，"尽管大多数人讨厌有色人种，但不一定是种族主义"。此外，结束对那些暴力犯罪发生率高的非洲裔美国人社区的种族歧视是十分有必要的，因为他们需要保持相对安定。而且无论种族歧视是否可以作为一个执法因素，但只要这么做了就肯定会受到广泛的谴责，因为这样的做法被认为违背了基本的道德原则。全国民意调查组织进行的盖洛普民意调查显示，尽管有超过80%的受访者认为存在歧视性种族评判是合理的，但在道义上他们仍然反对警察这样存在种族歧视的做法。然而，从更务实的观点来看，种族歧视是不可接受的，因为它削弱了公众对警察的信心，从而减少警民的信任和合作。许多州已经立法禁止执法机构存在种族歧视的工作行为。

应该注意的是：在具体的司法实践中，应该尊重不同种族的行为习惯和传统，避免因为举止和行为不当带来的不必要的麻烦。

自由还是安全？你决定
纽约警察局对穆斯林群体的监控是否是一种宗教偏见？

2013年，民权律师在联邦法院提起诉讼，要求任命一个独立委员会审查纽约警察局对穆斯林团体的监视。纽约警察的官员承认，在过去的几年内，他们对纽约市内外的伊斯兰清真寺和穆斯林团体进行了监视。有时，监视工作包括在伊斯兰组织中培养卧底警官，以及监测城市及周边地区16所大学的穆斯林学生团体。该部门正在寻找可能对该市居民构成威胁的激进伊斯兰主义者和基地组织同情者。

一旦关于该项的新闻公开，它就会迅速受到许多地区的批评。伊斯兰领导人认为，这是一种极其伪装的种族和宗教歧视，并且不公平地针对他们和社区成员。纽约市审计长约翰·刘也对监控计划提出质疑，他说："我们不应该把这个基于宗教或种族的政策作为问题，它违背了这个城市所代表的一切。"纽约市议会唯一的穆斯林议员罗伯特·杰克逊补充说："当你冒犯到一个宗教团体——穆斯林，那么你就是冒犯到每一个宗教团体。"

甚至有一些执法官员也质疑该计划的合理性。联邦调查局纽瓦克办事处主任迈克尔·沃德告诉记者，他的机构多年来一直致力于建立起对穆斯林社区的信任。"我们现在拥有的"，他说，"是他们（穆斯林社区）不确定他们是否信任一般的执法，他们担心被人看到，他们开始撤回他们的活动"。"这种下沉的合作浪潮的影响，"沃德说，"意味着我们没有关注社区正在发生的事情的脉搏，我们虽然知识渊博，但我们有盲点，这样风险更大。"

纽约警察局局长雷蒙德·凯利没有为情报计划道歉，并表示他和市长迈克尔·布隆伯格致力于做出合法保护城市所需的一切。凯利告诉市议会议员说："并不是恐怖主义者不会尝试。""相反，他们试图在14个不同的地区杀死纽约人。"

你决定

纽约警察局的监视计划真的是一种形式的宗教和种族歧视吗？如果是这样，是否应该允许以这样的形式保护城市？为什么或者为什么不？

种族偏见政策

10年前，警察行政研究论坛（PERF）发布了一个详细的题为《种族偏见政策：原则的反应》的报告。PERF调查了超过1000名警察部门的高管，分析了来自250多个执法机构的材料，并向执法机构的人员、社会活动家、治安和民权领袖调查了对种族偏见的看法。最后研究人员得出的结论是："绝大多数的执法官员队伍都在致力于为所有公民提供公平和保证他们尊严的服务。"报告说，"大多数警察会杜绝种族偏见政策。该报告的作者还指出，一些警察的行为可能会被误解为存在种族歧视，事实上，他们只是在做他们该做的工作而已"。他们说，"在学习和训练时，好的警官会不断注意异常环境和人的行为，这么做的目的就是要培养警察在突发状况下快速反应的能力"。因此，任何种族的警员都要特别注意未知的意外出现，例如，年轻的白人男性在传统的非洲裔美国人社区出现时，可能就需要引起注意。然而这样的一种观察和调查本身并不完善，但与其他值得信赖的和相关的信息有些时候是可以一起使用的。

PERF 报告提供了许多具体的建议来帮助警察部门克服种族歧视问题。例如，监控不当执法行为，他们应该进行抽查和定期抽检巡逻车内的录像带、无线电传输、车载电脑和中央通信记录等正式和非正式的通信设备，来查看警察是否受种族偏见的影响和是否尊重少数民族人口。阅读整个 PERF 报告请参见 http://www.justicestudies.com/pubs/rbiasp.pdf。

警察暴力

正如前面所提到的那样，美国司法部民权部门 2011 年发布了一份对新奥尔良警察局（NOPD）的报告。最重要的发现之一是"新奥尔良警察局至少在过去的几年里，一直都纵容警员过于频繁地不当使用武力"。该报告的作者解释道："警民之间很少需要使用武力。即便在处理一部分人员时确实有必要使用武力，但是宪法已经有明文规定，警员使用适当的武力是合理的。我们发现新奥尔良警察局中经常会使用不必要和不合理的违反宪法和政策的武力。"可以在 http://justicestudies.com/pubs/nolpd.pdf 浏览完整的报告。

2012 年，美国总检察长埃里克·霍德宣布了针对新奥尔良州警察局的处理办法，该办法宣称该警察局的所有工作直到 2017 年必须受到联邦的监督。

警察使用武力可以被定义为警察在处理公众事务时，对违法者使用约束人身自由的行为。司法部报告 NOPD 指出，执法人员仅被授权在必要的情况下使用武力。大多数警官训练时要求仅仅是在特定的情况发生时使用武力，例如，在逮捕时抑制不守规矩的犯人或者在控制破坏性示威时。使用武力可能涉及打击、压制、推搡、锁喉，或使用强光、警棍、胡椒喷雾、警犬或用枪威胁。一些警察使用武力的定义还包括戴手铐。

NIJ 估计全国超过 4350 万人与警察面对面接触过；约 7 万人被使用武力或以武力相威胁。受到强制的人数增加到 120 万，略超过 2.5%。其他研究表明，警察在暴力事件中使用非武器战术的大约占 80%，一半的使用暴力的事件的目的仅仅是抓捕嫌疑人。

研究表明，在成年人被捕的案件中，警察使用武力的情况不到 20%。即使是需要使用强制力，警察也主要使用非武器战术。女警察不太可能使用暴力和武器，比她们的男性同行更有可能使用化学武器（主要是胡椒喷雾）。图

6-6 为不同案件类型中使用武力情况。

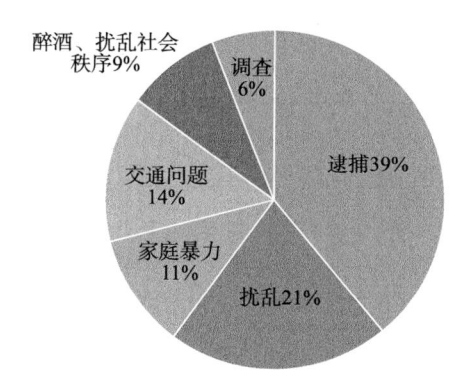

图 6-6 警察使用武力的情况

更复杂的问题是过度使用武力。IACP 将过度使用武力定义为"使用武力的数量和频率大于需要使用武力的情况"。因为过度使用武力，警察经常会受到公众媒体和立法者的关注。警察过度使用武力或公众认为他们遭受不公平的待遇，都会导致警察遭遇诉讼。无论是个体异常的行为，还是整个执法机构过度使用武力，都会受到法律和舆论的普遍谴责。

在一项研究中，杰弗里和罗杰·邓纳姆发现"力因素"——警察使用的强制力的水平相当于嫌疑犯反抗的水平，这是一个关键因素，因为它可以减少警察对犯罪嫌疑人的伤害。力因素是通过在同等规模下测量计算嫌疑犯的阻力水平以及警察的力量水平，或警察部队使用的武力的水平减去嫌疑犯阻力水平所衡量。这项研究的结果表明，平均而言，官员使用武力的水平与他们部门强调的类型密切相关。图 6-7 显示了一个使用武力的连续统一体，包含五个力量级别。

过度使用武力也是警察的主要问题。警察的问题行为是由公民投诉和使用武力的事件以及其他证据来综合判定的。根据数据显示，在 1986 年到 1990 年之间，大约有 1800 名洛杉矶警察局官员被指过度使用武力或存在不当的过激行为。这些警察中，有 1 个或 2 个受害人指控他们的行为超过 1400 人，有 4 个或更多的受害人指控他们的有 183 人，有 6 个或更多的受害人指控他们的有 44 名警察，有 8 个或更多的受害人指控他们的有 16 名警察，有 16 名受害人指控他的有 1 人。研究还发现，一般来说，受到 6 个人以上投诉的有 44 名警察，但是他们同时也收到了积极的绩效评估。

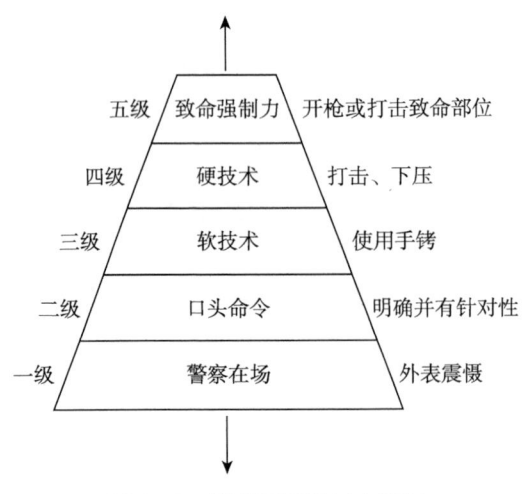

```
     ↑
 五级  致命强制力   开枪或打击致命部位
 四级   硬技术      打击、下压
 三级   软技术      使用手铐
 二级   口头命令    明确并有针对性
 一级   警察在场    外表震慑
     ↓
```

图 6-7　警察适用强制力等级

最近的研究发现，警察在此类问题上没有显著的种族或民族差异，但大多数是男性警官，他们受到投诉或指控的记录比其他类型的工作人员更严重。一些部门正在开发预警系统，允许警察管理者识别具有潜在问题的官员和过激警察行为来减少问题的出现。了解更多关于警察使用武力的内容可查阅 http://www.justicestudies.com/pubs/force.pdf 和 http://www.justicestudies.com/pubs/measureforce.pdf。联邦调查局关于过度使用武力的文章可查阅 http://www.justicestudies.com/pubs/excessiveforce.pdf。

致命性强制力

一般来说，致命武力可能引起死亡或人身伤害。联邦调查局将致命武力定义为"故意使用武器或其他工具导致死亡的可能性很高的行为"。

使用致命武力的执法人员，特别是当行为不被认为是合理的，近年来得到了广泛的重视。从历史上看，重罪逃避规则应用于大多数美国司法管辖区。该规则认为，官员可以使用致命武力来防止重罪犯嫌疑人的逃跑，即使那个人没有立即威胁官员或公众的安全。

1985 年美国联邦最高法院判决的田纳西州案指定可以使用致命武力的条件。爱德华·加纳，一个 15 岁的孩子，疑似小偷，他试图爬过铁丝网围栏逃跑时被警察枪杀。他的父亲声称他儿子的宪法权利受到了侵犯，法院认为，警察使用致命武力只有在阻止重罪嫌犯逃离时才被认为是合理的。犯罪嫌疑人被合理地认为是严重威胁公众或警官安危并具有逮捕必要时，方可使用武力解决。

1989 年格雷厄姆诉康纳的案例中，法庭确立了一个"客观合理性"的标准，评估警察使用致命武力"合理性"的问题。换句话说，使用致命武力是否适当，应该被评估，法院认为，合理的角度是基于现场而不是事后。法官写道："合理的标准必须体现在事实上：警官在特定情况下的反应是必要的。"

美国联邦调查局（FBI）制定了联邦致命武力政策，包含以下元素：

● 人身防御。只在必要的时候，警员才可以使用致命武力，也就是说，只有当他们有充分的理由相信，迫在眉睫的危险严重威胁自身和他人人身安全或可能导致死亡的时候，才可以使用致命武力。

● 抓捕逃犯。致命武力可以用来防止嫌犯逃跑。如果嫌疑人或者犯人在逃，会对他人造成严重的人身伤害或死亡的威胁，那么可以使用致命武力。

● 口头警告。在不会增加自身或其他人危险的情况下，在进行口头警告后可使用致命武力。

● 警告。警员不得开枪示警。

● 车辆。警员可以向移动的车辆开枪，但不可以向不能移动的车辆开枪，因为那可能对公众造成危险。

警察杀人的研究往往集中在歧视少数族裔犯罪嫌疑人方面，但研究没有提供坚实的证据来支持这种观点。早期研究发现，警察通常会回应致命威胁，少数民族警察比白人警察更有可能在攻击中先使用武器。当情况进一步复杂化后，研究表明，少数民族警员参与的枪击事件嫌疑人往往比其他警员多，这一发现可能是由于少数民族警员经常被分配在市中心和贫民窟地区。然而，之后的研究发现，黑人犯罪者被警察开枪打死的人数是白人犯罪者的 2 倍。

警察对"自杀"实例的处理有特殊困难，例如，当一个人倾向于求死，导致警方人员使用致命武力。2005 年 3 月 10 日，约翰（两个 13 岁以下男孩的父亲）死于一场冰雹似的子弹袭击。26 名警察在佛罗里达州波卡拉顿的公寓停车场包围了他的汽车。约翰是佛罗里达电力公司的员工，几个月前和他的妻子因为经济问题婚姻破裂。他去世前一晚,在一个保龄球馆遇到了他的妻子,他递给她一个盒子,里面是一封遗书。在他离开之后,约翰的妻子报警,警察使用手机定位锁定了约翰。他们包围了约翰,他试图启动汽车,一个警察喊道"不许动!"然后高呼"举起手来!"约翰拿枪指着他们,然后警察就开枪了。

低于致命武器技术

最近媒体报道有关部门正在开发致残而非杀人的军事武器,其中有闪光枪、声波武器。此类武器是非致命技术。在边境执法、骚乱期间或在其他人群需要控制的情况下,他们可能适用于民用执法机构,但必须避免造成永久损伤。

图6-8 案例:加州大学洛杉矶分校的学生抗议警察使用泰瑟枪。泰瑟枪是由泰瑟国际公司生产的非致命武器,通过电击使人的神经系统暂时瘫痪。这项技术的目的是减少嫌疑人和警察的受伤率。为什么有些人反对使用它呢?

非致命武器也给处理潜在"自杀"事件的警察提供了特别的解决方案,至少可以减少过度使用武力的指控。非致命武器是在为了捕获或者擒拿犯罪嫌疑人而不是杀死他的情况下使用。致力于为执法人员提供非致命武器始于1987年。目前仍在使用的此类武器有眩晕枪、泰瑟枪(也称为能源设备)、橡皮子弹、豆袋炮弹、胡椒喷雾等。此外,特别的还有:从猎枪发射罗网、黏性泡沫、微波(直到嫌犯停止非法或威胁的行为,或者失去意识)和高科技枪火螺栓的电磁能量(造成痛苦和肌肉痉挛)等。NIJ声明:"我们的目标是给前线人员有效和安全的致命武力的替代品。"

然而，正如它们的名字所暗示的，非致命武器并不总是安全的。例如，2004 年 10 月 21 日，21 岁的维多利亚爱默生大学的学生施内格瓦被喷胡椒弹几小时后去世，因为当时警察向喧闹的庆祝红袜队胜利的人群发射了胡椒弹。目击者说，狂欢者向波士顿警官扔了一个瓶子，然后警察向在芬威球场附近的人群发射胡椒弹。了解更多关于联邦调查局非致命武器，参见 http://www.justicestudies.com/pubs/lesslethal.pdf。

职业规范与道德规范

道德与职业：执法行为守则

作为执法人员，我的基本职责是：为人类服务；保护生命和财产；保护无辜者免受欺骗，保护弱者免受压迫或恐吓，维护和平、反对暴力或混乱；并尊重所有人自由、平等和正义的宪法权利。

我将保证我的私人生活清白、以身作则；面对危险、轻蔑或嘲笑，保持勇敢、平静；促进自我约束，不断关注他人的福利。在我的个人生活和工作中，我的思想和行为都是正直的，我将成为遵守国家法律和部门规章的典范。所有我看到或听到的机密或由于我的官员身份向我透露的内容都将保密，除非在履行职责时需要披露。

我永远不会采取行动或允许个人感情、偏见、敌意或友谊来影响我的决定。我不会为犯罪做出妥协，也不会无情地起诉犯罪分子，我将礼貌而恰当地执法，不得有任何恐惧或偏袒，怨恨或恶意，绝不使用不必要的武力或暴力，也绝不接受小费。

我认为我部门徽章是公众信仰的象征，只要我忠于警察的道德规范，我就会将它作为公众对我的信任。我将不断努力实现这些目标和理想，在上帝面前献身于我所选择的职业——执法。

关于道德的思考

1. 为什么《执法行为守则》要求执法人员"尊重所有人自由、平等和正义的宪法权利"?这种尊重是否促进了执法目标的实现?为什么或者为什么不?

2. 为什么执法人员将他们的私人生活"清白地以身作则"是重要的?不这样做的潜在后果是什么?

警察管理员对腐败问题的危险和责任有不同的回应方式。最重要的反应是一直在呼吁增加各级警察的职业规范。通过广泛的教育,促进专业知识的提升,并遵循周全的内部标准和伦理准则。

现代警务工作有许多职业知识。专业知识包括刑法、法律程序、宪法及最高法院的相关决定;还有工作知识、武器和白刃战的战术;驾驶技能和汽车维修、无线电通信的知识、写报告能力;面试和审讯手段;处理媒体和人际关系的技巧。其他专业知识可能包括设备操作(如车载雷达、酒精浓度检测仪和测谎仪)和特种武器的使用,以及应对冲突和与人质谈判。监管人员需要更广泛的技能,包括管理能力、管理技术、策略和物理资源的最优化利用等。

警察工作的道德准则,最初是在1956年由开发研究协会(PORAC)与加州伯克利学院的犯罪学博士道格拉斯·凯利制定的。当前版本的执法道德规范参见本节"道德与职业"框。道德培训已经是最基本的执法项目培训,并正在呼吁扩大这项培训的范围。综合资源加强执法伦理意识,被称为"伦理工具包",可以从IACP和社区警务的联邦办公室(警察)网站http://tinyurl.com/84evoho 下载。

资格许可是另一条通向专业警察的大道,由执法机构认证委员会认证。执法机构认证委员会(CALEA)成立于1979年。在美国,25%的全职执法人员都在州及地方机构的CALEA项目中注册。虽然资格许可可以有效地识别高质量的警察,但它通常不受机构领导人的重视,因为它只是提供了一些激励措施,并没有实质性的回报,实践中也不受部门同行的认可。CALEA在线访问网址http://www.calea.org。

教育与培训

基本的执法培训要求始于20世纪50年代纽约和加州的自愿治安官标准

和培训（POST）计划。现在，虽然每一个管辖区内的规定基本相同，但是地区间实施的情况却相差很大。现代警察教育一般包括：培训自卫、人际关系、枪支和武器、通信、法律知识、治安巡逻、刑事调查、管理、报告写作、伦理、计算机和信息系统和文化的多样性等众多学科领域。2009 年的一项司法统计局报告显示，培训新的工作人员所需要的平均时间：州警察机构为 881 小时，县郡部门为 965 小时，市政机构为 883 小时，治安部门为 719 小时。

联邦执法人员在乔治亚州不伦瑞克联邦执法培训中心（FLETC）接受教育。该中心给约 60 名联邦执法机构工作人员提供培训，但不包括美国联邦调查局（FBI）和毒品管制局（DEA）的工作人员，因为他们在弗吉尼亚州匡提科有自己的培训学校。高级培训中心还给国家和当地警察组织提供培训，中心位于 FLETC 校园。类似的专门学校还有西北大学交通研究所，它还被认为是可以提高警察纯粹的实践操作水平的机构。

1987 年，为了进一步实现警察训练的专业化，美国执法培训师协会在俄亥俄州成立了治安官培训学院。今天，该组织被称为美国社会执法培训中心（ASLET）。它位于马里兰州弗雷德里克，ASLET 治安官的工作是确保警察专业人员训练的质量和授予执法培训师（CLET）头衔认证。ASLET 同样适用于警察训练，可以提供一个全国综合持续执法培训活动的规划。

最近的一个创新执法培训是警察官（美国专利商标局）计划，该计划由警察办公室从 1999 年开始发展而成。该计划是由雷诺（内华达州）警察局设计并结合了 PTO 和 PERF 项目，为警察进行实地培训。事实上，它是执法机构近 30 年第一个在新领域的培训项目。美国专利商标局使用当代成人教育的方法和一种特别适合于警察解决问题式的学习环境来实施该项目。它把社区治安和解决问题的原则相结合，根据警察办公室的要求，培养"终身学习的基础，以应对新警察在未来警务工作中的复杂性"。

监管质量的重点提升也被放置在警察的正规教育的内容之中。早在 1931 年，国家遵守执行法律委员会（Wickersham 委员会）就已经强调了警察受过良好教育的重要性，这被视为呼吁"教育方面的声音"。1967 年，执法和司法总统委员会表示他们相信"所有警察部门的最终目的应该是所有人员拥有学士学位"。说这句话的原因是当时全美国警察的平均教育水平是 12.4 年，才刚刚超出高中教育水平。1973 年，国家咨询委员会在刑事司法标准和目标方面提出以下具体建议："最基本的就业条件是每一个警员必须在一个被官方认可的学院或大学接受至少四年的高等教育。"

然而，在现实生活中，建议不总是能被转化为实践。一份报告显示，1/3的国家机构对新进的工作人员有学历方面的要求，有12%需要两年制学位，有2%需要四年制学位。大约1/4的市、县警察部门要求大学学历，1/10要求有学位。1/7警长办公室要求大学学历，其中6%的新员工需要接受至少两年的大学学位教育。2002年的报告指出，大城市的警察部门需要新人员至少有大学学历的比例从1990年的19%上升到2000年的37%，需要两年或四年的大学学位的要求在同一时期从6%增加到14%。

PERF项目早期强调，警察部门增加雇佣受过高等教育的警员有以下好处：①书面报告能力得到提高；②加强了与公众沟通的能力；③工作中的表现更为高效；④公民对于警察的执法工作抱怨少了；⑤行动力有所增强；⑥使用自由裁量权时更加明智；⑦提高了种族和民族问题的敏感度；⑧纪律问题更少。然而，拥有更多受过高等教育的警察队伍也存在缺点：受过教育的人员更有可能离开警察工作岗位，他们比其他人员要求重新分配工作内容的请求更频繁。

现在，大多数联邦机构入门级的职位学历要求为大学本科，其中包括：联邦调查局（FBI），毒品管制局（DEA），美国酒精、烟草、枪支和炸药管理局，保密部门，美国海关和边境保护局，美国移民和海关执法局。

招聘与选拔

所有的职业都需要见多识广、爱岗敬业的主管人员。国家咨询委员会发布的警察报告哀叹，"许多大学生没有意识到警察服务存在多样性和挑战性的任务和职业机会"。现在，警察组织从两年制和四年制的学院和大学、技术机构和专业组织积极招募新人。全国委员会的报告强调，设定高标准的警察招募，建议重点放在对少数民族人员的招聘，删除对新警官的居住要求（要求警察住在他们所服务的地区），申请和测试的权力下放，以及加强各种招聘激励。

司法统计局最近的一项研究发现，地方警察部门使用多种筛选方法。几乎所有个人招聘，都会采用基本技能测试、身体敏捷性度量、医学考试、药物测试、心理评估、调查申请人背景等方式招聘。约有 4/5 使用物理敏捷测试和文书能力倾向测试，一半以上检查信用记录，一半使用个性库存和测谎仪考试。训练后，通过的申请人通常试用期为一年。试用期在警方的工作中被称为"第一个真正的与工作相关的测试"。选择的过程是为监管者提供机会来衡量新人的真实反应情况。培训高质量的新警察，应该强调伦理方面和更高水平的教育，并且也应开始提高警察工资。作为一个真正的职业，警察的工作工资应该在未来几年有显著提升。

警察种族和性别的差异性

2003 年，安娜特·纳恩在伯明翰阿拉巴马州警察局上任之初，对许多人来说，纳恩是一个 44 岁的非裔美国人，他的母亲是唱诗班歌手。过去的几十年中象征着美国政策发生了变化的是：在 20 世纪 60 年代，新任首席主席由尤金·康纳担任，南方的种族隔离主义者组织成千上万的人进行民权主义示威。

1968 年国家咨询委员会的一项调查发现，黑人和白人警察在担任领导职务时是存在明显差距的。每 26 个黑人警察中有 1 个晋升为美国警察队长，而白人的比例是 12∶1。每 114 个黑人警官中只有一位成为中尉，而白人比例是 26∶1。在上尉的水平上，差距更大：每 235 名黑人官员中只有 1 位成为上尉，而白人是 53∶1。

今天，许多部门想要通过专门的招聘提高弱势群体的警官数量。举个例子，底特律大都会警察局的黑人警察的数量超过了 30%。全国有色种族和少数民族占全职宣誓警察人员的 25.3%，2007 年这个数字达到了 17.0%，根据美国人口普查局的报告，有色种族和少数民族的比例大约占美国人口的 32%。从 1990 年到 2003 年，非裔美国当地警察的数量增加了 14 800 人（或 37%），拉美裔警官的数量增加了 22 300 人（或 98%）。此外，2006 年的一项研究发现，123 名非洲裔美国警察高管被同事接受并且能够很好地融入他们的领导角色。

虽然现在大量少数民族警察从业于警务工作，但是女性警察的人数仍远远不足。2001 年国家妇女和警务中心（NCWP）对妇女地位进行调查后发现：

全国只有12.7%的女性警察宣誓就职。此外，NCWP指出，全国16岁以上被雇佣女性的人数为46.5%，也就是说，她们在宣誓执法领域的数量严重不足。2010年司法统计局（BJS）对执法妇女的研究发现如下：

- 对62个联邦执法机构的内部研究发现，大约有90 000名官员宣誓就职，其中大约有18 200名（20%）是女性。
- 在大城市，女人占总宣誓执法人数的比例大约为18%，约有2000名以上。然而，在小城市，女性只占到全职宣誓就职人数的6%，约1~10人。
- 规模较大的治安部门的警员人数统计中，女工作人员占到总量的13%，但她们中只有4%有小警长办公室。

图6-9 案例：拉尼尔，华盛顿特区的警察局长。警察机构的多元文化如何使社区受益？

目前尚不清楚究竟有多少女人真正想要从事警务工作。尽管如此，许多警察部门仍旧在为招募和留住女性作出实质性的努力，因为他们深知有更多女性警官宣誓就职的好处。好处源于这样一个事实：因为女性警察往往比男性警察体力弱，所以不太可能被指责过分使用武力；女性警察更善于化解与公民潜在的暴力冲突；女性警察往往拥有比男性更好的沟通技巧；实施社区警务模式时，她们能更好地促进合作和信任。此外，NCWP 经常说，"女性警察能更有效地应对针对女性的暴力事件"。增加女性警察执法也可以解决普遍存在的性别歧视问题和性骚扰问题。最后，因为女性与男性有不同的生活经历，她们用不同的方法来维持治安，这往往会带来变化，并且有利于警务工作的开展。

多元文化与多样性：在多元文化环境中调查犯罪

位于华盛顿特区的国家预防犯罪委员会（NCPC）为与多元文化团体合作的美国执法官员出版了一份重要指南。它所包含的原则同样适用于生活在美国的大多数外国出生的人，对巡逻官和刑事调查员尤为重要。

国家预防犯罪委员会指南指出，对于这个国家的善意新移民来说，重要的是要了解美国的执法系统不是国家警察部队，而是一系列认真履行"服务和保护"守法居民义务的地方、州和联邦机构。新移民需要知道，警察可以教他们如何保护自己和家人免受犯罪侵害。许多移民（特别是政治难民）来自刑事司法系统基于暴政、镇压和恐惧的国家。

国家清洁生产中心建议执法人员和刑事司法系统的其他成员不仅要与移民沟通，还要了解他们以及他们本土文化的复杂性，从而帮助缓解这种转变。国家预防犯罪委员会表示，邻里没有冲突并不意味着不同文化的居民已经建立了和谐和合作的工作关系。真正的多元文化融合发生在各种文化达到舒适的日常互动时，以尊重、兴趣和关怀为标志。

根据国家预防犯罪委员会的说法，移民和执法部门建立了密切积极关系的社区受益匪浅。移民可以更多地获得警察帮助和其他服务，例如青年计划、受害者援助、育儿课程、医疗援助计划、商业网络和社区团体。在执法人员帮助移民学会保护自己免受犯罪侵害的社区，犯罪率有所下降。

对于在"语言是文化之间的严重障碍"的社区工作的警察，国家预防犯罪委员会提出以下有关沟通的指示：

● 与不清楚您的语言的人交谈时，请耐心等待。说话缓慢而清晰。

> 如有必要，愿意重复单词或短语。请记住，大喊大叫永远不会帮助非母语人士更好地理解。
>
> ● 小心选择单词，选择清晰、直观、易懂的单词。避免口语和俚语。
>
> ● 当有关人员没有掌握英语时，留出额外的时间进行调查。
>
> ● 确保任何担任翻译的人都是完全合格并且有经验的。在压力下解释是一项艰巨的任务；缺乏培训可能导致错误。
>
> ● 坦诚面对你表达或理解语言的能力。试图"假装"只会导致混乱、误解和浪费时间。
>
> ● 永远不要因为某人不会说英语而认为他或她不那么聪明。
>
> 访问 NCPC 的网址为 http://www.ncpc.org。

女性警察

最近关于妇女在警界中的地位的研究发现，"女性警察在执法活动中仍然继续被强调应该拥有男子气概，但她们却不再被视为另类"。一个对马萨诸塞州的女警察进行研究的报告发现，女工作人员：①"非常热爱她们的工作"；②"在自我认知方面，她们首先认为自己是女性，其次才是她们的警察身份"；③女性警察在工作时更喜欢不穿制服。研究者通过研究两组女警官发现：①目前，她们感到自己能够完全地融入她们的部门并对她们的工作有信心；②因为有丰富的工作经验，所以她们能够在自己的工作岗位上独立工作。孩子被认为是当代女性自我认知的重要影响因素。在当代社会，因为工作没有时间抚养自己的孩子是女性警察辞职的主要因素。研究还发现，女性警察工作的时间越长，她们感受到的压力就越大，她们受挫的主要原因是男性警员在工作上不合作的态度。一些女工作人员还说，当女人聚在一起解决问题时，她们总是被视为"爱哭鬼"，而不是专业的人士。有关女性警察的一项研究说，"我们已经因为这种或那种原因失去了很多工作出色的女性警察，平心而论，她们不应该离开这份工作。如果警察部门内部能够互相帮助，也许她们就不会离开了"。有关警务工作的更多信息，请访问 http://discoverpolicing. org。

一些研究发现，女性警察在工作时往往没有得到"充分利用"，许多部门不愿分配女性去巡逻或从事其他有潜在危险的活动。因此，一些女性在警察工作经历中缺乏挫折和工作任务所带来的挑战性。进行刑事司法工作领域性别化分析的学者指出，性别不平等是一个历史问题，与性别相关的社会分工理念已经根深蒂固。在制定工作标准时，依据的是男性的标准而不是女性。因此，主流和非主流的社会继续剥夺女性希望工作的权利，使她们的具体贡献难以被识别，可悲的是，这仅仅因为她们是女性。

总结

警察人格的塑造是通过非正式的官员的压力、强大的警察文化交流、执法权益价值实现的。本章描述的警察人格为：专制、保守、忠诚、愤世嫉俗、教条主义、存在敌对情绪、有偏见、神秘和多疑。

本章中描述了各种类型的警察腐败问题。一种类型是"食草型"，包括警员从那些希望躲避法律问责的人那里接受小额贿赂和免费服务；还有一种是"食肉型"，也就是更严重的腐败形式，如警员利用执法权力寻求非法赚钱的机会。本章还讨论了国家司法研究所报告的关于专注提升警务诚信的问题。报告指出，警察部门的"文化诚信"可能更重要的是通过"塑造警察道德"来树立，而不是雇佣所谓"对的人"。

警察工作的危险是多种多样的，包括暴力受害、疾病、暴露于生物或化学毒素环境中，与嫌疑人、受害者紧张的交锋，以及工作疲劳。减轻压力计划的目的是结合当前的政策，减少警察暴露于危险环境的情形，具体的做法是支持警员的需求，以帮助他们在日常工作中减少危险和困难。

美国的治安政策是在2001年9月11日的事件后改变的。我们看到当地的执法机构在整个刑事司法体系中担任的是保护社区和维持治安的角色，也可以说他们正在利用社区来防止潜在的恐怖威胁。当代预防恐怖主义者强调，除了需要为应对恐怖主义威胁有迅速的反应，国土安全政策还应建立在既定的社区警务框架内，以此收集情报，从而达到防止恐怖主义的目的。

民事责任问题的管理是非常重要的，它们的出现是由于警员有时不恰当地使用权力。受害方可以有针对性地对警察部门和警察个人提起民事诉讼。联邦法院称，关于警察漠视正当程序所引起的诉讼可适用 1983 法案，因为他们都是基于标题为"1983 法案"产生的。虽然在过去对州和地方政府依豁免原则禁止诉讼行为，但法院最近的判例和立法活动却一直在限制执法机关及其人员取得豁免申诉的机会。

本章指出了警务工作中少数民族人口和女性警员的情况。然而，女性警察依旧还是一个弱势的群体。少数民族人口的警员在工作中有很强烈的参与欲望。女性在警务工作中理应得到充分的尊重和平等的机会。

问题回顾

1. 什么是警察工作人格？它的核心特征是什么？它是如何发展的？它与警察亚文化有什么关系？

2. 什么是不同类型的警察腐败？通过克纳普委员会和维克萨姆委员会的调查结果有哪些主题？警察部门可采取哪些创新措施来减少或消除其官员的腐败行为？

3. 警察工作的危险是什么？可以采取哪些措施来减少这些危险？

4. 如今恐怖袭击的威胁如何影响美国的警务？警察机构准备预防和应对恐怖主义的策略是什么？

5. 与警务有关的一些民事责任问题是什么？如何减少民事责任？

6. 什么是种族歧视？为什么它在如今的警务中成为一个重要问题？

7. 警察最有可能使用武力的情况是什么？什么时候暴力被使用了？

8. 警察工作是一种职业吗？请说明。将警务视为一种职业有什么好处？如何加强警务专业化？

9. 今天的种族和性别差异是什么？这种多样性社会的意义是什么？

第三部分
审判系统

第七章

法 院

学习目标

阅读本章后，应该能够：
1. 总结美国法院的发展，包括双重法院制度的概念。
2. 描述一个典型的州法院系统，包括州和联邦法院系统之间的一些差异。
3. 描述联邦法院系统的结构，包括各种类型的联邦法院。
4. 描述预审步骤和活动。

介绍

2011年6月6日，陪审团对唐尼·洛夫的10项刑事控告认定有罪，其中包括两年前使用大规模杀伤性武器，轰炸了加利福尼亚州圣地亚哥市爱德华·J. 施瓦茨联邦法院。2008年5月4日，洛夫作为主谋，策划并实施了此次爆炸案，这次事件引爆了法院的大门、毁坏了大厅，爆炸产生的冲击波震碎了马路对面的窗户。尽管在此次事故中无人受伤，但FBI联合圣地亚哥反恐部队依旧展开了严密的侦查行动，并逮捕了洛夫以及两名女性共犯。洛夫曾经向被炸法院提起了一百多项诉讼，但这些诉讼文件被法官认为是无聊的文件。他因此被法官裁定为恶意诉讼，那位法官认为"诉讼是一个有利可图的产业"。此次，检察官获悉，洛夫计划并指导了此次爆炸案，所以他可能随后给警方提供这次事故的虚假信息，企图获得赔偿和减刑。

图7-1 案例：FBI和ATF特工正在调查加利福尼亚州圣地亚哥市爱德华·J. 施瓦茨联邦法院被炸一案。轰炸者随后被逮捕并定罪。法院在美国刑事司法系统中扮演着什么样的角色？

像圣地亚哥爆炸案这样的事件，突出了法院在美国司法系统中起到的重要作用。如果没有法院判定有罪或无罪，并对罪犯进行量刑，执法部门的活动将变得毫无意义。

美国的法院有很多种，每一级法院的日常事务都是维护司法公正，并确保公务人员在法治下行使职权。在本书的很多观点和三个特殊章节（第五、十、十一章）中，我们可以发现许多司法判例，这些判例建立并明确了执法和矫正的合法性。在第三部分，我们将探索法院的立法职能。本章将介绍美国联邦法院和各州法院的工作方式和内容。之后在第八章，我们将介绍法庭参与人——从律师到受害者，从陪审团到法官，并讲解刑事审判的环节和流程。

美国法院系统的历史和结构

美国刑事司法体系有两大英法院体系：州法院和联邦法院。图7-2概括了今天的美国联邦法院体系。图7-3解释了典型的州法院体系。双重法律体系是这个国家的创建者根据各州享有独立的司法自治权共同达成的协议。在这样的理念下，美国发展成为一个有着相对半独立州的宽松的联邦制国家。

新加入的州，联邦政府可以有限制地干涉地方司法事务。州立法机关可以自由立法，州法院也可以将这些立法作为判决的依据。

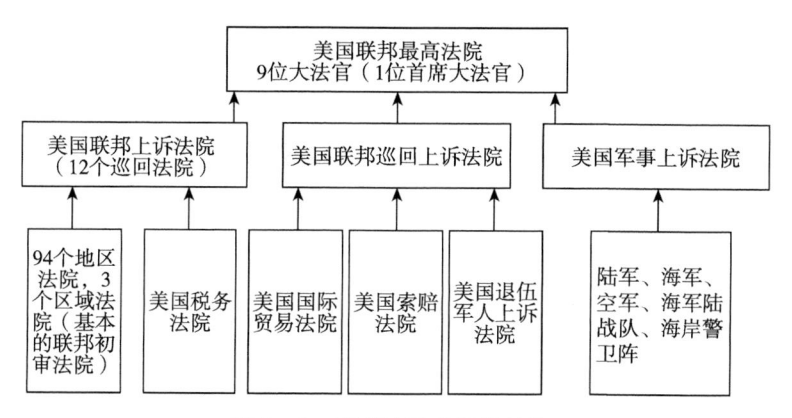

```
                    ┌─────────────────────┐
                    │   美国联邦最高法院    │
                    │ 9位大法官（1位首席大法官）│
                    └─────────────────────┘
                     ↑         ↑         ↑
        ┌────────────┐  ┌────────────┐  ┌────────────┐
        │美国联邦上诉法院│  │美国联邦巡回上诉法院│ │美国军事上诉法院│
        │（12个巡回法院）│  │            │  │            │
        └────────────┘  └────────────┘  └────────────┘
              ↑         ↑      ↑      ↑      ↑
    ┌───────┐ ┌─────┐ ┌─────┐ ┌─────┐ ┌─────┐ ┌───────┐
    │94个地区│ │美国税│ │美国国│ │美国索│ │美国退│ │陆军、海军│
    │法院，3 │ │务法院│ │际贸易│ │赔法院│ │伍军人│ │空军、海军│
    │个区域法│ │      │ │法院  │ │      │ │上诉法│ │陆战队、海│
    │院（基本│ │      │ │      │ │      │ │院    │ │岸警卫队 │
    │的联邦初│ │      │ │      │ │      │ │      │ │        │
    │审法院）│ │      │ │      │ │      │ │      │ │        │
    └───────┘ └─────┘ └─────┘ └─────┘ └─────┘ └───────┘
```

图 7-2 联邦法院的组织结构

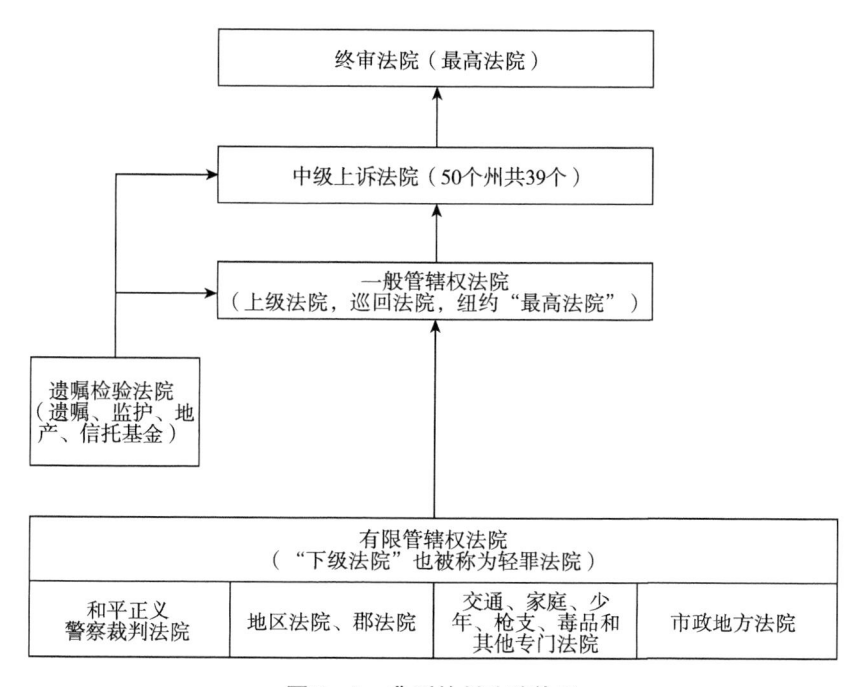

```
                ┌─────────────────────┐
                │  终审法院（最高法院）  │
                └─────────────────────┘
                           ↑
                ┌─────────────────────┐
                │中级上诉法院（50个州共39个）│
                └─────────────────────┘
                           ↑
                ┌─────────────────────┐
                │    一般管辖权法院      │
                │（上级法院，巡回法院，纽约"最高法院"）│
                └─────────────────────┘
                     ↑           ↑
        ┌─────────┐              │
        │遗嘱检验法院│              │
        │（遗嘱、监护、│             │
        │地产、信托基金）│            │
        └─────────┘              │
                                 │
            ┌──────────────────────────────────┐
            │         有限管辖权法院             │
            │  （"下级法院"也被称为轻罪法院）      │
            ├──────────┬──────────┬──────────┬──────────┤
            │和平正义  │地区法院、│交通、家庭、│市政地方法院│
            │警察裁判法院│郡法院   │少年、枪支、│          │
            │          │          │毒品和其他 │          │
            │          │          │专门法院   │          │
            └──────────┴──────────┴──────────┴──────────┘
```

图 7-3 典型的州法院体系

在过去的 200 年里，州法院的权力相对于联邦法院的权力正在逐渐衰弱，但双重法院体系在美国依然存在。直到今天，州法院审判案件时不能违反联邦法律，联邦法院也不能引用州法律进行审判。当州法律与宪法所保护的联邦法内容相冲突时，被州法院认定为有罪的罪犯可以上诉到联邦法院，特别是牵扯到《权利法案》规定的权利内容时更是如此。

本章描述了州和联邦法院体系的发展历史、管辖区域和目前的结构。由于大部分刑事案件的审理是在州法院进行的，所以我们首先要把注意力集中在州法院体系。

美国州法院体系

州法院的发展

最初，每个美国殖民地都有自己的法院去解决本区域内的民事或刑事纠纷。1629年，马萨诸塞湾殖民地首先建立了综合性法院，该法院由当时的殖民地长官、副长官和18位助手以及118位选举产生的官员组成。这个综合性法院结合了立法机构，因此具有立法、审判和量刑的职能。到1776年，美国各地的殖民地才建立起完善的法院系统。

随着美国独立战争的发展，州法院体系变得不统一。最初，大部分法院没有区分初审管辖权（依制定法设定的专门的行政机关，对专业领域的行政案件自动拥有专有的管辖权）与上诉管辖权（法院对这些案件的职能仅限于司法复审）。事实上，许多州没有规定上诉权。以特拉华州为例，在1897年以前是不允许刑事案件上诉的。不允许上诉的州也就缺少了上诉法院，所以有些时候，立法机关就充当了复审法院的角色。

到了19世纪后期，随着人口的大幅增长、城镇化的发展、西部问题的解决以及美国人生活方式的深刻变革，刑事与民事纠纷大量增加。立法机构也设法跟上案件不断增长的趋势。他们建立了多级法院体系：初审法院、上诉法院和最高法院。用不同的名字称呼不同的法院并赋予其不同的职能，有时可能会和周围的法院因命名相似而产生困扰。市级法院以社区边界为界行使管辖权，它的出现是为了解决城市生活的特殊问题，如扰乱社会秩序、产权纠纷，保障限制和监管条例的实施。其他法庭（如少年法庭）是为了处理特殊群体的问题。还有一些如地方法院和小额索赔法院，是为了解决轻微违法行为。还有交通法庭，它的受案范围非常窄小且具有针对性。这种情况的最终结果是审讯机构像是拼凑的体系，只不过貌似有一些现代观念而已。

第七章 法　院

　　州法院的发展有以下几种模式：第一种是1848年《菲尔德法典》规定的纽约州的模式，这种模式随后被其他大多数州复制。《菲尔德法典》明确了司法管辖，简化了诉讼程序，但后来大量的修改使它失去了原有模式的作用。另一个法院系统模式是由1789年联邦司法法案提供的，后经1801年联邦法完成修订。州和联邦模式开发了一种三层结构的模式：①有限管辖权的审判法院；②一般管辖权的审判法院；③上诉法院。

刑事司法新闻：国家预算削减对法院造成严重破坏

　　随着各州削减预算以度过仍旧疲软的经济，其管辖下的法院正因人员减少、工作时间缩短和备案量增加而感到痛苦。

　　美国律师协会（ABA）联合主席大卫·博伊斯（David Boies）调查了这一问题，他说："经过多年法院裁员，我们现在正处于资金短缺时期，这不仅造成不便，而且增加了烦恼和负担。"根据美国国家法院中心的统计，总共有42个州在2011年削减了司法经费。

　　国家资助的法院系统覆盖所有诉讼的95%，对于起诉罪犯、解决个人冲突、理顺家庭财务以及完成业务都是必不可少的。这项工作包括基于县审理刑事和民事案件的审判法院，以及处理交通事故、小额索赔、家庭事务和其他问题的特别法庭。

　　在同一经济力量推动削减的情况下，案件数量不断上升，服务业正在削减。据美国广播公司报道，在经济困难时期，法院往往会处理越来越多的止赎、破产、合同索赔和贪污案件。2005年至2010年间，缅因州民事案件增加了50%。

　　一般来说，当法院削减预算时，刑事案件受到的影响最小。许多司法管辖区必须在起诉和逮捕之间达到规定的时限，如果违反了时限，案件可能被驳回。佐治亚州法院最近宣布了对被指控暴力犯罪的几名嫌疑犯的起诉。

　　对满足刑事时限的关注意味着削减的首要任务是民事案件，包括丧失抵押品赎回权、离婚、交通违规和民事纠纷。例如，据纽约律师协会报道，在纽约阿尔斯特县，开始进行民事审判通常需要一年的时间。

即使在 2015 年经济好转时，各州仍在努力削减预算，继续削减法庭服务：

- 在加利福尼亚州，洛杉矶高等法院系统计划在六月份裁员大约 350 名员工，这是全州法院开支削减的结果。加利福尼亚州法官警告说，解决民事案件可能需要长达 5 年的时间。
- 在佛罗里达州，预计明年的州预算将包括对办事员的 7% 的削减，这对高效运作至关重要。工作人员说，削减可能导致 40 天的延迟到年底。
- 在纽约州，律师协会报告称，法官现在通常在下午 4 点半下班，即使作证正在进行或者陪审团正在商讨。

据美国国家法院报道，至少有 15 个州在 2011 年减少了法院的营业时间。

然而，新墨西哥州首席大法官查尔斯·W. 丹尼尔斯（Charles W. Daniels）说，削减预算的策略，比如在"休假关闭"期间将员工送回家，只会使问题变得更糟。"这不像博物馆、公园或旅游火车的休假关闭，在某一天你可以通过削减对公众的服务来节省开支"，他说。繁忙的法庭工作只是得到更多的支持，仍然需要相同的资源、相同的雇员时间、相同的费用来处理。

美国律师协会的人员博伊斯报告说，国家对司法机构的削减早在经济衰退之前就开始了，并且比其他国家资助机构的削减比例更大。博伊斯说，在州立法者主要是律师的时代，他们理解法院的需要并例行批准司法资助，但现在只有很少的立法者是律师。

现代的州法院系统

然而，三层结构的法院系统并不完美。在这种结构下，增加了许多地方的法院和特殊的法院。交通法院、地方法院、行政法院、记录法院、遗嘱法院等，这些法院只是在行使一些简单的职责。20 世纪初，进行了一场由美国律师协会和美国司法部门领导的州法院结构简化的运动。州法院改革的支持者试图统一冗杂的法院结构。改革者提出了一个统一的模式,希望大多数州都建立:①由初审法院和上诉法院组成的集中式法院结构;②整合众多职能单一和辖区重叠的法院;③集中州法院的权力,统一负责本州所有法院的预算、融资和管理。

法院改革运动一直延续到今天。虽然改革在许多州取得了实质性的进展,但州与州之间的法院系统还是有很多的差异。早期接受了改革运动的州,其特点是采用了最新的审判系统,这种审判系统是由前期对法庭权力和一般管辖权作出了限制的初审法院组成,并且由一层或者两层上诉法院作为系统的补充。没有改革的或传统的州保持了原有的冗杂的法院体系,从而司法管辖的界限比较模糊。有些没有改革的州的刑事法院有三层审判结构,有的甚至有两个初审法院、一个上诉法院。

初审法院

初审法院是最初受理刑事案件的地方。初审法院的职责是进行传讯,确定保释金额,受理起诉,并进行审判(稍后我们将在本章和下一章更深入地分别讨论这些职能)。如果被告人被认为有罪(或认罪),初审法院将判决量刑。有限制的(或特殊的)初审法院也叫下级法院。下级法院仅仅有权受理不那么严重的刑事案件,通常涉及轻罪或特殊类型的案件,如交通违规、家庭纠纷、小额索偿。有限管辖权法院,就像电视节目中描述的那样,如朱蒂法官和乔·布朗那样的案件,很少有陪审团参与审判,而是依赖法官根据事实和法律作出判决。在下级法院层面,并非一直维持详细记录的要求,案例文件只包含控告、请求、法庭调查和量刑。除 6 个州以外,其他州都采用了有限管辖权的法院审判。这些下级法院相比享有一般管辖权的法院是不太正式的。

享有一般管辖权的法院,通常被称为上级法院、巡回法院或高等法院,它们有权审判任何刑事案件。在许多州,它们也规定第一级上诉法院有特定管辖权。在大多数情况下,上级法院给下级法院的被告人提供再次审理的机会,而不是回顾之前审理的记录。一个新的审判开始,被称为再审。

有一般管辖权的初审法院在调查实情的框架内运作,被称为对抗的过程。这一过程由检察官代表,针对辩护律师的专业技能和能力进行对抗,维护国家的利益。对抗的过程不是一个混战;相反,它受限于指定的法律和传统惯例中的程序性规则。

州上诉法院

今天大多数州都有上诉庭，由一个中级上诉法院（通常称为上诉法院）和高级上诉法院（通常称为州最高法院）组成。高级法院、上诉法院被称为最后的求助，表明在州法院系统中，一旦高等法院就某一案件进行判决后，被告就没有其他的上诉渠道了。所有的州都有最高上诉法院，但只有39个州有中级上诉法院。

一审被告上诉要求更高一级的法院复审下级法院的行为。一旦高一级的法院接受上诉，法院上诉庭内不是进行一个新的庭审，相反，它们将会回顾一下案例的书面记录。换句话说，上诉法院检查下级法院审理的书面记录，确保这些行为是按照正确的程序和州法律公平地进行的。法官可能也会允许双方的律师做简短的口头辩论，通常会考虑上诉人（发起上诉的一方）或被上诉人（上诉人对立方）的其他辩护词或提交的信息。州法院通常要求判决无期徒刑或者死刑的案件自动由州最高法院审查。

大多数案件在上诉法院都会维持原来的判决。然而，偶尔会有上诉法院终止执行原审法院的错误判决，但是必须有确凿的证据能够证明错误确实存在，或者原审法院未能正确解读相关法令的意义，或者发生了其他不当的行为。当这种情况发生时，原审法院的判决将会被撤销，案件可能会重新审判或发回重审。当一个案件被上诉法院因为宪法问题或因法令无效而被撤销原判时，州原审法院通常会求助于州最高法院；当一个案件涉及联邦法律有关的问题时，一个州法院裁定一项联邦法律违宪，那么在这种情况下，案件将由美国联邦最高法院管辖。

如果被告人不满州法院系统的判决，那么他可能会上诉到美国联邦最高法院。这样的上诉有机会被重审，但必须是违反了联邦法律或美国联邦宪法中规定的被告人的权利的案件。在这种情况下，当被告人可以证明自己享有的宪法或联邦法律赋予的权利受到侵害时，联邦地区法院也可以为州法院的被告人提供救济。然而，在1992年的肯尼诉特马依伦奎思一案中，美国联邦最高法院裁定："被告只有在下列情况下有资格请求联邦法院重审：如果他能证明他败诉是由于州法院在诉讼中因事实和实际的偏见造成的，或者如果他可以证明这次审判可能是因为一个基本的错误而导致的误判。"法官拜伦·怀特说:"这也不是什么好事,只不过是基于事实问题,重复利用有限的联邦司法资源进行调查罢了。联邦法院仅仅受理了一个上诉者的请求,该上诉者是因为过失而未能抓住在州法院诉讼的机会。"

同样,在艾雷拉诉柯林斯一案(1993)中,法院裁定,在缺乏宪法保护的新证据的情况下,联邦法院是没有理由命令州法院开始一个新的审判程序的。肯尼和艾雷拉案的判决表明,州法院的被告人上诉到联邦法院是有严格限制的。

州法院管理

为了保障州法院有效地运转,国家需要有大量的资金投入、足够多的训练有素的人员的支持、案件流程管理得当、协调不同级别和管辖地区的工作。为了管理这些事务,当今每一个州都有自己的法院管理机制。大多数州派遣州法院管理员来管理这些事务。

州法院管理员可以得到国家州法院救助中心的援助(the National Center for State Courts,简称NCSC),该中心位于弗吉尼亚州威廉斯堡。救助中心成立于1971年,是由首席大法官沃伦·博格提出并建立的,它是一个独立的非营利性组织,致力于改善美国的法院系统。你可以访问http://www.ncsc.org网站了解详细信息。

联邦法院系统是由美国法院行政办公室(AOUSC)管理的,该机构位于华盛顿哥伦比亚特区,美国法院行政办公室是1939年由国会批准预算并划入联邦法院的立法议程的。它也执行审计法院账户,管理联邦法院基金运作,编译和发布统计数据等职责,并为有效管理法院业务制订计划。你可以访问http://www.uscourts AOUSC gov/Home.aspx 详细了解。

争端解决中心和社区法院

在通常情况下,解决轻微争端有可能不经过正式的法庭审理(可能是被起诉的轻微刑事犯罪)。一些社区争议解决中心受理受害者遭受轻微伤害的案件,比如收到空头支票、私闯民宅、入店行窃或者小偷小摸等案件。具有这样功能的中心今天在全美国超过200个。调停纠纷的角色通常是由志愿者担任的,这样的分歧解决中心没有分配责任。纠纷解决项目始于20世纪70年代初,最早出现在宾夕法尼亚州切斯特社区中的援助项目,还有俄亥俄州哥伦布夜间检察官项目和纽约罗斯特仲裁项目。随着这些项目的带领,美国司法部帮助三个相邻实验区进行司法中心发展,分别是在洛杉矶、堪萨斯城和亚特兰大,各中心主要受理较小的民事和刑事案件。

争端解决中心往往与正式的刑事司法程序紧密结合,这样可以大大减少下级法院案件的数量。事实上,一些中心由法院运作并且只接收法院推荐的案件;其他的中心可能是半自治的形式,但它们需要法院认可他们的决定,还有一些中心享有完全的自治权。但是几乎没有哪个争端解决程序可以完全取代正式的刑事司法机制。经社区调解的被告人后来也可能会被指控犯罪。社区调解机制已成为今天的恢复性司法运动的核心(本书第九章中将会详细讨论)。

与争议解决中心不同,社区法院是官方司法系统的一部分,并且可以作出审判,包括罚款和监禁,并且不需要进一步的司法审查。社区法院最开始被作为一个本地居民和组织的基层机构来运作,其目的是对于犯有并不严重的罪犯进行处理并且让他们重拾自信。社区法院有别于其他法院的一个特征是,它专注于那些影响生活质量的犯罪,并且专注于打击犯罪者的士气。像争议解决中心一样,社区法院强调的是对犯罪问题的解决而不是惩罚,如惩罚罪犯们进行社区服务。一些学者指出,这种问题解决方式的法院模型背后体现的是法院不仅专注于法律问题和对犯罪行为的惩罚,还更多地去寻求一种发现犯罪发生原因的犯罪预防方法。

社区法院一般会判处罪犯在本地社区工作,这样邻居们会看到他们在社区做了什么。最近,纽约的社会司法研究中心的一项研究显示,犯罪嫌疑人们认为社区法院比传统的法院更加公平、可靠。该研究表明,感知公平与他们在社区所扮演的角色有关。社区法院的法官办案的手续更加简便灵活,并且通常会照顾到被告人的诉求,赞扬他们在社区中的劳动工作。在2013年,已经有研究证明这种方式可以有效地减少累犯的数量。

最近社区司法改革运动创建了一种新型的低水平的法院——特殊法院。它专注于处理那些轻微的罪行和特殊人口或地址问题。其中一些仅处理关于退伍军人、精神病人或流浪汉的问题,还有一些仅处理那些与性犯罪有关的问题。

特殊的法院被用于处理特殊的犯罪分子,包括枪支犯罪法庭、家庭暴力法庭、毒品法庭等。还有一些特殊法院叫做回归法院,它采用了毒品法院的模式，旨在帮助犯罪分子在被监狱释放后更好地融入社区。

大多数的特殊法院程序一般都存在两个目标：①案件管理。加快处理简单案件的时间，从而省出时间来处理重案。②利用科学的方法来矫正犯罪，从而提升公共安全和维护司法的正当程序。特殊法院的存在不仅维护了正义，还提高了办案效率。

联邦法院系统

与州法院是从早期殖民地发展而来不同，联邦法院是根据美国联邦宪法建立的。《美国联邦宪法》第一节第3条规定："建立一个最高法院，……下级法院随后由国会颁布法律建立。"第二节第3条规定，这样的法院的管辖权由宪法、联邦法律和条约来规定。联邦法院也解决州与州之间的争端或诉讼一方是州机关的案件。

今天的联邦法院系统代表着一系列的国会命令的顶点，国会命令要求扩大联邦司法的基础设施，这样就可以继续贯彻执行由宪法所规定的职责。著名的联邦法规，其中包括1789年的司法法案、1925年的司法法案和1968年的《法官行为法》，对当前的联邦法院系统的结构形成功不可没。

由于宪法授权、国会执行和其他历史的发展，今天的联邦司法部门由三个层次组成：①美国地方法院；②美国上诉法院；③美国联邦最高法院。各级法院将在以下部分详述。

美国地区法院

美国地区法院属于联邦法院系统。根据宪法和国会的规定，联邦地区法院受理几乎所有类别的联邦案件的管辖权，包括民事和刑事问题。美国有94个联邦司法地区，每个州至少有1个（与纽约州和加利福尼亚州一样，一些州有多达4个），再加上华盛顿哥伦比亚特区和波多黎各1个。每个联邦地区都有一个相应的破产法院。维尔京群岛、关岛和北马里亚纳群岛这三个地区的法院同时拥有联邦和地方管辖权，包括受理破产案件。有两个特殊的审判法庭享有全国性的管辖权：一是国际贸易法院，旨在处理涉及国际贸易和海关的问题；二是美国联邦索赔法院，管辖大多数的索赔案件，处理对美国政府因联邦合同引起的金钱赔偿纠纷和其他各种对美国政府的诉讼。

联邦地区法院最初管辖所有涉嫌违反联邦法规的案件。一个地区有时候被分为许多部门,法庭分布在不同的地方。1789年国会通过法案规定每个州都要有一个联邦地区法院,这是第一批授权的地区法院。由于近几年人口增加,许多州便增加了新的法院。

图7-4 案例:示威者支持第九巡回上诉法院2012年的裁决:确认美国地方法院法官沃恩·R.沃克推翻加州同性婚姻的禁令的判决有效。第九巡回法院也认为,沃克是同性恋的事实并不重要。法官的个人观点会影响他们的判决吗?他们应该这样吗?

联邦地区法院有近650名法官和员工。因为一些法院工作量较大,所以一些地区的地方法院的法官数量从一个司法辖区增加2名到27名不等。地区法院法官由总统任命、经参议院确认成为终身制法官。额外还有369名全职和110名兼职法官(参考1990年的美国法官)为地区法院系统服务,协助联邦法官的工作。地区法官有权进行传讯,可以设置保释、签发逮捕令,并审判轻微犯罪者。

美国地区法院每年处理成千上万的案件。例如,在2013年共有69 499起刑事案件和271 950起民事案件是在美国地区法院提起的。特别是在接近美国和墨西哥边界的联邦地区法院,受理了相当多毒品案件和非法移民案件。在过去的20年内,由整个联邦地区法院系统审理的案件数则呈指数增长。然而招聘的新法官和创建新的法庭设施的数量并没有跟上案件的增加速度。法官在超负荷的工作环境下,很难保证案件的公平与公正。

2011 年，为了应对待处理案件的快速增长，一位名叫罗斯林·希尔福的联邦法官，在第九巡回法院的图森市宣布联邦法院在亚利桑那州进入紧急状态。宣布紧急状态是为了应对越来越多的需要由联邦法院处理的非法移民和毒品走私案件。事实上，从 2008 年到 2011 年，亚利桑那州联邦刑事案件的数量上升了 65%，美国国土安全部建立起对于任何非法穿越边境的刑事诉讼政策。在紧急状态下，联邦法院可以不受审判期限的限制，审判期限可以延长到 180 天（立法通常要求 70 天审限）。

地区法院法官面临的另一个紧迫的问题是：他们的工资较低。在 2013 年，法官的年收入为 174 000 美元，属于美国人均收入最高的 1% 的人群，这个时期，法官比大多数人赚得多。自 1993 年以来，联邦法官的薪水便相对停滞，这导致许多法官离职。2006 年，首席大法官约翰·罗伯茨称，如果国会还不能提高法官的薪水，这将"直接威胁司法独立"。"由于低工资"，罗伯茨说，"法官有效服务任期将由他们的财务状况决定，而不再由终身制决定了"。访问 http://www.justicestudies.com/pubs/fedcourts.pdf 了解更多关于联邦法院的信息。

美国上诉法院

美国 94 个地区被整合为 12 个巡回区，每一个区都有一个美国上诉法院。地区法院的案件上诉到它所在的联邦巡回法院，以及上诉到联邦行政机构。

美国联邦受理上诉的法院和 12 个地区接收上诉的法院，通常被称为巡回法院。在这个国家的历史上，第一个上诉法庭的法官一般是按一个特定的序列，骑着马访问该地区一圈。今天，地区法院的上诉案件一般是按它们的地理区域划分，由它们的税务法院或联邦行政机构审查。地区法院案件的败诉方通常有机会将案件上诉到巡回法院审理。其中 11 个巡回法院一般包括 3 个或 3 个以上州。

根据法院待处理案件数量的不同，每一个上诉案件由 6 个以上法官共同审理。巡回法院法官由总统任命并且是终身制（由参议院建议和同意）。法院中任职时间最长并在 65 岁以下的法官被任命为首席法官。首席法官的最高服务期限为 7 年，除了审理案件外，还须履行行政管理职责。12 个地区的上诉法院共有 167 名法官。

美国华盛顿哥伦比亚特区的上诉法院，通常被称为第十二巡回法院，受理出现在华盛顿哥伦比亚特区管辖区的、由国会立法规定的和联邦政府的许多部门分配的上诉案件。美国联邦巡回上诉法院（实际上是第十三巡回法院）成立于 1982 年，由原来的美国海关与专利上诉法院（United States Court of Customs and Patent Appeals）与美国索赔法院（United States Court of Claims）的上诉部门合并成立。第十三巡回法院受理的案件包括美国索赔法院、美国国际贸易法院、美国退伍军人上诉法院、美国国际贸易委员会、董事会合同上诉、专利商标局等案件。此外，还受理上诉有关涉及农业部和商务部部长的某些决策和地区法院案件中涉及专利向联邦政府索赔的案件。

几乎所有从联邦地区法院上诉到其巡回区的上诉法院的案件都会进行初审。联邦上诉法院管辖其所在巡回区的联邦地区法院的上诉案件。从联邦地区法院上诉的刑事案件通常由 3 名法官（而非所有法官）组成的合议庭开庭审理。被告的上诉请求被受理后，被认为有机会上诉，因此美国联邦最高法院不一定审理被告不满联邦上诉法院判决的上诉。

尽管每个上诉法院都创建了自己的独立规则，但联邦上诉法院还是在《联邦上诉程序法》下运作。当地规则可能导致每个巡回区规则的不同，以第二巡回区为例，它很大程度上依赖于口头辩论，而其他区则可能更喜欢总结概括的书面审查。上诉一般分为三个类别：①琐碎的上诉，没有实质内容，没有重要的新问题，一般迅速处理；②惯例的上诉，这主要是根据当事人的要求，即使胜诉的可能性是微乎其微的；③非合意上诉，这样的案件在专业领域中法律和政策的分歧很大，当然，非合意上诉案件改判的可能性也是很大的。

2011 年，美国司法会议——联邦法院的主要决策机构，敦促国会在上诉法院和地区法院设立 61 个永久性的联邦法官。会议指出，在区一级需要 8 名新上诉法院法官和 53 名新的联邦法官。

美国联邦最高法院

联邦法院系统的顶端是美国联邦最高法院。联邦最高法院位于华盛顿特区，在美国国会大厦对面。联邦最高法院由 9 个大法官组成，其中包括 8 位法官和 1 位首席大法官。联邦最高法院的法官由总统提名、经参议院确认后终身任职。长期服务是美国法官的传统。最早的首席大法官约翰·马歇尔，从 1801 年到 1835 年，任职了 34 年。斯蒂芬·菲尔德也是如此，他的任期是 1863 年到 1897 年。雨果·布莱克法官的任期超过了 34 年，这创造了法官任期的里程碑，并且他在 1971 年退休前还多服务了 1 个月。威廉·道格拉斯大法官创下了最长任期的记录，他直到 1975 年才退休，共服务了 36 年 6 个月。您可以通过 http://www.supre-mecourt.gov/about/biographies.aspx 来查看当前联邦最高法院大法官的传记。

美国联邦最高法院拥有巨大的权力，其最大的权力在于审查下级法院的判决以及州和联邦的法规。司法审查主要是审查法院的判决依据的法律是否符合美国联邦宪法的规定。司法审查的权力不是在宪法中明确的，而是其制定者希望实现的。在《联邦党人文集》中，亚历山大·汉密尔顿写道，要求判决依据的宪法要通过司法审查，将确保以宪法为基础的判决体现"全民的意志"高于"立法者的意志"，这可能是临时的突发奇想。然而，直到 1803 年，联邦最高法院强有力地宣称其司法审查的权力。在马伯里诉麦迪逊案（1803）的判决书中，首席大法官约翰·马歇尔最终确立了联邦最高法院解释美国联邦宪法的权力，并宣布，"司法部门重要的职权是述法律之述"。

今天的美国联邦最高法院

联邦最高法院审查下级法院的判决和受理来自下级州最高法院或上诉法院的案件。但它具有有限的最初管辖权，并且只审理州与州之间的争端和某些情况下律师资格取消的案件。决定审理一桩案件，至少需要 4 名法官投票支持才能审理。当法院同意审理案件时，会向下级法院发出复审令，命令下级法院将案件记录送达联邦最高法院进行审核。一旦具有复审令，联邦最高法院法官可以撤销原法院判决。在这种情况下，原审判决将不生效。

美国联邦最高法院可以审查任何值得复审的判决。然而，事实上，法院只审查涉及联邦法律问题的案件。每年约 5000 个上诉请求中只有大约 200 个实际上被审理。

根据法律规定，美国联邦最高法院开庭的时间为每年 10 月的第一个星期一到翌年 7 月初。所有的案件将在这一期间开庭审理，所有的案件将会被听证、记录和提交意见。每个法庭被分配了 22~24 个案件，在每次审判前，控辩双方会有 30 分钟的辩论环节。审判间歇期间允许法官研究控辩双方的辩论

图 7-5　案例：美国总统奥巴马和副总统乔·拜登正在为被提名为 2009 年美国联邦最高法院法官的索尼娅·索托马约尔鼓掌祝贺。你认为法官个人的价值观和信仰可能会影响他们决定重要的事情吗？或者他们的决定总是客观地运用相关法律吗？

意见的相关内容和文档。

联邦最高法院提出的决定很少有意见一致的情况。相反，多数法院法官判决的意见会成为法院的最终判决。如果一些法官同意法院的判决，但是基于不同的原因，也应该也会将他们涉及案件的问题写入判决意见中。不同意法院判决的法官，也会将他们的反对意见写入判决，这些反对意见可能在今后为成功的上诉提出新的可能性。访问联邦最高法院：http://www.supreme-court.gov。

为它付出：法院的成本效益

花钱来拯救它似乎很奇怪，然而，这就是总部位于华盛顿特区的司法政策研究所于 2011 年推荐的报告"系统超载"。该研究所指出，在美国，被控犯罪的人中有近 4/5 有资格获得法院指定律师的协助；然而，分配给公设辩护人办公室的资金在许多领域历来很差，几十年来一直处于"长期危机"状态。该研究所表示，只有通过提高美国公共辩护系统的质量，才能防止无辜的人被定罪并入狱——这将使纳税人最终付出的代价远远超过为优质公设辩护人计划提供的资金。

将非暴力罪犯从监狱转移出去的特殊法院也可以有效地为纳税人服务。例如，在伊利诺伊州的尚佩恩县，重罪毒品犯罪者经常在该地区的特殊毒品法庭裁决。如果被判有罪，大多数罪犯都会被判缓刑，并被命令以县的经费接受矫正，特别是在被判定对自己或社区不构成威胁时。当违法者还被命令参加强制性社区服务计划并支付赔偿金时，可以收回部分用于矫正的款项。专家估计，伊利诺伊州的监禁每年花费 21 500 美元，因为每个犯罪者都被监禁。相比之下，缓刑与药物治疗相结合，花费约 4000 美元。

与许多其他特殊目的法院一样，毒品法院不仅有效地将非暴力被告人转移到监狱，还将其从更精细、更昂贵的正式处理初审法院转移出去。

为精神病患者服务的治疗法院是最近的另一项创新，旨在将有心理问题的罪犯从监狱转移出去并将其纳入治疗方案。2012 年，密歇根州开设了 8 个精神卫生法院，每年为近 700 人提供服务。密歇根州治疗法院以为的典型被告人因相对较轻微的罪行而受到法律制裁，但由于他们经常有长时间的逮捕记录，他们可能在传统刑事法庭处理时最终入狱。相反，密歇根州的治疗法院与基于社区的非营利组织（例如底特律中心城市社区心理健康机构）合作，并为最严重的病例订购心理治疗、药物治疗，甚至住院治疗。节省成本是显而易见的：在底特律，社区治疗费用每年约为 10 000 美元，而监禁费用约为 35 000 美元。

此外，特殊目的法院承诺打破监禁的旋转门。许多涉及毒品和精神病的罪犯必然会陷入犯罪的恶性循环，如果没有这些特别法庭提供的治疗方案，将会使监狱的旋转门保持旋转。

特殊目的法院并不是在法院系统中挽救金钱的唯一途径。2011 年，国家计算机安全中心（NCSC）对选定法院的电子申请与纸质文件的使用情况进行了分析。NCSC 发现，有效的电子申请系统可以将文件的存储和存储成本降低到每页 11 美分，而纸张摄入和存储成本则为每页 69 美分。此外，该中心说："法院是非常昂贵的存储空间。"该中心表示，一个 20 英尺×60 英尺的小文件室"建造费用为 36 万美元,每年 5%,每年加热/冷却费用为 18 000 美元"。一个典型的计算机硬盘驱动器,可能包含该房间内的所有数字化数据,可能只需 300 美元即可购买,尽管备份和相关的计算机成本会在一定程度上增加成本。在 http://www.ncsc.org 上了解更多关于使用技术来提高法庭运作效率的信息。

参考文献

References:Champaign County Drug Court, "General Information," http://www.co.champaign.il.us/circt/DrugCourt/Info.htm(accessed August 1, 2012); Jeff Gerritt, "Salvaging Lives, Saving Money:Eight Pilot Courts That Divert Mentally Ⅲ Offenders from Prison," *Detroit Free Press*, March 4, 2012, http://www.freep.com/article/20120304 (accessed August 1, 2012); James E. McMillan, Carole D. Pettijohn, and Jennifer K. Berg, "Calculating an E-Court Return on Investment (ROI)," *Court Technology Bulletin*, February 16, 2012, http://courttechbulletin.blogspot.com/2012/02/calculating-e-court-return-on.html (accessed August 2, 2012).

审前活动

下一个章节我们将讨论刑事审判的程序并且介绍法庭参与人,其中包括审判员、公诉人、辩护人、受害人和被告人。然而,在审判开始之前,有很多程序要遵循。虽然这些活动在不同司法管辖区都不尽相同,但是,其内容通常包含以下几种情况。

初次会见

在逮捕之后,大多数被告人直到初次会见的时候才能接触法官。初次会见,有时叫做首次到庭,通常发生在审判人员会见之前,司法行政官审查案件并交代以下事宜:①通知他们被指控的犯罪;②告知相关权利;③告知有机会聘请或指派律师代表其行使诉讼权利;④告知可能有被保释的机会。

依照所有司法辖区的诉讼程序规则,已经进入拘留程序的被告人,必须得到法院的会见,"不能有不必要的拖延"。1943 年,联邦最高法院审理的麦克纳布诉美国一案,就是关于无理拖延的诉讼,法院的初次到庭制度被不讲道理地拖延。审问人员在拖延期间内获得被告人的供述是不被许可的。基于相关规定,被告人应在被逮捕的 48 小时内安排会见,这是最高限度的时间标准。

初次会见也可能直接进入审讯程序。这样的审讯可能被分开举行,这是因为法庭不需要被告人出席。因为这种情况是由于逮捕缺乏正当理由,所以当逮捕行为在没有逮捕证的情况下进行时,具有合理理由的审讯是必须进行的。在合理理由审讯期间(也叫做合理理由决议),会有一名审判员复阅警察的文件和报告以确定逮捕的合理依据。逮捕的复查程序一般是在一种相对正式的情况下进行的,审判员力图判定逮捕发生的时候,负责逮捕的警官应具备两个理由:① 一个犯罪已经或者正在发生;② 被告是犯了此罪的人。呈现给审判员的大部分的证据是从负责逮捕的警官或受害人那里得来的。如果发现情况不属实,那么嫌疑犯就有可能被释放。关于初审会见的听证会,应当在 48 小时之内举行。

在 1991 年福利赛德郡诉麦克劳克林一案中,联邦最高法院及时举行了审查被逮捕者的合理理由的听证会。法院认为,"司法管辖区在 48 小时内举行关于逮捕的听证会是符合及时性要求的"。然而法院指出,周末和法定假日不排除在 48 小时的规定以外,一般还要根据案件的具体情况而定,有时不到两天的延迟可能仍然是不合理的。

在初审会见期间,虽然联邦最高法院支持被告人在他们初审会见时由法律顾问组作为他们的代表,穷人有权由法院指派律师为其提供法律援助,但是嫌疑犯没有呈现证据的机会。在宣读起诉书和熟悉权利之后,法律顾问可能被派任为穷人被告的代理律师,但是这一过程可能被延期,直到指派好律师为止。为了防止嫌疑犯是难控制、醉酒或不合作的人,司法审查可能发生在指派或聘请律师之前。

一些州会直接提审犯罪嫌疑人(稍后讨论)而放弃初审会见程序,尤其是当被告已经以正当理由被逮捕的情况下。正式直接地移送提审,有正当理由的程序,被视为提审前拘留的充足的证据基础。

刑事司法职业生涯：担保代理

- **姓名**：安雅·普莱
- **职位**：科罗拉多州丹佛保释金代理人/保释执法人员
- **就读大学**：凤凰城大学刑事司法文学副学士（2007 年）；目前就读于瑞吉斯大学攻读犯罪学学士学位。
- **聘用年份**：2008 年至今，保释执法人员；2009 年至今，保证代理人，太阳保证保险公司。
- **请简要说明您的工作：**

保释金额由法官或裁判官在录取过程或保释听证会中设定。法官将考虑各种因素，包括犯罪的严重程度，以前的定罪，被告人与家庭社区的关系，以及被告人是否有稳定的工作。

通常，家庭成员、同事或被告人将联系担保代理人或债券代理人以安排释放。保证办公室一年 365 天，一周 7 天、一天 24 小时接受这些电话，然后开始风险评估过程。

在科罗拉多州，担保人可以收取不超过债券金额的 15%。一旦达成协议条款，并且所有各种抵押文件，包括赔偿协议、抵押品声明、费率偏差表格和申请均已完成，保释金债券在持有被告的拘留所张贴。如果被告未能在预定的出庭日期或时间出现（FTA），必须获取令证和照片将被告拘押监禁。

- **申请时认为该职位最大的吸引力是什么？**

这不是"办公室工作"。这个职业涉及客户服务、销售、计算机技能、区域旅行和身体健康等要素。了解各种犯罪行为模式和支持每个公民在没有拘留的情况下为自己辩护的权利都吸引了我。

- **你会如何描述面试过程？**

证明身体表现和具备逮捕可疑逃犯的能力至关重要。在我的面谈过程中，一名女性被告因违反其保释条款和条件而被还押。被告逃离现场，我被要求追捕。随后发生了两次冲刺和骚乱。此后不久，我获得了担保代理人的认证，并开始编写保释保证书。

第七章 法 院

- 什么是典型的一天？

我们接到各种保释金要求的电话。在核实拘留设施、保证金金额以及担保人签署债券的能力后，我们将会面以完成所需的文件。然后，我必须前往拘留所共同签署保证书。我使用各种基于计算机的工具监控我的客户的法庭时间表。如果识别失败，则保释执行过程以被动模式开始。这包括联系被告的签名者、家人、雇主和同事。根据具体情况，可能需要进行一些活动，包括重新安排出庭日期或时间，找到被告，提出诉讼或逮捕被告，同时接受新客户。

- 哪些品质/特征对这项工作最有帮助？

数据库管理和用于查找逃犯的各种工具集需要计算机技能。对区域人口统计数据的了解，极大地有助于确定风险管理和保释执法工作。了解客户的教育背景和情绪状态是有帮助的。对法院和执法过程以及持续的身体条件有基本的了解也很有帮助。

- 一般起薪多少？

新代理商倾向于为成熟的保释金公司工作，而且通常根据佣金或保释金额的百分比来支付。每年约 25 000～40 000 美元。

- 升级到更高级别的工作岗位时，薪水潜力是多少？

更有经验的保释金代理人每年可赚取 45 000 至 150 000 美元。

- 你对在大学刚开始学习刑事司法的学生有什么职业建议吗？

在刑事司法系统中有许多职业机会，因此进入大学的学生的职业道路并不总是很明确。我的建议是研究各种职业领域。研究你想要研究的内容，不要满足于你没有热情的工作。

审前释放

初审会见是审判前释放的一个重要的考虑因素。如果被告人因犯重罪被指控，并且被认为有逃脱且伤害其他人的可能性时，那么其通常会被关在看守所直到审判。这种做法叫做审判前的拘留。然而，大多数被告人有被释放的机会。许多司法辖区使用事先审理程序，也被叫做早期介入程序。这样的项目是由一些州或个别的郡建立的，具有代表性：①他们收集并提供刚被逮捕的被告人的资讯和关于可审前释放的选择权和条件，由审判员决定是否在审判前保释；②在庭前审判期间，他们监督被释放的被告人，确保他们按时出庭，参加诉讼活动。学习更多有关审判前的服务，参见 http://www.justicestudies.com/pubs/pretrial.pdf。

最初的事先审前释放或继续拘留决定通常是由审判员或者特别派任的审讯行政员作出的，他们在考虑相关的背景和意见后，再作出决定。在作出这个决定时，审判员最关注两个类型的危险：①被告人有逃跑的危险或不出庭的风险；②被告人有威胁公众安全的可能。

保释

保释是美国法院决策机制中关于释放或拘留的决定中最常见的活动。保释有两个目的：①它帮助确保被告人正常参加诉讼活动；②它防止未经定罪的人蒙受不必要的监禁。

保释需要确保被告人今后能够继续参加庭审。保释的保证金通常为银行的现金存款，也可以是以财产或其他贵重物品为抵押。一个完全有保证的保释，要求被告缴纳法院规定的全额保释金。然而，一般情况下，被告人可以通过保证人寻求私下的担保。担保人将会支付固定百分率（通常为10%~15%）的保证金，被告人将会交清剩余部分。被告人在保释期间逃跑或有逃走意向的，法院将撤销他们的保释并没收保释金。没收保释金的听审会必须在没收前举行，若被告人可永久地避免被起诉，大多数法院将不要求保释金。若被告愿意继续参加审判，保释金将被撤销。

在许多州，保证人有权利追查逃跑的被告人，直到找到为止。在一些司法辖区中，经法院认可，保证人拥有无限制的权利追赶、扣留、拘留逃跑的被告人。最近很多州已经制定了以营利为目的的保释，并且由州的预审服务机构实施。在 http://www.pbus.com 了解更多美国的保释行为。

多元文化与多样性：国际刑事法院

2000年4月12日，国际刑事法院（ICC）在联合国的主持下成立。国际刑事法院是一个永久性的刑事法院，审判犯下国际社会关注的最严重罪行的个人（而非国家），如灭绝种族罪、战争罪和反人道罪（包括大规模谋杀平民、酷刑和大规模强奸)。国际刑事法院的目标是成为一个具有国际管辖权的全球司法机构,以补充全世界的国家法律体系。通过联合国(UN)促进了对国际刑事法院的支持。70多个国家通过批准"国际刑事法院罗马规约"批准了法院的设立。国际刑事法院的第一位检察官,阿根廷的路易斯·莫雷诺·奥坎波于2003年4月当选,并以此身份任职至2013年任期结束。

国际刑事法院的倡议始于第二次世界大战后,未能成功建立一个国际法庭审判被控犯有战争罪的人,代替这样一个法庭,军事法庭在德国纽伦堡和日本东京举行,试图控告被告犯有战争罪。虽然1948年《灭绝种族罪公约》要求建立一个国际刑事法院,但由于冷战以及一些国家政府拒绝接受法院提出的国际法律管辖权,建立常设法院的努力被推迟了几十年。

1948年12月,联合国大会通过了"世界人权宣言"和"防止及惩治灭绝种族罪公约",它还要求"由可能拥有管辖权的国际刑事法庭审判罪犯"。一些成员国很快要求联合国国际法委员会(ILC)研究建立国际刑事法院的可能性。

国际刑事法院的发展因世界超级大国之间发生的冷战而推迟,这些大国在发生"热"战时不愿意让其军事人员或指挥官受到国际刑事管辖。然而,1981年,联合国大会要求国际法委员会考虑制定国际犯罪法典。

1992年波斯尼亚-黑塞哥维那的战争明确涉及违反种族灭绝和日内瓦公约,加剧了世界对建立国际刑事法院永久性国际组织的兴趣。几年后,160个国家参加了在罗马举行的联合国会议,以建立一个刑事法庭。在会议结束时,成员国以压倒性多数投票赞成《罗马规约》,呼吁建立国际刑事法院。

2012年,在国际刑事法院达成的第一项判决中,法官找到了刚果(金)反叛领导人托马斯·鲁班加犯有征募儿童兵的罪行。通过访问国际联盟了解更多关于此案和国际刑事法院其他活动的信息,网址为http://www.iccnow.org。

> **参考文献**
>
> 1. See the Coalition for an International Criminal Court, "Building the Court," http://www.iccnow.org/buildingthecourt.html (accessed July 10, 2010).
>
> 2. Much of the information and some of the wording in this box are adapted from "The International Criminal Court Home Page," http://www.icc-cpi.int/menus/icc (accessed October 1, 2010); and the ICC "Timeline," http://www.iccnow.org/html/timeline.htm (accessed April 12, 2010).
>
> 3. The conference was officially known as the Conference of Plenipotentiaries on the Establishment of an International Criminal Court. *Plenipotentiary* is another word for "diplomat."
>
> 4. Roy Gutman, "Is International Criminal Court the Best Way to Stop War Crimes?" McClatchy Newspapers, April 27, 2012, http://www.kentucky.com/2012/04/26/2164351/is-international-criminal-court.html (accessed August 12, 2012).

替代保释

《美国联邦宪法第八修正案》并没有规定保释制度，但写道，"额外的保释金是不需要的"。然而，一些学者发现得到保释机会的许多被告人并没有足够的金钱来缴纳保释金。数年前，国家刑事审判标准和目标委员会的一个报告发现：多达 93% 的重罪被告人在一些司法辖区中不能够得到保释。

为扩大那些无危险性的被逮捕者被保释的比例，一些州和联邦政府现在可以用非现金的替代品作为保释金。替代选择包括：①释放保证书；②财产性债券；③保释存款；④附条件释放；⑤第三方监管；⑥无担保契约；⑦签名契约。

释放保证书（ROR）

释放保证书（ROR）不需要缴纳现金，只需要保证人确保被告人可以按照法院规定的日期返回参加诉讼活动就可以了。作为保释金的替代品，释放保证书在 1960 年社会实践中得以实验，被称为"曼哈顿保释方案"。在实践中，不是所有被告人都有被保释的资格，那些犯有严重罪行的被告人，包括犯有谋杀、强奸、抢劫和有前科的人，均不予保释。其他被告人以是否具有社会危害性和再犯可能性为理想标准，如：①之前无犯罪记录；②居住稳定；③工作记录良好。可能逃跑的人将不会被保释。

保释制度的研究显示，使用释放保证书制度后被释放的被告人比之前多了4倍。更令人惊讶的是，这些被保释的人中只有1%的人缺席了诉讼活动。

财产性债券

以财产性债券替代现金保证。土地、住宅、汽车、股票等都可以委托法院保管以当作抵押品。这么做的目的是防止被保释的人逃跑。

保释存款

保释存款在一些司法地区也是一种现金保证的替代手段，地方法院充当担保人的角色，让被告人向法院缴纳100%的保释金。与私人的保证人不同，法院管理保释存款的方式要扣除总金额的一部分作为行政管理费（也许为1%）。如果被告无法出庭，法庭将没收全部存款保释金。

附条件释放

附条件释放适用于毒品犯罪。这么做是为了让被保释人与其他参与者隔离，比如，对一些潜在的证人，他们一般会被安排一些社区劳动。被监督的释放和有条件释放很相像，但其增加了被告人向法院或警察报告的制度。

第三方监管

第三方监管是一个机构或个人出示保释书替代保证金的制度，但是监护者必须保证被告人会出现在法庭上。在这种制度下，有些审前释放程序允许律师为他们的客户承担责任。如果被告人不出庭，那么该律师的权利就将被取消。

> **刑事司法展示：非司法审前释放决定**
>
> 在大多数美国司法管辖区，司法人员决定是否逮捕或释放被逮捕的人。然而，一些司法管辖区允许其他人做出这样的决定。一些观察家认为，关键问题不在于决策者是否是法官，而在于决策者是否有明确和适当的标准，决策者是否具有足够的信息，以及他或她是否在审前释放/拘留方面受过良好的训练。非司法决策者释放/拘留机制包括：
>
> **警务人员和轻罪出庭传票**。轻罪出庭传票或引证是警察局向被告发出的传票，通常用于轻微犯罪或轻罪指控。这些罚单可以大大减少审前羁押的使用，并且通过避免小案件的初次审前释放或保释听证，可以节

省法院系统的大量时间。然而，由于这些指控通常只基于当前的指控（有时还基于计算机搜索检查拘捕令），高风险被告可以在没有监督或监视的情况下被释放。随着对更多犯罪历史信息的计算机访问变得可用，能够快速识别具有对社区构成风险的历史记录的个人，可以更广泛地使用轻罪出庭传票。

监狱管理员。在许多司法管辖区，监狱官员有权释放（或拒绝入狱）符合特定标准的被捕者。在一些地方，监狱官员根据法院命令行使以下权力：详细说明被告人可以入狱的类别的优先权，以及当监狱人口超过法院施加的上限时释放囚犯的优先权。"自动释放"的方法有助于减少监狱拥挤，但这样做存在释放一些很有可能成为逃犯或再次犯罪的被告的风险。为了帮助最小化这些风险，一些治安官和监狱管理人员已经开发了自己的审前服务或"保释"机构，其工作人员根据对被捕者的访谈、参考资料和犯罪历史检查进行风险评估。

保释时间表。这些预先确定的保释时间表仅仅根据被指控的罪行来设定保释等级（从保证书到保证金数额）。根据当地惯例，根据保释时间表释放可以在警察局、当地监狱或法院进行。这一做法节省了司法人员的时间，并允许迅速释放那些能够支付高额保释金的被告。然而，仅仅基于当前指控的释放决定的价值是存在怀疑的，因为没有证据证明特定指控与随后犯罪的风险之间存在关系。根据保释时间表释放仅仅取决于被告支付保释金的能力；此外，当被告通过支付保释金被释放时，通常没有监督程序来最小化不出庭和随后犯罪的风险。

保释代理人。当司法官员确定被告必须支付的保证金数额时，或者当根据保释时间表机械地设置保证金时，真正的决策者往往是保释代理人。如果没有保释代理人提供保证书，没有其他金钱来源的被告会仍然在监狱里。被告向保释代理人支付10%手续费（有时还提供担保物）的能力与他或她逃跑风险或对社区的危险程度无关。

审前服务机构。在某些司法管辖区，审前服务机构有权释放某些类别的被告。该权力通常局限于相对轻微案件，尽管一些司法机关可以释放一些类别的重罪被告。因为审前服务机构可以获得关于被告先前的记录、社区关系和其他未决指控的信息，所以其释放或拘留的决定基于保释时间表，然而，由于这些程序缺乏司法人员的独立性，他们可以成为政治和公众压力的目标。

资料来源：改编自 Barry Mahoney 等：《审前服务计划：应对能力和潜力》，华盛顿特区：国家司法研究所2001年版。

无担保契约

无担保契约是以法院的决定为基础的担保。它像一个信用契约，这个保释替代制度不需要向法院缴纳现金。被告同意书写保证书，并保证如若未能出庭，则其名下全部的土地、个人财产、银行存款等将会被没收。

签名契约

签名契约同样是以保证书为基础的。签名契约对被告人的社会危害性和下次是否能够到庭没有特别的要求。只对较轻犯罪的人才可以适用，例如，发生交通事故、少量毒品犯罪、违反治安法的人。签名契约可能由逮捕警官代表法院签发。

审前释放和公共安全

审判前释放是最常见的做法。大约57%的州级重罪被告人和36%的联邦重罪被告人在审判之前被释放（图7-6）。在州一级别中，有43%的被告人是被拘留的，这种扣留会一直持续到法院裁决他们的案件为止。大多数谋杀罪被告人（88%）会被拘留。多数机动车盗窃（61%）、抢劫（58%）或入户盗窃（54%）的被告人也会被拘留至案件裁判结束。假释的被告人（83%）也很有可能被拘留。在联邦级别的移民案件中，有88%的被告人被拘留，而只有30%的暴力犯罪嫌疑人直到被审判时才被关押。

越来越多的人认为审前释放是存在危险的，并且他们在试图减少被释放的被告人的数量。这个保守政策的提倡者引用了一些犯罪人保释后再次犯罪的研究资料，研究者根据资料发现有16%的被告人在被保释后又被逮捕，其中30%的人不止一次被逮捕。另外的一项研究发现，多达41%的犯有严重罪行的罪犯被保释人，如强奸和抢劫，在他们的受审日之前会被再次拘捕。这

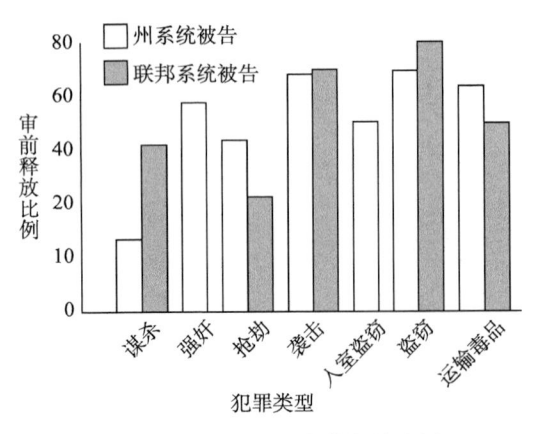

图 7-6 重罪罪犯审前释放比例

并不令人惊讶,此类研究通常发现,审前保释时间越长,被保释人的行为越不端。最近一项研究集中于 2008~2010 年间联邦刑事被告的审前释放,其中 36% 的被告在审判前获释,22% 的被告违反了他们的释放条件,因新的犯罪被重新逮捕。毫不奇怪,这样的研究通常发现,从释放到审判之间所需时间越长,行为不当的可能性就越大。

为响应这些调查结果,一些州已经制定了限制保释权的法律,并对特定类型的犯罪人加以预防。其他州(包括亚利桑那州、加州、科罗拉多、佛罗里达州和伊利诺伊州)认可宪法修正案对限制保释的适用。大部分的法律不允许特定的被告人获得保释的机会,犯其他罪的人以严格的条件限制获得保释的机会。一些州采用严格的释放条件是为了更好地在审判之前控制被告人的行为。

1984 年《联邦保释改革法案》允许联邦法官评估被告的危险性,如果被评估的被告人具有严重的社会危险性,则可以拒绝保释。在该法案中,审前拘留的被指控犯有联邦刑事罪行的嫌疑犯必须继续监禁,如果在听证会后被认为有逃跑和危害他人或社会的风险,并且没有条件可以合理保证避免这些意外情况的发生。被告人若要寻求保释,必须保证他之后可以到庭。这部法令也要求被告及时地出现在初审之中,如果被告被拘留,拘留听证会将和首次庭审一起进行。

然而,在 1990 年美国诉蒙塔尔沃·孟里约的案件中,被告人在首次庭审的时候,没有进行拘留听审,后来他被上诉法院释放了,但他的违法行为原本不应获得自由。联邦最高法院认为,"除非对诉讼结果有实质性的影响,否则未能遵守该法案的听证会条款应该被拘留的那些人而不应当被释放。因为我们要保证保释程序的公平和保障公共安全以及被告人能够按时到庭"。

法院挑战宪法规定的审前拘留的立法最后看来并不怎么成功。美国联邦最高法院的美国诉哈泽德案(1984)的判决在颁布《联邦保释改革法案》后几个月内下发,但是国会以危害社会安全为由拒绝该保释法案。

大陪审团

大约一半的州和联邦政府将大陪审团作为审前程序的一部分。大陪审团是由个体公民组成(通常为23人)的,它们听取检察机关提供的证据。大陪审团的主要作用就像筛选器一样把那些不充分的证据过滤掉。

早期时代,大陪审团的服务目的与今天截然不同。1166年,大陪审团制度作为识别违法的一种方式始于英格兰。由于执法机构缺乏调查权力,政府将大陪审团视为社会中获取犯罪活动信息的来源。即使在今天,大部分司法管辖区的大陪审团,都有可能启动独立于检察官的起诉,尽管他们很少这样做。

大陪审团的听证会是秘密举行的,被告人一般不会有机会出现在大陪审团面前。同样,辩护人也没有机会盘问公诉方证人。大陪审团有权传唤证人,并查阅授权书、审讯记录和其他对他们的调查至关重要的文件。

听完证据后,大陪审团对起诉书(正式提出指控的罪名清单)进行投票,决定是否向犯罪嫌疑人提出起诉。如果大陪审团中的绝大多数成员同意将起诉书上交到初级法院,那么它就成了一个"真正的案件",并会启动下一步诉讼。

初步聆讯

不使用大陪审团制度的州依赖于初步聆讯,因为指控被告人的程序并不那么繁琐,可以说更多的是一种保护那些无辜的人的一种方式。在这些司法管辖区中,检察官提交被称为被告人信息或起诉文书的控诉文件。接着,初步聆讯将会举行,以确定是否有合适的理由去审理被告人。有几个州,特别是格鲁吉亚州和田纳西州,同时适用了大陪审团机制和初步聆讯作为一种

"双重检查"以应对可能莫须有的起诉。

虽然初步聆讯并不如刑事审判那样是精心设计的，但它们有许多相同的特征。在被告人被采取初步聆讯之前，下级法院的法官会总结对被告人的指控内容，并审查刑事案件的被告人有权享有的所有权利。控方可能会派出证人并提供证据来支持他们的指控。被告人有权利出庭作证，也可传召证人。

初步聆讯的主要目的是给被告人一个机会，去挑战拘留他们的法律依据。在这一点上，被告人可能自称是弱智、无行为能力的人，那么他们可能会被命令接受进一步的评估，以确定他们是否能够继续参与审判。受审时，当被告人表现出他理解不了审判的进程，或者由于精神疾病或缺陷不能够自行辩护时，这可能会成为一个问题。

2003年，美国联邦最高法院严格限制了政府的权力，阻止它们强迫一些患有精神疾病的被告人服用药物，以便让他们有能力继续参加审判。在Sell诉美国的案例中，法院裁定，对非暴力犯罪的被告人使用抗精神病药物时，我们必须保证被告人得到的是最佳的医疗利益，并且要保证治疗所带来的副作用不会对审判的公正性造成影响。

除非裁决被告人有精神问题，否则所有的证据必须是充分且完整的，足以使一个理性的人相信被告人犯了罪。如果法官能够发现足够的证据进行审讯，被告人势必会在法律上受到大陪审团的约束。在不需要陪审团审查的州，被告人会被直接送到原审法院。如果对被告人的控诉无法在初步聆讯时被证实，那么他就会被释放。如果有进一步的证据出现，那么被告人可能会被再次逮捕。

传讯与辩诉交易制度

传讯

一旦一种控诉被退回或信息已经被提交，被告人将正式被提审。传讯是被告人第一次出现在法院审判中。传讯通常是一个短暂的过程，其有两个目的：①再次通知对被告人的具体指控；②允许被告人进入答辩程序。美国联邦刑事诉讼规则允许三种类型的抗辩：认罪、不认罪和无抗辩。无抗辩（无争议）和认罪有些相似。被告"无争议"就立即被定罪，就像他已经认罪了一样。但是"无抗辩"并不代表被告人已经认罪，它为被告人提供了一个优势，它可能不会成为随后进行的民事诉讼的基础，并且不会给被告人带来金钱或其他方面的损失。

一些被告人拒绝认罪并说其保持"沉默"。保持沉默是被告人的一个防御策略，但是很少被使用。然而，被告人选择不回答问题也不请求抗辩，对于程序的目的来说，其实被告人保持沉默已经是被认为在做无罪的抗辩了。

辩诉交易制度

2012年，53岁的肯奈斯·马萨博被联邦政府指控非法运输千磅重的炸药，在最后一刻，他改变了主意并接受审判。马萨博在此之前一直宣称他是清白的，他被捕的原因是他的雇主安排他用卡车运送50个类似于化肥的大袋子去俄克拉荷马市的一座大厦。卡萨博一开始接受认罪协定是因为他担心如果不接受，检察官会延长他的监狱生涯。但是，一周后，他拒绝了相关的答辩安排，并且联邦陪审团发现他是无罪的并释放了他。这个案例是反常的，因为有97%的被告人会选择接受认罪协定而不去接受审判。与这个制度刚订立时相比，接受率提高了84%。

认罪通常并不像人们看起来的那样简单直接，通常只有经过复杂的谈判才能达成目的。辩诉交易制度是一场谈判，它常涉及被告人、检察官和辩护律师，并建立在有关各方的共同利益之上。辩方律师和他们的客户并不确定他们是否可以在审判中争取被判无罪时，他们会选择认罪。检察官也愿意作此交易，因为他们反驳被告人的证据比他们想要的要弱。辩诉交易制度提供给检察官一个快速的解决案件的方式，又无需投入大量的时间和审判所需的资源。对被告人的好处包括减少或合并收费、减少了辩护费用和获得一个可能比预料更好的处理结果。

美国联邦最高法院认为被告人认罪后便可以定罪。若要验证定罪，需要请求司法部门的同意。法官经常也会接受这样经过讨价还价的结果，因为这样做可以减轻法院的工作量。很少有法官愿意保证审判在辩诉交易之前进行，因为大多数检察官和刑事律师知道能从典型的抗辩程序之外得到什么。

协商认罪也很常见。一些调查发现，多达94%的国家刑事案件和略超过96%的联邦刑事案件最终都会通过辩诉交易得到解决。

然而，一些州最高法院的决定通过宣称被告人不能反复无常地撤回谈判，已经在辩诉交易的过程中增强检察官的权力，其他裁决也表达了对检控方自

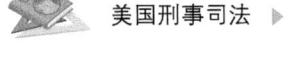

由裁量行为的支持,即使在交易达成后又被撤销,检察机关依然有量刑的推荐权。当被告人没能兑现一些条件时,一些下级法院的案例显示政府有权撤销辩诉交易。这些条件可能包括让被告人提供其他犯罪分子的信息、其他犯罪集团的情况或走私的活动信息。

2012 年的两项决定扩大了法官在辩诉交易过程中的权力,美国联邦最高法院同意《美国联邦宪法第六修正案》将律师的有效援助适用于所有州的关键的刑事诉讼程序,包括辩诉交易制度的规定。法院还认为,"作为一般规则,辩护律师有义务接受有利于被告的辩诉交易的条款和条件"。失败的沟通可能会成为被告人后来提出上诉的基础。只有在被告人能够提出合理的条件时,那些提议才会被接受,这项抗辩才会被接受,控方不会取消它,法庭也不会拒绝接受它。

虽然人们普遍认为,辩诉交易制度应该在某种程度上与最初的指控有联系,但实际情况并非总是如此。辩诉交易主要在于相当的惩罚力度的交易,而不是强调对被告人所犯罪行的精确定罪。当被告想要把犯罪行为的社会影响降到最低时,通常会采用此交易。例如,在被告被指控性行为不端时,最后可能会被定为强奸罪。此时辩诉交易可以将猥亵认定为攻击,掩盖犯罪行为的本质。

尽管最高法院已赞同辩诉交易制度,并在其过程中保护犯罪嫌疑人的权利,但公众有时还是会用怀疑的眼光看待它,一般倡导严厉惩罚和长期监禁的人,声称那些辩诉交易制度会带来毫无道理的轻判。因此,检察官经常参与却很少宣传它。

辩诉交易制度可以成为起诉的有力辅助工具,但这项权利可能被滥用。因为他们绕过了审判过程,这就会造成辩诉交易制度可能会被检察官和辩护律师滥用,因为比起看到正义被伸张,他们对案件解决的速度更感兴趣。从极端的角度讲,辩诉交易制度可能会产生对被告人定并没有犯的罪的情况。因为无辜的被告人会认为陪审团将会定他们的罪(尤其是那些以前有犯罪记录的人)——不管出于什么原因——他们会选择认罪以减少对他们的控诉,从而避免审判所带来的更严重后果。为努力保护被告人反对匆忙安排的抗辩,《联邦刑事诉讼规则》要求法官做到以下几点:①告知被告人认罪的情况下他所拥有的权利;②确定认罪是自愿的;③披露任何认罪协议;④进行充分的调查，以确保辩诉交易有事实依据。

总结

在美国，有两种司法系统：一是根据州和地方政府管辖的由州和地方法院建立的系统；二是根据美国宪法管辖的管辖由国会设立的联邦法院系统。这种双重法院系统的历史结果是由于国家创始人协议各州有独立于联邦控制的立法权和司法权而形成的。

在大多数州，刑事法院可以分为三层结构，两层审判法院阶层和一层上诉法院。州与州之间的法院系统存在许多差异。所谓的改革州采用的相对精简司法系统，其由有限和一般管辖权的初审法院组成，辅之以一层或两层上诉法院级别的法院。未改革的州或传统的州，倾向于保留多层次司法体统，司法管辖区的定义不清，法院冗余。无论何种组织形式，州法院享有几乎无限的审判权力，只需不违背美国联邦宪法和各自州的宪法和法律即可。

今天的联邦司法机构由三个层次组成：①美国地区法院；②美国上诉法院；③美国联邦最高法院。联邦法院主要是在大城市，宪法赋予它们权力去审理案件。联邦最高法院位于华盛顿特区，只受理来自下级法院的上诉案件。

审前活动涉及初次会见、大陪审团听证会（在部分州）、初步聆讯、传讯、辩诉交易等，所有的一切在这一章中都有讲述。在审判前，法院面临的最重要的决定之一是审前释放。在考虑是否应在审判前释放刑事被告人时，法院必须权衡被告人未来是否可能带来潜在的危害。

问题回顾

1. 美国法院系统是如何发展的？美国法院历史的一些独特之处是什么？什么是双重法院制度？为什么在美国有双重法院系统？

2. 典型的州法院系统是如何构建的？州一级可能存在哪些不同类型的法院？它们可能具有哪种司法管辖权？

3. 联邦司法机构三个层面的特征是什么？美国州和联邦法院系统之间有什么区别？

4. 在刑事审判开始之前，通常采取哪些步骤？

第八章

法庭工作和刑事审判

介绍

亚利桑那州陪审团于2013年5月8日发现32岁的乔迪·阿里亚斯（Jody Arias）因为涉嫌杀害其前男友特拉维斯·亚历山大·阿里亚斯被控一级谋杀罪。阿里亚斯承认射杀了30岁的情人，并声称她是一直在努力保护自己免受感情、身体和性虐待。阿里亚斯在审判期间的表现宛若一位娇小而娴静的女子，在法庭上穿得像个女学生。虽然她的外表可能不起眼，但阿里亚斯的审判却经过了5个月的质证、盘问和陪审团辩论，此案引起了国家和世界的注意。《今日美国报》这样描述，"乔迪·阿里亚斯审判其实只是一个普通的国内谋杀案"，却吸引了大量的观众观看电视审判。因为他们被这个"爱、谎言、性和肮脏的秘密"的细节吸引住了。在一次审判期间，播放了一段录音，亚历山大说，他想把阿里亚斯绑在树上，对她进行异常的性行为。

在亚利桑那州梅萨的家中，亚历山大的尸体被发现。在他的脸上留有枪伤，还有30次的穿刺刀伤，他的喉咙也被割断了。法院的证词显示，阿里亚斯是一个被抛弃的情人，尽管亚历山大继续邀请她到家中，并在他看其他女人时与她发生性行为。

法庭工作小组：专业法庭活动者

在大众看来，尽管刑事审判系统可能充满了戏剧性，但却似乎运行良好。

图8-1 乔迪·阿里亚斯

像戏剧舞台上的演员一样，审判涉及许多参与者，每个人都有不同的角色和作用。然而不同于戏剧的是：它们是真实的事件，审判的结果对人们的生活影响深远。参与刑事审判的人可以分为两类：专业人士和非专业人士。专业人士指的是有专业知识的法庭参与者，他们精通刑事审判程序和法院业务。法官、检察官、被告人的辩护律师等为法庭服务并靠此谋生的人属于这一类。专业法庭也称为法庭工作小组。一些学者指出，除了法定的要求和道德的考量，在法庭互动中，专业人士需要在举止、团队精神、共同目标等方面保持一致。因此，即便刑事审判在对立的框架内进行，法庭工作小组依然致力于保障审判程序顺利地进行。

相比之下，非专业人士法庭参与者只是暂时参与法庭的工作，他们通常不熟悉法庭审判的组织和程序。陪审员、证人、被告人和受害者即使与审判结果有更大的联系，他们也不是专业人士。本章将在描述审前程序的基础上，阐述法庭的审判活动。我们将首先讨论刑事审判中的各种参与者以及他们所扮演的角色。

法官

法官的角色

审判法官的主要职责是确保司法的公正。美国律师协会（ABA）对刑事司法审判法官的职责描述如下："法官在进行审判的过程中，有责任保护被告人的权利和公共政府的权利。刑事审判的目的是判决被告人的罪行是否应依法受到处罚，审判法官不得利用程序达到任何其他非法目的。"

在法庭上，法官拥有最高权力，其中包括裁决法律事项、权衡双方的争议、决定可采纳的证据、维护法庭秩序等方面。在大多数司法管辖区，法官依然可以判决驳回对被告人有罪的判决，在一些州，法官依然可以放弃陪审团判被告人有罪或无罪的判决。

大多数州地区的首席法官，除了担任审判法官的角色外，还必须负责管理法院系统的日常工作。法院的管理工作包括招聘人员、调度会议、确保下属法官和其他人员人数充足并协调他们的活动。首席法官通常由资历最深的法官担任，但是他们很少有人接受过正式的管理培训。因此，首席法官管理工作的有效性取决于他们的人品和奉献精神。

法官选择

正如我们在第七章中讨论的，联邦法院层面的法官是由美国总统提名、参议院确认后任职的。在州一级法院，这一点略有不同。根据各管辖区的规定，州法官通过普选或行政官（通常是州长）任命产生，法官选举由州一级法律规定。

司法选举和任命都可能会受到质疑，因为每个系统都可能有政治力量进入司法领域。在选举制度下，司法候选人必须获得他们政党的支持，并对党派做出贡献，进行有效的管理活动。在任命制度下，司法候选人必须得到现任行政官的首肯并任命。因此，党派政治在两个系统中都发挥着作用，批评人士声称，法官很少能做到真正的中立，因为他们受到竞选承诺、个人债务、（可能还有）政治议案的制约。

应对这些问题，许多州已经采用了"密苏里计划"（或密苏里律师计划），该计划将法官选举和任命的元素相结合。筛选出来的司法职位候选人，需要经过无党派国家司法提名委员会的提名。委员会通过州长办公室的一个部门选定候选人，然后再确定一个最终的任命名单。现任法官必须在指定的任期内对选民负责。选民的选择决定了法官是继续任职还是任命其他法官来担任此职务。"密苏里计划"规定，必须定期审查司法绩效并公开审查结果，因此也被称之为绩效的司法选举计划。

法官资格

几十年前，许多国家的法官并不需要任何特殊的培训。任何人（甚至有人没有法律学位）只要赢得选举或获得行政长官的任命就可能行使法官的职权。然而今天，几乎所有州的管辖地区和上诉法院都要求法官必须具有法律学位和律师执照，并且要求他们是州律师协会的一员。许多州还需要新当选的法官参加国家举办的法庭程序、证据、解决纠纷、行政记录和道德规范等科目的培训。

大多数州会提供法官任职的指导培训，并且其他组织也会提供专门的培训。位于内华达大学雷诺分校的国家司法学院（NJC），就是这样的一个机构。国家司法学院成立于1963年，由美国联邦最高法院的大法官汤姆·克拉克创建。国家司法学院每年招收逾3000名法官，并提供许多在线课程。国家司法学院与全国委员会合作的青少年和家庭法院法官培训，是全国唯一的高等司法学历项目，还提供司法研究硕士学位和博士学位。访问http：//www.judges.org了解更多关于国家司法学院的信息。

在美国的一些地方，对下级法院的法官、治安较好地区的法官和基层法院的法官的职业培训课程仍然不作要求。当前，在43个州中，约有1300名无律师证的法官，他们主要服务于那些农村地区的有即管辖权法院。例如，根据国家统计，在纽约法院系统有3511名法官，其中大约有2250人是城镇或村庄地区的兼职法官，大约有80%的乡镇法官不具有律师资格。大多数情况下，纽约法官有可能会存在一些所谓的交通违规行为，有的甚至还可能会涉及一些轻罪案件和一些民事案件。

尽管有些人认为那些法官是接近正义的公民，但据了解，在大多数司法管辖区内，法官的数量正在下降。国家和大多数州应继续在下级法院的法官中选拔那些没有犯罪记录的司法候选人，并要求他们如果当选就必须参加专门的课程培训。

检察官

检察官，又称法务官、地区律师或国家律师。检察官主要代表国家对抗犯罪嫌疑人。联邦检察官和5个州的检察官的任期为4年，并且可以连任。无论是政府官员还是公民，都可能需要检察官办公室的服务，并利用这些资源进行诉讼。

因为检察官工作的需要，他们职责的履行大多数由一个人处理，助理检察官需要获得其所在地区的律师执照。他们通常是由首席检察官直接雇佣。目前，大约有 2300 名首席检察官和 24 000 名检察官助理在为这个国家服务。

检察官一直被认为是当地警察部门中的一个类似于法律顾问的角色。因为检察官对犯罪信息很敏感，他们可能会帮助警方调查和侦探识别可靠的证人，发现额外的证据，但是这个角色是有限度的。警察部门是独立于检察部门的行政机关，它们虽然基于共同的信念和目标，但检察官做出的这一系列行为纯粹是他们自愿的行为。

审判开始后，检察官的工作是替国家起诉被告人。检察官介绍针对被告人的证据，引导证人说出"为公众"的证词和他们认为的想法。因为被告人是假定无罪的，证明有罪的负担、排除合理怀疑的义务都在检察官身上。

检察官的自由裁量权

美国检察官在这个国家的刑事司法系统中占据了独特的地位，这是因为检察官有大量的自由裁量权。美国联邦最高法院法官罗伯特·杰克逊指出，1940 年"检察官在控制生命、自由和声誉等方面的权力比其他任何人都要多得多"。在案件进入审判程序之后，检察官可以决定接受辩诉交易，将嫌疑人转移到公共或私人的社会服务机构，要求嫌疑人寻求律师咨询，或驳回完全缺乏证据或者各种其他原因的案件。研究发现，有 1/3 ~ 1/2 的重罪案件在审判之前或在辩诉交易之前都会被检察官驳回。检察官在大陪审团审判前也扮演着重要的角色，因为大陪审团制度的适用取决于检察官的证据。

在准备审判阶段，检察官需要决定对被告人指控的罪名、检查罪证的强度和通知证人。美国联邦最高法院两个重要的决定认为，检察官的职责是协助被告人提供任何证据。在布雷迪诉马里兰州案（1963）中，法院裁定检察官应公开直接关系到被告人有罪或无罪的证据。第二个类似的案件是 1985 年美国诉巴格利案。法院裁定，控方必须应被告人的要求出示一切证据，无论是证明有罪还是无罪的证据。法院认为，保留证据，即使它并不直接涉及有罪或无罪的问题，都可能误导辩护律师认为这样的证据并不存在。

2004 年，根据布雷迪案的判决，美国联邦最高法院在死刑执行前的 10 分钟停止了对 45 岁的德克萨斯·德尔玛·班克斯的死刑执行。因为法院发现检察官保留了重要的无罪证据，这可能改变对班克斯的判决。这个案件发生在 1980 年，控方指控他枪杀了一名 16 岁的男孩。法院说："检察官可能会隐藏那些无罪的证据，但是在这种情况下还要求被告人必须寻求自己无罪的证据的做法是站不住脚的，因为此时被告人被正当程序所限制，可能没有人身自由。"

检察官的职责不仅仅是发现有罪或无罪的证据。定罪后，通常允许检察官给法官一些量刑的建议。他们可能会根据加重因素（本书第九章中讨论）、之前的犯罪记录或者是手段极其残忍等问题，要求对罪犯进行严格的惩罚。被告人上诉时，检察官可能为了捍卫自己的指控，向上诉法院证明自己是正确的。大多数司法管辖区也允许检察官提出对被告人假释或者提前释放的建议。

检察官像法官一样，在行使自己的职责时享有同样的豁免权。1976年，美国联邦最高法院在埃博拉诉帕斯曼一案中为其豁免权提供了依据，"国家检察官对提起诉讼和出庭支持诉讼的行为享有豁免权"。在1991年伯恩斯诉瑞德案中，法院认为，国家检察官完全免于赔偿责任。伯恩斯的案子发生于印第安纳州，她在多重人格障碍下射杀了她的儿子。检察官进一步探索了其多重人格的可能性，警察局询问检察官是否能在讯问时催眠被告人。检察官认为，催眠是一种调查的捷径。之后，警方用催眠术使嫌疑人承认了谋杀。她后来上诉到联邦最高法院，"（检察官）知道或者应当知道在审判时候，用催眠术诱导的证词是不可接受的"。总而言之，法官、检察官在诉讼中的行为是绝对免于民事责任的，因为在此期间，他们是法庭的工作者。

刑事司法职业生涯：助理检察官

- **姓名**：罗伯特·S. 耶格斯
- **职位**：佛罗里达州棕榈滩县的州助理检察官
- **就读学院**：俄亥俄州北部大学佩蒂特法学院；宾夕法尼亚州立大学
- **专业**：英语与法律
- **受雇一年**：1988年加入佛罗里达州棕榈滩县的州检察官办公室
- **请简要描述你的工作**：目前正在审理重审案件的重罪分部有检察官200余人。案件包括加重的殴打、贩毒、入室行窃、抢劫、经济犯罪。

● 申请时，最能吸引你的是什么？

在法学院之后，我于1977年被任命为美国空军司令部美国空军司法部长。1982年，我离开现役并搬到佛罗里达州，成为一家律师事务所的律师，包括刑事辩护和上诉。在担任佛罗里达州检察长办公室（1984年~1988年）的刑事上诉律师3年后，我再次想在陪审团面前辩护。

● 你会如何描述面试过程？

目前的州律师面试过程涉及三位经验丰富的检察官和三位助理中的两位的面试，然后接受当选的州检察官长官的面试，这个过程多年来一直在变化，具体取决于当选的州检察官的意愿，可能与州检察官进行一次面谈，也可能按当前程序进行，但未与州检察官进行面谈。法律学校的实习经历是一个优势，因为具有任何曾经作为律师或法律支持人的经验。

● 工作典型的一天什么样？

"典型"的一天从上午8：30开始。举行为期一天的短期听证会（大约120个案件，有时候有很多不同的被告），有4名经常设立的部门检察官和多达6名专业检察官，还有4名公设辩护律师定期分配到该部门，加上不同数量的私人聘请律师。所有人都讨论提出辩护，请求提议，双方关于调查的要求，审判安排，动议听证安排，安排辩护会议，进行辩诉会议，被告要求代表自己，恢复原状听证会，私人律师出庭请求，请求退出私人律师的代理，要求继续，要求快速审判，等等。简而言之，我们通过辩护或审判来进行必要的程序，以便将案件审结。如果这一切都在上午10点或11点结束，法官可以要求陪审团出席并开始审判。在午休后，有一些阻止或取消证据听证会的审理或动议，或由当事人和法官特别设定的更长时间的听证会。

● 哪些品质/特征对这项工作最有帮助？

能够灵活准备，用英语表达，能够阅读反对动议和进行法律意见研究的能力是至关重要的。接下来是能够与来自不同背景和能力的人群交谈，并选择一群公平公正的陪审员作为你的事实发现者。你必须能够传达你的论点，并帮助你的证人以易于理解的方式传达他们必须向事实发现者提供的证据。准备是关键。你必须能够与你的秘书、调查员、信息管理员、法官秘书、文员等支持人员和反方律师、反方律师秘书一起工作并与之合作。你还必须愿意花时间为每次审判和每次听证做准备，即使知道对方可能在最后时刻决定让步并提出抗辩。如果你没有准备好，防守方会感觉到这一点，并用它来对付你。

- 什么是典型的起薪？

截至2012年的起薪为每年40 000美元。还有医疗福利、退休福利、旅行报销和持续的法律教育机会。

- 升级到更高级别的工作岗位时，薪水潜力是多少？

国家律师的法定最高工资为每年150 000美元。助理通常不会超过这个水平。

- 你对在大学开始刑事司法研究的学生有什么建议？

如果您正在考虑将起诉律师作为职业，请抓住每个机会学习创意写作、英语文学、心理学、公开演讲和辩论，以及戏剧性，并确保自己身体健康。你可能会发现自己处于许多压力情境中，有些是身体上的，有些是精神上的，而健康的身体会给你带来优势。

自由裁量权的滥用

因为检察官的自由裁量权很大，所以可能存在潜在的滥用权力的问题。自主决策在很多时候是不恰当的，例如，因个人的考虑大幅减少犯罪指控、决定不起诉他的朋友或政治密友，起诉目的是寻求知名度的提高和实现个人的政治野心等。

自由裁量权的滥用可能影响被告人的个人生活和辩护律师的职业生涯，也可能干扰被告人使其认罪。有些形式的滥用可能是无意识的。至少有一项研究表明，当决定是否起诉时，一些检察官对女被告人有宽大处理的倾向，也有一些人会有歧视少数民族的倾向。

虽然选民是最后的权威，检察官必须对某些不当行为向选民作出回应，但这些行为最终由州最高法院或州政府的办公室裁决。然而，对于检察官的犯罪行为，大多数可用的法院和司法资源是有限的。

2011年，为了阻止检察官的不轨行为，在联邦一级，美国司法部创建了一个新的内部监督办公室来监督联邦检察官的行为，即所谓的职业不当行为审查办公室，该办公室负责监督或教育那些联邦检察官参与故意或者重大过失的职务不轨行为。

检察官的职业责任

作为法律职业的成员，检察官应遵守各种专业的职业素养规则，比如美国律师协会（ABA）的职业行为规则。大多数州的律师协会采用他们自己的规则，期望其成员遵守这些标准。严重地违反规则的行为可能会导致检察官被取消律师资格。ABA职业行为规则的第3.8条规定了检察官的特别职责："检察官不仅仅是律师，还是有国家责任的司法人员；检察官的职责是寻求正义，而不仅是定罪。这些责任是特定义务，应当给予被告人程序上的正义，定罪需要在充足证据的基础上再作决定。"

检察官通过全美地区检察官协会（NDAA）持续影响美国的公共政策，保障社区安全。想了解全美地区检察官协会，请访问http://www.ndaa.org。

辩护律师

辩护律师是经过刑事法律严格培训的律师。辩护律师的任务是在被告人被逮捕后代表被告人行使刑事法律权利，尽量确保被告人的权利不受侵害，维护程序公正。辩护律师的其他职责包括：了解案件的严重程度、参加答辩谈判、在审判阶段准备足够的辩护理由。在准备辩护阶段，刑事律师可能会招募私人侦探、专家证人、犯罪的证人和特殊证人。一些律师本身就是私人侦探或相关人员。辩护律师还要遵循相关法院的判例，确定最好的辩护战略。

辩护准备工作往往需要律师和被告人之间进行交流。律师需保密他们讨论的问题，遵守代理人保密制度；换句话说，律师不能透露那些他们的客户已经向他们吐露的信息。

如果被告人被判有罪，那么被告人的辩护律师将参与被告人量刑上的讨论，他们可能会建议被告人提起上诉。被告人的家人提起的任何民事案件争议（支付债务、解除合同等）必须在安排量刑后解决。因此，辩护律师的工作包含了许多角色，包括律师、谈判专家、研究员、知己、家庭和个人顾问、社会工作者，甚至是收账人。

在美国，协助刑事被告的辩护律师有三个主要类别：①私人律师，通常称为刑事律师或聘请的法律顾问；②法院指定的律师；③公共辩护律师。

私人律师

私人律师要么有自己的法律业务，要么为合作伙伴或雇主的律师事务所工作。那些不得不雇佣一位辩护律师的被告人知道，雇佣私人律师的费用很高。大多数私人刑事律师的费用是每小时 100~200 美元，其中包括他们准备案件和在法庭上的时间。若被告人的代理人能够胜诉，那么费用就会更贵一点。著名刑事辩护律师一个案件可以收到成千上万美元的服务费——也有一个案件就收取超过 100 美元的服务费的情况。

实际上，一些法律专业的学生之所以选择刑法，正是因为刑事辩护律师是一个有诱惑力的工作。那些专业的学生们从他们的法学院毕业后，通常马上就能找到一个为地区检察官做助理或成为一名公共辩护律师的工作。了解国家刑事辩护律师协会（NACDL）请登录 http://www.nacdl.org，了解联邦辩护律师协会（AFDA）请登录 http://afda.org 获知更多关于刑法的实践活动信息。

法院指定的律师

《美国联邦宪法第六修正案》保证了为刑事被告人有效地指定法律顾问的权利。美国联邦最高法院采取了一系列措施来保障被告人的这项权利，当被告人在刑事司法的所有阶段无法支付私人刑事辩护律师费用时，法院将为他们指定律师。阿拉巴马州诉鲍威尔一案中（1932 年），法院根据《美国联邦宪法第十四修正案》裁定要求州法院为那些无法负担律师费的死刑案件的被告人指定律师。1938 年，约翰逊诉韦伯斯特一案中，联邦最高法院推翻了对联邦贫困囚犯费用的一项判决，认为该判决违反了《美国联邦宪法第六修正案》中规定的权利，法院宣布："如果被告人没有律师，并且没有自愿地放弃他的《美国联邦宪法第六修正案》的宪法权利时，是禁止判决剥夺被告人的生命和自由的权利的。"1963 年基甸诉温赖特案中，这项规定扩展为：在州法院，所有贫穷的被告人在面临可能被判重罪的情况下，有权被指定律师。在阿杰辛格诉哈姆林一案（1972）中明确，当被告人面临被判监禁刑时，法院需要指派律师。在高尔特（1967）案中明确，青少年案件需要指定律师。阿拉巴马州诉谢尔顿一案（2002）中，法院扩大了《美国联邦宪法第六修正案》规定的权利，规定在法院裁定轻罪时，被告也应当被指派公费律师，即使他们只面临轻微的监禁。

指派律师大致分为以下三类：①指定律师；②公共辩护律师；③合同律师。尽管资金费用的标准在州级、国家、县和市政以及联邦有所不同，拨款和法院的费用大多数执行郡县级标准。

指定律师

指定律师，也称为法院指定辩护律师，通常从审判法院管辖的律师名单中选择刑事律师。支付的流程和金额由国家或地方政府设定。这些费用通常很低。例如，2010年，纽约的法庭规定，指定的律师陈述费，轻罪犯人为每小时60美元、重罪犯人为每小时75美元。庭外准备时间是每小时25美元左右。

公共辩护律师

公共辩护律师是受雇于贫困被告人的律师。公共辩护项目依赖于全职受薪员工，包括被告方律师、被告方调查员和办公室人员。被告方调查员收集信息时，可能会会见被告人的朋友、家庭成员和被告人，从而更好地准备辩护。

2010年司法统计局（BJS）的报告发现，美国的公共辩护制度是向贫困刑事被告人提供律师帮助的最主要方法。根据司法统计局报告，在49个州，大约有1000个公共辩护律师办公室。2007年，华盛顿哥伦比亚特区收到了近560万件案例，雇佣超过15 000名诉讼律师。在28个州，在县郡一级使用辩护律师办公室这一系统，总共收到了400万多个贫困被告人的案件，占全国案件的3/4。这些办公室雇佣了大概10 700名诉讼律师。此外，基于其他22个州的公共辩护程序的不同，他们雇佣了4300名诉讼律师来处理他们收到的150万件案例。

司法统计局的调查发现，大多数的州和州立的公共辩护人员数量大大少于所需的数量。调查员认为公共辩护律师助理入门的工资范围，应为每年42 000美元到45 000美元。辩护律师基于案件不同的情况，工资为每年46 000美元到58 000美元。

批评者指责公共辩护律师，因为他们是政府雇员，而不是独立的检察官和法官。出于同样的原因，被告人可能会认为公共辩护律师是国家的工作人员。批评者同样认为，公共辩护律师会过度使用辩诉交易。了解更多关于公共辩护律师办公室的信息，参见 http://tinyurl.com/4yywlrt.

合同律师

合同律师是第三种为贫困人群辩护的律师，基于律师合同，县和州通过官方安排与当地的刑事律师交谈，提供合同的基础。个人律师、地方律师协会和律师事务所都可能会提供合同服务。该项目的受欢迎程度仍在不断地增长。

贫困的问题

当前的援助贫困被告人系统的批评者指出，整个系统相当缺乏资金。从发表在 2001 年的全国性调查报告来看："由于资金方面的问题，当前贫穷的被告人的律师在办理案件质量上，存在一种慢性危机。"

由于资金有限，许多公共辩护律师办公室采用批评家所说的"辩诉交易"，在法庭审判即将开始前，往往涉及大量的辩诉交易。国家被告人法律援助协会的玛丽·布罗德里克说："我们没有被提供相同水平的武器……这就像你拿着一堆玩具枪去处理智能炸弹一样。"国家被告人法律援助协会（NLADA）是保护贫困被告人合法权利并提供法律帮助的协会。你可以浏览 http://www.nlada.org 了解。国家研讨会上，关于贫困被告人的 200 页报告显示了花费在贫困被告人身上的资金，可以通过访问 http://www.justicestudies.com/pubs/cjindig.pdf 得到证实。

虽然各州对贫困被告人的服务常常缺乏不幸地资金，但联邦系统并非如此。例如，美国俄克拉荷马州的城市炸弹袭击者麦克维案中，麦克维的律师费用为 670 万美元，调查员的费用为 200 万美元，专家证人的费用为 300 万美元，还有大约 140 万美元的办公室租金和秘书协助费用。

当然，被告人也可以不接受任何指派律师。1975 年，美国联邦最高法院在法瑞塔诉加利福尼亚案判决中显示，被告人可以放弃他们的权利并由自己辩护，这被认为是《美国联邦宪法第六修正案》中固有的权利。然而，这种情况并不常见，只有 1% 的联邦被告人和 3% 的州被告人选择为自己辩护。著名的实例有：1995 年长岛铁路道路通勤列车射杀科林·弗格森案和 1999 年对杰克·凯沃尔吉安医生的审判，以及2002年联邦法院审理的扎卡里亚斯·穆萨维案，均为被告人不满意他们的指派辩护律师，选择自行辩护。

辩护道德

以专门为极端分子辩护而闻名的律师林恩·斯图尔特，由于替恐怖分子传送情报，于2010年被判处10年监禁。如今，在狱中服刑的她已是73岁高龄，并身患绝症。她的律师日前向联邦监狱管理局提出，要求当局以人道主义的名义释放斯图尔特，不料这项请求被监狱管理局拒绝。斯图尔特日前向当年审理她案件的法官发出亲笔信，希望对方重新考虑她的释放请求。

在调查案件的过程中，律师的情绪、特权和知识背景足以使一些律师违背职业道德。因为律师常常会知道更多关于被告人有罪或无罪的信息。律师故意歪曲他们的客户，是违反法律和职业标准的。宪法维权中心的主席迈克尔·拉特纳评论斯图尔特案件时说，"律师需要做支持者，而不是帮凶"。

图8-2　案例：辩护律师林恩·斯图尔特在2006年被判入狱。原因是她帮助极端激进分子埃及谢赫·奥马尔·曼（也称为"盲人酋长"）给监狱外的恐怖分子传送消息。我们的辩护体系要求律师有时也需要为不受欢迎的被告人辩护，但辩护的角色应该符合伦理和程序的规定。斯图尔特怎样违反了这些标准？

为了帮助律师理解什么是预期有力的辩护，美国律师协会提供了重要的法律道德、专业责任、伦理和专业的指导，即使如此，仍然存在一些尤为棘手的情况。律师只有在委托人的信息即将或正在危害其他人的生命的时候，才能在没有经过委托人同意的情况下，披露委托人的信息。在2004年，加利福尼亚州通过一项新的证据法补充了国家的证据法案，加利福尼亚州以及其他 49 个州的律师在上述情况下可以违反客户保密原则。加利福尼亚州的法律使律师对是否披露当事人信息可自由支配，西部州立大学法学院的教授凯文·莫尔同样认为，这样的披露不是强制性的。

早些时候，1986 年美国联邦最高法院驳回了尼克斯诉怀特塞德案，揭示了教唆客户作伪证的实例。在这种情况下，法院重申了律师的责任，"合法进行辩护和对真相的追求是律师的使命。不得采取措施或建议等任何方式协助客户提供虚假证据或其他违反法律的行为"。

道德与职业：美国律师协会（ABA）的职业行为示范规则

为帮助律师了解对他们的期望，ABA 在法律道德和职业责任方面提供了重要指导。ABA 制定了专业标准，旨在作为州律师协会的榜样，并指导立法机构专注于确保律师的道德行为。

ABA 首次涉足道德准则领域，是在 1908 年 8 月 27 日采用其原始的职业道德规范。1913 年，ABA 成立了职业道德常设委员会。该委员会的名称于 1971 年改为道德与职业责任委员会，该委员会今天继续以该名称运作。

1969 年，ABA 正式通过了委员会的职业责任标准守则。最终，大多数州和联邦司法管辖区都采用了自己版本的"标准守则"。

1977 年，ABA 专业标准评估委员会成立，负责重新思考法律专业的道德问题。在接下来的 6 年内，该委员会起草了 1983 年 8 月 2 日 ABA 通过的"职业行为示范规则"。"职业行为示范规则"有效地取代了"职业责任标准守则"，而且目前大多数州和联邦司法管辖区都采用了根据自己的具体情况制定的规则。

"职业行为示范规则"一直在定期修订，最明显的是在 2002 年，但是至今一直继续提供美国法律专业的试金石道德标准。访问美国律师协会，网址为 http://www.ame-ricanbar.org，并在 http://www.americanbar.org/groups/professional_responsibility.html 了解其职业责任中心。

关于道德的思考

1. 辩护律师是否应代理他或她知道其有罪的客户？

> 2. 律师拒绝代表这样的客户是不道德的吗？为什么？
>
> **参考文献**
>
> American Bar Association, *Model Rules of Professional Conduct-Preface*, http://www.abanet.org/cpr/mrpc/preface.html（accessed July 10, 2013）.

法警

法警是专业法庭工作组的另一个成员，也称为法院官员，他们通常作为武装执法人员。法警的工作是确保法庭上的秩序，传唤进入法庭的证人，防止被告人逃脱。法警也监督陪审团隔离合议，不让公众和媒体采访陪审团成员。

审判法庭管理员

许多州现在都雇佣了审判法庭管理员，他们的工作是促进法院的工作和确保案件流程的顺利进行。1967年总统委员会的执法和司法部门，根据评估州法院的报告发现，"一个系统，对待未成年人犯罪比对待被指控犯有严重犯罪的人更不注重保护他们的尊严"。几年后，国家刑事司法顾问委员会根据这一情况推荐所有法院与法官创建5个或5个以上的审判法庭管理员来保障他们开展工作。

审判法庭管理员提供统一的法院管理，假设许多职责以前由首席法官、检察官、法院书记员履行，现在都由管理员完成。但法院的最终权威仍然属于首席法官。管理员可以减轻法官的许多负担，如记录开庭日期和日常工作明细、调整安排审判、人员管理、设施规划和预算管理，他们也可以参加法官和委员会的会议。

陪审员管理是审判法庭管理员的另一个管理领域，陪审员利用率的研究可以优化公民陪审团系统、避免逃避陪审团义务，并建议陪审员不要浪费时间。

法庭速记员

法庭速记员（也被称为法庭记录者）是记录所有发生在审判中的事情的

角色。在刑事审判法庭中，正确的记录非常重要，因为上诉可能完全依赖于记录中关于之前发生在法庭上的事情。尤其是重要的口头辩论全都发生在法庭上，包括证词、对抗、法官的裁定、法官给陪审团和律师的建议、律师和法官之间商议的结果。当记录是不准确的或者是无根据的时候，法官偶尔会裁决"从记录中删除"。官方法庭记录通常是由录像机或者录音机来记录的，之后可以转换为手稿形式，进而成为任何审判上诉审查的基础。

如今的法庭速记员通常用 CAT 软件，这个软件可以将打字的速记翻译成完整的、可读的文件。法庭速记员可能是全国法庭记录协会的成员、美国法庭纪录协会或者法律行政人员协会的成员，这些协会都支持这些职业人员的活动。你可以通过 www.ncra-online.org 来浏览全国法庭记录协会的内容。

法庭书记员

法庭书记员的责任是帮法官查找法条、判例、送达文书，并且他们的责任可以延伸到法庭之外。书记员了解刑事案件的所有记录，包括所有审判前后的抗辩和运作程序，书记员也为陪审团服务，解决陪审团的问题，并传唤证人。在审判过程中，书记员标记被法官指示的实质物证并且保持证据的完整。书记员也以观察者的身份发誓并且执行法官的要求。一些州限制书记员的司法职责，例如发出逮捕令的权力，或解决涉及精神不健全的个体的问题，并且不得像法官一样监督遗嘱实施、管理财产。

专家证人

到目前为止，我们所讨论的大多数法庭"业内人士"，要么是政府员工，要么是与法院有业务关系的人（如辩护律师）。然而，也许专家证人没有这种地位。专家证人是被认为在某成熟的职业或技术领域有专业技巧与知识的人。他们的证词可以在法庭上提供有效的科学的证据。他们在诸如医学、心理学、弹道、犯罪现场分析和摄影等方面提供有效的帮助。不同于证人，他们可以发表意见、得出结论，但只能在他们特定的专业领域表达意见和结论。专家证人也会像其他证人一样受到盘问。

1993 年道伯特诉梅里尔的民事案件中，最高法院建立了科学专家证词接受的标准，该标准是一个由审判法官决定的，专家提出的证明必须同时满足：①能够提供科学知识；②将帮助审问者理解或判定存在争议的事实。法庭的法官需要"保证专家的证词建立在可靠性基础上，并且与案件相关。所有的相关证据必须基于科学的原则之上"。法院称，"专家证词必须满足这些要求"。

2010年马萨诸塞州的梅伦德斯诉迪亚兹案件中，法院进一步明确了法医分析师的角色，确定他们是"证人"和他们的报告是"证明"，根据宪法，他们必须接受质证，除非在审判中被告人明确放弃他被盘问的权利。同样，在2011年布卡米诉新墨西哥的案例中，美国联邦最高法院认为，如果专家证人没有亲自出庭作证，或提供的材料没有签字，将不允许进入质证程序。

专家证词的一个问题是他可以使审判团受到迷惑。有时这个问题归咎于事物的自然属性，有时则归咎于专家自身的不同意见。例如，精神错乱这个概念在医学和法律上的差别，是由于法律和医学之间的历史和目的分歧所造成的。法院试图以米克诺滕氏条例为标准（在本书第三章讨论），法院在决定使用"精神错乱"这个词时，往往面临着精神科专家的拒绝甚至不承认。一些专家可能更喜欢用精神病和精神官能症来形容这一情况，但是这些在法律术语中没有地位。由于证词的不确定性，各方专家彼此的对质可能会使陪审团产生混淆。

即便如此，很多权威人士认为，专家证词相比其他形式的证据更值得信赖。在一份科学证词的调查中，一个检察官说，如果让他在指纹鉴定和目击者的证词中选择，他总是会选择指纹鉴定。作为一种科学证据的有效结果，国家司法研究所建议，"检察官应该考虑这样的证词，在所有情况下，具有潜在实用性"。

场外观察员：没有专业技术的法庭参与者

被告人、被害人、证人和陪审员通常是非自愿地或是在不经意间成了刑事审判的参与者。虽然他们是局外人，缺乏专业人士的地位，但也正是这些人为司法成本买单。在许多刑事审判中，媒体更多的是作为一个自愿的参与者，他们组成了另一种类型的"局外人"。现在让我们来看一看这些法庭的参与者。

外行证人

没有专业知识的证人，也被称为外行证人，他们要么是被检察官传唤作证的证人，要么是被告人邀请来为他们辩护的证人。外行证人可能是亲眼看到犯罪的发生或者是在犯罪发生后的很短时间内目击了犯罪现场的人。另一种类型的外行证人是见证人，他们经常提供犯罪人的个人信息、家庭生活背景等，来努力表明这个被指控的犯罪人不可能实施这样的犯罪。当然，受害者本身也可能是证人，他们提供关于被告人犯罪的详细描述。

正式通知证人出庭作证的书面文件叫做传票。传票通常是由法院的官员提供或者是由警方提供，有时他们也会通过邮寄形式发送。在刑事案件中，双方可以传唤证人，可能要求他们出示书籍、文件、照片、录像带或其他形式的物证。被传召的证人若没有出现在法庭上，有可能会面临法庭的指控。

图8-3 案例：刑事审判中证人作证前宣誓。通常非专家证人被要求证言仅限于他们知道的事实。为什么这样限制？

证人的义务是依据证人直接的认知提供准确的证词。通常情况下，证人是不允许复述别人告诉他们的事情的，除非他们必须通过这样做来解释他们自身的一些行为。证明任务充满了不确定性，并且可能会带来伤害。

所有的证人都要受到询问。外行证人在交换质证时会吃惊地发现，他们所提供的证据可能会受到攻击，并且有人会质疑这些证据的真实性和完整性，还质疑他们的道德水平。质证方会问证人一些过去他们所做的邪恶的事情或不道德的行为，即使这样的事情从来没有进入刑事司法程序，但是他们仍旧会那么做。问这些问题只是想向陪审团证明这些证人是不可信的，法官通常也会允许他们这么做。

目击者常常会不适应司法程序的改变。比如，当他们被传唤出庭的时候，由于审判日期频繁或突然地变化，导致目击者自身事务的延误。任何一方的战略变化都可能使一些目击者的证词成为完全不必要的。

为了弥补证人的时间，赔偿他们收入方面的损失，很多州每天都会支付因占用他们时间而产生的费用。支付的范围从每天 5 美元到 40 美元不等，但是也有些州并不支付此项费用（联邦法院支付 40 美元）。在 2004 年芝加哥的谋杀案中，奥普拉·温弗瑞担任陪审员，所有陪审团成员，包括温弗瑞（一位亿万富翁），每天都会得到 17.20 美元的补贴。1991 年美国联邦最高法院在马斯比克的案件中规定，联邦监狱中的囚犯有权被传唤作证，并且他们也会像其他证人一样得到补助。

为了使证人的工作不太繁重，39 个州和联邦政府的法律或准则要求，更改日期和取消刑事诉讼必须通知证人。1982 年国会通过了《受害者及证人保护法案》，要求美国的司法部制定方针以帮助受害者和证人满足司法系统要求的条件。一些受害者救助计划（也被称为被害人/证人援助计划）也呼吁对证人的权利进行保护，这个计划也使得法庭更易于管理。

陪审员

2004 年库克县（芝加哥）陪审团曾判决电视天后奥普拉·温弗瑞一级谋杀。"这让我们大开眼界"，温弗瑞在为期 3 天的审判结束后说，"这不是一个容易的决定"。

《美国联邦宪法》第 3 条要求"审判所有罪行，应当由公民选择的陪审团决定"。各州有权确定刑事审判陪审团的陪审员。大多数州的陪审团由 12 人组成，并会指定 1 个或 2 个候补的陪审员，其目的在于当陪审员发生事故、疾病或个人有紧急情况时接替他们的工作。有些州允许陪审团的陪审员少于 12 名。

陪审团的职责被视为公民的责任，但是青少年和某些行业，例如涉及警察人员、医生、武装部门的成员、现役和紧急服务人员的案件，必须提供陪审团，除非陪审团能说服法官他们有不履行职责的原因。在大多数地区，非公民、重罪罪犯或已经从事陪审服务两年的人，不能参与陪审团服务。

陪审员的名单往往来自税务登记记录、机动车记录或县（市）的选民登记名单。最低限度的陪审团服务资格要求：成年、英语口语等级过关、普通公民、是当地的居民。陪审员也必须拥有自己的"自然能力"，听、说、看、移动等能力健全。最近，一些法学学者认为，残疾人可以作为陪审员，但是有些案件可能会排除这些人作为陪审员。

在理想情况下，陪审团应该是一个社会的缩影，能够反映社会的价值观、理性和一般的常识。美国联邦最高法院认为，罪犯有权要求有自己的同龄人作为陪审团成员。对等陪审团的想法源于《大宪章》关于原始陪审团"保证自由"的规定，"自由"这一概念源于 13 世纪的英格兰，因此，该理念可能与今天美国人追求的自由相似。因此，尽管陪审团的职责是审议证据、最终确定有罪或无罪，但是社会动态可能同样极大程度地影响着陪审团裁决案件的结果。

1945 年希尔诉南太平洋有限公司一案中，联邦最高法院对"对等陪审团"的概念做了系统的阐释，联邦最高法院规定，我们没有必要让陪审团代表必须包含社区可能存在的种族、民族、宗教、性别和经济集团等一切因素，法院官员不可以仅仅因为他或她的社会特征而故意排除任何陪审员。

2005 年，美国律师协会发布了 19 条原则，旨在指导陪审团的改革。美国律师协会的主席罗伯特说，这些原则是为了完善法庭陪审员制度并把这种服务带入 21 世纪。关于陪审团和陪审团的审判原则，请访问 http://tinyurl.com/43hzc8x。

受害者

不是所有的犯罪都有明确的受害者，比如一些谋杀案件就没有生存的受害者。然而，大多数情况下，幸存的受害者经常成为在法庭上被遗忘的人。尽管受害者自身深受犯罪所带来的伤痛，但大多数情况下，我们依然致力于推进审判结果，受害者可能根本不允许直接参与审判过程。虽然在美国经常会出现关于受害者利益的运动，但他们仍然不被重视，国家完全没有意识到案件最后的结果是与受害者的利益密切相关的。

几百年前，受害者的境遇与现在大不相同。在中世纪早期的欧洲，受害者或犯罪的幸存者经常在一个审理程序和判决程序中起核心作用。他们可以出庭作证、质证证人，进行辩护，也可以恳求法官或陪审团伸张正义、荣誉和实现对被告人的"复仇"。有时他们甚至会执行法院的判决，比如，鞭打罪犯或释放用于绞刑的活板门。在这个"黄金时代"，受害者被授予君主般的权利和宣布"复仇"的权利。

今天，受害者（如证人）参与刑事法庭的过程要艰辛许多：
- 不确定他们在刑事司法过程中的角色；
- 普遍缺乏关于刑事司法系统、法庭程序和法律问题的知识；
- 审判延迟导致频繁往返，耽误了正常的工作，浪费时间；
- 害怕被告人或被告人的家属报复；
- 作证和盘问造成的二次伤害。

审判过程本身也是让人痛苦的经历。如果受害者出现在观众席上，律师就有可能会质询他们的记忆，挑战他们的真实性，甚至建议他们在某种程度上对自己的受害负责。持久的盘问后，受害者遭遇的伤害被提供给刑事法庭用于审判。受害者和受害者的额外问题，包括受害者的援助项目，这些内容会在第九章提到。

被告人

一般来说，被告人必须出席案件的审理。联邦刑事规则支持这一做法，要求被告人存在于每一个阶段的审判过程中，除非被告人自愿缺席审判。在克罗斯比案中，美国联邦最高法院认为，如果被告人没有逃跑，被告人是不会缺席审判的，即使他仅出席在审判的开始阶段。萨菲罗案中，法官认为，至少在联邦法院，当多个被告人被指控犯有类似或相关的犯罪时，他们可能会一起出庭，即使他们的辩护之间有着本质的不同。刑事被告人多数是贫穷、没有受过教育的人，许多无能为力的被告人任由司法机关摆布。然而，那些有经验的被告人，特别是那些职业罪犯，他们可能会精通一切法庭程序。正如我们早些时候讨论的那样，刑事案件中的被告人甚至可能选择自行辩护，不过如此选择可能不会给他们带来最佳的利益。被告人可以选择：①选择和保留法律顾问；②和他们的律师规划辩护战略；③决定提供或拒绝提供哪些信息；④决定什么时候请律师介入；⑤是否亲自作证；⑥ 如果罪名成立，决定是否提起上诉。

然而，即使是最活跃的被告人，也会遭受许多不利。一个不利是在别人看来，任何人进入审判程序，人们都会倾向于他们是有罪的。虽然有些人是"无罪"的，但是他们被指控犯罪这一事实投射下的被怀疑的阴影可能会导致陪审员和其他法庭上的成员产生思想的偏见。而律师和法官倾向于认同中上层阶级的价值观和生活方式。另一个不利是一些被告人和法庭工作人员在文化、价值观方面存在着差距，这种差距所带来的后果可能是危险的和深远的。

观众和媒体

观众和媒体在法庭中的作用经常被我们忽视，因为他们不是正式的法庭参与者。观众和媒体代表可能会出现在任何审判之中。观众包括受害者和被告人的家属、两边的朋友、出于好奇来观看审判的人。记者、电视记者、新闻记者和其他成员往往出现在有巨大社会影响的案件庭审之中（比如一个特别可怕的犯罪或对一个著名人物的审判）。观众出席刑事审判的权利是《美国联邦宪法第六修正案》中与公开审判的要求相关的内容授予的。

在刑事调查和审判的所有阶段中，媒体报道通常会给司法系统带来一些问题。重大案件审前的宣传，可能会导致难以找到陪审员来参与审判。因为陪审团在审前需要尚未形成对被告人有罪或无罪的意见，但是此时听到的媒体关于法庭的新闻可能会影响陪审员的判断。在1976年内布拉斯加州记者协会诉斯图尔特一案中，美国联邦最高法院裁定，如果初审法院的法官没有有效地防止审判前的舆论干扰，那么被告人和公正的陪审团有权利要求通过传统的手段来保证审判的公正。这些手段包括：①场地的变化，即审判转移到另一个管辖区，审判不太可能被暴露在被舆论干扰的地方；②审判延期，目的是等大众记忆减退和情绪降温之后再进行审判；③陪审团再选择，从陪审团中消除那些持有偏见的人。当前，大多数州的法庭允许新闻媒体携带他们的采访设备听审。

美国联邦最高法院一直不认为电视报道审判是一种有利的做法。1981年，佛罗里达州的被告人对他的盗窃案件提起了上诉，联邦最高法院认为，在他的审判中，电视摄像机的存在把法院变成了一个由律师组成的马戏团，把审理程序变成了一个插曲。联邦最高法院发现，被告人意识到电视镜头对很多人产生了影响。用法院的话说，"审判法庭必须警惕，要防止任何损害被告人权利的行为发生"。

自1946年以来，《联邦刑事诉讼规则》已经在所有联邦地区的刑事诉讼中禁止使用各种摄像头。1972年，美国司法会议采纳了一项政策：在联邦地区法院审理的民事诉讼案件，禁止被媒体散布。该政策也被纳入美国法官行为准则。尽管如此，一些地方规则仍然允许摄像机或照相机出现在特定的程序中。一项为期3年的关于是否允许电视摄像机、照相机进入审判的试点项目，在6个美国地方法院和2个上诉法院进行。最后，于1994年12月31日在司法会议上被投票否定。因为会议成员担心，这些设备会让人分心，并且会对陪审员和证人产生消极影响，因为相机也可能会成为暴露他们身份的一种工具。然而，今天新兴的数码设备的功能与传统的摄像机、照相机的功能几乎一致，其中包括手机、网络视频设备和微型录音设备等，所有这些设备都在威胁着法庭隐私。

刑事审判

从被捕到判决，刑事司法过程是经过精心安排的。逮捕人员必须在收集证据和质询嫌疑犯等方面遵循合理程序。法官、检察官和监狱的官员都会受到程序的限制。然而，刑事司法程序中最核心的部分就是刑事审判。

程序

程序在现代法庭中是被高度形式化了的。刑事司法要求审判必须遵守证据规则和其他程序性准则。证据规则部分基于判例，但美国所有辖区都有正式的书面证据规则。联邦的刑事审判普遍遵守《联邦证据规则》的要求。

庭审也受非正式规则和职业预期的限制。法庭的举止和对程序的遵守也是法学院教育的核心。除了成文法规则，法学学生还需懂得并遵守美国律师协会和其他机构对法律工作者的职业道德标准。

第八章 法庭工作和刑事审判

为它付出：法院的成本效益

据报道，2013 年，加利福尼亚州最高法院首席大法官塔尼·坎蒂伊·萨考伊说："我一直在电视上听到人们说，我们将在法庭上度过一天；我轻轻地说道，他们不知道再也没有法院了吗？"坎蒂伊·萨考伊的言论是对国家预剧烈算削减的反应，大幅减少了审判庭的数量和整个现金紧张的州的法院资源。截至 2012 年底，加利福尼亚州司法委员会，作为加利福尼亚州法院系统的决策机构，已经关闭了洛杉矶县的 60 个审判庭，并计划关闭另外十个法院，裁掉额外的法庭工作人员，并在该州十个县停止对所有新法院的建设。2013 年，由于该州未能为以前建议的职位提供资金，理事会撤回了新增 50 个法官职位的提议。理事会估计需要 264 名法官来有效处理整个州的案件数量增长。

预算削减的一个重要牺牲品是加利福尼亚州案例管理系统（CCMS），这是一个无纸化的计算机化网络，曾经被吹捧可以通过电子方式将它们联系在一起，可能提高整个州的法院效率。在整个州法院系统中，司法人员可以轻易获得法院记录的 CCMS 遭到法院工作人员和工会的反对，他们认为自动化将使他们失去工作。据估计，用于开发该系统的费用约为 5 亿美元，并且在未来两年内全面实施将使该州额外花费 1.2 亿美元。

甚至在 20 世纪 90 年代主持审判 O.J. 辛普森的加利福尼亚州谋杀案的著名法学家兰斯·伊藤法官现在发现自己穿梭于法庭之间，在那里大部分家具被拆除，而且取暖器已经关闭以节省开支。伊藤几年后面临退休，其前法庭由于削减而关闭，他观察到，"自 2008 年以来，这一直是一个缓慢的火车残骸……我没有工作人员，没有法警，没有法庭记者，我必须说服友好的职员争分夺秒"。

幸运的是，并非所有州都不得不削减与加州相同程度的法庭资金。即使在那个州，以恢复财政流动性为目的的工作正在取得进展。例如，在 2012 年秋末，加利福尼亚州的选民批准了第 30 号提案，增加了州的销售税，并对那些收入超过 25 万美元的人提高了所得税。然而，这笔资金尚未进入国库，并且为了弥补州司法预算的不足，州长杰里·布朗宣布了一项计划于 2014 年生效的州法院紧缩计划。许多州长提议将法院费用加倍，包括向分发给公众或律师的法庭记录副本收取每页 1 美元（目前的费率为每页 50 美分）的费用。其他费用的节省将来自不破坏过时的公共记录或与大麻占有有关的记录，并仅在杀人案件中提供初步听证会的成绩单。

另一项为国家筹集资金的努力包括为未能支付机动车罚款的人提供一次性特赦计划。该计划允许违规者自愿支付 2009 年 1 月 1 日之前征收的 50% 的未付罚款，以代替全额罚款，而不会有藐视法庭或其他刑事处罚的风险。其他筹集资金的建议包括允许所有刑事罚款的一定百分比用于法院管理，或允许更多的违法罚款用于刑事违法行为。据估计，约有 75 亿美元的拖欠债务的法院仍未支付债务。加利福尼亚州法院行政办公室的一名成员指出，"如果法院直接收到这笔钱，他们可能会有更多的收集动机"。然而，批评者担心这样的举动只会鼓励法官比他们过去更频繁地处以罚款。

参考文献

California Vehicle Code, Section 42008.7 Infractions: One-time Amnesty Program, http://www.dmv.ca.gov/pubs/vctop/d18/vc42008_7.htm (accessed March 3, 2012); Kendall Taggart, "Billions in Court-ordered Debt Goes Uncollected," *California Watch*, June 5, http://californiawatch.org/dailyreport/billions-court-ordered-debt-goes-uncollected-16459 (accessed March 3, 2013); "California Judicial Council Halts Court Case Management System," *The Sacramento Bee*, http://blogs.sacbee.com/capitolalertlatest/2012/03/california-udicial-council-halts-controversial-court-case-management-system.html (accessed March 6, 2013); "Brown Looks to Fee Hikes to Fund Courts," *The Los Angeles Times*, January 15, 2013, http://latimesblogs.latimes.com/california-politics/2013/01/brown-looks-to-fee-hikes-to-fund-courts.html (accessed March 16, 2013); "State's Judicial Council Puts New Courthouses on Ice," *The Los Angeles Times*, http://latimesblogs.latimes.com/california-politics/2013/01/council-puts-new-courthouses-on-ice.html (accessed March 5, 2013); "Judges Say Courts Under Siege From Budget Cuts," Associated Press, January 20, 2013, http://www.appeal-democrat.com/news/judges-122737-say-angeles.html (accessed March 5, 2013).

刑事审判的性质和目的

在本章的其余部分，我们将描述刑事审判学科的历史进程和一些被广泛接受的刑事诉讼规则。在我们开始介绍之前，请最好记住两点：一是任何刑事审判的主要目的是确定被告人有罪或无罪。在这方面，重要的是要认识到事实上的罪和法律上的罪之间的关键区别。事实上的罪是指被告人是否真正实施了犯罪行为，如果被告人实施了，那么他事实上就有罪。法律上的罪没有建立明确的术语，且只有当检察官提出的证据足以说服法官（当陪审团庭审已经放弃审判，由法官决定判决结果）或陪审团认为被告人是有罪的时候，才判决被告人有罪。事实的罪和法律的罪之间的区别是至关重要的，因为它指出了一个事实：举证责任归于起诉方。它表明被告人有有罪的可能性，然而，最终被发现"无罪"。

要记住的第二点是：刑事审判在我们的司法系统中是建立在一个对抗的系统之上的（起诉和辩护）。参与对抗的是系统的拥护者（公诉人或地区检察官）和被告人（被告律师、公共辩护律师等）。对抗系统都要求最大限度保护和促进他们各自的利益，行为言语符合法律和职业道德。模式表明，确定被告人是否有罪不是辩护律师的工作。甚至有些时候，即便辩护律师确信他们的客户有罪，却仍给客户提供最好的辩护。

对抗的系统已经受到一些思想家的批评，在法律和科学之间寻找真理的方式存在着差异。1982年官方接受了传统法律程序支持者的建议，并且相信真理最好是可以在一个对抗的过程中去发现，在这个过程中，通过科学家们坚持不懈地研究来获取更广阔的知识。我们大多数人都会同意，最近的科学进展确实减少了很多实际操作中很难确定的问题。例如，通过利用一些新的科学技术来分析证据（如DNA、指纹等）可以证明嫌疑人的犯罪活动，也可以表明有些犯罪嫌疑人曾经被认为有罪但实际上是无辜的。1989年伊利诺伊州的加里·道森成为第一个通过使用这种技术被证明无罪的人。自此以后，至少有 328 起案件被 DNA 证据推翻。塞缪尔·格罗斯和密歇根法学院的同事们在 2004 年发表的"免罪的全面研究"一文中写道："这 328 人的罪行总共被判了 3400 年监禁，他们从来不应该被定罪。"这种无罪证明往往更频繁地发生在 DNA 证据相对容易获得的情况下，比如强奸和谋杀。其他犯罪（如抢劫）即便使用 DNA 技术也难以定罪。因此有人指出："近期被推翻的强奸罪案件仅仅是冰山的一角。"

现在，通过科学发现是否应当继续维持对抗程序，本身就是一个问题。最终的答案是要看这个程序是否有效。如果对抗模式的结果是能够准确地确定有罪或无罪，那么它就是有效。

刑事审判阶段

我们现在讨论刑事审判的步骤。如图 8-4 所示，庭审由八个阶段组成：

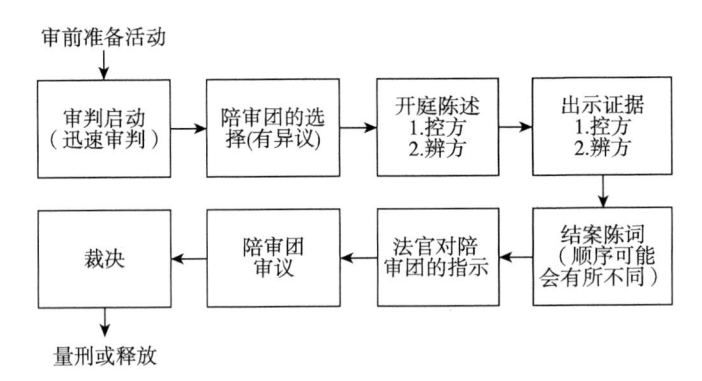

图 8-4 刑事审判阶段

1. 审判启动；
2. 挑选陪审团成员；
3. 开庭陈述；
4. 出示证据；
5. 结案陈词；
6. 法官对陪审团的指示；
7. 陪审团审议；
8. 裁决。

陪审团审议和裁决都是经共同探讨的。如果被告人被判有罪，由法官在审判后量刑。量刑下一章讨论。

审判启动

《美国联邦宪法第六修正案》中包含了一个保证迅速审判的条款，其保证了"在一切刑事诉讼中，被告人应当享有迅速和公开审判的权利"。拖延法院审限、有限的司法资源、工作效率低下都是不允许的。然而美国联邦最高法院注意到了三个关于迅速审判的先例性案件：霍普诉北卡罗来纳案（1967年）、巴克诉温格案（1972年）、斯特伦克诉美国案（1973年）。霍普的案子涉及杜克大学教授和专注于非暴力抗议种族隔离设施的人。在霍普案拖延已久的审判中，法院宣称，迅速审判的权利是宪法所保证的根本权利。在巴克的案件中，法院认为根据《美国联邦宪法第六修正案》的规定，即使被告人在案件中并没有明确反对延迟审判，但是我们也应保证审判的快速进行。在斯特伦克案中，因为法院违反了迅速审判原则，所以解除了对他的所有指控。

1974年，根据司法部的建议，美国国会通过了《联邦迅速审判法案》。该法案允许在以下情况下解除案件中的联邦犯罪指控：刑事指控的情况下，逮捕后30天内不积极准备起诉的；起诉后70个工作日内未开始审判的。如果被告人或者证人不能满足在70天内出庭的条件，可以延长该期限到180天。由于被告人逃跑造成延误，时间的损失不计算在指定的时间段内。

在1988年的一个重要裁决——美国诉泰勒一案中，美国联邦最高法院对一名在逃的被通缉的毒品犯罪嫌疑人适用了《联邦迅速审判法案》的规定。联邦最高法院声明，由于这是被告人的故意行为，所以审判期限不适用70天的规定，联邦最高法院仍坚持推迟审判。

然而，在1992年的道格特诉美国一案中，法院坚持将该案推迟了八年半，违反了《联邦迅速审判法案》的规定。

2006年，美国联邦最高法院拒绝接受疑似放射性炸弹同谋者何塞·帕迪拉的上诉，决定维持下级法院的判决，该判决认为，一个美国公民在本国境内因疑似恐怖犯罪分子而被捕，则总统可以要求他不经过指控和审判而被无限期关押。

《联邦迅速审判法案》只能在联邦法院适用。然而，克勒普弗一案实际上

美国刑事司法

图8-5 案例：1996年詹姆斯·托马斯被指控谋杀罪，2005年4月被判无罪释放。他在路易斯安那州看守所用了8年半的时间等待审判。路易斯安那州上诉法院裁定，州法院花了太长时间审理他的案件。为什么我们的司法系统需要快速审判？

将快速审判的宪法保障适用于州法院。为了减少审判推迟，许多州已经实施了它们自己的迅速审判法案。大多数州法律将审判的合理期限设置为90天或120天。

挑选审判团

挑选审判团的挑战

《美国联邦宪法第六修正案》保障了公正地挑选陪审团的权利。一个公正的陪审团不一定是无知的。换句话说，如果他们以前了解了案件的一些情况，候选陪审员是不会一直服务于一个陪审团的。然而，若候选人已经对犯罪嫌疑人形成了有罪或无罪的意见，则他们可能将会从陪审团中被剔除。

一些陪审员会想要退出陪审团，也会有其他愿意为陪审团服务的人却因为被判断为不合适而被排除。控方和辩方律师共同盘问以保证陪审团成员的名单是公正的。在刑事法院，有三种盘问模式被认可：①集体盘问；②盘问原因；③强制性盘问。

集体盘问意味着盘问信仰，一般由辩方律师来进行盘问，被认为表现不好的候选人或在一些关键方面存在偏见的候选人，将不能入选陪审团。在陪审团选举和聆讯审判之前，进行集体盘问是存在争议的。

在陪审团挑选期间，控方和辩方律师都要预先审核询问候选人。陪审员不应该存在偏见，不应持有罪或无罪的观点。

盘问原因是为了弄清楚陪审员是否会存在不公平或不公正的行为，这种行为可能会在预先审核程序中出现。

最高法院已经强调了另一方面的考虑，这些考虑包括陪审员庭审前受到新闻报道影响的可能性。例如，1991年最高法院判决的木明诉弗吉尼亚州一案中，木明是一个弗吉尼亚州的囚犯，因一级谋杀而服刑。当他在监狱外进行劳动服务时，又实施了另一起谋杀。在审判中，12个陪审员中的8个承认他们之前已经听过或看过与案件相关的信息，尽管没有一个人表明在审判前他在脑海中已经形成了关于木明有罪或无罪的观点。在木明被定罪后，他上诉到了最高法院，声称由于案件在庭审前已经被公开，他公正审判的权利已经被侵犯了。最高法院没有认同有罪判决，并引用了陪审员不应存在偏见的声明。

第三种盘问，即强制性盘问，可以让律师们否定陪审员而无需给出理由。检察机关和辩护律师都可以进行强制性盘问，但仅限于少数情形，联邦法院在死刑案件中允许每一方最多进行20次的强制性盘问，而在轻微刑事案件中只允许有3次。

一个利用强制性盘问的新兴领域是运用科学选举陪审团，利用相关技术从社会科学的角度去衡量候选陪审员。它基于经济、种族和其他个人或社会的特征来预测每一个陪审员。这个技术一般会将对案件已经有了解或有观点的候选人排除掉。那些受过法律或刑事司法培训的候选陪审员也会被排除掉。任何候选陪审员或其家庭成员服务于刑事司法机构或从事辩护律师工作的，将可能通过强制性盘问被排除，因为他们存在支持一方或另一方的可能性。此外，科学选择陪审团的技术可能会导致受过高等教育或专业培训的个人被排除，以减少这类人过度控制评审团审议的可能性。

对陪审团选择的过程持批评观点的人认为，最终结果是由那些未受过教育、耳目闭塞和没有专业经验的人们组成的陪审团，经过深思熟虑后作出的决定。一些陪审团的成员可能不理解对被告人的指控，或者不明白什么才是裁决有罪或无罪所需要的。同样，一些陪审员可能没有足够的注意力去聆听案件中的证人证言。结果，就如批评家们所说，这样的陪审团所作出的决定更多的是基于情绪而非事实。

另一种新技术是通过利用被称为影子陪审团的方法来评估辩护律师对案件定性所产生的影响。作为法庭观察团的影子陪审团,他们坐在法庭内,并聆听双方在刑事审判中所说的话。他们聆听被提供的证据,并像被盘问和质询的证人一样聆听。与法律专家不同,考虑到在辩护阶段的不断修改,影子陪审团是外行人,并被期待给辩护律师一种像"真正"的陪审团一样随着案件的发展认真思考和判断的感觉,以便辩护律师不断调整辩护策略。

在挑选陪审团的争议结束之后,陪审团成员宣誓就任,替补陪审员会严阵以待(替补陪审员可能被叫来代替生病的陪审员或被解雇的陪审员)。此时,在审判过程中,法官将会决定将陪审员隔离。被隔离的陪审员不允许接触公众,在审判结束前,他们一般会被安置在汽车旅馆或酒店。任何试图接触被隔离的陪审员或影响没有被隔离的陪审员的人将会因干预陪审员而被追究责任。选举陪审团成员工作结束之后,将会为公开评论设置平台。

陪审团的挑选和种族问题

种族不会作为挑选陪审团成员的唯一理由,而且陪审团可能也不会故意因种族歧视而选择某一特定人种。例如,1965年,一个阿拉巴马州的黑人被告被白人陪审团(当地检察机关曾通过强制性盘问将黑人排除在陪审团之外)判定犯有强奸罪。这个案子最终被最高法院驳回,维持原判。在那时,最高法院是拒绝限制强制性盘问的,并解释说,限制强制性盘问将会使他们被司法审查。

然而,在1986年百斯顿案中,随着许多人声称检察官和辩护律师滥用强制性盘问,最高法院被迫否决其早前的决定。百斯顿是一个非洲裔美国人,曾被陪审团判定犯有二级入室盗窃罪和其他犯罪。在审判中,检察官曾经通过利用强制性盘问将所有非洲裔美国人排除。最高法院认为利用强制性盘问形成一个不公正的陪审团来故意歧视被告人,对被告人的权利造成了侵犯。

几年过后,1991年,在福特诉佐治亚州一案中,当最高法院将案件发回重审时,由于检察官误用强制性盘问,于是出现了和马歇尔法官预言类似的情形。检察官利用佐治亚州法律中关于有效的强制性盘问的规定,来剔除那些可能进入陪审团的黑人候选人。在福特案中,法院发现被告人是由非公正的陪审团进行审判,这侵犯了他的权利,同时这种做法也违背了《美国联邦宪法第十四修正案》中有关种族歧视的规定。在 1991 年的普乐诉俄亥俄州一案中,一个白人被告人声称,他的案件因官方利用强制性盘问剔除了黑人候选陪审员,他的宪法权利被侵犯了。

在 1992 年佐治亚州诉麦克库伦一案中,最高法院禁止被告人和他们的辩护律师基于种族歧视利用强制性盘问来剔除候选陪审员。在麦克库伦案中,法官哈利·布莱克说:"不管是出自于佐治亚州还是被告人,如果法院允许由于存在种族偏见而剔除陪审员,只会逐渐削弱审判团制度的根基——人们对审判制度的信心。"

不久以后,基于性别的强制性盘问也被类似地限制了。在写这本书的时候,最高法院已经禁止由于宗教或性取向排除陪审员的强制性盘问。在 1998 年坎贝尔诉路易斯安那州一案中,最高法院坚持一个白人被告人可以提出同等保护,通过正当程序反对在选择大陪审团的过程中歧视黑人。最高法院解释道:"我们不应考虑肤色,当大陪审团的构成被种族歧视所左右时,那么一个被指控的人在事实认定方面就可能会受到伤害。"最高法院还认为:"陪审团公正的结论依赖于选举大陪审团时过程的公正。"

最后,在 2003 年米勒萨尔瓦多诉库克卢案中,最高法院发现一个被判定为死刑的被告人的宪法权利被达拉斯的检察官所侵犯,他们故意从众多候选陪审员中剔除了那些条件合格的非洲裔美国人。11 个合格的非洲裔美国人中有 10 个人通过强制性盘问被剔除,这导致了审判的不公正。

开庭陈述

检察官和辩护律师的开庭陈述开始后,便向陪审团展示证据。开庭陈述的目的是向陪审团说明是为了证明什么,并说明这样的证据应该如何提交。在开庭陈述阶段是不需要提交证据的。然而,最终,陪审团将会衡量在审判中所提交的证据,并决定哪一方的证据更有效力。如果被告人一方没有证据提交,辩方律师的主要工作是就检察官陈述的事实的真实性进行辩论。在这种情况下,辩护律师会选择不提供任何书证或言词证据,相反地将关注焦点放在面临指控时的举证责任。在开庭陈述期间,这样的计划一般会明确地表露出来。在这时,辩护律师也可能会强调被告人的品性,并且提醒陪审团成员的重大使命。

双方的律师在他们的开场白中都必须体现诚信道德。辩护律师可以只提及他们相信的证据，并可以在审判过程中将证据提交。辩护律师没有提交原本打算出示证据的行为被视为不专业，还会被美国联邦最高法院认定为失职罪。在开庭陈述中提到的证据，不论出于何种原因，稍后都将在法庭上出示，双方律师则获得机会来怀疑对方。

出示证据

刑事审判的关键是出示证据。州检察官被给予首先出示证据来证明被告人所犯之罪的机会。检察官停止出示证据之后，被告人则有机会出示有利于自己的证据。

证据类型

证据分为直接证据和间接证据。直接证据不需要法官或陪审团的推论而直接能够证明事实。例如，直接证据可以是载于照片或电子图像中的信息，也可能是目击者作出的言词证据。目击者简洁明了的陈述——像"我看见他做了这件事"——便是直接证据。

间接证据是间接的，需要法官或陪审团推理和得出结论。例如，在谋杀案审判中，一个听见枪声的人和一个看见有人逃走的人，都有确凿的证据来证实这些事实的存在。即使没有亲眼看见杀人，陪审团也可能认为被看见拿着枪的人是开枪杀人的人。与一般人想法不同的是：间接证据足以产生裁决，且在刑事审判中更容易被推出有罪判决。因为一些检察官喜欢在间接证据上做文章，在他们的争论中向陪审团编织出犯罪的事实。

实物证据，不论是直接的还是间接的，包括物质材料或物理运动的痕迹、武器、轮胎的痕迹、勒索赎金信和指纹。实物证据在审判中被展示，物品或展示品一旦被法官认为是证据，便会向陪审团成员展示。

书证也是实物证据的一种，包括业务记录、期刊、书面供词和书信。书证的范围可以超越纸张和墨水的形式，包括用计算机操作的视频、语音录音的磁带和光学数据存储设备中的资料。

证据的价值

法官作出判决时，最重要的依据是在法庭上提供的证据。在作决定时，法官会审查提交的那些关于该案的相关性证据（相关性证据与案件争议的事实有直接的联系)。例如，10 年或 20 年之前，在强奸案审判中说出女人的性经历是很正常的。在《强奸保护法案》下，现在大多数州都不会允许该做法，并表示这些细节一般与案件无关。《强奸保护法案》已经通过美国联邦最高法院的判决被强化，包括 1991 年的密歇根诉卢卡斯一案。

在评估证据时，法官也必须权衡证据的有效性（即其实用性和相关性）和其内在的不合理性。即使是有用的证据，陪审团也能因为表达方式的不同而过于偏向一方，从而导致审判的不公。例如，血淋淋的照片，尤其是彩色照片，从陪审团的角度来看，这是更加可憎的犯罪行为。在最近的一个案例中，一个新的方法将被实施，在法庭上，被告人的照片被投射在了墙上，法院发现相比之前的审判，陪审团会产生明显的偏见。

有时侦查阶段仅仅会发现一些不全面的证据，这意味着这些证据可以用于某一个特定的目的，但它可能在其他细节方面并不准确。例如，照片，可以表达的证据是不全面的。正在讨论的对象由于空间关系的差异，即使被拍了照片，有时也会在一定条件下产生一些不存在的假象（如阳光）。

证人证言

证人证言一般是出示证据的主要形式。证人包括受害人、警员、被告人、某一领域的专家和其他有用信息的提供者。一些证人在犯罪行为发生时是在现场，而大多数人都只有一个机会对证据的调查或分析提供证言。

证人可以证明任何事实，律师可以凭自己的能力提出质疑。证人要明白自己陈述的信息，明白自己的职责，要对自己说的话负责。

辩护律师最关键的是要把被告人的利益放在首位。根据《美国联邦宪法第五修正案》的内容，被告人有权保持沉默，并拒绝作证。在加利福尼亚州诉格里芬一案（1965）作为先例的情况下，美国联邦最高法院宣布，如果被告人拒绝作证，那么检察官和法官甚至没有评论这个事实的权利，但法官应指示陪审团，这样的审判无法举行。2001 年，在俄亥俄州诉莱纳案结束之后，美国联邦最高法院对《美国联邦宪法第五修正案》进行了补充，如果被告在别人的教唆下否认任何和所犯罪行有关的东西，那么教唆的人将被起诉。

直接询问人可能直接要求，用"是"或"不是"来回答问题，或可能会问叙述的问题，让证人用他们自己的观点来讲事情发生的缘由。在辩护人对己方证人的初度询问中，法庭一般禁止使用诱导性问题，也就是那些暗示答案的诱导性提问。

质证是指证人的证言受到各方的质疑。任何人提供的证言在刑事法庭上必须提交质证。质证的目的是检测证词的可信度和真实性。

大多数的州和联邦政府限制了质证检查的范围。少数州会允许律师提出任何问题，只要法庭认为问题和案件有关联，即使是诱导性的问题，也允许律师提问。

有些作伪证的证人，他们知道自己在法庭上的发言是非真实的。作伪证的原因各不相同，而且大多数是为了帮助朋友免于法律的制裁才这样做。无论是公讼人的证人还是被告的证人，他们供述的虚假证言都会受到质疑。例如，以前的证言被证实和实际情况不符合。当可以证明证人提供了不准确或虚假的证言，也就意味着证人触犯了法律。作伪证是对自身权利的严重侵犯，作伪证的人可能面临罚款或监禁。

在质证结束后，法官可能再次直接质疑证人，这个过程被称为重新定向检查，直到双方都满意为止，因为他们已经竭尽全力地提出问题。

> **刑事司法展示：审前和审判后的动议**
>
> 动议是"在法庭诉讼之前、期间或之后的任何时候向法院提出的口头或书面请求，要求法院作出具体的裁决、决定或命令"。书面诉讼被称为请愿书其，列出了双方在审判前后刑事案件中最常见的动议。
>
> **发现的动议**
>
> 辩方提出的一项发现动议要求法院允许被告的律师查看控方打算在审判时提出的证据。检方计划在法庭上提出的实物证据、证人名单、证件、照片等，通常由于发现动议而提供给辩方。
>
> **撤销证据的动议**
>
> 如果辩方在初步听证会或通过审前发现、获悉其认为非法获得的证据，辩方可提出撤销证据的动议。
>
> **驳回指控的动议**
>
> 各种情况可能导致提出驳回指控的动议，它们包括：①辩护律师认为起诉书或信息不合理；②违反快速审判法；③与被告进行辩诉交易，

可能需要对被告人作证；④重要证人的死亡或必要证据的破坏或消失；⑤由所谓的受害人供认，案件中的事实是捏造的；⑥一项能排除有效消除控方案件的证据的动议成功被接受。

持续性动议

持续性动议要求在审判开始时提出。此类辩护动议通常基于无法找到重要证人、被告患病或在审判前立即改变辩护律师。

改变场地的动议

在众所周知的案件中，审前宣传可能会减少在无偏见的陪审团面前审理案件的机会。改变场地的动议要求将审判移至其他对被告不太可能存在不利的地方。

追讨违法行为的动议

被控犯有若干罪行的被告可能会要求就所有或部分指控分别审判，以便通过动议解除罪行。虽然合并审判可以节省时间和金钱，但一些被告认为这更有可能使他们显得有罪。

移除被告人的动议

移除被告的动议要求法院将被告与其他被告人分开审判。当被告认为陪审团可能仅通过适用于其他被告的证据对他或她产生偏见时，可能会提出这些动议。

确定当前理智的动议

缺乏"当前理智"，尽管可能无法抵御刑事指控，但能推迟审判，因为一个人在疯狂时不能被审判、判刑或惩罚。如果被告在审判开始时是精神错乱的，那么确定当前理智的动议可能会使诉讼暂停，直到可以安排治疗为止。

动议一份明细单

明细单的动议要求法院命令检察官提供有关被告将在法庭上面临的指控的详细资料。被控犯有若干罪行或有多项相同罪行的被告，可提出此类动议。例如，他们可能试图了解哪些列举的被告的犯罪案件将成为起诉的依据，或者据称在他们身上发现的哪些违禁品违反了法律。

> **无效审判的动议**
>
> 无效审判的动议可以在任何时候由任何一方提出。在律师提出高度偏见性评论的案件中，可能会宣布无效审判。无效审判的辩护动议不能作为后来的双重危险之诉求的理由。
>
> **暂缓判决的动议**
>
> 在陪审团的裁决宣布后、作出判刑前，被告可以提出暂缓判决的动议。通过这项动议，被告声称存在一些法律上可接受的理由，说明为什么不应产生判决。病情严重、住院治疗或在判决前已经疯狂的被告可以提出此类动议。
>
> **重新审判的动议**
>
> 在陪审团作出有罪判决后，法庭可以接受来自辩方的重新审判的动议。接受这样的动议通常是因为发现对辩方有重大利益的新证据，且该新证据将导致判决被撤销。
>
> 来源：美国司法部：《刑事司法数据术语词典（第2版）》，华盛顿特区：美国政府印刷局1982年版。

儿童证人

特别值得关注的是在刑事审判中使用儿童作为证人的情况，尤其是当孩子也是受害者的时候。目前，为了避免被告人之间的直接冲突会对儿童造成创伤，37个州允许在刑事法庭中使用儿童证人的录像证词，32个州允许在使用闭路电视的情况下让孩子作为证人。1988年，美国联邦最高法院裁定，法庭上应设置屏幕用来保护儿童证人。这种做法是为了避免儿童出庭时造成他们视觉的冲击，特别是在被告人是儿童性虐待案件的罪犯的时候，对儿童给予保护。但这违反了宪法的对质条款（在《美国联邦宪法第六修正案》中可以找到）。

虽然儿童受害者与嫌疑人面对面的对质可能是不必要的。直到1992年，最高法院仍然一直不愿意用电视录像让儿童进行作证，甚至那些儿童保护专业人员也这么说，他们更希望这些证言在法庭外进行。但在爱达荷州诉怀特案（1990年）中，法院认为，这样的"儿童证据是不可信的，需要用法律对此予以禁止"。

传闻证据规则

传闻是一个证人基于别人的告诉所得到的信息。证人可以说："约翰告诉我，弗雷德做了那些事！"这样的证据可能会变成传闻证据，律师可能会对此提出反对意见，主审法官将决定是否将证人的陈述作为证据。在大多数情况下，法官会指示陪审团不要理会这些证人的意见，从而执行传闻证据规则，禁止使用"二手证据"。传闻证据规则是基于《美国联邦宪法第六修正案》的对质条款制定的。在今天的法庭之上，这通常意味着，被告人有权利质询作证的证人。

传闻证据规则存在两种例外情况。第一种例外情况是"垂死的声明"，即临死前的发言。当第二方听到，只要一定的条件已经具备，它通常可以反复在法庭上使用。一个垂死的声明通常是一个有效的传闻证据，它是人将要死亡时所说的话，很可能涉及死者的死亡原因和即将死亡的情况。

第二种是庭外陈述，特别是当他们有记录的时候，之所以有记录是因为他们此时正在经历巨大的兴奋或受到相当大的压力，这可能也会成为传闻证据规则的例外情况。例如，许多州允许陪审团听"9·11"恐怖袭击犯罪的录音磁带或读警察采访受害者的记录，但没有要求他们出庭。美国联邦最高法院认为，"9·11"电话录音证明了当事人还活着并且健康状况良好，不必进行盘问。在2006年戴维斯诉华盛顿的案件中，法院认为，这个女人打电话说她的前男友殴打她，这个电话录音可以作为证据证明。这个女人被传唤，但未能出庭。在这种情况下，法院要求警方根据警察审讯的过程客观地说明一下具体的情况。

使用其他庭外陈述，如文字或常规的视频或录音音频，通常对证人作证的时间有要求。目击者作证都可能受到被告人的代理律师的质证。然而，这个"过去的回忆录"是个例外，之所以适用传闻证据规则，是因为经过旷日持久的法庭诉讼程序，证人可能不再记得事件的详细信息。但是法官可以把过去的回忆记录下来，形成记录的证据。

结案陈词

在刑事审判结束时，双方有机会向陪审团作最后的陈述。这个总结是对案件作出客观的陈述。其目的是说服陪审团作出一个对陈述人有利的判决。证词可以被引用,但也有可能被另一陈述方质询。

在结案陈词环节,各州有所不同。允许辩护律师最后发言,将对陪审团作出最重要的判断起到巨大的影响。一些司法管辖区和《联邦刑事诉讼规则》第126条允许根据辩方的结案陈词作最后一次的反驳(反驳是对对方的结案陈词的响应)。

图8-6 案例:辩护律师正在说服陪审团。在抗辩体系中,律师还发挥什么样的作用呢?

一些具体的问题可能需要在审判过程中加以解决。如果被告人在审讯的过程中并没有立场,辩护律师的结案陈词也必然强调这一点,这不能视为证词。如果控方出示的是间接证据,辩方可以强调其缺乏证明力,但是检察官可能会认为,间接证据可能比直接证据有更强的证明力,因为它不容易受到人的主观错误或伪证的影响。

法官对陪审团的指示

辩论结束后,法官命令陪审团退场,并选择其中一人作为陪审团主席。在证据已提交到陪审团后,再作出判决。所有的法官都会想起他们指示陪审团成员时要考虑客观证据的义务。大多数法官还会提醒陪审团成员指控某项罪名成立的法定要件,并提供起诉方为证明被告人有罪所提出的证据,最后要提示他们须排除合理怀疑才能利用这些证据作出有罪的判决。合理怀疑的标准在刑事审判中是最重要的标准，是定罪的必要证明。如果检察官未能证明被告人有罪，也未能排除合理怀疑，那么陪审团就必须给出一个无罪的裁决。

在陪审团评议的程序中，许多法官通常会根据他们的审判记录中提供对所呈证据的一个总结，以帮助陪审员恢复对有关事件的记忆。大约一半的州允许法官自由地发表他们自己的意见以及对证人可信度和证据可信度的观点。其他州只允许法官对证据的客观性和公正性进行判断。

限制陪审团对外界信息的掌控，可访问网站 http：//www.justicestudies.com/pubs/electronic_instructions.pdf。

陪审团的审议和裁决

审议过程

在案件中的证据，要么是很清楚的，要么是非常模糊的，陪审团的审议可能会持续数分钟甚至数小时。还有一些陪审团可能需要数天或数周来仔细权衡，他们已经看到全部证据的细微之处。许多司法管辖区要求陪审团达成一致裁决（判决），虽然美国联邦最高法院裁定，在非重罪案件中，并不要求陪审团达成一致判决。即便如此，一些陪审团仍无法达成一致的判决。当陪审团僵持不下时，就被说成这是一个"悬而未决的案件"。陪审团中可能只有一个成员与所有人的意见不同，从而陷入僵局。

在一些州，法官被允许通过提供，最高法院在 1896 年艾伦诉美国案中提出的一些指南，推动有可能悬而不决的陪审团达成一致。艾伦案中的指南建议那些坚持己见的陪审员不要在无正当理由的情况下持反对意见。

陪审团制度存在的问题

哈罗德法官是当代陪审团制度的著名评论家，他讲述了一个颇令人吃惊的故事，在 1991 年他主持的一宗谋杀案件中，被告是一个英俊的年轻人，他被纽约的银行炒了鱿鱼。被解雇后，被告人故意造成偏远地区的自动取款机（ATM）发生故障。当他两个曾经的同事赶到该地进行维修时，他抢劫了他的同事，反复殴打两个人，并偷走了 ATM 机里面的钱。其中一人侥幸存活，从而确定了他就是本案的凶手。随即，该名男子被逮捕，审判也就接踵而至。案件经过 3 周的审理后，陪审团的意见僵持不下。哈罗德法官获悉，陪审的投票比例为11∶1，11个人认定被告人有罪，但有一个人坚信，"这么英俊的人怎么会犯罪"。

许多日常的案件会受到大众的关注，如1995年的辛普森谋杀案，该案让整个世界都在关注，辛普森最后被无罪释放，这个判决让全世界都在质疑美国的陪审团制度。辛普森在1994年杀害了他的前妻妮可·布朗和她的朋友罗纳德·哥德曼，很多人认为有足够的证据可以证明辛普森的罪行，但刑事审判造成了很多人对刑事司法体系和刑事审判程序的不满。后来，民事陪审团判令辛普森支付3350万美元给哥德曼的家人和尼科尔·布朗的财产。

因为陪审员来自各行各业，许多人无法理解现代法律的复杂性。即使是最善意的陪审员，也可能不懂或很少观察到一些证据的细节。在高度紧张的情况下，往往很难区分事实，在审议中，一些陪审团主要由一个或两个个性强悍的人主导。陪审员也可能疏忽或可能无法完全理解专家证人的证据或其中运用技术的意义。

陪审员的作用可能很小，因为他们担心被报复。例如，在声名狼藉的罗德尼·金毒打警察的事件中，"无罪"判决结果公布后，洛杉矶爆发了骚乱。有的陪审员在睡觉时把武器放在他们身旁，并让别人将自己的孩子送到安全位置。由于陪审员面临这样的问题，1993年美国地方法院法官约翰·戴维斯裁定，陪审员的姓名将被永远保密。新闻界称保密令"前所未有地侵犯了公众进入司法系统的权利"。同样，1993年在洛杉矶发生暴动后，在卡车司机雷金纳德·丹尼殴打3名黑衣男子案件的审判过程中，法官下令对陪审员的身份进行保密。

陪审团制度的反对者认为，应该由法官组成的小组取代陪审团，应由这些人一起作出定罪和量刑的决定。不管出于何种考虑，《美国联邦宪法第六修正案》并未修改，陪审团制度依然存在。

另一种建议是呼吁由专业的陪审员组成陪审团进行审判。专业的陪审团将如同政府指派的法官和公共辩护人一样，要指派有专业知识的人来组成陪审团进行审判。专业的陪审员将进行专业的训练，例如，客观听审，在不同的案件中保持决策公正，在对抗的背景下有效地发挥作用等。

第八章 法庭工作和刑事审判

刑事司法新闻：社交媒体在刑事审判期间构成新的威胁

越来越多的互联网和社交媒体的使用使得陪审员更容易违反古老的禁止与外界谈论案件、进行外部研究以及联系原告或被告的禁令。

Facebook、Twitter 和维基百科的崛起，再加上智能手机的广泛使用，似乎模糊了陪审员与外界之间的传统界限。"这是一代人的改变，我不知道法律体系是否已经为此做好了准备"，代顿大学法学院专门研究陪审团问题的撒迪厄斯·霍夫梅斯特教授说。

曾经需花费一些精力的违规行为，例如，去图书馆查找一个术语或只是打电话给朋友，现在可以通过几次击键来完成。研究表明，很少有违规者被抓获。但是当他们这样做时，法院会非常认真地对待这件事，他们可能会否决判决、以蔑视法庭为由传讯陪审员，甚至监禁他们。

路透社法律版 2011 年的一项研究发现，自 2009 年 1 月以来，与互联网相关的陪审员不端行为导致了 21 次判决被推翻或新的审判。由于违法行为可能发生在法院之外，陪审员的在线使用很少被监控，法院认定的违法者很少。2011 年 11 月发布的联邦司法中心全国联邦法官调查发现，只有 6% 的人了解审议过程中使用的社交媒体，但 79% 的人承认他们无法了解违规行为。

陪审员对 Facebook 的使用很容易被发现。在一些备受瞩目的案件中，陪审员在陪审员聚在一起审议之前的时期，不正当地"欺骗"了原告、被告甚至是彼此。一名在车祸案件中与原告结交的陪审员被判入狱三天。

在阿肯色州的一次推特违规事件中，2011 年 12 月，一名谋杀罪的被告提起上诉，因为陪审员在被要求停止后发了推文，其中一条推文在宣布之前公布了判决。法院下令进行新的审判，但并没有惩罚陪审员。

虽然陪审员从未被允许进行外部研究，但基于互联网的研究是人的第二天性，陪审员可能没想到会违反规则。当 2009 年马里兰州强奸案的一名陪审员在互联网上查阅"反对挑衅症"一词并将信息传递给陪审员时，法院称他"对陪审团的审议过程产生了不正当和不可挽回的影响",并下令进行新的审判。

为防止违规行为,专家表示,陪审团指示应说明每一种禁止使用的行为,解释禁令背后的原因,并说明法律程序如何受到损害。例如,即使在陪审员的博客或 Facebook 上的帖子中没有显示任何内容,只要阅读帖子的评论,就可能会对他们产生不当影响。

专家建议,陪审团挑选过程中,候选人会被问及他们自己的网上活动,以及他们是否愿意在审判期间停止这些活动。一些表示无法停止的潜在陪审员已经自愿退出。专家还建议,法院要求陪审员列明经常使用的网站及其账户密码,以便在审判期间对他们进行监控。

参考文献

"Jurors' Use of Social Media during Trials Leading to Mistrials," Martindale-Hubble, March 22, 2012, http://blog.martindale.com/jurors-use-of-social-media-during-trials-leading-to-mistrials.

"Jurors' Use of Social Media during Trials and Deliberations," Federal Judicial Center, November 22, 2011, http://www.fjc.gov/public/pdf.nsf/lookup/dunnjuror.pdf/$file/dunnjuror.pdf.

"Friend or Foe? Social Media, the Jury and You," *The Jury Expert*, September 26, 2011, http://www.thejuryexpert.com/2011/09/friend-or-foe-social-media-the-jury-and-you/.

多元文化与多样性:双语法庭

当今刑事司法系统面临的核心多元文化问题之一是,需要与最近没有完全适应的移民和亚文化群体进行明确的沟通。许多此类团体坚持着与大多数美国人不同的传统和价值观。这种差异会影响对所见所闻事物的解释。然而,更基本的是语言差异可能妨碍与刑事司法系统人员的有效沟通。

本书第六章讨论了执法人员可用于克服语言差异的技巧。本专栏重点介绍使用法庭口译员促进有效和准确的沟通。法庭口译员的作用是提供中立的逐字翻译。口译员必须对非英语的被告、受害者和证人所作出的确切陈述提供真实、准确和完整的解释——无论是在立场、书面还是在法庭相关的会议上。法院口译员和翻译协会还要求，通过其职业道德准则，翻译人员记住他们"绝对有责任对所有口头和书面信息的完全保密"。

尽管大多数法庭口译员在审判时实际上都在法庭，但电话口译为法院提供了另一种方法，可以减少与无法获得合格口译员相关的问题。今天，佛罗里达州、爱达荷州、新泽西州和华盛顿州的州法院行政办公室通过电话向农村县的法院提供大都市县的合格口译员服务。

1978年《联邦法院口译员法》明确规定，如果证人或被告"只使用或主要是英语以外的语言"或者患有听力障碍，则需要在联邦法院使用口译员，它适用于刑事和民事审判和听证会。当一个人的言语障碍没有伴有听力障碍时，该法案不要求指定翻译。但是，如果翻译有助于有效司法，则不得禁止法院向该人提供援助。

由于这是联邦法律，《联邦法院口译员法》不适用于州法院。尽管如此，大多数州都颁布了类似的立法。一些州开始为法庭口译人员引入高标准的测试，尽管大多数州目前很少或根本没有进行翻译筛选。联邦政府和具有高标准法庭口译员的州通常需要口译员证明。要获得认证，口译员必须通过口试，例如，联邦法院口译员的审查由州法院或公认的国际机构（如联合国）审查。

专业法庭口译员越来越需要标准化的州际测试和认证计划。为满足这一需求，国家法院国家中心设立了国家法院口译员认证联合会。该联盟致力于汇集国家资源，用于开发和管理法庭口译员测试和培训计划。该联盟的创始州是明尼苏达州、新泽西州、俄勒冈州和华盛顿州，其他许多州也已经加入。

由于认证口译人员并不总是可以获得，即使是通过电话，大多数州都创建了一个特殊类别的"语言技能型口译员"。要获得具有语言技能的口译员资格，一个人必须向法院证明他或她的翻译能力是令人满意的。法庭诉讼程序从英语到指定语言、从指定语言到英语。许多州要求手语翻译从聋人口译员登记处获得法律专家证书或同等证书，证明他们已获得美国手语认证。通过 http://www.najit.org 了解全国司法口译员和翻译协会在法庭上对语言口译的更多信息。

参考文献

National Association of Judiciary Interpreters and Translators website, http://www.najit.org; Madelynn Herman and Anne Endress Skove, "State Court Rules for Language Interpreters," memorandum number IS 99.1242, National Center for State Courts, Knowledge Management Office, September 8, 1999; Madelynn Herman and Dot Bryant, "Language Interpreting in the Courts," National Center for State Courts, http://www.ncsc.dni.us/KMO/Projects/Trends/99-00/articles/CtInterpreters.htm; and National Crime Prevention Council, *Building and Crossing Bridges: Refugees and Law Enforcement Working Together* (Washington, DC: NCPC, 1994).

总结

法庭工作小组由专业的法庭人员组成，包括法官、检察官、辩护律师、法警、审判法庭管理员、法庭记者、法院的职员和专家证人。法庭工作小组要接受法定要求和伦理性的考量的指引，其成员通常致力于运用刑事审判法庭程序和其他程序来成功结案。

刑事审判中也会有一些非专业人士——"局外人"，如目击者、陪审员、受害者、被告人、观众和新闻界的人员。非专业人士或非法庭人员可能会有意无意地参与到刑事审判中。

刑事审判涉及一个对抗的过程，即公诉人对被告人。审判需要严格地依法进行以保护被告人的权利，只有这样，那些关于有罪或无罪的争议才可以得到解决。刑事审判的主要目的是确定被告人是否违反了刑法。

刑事审判有八个阶段：启动审判、挑选陪审团、开庭陈述、出示证据、结案陈词、法官对陪审团的指示、陪审团审议、裁决。这些在这一章中都有详细的描述。使用一些专家的建议和一些精通法律的专业陪审员，能够使陪审员在审判的时候从媒体的干预中解放出来，在认定有罪或无罪的问题上做到理性大于感性。

问题回顾

1. 谁是法庭工作组的专业成员，他们的角色是什么？
2. 谁是非专业的法庭参与者，他们的角色是什么？
3. 刑事审判的目的是什么？事实的内疚和法律的内疚之间有什么区别？"对抗系统"一词是什么意思？
4. 刑事审判的各个阶段是什么？请描述每一个阶段。

第九章

量 刑

学习目标

阅读本章后,应该能够:
1. 描述当代刑事判决的五个目标。
2. 定义量刑,包括其目的。
3. 描述现在使用的结构化量刑模型。
4. 描述不定期刑罚款、转移和罪犯登记。
5. 解释主持人调查、主持调查报告和预审听证会的目的。
6. 描述受害者权利和服务的历史,包括受害者在现在的刑事司法程序中日益重要的作用。
7. 列出四种传统的量刑选择。
8. 陈述赞成和反对死刑的论据。

介绍

2013年6月25日,俄勒冈州成为第三个通过种族冲突法的州。其他两个有类似法律的州是康涅狄格州和爱荷华州。种族冲突法要求决策者进行种族影响研究,并对因存在种族问题而引起的刑事判决、缓刑或假释进行解释说明。俄勒冈州的法律通过后,有研究表明,黑人只占该州总人口的2%,黑人囚犯但却占到了囚犯总人口的9%。然而,就在该法被通过的同时,北卡罗来纳州废除了却《种族正义法》(该州是最早要求进行种族影响研究的地区之一），并指出该法在该州经过实践后背离了立法的初衷，并没有达到预想的效果。在俄勒冈州的法律被创立 5 年之前，伊利诺斯州大会通过了一项法律，建立了州立委员会，并开始研究不成比例的种族对正义的影响。

华盛顿特区判决项目负责人马克·莫尔（Marc Mauer）表示："种族冲突声明背后的前提是，政策通常会产生意想不到的后果，在采取新的举措之前，将会得到最好的解决。"马克·莫尔给出的一个例子是：由于学校附近的违禁药品销售增加了刑事处罚，这是一种更可能被少数人触犯的法律，因为他们往往更靠近学校。对量刑行为的种族影响的研究迫使我们研究司法系统中的双重问题：①需要有效促进公共安全的政策和做法；②如果可行，需要减少不成比例的少数人群监禁。"这些不是竞争目标"，莫尔说，"如果我们能够积极主动地处理犯罪，我们将能够降低高监禁率；相反，通过促进种族正义的法律，我们将增加对刑事司法系统的信心，从而为帮助公共安全努力"。

在有组织的刑事司法系统下，判刑是对被定罪的人判处刑罚。判决遵循旨在确定刑事责任的公正司法程序。大多数判决是由法官作出的，尽管在有些情况下，特别是在可能判处死刑的情况下，陪审团可能会参与审判程序的特别审判阶段。判刑是任何法官或陪审团最难做出的判决之一，它不仅影响被告人的未来，有时是一个关于他或她的生死的决定，而且社会期望通过判刑实现各种各样的目标，其中一些目标与其他目标并不完全兼容。

本章从哲学和实践的角度审视量刑。我们会描述量刑的目标以及美国各种量刑模式的历史发展进程。本章还详细概述了受害者和受害者的权利，尤其是与法庭程序和量刑行为有关的情况。还描述了联邦量刑指导原则和前期调查的重要性。有关量刑问题的概述，请通过 http://www.sentencingproject.org 访问 Sentencing Project。

刑事判决的理论和目标

> **量刑目标和目的**
>
> 报应：公正的应得报应的视角，强调对犯罪行为人或犯罪集团的报复。

美国刑事司法

> **剥夺能力**：利用监禁或其他手段减少特定犯罪人犯罪的可能性。
> **威慑**：通过惩罚或对惩罚的恐惧来抑制犯罪行为的刑罚理由。
> ● **一般的威慑**：试图阻止未来的犯罪，如要被判处刑罚的犯罪。
> ● **具体的威慑**：旨在防止特定犯罪人从事重复犯罪行为。
> **改造**：改造罪犯的尝试。
> **修复**：一个旨在使受害者"重新完整"的刑罚目标。

传统的刑罚包括监禁、罚金、缓刑和死刑（适用非常严重的犯罪），每种刑罚范围的限制一般由政府通过法律来加以规定。从历史上看，这些限制已经有所转变，刑罚的目标也已经发生了改变。量刑理论或者各种判决策略都基于一定的原理，这些原理显然与宗教道德、价值观和情感等问题交织在一起。历史上在特定时期的量刑理论，通常更能反映当时根深蒂固的社会价值观。例如，几个世纪前，人们认为罪恶和痛苦是犯罪的罪魁祸首，法官也会对罪犯进行严厉的惩罚。死刑、酷刑和肉刑支撑着这种处罚犯罪行为的观点。

图 9-1 案例：这幅法庭图片显示的是罗斯玛丽·迪拉德的丈夫于 2001 年 9 月 11 日被杀害。她作为受害者家属正在法庭听证会上与被告人穆萨维对话。穆萨维是基地组织的同谋。2006 年 5 月，穆萨维被判处终身监禁。本章的哪一种量刑目标在此次审判中起了决定性作用？

在启蒙思想和法国大革命的影响下，美国更加强调公平的刑罚。罪犯被视为具有高度理性的故意和谨慎选择自己行为的人。量刑的理论更强调制裁，而不是通过制裁犯罪活动给社会带来益处。在这个时期，人们认为刑罚的及时性和不可避免性比处罚的程度重要很多。

当前的思想强调需要从社会上分离出犯罪嫌疑人，从而限制他们对社会可能造成的潜在危害。我们仍然相信，罪犯应受到应有的惩罚，但我们并没有完全放弃对他们的帮助。现代刑罚的实践受五个目的的影响，他们希望通过广泛的宣传和日常的普法宣传，继续公开呼吁量刑和审判的改革。每个目的代表的是一种完全独立的量刑理论，就像关于人性的独特假设对量刑实践的影响一样。当代量刑的五个总体目的在本章中有所描述。

报应

报应（Retribution）是最早期的量刑原理。早期社会对所有被抓住的罪犯的惩罚，是基于平衡所谓的复仇需求。早期的惩罚是直接的，这种惩罚是极端的，不会听取大众的意见，也很少考虑是否符合犯罪人的情况。例如，最普遍实施的是流放和死刑，即使罪犯实施的是相对较轻的犯罪。圣经旧约的名言"以眼还眼，以牙还牙"往往被认为是关于量刑的一个古老原理，但这句名言实际上是旨在减少对犯相对较轻罪行的人的惩罚力度。

如今，报应相当于所谓的"受到应有的惩罚"的模型，人们认为罪犯应该为他们的行为负责。当他们被定罪时，就认为应该使他们"受到应有的惩罚"。报应被认为是恰当的、合理的，甚至是犯罪者应得的。监禁是惩罚的主要方式，但在极端情况下，死刑（即死亡）也能成为最终的报复方式。在政策制定者的眼中，报复仍是惩罚犯罪的一个重要目的。

剥夺能力

剥夺能力（Incapacitation）是刑事审判的第二个目的，它试图保护无辜的社会成员免受那些不受到阻止就会伤害他人的罪犯的厉害。在古代，残忍地切断或截断罪犯的四肢以用来防止罪犯重复他们的罪行。在现代，剥夺罪犯能力的策略是使其从社会中分离出来以此来减少他们犯罪的机会。使罪犯丧失能力，有时也被称为"锁"住他们，在此基础上形成了现代的监狱。剥夺能力，不像报复，它仅仅需要控制，而不是惩罚。

· 337 ·

威慑

威慑（Deterrenc）用惩罚的例子来说服人们犯罪活动是不值得去做的，其总体目标是预防犯罪。特定的威慑能够减少累犯发生（重新犯罪）的可能性，而一般威慑只是试图影响未来的行为，即那些尚未被逮捕的人，或可能会犯罪的人。威慑是量刑更合理的目的之一，因为它是一个很容易的目的，并且它可以客观地阻止犯罪。

威慑和剥夺能力针对某些特定的犯罪可以一起适用。然而，塔夫茨大学教授伯度发现，报复和威慑之间是存在显著差异的。他说，报复面向过去，它试图纠正罪犯已经犯下的错误；而相比之下，威慑是一种对未来的战略，旨在防止新的犯罪发生。

改造

改造（Rehabilitation）试图根本性地改变罪犯和罪犯的犯罪行为。在威慑力的预防作用下，改造最终的目标是减少犯罪的数量。而威慑取决于罪犯害怕触犯了法律的后果。改造通常是通过教育和心理治疗，以减少未来犯罪发生的可能性。

然而，单纯地用 Rehabilitation（康复）一词是不恰当的，其字面意思是一个人回到以前的状态，然而，在大多数情况下，恢复到以前的状态很可能将导致罪犯呈现出更凶猛的态势。

20 世纪 70 年代末，改造在量刑的理论中，并没有达到其想要达到的目标效果。有关研究一致表明，根据累犯率来看，改造仅仅是理想而非现实。多达 90% 被释放的罪犯，恢复到正常生活后会再次犯罪，因而公众想要继续监禁他们。虽然改造的理想在公众面前显然很受阻，但是新兴的证据已经表明有效的改造项目确实存在，并可能在数量上持续增长。

修复

犯罪的受害者和他们的家人因为罪犯而经历创伤。一些受害者被杀，这给他们的亲人带来了持久的肉体或精神上的伤害。对许多人来说，世界再也不一样了。受害者可能生活在持续的恐惧之中，使得个人郁郁寡欢，无法和

第九章 量 刑

图9-2 案例：康涅狄格州丹伯里地区矫正机构中的女囚犯正在接受光纤工作的培训。通过监狱培训项目可以使得囚犯获得工作技能并投入到生产中去。改造是一个我们很少提及但是很重要的量刑目标，本章中其他量刑目标的目的是什么？

他人建立起信任关系。修复（Restoration）是一个审判的目的，旨在修复被犯罪所伤害的受害者和整个社区的创伤。

美国司法部的报告给"修复"作出的一个明确的解释为：犯罪曾被定义为"对国家的侵害"，今天依旧如此，但犯罪的影响远不止这些。通过恢复性司法，我们寻求社区之间达到一个平衡，并解决罪犯和受害者之间的矛盾。

"修复"理论有许多方面。范围从主动援助受害者到立法上给予受害者赔偿方面的支持。

"修复性司法"（Restorative Justice，RJ）也称"平衡和修复性司法"，从概念上讲，平衡是对社区安全和犯罪责任给予平等考虑。修复性司法关注的是犯罪带来的危害，"正义是伤害的修复剂"。RJ的社区安全维度理论承认，司法系统有责任保护公众免受犯罪分子的侵害。它也认识到，社区可以参与改造罪犯来确保自身的安全。该理论也有一些对犯罪能力发展的研究，其认为，罪犯进入社会应该比他们进入司法系统更能成功地参与到修复性司法中。从本质上讲，社区更加集中，它的主要目标是改善社区所有成员的生活质量，我们可以通过阅读本章第二节来比较报复的正义和修复性司法的异同。

量刑的选择有时会根据他们对受害者经济上的赔偿情况决定，不论是受害者还是普通民众,这可能会减轻受害者因为丧失挣钱能力以及大量的医疗花费所带来的痛苦。为支持这些目的,1984年《联邦犯罪控制综合法案》明确规定:"如果犯罪嫌疑人被判处缓刑,被告人也必须缴罚款、对受害者赔偿或参与社区义务服务工作。"

量刑修复理论的一些拥护者指出,支付赔偿金和为社区服务的方案对受害人是有利的,其更有利于帮助罪犯更好地改造。希望通过这样可以教会罪犯承担更多的责任,比如结构化的责任、义务性的服务和定期安排的赔偿,了解更多关于修复性司法的内容请访问 http://www.ojjdp.gov/pubs/implementing。

报应性司法与修复性司法之间的差异

报应性司法

- 犯罪是对国家的行为,是违反法律的行为,是抽象的概念。
- 刑事司法系统控制着犯罪。罪犯责任被定义为受到惩罚。
- 犯罪是个人行为,具有个人责任。受害者是解决犯罪过程的外围因素。
- 罪犯由赤字决定。
- 重点是对抗关系。
- 施加疼痛以惩罚、阻止和预防。
- 社区处于观望状态,由国家抽象地代表。
- 回应的重点是犯罪者过去的行为。
- 依赖专业代理人员。

修复性司法

- 犯罪是针对他人或社区的行为。
- 犯罪控制主要在于社区。罪犯责任被定义为承担责任并采取行动来修复伤害。
- 犯罪具有个人和社会方面的责任。受害者是解决犯罪过程的核心。
- 罪犯由赔偿能力决定。
- 重点是对话和谈判。

> - 恢复原状是修复双方的手段，目标是和解。
> - 社区是修复过程的促进者。
> - 回应聚焦于罪犯行为的有害后果；重点是未来和赔偿。
> - 犯罪者和受害者都有直接参与。

不定期刑的判决

不定期刑判决的概述

虽然刑事判决的理论体现了我们刚刚讨论的目标，但不同的量刑实践与相应的目的是相对应的。例如，在 20 世纪的大部分时间里，改造（rehabilitation）是有影响力的。由于改造要求对个体犯罪者的个人特点考虑后再作决定，法官通常被允许在量刑中有广泛的自由裁量权。虽然监禁正日益成为今天判决的选择，但是州刑事法规仍然允许法官对所有犯相同罪的罪犯在判处罚款、缓刑、监禁等结果方面存在差异。这些审判实践主要以巨大的司法特征为选择，构成不定期刑的模型。

不定期量刑（indeterminate sentencing）有历史和理论的基础，被定罪的罪犯更有可能参与改造，如若他们参与改造就会减少他们在监狱里被监禁的时间。如果犯人表现良好，将会提早获释。如果罪犯冥顽不化，那么他们将继续留在监狱里，直到刑期满为止。出于这个原因，在不定期刑罚的模型中，假释通常发挥了重要作用。

不定期量刑在很大程度上依赖于法官的自由裁量权，法官规定罪犯在监狱被监禁的时间长度的上限和下限。不定期刑的判决通常有这样的措辞："在国家机关的监督下，被告人应被判处不少于 5 年和不超过 25 年的监禁。"当罪犯被判不止一个罪行的时候，司法自由裁量权在不定期刑的模式下，还可以延伸到实施连续或合并的量刑。连续的量刑是一个刑期执行完再接着执行另一个，而合并量刑是同时进行的。

不定期刑的模式也要考虑不同程度的罪行。在这个模式下，法官可以权衡在不同的案件、情形和罪行中的微小差异。在不定期刑的模式下，罪犯的行为（监禁中）是决定刑期的主要因素。在这种模式下，州假释委员会作为实际量刑的最后仲裁者具有很大的自由裁量权。

一些州采用部分的不定期刑模式。他们只允许法官指定量刑的最长时间，而刑罚的最短时间通常由法律而不是审判机关决定。判例中，所有的重罪最低的刑罚期限是监禁 1 年。在一些司法管辖区，假释没有刑罚最短时间的规定，这可能使罪犯立刻被假释。

关于不定期刑的评判

不定期刑在许多地方仍然是一项规则，这些地方包括格鲁吉亚州、夏威夷州、爱荷华州、肯塔基州、马萨诸塞州、密歇根州、内华达州、纽约州、北达科他州、俄克拉荷马州、罗得岛州、南卡罗来纳州、南达科他州、德克萨斯州、犹他州、佛蒙特州、西弗吉尼亚州和怀俄明州。然而，自 20 世纪 70 年代以来，因为这种模式导致的不平等判决，受到了广泛的批判。批评者认为，不定期刑允许法官的裁量范围非常宽大，从而使得量刑范围过于宽广，不太严格。不定期刑模式也因以下原因而被批判：不同的法官，会因为种族、性别和社会阶层等原因造成判刑结果的不同，这就会导致"同罪不同罚"的现象出现。

图 9-3　案例：科罗拉多州乐普顿的扰民者被法官要求听 1 个小时的噪音音乐。这些音乐由法官来选择，目的是惩罚这些破坏社区安宁的人。这么做真的可以阻止他们再犯罪吗？

针对不定期刑的另一种批判认为,它会产生"不真实"的判决。罪犯因为在监狱里面良好的表现而减短刑期,这就会造成罪犯在监狱服刑的时间意义通常远远低于判决所想表达的意义。例如,一名罪犯被判处 5 年到 10 年的监禁,实际上在大多数情况下,他会因为表现优秀而被减刑为 2 年。司法统计局的一项调查发现:在研究期间,即使暴力犯罪者也会从州立监狱提前释放,他们平均只被处罚了他们原本所判刑罚的 51%。非暴力罪犯可能更少。表 9-1 显示了从州监狱释放的罪犯实际服刑的判决的百分比。

表 9-1　州监狱不同种族刑期对比

犯罪类型	刑期比例	
	白人囚犯	黑人囚犯
暴力犯罪	57.3%	60.9%
财产犯罪	37%	41.5%
毒品犯罪	31.7%	36.1%
公共秩序	40.4%	49%
所有犯罪值	42.6%	48.5%

在不同的司法辖区,为了确保重罪犯被长期监禁,一些法官的做法有时会很极端。例如,1994 年,俄克拉荷马州的丹·欧文斯法官判处儿童性骚扰者查尔斯·斯科特·罗宾逊 3 万年监禁。

结构化量刑

直到 20 世纪 70 年代,共有 50 个州使用某种形式的不定期刑(或者部分不定期)。然而,这加剧了种族间的差异,量刑最终要求平等和均衡,但在一些量刑实践中,许多州越来越趋向控制它们的判刑系统。

不定期刑模式的批评人士呼吁我们需要承认三个量刑的基本原则:比例原则、平等原则和社会原则。比例原则是指罪犯应当承担的制裁要与所犯罪行的轻重相适应。平等原则意味着,无论何种身份和地位的罪犯,犯同一罪行应当受到相同程度的处罚。例如,根据平等原则,两个银行劫匪在这个国家的不同地方，使用相同的技术和武器，并造成相同程度的危害，即使他们处在不同的环境、不同的司法管辖区，他们也应该得到相同的处罚。但是，平等原则需要平衡，这意味着在一个罪犯的判决之中，应该考虑到他们的犯罪历史。

从20世纪70年代开始，许多州通过开发不同的量刑模式来解决这些问题，这种模式被称为结构化的量刑。其中包括定期量刑、推定量刑和自愿/咨询量刑指南。结构化的量刑是一种定期的量刑模式（determinate sentencing），被定罪的罪犯会被判处一个固定期限的刑罚。定期量刑模式取消了假释的适用，并根据攻击行为的严重程度确定处罚的标准，还规定每个罪犯预计释放的日期。

在1996年的一个报告中，根据定期量刑模式的发展历史，全国犯罪委员会（NCCD）指出，"定期量刑一词通常被认为出现在20世纪70年代末的量刑改革中。当时，出现在加利福尼亚州、伊利诺伊州、印第安纳州和缅因州的立法中，那时假释被彻底废除，取而代之的是不定期刑罚"。

20世纪80年代，一些州开发自己的自愿/咨询量刑指南（voluntary/advisory sentencing guidelines），作为对定期量刑运动的回应。这些指南包括法律未规定的根据以往审判实践得出的量刑建议，这些建议对法官的工作有所帮助。在这个时期，佛罗里达州、马里兰州、马萨诸塞州、密歇根州、罗得岛州、犹他州和威斯康星州都尝试制定了自己的指南，这些指南构成了第二种结构化的量刑模式。

第三种模式的结构化量刑是全国犯罪委员会所谓的"委员会根据推定所制定的量刑指南"。20世纪80年代，推定量刑指南在有些州开始成为由审判委员会审判的量刑指南。指南中的推定量刑模式不同于定期量刑和自愿/咨询量刑指南，它的不同主要体现在三个方面：①它不是由州议会创立的，而是由量刑委员会创立发展的，有时会仅仅代表私人利益；②明确和高度的结构化，通常依靠量化评分工具确定一个人的刑期；③它不是咨询建议，法官不得不遵守，如果法官不遵守，需要提供书面的理由。

截止到2006年，联邦政府和16个州都建立了统一的量刑标准。16个州中有10个已经使用了推定量刑指南，其余的6个州使用自愿/咨询量刑指南。因此，由立法审判委员会通过的量刑指南已经成为最受欢迎的量刑结构形式。

在适用量刑指南的辖区，一般允许法官根据情节的恶劣程度加重或减轻量刑。情节严重，则要求更严厉的量刑，这些情节可能包括十恶不赦的行为、虐待和伤害多人等。

减轻刑罚即呼吁给予罪犯更轻的处罚。虽然通过法律辩护可以使他们面临的刑罚变轻，但是也只能是降低他们的刑事责任，而不是消除。减轻刑罚的情节包括坦白、自首和其他良好行为。

加重情节和减轻情节

以下列出的是法官在推定量刑管辖区作出判决时可能考虑的典型加重和减轻情节。

加重情节

- 被告人诱使他人参与犯罪。
- 这种罪行尤其令人发指、残暴或残忍。
- 被告人在犯罪过程中携带或使用致命武器。
- 被告人犯罪是为了避免或阻止合法逮捕或逃避羁押。
- 这桩罪行是被雇佣的。
- 该罪行是在该人执行公务时或由于过去执行公务而对现任或前任执法或惩教人员实施的。
- 被告人利用了一个信托或秘密的职位来犯罪。

减轻情节

- 被告人没有刑事定罪记录，可判处超过60天的监禁。
- 被告人已作出实质性或全面赔偿。
- 被告人是一个性格良好或在社区中享有良好声誉的人。
- 被告人协助逮捕另一重罪犯或代表控方如实作证。
- 被告人在强烈挑衅下行事，或受害人是犯罪活动的自愿参与者或以其他方式同意。
- 犯罪是在被胁迫、强迫、威胁或强制的情况下犯罪，虽不足以构成辩护，但显著降低了被告的罪责。
- 在犯罪时，被告人患有精神或身体疾病，虽不足以构成辩护，但显著降低了被告人的罪责。

联邦量刑指南

1984年，联邦政府通过《综合犯罪控制法案》，该法案使得几乎所有罪犯的量刑都要通过推定。该法案强调了量刑真实性的问题，使"监禁刑和服役时间有着密切的联系"。在旧联邦制度下，平均而言，罪犯表现好并被假释的，大约只需要服役实际量刑的1/3。当时，大多数州的量刑实践反映了此联邦模式。虽然刑罚的减少可能使罪犯受益，但这样的做法经常使受害者愤怒，他们觉得在审判过程中被出卖。1984年的法案几乎取消了这个程序，开始逐步淘汰联邦假释和美国假释委员会（阅读更多相关内容请见第十章）。这个法案强调建立真实的量刑程序，实际上，量刑环境改变为"因果报应"的做法。真实量刑已经成为许多州议会和美国国会一个备受关注的重要政策。1994年的暴力犯罪控制和执法行为项目留出40亿美元的联邦监狱建设基金（真实判决激励基金），这个基金建立的目的就是保证法官采用法律判决坚守真理，并能保证那些暴力犯罪者将受到他们全部刑罚的85%的处罚。

《联邦量刑指南》第二章被称为《1984年量刑改革法案》，其建立了由9人组成的美国量刑委员会，这个委员会至今还在继续发挥着作用。委员会的成员由总统任命，其中包括3位联邦法官。量刑改革法案限制了联邦法官的自由裁量权，联邦法官被要求必须遵守《联邦量刑指南》。量刑委员会的任务是发展结构化的量刑指南，以减少刑罚之间的差距，促进一致性和均匀性，提高判决中的公平与公正。

由量刑委员会制定的准则在1987年11月生效，但它很快卷入了一系列法律纠纷之中，其中一些挑战了国会的权力。1989年1月，在米斯特雷塔诉美国案中，美国联邦最高法院认为，国会应当遵守量刑委员会制定的准则，该准则适用于所有全国联邦案件。联邦量刑委员会将继续坚持至少一年一次的对评审准则的修订，以保证其有效性。了解美国量刑委员会，可以访问http://www.ussc.gov。

量刑表

量刑表包含六种犯罪，罪犯有前科就会获得相对应的点数。例如，罪犯之前被判一年零一个月有期徒刑的就会获得3个点的累计，被判有期徒刑6个月或之前有暴力犯罪被判缓刑、假释、发配工作的将会获得2个点的累计。该系统也可用于其他类型犯罪前科的统计，出狱不到 2 年又犯罪的将获得 2 个点的累计。最高量刑等级需要在 13 个点以上。联邦罪犯的罪行判处的类型，以及这些类型随时间发生了变化的比例，都可以在图 9-4 中看出。

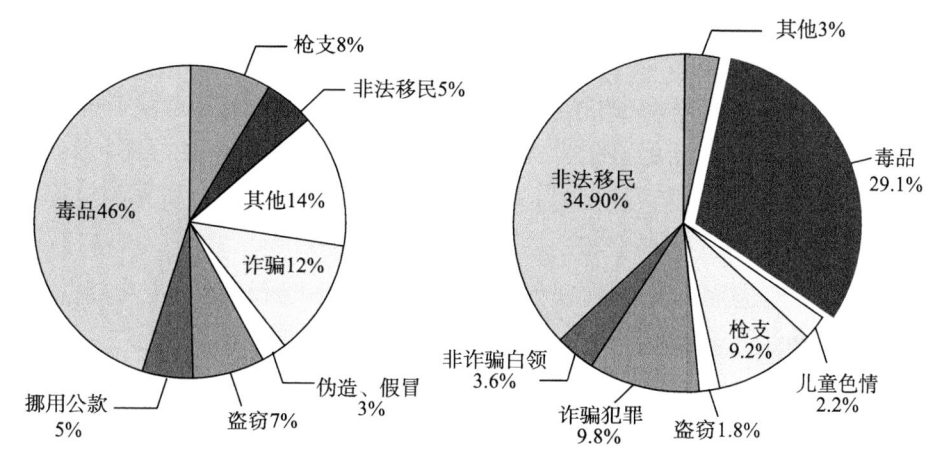

图 9-4　联邦罪犯所犯的主要犯罪类别的分布

职业罪犯也可能成为犯罪前科统计上最高的那一类。根据量刑指南，被告人如果满足以下条件就可能被认定为职业罪犯：①被告人犯罪时在 18 岁以上；②犯有暴力犯罪或贩卖毒品类物质犯罪；③被告人之前至少有两个被定罪的暴力犯罪或毒品类的犯罪。根据美国联邦最高法院规定，一个罪犯即使没有前科，也可能被判定为职业罪犯。

在指导方针下的辩诉交易

辩诉交易在联邦司法系统中起着重要作用。大约 90% 的罪犯都承认犯罪，绝大多数罪犯都会使用辩诉交易程序结案。量刑委员会前主席威廉姆·威尔金斯认为："对于辩诉交易，委员会一直相当谨慎。委员会认为联邦刑事司法系统通过太激烈或者太突然的行为改变这些实践是不明智的。"

尽管该委员会允许辩诉交易继续，但它要求达成的协议：①充分公开在法庭的记录（除非有一个重要的、明确的原因表明不应该被公开）；②记录犯罪行为的细节。在这些要求下，被告人无法用认罪掩饰背后实际的犯罪性质，决定的过程也会向受害者、媒体和公众公开。

在 1996 年梅伦德斯诉美国政府的案件中，美国联邦最高法院认为，法官脱离联邦量刑指南量刑可以作为认罪协议的一部分，但量刑不允许低于法律规定的最低法定刑。换句话说，在梅伦德斯案中，尽管联邦法官可以背离量刑指南，但通过辩诉交易的判决结果不会低于法律规定的最低刑罚。

结构审判的法律环境

2000年，美国联邦最高法院在"阿普伦迪诉新泽西"一案中对加重情节因素及其在推定量刑计划中的运用提出了至关重要的批评。事前定罪的事实，任何超过法定最高刑罚的事实，实际上是犯罪的一个要素，必须提交陪审团并毫无合理怀疑地加以证明。该案件涉及查尔斯·阿普伦迪，新泽西州被告，他承认非法拥有枪支，根据州法律，该罪被判处5~10年监禁。然而，在判刑之前，法官发现阿普伦迪向居住在他附近的一个非洲裔美国人家庭的家中开了几枪，法官断定他这样做是为了吓唬这个家庭并说服他们搬家。法官认为，阿普伦迪的陈述允许该罪行被归类为仇恨犯罪，根据新泽西州仇恨犯罪法规的增刑规定，该罪行比阿普伦迪承认的武器犯罪需要更长的监禁期限。最高法院在推翻法官的调查结果和判决时，对阿普伦迪认罪后在没有基于陪审团的事实调查程序的帮助下判处加重刑的事实表示异议。高等法院裁定："根据联邦宪法第五修正案的正当程序条款和第六修正案的通知和保证陪审团审判，任何增加犯罪最高刑罚的事实（除先前定罪外）都必须在起诉书中起诉，提交陪审团，并被证明排除合理的怀疑。"

阿普伦迪案实质上说，要求判刑法官考虑未向陪审团证明的事实违反了联邦宪法。它提出了这样一个问题，即任何地方的法官是否可以合法地偏离既定的量刑指导方针，或者仅仅基于对加重因素的司法裁定来实施强化量刑，特别是当这种裁定可能涉及由陪审团主持。

然而，在2002年，就哈里斯诉美国案而言，法院得出的结论是："在提交给陪审团的起诉书中，不必指称增加强制性最低限度（但不能将判决延伸到法定最高限额以外）的事实，或者证明超出了合理的怀疑。"根据哈里斯案的判决，法官可以通过优势证据找到加重因素，并决定是否应该将这些因素用于超出法律规定的最低限度。只要法官没有超过规定的最高刑期，他或她就不需要将这些因素视为必须向陪审团证明的犯罪要素。在哈里斯案中，大多数法官都认为，提高判刑底线的事实在宪法上与提高上限或最高刑罚的事实不同。对一些人来说,哈里斯案的裁决似乎与阿普伦迪案不一致,目前在法院审理的该类案件中受到质疑。

自阿普伦迪案以来,法院扩大了必须由陪审团决定的事实的数量和类型。例如,在 2010 年美国诉奥布莱恩案中,法院认为,如相关法律所述,确定枪支是机枪,是一个可以向陪审团证明超出合理怀疑范围的因素,而不是向量刑法官证明的量刑因素。这一调查结果影响了一项判刑要求,即对于在犯罪期间使用全自动枪支的,可判处 30 年最低监禁刑。

奥布莱恩案件建立在 2004 年布莱克利诉华盛顿案的基础上,其中美国联邦最高法院实际上使任何州判刑模式无效,允许法官而不是陪审团确定任何增加刑事判决的因素,除了先前的定罪。法院认定,由于支持布莱克利增加刑罚的事实既未被被告人承认,也未被陪审团认定,该判决违反了《美国联邦宪法第六修正案》规定的陪审团审判权。布莱克利的决定要求改写八个州的量刑法。华盛顿州立法者迅速作出反应,制定了示范法以供其他立法机构效仿。华盛顿法律规定,"支持加重情节的事实应向陪审团证明排除合理怀疑",或"如果陪审团获得豁免,则应在合理怀疑之外向法院提供证据"。

在 2007 年坎宁安诉加利福尼亚州的案件中,最高法院将其在布莱克利的推理应用于加利福尼亚州的判决定罪法,认定法律无效,因为它将提高刑罚和事实发现置于法官的职权范围内。与布莱克利案一样,加利福尼亚州的法律被认为侵犯了被告的《美国联邦宪法第六修正案》赋予的陪审团审判权。

在 2005 年美国诉布克案和美国诉范范案的合并案件中,人们的注意力转向联邦量刑实践的合宪性,这种做法依赖于增加判刑的应用中对判决事实的依赖。在布克案中,美国联邦最高法院发布了一些所谓的"特别意见",实际上包含两个单独的决定。合并案件在法院提出了双重问题:①法官根据联邦判刑准则进行的事实调查是否违反了《美国联邦宪法第六修正案》的陪审团审判权;②如果是,指南本身是否违宪。与本节讨论的上述案件一样,法院在第一个问题上发现,根据法官单独查明的事实,被告弗雷迪布克的贩毒判决根据准则不当加强。在法院看来,《美国联邦宪法第六修正案》的陪审团审判权受到侵犯,在强制性指导制度下,由于根据法官发现的事实而不是由陪审团找到或由被告承认的事实。因此，布克案的判决被裁定为违宪并且无效。关于第二个问题，法院达成妥协，并没有按照许多人的想法取消联邦指导方针。相反，法院认为，联邦法官在判决期间可以考虑这些准则，但这些准则不再是强制性的。

实际上，布克案和范范案的决定将联邦量刑指引置于他们的头上，使他们只是建议，并给予联邦法官宽大的刑罚裁量权。虽然联邦法官在达成量刑判决时仍必须考虑这些准则，但他们不必遵循这些准则。用高等法院的话来说，"由布克修改的联邦判决法规要求法院对指南的尊重，但允许法院根据其他问题调整判决"。仍然必须解释对指南的偏离，并且用法官的话说，"地区法官必须考虑任何偏离准则的程度，并且必须用充分的理由解释一个异常宽松或严厉的判决的适当性"。

2007年，在对布克案的不断澄清中，最高法院裁定，听取被告关于监狱时间的质疑的联邦上诉法院可能会认为，如果联邦刑事判决属于联邦判刑准则，则判刑是合理的。在这种情况下，丽塔诉美国案中，法院认为："即使推定增加了法官而不是陪审团会发现判决事实的可能性，也不会违反第六修正案。"法官推断说："判刑准则的非约束性上诉合理性推定，并不要求量刑法官强制执行判刑准则。"

在2007年的另一起案件高尔诉美国中，法院澄清了其对下级法院判刑决定进行上诉审查的立场，因为它认为："因为指南现在是建议性的，对量刑判决的上诉审查仅限于确定它们是否属于合理。"

2009年，美国联邦最高法院发现，宪法并未禁止法官根据陪审团未发现的事实连续判处刑罚，这似乎放松了对法官量刑权的禁令。在俄勒冈州诉金斯案中，伯格法官说："鉴于历史实践和各国对其刑事司法系统管理的权力，第六修正案并未禁止各州指派法官，而不是陪审团，发现对多项罪行强制执行连续而非合并的判刑所需的事实。"

2013年，就阿莱恩诉美国案而言，法院裁定任何增加强制性最低刑罚的事实都是必须提交给陪审团的"要素"。在这种情况下，一名联邦法官在调查某罪犯先前的定罪并发现他被判犯有多种罪行后，增加了罪犯的刑期。阿莱恩法院认为，"阿普伦迪案的原则同样适用于增加强制性最低刑罚的事实，因为触发强制性最低刑罚的事实会改变刑事被告所面临的刑罚范围"。然而，法官们还写道:"这项裁决并不意味着任何影响司法自由裁量权的事实必须由陪审团发现。"尽管如此,阿莱恩案的裁决使得政府更难利用被告先前的定罪来增加联邦刑事判刑。

美国量刑委员会向国会提交的2013年报告发现,"量刑指南仍然是确定所有联邦刑罚的重要起点,并将继续对联邦判刑趋势产生重大影响"。委员会发现,"在最近时期研究中,法院在适用的准则范围内判处刑罚的判决占53.9%"。根据法院的判决,现在由国会根据布克案重新考虑联邦判刑法律,这是过去几年正在进行的一个过程。2011年,美国量刑委员会呼吁国会通过以修改后的格式颁布[新的]强制性最低刑罚来行使其指导量刑政策的权力。阅读国会报告中关于美国诉布克案对联邦判决的影响的委员会2013年报告,网址为http://www.justicestudies.com/pubs/sentencing2013.pdf,并审查最高法院关于量刑问题的重要案件摘要:http://www.justicestudies/pubs/sct_sentencing.pdf。

三振出局法

1994年春,加利福尼亚州通过了一项著名的法案,标题为"三振已满,请君出局"(Three Strikes and You're Out)法案,这实际上意味着:如果有三项重罪指控成立,犯罪嫌疑人就会被判处终身监禁。

加州的法案要求三次重罪指控中必须有两次或以上的特定的暴力或严重犯罪,方可强制性判处至少25年的有期徒刑,至多可判终身监禁。当罪犯面临第二次犯罪指控的时候,将受到常规刑罚双倍的刑罚。在服满80%的刑期之前不得假释。

现在,大概一半的州通过了"三振出局法",从联邦层面来看,1994年的《暴力犯罪控制和执法法案》包含了对暴力及毒品犯罪的"三振出局法",第三次重罪将被判处终身监禁。

总体来说,早期有关"三振出局法"的研究发现,其对于总体再犯率的影响是微不足道的。根据华盛顿哥伦比亚特区的量刑工程来看,加州"三振出局法"仅仅增加了非暴力重刑的数量,但没有明显降低犯罪率。

2012年,16个州为了应对不同的经济状况,修改了"三振出局法"。这意味着高成本的监禁使立法机构重新考虑长刑期的设定,修改包括要求法官对量刑作出详细说明，并缩小了适用"三振出局法"的犯罪种类。

"三振出局法"的支持者认为，这将减少那些职业罪犯犯罪的机会。"很多女孩从此以后将不再会被强暴"，加州一位摄影师麦克·雷诺兹说，此前他18岁的女儿被一名假释的罪犯所奸杀。

实际上，加利福尼亚的"三振出局法"对国家的刑事司法制度产生了巨大的影响。美国缓刑和假释协会主席艾伦·舒曼说："对于很多人来说，三振出局听起来不错。""但在第三次的时候，没有人会控诉。我们将有更多的审判，整个国家致力于辩诉交易和认罪，而不是陪审团审判"，舒曼在协会的一次会议上说。根据兰德公司的说法，全面执行该法律每年可能花费高达55亿美元，或者说需要每个加州纳税人每年花费300美元。兰德公司的研究人员得出结论，尽管加利福尼亚州全面实施的"三振出局法"可以削减全州三分之一的严重成年人犯罪，但执行该法律的高成本可能使其无法得到充分实施。

2003年，在两起案件中，美国联邦最高法院维持加利福尼亚州加里·尤因和莱安德罗·安德拉德的"三振出局"。尤因以前有过四次的重罪定罪，他因三次高尔夫球俱乐部的重大盗窃罪而被判处25年徒刑。安德拉德也有长期记录，因两起小偷窃罪被判处50年徒刑。在英格兰案件中，法官 Sandra Day O'Connor 指出，各州应该能够决定何时重复违法者"必须与社会隔绝……以保护公共安全"，即使非严重的罪行导致了长期刑罚。在决定这两个案件都是基于《美国联邦宪法第八修正案》的主张时，法院认为，当被告人有严重或暴力犯罪的历史时，对非暴力重罪施加一个可能终身监禁的刑罚并非残忍和不寻常的惩罚。

2012年11月，加利福尼亚州的选民们以压倒性的优势改变了该州的"三振出局法"。改变后意味着只有两类犯罪者可以适用该法案：①那些犯下新的严重暴力犯罪的人，并且是第三次犯罪。②对于那些犯了杀人、强奸、娈童罪行的罪犯，如果他们第三次还犯此类型罪，那么无论情节是否严重，均适用该法案。在新的法案下，很多罪犯是可以申请提前释放的。据估计大概有3000名罪犯会被提前释放。但是实际的结果却是出人意料的，原因是如果这些人被提前释放，他们将无法在社会上生存，甚至没有食物和住所，因此很多人惧怕自己会被提前释放。

刑事司法职业：法医学死亡调查员

姓名：布莱洛克

职位：科罗拉多州布莱顿，亚当斯和布鲁姆菲尔德县，验尸官办公室，死亡调查员。

大学就读：俄亥俄州州立大学

专业：法医生物学学士

聘用年份：2014 年

请简要说明您的工作：

"法医学"一词涉及医学和法律。法医学死因调查员在医学和法律的联合领域工作，并且通常被称为"验尸调查员"或"死亡调查员"。

作为一名死亡调查员，我有责任通过对死亡情况进行有效和彻底的调查来确定死因和死亡方式的鉴别诊断；我还确定死者的身份并通知亲属已经发生的死亡事件。在亚当斯和布鲁姆菲尔德县（科罗拉多州），所有死亡人数均报告给验尸官办公室。我有责任根据科罗拉多州相关法律确定死亡情况何时需要进一步调查。验尸官办公室负责准确确定死亡方式和原因。死亡原因是指伤害或疾病导致了死亡。死亡方式是指围绕死因的情况。在科罗拉多州，死亡方式分为五类：自然、事故、凶杀、自杀和未定。大多数死亡是自然的，并且在医生的陪同下发生，例如在医院中。死亡调查员将花费他/她的大部分时间与医生联络以确定死亡的方式和原因。如果死亡时无人陪伴，例如住宅内死亡，死亡调查员将与其他执法官员、犯罪现场调查员、家属和目击者保持联络，以便对死亡周边环境和情况进行全面调查。现场调查的完全彻底是至关重要的，这样才能准确地确定死亡原因和死亡方式。不管媒体如何描绘现场调查，死亡调查员有责任完成对现场和死者的法医检查，记录创伤、伤害，识别标记、死后变化和疾病过程与接触毒素的指征。在完成现场调查后，一名死亡调查员将尸体放到太平间或将尸体运送到验尸官办公室进行进一步调查，例如尸检。其他主要工作职责包括：收集和盘点死者的药物，保护死者的财产，识别和收集证据，审查医疗记录，协助解剖尸体，以及在法庭上作证。

申请时，最能吸引你的是什么？

我一直对执法职业感兴趣。但是，我的热情是法医死亡调查。我想要一个主要强调死亡调查的职业，除了与其他执法机构联络外。一旦我获得了法医学和死亡调查领域的相关经验，我就知道这条职业道路对我来说很重要。

你会如何描述面试过程？

面试过程、资格和背景调查因县和地区而异。在我被聘用的地方，面试过程开始于一个10小时的工作"影子"。在这段时间里，我观察了死亡调查员的转变，我能够看到死亡研究者一个典型的工作日是什么样的，这有助于确定这项工作是否适合我。在影子体验之后，我接受了首席验尸官、首席副裁判官、运营经理和人力资源代表的面试。在此之后，我不得不通过广泛的犯罪背景调查，包括测谎测试、心理评估、体检和药物筛选。最后，进行了书面测试以确定我对死亡调查的了解。典型的候选人具有执法、法医学、制药、生物学、化学、人类学或死亡调查方面的学位或先前经验。

在被录用之前，我是亚当斯和布鲁姆菲尔德县验尸官办公室法医死亡调查员预备学院的一名志愿者。在这个项目中，我协助死亡调查人员收集和记录财产和药物、拍摄法医证据，并完成法医外部检查。

典型的一天是什么样的？

我们的办公室共有8名死亡调查员。我们按照轮班时间表工作，以提供全天候的服务；因此，每个班次将分配一名调查员，班次之间有两小时的重叠期。当到达工作岗位时，主要了解前一班次的工作内容，并为可能需要参加的任何场景装备好货车，必须准备好在轮班期间的任何一分钟离开现场。早班通常包括协助其他调查人员进行任何后续工作，例如在正常工作时间联系医生，而夜班通常包括记录药物和财产等。一般来说，每个调查员都有责任协助完成任何需要完成的工作，包括处理任何电话、死亡报告或现场响应以及完成文书工作。如果执法官员要求

> 验尸官对现场作出回应，那么有责任用照片和笔记记录场景；采访家人、朋友和证人；完成对死者的法医检查，并向其亲属发出死亡通知。
>
> 什么样的品质/特点对这份工作最有帮助？
>
> 有帮助的特征包括同理心、同情心、精力和适应能力。这份工作要求你不断保持开放的心态、并立即思考。此外，还应该能够独立地工作和与他人一起有效地工作。
>
> 一般起薪是多少？
>
> 一般而言，美国死亡调查员的平均起始工资约为每小时20美元。
>
> 升级到更高级别的工作岗位时，薪水潜力是多少？
>
> 在法医领域有多种职业机会。增加薪资的潜力各不相同。
>
> 你对在大学刚开始从事刑事司法研究的人有什么建议？
>
> 大学生有很多以职业为导向的机会。获取职业导向的实习和课程，进门并相应地联网。最后，不要害怕冒险，你永远不知道会得到什么机会。

强制量刑

强制量刑是结构化量刑的一种形式，需要特别注意。典型的强制量刑计划就是"三振出局法"。"三振出局法"（在某些司法辖区为两次出局）要求对之前判定的三个（或两个）严重的犯罪实行强制性的量刑（有时是终身监禁或无假释的终身监禁）。这种强制量刑旨在通过长期监禁使已知的和潜在的暴力罪犯无法再犯罪。

"三振出局法"的刑期比大多数早期强制性法律的最高量刑期还长。例如，加州的"三振出局法"规定，有两项暴力犯罪前科的罪犯至少要被监禁25年。二级暴力犯罪的监禁数也增加了一倍。各地区的"三振出局法"的适用范围也不同。一些司法管辖区的法律规定，犯罪前科和当前行为是暴力重罪的才可适用，其他州的法律只需要之前的犯罪为暴力重罪就可适用。一些地方的"三振出局法"只计算成年之后的犯罪，而另一些地方允许考虑青少年时期所犯的罪行。

通过强制量刑法案，立法委员会传达了一种信息，即某些罪行会被认为是特别严重的犯罪，人们会认为他们受到严厉的制裁是应得的。这些法律有时仅仅是为了回应公众对令人发指的罪行的抗议。

英国犯罪学家迈克尔总结了强制量刑法律对刑事司法系统的影响。迈克尔发现，在强制量刑下，法官们倾向于更早、更有选择性的决定，其中涉及逮捕、控告、转移（暂停之前的刑事诉讼活动和安排一个私人机构接管），他们也倾向于审判那些争议较少并且影响更好的案件。

研究人员对《联邦量刑指南》的适用分析后发现，黑人比白人易获得更长的刑期，这不是因为他们受到了法官的区别对待，而是因为大部分贩卖可卡因（与可卡因粉）的犯罪是他们所为。例如，2006 年，在联邦法院因可卡因被判刑的人有 82% 是黑人，白人只有 8.8%，虽然使用可卡因的人口中超过 2/3 的是白人。2010 年，美国总统巴拉克·奥巴马（Barack Obama）签署了《联邦公平审判法案》（FSA）并使之成为法律。该法案减少了之前《联邦量刑指南》中对粉末可卡因和强效可卡因犯罪的量刑的差距，取消了联邦法律下少量持有可卡因的强制性量刑的最低刑期。由于该法案的影响，第一次仅犯持有可卡因的犯罪，无论数量，都会受到一年以下的监禁处罚。

然而《联邦公平审判法案》的规定不适用于 2010 年 8 月 3 日之前的犯罪。因此，为了让该法案的改变适用于那些已经因可卡因被判刑的罪犯，2010 年来，美国众议院颁布了另一项法案——《公平判决说明法》（FSCA）。美国量刑委员会的研究机构估计，有 12 835 名被关在联邦监狱的罪犯，由于《公平判决说明法》的实施现在将有资格获得减刑。

量刑制度的改革

替代量刑选择

随着案件数量的逐渐增多，一些地区的法官开始广泛地适用自由裁量权来处理一些新的案件。例如，2008 年，二十多个青年冲进了前普利策奖获得者罗伯特·费罗斯特的家中，最后法官判处的惩罚措施是让他们去听费罗斯特的诗作课。同样在 2008 年，佛罗里达州的一名法官要求两名在塔可钟快餐店扔可乐的年轻人在 YOUTUBE 网站发布视频道歉。

面对越来越拥挤的监狱现状和高昂的管理费用，公众要求改革，有一些法官用一些令其羞愧的方法处罚犯罪人。在佛罗里达州的一个法庭，法官判令醉酒驾车的人将醉驾定罪书贴在车牌上。同样，几年之后，波士顿法庭的法官要求性教唆案的罪犯在唐人街的红灯区扫大街，而公众被邀请至那里观看罪犯清扫街道上的避孕套和其他性爱用品。还有一些例子，阿肯色州一名法官让商店扒手在他所盗窃的店门前举着写有他的犯罪情况的牌子；在加州，法官要求偷包者外出必须穿踢踏舞鞋。

司法学界相当多的人支持这种带有羞辱性质的处罚。例如，澳大利亚犯罪学家约翰·布雷思韦特发现，羞辱是一项很有效的惩罚方式，因为他认为这可以提高犯罪人的道德感，从此树立道德心并加强自我约束。芝加哥法学院教授丹·卡汉指出："羞辱感是人们遵守法律的主要动机，他们并不那么怕正规的制裁，他们更在意别人怎么想他们。"

羞辱惩罚的流行是否可以替代传统刑罚，我们还不得而知。但显而易见，美国司法部门已经开始寻求其他的惩罚措施来替代传统的刑罚。

替代量刑存在的问题

替代量刑包括社区服务、软禁、每天写报告、药物医疗、心理干预、受害者与被告人调解和加强传统刑罚的监督。许多策略我们会在下一章中介绍。随着监狱人口的不断增多，替代刑罚会越来越被关注。然而在适用替代刑罚前，有一些问题需要解决，包括替代刑罚是否可以增加公众的安全和项目实施情况如何考评等问题。

然而，值得注意的是，一个被称为司法再投资的新框架开始对当局量刑产生重大影响。司法再投资是一个概念，优先考虑对被判定犯有符合条件的非暴力罪的罪犯适用替代监禁，规范审前拘留中风险评估工具的使用，授权对符合条件要求的囚犯使用早期释放机制，并将这些举措节省下来的经费重新投入有效的预防犯罪项目。一般而言，司法再投资战略包括努力缩减某些严厉的判刑条款，并减少缓刑和假释违法者的监禁。

正如该术语本身所表明的那样，最近与该战略相关的一些立法措施还包括通过将监狱人口转移到刑事司法系统的其他方面来实现节余再投资的法定机制，包括基于证据的监狱内治疗方案和当地法律旨在遏制犯罪的执法工作。

其中一项立法举措，即 2011 年北卡罗来纳州"司法再投资法案"，将释放后的监管范围扩大到所有重罪罪犯，并限制假释官和法官撤销释放后监管的权力。法律还要求监管机构将资源集中用于高风险个人，并授权假释官员采用制裁措施，以既经济又有效的方式加强问责，并证明对减少再犯有更大的影响。最后，北卡罗来纳州的法律矫正方案针对的是那些最有可能再次犯罪的人。

量刑项目的一份报告指出，佐治亚州、夏威夷州、堪萨斯州、密苏里州、俄克拉荷马州和宾夕法尼亚州是司法再投资运动的领导者。德克萨斯州可能会被列入名单，例如，州政府理事会 2013 年的一项研究表明，德克萨斯州通过重点关注司法再投资工作，在 5 年内节省了近 20 亿美元，其中包括在监狱建设上节省 15 亿美元，转移拘禁设施每年节省运营成本 3.4 亿美元。2010 年，美国国会拨款给司法援助局（BJA），与皮尤慈善信托基金合作推出司法再投资计划（JRI）。JRI 将各州的司法系统利益相关者和政策制定者聚集在一起，以便设计数据驱动的刑事司法改革方法，旨在节省成本，再投资于高绩效的公共安全战略。随着监狱人口的不断增加，替代判刑策略可能会变得越来越有吸引力。然而，在大多数替代制裁可以充满信心地使用之前，必须回答一些问题，包括替代判决方案是否会增加对公共安全的威胁，替代制裁是否具有成本效益，以及应如何评判方案结果。在 http://www.justicereinvestment.org 了解有关司法再投资计划的更多信息，该计划是州政府理事会和司法局援助局的一个项目。

审前调查

在判刑前，法官需要了解被告人的背景信息。特别是在适用不定期刑的地区，法官具有很大的司法裁量权。现在许多判刑决定背后的决定因素是罪犯风险和需求评估（RNA）。2011 年，国家州法院研究中心识别了可能增加再犯罪风险的因素，并研究证实，对再犯而言，监禁和把他们从社区中移除比缓刑更加可靠。高风险因素主要包括：①反社会人格；②对法律持消极态度；③罪犯的社会支持（罪犯的朋友）；④药物滥用；⑤家庭及婚姻问题；⑥糟糕的学校或工作表现；⑦缺乏亲近社会改造和娱乐行为。

被告人的背景情况通常以审前调查报告（PSI）的形式呈现给法官。PSI通常由缓刑假释办公室作出，包括以下三点：①被告人的具体情况和犯罪记录，包括对其以往表现的评估；②简短的量刑参考意见；③检察官基于不同类型的记录的口头报告。一项 PSI 报告就像一份简历，但它关注的是犯罪人积极和消极方面的生活情况。

审前报告数据的来源多种多样。联邦调查局的国家犯罪信息中心（NCIC）早在 1967 年就开始将全国犯罪人信息网络化。个别司法地区还建立有犯罪记录档案，可以提供犯罪人之前的司法纪录的综合性资料。

有时，被告人会向 PSI 提供更多的信息。在这种情况下，工作人员必须努力证实被告人的信息。未经证实的信息需要标记为"被告人提供的信息"或仅仅为"未经证实"。

考虑到道德和法律的因素，PSI 报告是保密的。资料来源需要正规记录，并受到州和联邦对隐私权的保护；尤其是 1974 年《联邦隐私权法案》对调取这些记录进行严格限制，需要被告人的同意方可获取。其他公共法律规定，有关部门可以为被告人出具审前报告，但法庭通常并不是仅仅基于此进行审判。

PSI 最后的部分是关于调查员的建议，这份建议可能有利于缓刑、分开判刑、监禁形式和是否适用其他刑罚措施。调查员可能建议缓刑犯去参加社区服务或戒毒项目。大多数法官愿意接受这些建议，因为他们认可调查员的专业性，还因为他们知道调查员也是社区服务的监督者。

每个司法地区对 PSI 的使用情况不尽相同。联邦法律要求联邦刑事法庭和指定的 15 个地区必须使用 PSI 报告。1984 年《联邦量刑指南》直接要求记录 PSI 的工作者，对罪犯按照犯罪等级和历史犯罪进行分类记录。一些州要求只有重罪才需要审前报告，一些州要求可能判处 6 个月以上有期徒刑的才需要。其他州对 PSI 没有明确要求，依法官而定。

并不是每个人都喜欢书写报告，缓刑机构对此项工作的经费有限。2004 年 9 月，纽约缓刑机构为成年罪犯写了 2414 份报告，为未成年罪犯写了 461 份，机构里每人平均每月写 10 份。

受害人——永不忘记

图 9-5 案例：美国司法部部长在受害者典礼上发表讲话。司法系统还可以为犯罪的受害者做些什么？还有什么是需要做的？

受害人权利

由于 20 世纪 70 年代保护受害人意识的再次兴起，量刑程序将越来越多的受害人和其家属考虑在内。在过去，尽管受害人以证人身份参与庭审，刑事司法体系常常不重视受害人的遭遇，包括忍受司法程序所带来的心理创伤。1982 年，犯罪的受害者调研工作组开始了蓬勃发展的受害人权利保护运动并推进了受害人援助项目的广泛发展。

在今天，受害人援助项目向受害人提供咨询建议，帮助他们用法律保护自己合法的权益。随着起诉的成功，一些受害人援助项目也建议受害人提起民事诉讼，直接从犯罪人那里得到赔偿金。

同时，加利福尼亚州的选民通过了第 8 项决议，标志着州宪法开始关注受害人的权益。受害人保护宣传组的长期目标是修改美国联邦宪法，像对待被告人那样地公平对待受害人。例如，在过去，国家受害人宪法修正计划（NVCAP）希望在《美国联邦宪法第六修正案》中加上"在刑事诉讼各阶段，受害人在刑事诉讼中同样享有出庭听审的权利"。NVCAP 现在希望在宪法中明确这项权利。可以通过 http://www.nvcap.org 了解 NVCAP。

1996 年 9 月，关于受害人权益保护的宪法修正案——参议院联合决议第 56 项——由美国国会两党提出，但措辞和术语的不当使法案未能通过。新修订的法案在 1998 年被再次提出，但由于限制过于繁琐，以致未能得到受害人组织的支持。1999 年，一项新的修正案由参议院下属的宪法委员会、联邦委员会和财产委员会联合提出，但并未通过。由于该修正案中有一个条款赋予受害者各州和联邦的赦免权，美国司法部开始改变之前的支持态度。美国司法部长认为该条款将妨碍总统的权力。立法机构也缺乏总统克林顿的支持，于 2000 年正式撤回提议。同样，2012 年 3 月，特伦特弗兰克斯（R-AZ）和吉姆科斯塔（D-CA）代表将修订后的受害者权利修正案作为众议院联合决议 106 提出。如所述，该修正案将在美国宪法中增加以下措辞："在不否认被告人的宪法权利的情况下，犯罪受害者享有公平、尊重和尊严，能够得到保护的权利、不应被美国或任何国家否认或删减。"然而，该法案从未带到众议院投票。

尽管联邦受害人权利修正案依然没有实现，但 30 多个州已经通过了自己的法案来保护受害人权利。据 NVCAP 消息，加利福尼亚州第 9 项提议和 2008 年《受害人权利保护法案》（也被称作《马西法律》）在各州中影响最广泛。加利福尼亚州第 9 项提议颁布于 2008 年 11 月 4 日，全州投票以 53.8% 的支持率通过，它在加州宪法中加入了一些特别保护受害人的措施。

在联邦级法院，1982 年《受害人和证人保护法案》（VWPA）强调法官应考虑对受害人有影响的陈述，缓刑官应对此负有责任。1984 年，《联邦犯罪受害人法案》（VOCA）得到两党支持。VOCA 批准联邦提供资金帮助各州建立受害人保护和赔偿项目。在 VOCA 的影响下，美国司法部为受害者提供资金和信息的来源。

不久，受害人权利由 1994 年《违反犯罪控制及执法法案》再次加强，该法案为暴力及性犯罪的受害者创建了联邦训示制度，又称发言权。这给予了受害者表达自己期望被告人所获刑期的权利。该法案同样要求向性侵犯者和猥亵儿童罪犯的受害者赔偿精神损失，并禁止联邦转移专用于赔偿受害人的资金。1994年《新闻保障法》也规定了禁止询问遭遇性别歧视或遭受性侵的受害人的历史，并明确受害人在民事案件和所有刑事案件中享有的民事权利。1994年法案最重要的特征还体现在《反对侵害女性犯罪法案》（VAWA）中。VAWA向遭受性侵害和家庭暴力的受害者提供赔偿金，并对防止此类犯罪活动予以资金援助。

更多关于受害人保护运动的理论可以在本章前述的修复性司法模式中找到。修复性司法强调犯罪人有义务向被害人赔偿，它同样认识到受害人的需要，为受害人赢得赔偿打下基础。今天，总共50多个州已经通过立法规定了对犯罪中的受害人予以赔偿的相关规定。这些费用首先用于给付医疗费和误工费。所以，这样的项目要求被害人提供合法充足的证据，并设有最高赔偿额。通常对受害人有重大过失的情况不予赔偿，比如斗殴输掉的一方。2002年全国最大的项目——加州受害人赔偿项目共赔偿117万美元给予50 000名受害者。

2001年，《美国爱国者法案》修订了1984年《刑事案件受害人法案》，确定了恐怖主义犯罪的受害者获得赔偿的合格身份。它同样创立了反恐准备基金，以帮助这些受害人。2000年11月，联邦刑事受害者保护办公室（OVC）创立了恐怖主义和国际受害者联盟（TIVU），发展并管理因恐怖主义、集体暴力等犯罪而设立的被害者的项目方案。

2004年10月9日，美国参议院通过了《刑事案件受害人权利法案》，作为司法法案的一部分，体现了宪法修正案对受害人权利的保护。《刑事案件受害人权利法案》明确了联邦犯罪的受害人的一些权利，给予他们可以在联邦法院维护自身合法权益的权利。这部法案赋予了受害人以下权利：

1. 有权寻求合理保护；
2. 有权合理、准确、及时地获取案件信息；
3. 有权参与任何可公开的程序；
4. 有权参与合理的听审，比如释放、认罪、量刑；
5. 有权向检察机关发表意见；

6. 有权依法获得赔偿；

7. 有权要求诉讼权利免受不合理的延期；

8. 有权要求公正待遇，尊重人格尊严和隐私。

此外，法案不仅确定了这些权利，并且要求联邦法院帮助受害人实现权利。同样，联邦执法机构也被要求尽全力关注并依法保护受害人的权利。为了教育民众关注受害人的权利，联邦政府建立了网站 http：//www. crimevictims. gov 以便民众了解受害人的权利。受害人可以通过此网站寻求当地、国家和国际援助。受害人权利法律的数据库查询可访问 http：//www. victimlaw. info。

加利福尼亚州的受害者权利

为了保护受害者的正当程序权利，受害者有权享有以下权利：

1. 在整个刑事或青少年司法程序中，以公正和尊重他人的隐私和尊严为宗旨，并免受恐吓、骚扰和虐待。

2. 合理保护被告人和代表被告人行事的人。

3. 在确定被告人的保释金额和释放条件时，考虑受害人和受害人家属的安全。

4. 防止向被告人、被告人律师或代表被告人行事的任何其他人披露机密信息或记录，这些信息或记录可用于查找或骚扰受害人或受害人的家人，或披露在法律上享有特权或机密的在医疗或咨询治疗过程中所作出的保密通信。

5. 拒绝被告人、被告人律师或代表被告人行事的任何其他人的面谈、取证或调查请求，并为受害人同意的任何此类面谈行为设定合理的条件。

6. 根据请求，有关检察官知道的逮捕被告人、提出指控、确定是否引渡被告人的事宜，检察机关应合理通知受害者，受害者有权与检察机关进行合理商谈，在任何审前处理案件之前，也应当通知受害者

7. 根据请求，合理通知受害者所有被告人和检察官有权在场的公开诉讼程序，包括特殊诉讼程序，以及所有假释或其他定罪后释放程序，并有权出席所有此类程序。

8. 根据请求，在任何诉讼程序中，包括任何涉及逮捕后释放决定、认罪、判刑、定罪后释放决定或任何受害人权利有争议的特殊诉讼程序中表达受害者意见。

9. 快速审判，及时和最终结案，以及任何相关的判决后程序。

10. 向缓刑部门官员提供资料，以便在被告人被判刑前，就罪行对受害人及受害人家属的影响及任何量刑建议进行判刑前调查。

11. 根据要求，获得被告人可获得的判刑前报告中，除法律保密的部分外。

12. 根据要求，受害者有权利有被告知被告人被定罪、判刑、被告被监禁的地点和时间，被告人的其他处分，被告人的预定释放日期，以及被告人被释放或逃脱监禁的情况。

13. 恢复原状。

14. 当不再需要作为证据时，迅速归还财产。

15. 被告知所有假释程序，参加假释程序，向假释当局提供信息，以便在罪犯获得假释之前予以考虑，并应要求通知罪犯被假释或其他释放信息。

16. 在作出任何假释或其他判刑后释放的决定之前，应保证受害者、受害者家属和一般公众的安全。

17. 了解第（1）至（16）款列举的权利。

自由还是安全？你决定

刑事司法制度中工人的个人价值观应该在多大程度上影响工作绩效？

2007年，一名21岁的大学生正在佛罗里达州坦帕市参加一年一度的加拉帕里拉节的一场以海盗为主题的游行，报警声称她在回到她的车时遭到袭击和强奸。但是随后这个女人的故事发生了有趣的变化。调查人员首先将她带到附近的一个强奸危机中心，在那里她接受了身体检查，并给予第一剂紧急性的事后避孕药，也称为早期服用避孕药，以防止意外怀孕。

然后，警察开车将受害者带到据称发生袭击的地区，以寻找强奸犯并查明犯罪现场。当他们开车时，警察将这名女子的身份信息输入他们的车载计算机系统，发现了一份未完成的青少年逮捕令，该逮捕令是在2003年针对她在盗窃案中未支付赔偿金发布的，随后警察立即将她逮捕。她在警察局待了两天，直到她的家人聘请一位律师安排她获释。

受害人说，在她被逮捕入狱时，一名监狱医务人员拒绝提供第二次必需剂量的早期避孕药。该药物的制造商规定，她还需要两个剂量的药物，间隔20小时，以防止怀孕。当地的一些媒体人士指责警察部门对犯罪受害者的需求不敏感，他们报道称监狱工作人员因为个人关于不得使用避孕药的宗教信仰而认为其应当拒绝给该妇女用药。

逮捕女性的律师维克摩尔告诉记者，他"感到震惊、目瞪口呆、愤怒、我没有言语来形容这件事"，他指出，"她不是任何一个人的受害者。她是这个系统的受害者。当涉及强奸的受害者时，必须要有一些人性。"

坦帕警察局在此案中受到媒体报道的抨击，自此以后发布了一项政策，告知警察不要在合理、可能的情况下逮捕受伤或有精神创伤的犯罪受害者。

你决定

在多大程度上（如果有的话）应该允许刑事司法系统的工作人员的价值观影响他们履行与工作有关的任务？你是否觉得监狱医务人员在其"权利"范围内有权拒绝向涉嫌强奸的受害者提供第二剂避孕药？为什么或者为什么不？

受害人影响陈述

另一项全国性的受害人赔偿运动要求审理案件时使用受害人陈述，在审判前，书写的受害人陈述包括罪犯对受害人带来的损失和伤害，法官应考虑这项陈述对被告人作出适当的裁量。

在 1982 年的 VWPA 中，已经对联邦法院将受害人陈述作为量刑考量有所要求。实质上，1994 年《暴力犯罪控制和执行法案》的规定已经加强了对受害人的此项权利的保护。受害人影响陈述在汤姆森·麦克维案中起了重要作用。汤姆森·麦克维 1995 年因炸毁俄克拉荷马市默拉联邦建筑被判有罪，2001 年，法院将受害人影响陈述纳入对被告人量刑的考虑。然而一些州比联邦政府更早地采用受害人陈述。例如，1984 年加州通过立法给予受害人参与诉讼听审的权利。大约 20 个州现在已经立法要求受害人参与量刑程序。50 多个州和华盛顿哥伦比亚特区，允许法庭执行员在量刑时和侦查起诉阶段提交受害人陈述书。如果无法获取陈述书，法院会请受害人直接出庭作证或陈述。陈述书或出庭作证还可以用受害人影响录像替代。现在有的受害人影响录像播放的是受害人生平的照片剪辑，并配以音乐和解说。比如 2008 年，美国联邦最高法院拒绝了死刑犯人的上诉请求，因为他的上诉请求是想排除在其判刑审理过程中向陪审员播放的配以音乐和讲解的受害人录像证据。

讨论到受害人影响陈述的效力的时候，我们可以发现，其对量刑判决的影响很小。作者推断受害人陈述在法庭几乎没有影响，因为法官和其他执法者有其自己的执业方式，不受受害人影响。了解更多受害人权利和此项运动的历史，可访问 http://www.justicestudies.com/pubs/victimrights.pdf。

当代量刑的选择

量刑基本原理

量刑是对罪犯的风险管理战略，通过对罪犯的报复、剥夺能力、威慑、改造、修复的目的，保护公共安全。因为量刑的目的很难达成一致，制裁的成分在大多数。因为漫长的刑期对恢复的作用很小，社区也很难确保无罪的人永远不犯罪。

各种量刑理论渗入州法院司法系统。每个州都有自己的量刑法，频繁修订也很正常。由于每个州刑事制裁的法律和管理程序不同，量刑也被认为是"刑事司法中最具多样性的程序"。

然而，各州量刑至少有一个共性，四项传统制裁被大多数立法者和法官适用：罚金、缓刑、监禁、死刑。罚金和死刑在本章中介绍；缓刑在第十章中介绍；监禁在第十一章和十二章介绍。

在法官具有广泛的司法裁量权的司法辖区中，法官具体使用何种制裁，取决于犯罪的严重性和法官对犯罪人今后社会危害性的考量。有时可能两种或两种以上的制裁一起适用，比如犯罪人被判罚金并监禁，或者适用缓刑并缴纳罚金。

在适用推定量刑指导原则的司法辖区，一般限制法官选择的种类和范围。比如罚金的数额要精确，刑期的长短根据犯罪不同而不同。死刑在一些州还存在，只是适用于非常严重的团伙作案。

近期司法统计局关于初审法院量刑实践情况的数据发现，2006 年州法院判决中重罪有 113.2 万起，联邦法院有 66 518 起重罪。

尽管重罪犯被判有期徒刑的刑期比例很低，但数量急剧增加。如图 9－6 所示，法院判决的监禁在过去 40 年中增长了近 8 倍。

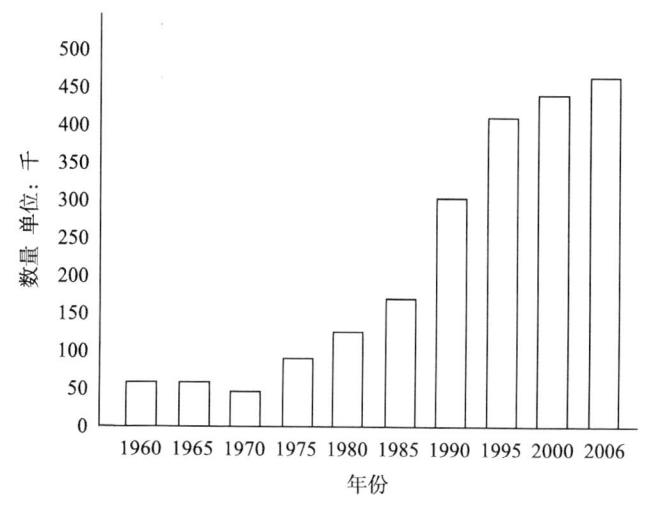

图 9－6　法院判决委托监狱执行的数量

总体而言，州监狱的量刑长度从 1990 年有所下降（从 6 年降至 4 年 11 个月），27% 的缓刑犯没有在监狱服刑。

罚金

尽管罚金是最早的刑罚之一，但在适用罚金的过程中，依然存在不公平待遇和不能执行的问题。不公平待遇是指罪犯处于不同的经济环境却判处相同的罚金数额。比如，100美金的罚金在贫穷地区和经济发达地区的概念是不同的。

尽管如此，罚金再一次成为重刑改革关注的问题，因为适用罚金刑的一个好处是减轻了州监狱的压力。扩大罚金的适用不仅解决了监狱拥挤问题，也可增加财政税收，减少市民赋税负担，其他好处如下：

- 罚金可以使罪刑相适应；
- 罚金可以由刑事司法机构收取，便于管理；
- 罚金能通过增加经济责任促进罪犯改造；
- 罚金使罪犯丧失犯罪所得。

国家司法研究所的调查显示，平均86%的罪犯受到罚金处罚，其中包括和其他刑罚并行适用。司法研究所发现，罚金被司法机关广泛适用，42%的案件法官会判罚金。一些研究表明，全国每年收到超过10亿的罚金。

罚金常常适用于轻微犯罪，如醉驾、危险驾驶、喧哗、扰乱治安、公共醉酒、毁坏财物等。然而许多法院的法官也将罚金适用于一些严重犯罪，如斗殴、盗窃、贪污、诈骗、非法买卖财物等。

一些法官不情愿适用罚金。最重要的理由是：罚金使富裕的罪犯花钱买刑，贫穷的罪犯却不行。解决这一问题的方法可以参照北欧按日罚金制度。按日罚金制度的罚金数额与行为相当，并且同时考虑犯罪人的经济来源。按日罚金以首次评估犯罪程度和被告人的责任程度计算。

为它付出：具有成本效益的纠正和量刑

自20世纪70年代初以来，监禁作为一种刑事判刑选择的使用一直在稳步增长，主要是由于颁布了"严厉处理犯罪"立法，如"二振出局法"和"三振出局法"以及毒品战争，这占了我们国家囚犯人口的大多数，特别是在联邦一级。然而，面对严重的预算短缺和监狱人口迅速增加，各州被迫寻找省钱的方法，并开始寻求其他量刑方法和项目，以降低处理被定罪的重罪犯的成本。

由28个州以各种方式实施的四种量刑改革，在过去几年中通过减少一些司法管辖区的监狱人口，帮助降低了司法系统的成本。它们包括：

①修改关于逮捕的内容;②药物法改革;③缓刑改革;④青少年量刑改革。

第一项改革是改判,有效地将许多非暴力罪犯从监狱转移,更广泛地选择使用替代判决,并将通常被监禁在国家监禁设施中的囚犯转移到当地监狱或私人机构。第二项改革是药物法改革,更广泛地利用药物法院和药物治疗作为监禁的替代办法,还导致了药物法规的改革,缩短了监禁期限,并更广泛地采用在监督下提前释放进入社区的方法。第三项改革是缓刑改革,有两种方式:第一种方式,一些州允许选定的缓刑违规者在更严格的监督下在社区中保持自由,并违反更严格的缓刑规则才能撤回缓刑。一些违反缓刑规定者根据违法行为现在被视为不符合法律规定的监禁条件,但如果他们违反了缓刑规定,则面临更严格的生活方式限制。缓刑的第二种方式是通过监督下的提前释放,通常在试用者满足某些要求后。最后,少年判刑的改革使法官在处理违法行为方面有更大的余地,并且意味着更少的年轻人将时间限制在联邦监禁设施中。

使用当地监狱控制囚犯,否则他们将被送往国家监禁设施并与私营惩教公司签订合同,以容纳需要监禁的囚犯,这是各州试图降低监禁费用的其他方式。例如,在田纳西州,在县监狱中安置一名囚犯的费用约平均每天35美元,而将该囚犯转移到国营设施的费用则高达每天近65美元。竞标国家合同的私营公司通常比国家惩戒部门更有效率,至少在处理某些类型的囚犯时,可以节省大量成本。一些政府官员还声称,私人监狱至少可以使国家避免因囚犯提起的诉讼而产生的某些形式的民事责任。最后,加利福尼亚州里弗赛德试图采用一种方法减轻监禁高成本,那里的县官员已经开始向监狱里的囚犯收取每晚142.42美元的费用。

参考文献

References: Steve Ahillen, "Explore Cost-Effective Alternatives to Prison," *Tennessee News Sentinel*, March 10, 2012, http://www.politifact.com/tennessee/promises/haslam-o-meter/promise/1072/explore-cost-effective-alternatives-to-prison (accessed May 30, 2013); The Sentencing Project, *The State of Sentencing*, 2013: *Developments in Policy and Practice*

(Washington, DC: The Sentencing Project, 2014); and Jennifer Medina, "In California, a Plan to Charge Inmates for Their Stay," New York Times, December 11, 2011.

死刑：终级制裁

有些罪行特别令人发指，可能迫切需要严厉的惩罚。例如，2008年，一位名叫凯文·雷·安德伍德（Kevin Ray Underwood）的28岁杂货店仓库职员因谋杀一名10岁女孩而被判处死刑，当局称这是一项精心策划的蚕食该女孩肉体的计划。安德伍德是居住在俄克拉荷马州珀塞尔的女孩的邻居，在他的公寓里发现了她残缺不全的尸体。调查人员告诉记者，安德伍德对这个小女孩进行了性侵犯，并计划在厨房里烧烤吃掉她的尸体。麦克莱恩县检察官蒂姆·库伊肯德尔斯说："在我担任检察官的24年中，这是我参与过的最令人发指和最恶劣的案件之一。"

今天，许多州都规定了死刑，尤其是对令人发指的犯罪。从1608年至今，估计已超过18 800起死刑被执行。在整个18世纪和19世纪中期，死刑被广泛使用。20世纪，死刑执行数量有所降低。1930年到1967年之间，美国联邦最高法院下令在全国范围内慎用死刑（多改为死刑缓期执行），近3800人被免予执行死刑。1935年和1936年为死刑执行的峰值年，每年近200起死刑案件被执行。1967年和1977年，美国所有司法辖区事实上都不再适用死刑。1983年，只有5个死刑犯被执行死刑，而在2011年，全国范围内有43个死刑案件被执行。现代记录的死刑执行最高值是在1999年，全国共有98起死刑案件，仅德克萨斯州就35起。现在，50个州中有33个州对于那些谋杀、叛国、绑架、重度强奸、谋杀警察的罪犯适用死刑。

在另一起令人震惊的罪行中，17岁的奥斯汀·里德·希克在2012年给科罗拉多州的911调度员打电话告诉他们，他在丹佛附近绑架并杀死了十岁的杰西卡·里奇韦。据称希克绑架并杀死了这名年轻女孩，并将她的遗体藏在母亲家中的一个爬行空间里。

今天，许多州都有法律条款规定可以对特别令人反感的罪行（称为重罪）判处死刑（死刑）。据估计，自1608年以来，美国已经执行了超过18 800项法律处决，记录开始被判处死刑。尽管在整个 18 世纪和 19 世纪，死刑被广泛使用，但 20 世纪中叶，国家合法处决的罪犯数量有所减缓。1930 年至 1967 年，美国联邦最高法院下令在全国范围内停止未决执行，将近 3800 人被处死。高峰年份是 1935 年和 1936 年，每年有近 200 起死刑判决。此后，每年的执行量大幅下降。在 1967 年至 1977 年间，死刑暂停执行，在美国的任何司法管辖区都没有执行死刑。解除暂停令后，恢复执行。1983 年，只有 5 名罪犯被处死，然而 2013 年在全国范围内有 39 人被处决。1999 年开始执行死刑的现代记录中，98 人被处决，仅德克萨斯州就有 35 人被处决。

今天，联邦政府和 50 个州中的 33 个州允许对一级谋杀罪犯执行死刑，而叛国、绑架、加重强奸、谋杀警察或惩教人员，以及在终身监禁期间谋杀，在特定司法管辖区可判处死刑。

直到最近，2011 年伊利诺伊州废除了死刑法令，用无期徒刑代替死刑。2012 年，康涅狄格州取消了死刑。最近废除死刑的州是马里兰州，它在 2013 年废除了死刑。

美国不是唯一一个适用死刑的国家。例如，2013 年 4 月 2 日，科威特处决了 3 名谋杀犯，2013 年前 3 个月，沙特阿拉伯将 29 人斩首，其中 7 人犯有持械抢劫罪。日本在 2013 年的头两个月就有 3 名犯罪分子被执行死刑。据国际特赦组织称，2011 年，63 个国家至少有 1923 人被判处死刑，低于 2010 年的 2024 人。据该组织统计，截至 2011 年底，全球至少有 18 750 人被判处死刑，其中有 8300 人在巴基斯坦。

随着 1994 年《暴力犯罪控制和执法法案》的通过，联邦管辖范围内可判处死刑的罪行名单大幅增加，并且 2001 年《美国爱国者法案》（一项专注于打击恐怖主义的联邦法律）进一步扩大了该法案。该名单现在总共包括约 60 项罪名。州立法者还努力扩大可判处死刑的罪行类型。例如，1997 年，路易斯安那州最高法院维持了该州的强奸儿童法规，允许对受害者年龄小于 12 岁的罪犯判处死刑。该案涉及一名感染艾滋病的父亲强奸了他的三个女儿，她们分别为 5 岁、8 岁和 9 岁。在维持父亲的死刑判决时，路易斯安那州法院裁定他为强奸儿童罪。然而，2008 年，在肯尼迪诉路易斯安娜案中，美国联邦最高法院裁定，《美国联邦宪法第八修正案》禁止路易斯安那州（及其他州）在没有造成并且没有想要造成受害者死亡的结果发生的情况下，禁止使用死刑。

截至 2014 年 1 月 1 日,共有 3 名违法者在美国各地被判处死刑。最新统计数据显示,死刑犯中 98.2% 为男性,约 43% 为白人,13% 为西班牙裔,42% 是非裔美国人,少数是其他种族(主要是美洲原住民和太平洋岛民)。

执行死刑的方法因州而异。大多数国家都授权通过致命注射来执行死刑。电刑是第二种最常见的手段,悬吊、毒气室和行刑队在少数几个州中留存下来,至少可以作为执行死刑的选择。关于死刑的最新统计信息,请访问死刑信息中心,网址为:http://www.deathpenaltyinfo.org。

人身保护令

判处死刑的法律程序充满了问题。一个严重的困难集中在这样一个事实,即上诉法院对所有死刑判决的自动审查,以及辩护律师不断的法律操纵往往会导致判决被宣判的时间和执行时间之间的显著延迟。今天,在判处死刑和执行死刑之间平均需要 10 年 8 个月。如此长时间的拖延,再加上执行可能会发生的不确定性,直接违反了普遍接受的惩罚应该迅速和确定的观念。在一个特别值得注意的案例中,71 岁的爱德华·哈罗德·沙德(Edward Harold Schad, Jr.)于 2013 年 10 月在亚利桑那州被处决,罪名是 35 年前发生的勒死事件。

甚至死刑犯的狱友也可能经历生活方式的改变。当发生这种情况时,长时间延迟的执行可能会成为非常可疑的事件。斯坦利"Tookie"威廉姆斯案非常具有解说性,其于 2005 年在加利福尼亚州圣昆廷监狱被处决时是 51 岁。20 世纪 70 年代初,威廉姆斯自称其为臭名昭著的 Crips 街头团伙的联合创始人,因 26 年前的一次抢劫案中残忍地枪杀四人而被判死刑。然而,在 1993 年,他经历了他所谓的"重新唤醒",并开始在监狱中成为一个反帮派斗士。威廉姆斯找到了一位有同情心的出版商,并写了一系列儿童书籍,名为《反对帮派暴力》。该系列书籍旨在帮助城市青年拒绝帮派成员的诱惑并接受传统价值观。他还撰写了《监狱生活》(Life in Prison),这是一本自传,描述了死刑犯的孤独和绝望。在之后几年,威廉姆斯与他的编辑巴巴拉·科特曼一起创建了街道和平互联网项目,这是一个将青少年从加利福尼亚州里士满争乱打斗的街道连接到瑞士的同龄人,帮助他们避免街头暴力。2001 年,威廉姆斯被一位瑞士议会议员提名为诺贝尔和平奖，并被一些大学教授提名为诺贝尔文学奖。反对死刑活动家姐妹海伦·普雷让、杰西·杰克逊、全国有色人种促进协会（NAACP）以及其他人提出的饶恕威廉姆斯生命的请求，遭到总督阿诺德·施瓦辛格的拒绝，他说："没有理由事后批评陪审团的有罪判决，或对威廉姆斯的定罪和死刑判决提出重大疑虑或严重保留。"

在 1989 年美国律师协会（ABA）之前的演讲中，时任大法官威廉·伦奎斯特呼吁联邦人身保护令制度的改革，几乎给予死刑犯无限的上诉机会。人身保护令（拉丁语为"你的身体"）要求一个囚犯被带进法庭后，再次决定该人的拘押是否合法。1968 年，首席大法官厄尔·沃伦提交人身保护令的权利申请，根据美国联邦宪法，这是"个人自由的象征和守护者"。但是，伦奎斯特认为，人身保护令正在被死刑犯利用，以寻求推迟处决，即使理由并不存在。

为了减少执行死刑的延误，美国联邦最高法院就麦克莱斯基诉赞特案（1991 年），限制了被判刑人可向法院提出的上诉数量。认为重复上诉的唯一目的是拖延，因此法院提出了"不尊重定罪的最终结果"和"贬低整个刑事司法系统"，为未来的上诉制定了双管齐下的标准。根据麦克莱斯基的说法，在第一次提交联邦法院之后的任何请愿书中，被告人必须：①证明有充分理由说明为什么现在提出的索赔不在第一次上诉中提出；②解释缺少该索赔可能如何伤害请愿人的有效防御能力。两个月后，法院在科尔曼诉汤普森案（1991）的推动下增强了州囚犯不能引用"诉讼程序错误"，例如，辩护律师未能赶上某州的上诉截止日期，从而不能作为向联邦法院提出上诉的依据。

1995 年，在 Schlup 诉 Delo 一案中，法院继续为死刑犯的进一步上诉制定标准，裁定在根据新证据的主张提出上诉之前："请愿人必须证明，在新证据中，更有可能的是，没有合理的陪审员会在排除合理怀疑之后判他有罪。一名'合理的陪审员'被定义为'会公平地考虑所有证据，并会认真遵守初审法院的指示，要求证据达到排除合理怀疑的程度'。"

死刑犯的联邦上诉机会进一步受到限制，1996 年的《反恐怖主义和有效死刑法案》（AEDPA）规定，为提交联邦人身保护权上诉的州囚犯来说，确定了一个为期一年的定罪后期限。州的死刑犯的最后期限为六个月，并在州一级为人身保护上诉提供律师。该法案还要求联邦法院推定州法院的事实调查结果是正确的;不允许将州法院对美国联邦宪法的误解作为人身保护救济的依据,除非这些误解是"不合理的";并要求所有请愿人在听证会之前必须出示足以通过明确和令人信服的证据来说明事实,但对于宪法上的错误,没有发现合理的事实的发现者会认定请愿人有罪。该法案还要求三名法官小组批准后,囚犯才能提出第二次联邦上诉,提出新发现的无罪证据。1996年,在费尔克诉托宾的案件中,美国联邦最高法院裁定,允许对联邦法院审理AEDPA规定的连续人身保护令申请的权限的限制,因为它们不会剥夺美国联邦最高法院的原始管辖权。

但有的推延,确实是因为司法部门。最近最高法院法官已表明,长期拖延执行死刑可能导致政府违反宪法。例如,1998年的埃里奇·那本怀特诉佛罗里达州案中,埃里奇的死刑执行已推迟了23年,法院拒绝审理此案。法官布雷耶写道,执行经过这么长时间的延迟可以认为是残忍的,因为这是由于国家自己的程序错误而拖延,并不是因为他自己无理的上诉导致的。2008年,埃里奇·那本怀特死于佛罗里达州的联邦惩教机构,距他被判死刑已逾34年。

对死刑的反对

30年前,大卫·马格里斯在犯罪狂潮中庆祝自己的21岁生日,在劫持中击中了丹尼斯·塔普,导致塔普下身瘫痪。塔普一直在深夜工作,照看他父亲的快速加油站。那天晚上,马格里斯继续犯下更多的抢劫罪,杀害了20岁的史蒂芬·汤普金斯。虽然马格里斯被加利福尼亚州法院判处死刑,但是,1972年,美国联邦最高法院撤销了加利福尼亚州的死刑法,为马格里斯于1985年被假释打开了大门。然而,在马格里斯被释放之前很久,塔普已经原谅了他。枪击事件发生几分钟后,塔普恢复知觉,缓慢爬到电话旁寻求帮助。他接下来要做的就是请求"上帝原谅那个对我这么做的男人"。今天,男人们——两个坚定的死刑对手——都是朋友,而马格里斯则是北加州废除死刑联盟的首领。"不要误会我的意思",塔普说,"大卫做错了什么……他做了一些愚蠢的事,他为此付出了代价"。

由于死刑对许多人来说是一个非常情绪化的问题,因此,自美国成立以

图9-7 案例：死刑的反对者在监狱门外举牌示威。你对死刑有什么看法？

来，一直在尝试废除死刑。第一次关于废除死刑的记录发生在1787年本杰明·富兰克林的家中，当年3月9日在那里举行的会议上，独立宣言的签署者和领先的医学先驱本杰明·拉什博士对少数但有影响力的观众朗读了一篇反对死刑的论文。虽然他当时的努力一无所获，但他的论点为随后的许多辩论奠定了基础，被广泛认为是第一个废奴主义州的密歇根州于1837年加入没有死刑的联盟。其他一些州，包括阿拉斯加州、夏威夷州、伊利诺伊州、马萨诸塞州、明尼苏达州、纽约州、新泽西州、新墨西哥州、西弗吉尼亚州和威斯康星州，已经摒弃了将死刑作为可能的犯罪行为制裁。如前所述，在33个州和所有联邦司法管辖区，死刑仍然是一种可行的量刑选择，而争论仍在继续争辩其价值。

死刑：废除和保留的理由

- **废除的原因**

无辜的人被执行了

主张：可以并且已经对无辜的人施加死刑。

反对：虽然已经表明一些无辜的人被判处死刑，虽然可以假定一些无辜的人仍然在死囚牢房中，但尚未证明无辜的人实际上已被处决。

缺乏经证实的威慑

主张：许多研究表明，死刑不是一种有效的威慑手段。

反对：如果既有确定性又迅速地执行死刑，那么死刑作为一种威慑将是有效的。我们的上诉制度和漫长的延误使其失效。

武断

主张：从我们的法律制度的性质来看，判处死刑是武断的。不是每个人都可以平等地获得有效的法律代理和诉诸法院的机会。

反对：各级刑事司法程序中都存在许多保障措施，以保护无辜者，并确保只有罪犯才能被处以死刑。

歧视

主张：死刑歧视某些种族和种族群体。

反对：对不成比例的任何检查都必须超越简单的比较，必须衡量种族群体之间和种族群体内的死刑犯罪的频率和严重性。联邦最高法院在1987年的麦克莱斯基诉肯普一案中认为，简单地表明在适用死刑方面的种族差异并不构成宪法上的违法行为。代表名额不足的群体的成员更有可能被判处死刑，但这只是因为他们更有可能因支持死刑指控的事实而被捕，而不是因为司法系统以歧视的方式行事。

成本

主张：由于涉及死刑案件的所有上诉，一州平均每次执行的成本可能会达到数百万美元。

反对：虽然与死刑相关的官方成本很高，但如果它能够实现正义，那么成本就不会太高。

人的生命是神圣的

主张：杀害并不是一种正义行为，而是将我们所有人降低到与被定罪者犯下的罪行相同的道德水平。

反对：如果生命是神圣的，那么夺取生命需要报复。

- **保留的原因**

受到应有的惩罚

主张：有些人应该为他们所做的事而死。任何低于死亡的东西都不足以作为对最令人发指的罪行的制裁。

反对：死刑是对原始时代的延续。当代人类庄重体面的标准要求替代方案，例如终身监禁。

复仇/报应

主张：死刑可被视为对犯罪分子施加给受害者的痛苦和折磨的报复。在格雷格诉格鲁吉亚案中，美国联邦最高法院写道："他的报复本能是人的本性的一部分。"因此，判处死刑犯死刑可以为受害者的家人提供解脱。

反对：宽恕和改造是比复仇和报应更高的目标。

保护

主张：被执行的罪犯不能犯下进一步的罪行，执行就是等待他们命运的其他可能的违法者的示例。此外，社会有责任采取行动捍卫他人并保护其无辜成员。

反对：社会对保护的兴趣可以通过其他方式得到满足，例如监禁。

死刑和无辜的人

2014年，纽约人马丁·哈特·坦克勒夫因被误判谋杀父母而入狱17年，获得340万美元的和解金。在他的父母被杀害时，他已经17岁，并且因未经签名的认罪而被定罪，一名调查此案的侦探曾经写过这个秘密。死刑信息中心声称，在确定他们无罪却被判死刑之后，26个州的142人在1973年至2012年底从死囚区中解放出来。一项关于使用DNA分析提供有罪或无罪的事后证明的重罪定罪研究发现，有28起案件中的被告被错误地定罪并被判处长期徒刑。由"科学证明无罪"的陪审团定罪的研究，有效地证明了司法程序可能存在缺陷。

DNA测试可以在识别错误定罪方面发挥关键作用，因为正如舍克和纽菲尔德（Benjamin N. Cardozo法学院的Innocence项目的联合创始人）所指出的那样，"与失踪的证人或其回忆逐渐消失的证人不同，生物样本中的DNA可以在犯罪发生几十年后被可靠地提取出来。这些测试的结果总是被发现具有科学的确定性，很容易超过目击者身份证明或导致最初信念的其他直接或间接证据"。他们继续说，"非常简单，DNA 检测表明，即使是最愤世嫉俗、最厌倦的学者也不会发生更多错误的定罪"。你可以通过 http：//www. innocencepr-oject. org 网站了解 Innocence 项目。

哥伦比亚大学法学院教授詹姆斯·S. 利伯曼、杰弗里·费根和西蒙·H. 里夫金德2000 年的一项研究，从 1973 年到 1995 年，在州和联邦法院审查了 4578 起死刑案件。研究人员发现，在 68% 的案例中上诉法院推翻了定罪或减刑。在 82% 的成功上诉中，被告被发现应该判处较轻的判决，7% 的此类上诉推翻了定罪。这项研究的作者表示："我们 23 年的调查结果揭示了死刑制度在其自身错误的重压下崩溃。"可以在 http：//www. justicestu-dies. com/pubs/liebman. pdf 上完整阅读该报告。

2013 年 NIJ 资助的一项研究发现，有十个因素导致对无辜被告的错误定罪，而不是令人沮丧或无罪释放。NIJ 的研究还区分了错误定罪被撤回判决和接近错误的案件，或无辜被告接近被定罪但最终无罪释放的案件。导致错误定罪的案件和导致险情的案件被发现具有许多相同的特征，包括虚假供述、官方不当行为、目击者错误识别或向警方提出错误提示。导致错误定罪的因素包括：惩罚性的国家文化（检察官不惜一切代价寻求定罪的公正的沙漠思维模式），法医错误（犯罪现场或犯罪实验室分析不正确或失败），控方仍然提出薄弱的事实，或者一个错误或撒谎的目击者。导致接近错误的因素包括但不限于没有犯罪记录的年长被告，强有力的辩护或检察机关披露重要证据。

最近通过的州法律要求在 DNA 检测可能有助于确定有罪或无罪的情况下（即在犯罪者的血液或精液可用于检测的情况下）对所有死囚进行 DNA 检测，部分解决了无罪的主张。2000 年，伊利诺伊州州长乔治·瑞安宣布无限期地暂停州内所有死刑的执行，在 DNA 测试之后公布的一份公告显示，13 名伊利诺伊州死囚不可能犯下他们被判死的罪行。该州 11 年后废除死刑。2006 年，新泽西州议会投票决定暂停适用死刑，直到一个州特别工作组就死刑是否被公平地判处提出报告，一年后，该州废除了死刑法规。

2004 年，乔治·W. 布什总统认识到 DNA 检测可以免除无辜者的罪责，他签署了《无罪保护法》。该法案提供联邦资金，以消除国家犯罪实验室中未经分析的 DNA 样本积压。它还拨出资金来提高联邦、州和地方犯罪实验室的能力来进行 DNA 分析。此外，该法令还为那些在州或联邦监狱或死囚牢中服刑的人提供了进行定罪后 DNA 测试的便利，并规定了主张无罪的联邦囚犯可以对特定证据进行定罪后 DNA 测试的条件。同样，该立法要求联邦执法机构为被判处监禁或死刑的任何被告保存生物证据。

2006 年，北卡罗来纳州大会成立了北卡罗来纳州无罪调查委员会，并责成该委员会调查和评估事实上无罪的定罪后主张，这是迄今为止唯一的此类行动。该委员会由北卡罗来纳州最高法院首席法官和北卡罗来纳州上诉法院首席法官选出的 8 名成员组成，只审查原判决审理中未予考虑的新证据。截至 2010 年中期，委员会审议了 756 起案件，导致一次免罪。到 2012 年年中，有 44 个州有无罪调查项目，其中包括在法学院或大学设立的私人倡议的项目，致力于帮助识别和释放无辜的囚犯。

然而，并非所有的无罪声明都由 DNA 测试或其他形式的调查支持。例如，在 2006 年，DNA 检测结果证实了罗杰·基思·科尔曼（Roger Keith Coleman）的罪行，他是弗吉尼亚州的煤矿工人，一直坚持无罪并宣称他终有一天会被赦免直到 1992 年被处决。科尔曼因强奸和谋杀嫂嫂 Wanda McCoy 被处死。

他的案子成为反对死刑者的理由，他们说服弗吉尼亚州州长马克·华纳下令对幸存的证据进行 DNA 检测。科尔曼的支持者声称，这些测试将提供第一份科学证据，证明一名无辜的人在美国被处决。然而，测试结果确定地显示犯罪现场发现的血液和精液来自科尔曼。最近的研究已经证实了约 42% 的囚犯被定罪，他们的案件是通过"无罪项目"选择进行 DNA 检测的。大约有 43% 人被试验排除。然而，因为对罪犯进行测试的案件已经存在强烈的疑虑，所以确定有罪的百分比似乎令人惊讶。

最后，在 2010 年，美国联邦最高法院裁定，在地区检察官办公室诉奥斯本的案件中，在刑事定罪最终判定很久之后，仍没有获得 DNA 检测证据的基本宪法权利。在 http://www.dna.gov 了解更多关于 DNA 检测的信息，以及如何从联邦政府的 DNA 倡议中确定有罪或无罪，该倡议的座右铭是"通过 DNA 技术推进刑事司法"。

死刑和威慑

在 20 世纪 70 年代和 80 年代，死刑的威慑作用成为学术界争论的热门话题。对已经取消死刑的州的研究未能显示杀人率有任何增加。邻国的类似研究对保留死刑的司法管辖区与放弃死刑的司法管辖区进行了比较,但未能证明存在任何重大差异。尽管死刑倡导者仍然众多,但很少有人会因其威慑效果而主张适用死刑。2001年汉森·杰日贝克希及其在埃默里大学的同事报告了一项支持死刑威慑效果的研究。据研究人员称,"我们的研究结果表明,死刑具有强大的威慑作用……特别是,平均每次执行都会导致减少18起谋杀案"。他们指出,该地区的大多数研究不仅在方法上存在缺陷,而且没有考虑到一些州选择判处特定罪犯死刑而不执行死刑的事实。他们写道:"如果罪犯知道司法系统发布了许多死刑判决,但那些死刑没有被执行,那么他们可能不会被判处死刑的可能性增加所阻止。"

然而,2012年,国家科学院法律和司法委员会在关于死刑威慑效果的研究的简要总结中发布了《威慑和死刑——一份公开发表的包括对先前死刑进行详细分析的研究》。委员会发现,"迄今为止的研究并未提供有关死刑是否会减少、增加或对杀人率没有影响的信息"。它的结论是,"声称研究证明死刑减少或增加了杀人率或者对死刑率没有影响,不应该影响关于死刑的政策判断"。阅读整个国家科学院的报告,参见 http://www.justicestudies.com/pdf/deathpenaltynas.pdf。

死刑和歧视

关于死刑具有歧视性的说法很难调查。虽然过去的证据表明,美国的黑人和其他少数民族被不成比例地判处死刑,但最近的证据并不如此明确。乍一看,不成比例似乎显而易见:在1977年1月至1988年执行的98名囚犯中,有45名是黑人或西班牙裔,其中有98人被判定杀害白人。1996年的一项研究发现,在1976年至1991年,被指控在肯塔基州杀害白人的黑人,被指控犯有死罪的概率高于平均值,并且被判处死刑的概率高于其他种族的凶杀罪犯。然而,为了进行准确的评估,任何不成比例的主张都必须超越与较大数量人口中种族代表性的简单比较,并且必须以某种方式衡量种族群体之间和种族群体内的死刑犯罪的频率和严重性。根据这一推理路线,最高法院在1987年的麦克莱斯基诉肯普一案中认为,简单地表明在适用死刑方面的种族差异并不构成宪法上的违法行为。2001年关于联邦死刑判决中种族和族裔公平的研究试图超越仅仅用百分比来分析种族和族裔在判处死刑判决中所起的作用。尽管这项对 950 起死刑案件进行了仔细审查的研究发现，大约 80% 的联邦死刑犯是非洲裔美国人，但研究人员发现"在联邦案件中如何实施死刑并不存在故意的种族或民族偏见"。报告表示，代表性不足的群体更有可能被判处死刑，"但这只是因为他们更有可能因符合死刑指控的事实而被捕，而不是因为司法系统以歧视的方式行事"。请阅读 http://www.justice.gov/dag/pubdoc/deathpenaltystudy.htm 上的整个报告。

2001 年新泽西州最高法院特别专员大卫·拜梅的另一项研究发现，没有证据表明在新泽西州 2000 年 5 月至 2001 年 8 月的死刑案件中对非裔美国人的被告有偏见。研究得出结论："简单地说，从统计证据中，我们看不到任何可靠的歧视，得出的结论是，被告的种族或族裔是决定哪些案件进入刑罚审判以及哪些被告最终被判处死刑的一个因素。统计证据指向另一个方向——它强烈表明，在谋杀罪起诉和死刑判决率方面，没有种族或族裔差异。"

对内布拉斯加州实施死刑的社会经济歧视的证据发现于 2001 年对该州的一项研究，该州 1937 年至 1999 年有 700 多起凶杀案件。这项由州立法机构授权的研究发现，尽管种族似乎没有影响死刑判决，但杀害具有高社会经济地位的受害者的罪犯的死刑率是其他预期的四倍。根据这项研究，"数据记录了全州范围内基于受害者社会经济地位的罪犯在控告和量刑结果方面的显著差异"。

死刑的理由

2004 年 2 月 11 日，47 岁的爱德华·路易斯·拉格龙在德克萨斯州亨茨维尔因为谋杀一家三口而被处决。早些时候，拉格龙猥亵并玷污了其中一名受害者，一名 10 岁的孩子在试图保护她 19 个月大的妹妹时，拉格龙开枪打死了她。拉格龙还杀死了两名发生袭击时在家里的孩子的姨妈。其中一名 76 岁的女性卡罗拉·劳埃德是一名聋哑、失明、卧床不起的癌症病人。在杀人事件发生之前，拉格龙曾因另一起谋杀案被判处 20 年徒刑，服刑 7 年后被假释。"他是宣判死刑的典范"，塔兰特县助理地区检察官大卫·蒙塔古（David Montague）说。

像今天许多其他人一样，蒙塔古认为"冷血谋杀"证明了对死刑判决的正当性。证成死刑的理由统称为保留者的立场。三个保留主义论点是：①报应；②复仇；③保护。

刚才的报应论证使得一些人应该为他们所做的事情而死，这简单明了，死亡是应得的；对于最令人发指的罪行，任何不够严厉的刑罚都不足以作为制裁。正如美国联邦最高法院法官波特·斯图尔特曾写的，"在极端情况下判处死刑可能是适当的制裁，这表达了社会的信念，即某些罪行本身就是对人类的侮辱，唯一适当的反应可能是死刑"。

那些为死刑辩护的人试图诉诸幸存者、受害者和国家有权终结的观点。他们说，只有在犯罪者被处决后，犯罪所引起的心理和社会创伤才能开始愈合。

保留主义者的保护主张声称，罪犯一旦被处决，就不会再犯罪。显然，保留主义者的主张是最不情绪化的，保护主义论点也可能是最弱的，因为保护的社会利益也可以通过其他方式得到满足，例如监禁。此外，各种研究表明，被判犯有谋杀罪后被释放的人几乎不可能再犯罪（令人发指的拉格龙案是例外，而不是规则）。然而，这种结果的一个原因可能是，凶手通常在释放前服刑期间很长，可能已经失去了他们以前拥有的年轻时的犯罪习性。关于两位美国联邦最高法院大法官之间关于死刑合宪性的有趣对话，参见 http://www.justicestudies.com/pubs/deathpenalty.pdf。

法院和死刑

美国联邦最高法院一段时间以来一直充任围绕死刑问题的共鸣板。法院在该领域最早的案件之一是威尔克森诉犹他州案（1878年），该案质疑枪击是一种处决办法，并引用《美国联邦宪法第八修正案》声称，行刑队是一种残忍和不寻常的惩罚形式。然而，法院不同意将行刑队的相对文明性质与撰写人权法案时通常与死刑相联系的各种形式的酷刑形成鲜明对比。

同样，法院支持对凯姆勒使用电刑。在凯莱勒案（1890年）中，法院将残忍和不寻常的处决方法定义如下："当他们涉及酷刑或挥之不去的死亡时，惩罚是残忍的；但是，在'宪法'中使用的那个词的含义范围内，对死亡的惩罚并不残酷。它暗示有一些不人道和野蛮的东西，不仅仅是生命的灭绝。"差不多60年后，法院裁定，当第一次没有见效时，第二次企图对被定罪人进行电刑，并没有违反《美国联邦宪法第八修正案》。法院认为，最初的失败是事故或不可预见的情况导致的结果，而不是刽子手故意残忍导致的结果。

然而，直到1972年，在弗曼诉佐治亚这一具有里程碑意义的案例中，才出现这种情况。法院承认,"不断发展的体面标准"可能需要重新考虑《美国联邦宪法第八修正案》的保障。在裁决中,弗曼决定使佐治亚州的死刑法规无效,理由是它允许陪审团在判处死刑时无法慎重。大多数法官得出的结论是:佐治亚州的法规允许陪审团在权衡量刑选择权时决定有罪或无罪的问题,从而允许任意和反复无常地适用死刑。

许多其他州与佐治亚州相似的法规受到弗曼案裁决的影响,但很快就改变了他们的程序,并发展为今天在死刑案件中适用的两步程序。在第一阶段,决定有罪或无罪。如果被告被判犯有可能被处决的罪行,或者他或她对此类罪行认罪,则会开始第二(或处罚)阶段。处罚阶段是一种小型审判,通常允许引入可能与有罪问题无关但可能与处罚有关的新证据,例如吸毒或虐待儿童。在大多数死刑管辖区,陪审团决定处罚。然而,在亚利桑那州、爱达荷州、蒙大拿州和内布拉斯加州,初审法官在第二阶段的谋杀案审判中设定了判刑。阿拉巴马州、特拉华州、佛罗里达州和印第安纳州允许陪审团只向法官推荐一个判决。最高法院正式批准了格雷格诉佐治亚州案(1976年)中的两步审判程序。后格雷格案的决定将死刑的适用限制为除了最严重的罪行之外的所有罪行的惩罚。美国联邦最高法院关于死刑的其他重要决定如表9-2所示。

表9-2 美国联邦最高法院关于死刑的案件

年份	美国联邦最高法院的案例	裁决
2008	肯尼迪诉路易斯安那州	《美国联邦宪法第八修正案》禁止在犯罪未导致并且无意导致儿童受害者死亡的情况下,对强奸罪判处死刑。
2008	贝兹诉里斯案	肯塔基州使用的涉及三种药物"鸡尾酒"的致死注射的死刑协议并未违反《美国联邦宪法第八修正案》,因为它不会产生肆意和不必要的痛苦、折磨或挥之不去的死亡的实质性风险。
2005	戴克诉米苏尔案	宪法禁止在死刑审判的惩罚阶段使用可见的枷锁,就像在有罪阶段一样,除非这种使用是"必要的国家利益证明是正当的",例如审判时被告的特定法庭安全。

续表

年份	美国联邦最高法院的案例	裁决
2005	罗珀诉西蒙斯案	《美国联邦宪法第八修正案》和《美国联邦宪法第十四修正案》禁止对犯罪时未满18岁的罪犯判处死刑。
2004	施里罗诉萨默林案	在阿普伦迪案和雷恩案中建立的规则不能追溯适用于已经实施的逮捕,因为它只是一个新的程序规则,而不是实质性的变化。
2002	阿特金斯诉弗吉尼亚州案	对智障人士执行死刑违反了宪法关于残忍和不寻常的惩罚的规定。
2002	雷恩诉亚利桑那州案	陪审团(而不是法官)必须决定可能导致判处死刑的事实,包括与加重情节有关的事实。
1977	库克诉格鲁吉亚州案	对强奸成年妇女判处死刑的格鲁吉亚法律已被废除。法院的认为,在这种情况下,死刑与犯罪"严重不相称"。
1976	格雷格诉佐治亚州案	格鲁吉亚修订的死刑法规的新的两阶段(分叉)程序要求得到维护。法律要求在分叉审判的第一阶段确定有罪或无罪。在作出有罪判决后,会在法官或陪审团审理其他加重和减轻证据的情况下举行听证会。在判处死刑之前,必须发现十个特定加重情节中的至少一个已排除合理怀疑。
1976	伍德森诉北卡罗来纳州案	一项要求对所有一级谋杀案强制执行死刑的州法律被认定违宪。
1972	弗曼诉格鲁吉亚州案	法院承认"不断变化的体面标准"使佐治亚州的死刑法规无效,因为它允许陪审团在判处死刑时有无指导性的自由裁量权。佐治亚州的法规允许陪审团决定有罪或无罪的问题,同时权衡判刑选择权,允许任意和反复无常地适用死刑。

在阿普伦迪诉新泽西案(本章前面已经讨论过)之后,一名亚利桑那州死刑犯的律师成功地质疑该州允许法官在没有陪审团的情况下进行判决,以便判处死刑。在雷恩诉亚利桑那州案(2002年)中,一名陪审团裁定蒂莫西·斯图尔特·戴德犯有重罪,这起谋杀案发生在1994年一起装甲车司机的武装抢劫过程中,但却因预谋谋杀罪而陷入僵局。根据亚利桑那州法律,除非法官在单独的量刑听证会上作出进一步的调查结果,否则不能对雷恩判处

死刑，即一级谋杀的法定最高刑罚。只有在法官认定存在至少一种法律规定的加重处罚情节但未被减刑情况抵消的情况下，才能判处死刑。在这样的听证会上，法官听取了一位同谋关于雷恩计划抢劫并对警卫开枪的说法。法官随后确定雷恩是真正的杀手，并发现杀人是为了经济利益（一个加重因素）。听证会结束后，雷恩被判处死刑。他的律师提出上诉，声称按照阿普伦迪案规定的标准，亚利桑那州的判刑计划违反了《美国联邦宪法第六修正案》对陪审团审判的保障，因为它赋予法官事实调查权力，允许将雷恩的判刑提高到法定最高水平。美国联邦最高法院同意并推翻了雷恩的判决，认定"亚利桑那州列举的加重因素与更大罪行的一个因素相当"。雷恩案确立了陪审团（而不是法官）必须决定导致死刑判决的事实。雷恩案裁决至少在5个州（亚利桑那州、科罗拉多州、爱达荷州、蒙大拿州和内布拉斯加州）导致对至少150例法官判处死刑的判决产生怀疑。

虽然可能会出现关于量刑行为的问题，但今天高等法院的大多数法官似乎都对死刑判决的基本合宪性有所了解。然而，开放式辩论是执行的合宪性方法。在1993年的听证会上，美国联邦最高法院波伊纳诉默里案暗示有可能重新审视凯穆勒案中首次提出的问题。该案件质疑弗吉尼亚州使用电椅，称其为一种残忍和不寻常的惩罚形式。最初将案件提交法院的塞瓦斯基·拉斐特·波伊纳在1993年3月未被同意暂缓执行死刑，并于1993年3月被以电椅处死。尽管如此，在大法官大卫·H. 苏特、哈里·A. 布莱克门、约翰·保罗·史蒂文斯写道："自从上述凯姆勒案以来，法院没有就基本问题直言不讳。根据有关执行方法的现代知识，认为该案件并不构成对该问题诉讼的决定性回应。"

在最近的一项裁决中，法院成员质疑绞刑的合宪性，暗示绞刑也可能是一种残忍和不寻常的惩罚。在这种情况下，坎贝尔诉伍德（1994年）案中，被告人查尔斯·坎贝尔强奸了一名女子，在服完刑役后被释放，然后又回去谋杀了她。他拒绝执行死刑的请求被驳回，因为谋杀案发生地华盛顿州法律为坎贝尔提供了各种执行方法以供选择，因此可以选择绞刑。同样，在1996年，法院维持了加利福尼亚州的死刑法规，规定将致命注射作为该州死刑的主要方法。该法规的合宪性受到两名死刑犯的质疑，他们声称法律中允许被判死刑的囚犯选择致命气体代替注射的规定，使该法规成为允许残忍和不寻常的惩罚的法规。

关于电椅作为执行手段的合宪性的问题再次在 1997 年浮出水面，当时在佛罗里达执行死刑时，是用皮革面具覆盖佩德罗·麦地那的面部，然后枪击其头部。同样地，在 1999 年，当艾伦·李在佛罗里达州的电椅上被处死时，血液从戴着面具的他"小小"戴维斯脸上倾泻而出。州官员声称，这位 344 磅重的戴维斯因高血压和他服用的血液稀释药物而流鼻血。戴维斯在死刑执行期间和执行后立即拍摄的照片显示他面部扭曲，同时大量血流到他的脖子和胸部。2001 年，格鲁吉亚州最高法院宣布电椅违宪，结束其在该州的使用。格鲁吉亚州法院引用了法院下级记录中的证词，证明电椅可能不会导致快速死亡或立即停止意识。然而，到法院作出决定时，格鲁吉亚州立法机关已经通过了一项法律，规定致命注射是该州对死罪的唯一惩罚方法。今天，只有一个州（内布拉斯加州）仍然使用电椅作为其唯一的死刑执行方法。

然而，致命注射肯定不是一种万无一失的执行方法。2014 年，38 岁的犯罪嫌疑人克莱顿·洛克特的腹股沟爆裂，导致一个可怕的场景，目击者看着他在死亡室的轮床上扭动和喃喃自语。他在 43 分钟后死于当局所说的大规模心脏病发作。在洛克特去世前几年，人们提出了关于致命注射是否构成残忍和不寻常的惩罚的问题。这些问题起源于目击者的叙述，尸检血液测试和执行日志，似乎表明其中一些人在死亡前仍然有意识但瘫痪并经历了难以忍受的痛苦。这些主张集中在用于执行的化学鸡尾酒的成分，其中含有一种药物（硫喷妥钠，一种短效巴比妥酸盐）来诱导睡眠，另一种（泮库溴铵）使肌肉瘫痪而不会引起昏迷，第三种（氯化钾）使心脏停止跳动。如果第一种化学物质使用不当，被处死的人仍然有意识，并且该程序可能引起不适甚至剧烈疼痛。使问题复杂化的事实是：大多数专业医疗组织的道德准则禁止执业医师剥夺生命，即虽然该道德准则没有法律约束力，但医疗专业人员基本上被排除在参与处决之外，而不是核实死亡这一事实已经发生了。为了消除致命注射引起疼痛的担忧，一些州已开始使用显示大脑活动的医疗监测设备并确保睡眠正在发生。

2008 年联邦美国最高法院就贝兹诉里斯案处理了这个问题，这是由肯塔基州死囚区的囚犯带来的。法院认为，肯塔基州使用的死刑协议不违反《美国联邦宪法第八修正案》，因为它不会造成肆意和不必要的痛苦、折磨或挥之不去的死亡的实质性风险。"因为即使是最人道的执行方法，一些痛苦的风险也是固有的"，大法官写道，"宪法并没有要求避免所有的痛苦风险"。

刑事司法新闻：高成本导致重新考虑死刑

法官、检察官和立法者正在重新考虑使用死刑，这种定罪的严重成本是一个关键因素。

佛罗里达州法官查尔斯·哈里斯（Charles M. Harris）在2012年4月的一篇评论文章中写道："执行死刑过于昂贵。大多数支持死刑的人都认为这比监狱中的生活更具成本效益。也许有一次，当执行迅速而确定时，可能就是这种情况。但现在不是。"

无数的研究支持这一论点。例如，印第安纳州发现，平均死刑案件的费用是活着没有假释的费用的十倍。最近城市研究所的一项研究发现，马里兰州的平均死刑案件比同等的非死刑案件高出近100万美元。

就绝对成本而言，单独的死刑定罪（不包括后来的上诉费用）可能超过1000万美元，就像2013年在费城进行的联邦审判一样，卡博尼被判处死刑，卡博尼对至少12人死亡负责，其中包括4名儿童和2名女性。

大部分经费是为审判准备的，但是常规上诉会增加更多费用。额外的费用可追溯到1976年美国联邦最高法院的裁决，即高等法院恢复死刑4年后，要求在死刑案件中采取额外的预防措施。例如，根据加利福尼亚州的一项研究，挑选陪审团需要花费三到四周的时间，比活着没有假释的费用多20万美元。

在死刑案件的量刑阶段，被告有权提出减刑因素，需要昂贵的专家证词。定罪后，可能需要耗尽数年精力才能上诉，这会增加监禁成本。根据加利福尼亚州2011年的一份报告，死刑犯需要单独的牢房和额外的警卫，比每个犯人的常规监禁费用高出100 663美元。

县政府拿起账单，导致增税或减少服务。例如，彼得森审判迫使斯坦尼斯劳斯县重新分配法律案件并削减其消费者欺诈保护单元。各县无法避免这一义务。当佐治亚州林肯县的委员拒绝为死刑犯约翰尼·李·琼斯（Johnny Lee Jones）的新审判拨款时，他们被投入监狱。

但是，除了刑罚方面的费用，面临死亡的被告的昂贵的合法权利仍未被撤销，可能部分原因是 DNA 证据、重新作证和其他因素所暴露的令人不安的错误定罪报告。美国公民自由联盟（ACLU）指出："当无辜的人被处决时，这些错误无法弥补。"

不管是什么原因，美国人似乎对执行死刑失去了兴趣。根据盖洛普的说法，死刑的支持率从 1994 年的 80% 下降到 2011 年的 61%。据美联社报道，全美的死刑判决数量从 1999 年的 284 起降至 2008 年的 111 起。

对于陷入严重赤字的国家而言，废除死刑的节余非常诱人。北卡罗来纳州每年节省的资金为 1100 万美元，佛罗里达州为 5100 万美元，而加利福尼亚州的一项研究表明，该州可以通过取消死刑立即节省 10 亿美元。加州选民大约在本书出版时将就这一的问题做出决定。

目前，18 个州和华盛顿哥伦比亚特区没有死刑。伊利诺伊州于 2011 年加入该名单，此前该州由于 13 项错误的死刑判决执行而实施了 10 年的暂停执行；2012 年 4 月，康涅狄格州正式终止适用死刑。2013 年，马里兰州废除了死刑，但废除并未追溯，并且有 5 人留在该州的死囚区。

参考文献

john P. Martin, "Bill for Savage Trial Easily Tops ＄10 Million, *Philly News*," September 22, 2013, http://articles. philly. com/2013 - 09 - 23/news/42294616_1_kaboni-savage-savage-trial-savage-case（accessed February 8, 2014）.

"Fight against Death Penalty Gains Momentum in States," *Los Angeles Times*, April 14, 2012, http://articles. latimes. com/2012/apr/14/nation/la-na-death-penalty-20120415.

"Just or Not, Cost of Death Penalty Is a Killer for State Budgets," Fox News, March 27, 2012, http://www. foxnews. com/us/2010/03/27/just-cost-death-penalty-killer-state-budgets/.

"Death Penalty Costs California ＄184 Million a Year, Study Says," *Los Angeles Times*, June 20, 2011, http://articles. latimes. com/2011/jun/20/local/la-me-adv-death-penalty-costs-20110620.

死刑的未来

不同州之间以及从该州的一个地区到另一个地区，对死刑的支持度差异很大。如果没有最高法院的重新干预，死刑的未来可能更多地取决于民意而不是赞成或反对的论点。

2013 年美国今日/盖洛普对全国登记选民的民意调查发现，63% 的人赞成对谋杀罪进行死刑。虽然 63% 的数字高于近年来的数字，但自 1994 年以来，大多数情况下，对死刑的支持率一直在下降，当时 80% 的人支持惩罚。然而，对死刑替代方案的支持有所增加，包括活着无法假释或活着有可能假释。

最终，关于死刑的公众舆论可能会转向无辜人民是否被处决的问题。根据最近的一些研究，如果他们认为无辜人民被司法系统处死或者死刑被不公平地适用，那么来自各行各业的美国人不太可能支持死刑。例如，死刑信息中心 2007 年的一项调查发现，"在这项民意调查中，58% 的受访者认为现在是暂停执行死刑的时候了，而这个过程经过了仔细的审查"。该研究的作者指出，美国人对死刑的支持因种族而异，非裔美国人支持死刑的可能性低于白人。然而，他们发现，大部分差异可以通过不同种族之间关于被执行无辜者人数和申请死刑制裁的公平性的不同信念来解释。因此，无辜者的处决是今天关于死刑合法性的辩论的核心，并且很可能决定各州的死刑的未来，因为地方立法机构采取旨在保证公平的程序予以改进。

2002 年，由伊利诺伊州州长乔治·瑞安任命的一个特别委员会负责审查在伊利诺伊州实施死刑的情况。该委员会报告说，应该修改判处死刑的制度，变为一系列程序保障措施。建议采取的保障措施包括：①加强对警方调查案件的控制，包括要求调查人员 "继续寻求所有合理的调查线索，无论这些调查是指向还是远离嫌疑人"；②控制目击者证词的潜在可能性，包括负责人不知道阵容中的哪个人是嫌疑人的辨认阵容（防止他或她无意识地识别嫌疑人）；③法定改革，以便在没有证据进一步佐证的情况下，不能仅根据任何单一共犯或目击者的证词来适用死刑。在该委员会报告发布近 10 年后的 2011 年 3 月，伊利诺伊州州长帕特·奎因废除了死刑，并削减了该州死囚牢房中所有 15 名囚犯的刑期。

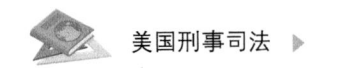

总结

刑事审判的目标包括报应、剥夺能力、威慑、改造和修复。报应认为罪犯应为他们的罪行负责。剥夺能力寻求保护无辜的社会成员，阻止那些可能会伤害到他们的行为。威慑的目的是防止未来发生犯罪活动。改造试图给罪犯带来根本性的变化，通过改变他们的行为减少未来犯罪的可能性。修复旨在解决犯罪造成的损害。

结构化的量刑在很大程度上是哲学问题。本章讨论许多不同类型的结构化的量刑模式，包括定期量刑（要求判处被定罪的罪犯一个固定期限的刑罚）、推定量刑、自愿/咨询量刑指南，通常是基于过去的审判实践，旨在指导法官。结构化量刑的另一种强制形式需要审判明确列举具体罪行，主要针对惯犯、累犯的惩罚。结构化的适用性量刑指南最近已经被美国联邦最高法院的决定质疑。

替代法院判决的量刑包括适用社区服务、软禁、药物治疗、心理咨询、被害人与犯罪人调解或强化监督等代替传统监禁和罚款的形式的量刑。替代的量刑问题已经出现了，包括质疑他们对公共安全的影响、成本效益和对社区的长期影响。

死刑的理由在本章包括复仇、应罚和保护社会。复仇的论点建立在个人和集体需要的基础上。而应罚的观点很简单，一些人应该为他们的行为去死。社会保护是威慑的表达，震慑未来的犯罪和其他潜在的违法者。反对死刑的观点是基于研究者发现死刑没有起到一个有效的威慑作用。因为许多法院在关于死刑的上诉研究中发现，它往往是任意强加的，它倾向于歧视那些无能为力的团体和个人，而且它的成本非常昂贵。反对者还认为，我们应该认识到人类生命的神圣性。

问题回顾

1. 描述当代刑事判决的五个目标。你认为哪些目标应该是量刑的主要目标？你的选择如何随着犯罪的类型而变化？在什么情况下，你的选择可能会被接受？

2. 描述不确定量刑的性质，并解释其积极方面。是什么导致一些州放弃不确定的判刑？

3. 什么是结构化量刑？今天使用了哪些结构化的量刑模型？哪种模式最有希望减少长期犯罪？为什么？

4. 什么是替代死刑？举一些替代死刑的例子，并评估它们的有效性。

5. 什么是前期调查？PSI 如何影响宣判前报告的内容？如何使用宣判前报告？

6. 描述美国受害者权利和服务的历史。受害者今天在刑事司法程序中扮演什么角色？

7. 四种现代量刑选择是什么？在什么情况下可能每个人都适合？

8. 你是支持还是反对使用死刑？概述双方的论点。

第四部分
矫正系统

第十章

缓刑、假释和社区矫正

学习目标

阅读本章后，应该能够：
1. 描述缓刑的历史、目的和特征。
2. 描述假释的历史、目的和特征。
3. 比较缓刑和假释的利弊。
4. 确定影响缓刑和假释的重大法庭案件。
5. 解释缓刑官员和假释官员的工作。
6. 描述各种中间制裁。
7. 描述缓刑和假释的可能未来。

介绍

2013 年 3 月，科罗拉多州惩戒部门负责人汤姆·克莱门斯（Tom Clements）被枪杀，当时他认为是比萨送货员在敲门所以打开了住所大门。克莱门斯被一名 28 岁的有前科的囚犯埃文·埃贝尔（Evan Ebel）持枪击中胸部死亡，埃贝尔在他八年监禁生活中的大部分时间都是被视为捣乱分子在行政隔离中度过的。"邪恶的摇篮"，就像其他囚犯所认识的那样，该人曾威胁要杀害一名女性矫正官员，并且是一个白人至上主义监狱帮派的成员。在狱中时，埃贝尔十次因辱骂、两次因违反工作人员命令、四次因殴打其他囚犯、三次因斗殴被处罚。不久之前，被释放的埃贝尔被形容为"存在非常高风险"的前科囚犯。然而，由于科罗拉多州采用了强制性假释的形式，要求在整个刑期完成之后必须释放犯人，所以不管他所代表的危险性如何，当局在 2013 年 1 月 28 日都无法阻止埃贝尔的释放。

两年前，在涉及假释相关问题的案件中，马萨诸塞州 75 名警察局长和几名州议员聚集在位于沃本市的警察局总部，要求该州的假释委员会暂停召开所有释放假释囚犯的听证会。57 岁的多米尼克·西内利（Domenic Cinelli）在圣诞节第二天的抢劫事件中枪杀了警官约翰·B. 马奎尔（John B. Maguire），并在不到两年后就获得了假释。

近期，像这样罪犯早日获释和监管不力的故事在媒体上出现的频率越来越高。本章密切关注社区矫正（也称为社区惩戒）实践背后的现实情况，它这是一种量刑方式，不依赖于传统的禁闭选择，更多地依赖于社区矫正资源。社区矫正包括各种各样的量刑选择，如缓刑、假释、软禁、违法者的远程位置监控，以及其他新的和正在开展的计划，所有这些内容都将在本章中进行讨论。通过 http：//www.iccaweb.org 访问国际社区矫正协会，了解有关社区矫正的更多信息。

图 10 – 1　美国科罗拉多州监狱负责人汤姆·克莱门斯（Tom Clements）的妻子丽莎·克莱门斯（Lisa Clements）。汤姆于 2013 年被伊凡·埃贝尔（Evan Ebel）于假释后杀害，图为丽莎参加丈夫的追悼会。

什么是缓刑

缓刑是社会矫正的一个方面，是"一种服务于社区监管的量刑"。与其他的刑罚一样，社区矫正这种方式需要法院的批准。它的目的在于用社会手段来控制罪犯，以达到使他们更好地回归社会的目的。本章要讨论可供选择的刑罚的相关内容，事实上，依据犯罪人所需遵从的量刑，他们在社会中仍然是自由的——例如参加一些特殊的组织。虽然许多司法系统的法院都有直接判决缓刑的权力，但许多缓刑犯最初都是被判为监禁刑的，随后他们的有期徒刑会得到缓期执行并发回复审，这些工作会由另外一些官员进行审理，这些官员就是缓刑犯监督官。

> 1. **社区矫正**：运用不同的官方认可方式，在有条件的监督下，允许被判刑的罪犯仍然可以在社会中活动，它属于监禁刑的替代措施。
> 2. **缓刑**：延缓监禁的刑罚，同时通过司法人员对犯罪人进行有条件的监禁，直到罪犯的行为能够达到一定的标准。

缓刑的适用范围

在美国，缓刑是一种很常见的量刑方式，在州法院被判处重罪的人中，估计有27%左右的人通过缓刑而逃过牢狱之灾，那些行为不端的人获得缓刑的概率也很高。如图10-2所示，2012年1月，在美国有57%接受矫正改造的罪犯适用的是缓刑，其他的是在监狱、拘留所、假释及其他形式所占的百分比。从1980年至2010年，在各种矫正监督下的犯罪人数量明显提高，但是，与此同时，年度增长的比例却呈下降趋势——表现出来的是负增长。从1980年至今，被监管人的绝对数从100万增长到了500万，增长近480%。

甚至一些暴力犯罪的罪犯也有1/5的概率获得缓刑的考验期，最近司法统计局研究重罪时发现，有3%左右的杀人犯被适用缓刑，这个比重占被判性侵类犯罪的16%。13%的盗窃罪与25%的故意伤害罪都相同地被判处缓刑而不是监禁。例如，来自康涅狄格州47岁的嘉莉·莫特被判处缓刑，此前她的未婚夫告诉她要取消婚礼后，她用 0.38 口径的手枪射击她未婚夫的胸口。莫特需要面临最高 20 年的监禁，但她声称她射击未婚夫的原因是她的未婚夫提出取消婚礼时所产生的巨大的心理压力。2007 年，《达拉斯晨报》报道了达拉斯的 56 起案件，这些案件都是那些谋杀犯从有罪转变为缓刑的情况。这份报纸认为，检察官有时也会用缓刑来换取认罪，因为这样做可以防止证据存疑而败诉。

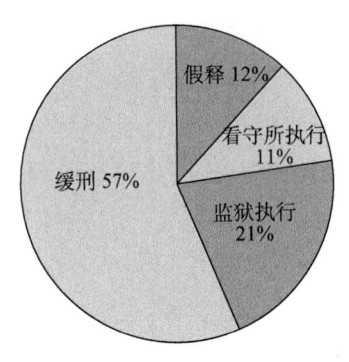

图 10 - 2　罪犯矫正类型公布

2013 年初，全国有 3 942 776 名成年犯人被处以缓刑。但是，有些州也会或多或少地使用缓刑。北达科他州的缓刑人口最少，只有 4764 人。德克萨斯州有 405 473 名罪犯在接受缓刑。按照人均计算，每 100 000 名本地居民中有 1633 个人在接受缓刑。2012 年，在 210 万人中有 68% 符合他们的监管要求。大约有 15% 的人由于违反规则或者犯新罪被撤销缓刑监管而被关押，有 3% 的人潜逃，9% 的人被撤销缓刑且未被要求受罚。

缓刑的条件

那些被判处缓刑的人必须服从法院的判决，被强制参与社区服务，违反这些强制性规定就可能会导致缓刑的取消。一般这种条件分为两种情形：普遍适用与特殊适用。普遍适用可用于在该司法辖区内的所有缓刑犯，一般要求缓刑犯遵守法律，维持他们的正常工作，不得存放枪支，允许缓刑监督官定期视察等。作为普遍适用，许多缓刑犯也被要求向法院支付一定的金钱，这种支付一般是分期付款，一般是用于支付被害者的损失、律师费以及法院的其他支出。

特殊适用,也是由法官授权,针对那些法官认为需要特别管理与控制的缓刑犯。根据犯罪的性质,法官可以要求违法者在合理的时间内交出他们的驾驶执照,服从缓刑监督官无证搜查以及突击方式的搜查;如需要药物或酒精测试时,他们应提供呼吸、尿液或血液样本;完成社区服务小时数的规定,或在规定的时间范围内通过相关学历证书(GED)的考试。法官也可根据缓刑犯的情况调整适用的特殊条件。这种个性化的条件可禁止与其他相关犯罪人存在联系的违法者(例如共同被告),他们可能会被要求天黑在家后再实行缓刑,也可能要求犯罪者在某个特定时间内接受特定的治疗方案。

图 10-3 案例:2008 年 10 月 4 日,酒店女继承人帕丽斯·希尔顿到达在拉斯维加斯的 PURE 夜总会为她妹妹尼基庆祝 25 岁生日。一年前,帕丽斯对于与酒精相关的鲁莽驾驶罪"不提出抗辩"。在洛杉矶被判处 3 年缓刑、罚款 1500 美元并加上相关法庭费用,还要参加酒精教育课程。2010 年,在车辆被拉斯维加斯警方叫停后,发现她的钱包涉嫌藏有属于受管制物质的可卡因,从而被逮捕。显然,缓刑不足以震慑她。为什么?

> 撤销缓刑:法院撤销一个犯罪人的缓刑,同时针对那些违反缓刑条件的犯罪人也取消与缓刑状况相关的限制性自由。

联邦缓刑制度

联邦缓刑制度，又被称为美国缓刑和审前跟踪制度，这个制度存在了接近 80 年的时间。1916 年，在柯莱特斯案中，美国联邦最高法院裁定联邦法官没有权力中止判决，并判令执行缓刑。在国家缓刑委员会的努力之下，1925 年，国会通过了《国家缓刑法案》并授权联邦法院适用缓刑。该法案的出台，使得联邦监狱系统人数超负荷的问题得到了解决。在早些年该制度刚开始实行的时候，禁止卖淫的立法和有组织犯罪的增长都提高了逮捕率并造成联邦适用缓刑的人数大量增长。

尽管 1925 年的法案授权每个联邦法官都配有一个缓刑监督官，但是国家发给监督官的工资只有 25 000 美元。其结果是服务于 132 名法官的只有 8 名缓刑监督官，这项制度更多的是依赖于志愿者。在这个制度适用最高峰的情况下，有接近 40 000 名缓刑犯是在志愿者的监督下完成的，显然缓刑监督官的人数是明显不足的。到了 1930 年，这种情况有所改善，美国国会提供了充足的资金，与一些带薪的专业人员共同组成的队伍开始向美国法院提供缓刑服务。今天，大约总共有 7750 名联邦缓刑监督官（又称社区矫正人员），他们的工作由美国法院的行政办公室进行统一管理，他们工作的范围覆盖了 94 个联邦司法区以及全国 500 多个地点。在任何特定的时间，他们监督约 151 000 名罪犯的缓刑情况，并且这个数目在过去 10 年内逐年增加。联邦缓刑和审前服务人员有法定权力逮捕或扣留被怀疑或被定罪的犯罪人，并逮捕那些违反缓刑条件的缓刑犯。根据现行政策，鼓励他们取得法院逮捕令，而逮捕令是由美国法警服务中心执行的。大多数联邦缓刑监督官在执勤时，可以出于防御目的携带枪支。但是，在此之前，他们必须完成严格的培训和认证要求，还要提供这样做的客观理由。当他们在执行公务的时候，一些联邦区不允许任何缓刑人员携带枪支，其中包括威斯康星州、弗吉尼亚州东部地区、东部属维尔京群岛、田纳西州中部、马萨诸塞州、康涅狄格州和加利福尼亚州的中部、东部和西部地区。

联邦官员已经接近完成了对缓刑的基本管理和技术框架的完善，它主要是为了应对联邦的缓刑工作和审前服务系统。缓刑和审前服务自动追踪系统从美国 94 个地区收集缓刑数据以支持其工作。这个系统可以收集数以千计的缓刑工作人员的记录，然后把这些数据并入决策系统。

> **多元文化与多样性：有文化技能的缓刑监督官员**
>
> 罗伯特·希勒和帕特里夏·安·金在《联邦缓刑期刊》中发表的一篇文章描述了缓刑工作中"良好治疗关系"的特征。作者说，"建立有效关系的主要障碍之一可能存在于跨文化障碍中"。
>
> 根据这篇文章，缓刑监督官员的工作对象是移民或那些文化与美国主流文化不同的人时，必须认识到需考虑客户的文化，这样做可以使缓刑监督官更有效地担任辅导员和监督员。
>
> 这是因为文化差异可能导致难以建立良好的关系，这是在罪犯和缓刑监督官之间建立帮助关系所必需的。因此，高效的缓刑官员努力了解客户的价值观、规范、生活方式、角色和沟通方式。
>
> 特希勒和金说，有文化技能的缓刑官员都了解并对他们的文化遗产非常敏感，只要他们不实施违法行为，他们就会重视并尊重差异。有文化技能的官员也意识到他们自己存在先入为主的观念、偏见、偏见的态度、感情和信仰。他们避免刻板印象和标签。掌握文化技能的缓刑监督官对自己与客户之间存在的文化差异感到舒适自在，他们很乐意将客户介绍给可能更有资格提供帮助的人。
>
> 作者指出，培养多元文化意识是培养文化技能的第一步。强化意识是一个持续的过程——最终能够理解客户的世界观或文化移情。
>
> 根据这篇文章，发展文化移情涉及六个步骤：
>
> 1. 缓刑监督官必须了解并接受来自不同文化背景的客户的家庭和社区背景（特别重要的是与西班牙裔客户合作，其中大家庭内部的关系受到高度重视）。
>
> 2. 缓刑监督官应尽可能地采用融入客户文化的本土治疗方法（与美国原住民合作时可能）。
>
> 3. 缓刑监督官必须了解客户的历史和社会政治背景（特别是当客户逃离本国的专制政权并且可能仍然担心权威人物时）。
>
> 4. 他们必须了解从一个环境转移到另一个环境的客户需要进行的心理

社会调整（包括一些移民在抵达其所在国家时感到的孤独感和分离感）。

5. 他们必须对许多人遇到的压迫、歧视和种族主义非常敏感（例如，在萨达姆·侯赛因统治下遭受歧视和遭受种族灭绝的库尔德人）。

6. 缓刑监督官必须为那些感到贫困和贬值的客户提供支持（例如，即使他们在本国从事的职业颇有威望，也可能感到被迫从事不体面的工作的移民）。

希勒和金得出结论，发展文化意识为缓刑官提供了一种有效的方法，积极地将缓刑者吸引到治疗关系中，并增加了结果成功的可能性。

Reference：Robert A. Shearer and Patricia Ann King, "Multicultural Competen-cies in Probation: Issues and Challenges," *Federal Probation*, Vol. 68, No.1（June 2004）, pp. 3 – 9.

自由还是安全？你决定

缓刑条件：不要怀孕

2008年，德克萨斯州法官查理·贝尔德（Charlie Baird）因22岁的费利西亚·萨拉查（Felicia Salazar）伤害儿童而判处她10年徒刑。萨拉查的犯罪行为实际上是一种遗漏，因为她未能保护她19个月大的孩子免受孩子父亲的残酷殴打。法官发现特别有问题的是，萨拉查在孩子被殴打后未能为孩子寻求医疗护理，即使孩子存在骨折状况。一个令人惊讶的举动是，相对于普通缓刑，贝尔德法官给增加了一个不寻常的条件：在缓刑期间，萨拉查被命令不得怀孕和生孩子。在贝尔德法官的缓刑令之后，一些人质疑他对萨拉查施加的特殊条件是否违反了其生育的基本权利。

类似的故事来自威斯康星州巡回法院法官蒂姆·博伊尔命令44岁的科里·柯蒂斯停止生育，直到他能够支持他与6位不同女性一起生育的9个孩子。法官在2012年将柯蒂斯的要求作为3年缓刑期的条件，理由是他欠了9万多美元的子女抚养费。

萨拉查和柯蒂斯案件的批评者指向了1942年的斯金纳诉俄克拉荷

第十章 缓刑、假释和社区矫正

马案,该案推翻了俄克拉荷马州的"习惯性刑事绝育法",并将生育确立为一项基本的宪法权利。

你决定

贝尔德法官是否在要求萨拉查在缓刑期间不得怀孕时走得太远了?还有什么其他特殊的缓刑条件可能会比法官施加给萨拉查的更容易被批评者接受?

什么是假释

假释是将被惩罚监禁的囚犯提前释放的一种量刑方式,这是犯罪人重返社会的一种方式,它在目的与实施方式上都不同于缓刑。缓刑犯一般不在监狱服刑;假释的对象则是已被关押过一段时间的罪犯。缓刑是可由法官决定的判刑选择形式;假释则是由假释主管机关所作的行政决定。缓刑是量刑的策略;假释则是一种教育改造策略,其主要目的是让罪犯回归原有的生活。通过提前释放,也可以刺激假释犯的行为朝积极的方向发展。假释是一种从19世纪就存在的矫正工具,它提倡用激励的方式来促使那些年轻的犯罪者改善自己的不良行为。在19世纪,假释是一个被大肆宣扬的工具。它的倡导者一直在寻找一种行为动机来激励年轻的罪犯者改善他们的行为。假释,通过其提前释放的承诺,似乎是一种理想的创新。在美国,假释的适用始于1876年的纽约。

不同的州作出假释的机制与等级都是不一样的,下面我们介绍两种比较盛行的模式:①假释委员会(州立假释主管机关)批准假释由委员会成员判断和评估,他们所作出的释放决定也被称为自由裁量式的假释;②法定的命令产生的强制释放,释放日期通常设置在接近犯人监狱刑期的日子,良好的行为表现和其他特殊事项可减短服刑的时间,获得提前释放。15个州已经完全废除了由假释委员会对所有罪犯从监狱到释放的自由裁量权。另有5个州废除了对暴力犯罪或对攻击性犯罪的罪犯释放的自由裁量权。有些州,如阿拉巴马州,已经抛弃了传统的假释,并给予它们的假释委员会撤销监外执行状态的权力，命令他们返回羁押状态。随着假释委员会法定释放权的不断改变，这些方式通常都包括一段时间内的强制性的监外执行和监督。这已经成为犯人从监狱得到释放的最常用方法。

一种关于自由裁量的形式正在增加，那就是保外就医。保外就医是将犯人从监狱提早释放的选项，根据犯罪人的身体或精神健康状况，同那些正常的犯人相比较来认定犯罪人是否属于"低风险"，从而作出是否可以假释的决定。

国家不善于利用假释的自由裁量权，也会导致大量重返社会人口的出现。而且，那些从监狱中释放的犯人，在重新进入社会时会面临许多问题与挑战。例如，加拿大是不适用假释主管机关作出假释决定的国家之一，在这个国家里有大量的重返社会人口。尽管这个国家没有假释主管机关，但是存在一个假释听证机构（BPH），由这个部门决定一些罪行严重的罪犯是否能够得到释放。这些罪犯也仅仅占国家监狱关押人口很小的一部分。

加利福尼亚州 2011 年的《刑事司法调整法》将司法权和资金用于管理从该州到县的低级犯罪分子。通过这样做，它将大多数重新入境的囚犯的释放后监督从州假释代理人转移到县缓刑官（或其他县指定的办公室）。该州的《2011 年释放后社区监督法案》（PRCS）中描述了这一变化的具体内容，该法案可访问 http://www.justicestudies.com/pubs/pcsa2011.pdf。

根据法律，BPH 继续为严重的暴力罪犯、被判处终身监禁的人、申请医疗假释的人、精神紊乱的罪犯以及在州一级持有的性暴力掠夺者举行释放听证会（也称为高危性犯罪者，HRSO）。这些囚犯一旦获释，将由加利福尼亚州惩教和康复部成人假释行动部（DAPO）监督。在重新调整的法律生效后被判刑的其他所有囚犯，必须在没有任何重大的国家施加的限制或监督的情况下，在巴斯克自动化系统上被释放，并且不受 DAPO 监督。

根据 PCRS 释放的人员必须同意一些一般的释放后监管条件（即不违反州法律或拥有枪支或弹药），并且必须在他们居住的县注册。他们还必须同意在执行 PCRS 期间接受执法人员的无证搜查，但因违反假释规定而撤销假释后无法返回监狱。虽然由各州制定适当的监管程序和条件，但加利福尼亚州的 PCRS 要求县级监督机构在一年内向行为表现良好的人发布释放决定。但是，县级机构可能会选择甚至更早地将人员从监督中释放出来。

根据加利福尼亚州新的《释放后社区监督法》，违反释放后监管条件的违法者可能会被判入狱一至十天。该计划被称为"闪电监禁"，是法律所说的一种可以"惩罚罪犯，同时防止工作或家庭企业中断（这通常是由长期撤销造成的）"的工具。2013年一项关于在释放后社区监督下一年内被逮捕或定罪的罪犯比率的研究发现，"一年内重返监狱的比率大大减少了，因为该队列中的大多数罪犯都不符合因违反假释而重返监狱的条件"。

图10-4 案例：凯利·斯科特，33岁，卡梅隆·道格拉斯（演员迈克尔·道格拉斯的儿子）的女友，在离开曼哈顿联邦看守所后，在联邦法院的门口被拍摄到。凯利被判处了七个月的监禁，由于她将毒品放在电动牙刷里面，企图交给卡梅隆。法院针对该案可能做出的社会监督模式（假释、缓刑等），哪种会对凯利更加有利？案例来源：Steven Hirsch/Splash News/Newscom.

假释的范围

如今，对于假释适用的减少可能是因为有关部门意识到常规的手段对于那些重新进入社会的犯罪人状况并未产生一些实质性的改变，所以可以证明这种做法不能满足现实的需求。对改造目的的放弃和量刑权回归司法机关（包括联邦司法系统），都在实质上减少了监督假释犯所需要的矫正人员的数量。

尽管和从前相比，适用假释的自由裁量越来越不普遍，但是仍然有25%的从监狱释放的囚犯是通过一些假释机关得到释放的。例如，很多囚犯是从假释裁决委员会获得自由的。各州一般按照确定刑期的规定进行量刑，同时，总是会要求那些犯人进行一段时间的社会服务。例如，90天重新进入社会的假释是一种强制释放的形式。强制缓刑释放方式要么会造成假释时间很短，要么就使得没有足够的监督时间，但是从1990年起，这种方式仍然被提高了91%的适用率。这样导致的结果是：确定量刑的体制造成美国假释的改变，导致监狱监管的平均时间大幅降低。矫正对于从监狱中释放出来的犯人的影响也在逐渐降低。

2013年初，美国全国假释监管人数为851 158人。与缓刑一样，受到量刑计划的立法要求的影响，各州在假释适用方面存在很大差异。例如，2013年1月1日，缅因州（一个正在逐步取消假释的州）仅报告了21名接受假释监管的人员（所有州中最低的）。北达科他州仅有429人，而加利福尼亚州（最高者）的假释人口超过89 287人，德克萨斯州正在忙着监督超过112 288名假释犯。适用假释的人均比率也各不相同：每10万名缅因州居民中只有2人获得假释，而每10万名华盛顿哥伦比亚特区居民中有1114人被假释，全国平均水平为每10万人353人。

在全国范围内，大约有52%的假释犯可以成功完成假释，约23%的人会被重新送回监狱（不符合假释条件），有9%的人会因他们在新的假释期内触犯新的罪行而回到监狱，而另外的一些人可能会被转移到新的司法管辖区，或者是潜逃还没被抓住，或者是死亡，这些组成100%的总量。

概念

1. **假释**：由假释主管机关授权在罪犯服刑期未满的状态下，在假释机构的监督下，遵守假释条件，让被定罪的罪犯从监狱中被有条件地释放。

2. **罪犯回归**：从监狱回归到社会的个体，同样也被称作"回归者"。

3. **假释裁决委员会**：大多数州的假释裁决委员会可以决定在什么时候对一个被关押的罪犯有条件地予以释放，它是一个州立的假释机构，它有时也具有审查听证委员会的功能。

4. **自由裁量的释放**：假释裁决委员会或者其他机构适用自由裁量权将一个囚犯从监狱释放并予以监督。

5. **保外就医**：保外就医针对的是那些被认为是低风险的囚犯（这种低风险的人一般是指那些患有严重生理或心理疾病的人），为了保证他们的身体健康而允许他们被提前释放的制度。

6. **强制释放**：针对罪犯的强制释放模式是由法规或者一些量刑规则来决定的，它并不是由假释裁决委员会或者其他机构来予以决定的。

7. **缓刑/假释违规行为**：假释犯/缓刑犯作出的某个行为不符合他们假释/缓刑）的规定。

8. **缓刑/假释条件**：给释放的假释/缓刑犯附加的一些条件和限制。一般的条件是由州法规来规定的，特殊的条件一般会由一些量刑的专门机构来予以规定（法院或者委员会，通常需要考量犯罪人的背景及其所犯罪的类型）。

9. **撤销假释**：因为假释犯触犯了法律所规定的一些条款而被解除假释状态。撤销假释是由假释裁决委员会作出的行政决定，包括一些禁止令，通常情况下是将假释犯送回监狱。

10. **赔偿**：赔偿就是法院要求一个被指控或定罪的罪犯向受害者支付金钱或者提供服务，或者是参加社区服务。

假释的条件

在那些保留假释自由裁量权的司法管辖区，假释的条件与缓刑的条件非常相似，这些条件通常包括不离开本州以及服从其他司法管辖区的引渡要求。假释犯也必须定期向假释官汇报近期状况，假释官也可以视察假释犯家里的情况与工作的地点（无需通知假释犯）。

假释犯的再就业是假释委员会及其工作人员关注的主要问题之一，有研究发现，成功的就业是减少重复犯罪的一个主要因素。因此，假释官通常会与假释犯关于就业问题达成一个口头协议，其条件是"如果假释犯在30天内未能找到新的工作，那么他就可能被撤销假释（通常会被送回监狱）"。与缓刑犯相比，假释犯在工作过程中可能需要支付罚款。给付金钱来赔偿受害人的损失或者到社区参与义务服务，也经常被作为假释的条件。

与缓刑相比，假释在特殊的情况下可以由法官决定，但通常需要假释犯支付"假释监督费"（通常为每月15~20美元）。这些费用也是罪犯在社会矫正方面所需要花费的金钱。

一些类型的罪犯须服从特殊的条件。例如，2007年，新泽西州的假释委员会对其监督下的4400名性犯罪者提出了一项规定，禁止他们使用互联网进行社交。假释委员会所作的这项规定的依据是从多个社交网站接收到的数据，那些在假释监督下的性犯罪者会在这些网站上注册，并用这种方式吸引新的受害者。

联邦假释

联邦罪犯接受三种不同形式的社区监督，包括缓刑、假释（即强制释放、军事假释和特殊假释），以及在监狱服刑一段时间后完成另一段时间的监督释放。联邦假释计划根据1984年的《量刑改革法案》逐步取消，被判处联邦监禁的罪犯不再有资格获得假释。相反，他们被要求在出狱后完成一定期限的监督释放。因此，今天在社区监督下的大多数联邦罪犯正在适用一个完成一定期限的监督释放。完成一定期限的监督释放类似于强制释放，在联邦法官判决时下达命令，并在以联邦监狱释放后完成。

2008年，司法统计局在其年度假释调查中增加了一个新类别，以说明法官在判决时下令的监督释放。在联邦数据收集计划下，这种类型的再入被称为"监督释放期限"（TSR），并被定义为："根据确定的量刑，在一段固定的监禁期后向社区释放的固定期限法令；两者都是由判决时的法官决定的。"正如 BJS 指出的那样，新类别被加入以更好地对大多数联邦再入罪犯进行分类。

1984年《综合犯罪控制法》（1984年的《量刑改革法》是其中的一部分）规定了1987年11月1日以后犯下的大多数罪行的联邦固定量刑和废除

假释，该法案还开始计划逐步淘汰美国假释委员会。在法案截止日期之前，继续对联邦囚犯作出假释决定，它们由位于马里兰州雪佛兰·蔡斯的美国假释委员会（USPC）制作。USPC 派听证审查员来访问联邦监狱，审查员通常会要求符合假释条件的囚犯描述他们认为准备好假释的原因。囚犯的就业准备、家庭计划、过往记录、在监狱中的成就、良好的行为以及以前的缓刑或假释经验构成了审查员向委员会报告的基础。根据该法案，该委员会将于1992 年被废除，但各种联邦立法已经延长了该委员会的寿命（最近一次延长至 2018 年），并继续对所有 1987 年 11 月 1 日之前犯下罪行的联邦罪犯、联邦证人保护计划中的国家缓刑和假释人员，根据华盛顿哥伦比亚特区刑法判刑的人员，以及美国公民在外国被判有罪被选中在本国服刑的人员拥有管辖权。2012 财年的联邦预算总计 1290 万美元，用于 USPC 的 92 个职位，包括 6 位律师。访问委员会的网站，网址为：http://www.justice.gov/uspc。

缓刑与假释：优点与缺点

缓刑用于对一些想通过矫正监督来缩短刑期的犯罪分子，但他们需要提供一些材料来证明他们对社会不再具有威胁。假释也将一个罪犯从监狱中释放，也具有同样的社会意义。

缓刑与假释的优点

与监禁刑相比，缓刑和假释有许多优点：

1. **更低的费用**。监禁的花费是昂贵的，在佐治亚州，监禁一个单独的罪犯每年需要花费将近 39 501 美元，但平均花费在一个缓刑犯身上的钱也许只有 1321 美元，而且很多州监禁的费用会更高，甚至高于佐治亚州 3 倍。

2. **促进就业**。在监狱被关押的罪犯很少有机会就业。虽然在许多州的监狱发展工作—释放工程、矫正产业、内部劳动计划，但是它们只提供报酬不高的工作，这些工作所需要的技巧性也不高。缓刑和假释会让一些罪犯在监督下做一些全职、薪金自由的工作，罪犯可以通过自己的努力来支撑自己的家庭开销，也可以向政府缴纳税款。

3. **恢复工程**。有工作能力的罪犯通常会由法院下令成为被矫正的候选人。

对于犯罪后的矫正，社会更加倾向于选择缓刑与假释，而不是选择把他们关在监狱里。矫正之后，罪犯对受害者的一些弥补措施能够修复他们的生活标准，同时也教罪犯懂得了责任，提升他们的个人信心。

4. **社会支持**。将被定罪的犯罪分子判为缓刑，一部分由罪犯的家庭和社会相关人士来决定，大家都相信，罪犯在一个积极正面的社会环境下会变得更加积极地接受社会的管理与监督。缓刑与假释共同的优点是：它们都允许犯人有社会生活。缓刑避免了家庭的分裂；假释可以使被判监禁刑的家庭成员重新团聚。

5. **降低犯罪社会化的风险**。假释是将刑法的价值观渗透到监狱中去。事实上，监狱被称为"犯罪的学校"。缓刑在某种程度上隔离了那些被判刑的罪犯。研究表明，对于降低犯罪社会化的风险，缓刑优于假释。

6. **提高社会服务项目的利用率**。缓刑和假释都可以获得一定的社会支持，包括心理治疗、药物滥用咨询、金融服务、团队支持、参加教会的外延性活动、社会服务等。虽然在监狱当中只有少量这些机会，但是社会环境本身提升了这些项目对于除去罪犯污点的有效性，使他们能够在更加"正常"的环境中生活。

7. **提高罪犯复原的机会**。缓刑与假释都是能够很好地制约犯罪行为人的工具。它们让那些积极配合的罪犯获得自由，并且与其他方式相比，它们能够更好地改变罪犯的行为。

缓刑与假释的缺点

任何对于缓刑或假释准确的评估都必须认识到他们都存在一些战略上的缺点：

1. **相关处罚的缺失**。处罚才是司法制度的核心，司法系统放弃了一种刑事处刑模式。尽管复原与治疗被看作非常有意义的，但是刑事处刑模式认为，处罚才是最重要的，因为处罚既能够维持社会稳定，又能够满足受害者的复仇心理。缓刑被视为不需要接受任何处罚的刑罚，它已经受到了越来越多的指责。假释同样也被视为影响司法公正的制度，因为：①过早地释放罪犯，有可能出现主犯被判假释，而起次要作用的从犯依然蹲在大牢里面的情况；②这被认为是一种存在欺诈的制度，因为它不要求罪犯完成他的全部刑期。

2. **提高了社会风险**。假释与缓刑是被设计出来处理犯罪分子的一种策略。将这些罪犯释放到社会中，会提高他们再次犯罪的风险。社会监督制度再完善也无法保证罪犯们不会再次犯罪，而且一些关于假释的评估指出犯罪分子的危险程度远超过我们的想象。

3. **提高了社会成本**。一些罪犯被判处缓刑与假释可以有效地、可靠地减少他们所承担的义务，但是这么做也增加了社会的负担。除了增加一些新犯罪的风险外，缓刑与假释也增加了一些社会成本，这种成本通常会通过其他形式来表现：子女抚养费、福利成本、住房费用、法律援助、贫困医疗等。

自由还是安全？你决定

DNA 链接到未解决的案例是否应该用于拒绝假释？

DNA 测试被称为"刑事调查中的新指纹识别"，它是一种强有力的工具，如果使用得当，能确认无疑地识别犯罪嫌疑人的个人身份。联邦政府拥有庞大的 DNA 数据库，包括从被定罪的罪犯、军人和敏感职位的联邦雇员收集到的数百万条记录。从 1990 年开始，各州和联邦政府开始通过国家联合 DNA 指数系统（CODIS）分享他们的 DNA 记录。

尽管 CODIS 中的大部分记录都是被定罪的罪犯，但许多州（包括加利福尼亚州、堪萨斯州、路易斯安那州、明尼苏达州、新墨西哥州、德克萨斯州和弗吉尼亚州）和联邦政府最近颁布了允许对所有被捕并被指控犯有重罪的人收集 DNA 样本的法律，至少有 6 个州正朝着同一个方向前进。此外，联邦当局正在考虑增加在海外被捕的恐怖主义嫌疑人和因违反移民法而被拘留的人的基因记录，包括那些非法越过国界（并经常迅速返回原籍国）的人。如果预先定罪基因测试的倡导者有自己的方式，那么通过 CODIS 获得的记录数量将会飙升。

最近，美国公民自由联盟（ACLU）在旧金山的联邦法院提起诉讼，质疑加利福尼亚州允许对未定罪的被捕者进行基因检测的法律，称这种检测相当于违宪搜查。使情况复杂化的是：一些假释当局已经开始在 CODIS 中寻找有资格获得提前释放的囚犯进行 DNA 匹配，然后使用此类匹配来延长犯罪嫌疑人的监禁时间。例如，在犹他州，原本具备假释资格的强盗鲁迪·罗梅罗的释放日期被推迟了 25 年，因为 DNA 将他与五个未解决的强奸联系起来——尽管他还没有被任何人指控。当局现在认为罗梅罗是 1990 年至 1993 年期间在盐湖城约旦河公园大道附近发生的一系列野蛮袭击和强奸事件以及 10 名十几岁女孩和 3 名妇女被强奸事件之后被称为"百汇强盗"的人。

虽然预先定罪测试的倡导者说它有助于确保正义，但是一些匹配结果涉及诉讼时效已过期并且永远不会被起诉的罪行。那些反对使用基因检测来确定假释资格的人说这是不公平的，因为寻求释放的囚犯没有机会为自己辩护，而假释听证会的规则与那些被告被允许被律师代理的刑事审判的规则不同。

你决定

国家是否应该清点数据库中所有因重罪而被捕的嫌疑人的 DNA？以及那些被判犯有重罪的人？那些因轻罪被捕或被判有罪的人？假释当局是否应该使用明显的 DNA 链接来解决尚未解决的犯罪案件、拒绝释放符合假释条件的囚犯？

参考文献

1. Although most state laws require the DNA records of anyone found not guilty to be expunged from their databases and for their DNA samples to be de-stroyed, records may still be available for a long time because there are delays in the justice process and because it takes time for the administrative process to conclude.

2. It is unlikely that rape charges will ever be brought against Romero because Utah has a four-year statute of limitations that bars prosecution. *References*：Kevin Johnson and Richard Willing, "New DNA Links Used to Deny Parole," *USA Today*, February 8 – 10, 2008; Richard Willing, "Many DNA Matches Aren't Acted On," *USA Today*, November 21, 2006; Richard Willing, "Officials Increase DNA Profiles," *USA Today*, May 1, 2006; Richard Willing, "Detainee DNA May Be Put in Database," *USA Today*, January 19 – 21, 2007; and Jennifer Dobner, "DNA May ID 1990s Rapist," *Desert Morning News* (Salt Lake City), September 3, 2004.

法律环境

11 项联邦最高法院的决议构成了缓刑与假释监督制度的框架。在这些案例之中，格里芬诉威斯康星案（1987）是最具有标志性意义的。在这个案例中，联邦最高法院规定缓刑监督官在没有搜查令以及没有合理根据的情况下可以搜查缓刑犯的住宅。根据法院的规定，"一个缓刑犯的家应和其他人的家一样被《美国联邦宪法第四修正案》予以保护，如若搜查，必须具有合理性"。然而，在各州缓刑系统的实践过程中，显示出了一种超越一般法律的"特殊需要"，使得那些不需要任何条件的搜查具有了合理性。对于缓刑，法院得出的结论是：这种形式与监禁其实很像，"它也是一种在确定犯罪分子有罪的前提下，所施加给罪犯的一种量刑方式"。

同样地，在 1998 年宾夕法尼亚州缓刑与假释委员会诉斯科特的案件中，法院拒绝扩大适用非法证据排除规则以满足适用假释办公室搜查获得的证据的需要。

其他法院主要关注缓刑与假释的撤销听证会，这导致的结果是缓刑犯的缓刑期是多变的，假释犯也有可能回到监狱里继续完成他们的刑期。撤销属于普通程序，在美国，每年有接近 25% 的缓刑犯与 26% 的假释犯会被撤销对他们的处罚，并被有条件地释放（基于一些特定的条件而将他们释放到社会）。如果他们违反规定或者犯了新的罪行，监督官可能会撤销犯人的假释与缓刑。最常造成假释与缓刑被撤销的行为是：①没有及时定期向假释/缓刑监督官报告现状；②未参加规定的治疗项目；③在监督期滥用酒精与毒品。

2010 年，一项新的法律在加利福尼亚州被正式实施，该法案将原先普通的假释制度变为"不会被撤销的假释制度"（NRP），这被广泛地认为是矫正制度的一种改革，NRP 是一项可以稳定减少监狱人数的措施。NRP 禁止加利福尼亚州的矫正机构（CDCR）将一些特定的假释犯再次送回监狱，使这些假释犯始终保持假释的状态，或者如果他们违反了一些假释的规则，那么就会将他们报告到假释听证委员会。性犯罪者、被证实的团伙犯罪、重罪和定期有规律作案的罪犯，都不符合适用 NPR 的要求。此外，只有被 CDCR 用风险评估手段测试过，而且被确定不会有再犯风险的人，才会被 NRP 接受。在 NRP 监管下的假释制度一般会维持一年的时间，在此期间，假释犯不需要向执法官员作定期的汇报，但是他们需要服从执法人员任何时间的搜查。

当前，另外一个关于缓刑官与假释委员会的潜在的重要法律问题是他们需要对被他们释放的罪犯日后的行为负责。一些法院表示，执法人员可以免于这种诉讼，因为他们本身就是在行使州司法系统赋予他们的权利，无需承担多余的义务。然而，另一些法院则认为，如果执法人员未能准确评估假释犯的危险性就将其假释是存在过错的，需要承担相应的法律责任。许多专家都表示，在大部分情况下，假释委员会的成员不会被起诉，除非他们所作出的释放决定存在重大疏忽或玩忽职守的情况。执法官员任意作出的假释或缓刑决定对社会公众造成危害时，一般会由民法来管辖，尤其是当他们作出的决定未被司法当局评价的情况下。

> **假释撤销审查**：是正式审查（例如假释裁决委员会的审查）的一个前置程序，用来审查假释犯或缓刑犯是否违反了假释缓刑的规定。
>
> **有条件的释放**：从监狱释放到社会的罪犯需要遵从一系列的条件，如果违反这些条件，就有可能被送回监狱或者在社会上承担新的刑罚。

> **美国联邦最高法院对缓刑和假释具有特殊意义的裁决**
>
> 1. 参孙诉加利福尼亚州案（Samson v. California 2006 年）：警察可以对一名被假释的人进行无证搜查，即使其没有涉嫌犯罪的情况，即使搜查的唯一理由是该人被假释。
>
> 2. 美国诉骑士（U. S. v. Knights，2001 年）：通常为缓刑和假释官员保留的无证搜查权在合理怀疑的支持下，根据缓刑条件授权，延伸至警察。
>
> 3. 宾夕法尼亚州缓刑委员会和帕罗诉斯科特案（1998 年）：排除规则不适用于假释官员的搜查，即使此类搜查产生了违反假释法规的证据。
>
> 4. 格里芬诉威斯康星州（1987 年）：缓刑官员可以在没有搜查令或可能原因的情况下搜查缓刑犯的住所。
>
> 5. 明尼苏达诉墨菲案（1984 年）：如果缓刑犯没有明确要求反对自证其罪的权利，则可以使用缓刑犯对缓刑官员的证据作为对他或她的定罪证据。

6. 比尔登诉佐治亚案（1983 年）：如果无法证明被告对失败负有责任，则不能因未能支付罚款而撤销缓刑并进行赔偿。此外，如果被告缺乏支付罚款或恢复原状的能力，那么听证当局在判处监禁之前必须考虑任何可行的监禁替代办法。

7. 格林霍茨诉内布拉斯加州案（1979 年）：假释委员会不必指明用于决定拒绝假释的证据或推理。

8. 加冈诉斯卡佩利案（1973 年）：莫里西诉布鲁尔案中确定的保障措施已延伸至适用者。

9. 莫里西诉布鲁尔案（1972 年）：涉及假释的撤销听证会必须采取程序保障措施。具体包括：（a）声称的违反假释的书面通知；（b）向假释者披露针对他或她的证据；（c）亲自聆讯并出示证人和文书证据的机会；（d）对抗和盘问敌意证人的权利（除非听证官特别找到不允许对抗的正当理由）；（e）"中立和独立"的听证机构，例如传统的假释委员会，其成员不必是司法人员或律师；（f）书面陈述。

10. 梅帕诉罗伊案（1967 年）：在撤销缓刑之前，通知和听证都是必需的，并且在强制执行延期监禁之前，缓刑犯应有机会由律师代理。

11. 埃斯科诉韦尔斯特（1935 年）：缓刑"对于被定罪的人来说是一种恩典"，并且在没有听取或通知缓刑犯的情况下，撤销缓刑是允许的。后来的决定极大地修改了这个决定。

缓刑监督官与假释执行官的工作

职业描述

缓刑监督官与假释执行官所面临的任务总是十分相似，在有些司法管辖区，甚至将这两种职业合二为一。我们在这一部分主要描述他们二者的职责，是否应由同一个体或不同个体来实施。假释与缓刑工作所包含的四个首要功能包括：①判决前的调查工作；②启动程序；③诊断与需求评估；④监督缓刑犯、假释犯。

在有可能判处缓刑的情况下，启动程序包括一个判决前的调查工作，这么做主要是为了审查罪犯的背景以帮助法官作出更为明智的量刑决定。启动程序可能也包含一个争端解决的过程，这么做的目的是在量刑之前由缓刑监督官、假释执行官去解决被告人与受害人所产生的抱怨和投诉等问题。启动程序的规则多用于青少年犯罪，成年人犯罪很少适用，但不管是什么类型的案件，执法人员针对特定的案件最终都会提供给法官最好的量刑选择。

诊断是对于缓刑犯、假释犯的一个心理评估，这个评估可能由专业的心理学家来完成，也有可能只是通过一些非正式的方法来完成，这些非正式的方法则需要依赖执法人员观察的技巧。需求评估：执法人员的另一个主要的责任是发掘整理出其他关于假释犯、缓刑犯的需求（不是心理需求）。

对于假释犯、缓刑犯的监督是缓刑与假释环节中最为多变的一个环节。这个过程可能需要执法人员与罪犯有数个月（有时会长达1年）的阶段性见面，这是对于缓刑犯、假释犯的改造所做出的努力，也会对他们有一个持续性的评估。

所有的缓刑监督官与假释执行官对于量刑前所做调查的细节应当保守秘密，包括心理测试、需求评估，还有他们与犯人之间的谈话内容。另外，法院是没有特权掌握犯人与缓刑监督官/假释执行官之间的谈话内容的，之间的区别有如医生与病人之间、社会工作者与其服务对象之间的区别。因此，政府官员是能够共享那些与犯人有关的犯罪线索的。

刑事司法职业：缓刑官员
- 姓名：斯蒂芬妮·德鲁里
- 职位：密歇根州庞蒂亚克的缓刑官员
- 大学：韦恩州立大学
- 专业：刑事司法（BS 和 MS）
- 聘用年份：2009 年
- 你持有哪些刑事司法相关的工作？

密歇根州的缓刑官员；奥克兰郡（密歇根州）成人治疗法庭的缓

刑官。

- 请简要说明您的工作。

我是约110名男子的缓刑官。成人治疗法庭是针对严重药物滥用问题的罪犯的专门法院，其中许多人也有诊断心理健康问题。我的职责是提供集中监督。我每两周和他们一起出庭，向法官通报他们的进展情况。此外，我每周至少看他们一次，以确保他们遵守该项目的所有条件并保持清醒。

- 什么时候你最喜欢这份工作？

我在底特律的联邦缓刑部门完成了实习，并且非常享受缓刑工作，因此我申请了州缓刑工作。成人治疗法庭的职位很有吸引力，因为我直接与法官合作，能够为我的缓刑犯提供集中的监督。

- 你会如何描述面试过程？

采访包括由密歇根州惩教部门的三名成员组成的小组，然后进行书面测试。问题都基于我的学术经历和我的任何专业经验，这将使我恰好成为一个完美的候选人。此外，还讨论了现实生活中的情况和场景，以向专家组展示我如何处理特定情况。

- 什么是你的典型的一天？

我监测成人治疗法庭女性的日常进展情况，包括缓刑监督并确保他们正在服用药物、接受治疗以及参加诸如毒品匿名会等计划。在一般监督下，我完成了前期调查、实地考察、监狱探访和法庭出庭。

- 哪些品质或特征对这项工作最有帮助？

你必须时刻保持强大和控制力。如果你没有毅力，罪犯会不在乎你，而不是认真对待你。这是一项要求很高的工作，你必须非常有条理地、成功地监督你的待处理案件中的这么多人。你可以行使很多自由裁量权并成为自己的老板，你也有一位主管会在需要时为你提供帮助。

- 这个职位的典型起薪是多少？

每小时16.54美元，还有福利。

- 升级到更高级别的工作岗位时，工资潜力是多少？

具有六年或以上经验的缓刑官员每小时可获得约28.00美元或更多，

具体取决于他或她的分类。

●你会给大学生什么职业建议？

寻找实习机会，以获得刑事司法领域之特定领域的经验。让自己尽可能多地拥有真实的体验，并与尽可能多的专业人士建立联系，因为这两种方法将使你与其他求职者区别开来。

职业的挑战

待处理案件的数量：缓刑监督官与假释执行官所需要处理的假释、缓刑案件的数量。

缓刑监督官与假释执行官所面临的一个最大的挑战是：需要平衡两种相冲突的责任，即提供类似社会工作的服务和履行监护的职责。实际上，两种互相矛盾的模型在缓刑和假释工作中是共存的。社会工作的模型主要考验的是执法人员的社会服务角色，他们需要把缓刑犯与假释犯看作他们的客户。在这种模型下，执法人员类似于看护者，他们的目标是能够准确地评估他们客户的需要，并为他们提供合适的社会资源，例如，布置工作、针对贫困者的医疗、家庭疗法，还有心理与药物方面的咨询。社会工作的模型将缓刑与假释视为一种"助人行业"，工作人员帮助客户达到刑罚所施加给他们的条件。另一个针对工作人员的模型是矫正。在这种模型之下，假释与缓刑的客户是执法人员期待去控制的"被监护人"。这一模型强调社会的保护，执法人员被要求采用认真和严密的监护人模式。监护人模式的监督意味着执法人员需要定期拜访犯人的家，而且一般都不提前通知。这也意味着他们需要报告他们监督对象的情况，对他们是否违反相关规定作出汇报。

大多数的执法人员，通过他们自身的个性与经验，能够准确识别不同类型的模型。首先，他们认为自己的工作既是监护又是矫正。无论哪一方面都可能对执法人员更具有吸引力，但是毋庸置疑的是，这两方面存在着一定的冲突。

对于假释执行官、缓刑监督官工作的第二个挑战是待处理案件的数量（交给执法人员的案件任务数）。回溯到1973年，法律实施委员会与行政执法委员会曾建议，每个执法人员负责35件左右的缓刑与假释案件。然而在今天，在有些司法辖区，平均每个执法人员需要负责250件左右的案子。过于庞大的待处理案件数量、训练的不足以及一些行政命令上的限制，产生了一种替代式的监督方法。"明信片缓刑"是指被监督的犯人通过每月一次寄信的方式向执法人员汇报当前所处的位置与状态，这是一种司法机关用来缓解并记录过于庞大的待处理案件数量的方法。另外一个对于缓刑、假释工作的主要难题是缺乏职业间的流动性。缓刑与假释的执法人员一般都被局限在一个很小的地域范围内工作，在1~2名首席缓刑执行官的管理之下处理各种事务。除非某一个监督人员被宣布退休或者死亡，否则对于他们来说，升迁与转换其实很难。2006年，加州进行了一次全面的假释审查，调查结果显示有65%的假释犯在3个月内见他们的假释官的次数不超过2次，有23%的人在3个月内只看到了1次。假释的最高级别监管是监管那些高风险的性犯罪者，这些人需要每个月与他们的假释官进行两次面对面的谈话。

国家司法研究所（NIJ）的报告显示，缓刑与假释的执法人员面临着巨大的压力。大量的压力主要来自规定限期内要完成的文书工作以及大量的待处理案件。在近几年内，他们的压力也存在着上升的趋势，因为被判处假释或者缓刑的犯人再次犯罪所造成的破坏比以前要大得多，而且大多数罪犯都有严重的滥用毒品史，他们都惯常使用暴力。NIJ的研究发现，大多数执法人员处理这些问题的方式都是通过转移罪犯、采用精神治疗或者他们自己提前退休。这个报告同样指出，缓解压力的一个比较好的方式就是锻炼身体。学习更多关于缓刑与假释的工作细节，可以访问美国缓刑假释组织的网站http://www.appa-net.org/eweb。

中间制裁

中间制裁：将传统的缓刑、假释和监禁刑与其他传统的量刑模式混合或分开判刑，例如社区服务、缓刑监督、家庭监禁。

正如第九章中提到的一样，在过去的数十年间，法官具有对案件自由量刑的权力，这些选择被称作中间制裁，因为这些量刑选择不再是简单的监禁或直接将罪犯释放的缓刑，而是介于两者之间。这种量刑方式有时也被称作"另类量刑策略"。迈克尔·拉塞尔（国家司法系统的原部长）说道：

> 中间制裁的目的是提供给检察官、法官和矫正官员量刑的选择，允许他们针对被定罪的罪犯适用更为合适的惩罚，而不被传统的选择所束缚（单一的缓刑或者监禁）。这种方式并不是取代监禁与缓刑，然而，这些刑罚——包括强化监督、电子监控软禁（也被称为远程监控）、震慑监禁（强调高度的结构化与固定的管制程序，大量的体力活动和运动，固定时间的治疗）——在不同的量刑选择间搭起了桥梁，提供了一种创新的方式来确保迅速、准确的量刑。

大量的公民组织与一些特别的组织都致力于扩大量刑选择的范围。一个比较特别的组织被称为审判项目。这个项目设立于华盛顿，主要工作是增加监禁方面的更多量刑选择，同时为公共辩护律师、法庭官员及社会组织提供相应的技术支持。

审判项目及其他类似的组织都在致力于发展一百多个自由量刑项目。这些项目大多数都与辩护律师合作，来制订出相应的量刑计划。大多数计划是为了制订出一个合适的量刑计划，同时它们也都会充分考虑一些市民的意见。他们所制订的计划都很注重细节方面的问题，并且会得到雇主、家庭成员、被告人甚至有些受害者的支持，量刑计划一般被用于控辩交易阶段或者是在审判及定罪阶段呈递给法官。举个例子，十几年前，律师们为西部歌手威利·纳尔逊辩护的成功完全是依赖于他们提交给税务法院的一个量刑选择，使得法院允许这位歌手通过支付税金来履行他纳税的义务。缺少类似的选择性，联邦税收法院可能会限制纳尔逊的财产或者让这位歌手只能局限于联邦政府机构的管辖之下。最近 NBA 的运动员德肖恩·史蒂文森由于强奸了一个 14 岁的女孩被判处 2 年的缓刑，而且他还需要执行近 100 小时的社会服务。史蒂文森在犯罪时效力于犹他爵士队，他随后通过在纽约以及加州的男孩俱乐部做演讲，完成了量刑裁决对他的要求。

中间制裁背后所隐藏的基本哲学观念是：在法官为那些社会危害性较小的罪犯提供完善的可供选择的监禁刑的时候，徒刑的数量也相应会得到减少。

一个关于自由量刑计划的分析显示，法官在处理案件时，80%的案件当事人都会接受自由量刑的意见，在这80%的案件之中，2/3的案件达到了它预期想要达到的效果。

中间制裁有三个最为明显的优势：①相比单纯的监禁，支出更少；②产生较好的社会效益，让罪犯可以回归社会，防止他们家庭的破裂，也让他们避免了监狱里存在的大量侮辱歧视；③提供服刑方式的灵活性很高，例如，运用的资源、投入的时间以及提供服务的地点。许多新的量刑选择会在后文中提及。

复合刑罚

> **复合刑罚**：明确要求犯罪分子在当地、本州或者国家机构服一定期限的监禁刑，紧随其后的是一段时间的缓刑。

在复合刑罚作为量刑选择的司法系统中，法官在短时间内也许会加强缓刑与监禁刑的融合。被判处复合刑罚的被告人，一般都是在当地的监狱或看守所内服刑（不是长期的监禁刑）。90天在监狱服刑，加上2年的缓刑，是最典型的复合刑罚。复合刑罚一般都针对毒品类罪犯。他们如果再次触犯法律，将面临更长时间的监禁。

威慑性缓刑与威慑性假释

> **威慑性缓刑**：首先将罪犯关入监狱的量刑，允许他们申请缓刑释放，但是释放的日期不会告诉他们，这么做的目的是让他们感受监狱的环境，威慑他们，在他们认为可能会在监狱里待很长时间的时候，突然将他们予以释放。

威慑性缓刑与复合刑罚有较大的相似性，罪犯首先需要被拘留一段时间（一般是在看守所而不是监狱），然后根据法院的命令予以缓刑释放，最大的不同之处在于：处于威慑性缓刑下的犯人，必须服从法院的限制性要求，而且对于法官的决定具有很大的不确定性。在威慑性缓刑中，法院其实作了一个再次量刑的决定。缓刑其实只是一种可能性，对于面临监禁的罪犯具有很大的不确定性。如果对一个罪犯实施缓刑，那么对于这个罪犯来说就是一种"震慑"，这种来之不易的缓刑会减少他们犯罪的概率。威慑性缓刑最早出现于1965年的俄亥俄州，现在被应用于几乎一半的美国地区。威慑性缓刑节约了监管罪犯的成本，维持了社会与家庭的关系，是一种有效矫正罪犯的手段。与威慑性缓刑相似的则是威慑性假释。然而，威慑性假释主要是由司法机关作出的，威慑性假释是一种由假释主管机关作出的行政决定，假释裁决委员会或者他们的代表可以让一些罪犯提前获得释放，希望这种使犯罪人对于监狱的短暂接触可以对他们日后的生活产生积极的帮助与影响。

震慑式监禁

> 1. **震慑式监禁**：一种运用"海军训练营"式的量刑选择，来使那些罪犯提前了解监狱的生活。
> 2. **累犯**：累犯是重复犯罪行为的人。累犯有可能是下列类型中的任何一种：被逮捕的犯人、被定罪的罪犯、接受过矫正的人员，或者是在矫正期内又犯新罪的人。

震慑式监禁在1990年的时候变得非常流行，其利用"海军训练营"式的设计来规划监狱，使罪犯处于高度受管制的状态之下。管制方式主要包括：严格的纪律、体能训练和义务劳动。这种监禁模式主要适用于初次犯罪的年轻人，且持续时间不长，一般只需要90~180天。完成这些项目的罪犯可以返回社会，但需要接受一定的监管。如果失败，则会被送到一般的监狱，面临长期的监禁。

第一个推行震慑式监禁的地点是佐治亚州，1983年，在该州的引导之下，持续有超过30个州开始实行该模式。美国联邦政府和加拿大也开始陆续实施震慑式的监禁。有一半的州允许罪犯自由选择是否加入该项目，极少数的一些州允许罪犯决定什么时间可以退出和他们是否可以退出这个项目。尽管大多数州把罪犯投入该项目的权力交给了法院，但仍然有一些州（如德克萨斯州和路易斯安那州）给予法官和矫正人员相同的裁量权。还有一些州（包括马萨诸塞州）在1993年允许女性罪犯进入该项目，且要求女性罪犯接受至少4个月的严酷训练。

图10-5 案例：一个在训练营模式下工作的墨西哥人指挥年轻的罪犯做俯卧撑。训练营运用军事化的纪律来减少年轻罪犯再犯罪的概率。这种方式能够减少再犯的概率吗？

一个关于海军式监狱的综合性研究主要针对八个州：佛罗里达州、佐治亚州、伊利诺伊州、路易斯安那州、纽约、俄克拉荷马州、南卡罗来纳州和德克萨斯州。这份报告发现这个项目这么受到大家推崇，是由于"罪犯得到了应有的惩罚，且了解到了犯罪的严重性"，"是一种可行的矫正手段"。这份报告同样也指出，这个项目对于防止罪犯再次犯罪的概率是微乎其微的。有些研究发现该项目能够有效地节约金钱。研究发现，该项目主要通过两种方式来节约金钱："第一种，减少照顾与监管的支出"（因为这种高强度的项目减少了监管的时间，而且在纽约，在达到假释的最低时间要求之后，只有参加该项目才能获得释放），"第二种，避免了监狱的建设成本"。1995年，俄亥俄州的一个关于该项目的研究也持有同样的观点。尽管它们未研究累犯的问题，但也有结论表明这种高强度式的项目成本低，且能够达到不错的效果，通过特殊的方法筛选可以提前释放的犯人，从而减少监狱的人口拥挤问题。

混合的量刑与社区服务

> **混合量刑**：一种要求在缓刑监督下的犯罪分子周末在（或其他特定时间）固定地点（一般是在监狱）进行服务的量刑。

社区服务是一种量刑选择，要求犯罪分子在部分时间段为社区机构提供服务。一些混合的刑罚、混合的量刑要求缓刑犯在监狱里进行服务并受到监管。另外一种则要求被判缓刑的罪犯参加一些矫正的项目或社区服务（由社区机构进行管理）。社区服务项目开始于1972年的明尼苏达州，与明尼苏达州的赔偿项目同时进行，提供给罪犯工作的机会，并将他们工作后所获得工资的一部分交还给受害人。法院迅速采取了这一方案，并开始将赔偿并恢复原状的要求加入了量刑协议之中。

社区服务更多的是一种附属，而不能算是一种独立的矫正量刑，它能够较好地与缓刑和假释中的某些创新相融合。即使是家庭监禁（后文将论述），罪犯也可以通过社区服务进行量刑，一般在家里或者在离他们家较远的一些施工地进行，例如，清洗警车、打扫校车、翻修一些公共设施或者协助当地政府做一些典型的社区服务。一些学者将社区矫正刑罚与为他人工作能够提高他们的思想道德水平联系起来。社区服务的参与者一般是未成年罪犯、酒驾人员或者年轻的罪犯。

一个关于社区矫正的问题是：官方机构对于它们所能够达到的目标很少会有共识，许多人都承认罪犯在社会中工作可以减少监督的成本，但是对于这种量刑能否减少再犯、帮助矫正犯人，他们的意见存在很大的分歧。

> **道德与职业：美国缓刑和假释协会道德规范**
> 我将为司法系统和整个社会提供专业服务，以实现罪犯的社会适应。

> 我将维护法律的尊严，承认公众不受犯罪活动侵害的权利，同时表明我对罪犯的责任。
>
> 我将努力客观地履行我的职责，承认所有人不可剥夺的权利，欣赏个人的内在价值，尊重那些可以寄托在我身上的信心。
>
> 我将用我的个人礼仪来对待我的个人生活，既不接受也不赞成将我的个人生活与工作联系在一起。
>
> 我将与同事和相关机构合作，通过寻求和分享知识和理解，不断努力提高我的专业能力。
>
> 我将在公开场合清楚地区分我作为个人和作为我的职业代表的发言和行动。
>
> 我将鼓励政策、程序和个人实践，这将使他人能够按照美国缓刑和假释协会的价值观和目标行事。
>
> 我承认我的办公室是公众信仰的象征，我接受它作为公众的信任，同时我忠实于美国缓刑和假释协会的伦理规范。
>
> 我会不断努力实现这些目标和理想，献身于我所选择的职业。
>
> **关于道德的思考**
>
> 1. 这里列举的哪些道德原则也适用于监狱和监狱里的惩戒人员？
> 2. 哪些可能适用于执法人员？
> 3. 哪些可能适用于检察官和刑事辩护律师？

加强缓刑监督

> **加强缓刑监督**（IPS）：是一种缓刑监督的模式，包括经常性地促进罪犯与缓刑工作人员面对面的交流。

加强缓刑监督（intensive probation supervision，IPS），被描述为"美国对于成年罪犯要求最严格的缓刑"——这个制度被设计用于那些原本需要被关进监狱的犯人，目的是使他们重新回归社会，同时达到控制他们的效果。一些州扩大了 IPS 对于假释犯的监督，允许那些本应当有较长刑期的罪犯也可以获得提前释放。

佐治亚州是第一个适用 IPS 的州，这个项目开始于 1982 年。佐治亚州的该项目要求缓刑人员与缓刑犯的见面次数为每周至少 5 次，以及强制宵禁、就业要求，每周检查当地逮捕记录，常规和突击酒精与毒品检测，132 个小时的社会服务，最后通过州犯罪信息网告知缓刑监督官在 IPS 监督下的罪犯。缓刑监督官所需要处理的涉及 IPS 项目的缓刑犯的数量远远低于国家待处理的案件平均数。佐治亚州的工作人员以团队的形式工作，一个缓刑监督官和两个监测员，监督 40 个左右的缓刑犯。

一项在 2000 年的研究显示出，在有明确的计划与目标时，加强缓刑监督的项目可以有效地减少罪犯的再犯率。这项研究也验证了在加利福尼亚州的康特拉·科斯塔和文图拉县所实施的项目为什么能够取得较好的成效，除了别的事情之外，这两个地区运用团队合作形式进行他们的监督活动，同时又有明确的目标与计划。

家庭监禁与远程监控

> **家庭监禁**：一种软禁形式，一般要求把罪犯限制在他们自己的家中，通过电子设备监控，保证他们在被监督的时间段内不能离开自己的家。如果因为工作原因而离开家，导致无法监督的情形是被允许的。
>
> **远程监控**：一种通过电子技术来监控那些被软禁的罪犯以及用于限制一些刚结束刑期（包括缓刑犯与假释犯）的罪犯的日常行动。

家庭监禁，又称作软禁，可以被定义为"使得罪犯可以合法地在自己的住宅中受监视，是一种由法院采用的量刑手段"。家庭监禁通常使用远程监控手段，就好像是通过电脑系统产生了一个电子手铐。受监控者一天 24 小时需要在他们的踝关节穿一个防水、抗震的传输设备。这个传输设备会持续地发出信号，传到接收信号端，接收端一般与家里面的电话相连接。旧的系统运用任意一台电话打电话，犯罪人要求在袖口或身上佩戴一种特殊的芯片，通过接电话来确定犯罪人的位置。一些则使用的是声音识别系统，要求罪犯通过接听电子来电来确认他们的位置。现代电子监控系统的监控方法是：当一个罪犯离开特定地点或企图篡改电子监控设备时，电子设备就会马上通知执法人员。有些监控系统还可以检测罪犯进入和离开家的时间。

大多数当前使用的电子设备只能监测到罪犯何时离开或者进入监视设备的范围，但对于他们去了哪儿，或者说去的地方有多远，还无法监测。新的卫星监控系统不但可以持续地监控罪犯，而且可以追踪罪犯行动的路线（如图 10-6 所示）。当罪犯进入一些未经许可的区域，或者当他们在特定时间和地点没有汇报他们的位置时，卫星系统会提示执法人员，帮助他们了解罪犯当前的动态。

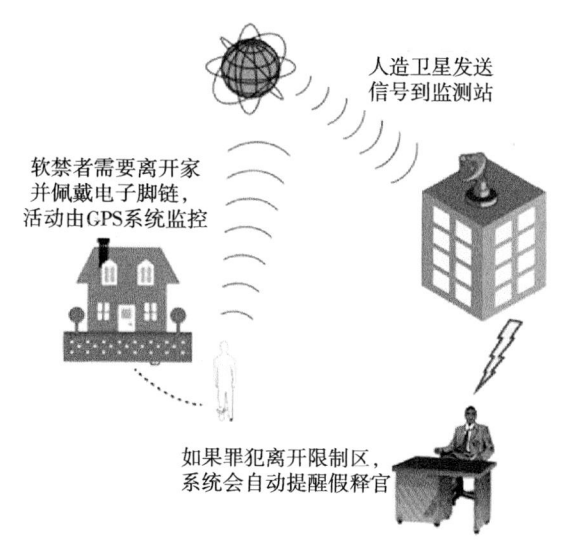

图 10-6 远程定位监控工作原理

大多数被远程监控或者家庭监禁的罪犯在需要工作、医疗急救或者购买家庭必需品时，可以随意离开住所。因为这种监禁模式本身就是提供给罪犯的一种特殊模式，类似于怀孕的妇女、老年的犯人、有特殊不利因素的罪犯、严重疾病的犯人和智力上存在障碍的犯人，都比较适合使用家庭监禁的方式，而不是普通的监禁。

其中最著名的关于使用家庭监禁以及远程监控的人是好莱坞的女星莲莎·露夏恩。2011 年，莲莎被置于家庭监禁之下，在她的踝关节上需要安装一个电子监视仪，她必须无条件地服从相关指令，之所以这样，是由于她被指控在洛杉矶的一家珠宝店偷取了一条昂贵的项链。

图10-7　案例：女演员莲莎·露夏恩于2012年3月29日在加利福尼亚州洛杉矶缓刑听证会上听取判决。2011年5月，因为偷窃价值2500美元的项链而触犯盗窃罪，露夏恩被软禁在家，同时在她的踝关节上佩戴电子监测仪，用来服从指令。为什么相对于普通的监禁，远程监控会变得越发流行？

德克萨斯州刑事司法系统的社会司法援助部门，在大范围地推广家庭监禁矫正模式。1997年，有接近9万的成年人罪犯（州罪犯数目的3.5%）接受电子监控式的缓刑。2006年，国家假释办公室接受电子监控的方式，同时又购置1056个电子监控设备用于监督假释犯。

罪犯的电子监控模式在全国范围内稳定地增长。1987年，一项关于NIJ的调查显示，当时电子监控模式刚刚起步，仅有826名左右的罪犯使用该方式。到了2000年，美国审前服务的被告人或者缓刑监督官监督的缓刑犯中，有超过1.6万人使用的是电子监控。2005年，使用电子监控的总人数能够达到7.5万人。

1999年，南卡罗来纳州的假释与缓刑机关开始使用卫星来追踪最近从监狱里假释的重罪犯。卫星追踪计划使用了21个全球卫星定位系统（GPS），使得组织内的工作人员可以随时监控带有电子追踪手铐的罪犯。这个系统也会在犯罪人离开他的特定区域时提醒执法人员，同时，如果罪犯到达拥有限制令的人所在区域的 2 英里范围内时，电子手铐会对拥有限制令的人提出警告。美国司法统计局的数据显示，美国有 18 429 名假释犯与 7925 名缓刑犯在 2012 年初被使用过电子监控技术。

联邦法院系统中的软禁主要有三项内容，限制的等级也不一样。首先是宵禁，要求项目参与者每天在特定的时间内必须待在家中，一般都是在晚上。其次是软禁参与者基本上需要一直待在家中，除非是有事先预定好的行程，如工作、上学、治疗、去教堂、和律师见面、到法院出庭，以及其他法院所要求完成的义务。家庭监禁是限制的最高等级，每 24 小时会接到一个电话，属于一级禁闭，例外情况也很少，仅限于看病、到法院出庭，或者是法院特殊许可的情形。

联邦政府与许多州政府都将家庭监禁的低成本与普通监禁的高成本相比较。举个例子来说，佐治亚州家庭监禁一个缓刑犯一年的成本是 1130 美元，监禁一个假释犯的成本是 2190 美元。普通监禁的成本就明显高了很多，在每一个佐治亚州罪犯身上每年大约要花费 1.81 万美元，建造每个牢房也需要消耗 43 756 美元。家庭监禁的拥护者认为，家庭监禁也可以有效地减少监狱内产生的负面情绪。反对者则认为，家庭监禁会对社会公众的造成危险，同时这种模式没有提供明确的惩罚措施，起不到威慑作用。对于一个叫迈克尔·维克的罪犯的家庭监禁，就有很多的批评意见，认为这根本就不是一种惩罚，反倒类似一种奖励。维克的家里有 5 个浴室，是一个占地 3528 平方英尺的城堡，像维克的这种家庭监禁方式，对罪犯不但没有起到惩罚的效果，反而能让罪犯们更加开心。

一个大型的研究发现，5000 名佛罗里达州的罪犯佩戴了 GPS 监控器后，使他们的社区监管的失败率大大降低了（31%）。2012 年一项国家司法机构的研究通过对比发现，佩戴 GPS 设备的成本为每人 35.96 美元，不戴的成本为 27.45 美元，两者差 8.51 美元。但是佩戴 GPS 的研究组效果更好，也就是说，假释犯佩戴 GPS 矫正效果更好，但是成本更高。

缓刑与假释的未来

假释在 1980～1990 年间受到了广泛的批评，批评家认为假释不公正地减少了重罪犯服刑的时间，同时也有一些官方的批评。参议员爱德华·肯尼迪主张取消缓刑，如同前美国司法部部长格里芬·贝尔与前监狱管理局局长诺曼·卡尔森所倡导的一样。学术界的一些观点是：假释措施无法减少罪犯再犯的风险。媒体也加入了这场论战，谴责假释对于罪犯的再犯是无能为力的，同时着重强调了那种所谓的"旋转监狱门"的方式是一种失败的假释方式。

这些批评并不是没有根据的。现在，每年被释放的囚犯数量大约有688 000万人——每天超过2000名囚犯从州与联邦监狱中被释放，他们中大部分人都属于释放后需要被监督一定期限的犯人类型。尽管2010年的统计数据还没有得到充分的统计，但是估计有一半以上的人会在3年之内被再次关押。

在许多州，假释的违规者占到了监狱人口的一半，70%的假释违规者是被逮捕重新送进监狱的，或者在假释期间又犯了新罪。这种类型的罪犯大多数都会涉及毒品。例如，2013年肯塔基州的一项研究发现，在加州最大的四个城市中，有1/5的人被再次逮捕时正处于缓刑或假释监督中。该研究还发现，在接受监管的人中，有1/6因暴力被捕、1/3因毒品被捕。该研究还试图找出那些之前被判缓刑或假释的人，以及目前正被监督的人，结果也许会更高。

批评人士说，这样的结果表明对于罪犯的重新整合是失败的，这并没有解决公共安全的问题，也没有节省社会成本。当然，目前此领域的预算也确实短缺，这其实也影响了该项工作的开展。

甚至一些囚犯也开始质疑假释的公正性，表示有些时候假释是被任意授予的，这样就无形地增加了许多囚犯内心的不满。缓刑犯对于假释也表达了他们的不满，认为他们无法控制，不可预知外界的环境，对许多假释条款，他们也显得无能为力。

面对这些压力与攻击，假释的倡导者努力尝试说明和澄清这种监督式的释放在矫正过程中产生的价值。随着越来越多的州准备取消假释，假释的倡导者也在不断地呼吁，不能一刀切。举个例子，一篇1995年来自缓刑与假释委员会（APPA）的报告得出的结论是：国家取消假释"会危及公共安全和浪费纳税人的金钱"。研究学者写道，取消假释也就是取消了一种将罪犯回归社会的负有责任的系统，取而代之的是单一的监禁系统，罪犯释放的条件将只有一个：完成刑期。

> **刑事司法新闻：GPS 手镯如何追踪性侵犯者**
>
> 2006 年，当 23 个州采用全球定位系统（GPS）监测性犯罪者时，该方法被誉为对习惯性捕食者的有希望的控制。
>
> 绑在脚踝上的 GPS 监视器被认为是一种成本较低的方法，可以比监狱更有效地防止犯罪者或者像假释官员每天都去探望他们一样。监视器甚至可能会阻止再犯，因为犯罪者会意识到有人在注意他们的一举一动。
>
> 据报道，今天参与的州数量没有增加，当局似乎不那么热情。"全球定位系统技术远比预期的要有限，应该被视为一种工具，而不是作为一种控制机制"，萨姆休斯顿州立大学刑事司法教授盖琳阿姆斯特朗说。
>
> 在为期两年的凤凰城性犯罪者 GPS 监测研究中，阿姆斯特朗博士发表于 2011 年的《刑事司法杂志》的文章声称他们发现，这些设备发出的大量警报是由设备故障等无害事件造成的。关于 GPS 监视器是否能够阻止犯罪的研究也尚无定论，许多犯罪者已经切断了这些设备。
>
> 无害事件是一个特殊的问题，因为它们掩盖了实际的麻烦点。根据一份州报告，在加利福尼亚州 274 名假释官员涉及 GPS 的工作量中，最庞大的 GPS 监测器用户群体是性暴力罪犯，在 2009 年收到他们近 100 万次警报，每个警报都是计算机屏幕上的一个点。"我们只是溺水点"，该州性犯罪管理委员会主席罗伯特·库姆斯说，"发生的事情越广泛，我们就越难以识别出有意义的数据"。
>
> 加利福尼亚州的信息超负荷导致了一些巨大的失败。国家 GPS 计划中一位性侵犯的性犯罪者菲利普·加里多绑架了 11 岁的杰西·李·杜加德，并将她留在自己家里的棚子里 18 年。加里多于 2009 年被捕后，一项州调查确定，官员没有回应他的监视器发出的数百个警报，该州随后向杜加德支付了 2000 万美元的赔偿金。加里多与杜加德生了两个孩子，他现在需要服刑 431 年。
>
> 然而，有些州不那么慌张。在华盛顿，每名假释官员被指派 20 至

30名罪犯，并每天数次跟踪每名罪犯的GPS运动。密歇根州已经建立了一个中央监控中心，以清除误报；佛罗里达州已聘请一家私营公司对警报进行分类。

但有效的监控可能代价高昂。据报告，监测一个人的费用从每天5美元到33美元不等，加利福尼亚州在2010年花费了6000万美元追踪6500名假释犯。此外，假释官员花费大量时间进行GPS监测，这意味着其与更少的与假释者面对面相比，被认为更有效。当孩子失踪时，GPS可能对定位罪犯很有用，但许多执法官员现在说，GPS跟踪的主要优势不是阻止犯罪，而是犯罪发生后收集证据。"基本上，GPS手镯可以让你在事后做出判决"，马萨诸塞州地区检察官杰拉德·莱昂说，"这就是为什么我强调它不适合替代监禁"。

六个州已授权对性犯罪者进行终身GPS追踪，超出假释范围。批评人士称，这违反了《美国联邦宪法第四修正案》对搜查和扣押的禁令，以及溯及既往条款禁止对罪犯追溯加入一个刑罚。然而，北卡罗来纳州最高法院在2010年否决了溯及既往的论点。

参考文献

"GPS Monitoring of Sex Offenders Should Be Used as Tool, Not Control Mechanism, Researchers Find," *Science Daily*, August 8, 2011, http://www.sciencedaily.com/releases/2011/08/110808152417.htm.

"Calif. to Change Sex-Offender Tracking," Associated Press, May 26, 2011, http://abcnews.go.com/US/wireStory?id=13696574#.T5lkxRx-vYzA.

"Tracking Sex Offenders Is No Easy Fix," *The Bay Citizen*, July 20, 2010, http://www.baycitizen.org/crime/story/gps-tracking-sex-offenders-imperfect/.

再进入政策的变化

随着20世纪的结束，关于假释的批评意见也逐渐减弱，许多当前的报告也开始支持一些罪犯重返社会与狱外监管。举一个例子，在2005年，再进入政策委员会，一个代表两党的集合，有将近100位民选的官员、决策人、矫正官和来自一些社会组织的实践家，发表了一篇关于罪犯重返社会的文章

《讨论罪犯从监狱重返社会的成功性与安全性》。这个将近有500页的文献指出，这些在监狱里被监禁的人中有97%左右将会重返社会。从这个报告中可以看出，美国每年有超过700万人从监狱中被释放，他们中的许多人是没有狱外监管的。

图 10-8 案例：大卫·杜克，前3K党的领袖，当他能从州监狱假释的时候，所有人都很吃惊，杜克面临欺诈的指控，在监狱里服了1年的刑，随后被释放到路易斯安那州巴吞鲁日的一处过渡性住房，紧接着，在释放之后，他被要求到一个由他领导的白人民权组织中去工作。在他释放之后，会有许多适合他的工作机会吗？

就如同文章中所提及的那样，被释放的罪犯中，每3个人中就有2个人在3年内又会被重新逮捕。报告的作者指出，虽然重返社会的人数是过去20年间的4倍，同时在项目上的支出也是过去20年间的7倍，但社会改造成功的数目并没有提高。

大量复杂的问题给罪犯重新进入社会造成了巨大的阻碍。3/4的从监狱与看守所被释放的罪犯，基本都有药物滥用史。2/3的罪犯没有高中文凭。将近一半离开看守所的罪犯，在他们刚离开监狱的一段时间内，每个月仅能获得600美元，同时他们离开监狱就业的机会也会大大地减少。报告指出，更重要的是，超过1/3的罪犯都有生理上或精神上的疾病，在罪犯中，有精神疾病的患者是一般人群中精神疾病患者的3倍。

文章表示："罪犯重新进入社会和他们的家庭有大量及多方面的需求，这就需要一个类似福利组织的机构来帮助他们重新进入社会。"文章指出，这就要求，"一个综合的系统，能够考虑到问题所有方面的合作方法"。换句话说，"重新进入社会的这些成年人所面对的问题，不仅仅是矫正或社会矫正，也会与其他一些行业息息相关，例如，公众健康的工作者、住房提供商、州议员、人力资源开发人员等"。

为了指导州与地方政府来创造一个成功的重新进入社会的项目，该报告提供了35项政策的声明，每一种都是一系列的研究集锦。这篇报告的完整版可以在 http://www. reentrypolicy. org/publications/1694；file 上阅读。

2003年，美国司法部与其他联邦机构启动资金来辅助国家的89个重新回归社会的网站，这些网站都在严重暴力犯罪人再进入社会计划（SVORI）管辖之下。SVORI这项计划面向的对象是严重犯罪的罪犯以及暴力性罪犯的罪犯，尤其针对从监狱里释放的成年人与从矫正机关里释放出来的未成年人。该项目的主要目标是减少他们再犯的可能，通过提供合适的监督和服务来提高罪犯从监狱过渡到社会的成功率。SVORI的服务包括就业帮助、教育与技能培训、药物滥用咨询和狱外监管的住房安排。SVORI项目也试着减少犯罪行为，通过密切关注参与人员的行为，例如，不服从指令、再次攻击、再次被逮捕、再次定罪和再次监禁。优先提供服务的对象是一部分释放后可能对社会造成危害的成年人或者未成年人和一些重返社会后可能会遇到困难的人群。SVORI资金支持三个连续性的过程：①刚开始在监狱；②刚刚被释放的几个月，重新进入社会的起步阶段；③释放多年的犯人，在社会中扮演不同角色的过程。

2012年SVORI项目被接受以后，美国国家司法研究所出版了560份对该项目的评估报告。这项研究发现，参与者的结果是令人鼓舞的，并且研究的结果也是十分有效的。尽管目前SORVI项目已经结束了，但是关于该项目的评价机制仍然存在。现在回头看，这些帮助罪犯重新回归社会的策略确实呈现出了一定的功效。尤其是，关于工作就业的项目不仅帮助罪犯提高了他们的工作能力，还降低了再犯率，一些关于毒品治疗的项目也取得了一定的成效。SVORI的评估人也发现，项目中住在过渡性住所的罪犯，触犯重罪的概率明显低于那些住在其他地方的人，同时大量的教育项目也帮助罪犯在日后的生活中能够有更好的表现。

使用"再进入法院"的方法来管理那些重新进入社会的罪犯是一个具有创造性的方法。再进入法院是以毒品法院为模板,于 1989 年在迈阿密实施的,其功能主要是为被毒品影响的被告人设计一个合理的治疗方案,同时配有一名法官监管,该法官既熟知该计划又对该罪犯比较了解。同样地,再进入法庭法官也需要密切关注罪犯从释放到回归社会后的行为。典型的再进入法庭会提供一系列的重返社会的服务项目,参与者会清楚地知道他们触犯某种行为会得到怎样的惩罚,或者遵守某些行为会获得怎样的奖励。再重新进入社会的过程中,一个管理重新进入社会的罪犯的团队会持续提供给再进入法院的法官一些建议。学习更多关于 SVORI 项目的知识,可以访问http://www.nij.gov/topics/corrections/reentry/evaluation-svori.htm.

国家进入社会资源中心,在 2009 年有许多机构共同为之努力,其中包括城市研究所、美国缓刑和假释协会、乔治敦大学的少年司法改革中心、国家矫正协会、国务院和政府司法机构等。了解更多信息,可访问网站 http://www.nationalreentryresourcecenter.org。

为了帮助每一年离开监狱的将近 730 000 名罪犯,在 2008 年 3 月,美国国会通过了《二次机会法案》。不久之后,该法案由总统布什签署,正式成为法律。该法案规划在 2008～2012 年间投入 4 亿美元的资金来"打破罪犯再犯的恶性循环(协助)罪犯重返社会并建立可以自我维持和守法的生活"。该法案 2013 年的财政预算在 7000 万美元左右,大量金额的预算使国会开始考虑如何减少这项支出。这些钱主要用来支持罪犯从监狱到社会的过渡过程,以及支持一些非营利组织的运作。相关的服务及项目包括以下内容:

1. 在监狱里的教育与技能培训。
2. 帮助未成年人和成年人离开监狱的辅导项目。
3. 帮助那些父母遭到监禁(包括监禁时及释放后)的家庭进行药物治疗(家庭方面的治疗)。
4. 为那些触犯非暴力毒品犯罪的父母提供除监禁刑外的量刑选择。
5. 帮助父母遭到监禁的家庭的孩子生活。
6. 提前释放被判处非暴力性犯罪的年龄较大的人。
7. 做相关再进入社会方面的研究,例如假释或者事前监督的撤销,以及它们对社会安全的影响。

法院同时给联邦调查局下属的监狱拨款，主要处理以下事务：

1. 提供给将要完成刑期的罪犯一些信息，包括健康营养方面、就业机会、资产管理，以及可用的政府援助。

2. 允许年龄超过60岁的非暴力罪犯在家中服刑。

3. 教育青少年罪犯，让他们了解滥用毒品和从事违法活动所造成的严重法律后果。

法律也适当提高了在各个州可以被判处家庭监禁的比例。

缓刑犯的改造

虽然缓刑的进程要比假释快得多，但是仍然存在许多争议。缓刑的主要目的是使罪犯恢复，同时，缓刑也是一种强大的康复工具，至少从理论上来说，它能够使许多社会资源助益于罪犯的生活。不幸的是，现在主张缓刑康复理念的人跟过去相比越来越少。现在的观点是罪犯就应该受到应有的惩罚，这使得社会的宽容性逐渐降低，即使是对罪责很轻的犯人，适用缓刑也苛刻了很多。同时，由于它也经常被用于一些重罪犯或者是惯犯，使得缓刑本身也受到许多人的质疑。缓刑的支持者也承认缓刑没有太大的威慑力，因为相对于监禁，缓刑的惩罚力度实在是太低。

有一系列在1999～2000年发布的报告，由纽约与曼哈顿设计的一个项目——缓刑重塑委员会，又称之为"再造缓刑"。该委员会的人表示，缓刑正面临着危机，首先是因为对于缓刑犯的判断标准，不能仅仅就依据一个简单的标准或者是行为，另外，在缓刑领域缺少领导力。该委员会表示，缓刑需要真正关注公众安全并与社会互相合作。阅读该委员会完整的文章可访问http://www.manhattan-institute.org/html/cr_7.htm 和 http://www.manhattan-institute.org/html/broken_windows.htm。

2008年末，皮尤研究中心的公共安全服务项目发表了一个概述性战略，关于如何成功进行缓刑的监督与假释后的犯人融入社会的问题。这份报告将公共安全放在第一位，列出13条策略，关于减少再犯率，对于犯罪行为的追究，如何减少药物的滥用与失业，如何恢复家庭关系，等等。主要策略是依据减少罪犯的再犯率定义成功的假释与缓刑的案例。完整文章通过以下网址阅读：http://www.pewtrusts.org/our_work_report_detail.aspx?id=46570。

大约一年之后，为了评估皮尤研究中心所做出的 13 项策略的效果，司法政策中心的城市学院对全国的假释效果做了一个审查。尽管审查发现，很少有机构能够全部使用这 13 项策略，但很多机构其实也实现了大部分的策略。尽管有 93% 的受访者都表示他们的目标是减少再犯率，但其中只有 75% 左右的机构会追踪假释犯，研究他们的再犯率。仅 13% 的机构会持续追踪假释犯，并研究他们是否能够完成假释。对于累犯的定义，各机构也存在差异，比如"再次入狱""再次定罪""再次被捕"。在此次调查中，比较积极的方面是，假释机关形成了一种以证据为基础的广泛共识（如图 10-9 所示）。该报告的作者说，"这表明一种普遍价值观的形成"。尽管如此，报告也发现，"对于在假释与缓刑中遵循证据原则的具体意义却并不明确"。

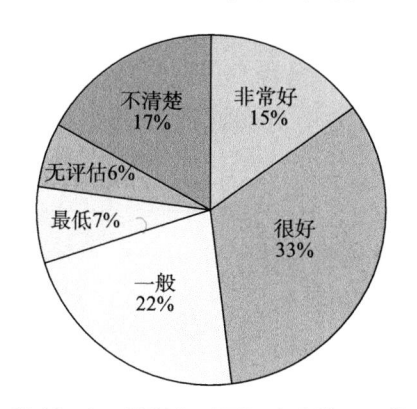

图 10-9　假释官对罪犯改造情况评估

最终，在 2012 年，国家司法研究所资助夏威夷一个"HOPE"项目的研究，这是一个非常成功地将缓刑的方式变得迅速、确定以及合适的缓刑计划。"HOPE"代表着夏威夷缓刑制度，当与传统的缓刑项目相比较，其结果是：①因触犯新的犯罪而被逮捕的概率减少了 55%；②毒品使用率减少了 72%；③逃避与监督人员见面的概率减少 61%；④撤销缓刑的情况减少了 53%。

HOPE 这个项目，首先由法官在法庭给参加该计划的罪犯一种正式的警告。警告明确规定，任何罪犯在未来违反缓刑的有关规定，将立刻导致短暂的拘留。有毒品问题的缓刑犯，将在警告阶段获得一个颜色代码，工作日的早晨需要拨通 HOPE 的热线电话来确定这一天被选择到的颜色。匹配这一颜色的缓刑犯必须在下午 2 点之前到达缓刑办公室接受毒品检测。非药物涉案罪犯也必须遵守缓刑的条件，有可能会被要求参加一些治疗。

当缓刑犯违反缓刑条件时，他们会被逮捕或收到逮捕令。只要缓刑官发现其违规，缓刑犯将填写一个"请求修改缓刑"的表格，并将其发送给法官，该法官同时主持一个违反缓刑的听证会。发现有违反缓刑条款的缓刑犯，将被判处短期监禁。获释后，缓刑犯向他的缓刑执行官报告，并继续参加HOPE。连续违规所面临的惩罚也会逐步升级（例如，监禁时间的延长）。了解更多有关 HOPE 的信息，请访问 http://www.justicestudies.com/pubs/hope.pdf。

最后，2013 年国家司法调查机构对社区矫正的回顾发现，基于证据的司法实践正在假释和缓刑中逐步被建立起来。该综述描述了一些比如像风险评估这样的创新。该风险评估模型可以进行高精度的风险评估。该模型把被测试者分为高、中、低三个类别。最低类别的族群是那些被评估为 2 年内不会再犯罪的人，中等为可能会犯罪的人，高等为可能犯下重罪的人。然后根据评估结果确定社会监督的类型，并对监督那些高风险的缓刑和假释官提供详细的报告。

刑事司法新闻：远程报告缓刑

最近，许多基于互联网的互动缓刑服务，包括缓冲器（由 Circle Seven Software 创建）和 PoCheck 软件，已被各州采用，旨在降低缓刑监督的成本。缓冲器和 PoCheck 以及类似的其他服务，允许低风险的缓刑犯通过互联网报告服务与他们的缓刑官保持联系。这些在线服务允许缓刑犯和官员通过电子邮件，基于 Web 的表单和即时消息进行轻松的通信。参与互联网监管的缓刑犯可以从家里或通过当地图书馆提供的公共计算机访问该服务。参与该计划的客户通常会收取少量费用，通常在 10 美元到 20 美元之间。

远程报告系统通常允许缓刑官员向他们的所有案例客户发送大量电子邮件，或者针对他们通信中的个别感受者。通过使用易于完成的在线表格，客户能够向缓刑官员报告状态变化（例如，工作变化、被聘用或健康问题），并且系统会通知官员即将发生的事件，例如监督中待处理的事件。它还可以标记报告失去工作、改变婚姻状况或改变居住地的缓刑犯。通过与执法机构和自动化数据库的链接，基于互联网的系统可通知缓刑官员逮捕、发传票和通知缓刑犯的其他执法联系人。

远程报告程序的一个主要优点是，它们可以显著增加案例量。例如，德克萨斯州的一项研究表明，互联网报告使一名缓刑官员可以监督多达500名受感化者（超过正常人数的两倍）而不会增加传统监管所需的工作小时数。监管能力的显著增加，对于寻求最有效利用有限资源的司法管辖区来说非常重要。

虽然网络托管互动缓刑服务相对较新（第一次在2002年上线），但一些司法管辖区仍然使用互动缓刑亭，类似于ATM。例如，1997年，纽约市的缓刑当局开始使用旨在降低缓刑官员案件量的缓刑亭。设计与ATM相似，15个电子信息亭分散在整个城市，让试用人员可以通过将手掌放在专门设计的表面上并通过回答闪烁屏幕上显示的问题来向检查人员报到。

某些司法管辖区仍在使用的缓刑亭，根据手的形状和大小来识别试用者，这些试验者的手纹事先被扫描到系统中。使用信息亭系统的缓刑者被提示按"是"或"否"回答这样的问题："你最近搬家了吗？""你又被逮捕了吗？""你需要去看缓刑官吗？"可以直接从缓刑亭安排缓刑犯与缓刑监督官的会面。通过分析信息亭提交的数据，缓刑官员可以集中注意遇到问题的个别缓刑犯，从而提升更有效的个人关注。

一些司法管辖区可能过于迅速地加入远程报告行列。例如，在2005年，德克萨斯州达拉斯发现，并非所有的项目参与者都经过适当筛选后暂时停止使用信息亭。虽然参与该项目需要通过与缓刑官员的面对面会议来评估准备情况，但一些参与者仍未被发现问题，包括药物依赖和精神疾病。正如达拉斯项目的一位批评者指出的那样："不当使用缓刑自动化有可能在短期内节省资金，同时通过更高的再犯率来增加长期成本。"批评者指责，无论是在线还是通过使用信息亭，互联网服务或拨入电话号码，对缓刑犯进行高技术监督都会带来不可接受的风险。那些批评者说，如果没有个人监督，试用者更有可能重新犯罪——一种基本上未经检验的断言。其他反对者表示，远程报告服务与有意义的"惩罚"相去甚远，违法者应该得到更严厉的对待。另一方面，支持者表示，由于缓刑和假释预算紧张，高科技缓刑监管必须变得司空见惯。"纽约市别无选择；它必须做类似的事情"，纽约约翰杰伊学院刑事司法教授托德说。托德帮助该市重组其缓刑计划。"没有人希望缓刑犯向信息亭报告，但替代方案更加不可想象——一个没有人接受优质服务的系统"，托德说。

References：PoCheck，"Probation and Parole Report-in System"，http://www.pocheck.com；ProbationComm，"Introducing ProbationComm"，http://www.probationcomm.com/docs/ProbationComm_Introduction.pdf（accessed March 1, 2013）；and Marc A. Levin，"Salvation in Probation Automation?" *Conservative Voice*，September 27, 2005，http://www.theconservativevoice.com/articles/article.html?id?8585（accessed May 1, 2007）.

总结

　　缓刑，简单地说，就是延缓监禁的刑罚。它的目标是在保持对犯罪分子的控制下，使用一些社区计划来改造他们。缓刑是法院下令的制裁，是社区矫正的一种形式，量刑的方式不仅仅是单一的监禁，更多的是利用社会资源来改造罪犯。1925年，美国联邦政府通过立法使联邦地区法院的法官有权任命缓刑官员并实施缓刑条款。

　　假释给予被定罪的罪犯从监狱里有条件的提前释放，它是一个矫正策略，其主要目的是让罪犯逐步回归正常的生活。假释不同于缓刑，假释犯不像缓刑犯，假释犯是已经被关押过的罪犯。假释是一种不确定的量刑的概念，它允许囚犯通过良好的行为和自我提高来获得提前释放的机会。

　　缓刑和假释，通过使用未在制度上设置的社会资源帮助罪犯重新融入社会。成本比监禁要低得多，还增加了参与者的就业机会，使对受害者给付赔偿金成为可能，并增加了罪犯康复的机会。然而，提高了罪犯的自由度也就提高了对其他社会成员的风险，同时，社会成本的支出相应地也会提高。目前假释与缓刑仍然无法解决一些问题，例如，不确定的高风险、再犯率的提高、监督力度的不足,这些都会引起公众对这项制度的质疑。

11 项美国联邦最高法院特别重要的决定奠定了缓刑与假释的基本框架。1987 年的格里芬诉威斯康星州案是最具代表性的一个案子。在这个案子中,联邦最高法院授权给缓刑执法人员在无搜查令的紧急状况下可以搜查缓刑犯的住宅。另一项重要的法院决定是在 1998 年宾夕法尼亚州缓刑与假释委员会诉斯科特案中作出的,在该案中,法院拒绝扩大解释假释官员在搜查过程中的非法证据排除规则。2001 年,法院授权给警方类似于缓刑与假释执法人员在特殊情况下的搜查权。

缓刑与假释包含四项主要的功能:①判决前的调查;②其他收容程序;③诊断和需求评估;④客户监督。缓刑和假释人员执行的任务往往颇为相似,而某些司法管辖区也将两者合并为一个职业。

中间制裁是将量刑的选择放在纯粹的监禁刑与简单的缓刑/假释之间。这种量刑模式主要包括震慑监禁、加强缓刑监督、远程定位式的家庭监禁。中间制裁有三个直接的要点:①成本比监禁要低;②使罪犯一直处于社会中,社会成本效益高;③对资源、时间、服务地点的选择具有较大的灵活性。

近些年,由于社会上罪犯的违法行为的增多,使得假释和缓刑制度受到很多指责。作为回应,许多州开始减少适用假释。对于假释的成功需要依靠一些新兴的关于再进入社会的概念,并且要运用各种资源来帮助罪犯完成从监狱到社会的过渡,其中包括社会上的一些组织及机构。州法院在 2008 年通过的《第二次改造机会法案》就为未来罪犯再进入社会提供了一个新颖的方案。

问题回顾

1. 什么是缓刑?它的用途是什么?
2. 什么是假释?缓刑和假释有何不同?有何相似之处?
3. 列出并解释缓刑和假释的利弊。
4. 列举并解释对缓刑和假释法律实践产生影响的重大法院案件。
5. 缓刑和假释官员负责什么工作?缓刑监督官在对被定罪的罪犯判刑中扮演什么角色?
6. 什么是中间制裁?它们与更传统的量刑形式有何不同?它们有什么优势?
7. 缓刑和假释如何变化?它们的未来是什么?

第十一章

监狱与看守所

📚 学习目标

阅读本章后，应该能够：
1. 解释过去几十年来在美国实施的监禁哲学。
2. 描述当代的监狱。
3. 总结当代囚犯的个人特征。
4. 概述联邦监狱系统。
5. 确定监狱目前在美国矫正中扮演的角色，并向监狱管理人员提出问题。
6. 描述私人监狱在当前和未来可能发挥的作用。

介绍

2011年，加利福尼亚州假释委员会的两人专家小组拒绝批准42岁的史蒂文·马丁内斯保外就医的申请。马丁内斯是一名强奸犯，他四肢瘫痪，是在新法出台后（旨在减少国家开支）第一个被考虑释放的犯人。

瘫痪的原因是10年前在监狱里发生的持刀攻击事件，这件事造成了他脊柱受损。由于在1998年强奸一名妇女触犯了许多重罪，马丁内斯服刑的期限是157年。每年在他身上所需要支出的医疗护理费高达62.5万美元。

假释委员会的行政长官约翰·派克决定驳回马丁内斯的假释申请，说："专家认为他是一个暴力犯罪人，可以利用他人帮助他实施犯罪，在狱墙之外会威胁公共安全。"即便如此，一年多之后，美国第四巡回上诉法院还是下令释放了马丁内斯。因为他的父母还活着,并且他们同意在圣地亚哥的家里照顾他。

马丁内斯的案子说明了现在存在的两种互相对立的紧张关系,一个是节省矫正资金,对立面则是公共安全。马丁内斯被拒绝假释的事实,让一些观察研究学者很惊奇,这项拒绝命令出现的时间正好是在最高法院发现加利福尼亚的监狱人员超额之后,联邦委员会的3名法官当即要求州政府的官员找到可以解决监狱人员过于拥挤的问题的方法,将当前监狱里面的14.3335万人减少3.3万人左右。这项命令最初发布于2001年,基于加州过于庞大的监狱人数,而且监狱内的状况也是特别的糟糕,使得加州涉嫌触犯了《美国联邦宪法第八修正案》的规定:禁止残忍及不人道的惩罚。

2011年,高级法院承认监狱里的人员超额,使得州政府无法为监狱内有生理或精神疾病的犯人提供最基本的照顾,且会产生"不必要的痛苦或者是死亡"。高级法院给加州官员两年的时间来完成这项命令,并减少监狱的人数。2013年,加州州长杰里·布朗(Jerry Brown)辩称,该州已将大量新判决的低级别罪犯从监狱转移到县监狱和地方缓刑项目,并宣布联邦政府对加州监狱系统的监督必须结束。然而,他的请求被拒绝了。

监禁的哲学

> **司法模式**:一种基于司法公正报应原则的现代监禁模式。

最初在这个国家建立监狱的目的是改造罪犯,同时作为肉体惩罚的替代措施。尽管当今的矫正人员仍然坚持着对罪犯人生观的改造,尽管美国的矫正也有各式各样的目的,但是整个国家对于监狱的作用基本上归结于两个字:报应。今天监狱的拥挤和罪犯压抑的生存环境,来源于过去几十年国家形成的"犯罪需得到严厉打击"的观念。这种观念产生的基础被人们称之为司法(正义)模式或受到应有惩罚的模式,这种模式强调某个个体的责任和对于罪犯的惩罚,成为当前许多矫正活动执行中所遵循的重要原则。人生观的恢复改造在司法报应原则下是处于最低端的,监禁被认为是罪犯犯罪行为所产生的完全应得的后果。

今日监狱

今天，全国大约有 1720 个州监狱和 119 个联邦监狱。然而，最近，新监狱的建设速度已经放缓，甚至在一些州已经停止，因为州和联邦两级的预算问题已经导致新的财政保守主义。同样，美国监狱人口的增长最近一直在放缓，一些州（最显著的是加利福尼亚州）的数目开始显示出减少，因为州预算问题导致财政保守主义（参见"为之付出：加利福尼亚州公共安全重新调整"）。

2013 年 1 月 1 日，美国各州和联邦监狱关押了 1 571 013 名囚犯，其中 1 512 391 人被判一年以上有期徒刑。被监禁的囚犯中，有超过 7%（108 866 人）的是女性。2012 年，被判处一年以上监禁的州和联邦囚犯的监禁率为每 10 万美国居民有 480 名囚犯。那一年，男性的监禁率（每 10 万美国居民有 910 人）是女性的 14 倍（每 10 万美国居民有 63 人）。如果今天的监禁率保持不变，2001 年出生的美国居民中大约有 6‰会在有生之年某个时候入狱。

图 11-1 显示了过去 90 年美国州监狱人口数量的增加。图 11-2 显示了联邦监狱人口数量的增加。从比较的角度来看，美国银铛入狱的人数是惊人的，皮尤慈善信托（Pew Charitable Trust）的公共安全绩效项目（Public Safety Performance Project）最近的一份报告指出，"美国监禁的人数比世界上任何国家都多，包括拥有更多人口的中国"。

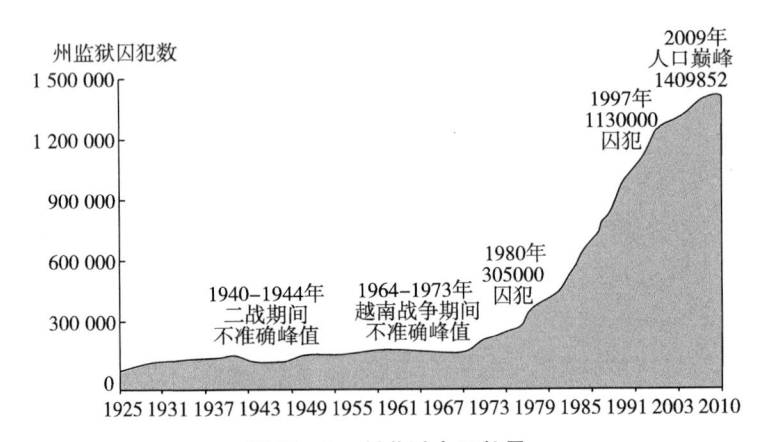

图 11-1 州监狱人口数量

即使在面对犯罪率下降的情况下，美国监狱的监禁率仍然很高。如第二章所述，1991 年至 2013 年间，美国官方犯罪率从每 10 万居民中 5897 人下降

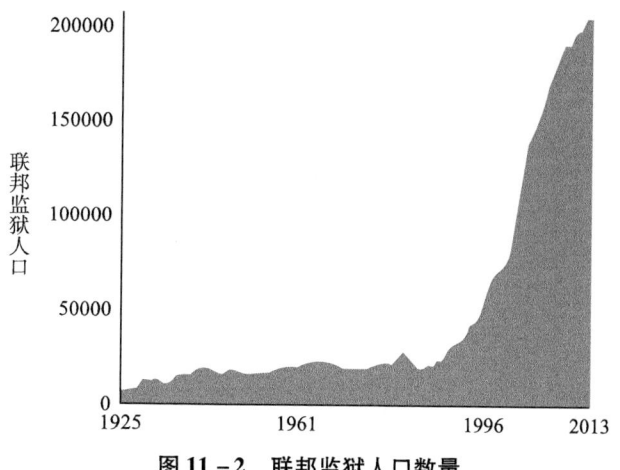

```
         200000

         150000
联
邦
监      100000
狱
人
口       50000

             0
              1925      1961       1996  2013
```

图 11 - 2　联邦监狱人口数量

到 3246 人，这是自 1975 年以来从未有过的水平。因此，在 20 年内，全国犯罪率下降了 44%，同时监禁率增加了 70%。当然，犯罪控制倡导者会争辩说，监禁率的提高至少对犯罪率的降低有利，因为监禁使那些可能再次犯罪的人脱离了社区。

监禁的使用在国家之间差别很大。虽然 2013 年初，美国的平均监禁率是每 10 万人口中有 480 人，但一些州的监禁率几乎翻了一番。例如，2013 年初，路易斯安那州每 10 万名公民中有 893 人被关押在监狱里，而密西西比州以每 10 万人有 717 人的监禁率位居第二。德克萨斯州是一个传统上监禁率高的州，每 10 万人中有 601 名囚犯。缅因州的监禁率在所有州中是最低的（145），而其他州的监禁率很低，分别是罗得岛州（197）、明尼苏达州（183）和新罕布什尔州（198）。然而，正如本章的"刑事司法新闻"和"刑事司法问题"栏目所显示的，一些州（尤其是加利福尼亚州）已经找到了减少州一级囚犯的官方数据的新方法。在加利福尼亚州，重新结盟的策略被用来将选定的非暴力囚犯从州立监狱转移到县级监狱。因此，在比较国家监禁率和审查有关监禁的国家统计数据时，谈论被判处监禁的刑事罪犯的数目可能更有意义，而不仅仅是数那些被关在州监狱中的罪犯。

监狱设施的规模也大不相同。每四个州机构中就有一个是大型的最高安全监狱，人口接近 1000 名囚犯。一些机构超过了这个数字，但典型的州监狱规模很小，囚犯人数不足 500 人。以社区为基础的监禁设施平均约有 50 人。

在相对人口稠密的州，典型的监狱系统包括：
- 一个针对长期高风险罪犯的高度安全的监狱；
- 一个或多个针对非高风险罪犯的中等安全机构；
- 一个成年女性机构；
- 一个或两个年轻人（一般在25岁以下）机构；
- 为精神病患者提供一两个专门的精神病院式安全监狱；
- 一个或多个开放式机构，适用于低风险、非暴力的囚犯。

当所有类型的成人惩教设施被平均在一起时，州内每天每名囚犯的监禁费用约为62美元，联邦一级则为77.49美元。在一些州，例如加利福尼亚州，监禁费用特别高，公民每天支付超过150美元来安置每个囚犯。全国监狱系统面临成本上升，因为根据历史标准，随着囚犯人口年龄的增加，囚犯人数仍然很高。2010年，执行国家惩教计划的费用接近800亿美元，其中超过一半（约470亿美元）用于管理州监狱。

> **为它付出：加利福尼亚州公共安全重新调整**
>
> 本章以一个瘫痪的加利福尼亚州囚犯的故事开始，该囚犯在州医疗假释计划中被拒绝释放。这个故事突出了关押需要全面医疗的囚犯的高昂成本，在这个案例中，该州的纳税人每年要花费625 000美元。
>
> 然而，为了努力解决预算短缺问题，一些州采取了节省成本的措施，导致更少的人被关进监狱。就其对全国监狱统计的影响而言，这些措施中最重要的一项是加利福尼亚州公共安全重新调整（PSR）计划，根据该计划，被判犯有轻罪的罪犯被关在当地监狱而不是州监狱。PSR计划在本章的"刑事司法新闻"和"刑事司法问题"框中进行了讨论。
>
> 另一种降低成本和节省惩戒费用的方法是确保罪犯只接受他们所需要的监督程度，以便保护社会和促进其改造。因此，今天各州已经开始使用风险测量工具（由监狱工作人员、缓刑官员或特别指定的评估人员完成的问卷或调查工具）来评估面临判决、被监禁和可能被释放的罪犯对社会造成的潜在未来风险。为了最大限度地利用这种战略，许多州正在改变其判刑标准，以便允许那些被判犯有轻微罪行的人，特别是那些

没有暴力或性犯罪历史的人，被缓刑或被拘禁在替代监禁（如家庭监禁或中途房屋）的生活安排下。

Resources：Barry Krisberg and Eleanor Taylor-Nicholson, *Criminal Justice Realignment*：*A Bold New Era in California Corrections* (Berkeley, CA：University of California, Berkeley Law School, 2011); and California Department of Corrections and Rehabilitation, "Funding of Realignment," http://www.cdcr.ca.gov/realignment/Funding-Realignment.html (accessed March 3, 2014).

刑事司法问题：加利福尼亚州公共安全重新调整（PSR）计划

2011年，加利福尼亚州立法机构通过了《刑事司法调整法》，并启动了该州的公共安全调整（PSR）计划。该计划是根据联邦法院的命令实施的，该命令要求加州减少监狱过度拥挤的情况，将轻罪罪犯囚禁在当地监狱中而不是州监狱之中（参见本章"刑事司法新闻：加利福尼亚州州长希望联邦结束对监狱的监督"）。

加利福尼亚的PSR立法被称为加利福尼亚州刑法典中最重大的变化，因为该州的"确定量刑法"于1977年通过。最重要的一个方面是，它将控制着来自该州的数千名囚犯。具体而言，新法律做了三件事：第一，它要求将被判处一年至几年监禁的低级别重罪犯（过去通常在州营监狱中服刑）被送往县监狱。第二，对大多数被监管人员的监督将成为县缓刑官员而不是州假释官员的责任。第三，符合监管条件的被释放的罪犯将有时间进行社区服务，他们服务的时间通常限制在10天。

PSR有效地将州的重罪人口分为两类：①法律上定义为严重暴力和/或性犯罪者（继续被送往州监狱，并在释放后由州假释官监督）；②较低级别的罪犯，他们以前住在州监狱或由州假释制度管理，但现在由当地司法系统机构管理，并被安置在县监狱或由县缓刑官员管理。该法案还规定，没有任何违规行为的被释放到社区监督的罪犯，将在六个月或更短的时间内从监督中解除。

加利福尼亚州的调整立法有效地将支付惩教服务的大部分负担从州

转移到了县。然而，严重的问题仍然是资金的充足性和当地管理有关法律规定变革事宜的能力。重新调整后的法律提供一次性拨款，以支付雇用和培训新人员相关的费用以及建造所需设施的费用。通过分配国家车辆执照费和州销售税（2012年通过全州公投筹集）的一部分，专用且永久的收入旨在流向各县。现在判断州和县之间的资源转移是否足以维持加州惩戒中安全和恢复的双重目标，还为时尚早。

因此，虽然国家统计数据中报告的加利福尼亚州的监禁率似乎有所下降，但调整策略只是将州囚禁罪犯的责任转移到县政府，并倾向于掩盖实际受限人数。例如，2011年和2012年司法统计局报告的全国监狱人口减少70%，是由于加利福尼亚州的公共安全重新调整计划。

当代囚犯

统计数据告诉我们一些监狱的情况：大多数被判入狱的人犯有暴力罪行（52.6%），财产犯罪（18.4%）和毒品犯罪（18.2%）几乎是被判处死刑的第二常见的犯罪类型。相比之下，因毒品犯罪而被判刑的囚犯是最大的联邦囚犯群体（52%），而毒品罪犯入狱人数的增加占了自1980年以来联邦囚犯总数增长的3/4以上。现在，移民罪犯占所有联邦囚犯的12%，他们的人数也在上升。一项对种族歧视的调查突显了黑人和白人在监狱中的巨大差异。尽管在美国，每10万名白人男性中只有大约1001名白人男性在20多岁的时候被监禁，但数据显示，黑人男性的监禁率为每10万名中有6927人，这一数字是白人的7倍。在美国，近17%的成年黑人在监狱服刑，这一比例是成年西班牙裔男性（7.7%）的2倍，是成年白人男性（2.6%）的6倍多。根据美国司法统计局（BJS）的统计，今天在美国居住的黑人男性终身监禁的概率为32.3%，黑人女性的终身监禁概率为5.6%。这与白人男性（5.9%）和白人女性（0.9%）终身监禁的概率形成了鲜明对比。

刑事司法新闻：加利福尼亚州州长希望联邦结束对监狱的监督

加利福尼亚州崩溃和过度拥挤的监狱系统显示了，当公众要求严厉的判决条款，但没有建立足够的牢房来应对随后涌入的囚犯时会发生什么。

几年前，联邦法官对陷入困境的加利福尼亚州监狱系统进行了监督，命令州政府在 2013 年 6 月之前将其囚犯人数大幅减少到一个特定的目标。但州长杰里·布朗（Jerry Brown）正在努力应对紧缩的国家预算，他说这个目标太难满足了。2013 年 1 月，他提起法院质询，要求重新获得州对监狱系统的控制权。

"让那些法官把我们的监狱送回来"，布朗说，"我们可以管理自己的监狱"。这种混乱的僵局可以追溯到 20 世纪 80 年代和 90 年代，这是一个高犯罪率的时代，当时加利福尼亚人要求严格的判决法来囚禁重罪犯，在某些情况下，实际上是扔掉了钥匙。1994 年，选民通过了三振出局法，要求在三次重罪定罪后判处终身监禁。从 1982 年到 2000 年，加利福尼亚州的监狱人口增加了 5 倍，州政府新建了 23 所监狱。

然而，在 2000 年，情况发生了变化。犯罪率急剧下降，国家资金缩减，加利福尼亚州再也无法为已经囚禁的囚犯提供新的监狱或甚至足够的空间和医疗保健了。然而，严厉的判决仍然在继续，并且监狱不断被新囚犯淹没，平均每年每名囚犯的费用为 55 500 美元。

随着情况的恶化，加利福尼亚州的囚犯被安置在监狱的体育馆和教室的三层床上。就在那时，联邦法官采取行动，发现加利福尼亚的监狱是如此严重地过度拥挤，以至于违反了美国宪法禁止的内容。

2006 年，法官控制了监狱医疗保健系统，并将其转交给一个独立机构，导致州支出增加。2009 年，所有三位法官都命令州政府将囚犯数量减少到目标水平，并将 2013 年 6 月定为截止日期。

加州向美国联邦最高法院上诉该法官的命令，但在 2011 年 5 月失败了。为了完成任务，他们通过加利福尼亚州的"公共安全重新调整计划"将超过 30 000 名囚犯从该系统中移除，这意味着将低级别的罪犯转移到县监狱和派遣一些囚犯到其他州的私人监狱。虽然该州将帮助各县抵消被定罪的罪犯的成本，但估计显示，该州每年将通过分担县监狱中不太严重的罪犯的负担来节省 4.86 亿美元。与此同时，县将至少留下一些扩大监狱的法案。调整开始一年后，包括克恩、弗雷斯诺、塞拉和约洛在内的加利福尼亚州的一些县的监狱人口增加了一倍以上，预计将有更多的囚犯继续前来。

2012年4月，监狱官员报告称，他们已经用尽了大量减少监狱人口的新方法，而不是将重罪犯退回街头。预测它将无法实现2013年的目标，国家要求法官降低目标水平，作为交换，它将改善改造和医疗保健服务。

但是法官们拒绝了，这促使布朗提出了他的法庭质疑，但被联邦法院驳回。与此同时，加利福尼亚人失去了他们对于一开始就过度拥挤监狱的严厉判决法的热情。

在2012年11月投票的一项提案中，加利福尼亚州选民选择通过结束对第三次未犯下严重和暴力犯罪的罪犯的终身监禁要求，来削减三振出局法的适用。专家表示，法律的这一变化可能导致该州过度拥挤的监狱释放多达2800名囚犯。

参考文献

Howard Mintz, "Governor: Drop California Prisons from Court Orders to Shed Inmates," *Mercury News*, January 8, 2013, http://www.mercurynews.com/crime-courts/ci_22331595/governor-argues-california-prisons-should-be-removed-from（accessed May 9, 2014）.

Mac Taylor, "Providing Constitutional and Cost-Effective Inmate Medical Care," Legislative Analyst's Office, April 19, 2012, http://www.lao.ca.gov/reports/2012/crim/inmate-medical-care/inmate-medical-care-041912.pdf（accessed May 9, 2014）.

Solomon Moore, "Court Orders California to Cut Prison Population," *New York Times*, February 9, 2009, http://www.nytimes.com/2009/02/10/us/10prison.html（accessed May 9, 2014）.

Matthew Green, "Shouldering the Burden: California's New Jail Boom," KQED, http://blogs.kqed.org/lowdown/2012/08/16/shouldering-the-burden-californias-new-jail-boom-interactive-map/（accessed March 2, 2013）.

过度拥挤

> **监狱容量：**一个矫正机构所能有效容纳的罪犯数。总共存在三种主要的监狱容量类型：额定、业务、设计。
> **额定容量：**由专家判断一个监狱所能容纳的人数。
> **业务容量：**基于管理考虑，一个监狱所能够有效控制的罪犯数量。
> **设计容量：**监狱在设计或者建造时预想的犯人数目。

关于过度拥挤的规模

司法理念导致了美国大量和持续增长的监狱人口，同时犯罪率也在下降。例如，1990 年，美国的监禁率为每 10 万居民中有 292 名囚犯，到 1995 年，已经达到了 399 名，并在 2013 年达到 480 名。2011 年开始，增长速度终于放慢，至少在州监狱是如此。

在过去的 20 年，尽管许多新的监狱已建成且遍布全国，以适应越来越多的犯人，但是在许多司法管辖区，监狱人满为患的现象仍然十分普遍（如图 11-3 所示）。最拥挤的是联邦监狱，所有的联邦监狱的拥挤率（不包括图 11-3）已超过容量的 38%，联邦中等设防监狱则超过 49%。监狱人满为患可以用以下规模来衡量：

- 每个犯人的可用空间（如平方英尺的面积）；
- 在牢房或者房间中监禁犯人的时间长度（花在娱乐和其他活动的时间）；
- 生活安排（例如，床铺的单双号）；
- 房屋类型（使用隔离设施、帐篷等代替普通住房）。

而且更加复杂的是，监狱官员已经提出了三个描述监狱容量（监狱设施可容纳的人口数）的定义：

1. 额定容量指的是监狱内可容纳、经过评估的能够处理的罪犯数量。
2. 业务容量是指评估该机构的工作人员、程序和服务来确定能够容纳罪犯的有效数量。
3. 设计容量指的是当初建设监狱时准备关押的囚犯数量。

用额定容量评估通常会产生最大的囚犯容量，而设计容量（本章观测的

美国刑事司法

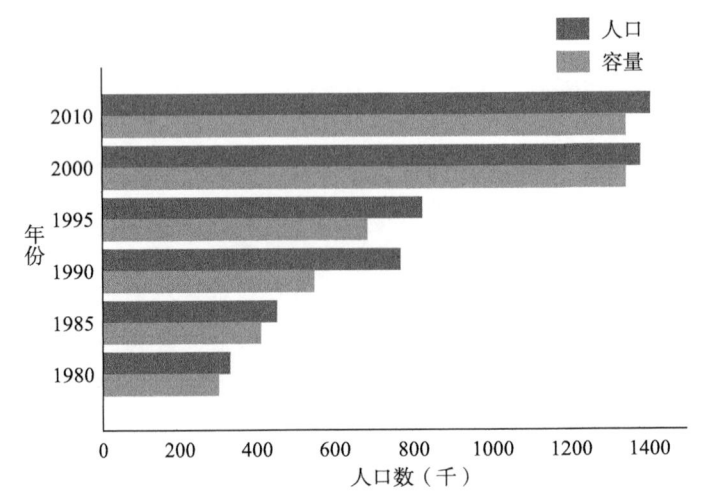

图 11-3　国家监狱人口与容量

基础）通常会显示出过度拥挤的最大数目。

拥挤本身并不是一种残酷和不寻常的惩罚，但是根据美国联邦最高法院对罗德诉查普曼案（1981）的判决，在南俄亥俄州监狱中，两人挤一张床也被认为是某种形式上的"剥夺"。法院的理由是：人满为患不一定是危险的，如果其他的监狱服务已经足够，监狱居住条件的"严格甚至苛刻"是作为惩罚违法罪行的一部分。

然而，过度拥挤加上其他负面条件可能导致监狱系统自身产生问题，类似于2011年美国联邦最高法院布朗诉拉普拉塔案的情况。美国惩教协会（ACA）指出，这样的做法已经导致法院将监狱拥挤的问题与其他问题相结合，以评估监狱生活的整体质量：

- 是否可以满足囚犯的基本需求；
- 是否有充足的员工数量；
- 是否为囚犯设计一些项目机会；
- 监狱管理的质量与强度是否存在问题。

刑事司法问题：监狱人口

谁在监狱里？为什么？

在联邦监狱：将近一半（48%）的囚犯因毒品犯罪而服刑，而略多于三分之一（35%）的囚犯因违反公共秩序犯罪而入狱。

在州立监狱：大约53%的囚犯因暴力犯罪服刑，18%的人因故意犯罪服刑，17%的人因毒品犯罪服刑，11%的人被因治安犯罪而服刑。

抢劫是最常见的暴力犯罪，男性被监禁的人数为14%，其次是谋杀（12%）和暴力攻击（11%）。

男性占监狱人口的93%，女性占7%。

女性谋杀犯的服刑时间（10%的被判刑女性）与男性相似（12%）。

39%的州和联邦囚犯年龄在40岁以上。

大多数囚犯是黑人（38%），32%是白人，22%是西班牙裔人。

黑人和西班牙裔囚犯都比白人囚犯更年轻、监禁率更高。

黑人妇女的监禁率是白人妇女的2.9倍，西班牙裔妇女的监禁率是白人的1.5倍。

移民罪犯现在占了所有联邦囚犯的12%，而且他们的人数还在上升。

只有73.5%的联邦囚犯是美国公民。

超过18%的被监禁在联邦监狱中的人持有墨西哥公民身份。

联邦监狱拥有30%的非美国公民囚犯的监护权，而加利福尼亚州、佛罗里达州和德克萨斯州则关押35%的非美国公民囚犯。

监狱里有多少人？

2013年初，被判刑一年以上的州和联邦囚犯总数为1 512 391人。

2013年初，美国居民中有480人被判处一年以上有期徒刑。

美国的监禁率是世界上最高的。

在2000至2010年间，州和联邦监狱监禁的人数从1 316 333人增加到1 518 104人，增加了15%。

40多年来，监狱人口首次在2010年比前一年减少了近1%，而且这种下降趋势一直持续到2012年。

全国监狱人口减少的70%归功于加州的公共安全重新调整计划，该计划将大多数轻罪罪犯限制在该州各县。

> 所有被关押在私人监狱设施中的囚犯的比例是8.2%，各州有6.7%的囚犯住在私人设施中，而联邦监狱局有17.8%的人口住在私人设施中。
>
> *References*: Federal Bureau of Prisons, "Quick Facts About the Bureau of Prisons," December 29, 2012 http://www.bop.gov/news/quick.jsp#4 (accessed June 3, 2013); E. Ann Carson and Daniela Golinelli, *Prisoners in* 2012, Bureau of Justice Statistics, December 2013; Roy Walmsley, *World Prison Population List*, 9th ed. (Essex University: International Center for Prison Studies, 2013).

选择性监禁：减少监狱人口的一种方法

许多专家表示，监禁的核心问题就是选择性监禁与集体监禁之间所存在的分歧。集体监禁是一种将所有类型罪犯关在一起的方法，在今天依然存在，依靠固定的或事先的量刑来惩处特定的罪犯（如三振出局法）。与此同时，在许多专家看来，集体监禁也是十分昂贵的，并且是不必要的。不是所有的罪犯都需要被监禁，因为不是所有的罪犯都会持续威胁社会，至于哪些是高危分子，其实很难确定。

选择性监禁已经成为一种规则，它试图找出最危险的罪犯，目的是将他们从社会上赶走。因此，危险性的评估是当今现代选择性监禁的核心。有严重犯罪和暴力犯罪记录的屡犯者最有可能被监禁，那些将来可能犯暴力犯罪的人也一样，即使他们没有记录。

为了支持选择性监禁，许多国家都制定了针对职业罪犯的法规，其目的是试图找出有潜在危险的罪犯。关于选择性监禁的努力，不断地受到批评者的抨击，因为它错误的概率在60%以上，而且一些学者认为，选择性监禁是一种"失败的策略"。尽管如此，在一项关于累犯的研究中，加拿大学者保罗、特雷西和克莱尔·由格发现，一个人未成年时期所做的反社会行为的记录，以及那些反社会的思想和价值观，都可以作为累犯的预测方式。

今天，许多国家面临预算的挑战，不得不努力实施选择性监禁原则。例如，量刑项目最近的一份报告显示，2012年，有4个州（堪萨斯州、密歇根州、新泽西州和纽约）宣布将在2012年关闭20个监狱，减少超过14 100个床位的监狱容量。该项目还报告说，2011年有13个州取消了15 500个监狱床位。据估计，2012 年关闭后的节余总额将超过 3.37 亿美元。截止到 2016 年 6 月，在诺科的加州康复中心计划关闭的最大的监狱，将减少 3900 张床位，预计每年将节省加州 16 万美元。

由于国家预算问题的持续存在，报应模式也始终占据主导地位，我们很可能将看到暴力罪犯的量刑继续保持长期监禁并且释放的可能性不大。不过，提前释放不太可能再犯的罪犯，对于轻微的、非暴力的罪犯适用一些低成本的量刑模式，可以适当缓解监禁成本问题。

安全等级

最高监管级别的监狱往往是用大规模的旧建筑关押大量的罪犯。但是，北卡罗来纳州罗利市的中央监狱不仅更新，而且吸收了监狱建筑的优点，提供了严密的安全，并且不影响建筑的美观。这些机构提供高水平的安全模式是通过高围墙、厚厚的墙壁、安全的牢房、枪塔和武装狱警。

最高监管级别的监狱往往倾向于将牢房和其他犯人的生活设施置于该机构的中央，用各种障碍将外界生活区和该机构分割开。技术创新（如监狱周边电子化、激光运动探测器、电子和气动锁系统、金属探测器、X 光机、电视监控、无线通信和计算机信息系统）是目前常用用于加强传统防护手段的方式。这些技术有助于降低新监狱建设的成本。不过，也有人认为，监狱可能太依赖尚未得到充分检测的电子设备。

死刑犯是最需要监管的囚犯，尽管死囚的监管水平超过了监狱里面的大部分囚犯，但是看管依然很严格。一天的大部分时间，死囚牢房的囚犯必须待在单个牢房，他们通常每周只有一次在密切监督下进行简短淋浴的机会。

目前，大多数州都有一个庞大的、位于中心的最高安全监狱机构。有一些监狱联合了多种监管水平的（可能既是最大的也是中等的）安全监狱机构。中等安全在许多方面类似于最高的安全等级。中等安全的囚犯，一般都允许自由地相互联系，并能去监狱的大院、健身室、图书馆、淋浴和卫生间，相比最高安全戒备的监管拥有较大的自由度。

在中等戒备监狱，一个重要的安全工具是计数，实际上是定期数犯人的人数。计数可能每日采取 4 次，通常需要囚犯在指定区域进行计数。直到计数"明晰"，在此期间，所有其他犯人的活动必须停止。

图11-4 案例：一个监狱的牢房，如果你是监狱管理员，你会如何改善图片中监狱的现状？

中等戒备监狱往往比最高安全戒备的监狱机构小，往往有带刺的铁丝网，并未像传统的最高安全戒备设施那样，用更安全的石材或混凝土块砌墙。牢房和生活小区有多个窗口，相对于最高安全戒备设施的情况往往更靠近机构的边界。在中等安全戒备监狱中，是宿舍风格的房屋，囚犯服从安排并住在一起，比最高安全戒备监狱有更多的机会参加娱乐和其他项目活动。

在最低安全戒备监狱机构，犯人通常被安置在宿舍般的环境中，并可以自由地进出院子，并能够访问大部分的监狱设施。一些较新的监狱提供给低风险犯人私人房间，他们可以根据自己的喜好装饰（在房间范围内）。犯人通常可以免费进入食堂，里面销售如香烟、牙膏和糖果等物品。最低风险的犯人经常穿不同颜色的制服，以便与高风险罪犯区分开。在一些机构，他们可能会穿便服。他们在一般的监督下工作，并且通常能够获得在监狱内休闲、教育和技能培训的机会。警卫不装备武器，不存在枪塔和围栏（如果它们存在的话，通常较低），即使有，有时甚至也不上锁。

很多最低安全戒备监狱的犯人可以参与工作或学习，具有广泛的探视和休假的权利。可以采取计数措施，但最基础的管理还是由安全机构通过日常行政工作安排来跟踪犯人。管理低风险的犯人依靠的主要"力量"一般是他们自身的自制力。犯人们都知道最低风险机构没有过于严苛的监管。如果罪犯的表现不能满足管理者的期望，他们将被转移到更高等级监管的机构，这可能会延缓其释放。犯人从社区工作回来后，会搜身检查违禁品，但体腔搜查比较罕见，之所以被保留，是因为涉嫌走私的罪犯主要采用这样的方法。

美国典型的监狱是中等或最低风险监管机构。有些州有多达 80 或 90 个这样的机构，来满足公共工程和公路养护的需要。扩大中等和最低安全戒备监狱的监狱人口容量，旨在协助更多的罪犯改造并给再犯融入社会提供帮助和服务。大多数监狱提供精神卫生服务、学历教育、职业教育、药物滥用治疗、保健、咨询、娱乐、图书馆服务、宗教节目以及工业和农业培训。要了解更多关于现代监狱的各个方面，访问 http://www.corrections.com。

刑事司法问题：基于证据的更正

美国国家矫正研究所（NIC）说，"在矫正中，循证实践是围绕能够改善矫正结果的过程和工具的广泛知识和研究，例如减少累犯"。NIC 已经推广循证实践（EBP）若干年了，2008 年 6 月，NIC 与有效公共政策中心合作，建立了旨在与整个刑事司法系统相关的 EBP 框架。NIC 正在开发的全系统框架关注司法系统事件，从逮捕到最终处置和释放。当该框架得到全面实施时，应当导致全国刑事司法系统作出更多基于证据的协作决策。根据 NIC 的说法，EBP 决策倡议的目的是"为当地社区的刑事司法决策者提供信息、过程和工具，这些信息、过程和工具将导致审前不当行为和定罪后重新犯罪的显著减少"。

NIC 倡议有三个阶段。已经完成的第一阶段产生框架本身，该框架已在国家刑事法院出版物《地方刑事司法系统中基于证据的决策框架》中概述。该出版物可在 NIC 网站（http://nicic.gov）上获得，它描述了关键的刑事司法决策点，并提供了关于有效司法实践的基于证据的知识的概述。它把减少风险和危害确定为刑事司法系统的主要目标，并制定应用这些原则和技术的地方一级的实践战略。

在倡议的第二阶段，NIC 与其合作伙伴联邦司法项目办公室（OJP）从全国各地挑选了七个种子网站，这些种子网站对框架中包括的试验原则感兴趣。来自选定种子地点的 50 名主要代表出席了 2010 年 10 月在马里兰州贝塞斯达举行的开工研讨会。研讨会澄清了对实施第二阶段的期望，并在选定地点之间建立了工作网络。

种子网站现正参与一项由城市研究所管理的主动评估，旨在评估每个场地是否准备实施第三阶段中的全部框架。在第三阶段，种子网站期望完成 NIC 框架和参与长期结果评估，以衡量执行框架中所包含原则的影响。

References：National Institute of Corrections, "Evidence-Based Practices," http://nicic.gov/EvidenceBasedPractices (accessed June 3, 2011); and National Institute of Corrections, "Evidence-Based Decision Making," http://nicic.gov/EBDM (accessed June 3, 2013).

监狱分类系统

监狱分类系统：一个用于帮助监狱管理人员分类罪犯的系统，评估参考项包括犯罪史、危险评估、越狱的概率和其他一些因素。

大多数的州使用的分类系统是根据罪犯的犯罪类型、逃跑的概率、危险性大小来分配囚犯所在的监狱。囚犯可能会被分配到三种不同监管级别的机构：低级、中级、高级。囚犯在不同等级监狱间的移动，主要是根据囚犯关押过程中所表现的自控力和责任感来判断的。刚开始被关押在高监管等级的严重暴力犯罪分子，有机会可以通过自己的努力从高监管等级转移到低监管等级，虽然这个过程可能需要数年的时间。那些一直存在纪律问题的囚犯，将会被移转到监管更严的监狱。所以，在低级别监管的监狱，会关押各种类型的囚犯。

犯人被分配到对应的监管级别的监狱，还会通过监狱内的生活和工作任务完成的情况对囚犯进行重新评估。正如初步（或外部）监管分类系统来确定安全级别，内部分类系统的设计用于针对在同一监管等级下的犯人，帮助找到更适合他们的特定项目和适当的牢房。总之，初步分类决定了囚犯被置于何种机构，内部分类则确定囚犯在该机构内部的分配安置。

客观的监狱分类系统，在 20 世纪 80 年代由许多州采纳实行，但到 20 世纪 90 年代末，才对这种系统进行了细化和验证。在诉讼众多和监狱拥挤的推动下，分类系统现在被视为主要的管理工具，可以有效地分配稀缺的监狱资源来减少监狱暴力或越狱的可能性。分类系统被期望能够承担起未来大量需求监狱空间的责任。正常运作分类系统是监狱管理的"大脑",它管理和影响许多重要决定,包括财政事项、人员编制、床位和监狱项目等。

一个正在使用的知名度较高的内部分类系统叫做成人内部管理系统(AIMS)。AIMS 有二十多年的发展史,通过识别潜在的掠食者并将他们与较弱的囚犯分离,以减少机构掠夺行为。通过评估以下方面来量化犯人掠夺的可能性:①违规行为的记录;②是否能够按照工作人员指示进行工作;③攻击其他囚犯的严重程度。

在得出分类结果之前,认识到分类囚犯的标准必须满足有关机构的合法安全需求,这一点是很重要的。在 2005 年约翰逊诉加利福尼亚州的案件中,美国联邦最高法院惩戒署和加州矫正中心(CDCR)使用种族分离政策关押囚犯长达 60 天,这是一个不成文的政策。这项政策实施的理由是:它阻止了暴力种族团伙的组成。但是实践结果表明,此种做法收效甚微。

联邦监狱系统

> **ADMAX**:最高安全等级的字母缩写。这是由联邦政府创设、用于划分监狱的安全等级的一种方式。

联邦监狱系统包括 103 个单位部门、6 个区域办事处、1 个中央办公厅(总部)、2 个工作人员培训中心和 28 个社区矫正办公室。各区域办事处和中央办公室提供行政监督和支持各机构与社区矫正办公室的工作,负责监督社区矫正中心和家庭监禁计划。负责联邦惩教工作的人员在国内增长迅速,在 2014 年中期,联邦监狱管理局(BOP)的就业人数达到 4 万人。

BOP 将机构的安全分为 5 个等级:①最高安全等级(ADMAX);②高安全性;③中等安全性;④低安全性;⑤最低安全性。高安全性的机构被称为美国监狱(USPs),中、低安全性机构被称联邦惩教机构(FCIs),安全性最低的监狱被称为联邦监狱集中营(FPCs)。

最低安全性监狱(如在佛罗里达州的埃格林空军基地和在阿拉巴马州的麦克斯韦空军基地)基本上是营地或营房型住房,没有围栏。在联邦监狱系统中，低安全设施是由双链围栏包围，并雇用车辆在他们的周边巡逻，以提高安全性。中等安全性监狱（像加利福尼亚州的特米洛海岛、加利福尼亚州的隆波克和德克萨斯州的西格威尔）利用类似的围栏和巡逻，但周边地区存在电子监控。高安全性的建筑设计（例如，佐治亚州的亚特兰、宾夕法尼亚州的刘易斯堡、印第安纳州的特雷霍特和堪萨斯州的莱文沃思），利用武装巡逻和高强度的电子监控，用以防止逃逸和遏制骚乱。在BOP之中的一些设施，包括不同的分工和安全级别的机构，被称为联邦惩教中心（FCCs）。

联邦监狱是一个独立的管理设施，是以容纳所有类型犯人为使命的机构。大多数管理设施都位于大城市的拘留中心（MDCs）。MDCs一般都在大城市中靠近联邦法院大楼的位置，是联邦矫正系统中的监狱，关押在联邦法院候审的被告。另外5个行政设施为联邦囚犯设计的医疗中心（MCFPs），发挥医院的功能。

联邦矫正设施的存在无论是作为单一的机构还是联邦矫正的复合机构，组成的机构都不止一个。在宾夕法尼亚州的艾勒伍德街区是联邦矫正机构比较复杂的地区。美国监狱由一所联邦监狱机构和两个联邦矫正机构（一个低安全性，一个高安全性）组成，每个机构都有自己的监狱长。联邦监狱机构可以按类型分类如下：55个是FPCs（控制35%的联邦囚犯），17个属于低安全性设施（控制28%的联邦囚犯），26个是中等安全性设施（控制23%的联邦囚犯），8个高安全性监狱（控制13%的联邦囚犯），1个是ADMAX监狱（控制1%的联邦囚犯）。

联邦系统中唯一用6000万美元打造的高安全性的ADMAX监狱，位于佛罗伦萨、科罗拉多州，属于联邦系统，被称为"落基山脉的恶魔"，有575张床位，号称有史以来最安全的监狱。该监狱在1995年使用，关押了一些黑帮头目、间谍、恐怖分子、杀人犯和逃狱犯。危险的犯人被关在牢房里，每天有23个小时不允许与其他囚犯交流。电控设施覆盖整个机构。教育课程、宗教服务、行政事项通过闭路电视直接传送到囚犯的牢房。在监狱内遥控的重钢门允许工作人员在发生骚乱事件时关闭部分设施，如果整个监狱被入侵，该系统也可以从外部进行控制。

为了控制由于联邦监狱人口的迅速增长所产生的相关支出，美国国会通过立法，在1992年针对联邦囚犯中能够支付监禁相关费用的人规定了"使用费"。根据法律规定，可以评估犯人一年监禁所花费的金额，目前约为 2.26 万美元。这项法规的目的是不给那些贫穷的犯罪人或其家属带来经济方面的压力，并且这笔资金（估计总额为每年 4800 万美元）将被定向地用于解决联邦监狱内的酒精和药物滥用问题。了解更多联邦监狱局的相关信息，请访问 http://www.bop.gov。

增长的联邦监狱

从 1980 年到 1989 年，联邦因犯人数翻了一倍多，从刚刚超过 24 000 人增加到将近 58 000 人。20 世纪 90 年代，人口增加了一倍多，并在 21 世纪初持续增长，到 2014 年 1 月达到 216 338 名囚犯（40% 以上）。根据华盛顿特区的说法，"在 1998 年至 2014 年间，毒品罪犯在预期时间内的增加是联邦监狱人口增长的最大贡献者"。

当前的进步

在频繁的诉讼导致监狱拥挤的状况之下，监狱行政管理发生了变化，优秀的监狱设施正在通过 ACA 资格认证程序被识别。ACA 委员会开发出一套标准，帮助矫正机构进行自我评价，符合标准的机构可向该项目申请认证。

改善美国监狱的另一种途径，也许可以在美国国家科学院找到答案。该学院位于科罗拉多州博尔德市，是国家研究所的培训机构，提供研讨会、视频会议，以及针对各州和各个地方的矫正负责人员、培训师、人才董事、警长和国家的立法者的培训课程。涵盖的问题包括用于控制过度拥挤、社区矫正项目管理、监狱项目、犯罪团伙和骚扰、安全问题，以及公共和媒体的关系的战略。

看守所

> **看守所**：一个由某机构或当地政府管理的监禁设施，是一个典型的执法机构。一般关押成年人，但有时也关押未成年人。看守所也关押那些等候审判的犯罪嫌疑人和一部分审判后的罪犯，关押的时间一般为一年或以下。

图 11-5 案例：洛杉矶县郊的看守所。花费 37.3 亿建造的监狱，也被称作双塔矫正设施，在 1997 年开放，并成为世界上最大的看守所。看守所与监狱的区别在哪里？

看守所是在本地进行短期监禁的设施，用于逮捕和候审犯罪嫌疑人。今天的看守所也用于其他目的：

- 接收等候提审的犯罪嫌疑人，并在他们审判、定罪、量刑时看守他们；
- 重新接收缓刑、假释和保释金违法者和潜逃犯；
- 羁押青少年、精神病患者和其他暂时等待被转移至适当地设施的犯罪嫌疑人；
- 关押军队中的相关人员，用于保护性拘留，关押藐视法庭的犯人，看守与案件相关的证人；
- 将刑期届满的犯人释放到社会中；
- 将囚犯转移到联邦、州或其他场所；
- 关押因过度拥挤而无处安置的犯人；
- 提供以社区为基础的报告、家庭拘留、电子监控或其他类型的监督工作；
- 关押一般为短刑期（一般为 1 年以下）的犯人。

2014 年，在 BJS 的报告中发现，国家看守所的服刑人员有 731 208 人，14% 的是妇女。少年犯的数量是 4900 人，约 60% 的监禁囚犯都是审前拘留或者参与审判过程中的某个阶段的被告人。为了维护社会治安，看守所当局还额外地监督 64 098 人，使用方式包括：电子监控（12 023 人），没有电子监控的家庭拘禁（1337 人），每日报告措施（3683 人），社区服务（13877 人）和周末项目（10950 人）。

在今天，整个美国共有 3283 个看守所，约 23.4 万名员工，看守所的一个员工大约需管理 3 个犯人。总体来看，全国看守所预算是巨大的，有各种各样的设施。国家和地方政府每年花费 10 亿美元管理全国的看守所，平均每年看守所犯人的住房费用超过 1.45 万美元。

大约每年有 11.7 万人被全国范围内的看守所容纳（或再一次被关入）。一些囚犯停留的时间只有短短的一天，而另外一些可能会待更长的时间。显然，近年来，看守所的人口增长很快，包括了一些被判刑的罪犯，因为当地监狱人满为患，无法容纳他们。

州看守所处理的大多数是少数群体的人（54%），看守所内的犯人给自己做了一个分类：37% 的非裔美国人、15% 的西班牙裔和 2% 的其他少数民族。有 1% 的犯人声称为多个种族，另外 45% 的看守所囚犯表示自己是白种人，87% 是男性，7.8% 为非公民身份的罪犯。看守所里面的典型犯人是未婚的非裔男性，一般在 25 岁和 34 岁之间，有高中教育的经历。典型的指控包括贩毒（12.1%）、攻击（11.7%）、持有毒品（10.8%）和盗窃（7%）。

根据 BJS 的统计，约 6% 的看守所关押了全国超过一半的看守所犯人。因此，尽管大多数看守所很小，大多数建造设计时的考虑是容纳 50 个或者更少的囚犯，大多数在看守所中的犯人所需完成的事项和在大型监狱机构中是差不多的。全国范围内，一小部分"大型看守所"关押上千名犯人，其中最大的此类看守所在洛杉矶、纽约市、伊利诺伊州库克县、德克萨斯州哈里斯县、亚利桑那州马里科帕县。洛杉矶县的 4000 个床位的双塔矫正机构是耗资 3.73 亿美元建设的，在 1997 年正式使用。另外，洛杉矶的大都会拘留中心拥有 512 个床位（虽然不大）于 2011 年使用，耗资 8400 万美元建设。监狱体系中最大的管理者是库克县监狱，有超过 1200 人在其中工作。2013 年，四个州（加利福尼亚州、佛罗里达州、佐治亚州和德克萨斯州）有超过全国看守所囚犯人数的 1/3。拥有最多看守所犯人的两个司法管辖区是洛杉矶县和纽约市，共有约 31 085 名犯人，占全国的 4.2%。

妇女与看守所

尽管女性在全国看守所的犯人中只占12.7%，但她们是全国范围内增长速度最快的一部分。囚禁妇女会面临一些特殊问题。全国看守所中只有25.7%的资源是专用来评估和监管女犯的。尽管许多辖区有计划"专门建立面向女性罪犯的设施"，但时至今日，并不是所有的司法管辖区都能够提供给妇女单独的住房空间。看守所的妇女教育水平是非常低的，达到高中毕业生水平的人不到一半。药物滥用是被判进入看守所的女性的一个显著的问题，超过30%的女性在进入监狱时承认自己有药物滥用问题，在其他某些地区，这一数字可能高达70%。

怀孕是另一个问题。在全国范围内，4%的女囚犯在她们进入看守所时是孕妇，但在城市地区，则有多达10%的看守所女性囚犯是怀孕的。其结果是，每年有几百个儿童出生在看守所。但是，对于女囚实质性的医疗方案，如产科和妇科保健，往往缺乏。有些学者告诫监狱管理员，在未来可能看到一个越来越常见的现象："毒品成瘾的女性在孕育孩子时没有完善的产前护理，并且有可能存在高风险的艾滋病（卖淫、IV药物的使用）。"囚禁中的母亲与子女分开，但她们仍然需要给孩子提供物质上的支持。在一项研究全国12%的看守所的报道中指出，帮助女囚犯就业可以促进她们抚养自己的子女。

当我们考虑妇女和看守所这个问题时，女囚犯仅仅是这个问题的一半，从事矫正工作的妇女则是另一半。在一项研究中，琳达·祖潘——新一代关于看守所研究的杰出学者之一，发现女性工作人员在全国各地的看守所内占到22%。对于女性工作人员的部署，几乎都倾向于低职位：虽然所有辅助人员（秘书、厨师和看门人）中60%为女性，但在每10个首席管理员之中只有1个是女性。祖潘解释这种模式是指向女工作人员的一种"标记状态"。即便如此，祖潘发现女性工作人员也能够致力于自己的职业生涯，同时男职工对女同事在看守所的态度也普遍良好。祖潘的研究发现，626个看守所里的矫正队伍中，50%以上是女性。另一方面，国家的3316个看守所中，954个看守所是没有女性工作人员的。祖潘指出，"在看守所中缺乏女性工作者所导致的一个直接问题，就是有可能造成男性工作人员对女性囚犯潜在的暴力与剥削"。

监狱雇用的女性工作人员一般应给予她们和男性工作人员平等的地位。

虽然跨性别的隐私是法律责任的一个潜在领域，但是只有在少数的一些看守所中会给予女性工作人员同等的对待。祖潘对全国 3/4 的监狱研究发现，女性工作人员一般负责监督公共住宅区，只有 1/4 的看守所雇佣妇女来限制一些男性使用公共浴室、厕所等公共设备。

看守所的增长

看守所被称为"刑事司法制度的耻辱"。许多看守所都是老旧的、经营不善的，员工报酬过低和缺乏训练，财政预算过低。到了 20 世纪 80 年代末，美国许多的看守所已经人满为患，法院下令控制看守所人口的上限。1990 年在休斯顿的哈里斯县（德克萨斯州）的看守所是第一批设定上限的看守所之一，看守所被迫降低其囚犯人数至 6100 人。在这段时间，一项 BJS 所做的全国性调查发现，46% 的看守所建于 25 年前，通过这一比例，我们发现超过一半看守所已经建造了 50 年左右。

1983 年的全国人口普查显示，全国的看守所中有 85% 在额定容量之下（表 11-1）。到 1990 年，全国看守所的容量达到额定值的 104%，新的看守所在新的城市规划中可以轻易被找到。到 2012 年，看守所的容量已大幅增加，据报道，全部看守所中的人口是额定总容量的 84%。但是，一些个别的设施仍然人满为患。

表 11-1 看守所情况

	1983	1988	1993	2000	2005	2010
看守所数量	3338	3316	3304	3365	3358	3283
看守所囚犯数量	223 551	343 569	459 804	621 149	747 529	748 728
看守所容量	261 556	339 949	475 224	677 787	789 001	866 974
容量百分比	85%	101%	97%	92%	95%	86%

虽然监禁机构人满为患的现象在过去的 10 年里不是很严重，但它仍然是一个问题。人满为患的看守所已经采取了收费措施，因为在州和联邦看守所里关押了数千名囚犯，造成了人满为患的问题。例如，2012 年年初，由于州和联邦监狱人满为患，大约有 82 000 名囚犯被关押在地方监狱。同时，对于

不能或不愿进行赔偿的人，也应当被关押进看守所，并且在一些地方有一些关于债务人的看守所。看守所庞大的人口数量会引发许多问题，BJS报道，最近的一年，在全国各地的看守所发生了314起自杀事件，由于各种原因导致在看守所中死亡的人数每年有近980人。

其他导致监狱人口过高的因素，包括看守所犯人无法还债，在逮捕和处理案件之间拖延等情形，负担过重的刑事司法系统，以及一些人所谓的"非生产性法规"要求一些非暴力罪犯要关押在看守所内。

一些创新的司法管辖区通过转移被捕人员至社区的方案已成功地遏制了看守所人口的增长。例如，加利福尼亚州圣迭戈使用由私人团体组织的接待项目，通过"醉汉监禁室"疏导了许多醉酒的犯罪人。在德克萨斯州加尔维斯顿县的官员经常直接转移患精神病的犯罪者至精神病院。其他地区利用审前服务和治安办公室，全天24小时开放，设定保释制度，使得释放成为可能。

新一代监狱

一些人认为，在许多监狱中发现的问题源自于"管理不善、缺乏财政支持、混杂的囚犯人口、过度使用和滥用拘留、过分强调监护目标，以及政治和公众的冷漠"。另一些人认为，传统监狱体系结构和人员配备方面的环境和组织方面导致了许多困难。这些观察人士说，传统监狱是建立在囚犯天生具有暴力和潜在破坏性的假设之上的。通过使用厚墙、栅栏和其他建筑障碍来限制囚犯的自由流动，他们被建造用于给犯人最大限度的控制。然而，这类机构也限制了矫正人员的能见度和他们进入禁闭区的机会。因此，他们倾向于鼓励那些监狱想要控制的囚犯行为。今天，高效的走廊巡逻和昂贵的视频技术帮助克服了旧监狱建筑在监管方面的限制。

为了解决过去困扰监狱的许多问题，一个新的监狱管理策略在20世纪70年代出现。该方法被称为"直接督导监狱"，即"播客/直接督导"（PDS），这种方法结合了"播客/单元架构"，具有参与性、前瞻性的管理理念。经常在一个吊舱系统中建造，或者是由一个独立的模块连接起来，直接督导的监狱帮助消除了分隔工作人员和囚犯的旧的物理屏障。这些障碍和被隔离的、安全的观察区已经消失，取而代之的是一个开放的环境，囚犯和狱警们可以相对自由地融合。在许多这样的"新一代"监狱中，大型的增强树脂面板取代了墙壁，并将活动区域（如教室和餐厅）从另一个区分开。软家具是这类机构的规则，个人房间取代了小牢房，让囚犯至少有一点点个人隐私。在今天的直接督导的监狱里，16到46名囚犯通常生活在一起，狱友们一天连续24小时都和惩戒人员在一起。

那些被直接督导的监狱被吹捧为他们减少了囚犯的不满和他们会在监狱中制止强奸和暴力行为。通过消除囚犯之间相互作用的架构障碍，直接督导设施据说可以让监狱中的官员重新掌控机构中潜在的危机。许多研究表明，此类监狱的成功降低了囚犯受害的可能性。1994年发表的一项研究还发现，在直接督导的监狱里，工作人员的士气远高于传统机构，囚犯报告说，这种设置不仅压力水平降低了，而且囚犯和囚犯之间的袭击也大幅减少了。与传统机构相比，类似的，性侵犯、监狱强奸、自杀和逃避都比传统机构更难发生。值得注意的是，新一代的监狱似乎不太容易受到囚犯的起诉，法庭判决对监狱管理员的判决也不容易受到不利影响。

看守所及其未来

相反，司法系统所面临的更加现实的问题，如死刑、枪支管制、毒品、恐怖主义以及大城市帮派问题，看守所受到相对较少的媒体关注，而且没有公众的监督。国家正在努力去改善看守所的生活质量。美国看守所协会（AJA）在看守所研究针对毒品治疗的方案，发现"只有一小部分需要药物治疗的犯人（可能不到10%）获得了这些服务"。

看守所工厂是另一个改善领域——他们训练一些看守所犯人适应社区需求的技能。希望通过他们的努力，使得大型看守所更加人性化，例如，洛杉矶某县治安办公室开通了一个专为犯人提供的话务应答服务。每天都有许多来电者致电治安办公室，对全县19 869名看守所囚犯的信息进行查询。由于面临着当地政府财政方面的限制性因素，这些请求变得越来越难以处理。为了有效地处理数量庞大的电话呼叫，同时也不占用执法人员的一些执法时间，该部门开始使用受过专门训练的犯人来处理各种来电。80名囚犯被分配到该项目之下，分组并在不同的时间段工作，全天轮班。通过培训使每个犯人了解如何正确地使用电话程序，以及如何运行包含各类犯人日常数据的计算机终端。新系统现在每天可以处理 4000 个电话，提供信息的时间也从原先旧系统下的 30 分钟下降到新系统之下的 10 秒钟。

看守所的"新兵训练营"类似于哈里斯县（德克萨斯州）的缓刑部门，也十分受欢迎。看守所的新兵训练营，让被判处缓刑的罪犯尝试了监狱和监禁生活的艰辛。哈里斯县法院的强化缓刑计划（CRIPP）开始于 1991 年，位于德克萨斯州的汉布尔市。独立的 CRIPP 计划中约有 400 名男性成员与 50 名女性成员。对看守所新兵训练营的研究发现，在全国只有 10 个这样的看守所运用这项基础的方案，但准确的数字可能更高。

近期备受关注的是地区性看守所，也就是构建并使用各种综合资源的看守所。在少数一些地方，区域看守所已开始取代较小的和陈旧的当地监狱。一个关于地区看守所的例子是西部洼地海岸区的地区性看守所，服务于弗吉尼亚州的萨福克、富兰克林、怀特岛县。在弗吉尼亚州，地区看守所刚刚开始并准备进入全盛的时期，认识到经济的整合性，提供给各地 50%左右的资金来支持建设区域性看守所。

州标准的出现已成为监狱管理中越来越重要的领域。32 个州制定了市和县监狱的标准，在 25 个州，这些标准是强制性的。监狱标准的目的是确定必要的基本的最低条件，以保证身体健康和安全。在国家层面上，由 ACA 和联邦政府联合运营的惩戒认证委员会已经制定了自己的一套监狱标准，全国治安协会也是如此。这两套标准都是为了确保在本地监狱中最低限度的舒适和安全。不过，标准的提高是昂贵的。地方辖区已经很难满足其他预算要求，除非被迫这样做，否则他们可能会缓慢升级他们的监狱，以满足这样的外部指导方针。在一项旨在测试符合国家治安管理协会准则的 61 个监狱的研究中，Ken Kerle 发现，在许多标准中，特别是工具控制、军械库规划、社区资源、释放准备和暴乱计划中，大多数监狱都严重违反了规定。缺乏书面计划是未能达到标准的最常见原因。

了解更多关于看守所的信息，可以访问 http://www.aja.org.

道德与职业：美国监狱协会狱警道德守则

作为一名以拘留/矫正职能受雇的警官，我发誓（或肯定）永远是一个好公民，是我的社区、州和国家的荣誉。我将避免一切可能影响我工作的机构、我的家庭、我的社区和我的同事带来声誉的可疑行为。我的生活方式将无可指责，我将不断努力树立一个职业的榜样，按照国家、州和社区的法律、政策、程序、书面和口头命令，以及我所在的机构的规定履行职责。关于我的工作，我承诺：

- 保持机构安全，保障我的工作和工作人员、服刑人员和来访者的生活。
- 不分等级、地位或条件，与每个人坚定而公平地工作。
- 在面对轻蔑、嘲笑、危险和/或混乱的压力下，保持积极的态度。
- 向有关部门书面或者口头报告应当报告的事项，对依照机关、政府的法律、法规应当保密的事项保持沉默。
- 以公正、礼貌的方式管理和监督犯人。
- 始终避免参与囚犯和他们家人的生活。
- 以礼貌和尊重的态度对待所有的访客，并尽最大努力确保他们遵守监狱的规章制度。
- 充分利用所有的教育和培训机会来帮助我成为一名更有能力的官员。
- 与监狱内外的人沟通，无论是通过电话、书面信件还是口头信件，以免以负面的方式反映我的机构形象。
- 为监狱环境作出贡献，使囚犯参与旨在改善其态度和性格的活动。
- 通过成员资格和参与，支持所有具有专业性质的活动，从而继续提高那些管理我们国家监狱的人的地位。
- 尽我最大的努力，通过言行向公众呈现一个形象，一个专业的监狱管理人士，致力于促进和提升的刑事司法系统的发展。

关于道德的思考

1. 为什么美国监狱协会的道德守则要求监狱官员"利用所有的教育和培训机会来帮助（他们）成为一个更有能力的官员"？教育与道德有什么关系？

2. 有什么可以添加到这个守则中的吗？有什么可以删除的吗？

> *Source*: American Jail Association, *Code of Ethics for Jail Officers*, adopted January 10, 1991. Revised May 19, 1993. Web available: https://members.aja.org/ethics.aspx. American Jail Association, copyright 2013. Reprinted with permission.

私人化监狱

> **私人化监狱**：由私人公司代表本地或州政府所建立的矫正机构。

　　国家运行的监狱系统一直与食品、心理测试培训和娱乐等服务项目存在联系，据估计，今天超过36个州依靠民营企业来完成矫正的各种需求。各州现在已经转向由私人行业来提供监狱空间。私有化运营（使用私人经营的，而不是由政府管理的监狱）开始于20世纪80年代初，刚开始只是一个缓慢的过程，但现在它的发展速度十分迅速。1986年，只有2620名囚犯在私人经营的监狱中监禁，但到2012年，民营监狱监禁了近130 900名州和联邦的囚犯，这些囚犯横跨31个州和华盛顿哥伦比亚特区。2012年，私营监狱（监狱由私人公司运营）控制州囚犯总数目的8.2%、联邦囚犯总数目的17.8%，私营监狱一直在以35%的速度递增，这与企业中的其他部门相比是最高的增长率。

　　私人经营的监狱是由美国康奈尔矫正集团、美国矫正公司（CCA）、矫正合作服务公司（CSC）、卫康和矫正公司以及其他许多规模较小的公司合作运营的。大多数州通过利用私人公司来解决自己监狱内部资源紧缺的状况。州矫正官员通过使用私人公司来减少监狱内的过度拥挤，降低运营成本，并避免一些针对政府官员的诉讼。但是，一些研究表明，私营监狱可能不会带来预期的效果。一项在1996年由美国总审计局完成的研究发现，私营监狱与国营监狱相比，"既没有节约成本，也没有在服务质量上有巨大的提升"。类似的调查结果在2001年司法援助局的报告中也出现过，发现"私营监狱仅提供适度的节约成本，这主要是基于适度地减少政府人员编制、福利以及减少其他相关劳动成本所产生的结果"。

第十一章 监狱与看守所

私人化监禁日益发展的今天，仍然存在许多障碍，其中最显著的是旧的州法律禁止私人团体参与矫正活动。同时也有其他许多实际存在的障碍。那些与私营公司合作的国家机构可能会面临部分矫正人员罢工的恐怖现象，那些不受国家法律和州法律管制的工作人员有自由的罢工权。此外，对犯人权利的保护责任仍然与国家相连，他们的法律责任不会转移给私人组织。在今天的法律环境中，法院不大可能允许各州通过私人来全权承包监狱。要减少自身所需负担的责任，国家可能要设定私营监狱培训和监禁的标准。1997年，在理查德森诉麦克奈特案中，美国联邦最高法院明确表示，由私营公司雇用的矫正人员不受《美国法典》第42条第1983节的约束（有关详细信息，请参见第六章）。2001年，在矫正集团诉马来西高的案件中，法院认为，根据联邦法律，私营公司不需要对毕文斯的行为负责，因为毕文斯的目的（在第六章中讨论过）"是防止个别的联邦官员产生违宪的行为"。

也许最严重的法律问题是，私营监狱在司法管辖区以外如何控制犯人。例如，1996年，两名囚犯从由240人组成的性犯罪团体中逃脱，监管单位是美国矫正机构与俄勒冈州合作运行的公司。这样就立即出现了一个问题，因为CCA单位位于德克萨斯州休斯敦，并不是在俄勒冈州，这名男子在俄勒冈州原本被判处监禁。逃跑到德克萨斯州，当地官员们不能确定是否有逮捕囚犯的权力，因为该逃犯没有在德克萨斯州触犯任何法律。虽然在德克萨斯州法律中越狱是犯罪，但是该法律只适用于国家运行的监狱，而不适用于私营监狱，其中矫正人员不是由国家雇用或授权的，没有国家公务员的身份。哈里斯县（德克萨斯州）检察官约翰·霍姆斯解释的情况是这样的："根据德克萨斯州的法律，他们的越狱不是犯罪。而他们受到逮捕是因为在他们离开当地某一地方时，殴打了一名警卫，并抢走了他的汽车。我们因此来指控他们。"

对监狱私有化的反对者提出了很多的问题。他们声称，撇去法律问题不谈，通过使用私人设施来降低成本，方法只能是降低标准。他们担心这种方式会使监狱回归到早期监狱的不人道状态，民营企业可能会把监狱变成一种营利性项目。鉴于各州都在选择与私营公司合作管理监狱，国家司法研究所（NIJ）建议对囚犯进行"定期的系统取样"，用这种方法来评估监狱条件，同时每年也会对私人经营的机构进行检查。NIJ表示，国家监测的工作人员应进驻大型的私营监狱，在合同续约日期到达前，检查所有项目的进程。

为它付出：具有成本效益的矫正与量刑

正如这一章所指出的，在近30年内，监狱里的总人数在2010年内首次出现下滑。自20世纪70年代初以来，由于颁布了"严厉打击犯罪"的立法，如二振出局法和三振出局法，以及对毒品的战争，监禁的使用一直在稳步增长，特别是在联邦监狱中。然而，面对预算短缺，各州被迫寻找省钱的方法，并开始研究替代性判刑做法和方案，以降低处理被定罪的重罪犯的成本。

过去几年，28个州以各种方式实施的四种量刑改革有助于降低一些司法管辖区的监狱人口：①修改刑罚；②毒品法改革；③撤销缓刑改革；④未成年人量刑改革。

这些改革中的第一个——修改刑罚，有效地将许多非暴力罪犯从监狱中转移出来，更广泛地利用替代性量刑选择，并将通常被关押在国家设施中的囚犯转移到地方监狱或私营设施。第二个是毒品法改革，更广泛地利用了毒品法庭和毒品治疗作为替代的改进措施，也导致了毒品管制的改革，缩短了监禁期，更广泛地利用了有监督的提前释放进入社区。第三个策略是撤销缓刑改革，它允许被选中的缓刑犯在更严格的监督下在社区中保持自由，并随后要求对撤销缓刑附加违反规则。根据罪行的不同，一些缓刑犯现在通过修改法律而被认为没有资格入狱，但如果他们违反缓刑条件，他们将面临更严格的生活方式限制。最后，对未成年人量刑的改革给法官在处理罪犯方面更大的自由裁量权，并意味着更少的年轻人将在国营设施内度过。

使用当地监狱来关押那些原本会被送往州立设施的囚犯，并与私立惩教服务公司签订合同，收容需要监禁的囚犯，这是各州试图降低监禁成本的其他方式。例如，在田纳西州，把犯人关在县监狱里的费用平均每天大约35美元，而把犯人转移到州立监狱的费用则上升到每天几乎65美元。私营公司竞标国家合同，通常比国营的惩戒部门更有效率，至少在处理某些类型的犯人方面如此，从而大大节省了成本。一些政府官员还声称，私立监狱使各州免于因囚犯提起的诉讼而产生的至少一些形式的民事责任。最后，减轻监禁的高成本的一种方法是在加利福尼亚州河滨市接受审判，那里的县官员已经开始向监狱犯人收取每晚142.42美元的费用。

参考文献

Steve Ahillen, "Explore Cost-Effective Alternatives to Prison," *Tennessee News Sentinel*, March 10, 2012, http://www.politifact.com/tennessee/promises/haslam-o-meter/promise/1072/explore-cost-effective-alternatives-to-prison (accessed May 30, 2012); Nicole D. Porter, *The State of Sentencing*, 2011: *Developments in Policy and Practice* (Washington, DC: The Sentencing Project, 2012); and Jennifer Medina, "In California, a Plan to Charge Inmates for Their Stay," *New York Times*, December 11, 2011.

支持与反对监狱私有化的争论

支持私有化的理由

1. 私人运营商可以提供建筑融资选择，允许政府只根据需要支付产能，而不是承担长期债务。

2. 私营公司提供最先进的矫正设施设计，其运作效率很高，并基于成本效益的考虑。

3. 私人运营商通常在建造一个类似的政府项目的一半时间内设计和建造一个新的矫正设施。

4. 私营公司为政府提供一个兼具便利和责任的实体的所有合规问题。

5. 私营公司可以迅速动员起来，专门从事独特的设施任务。

6. 私营企业通过在当地雇佣和购买来提供经济发展机会。

7. 政府可以通过与私人矫正公司签订合同来减少或分担其责任。

8. 政府可以通过限制合同期限和指定设施的任务来保持灵活性。

9. 替代服务提供商的加入在公共组织和私人组织之间注入竞争。

反对私有化的理由

1. 只有政府应该满足的某些责任，比如公共安全。政府有法律、政治和道德义务来提供监禁。宪法问题是公共和私人矫正的基础，涉及剥夺自由、纪律和保护囚犯权利。相关问题包括使用武力、公平雇佣行为和种族隔离。

2. 可供选择的私人公司寥寥无几。
3. 私人运营商可能缺乏关键的矫正问题。
4. 私人经营者可能通过政治讨好、徇私等方式成为垄断。
5. 政府可能会随着时间的推移，丧失履行矫正职能的能力。
6. 利润动机会抑制公司债务的正常履行。私人公司有财政激励措施来削减开支。
7. 采购过程缓慢、低效、开放、冒险。
8. 建立一个好的、明确的合同是一项艰巨的任务。
9. 合同中缺乏强制补救措施，只留下终止或诉讼作为追索权。

参考文献

Dennis Cunningham,"*Public Strategies for Private Prisons*," paper presented at the Private Prison Workshop, Institute on Criminal Justice, University of Minnesota Law School, January 29-30, 1999. Reprinted with permission.

图 11-6 案例：拥有 2300 个床位的矫正机构，位于加州莫哈韦沙漠的一个小镇。于 1999 年 12 月开始运作，是由美国矫正公司（CCA）在联邦监狱管理局的管理下，提供中等安全的服务。CCA 说，它可以像政府一样有效地运行监狱系统，其支持者声称私营监狱是监狱未来发展的趋势。你同意这种说法吗？

第十一章 监狱与看守所

总结

　　这个国家的监狱最初是用来帮助犯罪分子改造的，作为对早期体罚的替代。然而，在20世纪晚期，关于累犯的研究显示，它在矫正和改造方面"没有任何作用"。因此，国家的态度转变成为一种"锁定的"哲学，强调尽可能长时间地把罪犯关在监狱里。这一点，加上严格的毒品法规和新的三振出局法，将监狱人口的数量增加到这一章所称的"司法模式"的临界点。

　　今天的惩戒环境受到了公众和官员对其效果的不满，但被越来越强烈的呼声所冲淡，声称钟摆在监禁的方向上已经摆得太远了。大众要求变革的压力，减少依赖监禁，财政紧缩的形势，是因为过去10年的经济大衰退及其对国家财政预算的影响和联邦法院最近要求提供更有效的监督和改善约束条件。

　　今天的监狱是根据安全级别来分类的，例如高等、中等和最低安全性监狱。大多数当代美国的矫正设施具有最低或者中等的安全性。虽然当前累犯和威慑的问题仍然是矫正官员所要思考的一个重要问题，而当前的监狱更倾向于关押可以假释的罪犯。公众对高再犯率的失望，潜移默化地影响了今天的监狱系统，该系统的核心是报应论。监狱拥挤仍然是许多州的常态，虽然在过去几十年，监狱建设的热潮已经缓解了一些原先极度拥挤的情况。

　　大多数州使用分类系统，根据他们的犯罪类型、感知危险和逃避风险，将新囚犯分配到最初的监护权等级。严重的暴力犯罪分子开始了他们的监狱生涯，在最长的拘留期间，他们的安全等级通常是最高的，而那些代表持续的纪律问题的犯人则会被送回更近的安全等级。

　　联邦监狱系统由监狱管理局正式运作，由近120个机构组成，分布在全国各地。它有近4万员工，关押着近22万名犯人。

　　相比之下，监狱是长期的监禁设施，用于关押那些由于犯罪被判刑的罪犯；看守所是短期监禁设施，传统目的是关押那些等待审判或判刑的被告人。在审判判刑后的囚犯也会被关押在看守所，直到他们被转移到监狱，而今天的看守所也关押服刑期较短的犯人。最近，直接监督监狱的出现似乎已经减少了监狱暴力事件的发生，并且在运行这些设施的司法管辖区，提高了监禁囚犯的条件。在直接监督的监狱中，囚犯和矫正人员之间存在的传统上的隔

· 475 ·

阁已经基本消除。

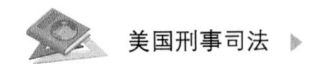

私人经营的矫正场所或私营监狱，在过去的几十年增长迅速，矫正设施的私有化运动拥有强大的动力。私营监狱由以营利为目的的公司来经营，关押州政府或联邦政府的犯人，照顾犯人并且保证他们的安全。对于这种机构在未来所扮演的角色依然存在许多疑问，包括他们是否能够节约成本效益，以及它们是否能以某种方式来减少政府工作人员的法律责任。

问题回顾

1. 美国过去的矫正方法与现在相比有什么不同？这种变化的根源是什么？
2. 现在的监狱是什么样的？他们服务的目的是什么？
3. 监狱在美国矫正中扮演什么角色？监狱管理员当前面临的一些问题是什么？
4. 当代私人监狱的作用是什么？两到三年后的私人监狱会是什么样子？

第十二章

监狱生活

学习目标

读完本章后，应该能够：
1. 从犯人的角度来描述监狱生活和监狱亚文化的现实。
2. 区分男性囚犯和女性囚犯的监狱。
3. 描述女性囚犯面临的特殊问题。
4. 从惩教官的角度来描述监狱生活。
5. 总结监狱骚乱的原因和阶段。
6. 讨论囚犯权利的法律方面，包括美国联邦最高法院相关先例的后果。
7. 描述监狱面临的主要问题。

介绍

2012年度美国小姐、23岁的劳拉计划用一年的时间做了一项关于那些父母被监禁的儿童的调查。劳拉说，我每天的生活就是与这些孩子接触，很多人不愿意去接触他们，但是这确实是一个严重的社会问题。劳拉的父亲在她17岁的时候因为白领犯罪被送进了监狱。多年来，监狱生活一直不被人们关注，很少有人关注监狱的条件，这些不幸的人被关押起来、逐渐被社会遗忘。到了20世纪中叶，对于这些问题的态度开始发生转变。关心这些问题的人开始为监狱提供帮助，社会也开始接受那些被释放出来的人来参加工作，学者们也开始了很多关于监狱生活的研究。当前，因为电视剧《越狱》的热播，让很多人开始对监狱生活产生了关注的兴趣。一个原因是美国被监禁的人口空前庞大,这些被监禁的人不仅自己受到监狱生活的影响,他们的家人、朋友和他们侵害的人都受到了影响。

这个章节揭示了美国目前的监狱状况,包括监狱的生活方式、监狱文化、监狱性暴力、监狱暴力、囚犯权利和申诉程序。我们将讨论囚犯的世界和监狱管理人员的世界。会有一个单独的章节来介绍妇女在监狱的细节、日常的设施以及各种各样的女性囚犯。我们先从早期关于监狱生活的调查开始。

图 12-1　2012 年美国小姐劳拉

监狱生活调查

1935 年,印第安纳大学社会学系主任汉斯·雷默的研究为监狱文化定下了基调,他为了这项研究在监狱里待了 3 个月。他的调查结果刺激了很多的人,包括美国监狱协会的人。

这个研究与同时期的其他对于监狱的研究一样,最初都把关注的重点放在了男性囚犯的身上。他们把矫正机构视为庄严或者复杂的组织。因为这里雇佣了很多社会学家、心理学家,还有很多高级管理者。就像当代学者观察到的那样，监狱像原始社会一样，它是与世隔绝的，并且在这里面有一个系统完整的机制，这种机制解决了囚犯的住宿问题，并且像处在一个无政府的状态下生活。

另一种关于监狱生活的研究方式是由欧文·戈夫曼提出的，他是通过创造一种类似监狱的机构来研究囚犯的心理情况。戈夫曼把这个机构表述为同样的人每天在做同样的工作，一起吃饭、一起睡觉。这些机构包括监狱、集中营、精神病院、神学院和其他一些与外界隔绝的地方，内部就像一个小社会，它们有自己的价值观和生活方式，并且内部的人员必须遵循它们内部的严格规定。一般来说，这些研究监狱生活的科学家们试图找到这些机构的共性，包括囚犯的行为方式、价值观、监狱的文化等。

男性囚犯世界

在监狱的环境下，有两种不同的理念。一种是官方的规定和程序，这些是针对外界社会和监狱员工来说的。另一种是非正式的，但是在囚犯的世界里影响力更大。在囚犯的世界里，他们受监狱文化和行为方式的控制。真实的监狱有大量且密集的人口，这就需要满足这些人所需要的一切，也意味着监狱文化是独立发展的，并且不容易受到控制。

囚犯进入监狱就像进入了另一个世界，他们必须要参加或者面对监狱暴力和凶杀案。刚进入监狱的囚犯要经过一遍监狱文化的洗礼，这些新来的囚犯需要拿出认真的态度学习囚犯的价值观、态度、角色甚至语言。在这些洗礼结束后，新囚犯就被同化了。有关学者列出了监狱生活的五要素：

1. 不要干涉其他犯人的利益。
2. 保持冷静的头脑。
3. 不要利用他人，不要偷窃，不要失信。处事正直。
4. 不要抱怨，像一个男子汉一样。
5. 不要相信监狱的看守者和工作人员。

有时一些犯罪学家提出的这些监狱信条，其实仅仅反映了部分罪犯的价值观。这些价值观更像是被看守机构创造出来的。与此同时，这些监狱的价值观需要得到广大的被关押者的认同才能实现。斯坦顿·惠勒是一位华盛顿大学的学者，他在之前的一项关于华盛顿监狱改革的调研中，做过一些关于监狱文化概念的研究。惠勒发现，罪犯对于监狱的感受是随着时间的推移而不断延伸的。当罪犯第一次进入监狱感受到这些不同的环境和文化的时候，是非常关键的。一般情况下，罪犯在半年以后会表现出来一些反传统价值观的行为，他们开始学会监狱社会的价值观。

不同监狱的监狱文化是相同的。即便罪犯被关押在离自己家乡很远的地方，只要他懂得监狱文化，他就可以在监狱中很"聪明"地生存。在监狱文化中会有一些隐语，这些隐语在监狱文化中是通用的。比如，"老鼠"这个词代表的就是犯人中的告密者。我们在20世纪50年代的电影中就曾听说过一些隐语，并且这些语言至今仍然被使用着。最近关于监狱的研究显示，这些隐语其实反映了监狱中的组织、语言和每个罪犯在监狱中的地位。调查者建议监狱的工作人员必须要学会这些语言，因为这样可以提高他们的工作效率，并且保证工作人员和罪犯的人身安全。

监狱文化的演变

监狱文化在不停地变化。就像其他的美国文化一样，它的进化也反映了真实的监狱生活，并且是根据新的犯罪控制策略和当前的犯罪形势演变的。比如，1970~1980年艾滋病流行改变了监狱的性行为方式，至少一部分的监狱人口作出了改变。监狱文化已经席卷整个美国，一些学者认为，监狱文化已经不是存在的个例了，在我们的调查中发现，那种相互对立的监狱文化已经不复存在了，它们之间变得更加一致和统一。

监狱文化的功能

社会学家和犯罪学家是如何解释当前存在的监狱文化的呢？人类是群居动物，并且我们创造了自己专属的文化，一些监狱中的文化和人们之间的互动行为相似。就像我们在本书第十一章所说的那样，当前的监狱是一个极其拥挤的地方，在这里，他们无法拒绝监狱工作人员对他们的要求，也无法拒绝来自新来的犯人给他们的压力。监狱文化在一些研究者看来是一种剥夺和限制的文化。在监狱系统之中，所有的犯人即便被关押在这个被高度控制的地方，他们也有心理、身体、性等方面的需求。

什么是在监狱中被剥夺的经历呢？这种剥夺叫做"入狱的痛苦"，这种痛苦会给人造成挫折感。这种剥夺的基本框架是：①自由；②商品和服务；③异性关系；④自主性；⑤个人安全。一些学者还指出，这些被剥夺的东西导致了监狱文化的产生，并且给这些罪犯带来了很大的个人痛苦。囚犯从外界带来了他们的价值观、个人的角色定位、行为模式，这对监狱文化的发展也是很重要的。这些外部世界观本质上取决于犯罪的世界观。当这些罪犯被监禁以后，这些外部行为就会促使他们形成自己的社会，也就是监狱社会。

早期的研究学者把监狱文化分为九个结构：

1. 囚犯监狱工作人员二分法。
2. 三种典型囚犯。
3. 工作团队和小组分工。
4. 种族团体。
5. 犯罪的类型。
6. 监狱"政治家"的权力。
7. 性扭曲的程度。
8. 累犯记录。
9. 监狱中的个性差异。

这九个结构用于描述今天的监狱可能仍旧适合。这些研究可以让监狱的工作人员很好地根据不同的情况来安排管理每一个监狱。比如，一般情况下，监狱的狱霸都是一个强势的人或者是一个恶棍，工作人员如果能很好地管理这个人，那么就能很好地管理监狱中一切社会资源和规则的制定。

监狱的生活方式和囚犯的类型

监狱社会是非常严格的，并且是十分无情的。即便如此，囚犯们还是想表达一些自己希望的监狱生活方式。约翰·欧文查阅了这些生活方式，并且试图理解监狱环境。其他的学者已经对这些机制作了很多的阐述。下面我们将介绍一些囚犯的类型：

● 卑鄙的家伙。一些囚犯习惯了用暴力的方式解决任何问题，这就导致其他的囚犯最好的处理方式就是远离这样的人。这一类暴力囚犯经常被作家描写，并且监狱会用很多的时间来单独关押这些人。这个角色的囚犯在男性监狱里是经常出现的，而且这样的人往往都被关在安全系数最高的监狱。对于一些囚犯来说，这些监狱里面卑鄙的家伙其实就是他们在现实生活中扮演的角色。某些个性类型（比如神经病）可能会被认为是天生扮演这样角色的人。另外，监狱文化用两种方式支持暴力行为：①期望囚犯更具韧性；②监狱生活"适者生存"法则，不够强大的人注定会被欺压。

- 享乐主义者。一些囚犯会根据监狱有限的环境来创造自己的享乐方式，走私违禁品、同性恋、赌博、贩毒和一些监狱允许的正常娱乐方式。这些享乐主义者一般不考虑将来，只活在当下。
- 机会主义者。这些机会主义者利用监狱的有利条件来达成自己的目的，接受教育、培训贸易、辅导和其他自我提高的活动。这些机会主义者一般也是监狱的工作人员喜欢的罪犯类型，但是其他类型的囚犯并不喜欢他们，因为他们在监狱中往往扮演的是"模范囚犯"的角色。
- 退缩者。监狱生活是严格和苛刻的。囚犯们被监狱管理者提出的额外要求和担心受到其他囚犯的侵害所缠绕，这就可能会造成一些人在心理上产生退缩的情绪。这样的囚犯可能会变成神经质或者患精神病，也可能会变成吸毒者或者酗酒者，甚至一些人可能会自杀。抑郁症和精神病是这类囚犯的写照。
- 法家。法家是"监狱的律师"。罪犯面临长期的监禁，在矫正系统中被提前释放的可能性不大，大多数人希望重回法庭接受审判。
- 激进分子。这些激进的囚犯把自己视为监狱中的政治犯。他们通过自己的手段利用监狱中的"好人"来达到自己的目的，为自己赢得资源。但是这些人一般不会得到监狱工作人员的同情和帮助。
- "移民"者。一些囚犯把监狱视为自己的家，他们并不想离开这里。他们知道监狱之中的规矩，并且他们在监狱里面有很多的朋友，他们认为在监狱中生活比在社会中生活要舒服得多，他们在监狱中一般是最有权力和最受人尊敬的人。一旦这些人被释放，那么他们会重新犯罪以期重新回到这个环境中来。
- 信教徒。一些囚犯有着浓厚的宗教信仰。他们可能是基督徒、穆斯林、撒旦或者巫婆。这些有宗教信仰的囚犯会经常参加监狱服务，他们会自发形成宗教群体，然后要求监狱部门满足他们对设施或者其他特殊的需求。虽然他们有着强烈的宗教信仰，但是他们依然是罪犯。

●痞子。这些痞子是监狱的帮派分子，并且他们依赖于监狱帮派对他们的保护。他们帮派的标志就是他们特有的文身，他们利用自己的帮派身份作为监狱买卖物品的渠道。

●现实主义者。现实主义者把坐牢当作犯罪后的一种必然结果，他们仅仅视监狱生活为一种不幸的遭遇。这些人知道监狱间的隐语，正是因为他们知道这些，所以他们能够避免那些不必要的麻烦。

同性恋和监狱性侵害

在监狱文化中，性行为在被约束的同时也是被鼓励的。赛克斯早期关于监狱的研究发现，监狱中被用来描述性行为的词语，并且有一些涉及同性恋。在监狱里面有好斗的人、小混混，还有那些被人厌恶的人。好斗的人是那些极具进攻性的人，他们在同性恋关系中扮演男性的角色；小混混是同性恋关系中扮演女性的角色；那些被讨厌的人往往扮演双性恋的角色。

监狱里的同性恋在很大程度上取决于初次经历监狱的年轻犯人的天真。即使新来的犯人受到保护、免于打架，寻求同性恋关系的老犯人也可能通过提供香烟、金钱、药物、食物或保护来讨好自己。在未来的某一时间，这些"贷款"将被接受，需要在性权益中支付。因为囚犯法典要求回报恩惠，那些试图反抗的"鱼"可能很快就会发现自己面对着囚犯社会的蛮力。

一般认为，涉及人身攻击的监狱强奸是监狱里一种特殊的性侵害。2003年，国会下令收集监狱强奸统计数据，作为《监狱强奸消除法案》（PREA）的一部分。PREA要求司法统计局（BJS）在国家监狱强奸消除委员会的指导下，收集联邦和州监狱、县和市监狱以及青少年机构的性侵害数据。美国人口普查局作为收集数据的官方储存库。

在2014年，BJS公布了两个关于矫正机构内性侵害的报告。报告集中于2009年至2011年间收集的数据。研究结果如下：

●自2005年以来，指控数量有所增加，主要是由于监狱数量增加，指控数量从2011年的4791起增加到6660起（增长39%）。

●在2011年，902起性侵害指控（10%）被证实（即确定发生了且在调查中）。

●州监狱管理人员2011年报告了537起性侵害事件，比2005年的459起上涨了17%。

- 2011年，约52%的被证实的性侵害事件仅涉及囚犯，而48%的被证实的事件涉及与囚犯有关的工作人员。
- 据报道，大约18%的因犯对因犯性侵害事件和不到1%的工作人员性侵害事件已经造成伤害。
- 在所有经证实的工作人员性行为不端事件中，女性占一半以上，在所有的工作人员性骚扰事件中，女性占四分之一。
- 据估计，在成人监狱和看守所中关押的16岁至17岁的青少年中，有1.8%报告受到另一名囚犯的伤害，相比之下，在监狱中关押的成年人有2.0%，在看守所中的关押的成年人有1.6%；在成年人监狱和看守所中关押的16岁至17岁的青少年中有3.2%报告经历过工作人员性行为不端事件。
- 那些以同性恋、女同性恋、双性恋或其他形式报告性取向的囚犯是性受害率最高的人。在非异性恋囚犯中，12.2%的监狱囚犯和8.5%的看守所犯人报告受到另一名囚犯的性侵害；5.4%的监狱囚犯和4.3%的看守所犯人报告受到工作人员的伤害。

PREA调查只是理解和消除强奸的第一步。正如BJS所指出的，"由于害怕犯罪者报复、犯人沉默守则、个人尴尬，以及缺乏对员工的信任，受害者通常不愿向惩教机构报告事件"。通过http://NICIC.GOV/PREA可了解PREA和调查结果。

洪堡州立大学社会学家李·H. 鲍克在审查监狱中的性暴力研究时，提供了以下总结性意见：

- 大多数性侵犯者并不认为自己是同性恋者。
- 性释放不是性攻击的主要动机。
- 许多侵略者必须继续参与团伙强奸，以免成为受害者。
- 侵略者过去对自己的男子气概造成了很大的损害。

与异性恋强奸案件一样，监狱中的性侵犯很可能会在身体事件结束很久之后给受害者留下心理创伤。被强奸的受害者生活在恐惧之中，可能会感到不断受到威胁，并可能转向自我毁灭活动。许多受害者质疑他们的阳刚之气，并进行个人贬值。一些遭受性侵犯的受害者变得很暴力、有攻击性和有时令杀害强奸他们的人。人权观察的研究人员发现，囚犯"符合以下描述的任何部分"的更有可能成为强奸受害者:"年轻、身材矮小、身体虚弱、白人、同性恋、初犯,具有'女性化'的特征,如长发或高音;不自信,不讨人喜欢,害羞,聪明,不世故,或'被动';或者被判犯有针对未成年人的性侵犯罪。"报告得出结论说,为了减少监狱强奸的发生率,"监狱官员在配对狱友时应该格外小心,而且一般来说,应该避免双室行为"。

女性囚犯世界

就像第十一章说的那样,2013 年全美有超过 108 800 个女性囚犯在押,这个比例占到了将近 7%。其中,德克萨斯州的女性在押人员数量最多,有 13 549 人,这个数字甚至超过了联邦监狱中的人数。虽然男性囚犯的人数远远高于女性,但是女性囚犯的人数在逐年上升。1981 年,女性监狱人口仅为 4%,但是在整个 20 世纪 80 年代,女性囚犯的人数以每年增长 2 倍的速度在不断上升,并且这个增长速度在不断地超过男性囚犯的增长速度。

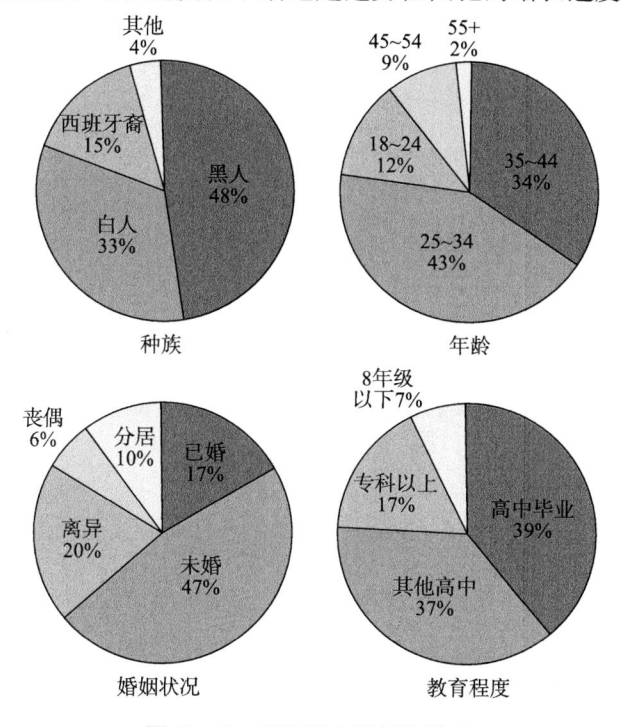

图 12-2 州监狱女性囚犯情况

2003 年，美国国家矫正机构发布了近 3 年女性成年人矫正情况公报。如图 12-2、图 12-3 所示，我们发现，女性在整个刑事司法系统中在种族、阶级和性别方面是处于边缘位置的。比如，非裔美国女性在整个女性监狱人口中的比例是突出的，虽然非裔美国女性占全国女性人口的比例仅为 13%，但是她们却占到了所有女性监狱人口的 50%，并且她们的人数是白人女性的 8 倍。

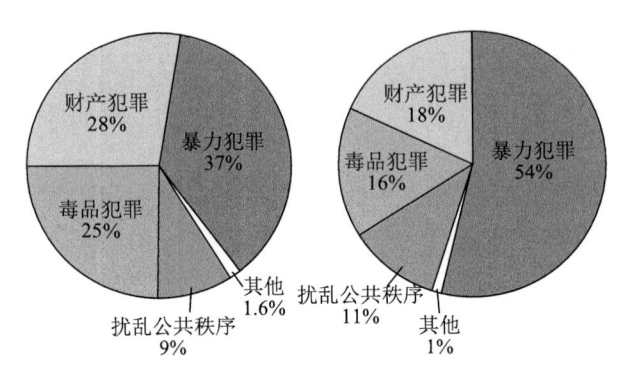

图 12-3　州监狱严重犯罪性别情况

根据相关研究发现，女性因为自然属性要面临诸如性虐待、性侵害、家庭暴力等犯罪，同时她们还要抚养自己的子女。调查显示，女性罪犯和男性罪犯有着明显的不同。比如，女性罪犯对子女的照顾比男性罪犯更多，她们可能有过性侵害的经历，她们对于身体和心理健康方面的要求更多。女性犯罪一般为性犯罪、财产犯罪和药物滥用犯罪（如图 12-4 所示）。

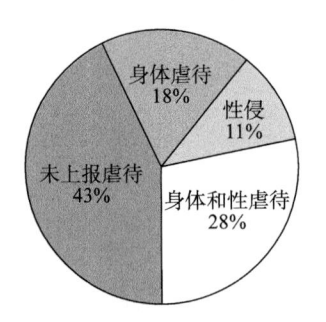

图 12-4　州监狱女囚犯性侵历史

监狱中的女性性侵受害者

不幸的是，女性罪犯的性侵害并不总是随着她们进入监狱而结束。例如，

2014年美国司法部报告发现，阿拉巴马州茱莉亚·图特维尔监狱的女性监狱中存在着猖獗的性虐待。根据美国司法部的调查结果显示，近900名妇女在这个位于小韦特普卡小镇的监狱里，她们生活在"一个充满了重复和公开的性行为的有毒环境中"，监狱里的囚犯经常被强奸、鸡奸，并受到狱警的爱抚。调查人员还确定，至少有1/3的监狱工作人员和女性囚犯有性行为，认为"阿拉巴马州违背了《美国联邦宪法第八修正案》，未能保护女性囚犯免受性侵犯和骚扰"。

监狱中的父母

有80%的女性囚犯都是母亲，而且在她们之中有85%的人拥有监护权。在所有被矫正的女性中有70%的人，她们的孩子的年龄都在18岁以下。2/3的被关押女性囚犯的孩子都是未成年人，州监狱中2/3的女性和联邦监狱中一半的女性在进入监狱之前都是和她们的孩子一起居住的。1/4的女性在进监狱的时候刚生过孩子或者是正在怀孕。怀孕的囚犯中有很多人都是吸毒者、营养不良者或者是身体患病者，他们很少受到应有的照顾，这种情况是十分危险的。

2007年，美国有超过170万孩子的父母被关进监狱。被关押者为母亲的人数从1991年的2.95万上升为2007年的65.6万人，这个数字在这15年中增长了20倍，据统计，每43个美国儿童中就有1个孩子的家长被关押在监狱中，并且其中的种族分布更加令人震惊。尽管每111个美国白人儿童中只有1个孩子的家长被关押在监狱中，但每15个黑人儿童中就有1个孩子的家长被关押在监狱中。

在囚禁期间，超过一半的女囚儿童从未探望过母亲。很少访问主要是由于监狱地处偏远地区，缺乏交通工具，监护工无法安排探视。

一份关于父母被关押的儿童的报告显示，父母被关押给孩子造成的伤害相当于他们的父母死亡或者离婚。报告显示，有些人建议当局应该对那些非暴力案件和毒品案件的罪犯采取非关押的方式来惩罚他们，他们认为打击犯罪没有必要把所有人都送进监狱。如果这样做的话，可以让很多犯罪父母回到社区并且能继续和他们的孩子生活在一起。有关组织建议：①对那些父母被关进监狱的孩子进行单独的辅导和提供特殊的教育；②对于这样的孩子，政府应该为他们的监护人提供财政帮助；③要为这些孩子提供相应的方式与他们的父母保持联系，并且维持这样的联系；④要为这些孩子提供有利于他们成长的环境；⑤照看这些孩子的人最好是他们的家庭成员或者亲戚。

与自己的孩子分离无疑给这些父母造成了严重的伤害，同时也对孩子们造成了伤害。因此，一些州的监狱提供了让女性囚犯与她们孩子见面的机会。国家对女性囚犯的一项调查显示，36个州提供了帮助照看她们孩子的相关项目，并且提供了孩子们探视她们的权利，还有很多类似的措施来解决这个问题。最典型的做法就是每个星期给他们提供一次为期2小时的探视机会，并且这个权利可以延续4~9个星期。

性别响应

批评者一直认为女性囚犯的监狱没有体现出性别差别，并且是在男性的监管下运行的。因此，针对女性的监狱管理一直处于真空状态。女性监狱最初是根据男性监狱建造的，并且是根据传统的观点设计的。性别响应就是根据不同性别的差异和特点，在刑事司法系统下根据不同的特点做出策略调整。最近的报告认为，我们需要意识到不同性别在行为方式和社会属性方面的差异，特别是警察部门对于不同性别犯罪者的处理。这份报告的建议如下：

1. 创造一个高效的女性监狱系统，这个系统必须和男性监狱系统有明显的不同。

2. 要深度发展性别影响理论，并且针对女性的毒品滥用、暴力伤害、心理健康方面作出更大的努力。

3. 要针对女性犯罪作出刑事司法方面相应的修改，介入犯罪干预措施和降低女性犯罪给公众带来的风险。

4. 要慎重考虑女性关系，特别是她们与自己孩子的关系，以及她们在社区矫正中受到的惩罚教育还有制裁。

根据相关调查我们可以得出结论，将性别响应理论应用到具体的司法理论中可以有效地提升对于罪犯的矫正效果，特别是在对他们行为、生活环境方面的纠正方面。这个调查同时还建议我们要在具体的司法实践中继续使用性别响应理论，这是一个长期的过程，同时在社区矫正中也要注意性别响应理论的应用。

女性机构

大多数女性囚犯都被安置在比较集中的矫正机构。虽然这里并不是典型的女性监狱，1990 年美国矫正中心发布的报告对这些女性机构描述如下：

1. 大多数女性监狱都位于城镇，并且人数一般为 2.5 万人。
2. 很多机构都没有针对女性设置专门的牢房。
3. 很多机构的牢房既关押女性也关押男性囚犯。
4. 只有很少的监狱会根据女性囚犯的需求提供特别的服务。
5. 女性囚犯的监狱骚乱行为和越狱行为很少被报告。
6. 女性囚犯的毒品滥用行为是十分普遍的。
7. 监狱给女性囚犯分配的工作任务很少。

女性监狱的社会构建

女性囚犯有很多特点，她们大多数是黑人或者西班牙人，贫穷、没有受过教育、滥用毒品、单亲家庭、健康状况差。共同的社会特点可能会使得她们有相同的价值观和行为方式。很多关于女性囚犯的研究显示，当这些女性初次进入监狱之后，她们就失去了正常的亲情联系，相反，她们用同性恋行为来弥补这些失去的情感。这些联系开始变成监狱之间的基础性社会组织。加州大学的欧文教授专门写了一本书来描述女性囚犯的监狱生活，特别强调了监狱中的社会结构。欧文发现，在监狱文化下，女性扮演的角色是和其他的因素结合在一起的。监狱的生活方式使得这些女性在适应监狱文化之前，需要混合这些因素。欧文发现这些女性囚犯在进入监狱前大多数财产状况都不好、有身体方面的问题，多数人滥用毒品。欧文发现工作的种类和住宿的位置影响着她们日常的行为方式和人际关系。监狱文化提倡用暴力的方式来解决一切问题，这就导致很多人会再次进入监狱。欧文认为，女性监狱和男性监狱有着本质的不同，女性监狱的囚犯在监狱中的生活方式与男性监狱有很多的不同，她们可以找到其他的方式来生存。

一项关于美国南部的矫正机构的调查显示，当调查者询问女性囚犯的性取向时，她们很多人在入狱前和入狱后的答案是不同的。一般情况下，64%的人在入狱前受访时表示她们是异性恋者，28% 的人表示他们是双性恋者，

8%的人表示她们是同性恋者。相比之下，被关押的囚犯有55%是异性恋者，31%是双性恋者，14%是同性恋。研究发现，同性性行为在那些年轻的囚犯之间比较容易发生，因为她们大多数人在入狱前有过这样的经历。调查同样发现，女性囚犯被关押的时间越长，她们变成同性恋的概率越大。最后研究还发现，女性监狱性行为的发生率要远远高于男性囚犯的发生率，她们的性行为包括和监狱的工作人员之间的，也包括囚犯之间的性行为。调查发现，与监狱的工作人员发生性关系取决于监狱工作人员在监狱中的权力大小，因为囚犯们和他们发生关系是为了获得相应的好处。

女性囚犯的类型

像男性的机构一样，女性监狱的文化也是多元化的。比如，有关学者研究显示，在监狱文化中正直、潇洒、懂得生活的女性囚犯更加容易适应监狱生活。正直的囚犯早期有过犯罪行为，但是她们更加倾向于认同正确的价值观和社会传统。潇洒的囚犯更加喜欢把犯罪当作一种职业，她们更加喜欢罪犯的价值观。那些在监狱文化中懂得生活的女性更像是生活在犯罪中一样，她们很多人因为卖淫、吸毒、盗窃等行为被逮捕过多次。她们因为经济、社会、家庭原因从事犯罪并且进了监狱。学者认为，人生的选择决定了她们的生活方式，并且让她们排斥那些正确的社会传统。女性需要建立她们的人际关系、实现她们的人生价值、找到她们生存的意义。

女性监狱暴力

一些学者认为，女性监狱中的暴力行为要比男性监狱的暴力行为少得多。李·鲍克发现，女性监狱中的暴力行为一般是用来处理争端或者领导权的归属问题。很多监狱中的女同性恋是被迫的，这也许也代表了女性受害者在社会中的情况。然而，至少有一项调查显示，很多女性监狱的暴力行为都是因为那些受害者为了报复而采取的。为了解决女性监狱所存在的问题，建议如下：

1. 在女性监狱中要针对滥用药物的行为进行打击。
2. 女性囚犯需要学习文化，因此应该增加相应的培训内容。
3. 女性囚犯应该被关押在没有男性囚犯的房间。
4. 这些关押女性的机构应该设置照看她们孩子的场所，增加她们与自己孩子的联系机会。

5. 要对女性囚犯提供公平、平等的援助，让她们更加适应监狱的生活。

最后，在2010年于纽约举行的联合国大会上，国际机构通过了《联合国妇女囚犯待遇和非监护权的规定》——更广为人知的名称是"曼谷规则"。"尽管曼谷规则在美国没有直接执行，但它反映了一个关于对待妇女囚犯和她们的孩子的世界共识。"因此，任何与其发生冲突的美国做法或政策都可能在国际舞台上受到挑战，理由是：它们侵犯了女性囚犯的人权。这些规定要求官员们牢记抚养孩子的最佳利益、孕妇和哺乳母亲的需要、女性囚犯的个人卫生、性别特殊的保健服务、性别敏感的风险评估和囚犯分类。

监狱工作人员的世界

以矫正人员的角度来描述监狱生活

在这个部分，我们以监狱中不同岗位的工作人员的角度来描述监狱社会。这些工作人员包括狱长、心理专家、辅导员、区域主管、项目主管、讲师、矫正官员，在一些大的监狱，还包括医生和治疗师。根据美国联邦政府的统计显示，有将近74.8万人受雇于矫正机构。62%的人为州政府机构工作，33%为地方机构工作，5%的人为联邦政府工作。按照这个数据来计算，华盛顿哥伦比亚特区的矫正工作人员人数是最多的，紧随其后的是德克萨斯州。在全国范围内，70%的矫正官员都为白人，22%的人为黑人，5%的人为西班牙裔人。女性矫正官员占到了20%，并且女性矫正官员的人数以每年19%的速度在增长。政府鼓励矫正机构为女性提供招聘、选拔和晋升的机会。矫正官员是整个矫正系统的基础，其他的人负责管理和文书工作。在那些州监狱中，平均一个工作人员负责4个囚犯。

对于监狱的犯人，监狱的工作人员通过一系列的程序改造他们，并且通过正当和非正当的手段为他们提供帮助。当前一个比较经典的学说是：这些监狱的工作人员被监狱的工作环境社会化了。采访后发现，新来的监狱工作人员进入监狱后会很快地放弃自己之前先入为主的观念。因为他们发现这些犯人并不是恶魔，但是他们同时也发现很多自己的同事和这些犯人是在同一战线上的。

对于很多监狱的工作人员来说，来自囚犯的威胁是影响他们的因素之一。

在每个矫正机构，犯人的数量要远远多于工作人员的数量，即便是在安全戒备最好的时候，人手也是有限的。这些监狱的工作人员自己心里清楚，不管现在监狱中的犯人看着多么友善，只要稍微出现一丝一毫的差池，那么监狱就会发生暴乱和其他严重的事件。造成这些的原因是犯人和工作人员之间缺乏信任，甚至相互仇视。在过去的几年中，监狱的工作人员最关心监狱的监管和控制的问题。当前的社会刑事犯罪哲学是依据报应主义开展的，所以，对罪犯有效的监管和教育是衡量监狱工作人员工作绩效的主要考核标准。在其他的矫正行为开始前，监狱辅导是十分有必要的。对监狱中犯人的控制是这些工作人员最为关心的问题，因为这样可以保障监狱的秩序和安全。在日常的例行活动中，控制囚犯的任何方面的行为是监狱工作人员心中的头等大事。对囚犯的教育和控制是大多数矫正机构保证安全的最主要的方式。

矫正官员职业化

矫正官员一般会被认为是地位较低的职业。从历史的角度来看，监狱的工作人员确实不需要很高的学历和专业化的训练。这个工作的薪酬很低，而且让人觉得无聊。随着这些问题的不断发展，其中包括对法律的适用问题，以及需要专业化的培训来应对各种不同的问题；随着矫正人员受到的专业化培训越来越多，那些对他们工作性质的陈旧看法就会逐渐消失。

虽然一些州政府利用心理学方法来筛选监狱的工作人员，不管他们使用什么方法，都是为了找到合适的人来负责这项工作。比如，纽约的矫正机构要求工作人员接受为期 6 个星期的培训、40 个小时的射击训练和 6 个星期的工作训练。在接受训练的日子，他们需要早上 5 点起床进行跑步训练，然后在天黑之后，很多人还需要接受额外的培训。为了应付不断增长的监狱人口，很多州不得不针对监狱的工作人员开展大规模的训练，只有这样才能保证更好的效果，同时也减少问题的出现。

监狱暴动

2012 年 2 月 19 日，靠近墨西哥的一个监狱发生暴乱。监狱中到处是犯人在打架，并且造成了很多囚犯被杀，监狱也被毁坏。官方称这次发生暴乱的原因是监狱中不同犯罪集团的矛盾造成的，在这个事件发生仅仅 1 个月前，30 名德克萨斯州的囚犯在监狱中因为类似的事件死亡。

当前，美国的监狱还是比较平静的，但是 1970~1980 年这个时期，监狱是很不太平的地方，暴乱经常发生。1971 年，纽约的监狱暴乱造成了 43 人死亡和 80 人受伤。"监狱暴乱十年"于 1980 年在新墨西哥结束。这次暴乱是因为警方的线人被监狱中的犯人发现，发生了大规模的冲突，33 人死亡，大量的暴力事件发生，整个监狱处于瘫痪状态。

虽然在 1970 年以后，监狱的暴乱事件逐渐减少，但是还是在发生。亚特兰大监狱的暴乱造成了监狱的犯人不得不去临时的关押场所，因为监狱需要重建。之后几年，总是有监狱暴乱发生，这引起了官方的注意，并且采取了相应的措施。

2009 年，有 4 名囚犯被送往医院，大约 700 人被安置在肯塔基州的中等安全等级的北角培训中心。大约在同一时间，在加州奇诺的一场骚乱中，200 名囚犯受伤，当时该机构的暴乱至少导致一座建筑物着火。奇诺监狱是 5900 多名囚犯的家园，其中许多人住在老式的军营里。

道德与职业：美国惩教协会道德守则

序言

美国惩教协会希望其成员诚实守信，尊重人的尊严和个性，致力于专业和有同情心的服务。为此，我们遵守以下原则：

● 各成员应尊重和保护所有公民的民事权利和法律权利。

● 各成员应对每一种专业情况时都应关心有关个人的福利，而不得谋取个人利益。

● 成员应保持与同事的关系，以促进职业的相互尊重和提高服务质量。

● 成员只有在有保证、可核实和有建设性的情况下，才对其同事或其机构进行公开批评。

● 各成员应尊重刑事司法系统内所有学科的重要性，并努力改善与各部门的合作。

● 会员应尊重公众的知情权，在法律允许的范围内与公众共享信息，并且受个人隐私权的制约。

- 成员应尊重和保护公众的权利免受犯罪活动的影响。
- 各成员应避免使用自己的位置以确保个人权利和利益的安全。
- 各成员不应允许个人利益在履行职责时损害履行职务的客观性。
- 各成员应避免参加任何正式或非正式的活动或协议，这些活动或协议呈现出利益冲突或不符合认真履行职责。
- 各成员应避免接受任何礼物、服务或恩惠，这些礼品、服务或恩惠或者看来是不适当的，或者暗示有义务，不符合自由和客观地履行职责。
- 成员应明确区分个人意见/声明和代表机构或协会发表的意见/声明/立场。
- 各成员应向有关当局报告任何腐败或不道德行为，并且有足够的证据证明有正当理由进行审查。
- 各成员不得因种族、性别、信仰、国籍、宗教信仰、年龄、残疾或任何其他被禁止的歧视而歧视任何个人。
- 各成员应保持私密信息的完整性；不得搜寻超过履行职责和履行职责所必需的个人信息；除非明确授权，否则不得泄露非公开信息。
- 各成员应根据既定的公务员制度、适用的合同协议和个人功绩，作出所有任命、晋升和解雇决定，但不得促进党派利益。
- 会员应尊重、促进和贡献一个安全、健康、不受任何形式骚扰的工作场所。

伦理学思考

1. 美国惩教协会（ACA）的道德守则与第11章中美国监狱协会的道德守则有什么不同？存在哪些相似之处？

2. 一个道德守则是否应该包括在监狱和监狱里工作的惩戒人员？为什么？

参考文献

Reprinted with permission of the American Correctional Association, Alexandria, Virginia. Visit the American Correctional Association at http://www.aca.org.

监狱暴乱的原因

研究者认为，造成监狱暴乱的原因如下：

1. 疏于管理和忽略囚犯的需求。没有公平的管理行为、食物差、囚犯的娱乐方式缺乏，都可能导致监狱暴乱行为。

2. 囚犯之前的生活方式。监狱中的囚犯仍旧会把自己在外面的那些坏行为带进监狱，当他们在监狱中采取暴力行为来解决问题时，我们也不必惊讶，因为这就是他们处理问题的方式。

3. 不人道的监狱条件。大多数监狱都是人满为患，囚犯们没有机会来表达自己的诉求。

4. 对于囚犯监狱社会的监管和权利的均衡。之所以会发生监狱暴乱行为，就是因为监狱内部存在着复杂的帮派和斗争，这种行为也是他们自己想要"清除"一些权力的做法。

5. 权力的真空。这就需要监狱改变管理，加强对囚犯的影响力。

虽然这种暴乱行为很难预测，但是一些州监狱系统中已经能够看到一些成型的骚动。比如，德克萨斯州的一些监狱中形成了很多的监狱帮派，并且各个帮派之间经常有相互威胁的行为，这样我们发现后就很容易把这些潜在的风险清除。今天，监狱犯罪团伙已经发展成为犯罪组织，他们的触角延伸到监狱外。例如，2013年，科罗拉多州监狱长汤姆·克莱门茨（Tom Clements）被一名前囚犯和帮派成员枪杀，当时他在他家的前门开门。当局认为，这是被监禁的帮派头目下令开枪打死的。2013年，两名地区检察官的类似谋杀案可能与德州监狱的安全威胁组织有关。前德克萨斯州监狱狱长特里·佩尔兹（Terry Pelz）指出："犯罪团伙已经不再保护自己了。"

> **为它付出：刑事司法成本效益知识库**
>
> 贯穿本书，我们提供了许多像这样的框——所有这些框都检查了刑事司法系统的成本，并且提出了关于在司法领域提供具有成本效益的服务的问题。我们已经探讨了警务、法院和矫正中的成本效益问题。
>
> 在最后一个框中，我们来看看刑事司法成本效益知识库（CBKB），

它是最近开发的在线资源，由 Vera 司法研究所赞助，由联邦司法援助局提供资金。在 cbkb.org 上可以看到，CBKB 致力于"帮助从业者和司法机构建立进行成本效益研究和将成本效益分析应用于决策的能力"，它支持从业者建立"促进、使用和解释刑事司法环境的成本效益的能力"。

CBKB 网站提供网络研讨会，主题包括刑事司法中的预算和财政、受害者成本、阅读成本效益报告，以及为强制性政策进行成本效益分析的逐步指南；不断增加新的网络研讨会，过去的网络研讨会的档案使感兴趣的各方能够审查那些已经进行的研讨会。

该网站还提供了一个关于司法领域的成本效益研究的图书馆。一些现有文件的主题包括"基于证据的方案""县级转移方案的成本效益分析""毒品法庭能省钱吗？"CBKB 资料涉及法院、预防犯罪、信息技术、执法、缓刑和假释、重返社会、量刑和惩戒、物质使用和心理健康以及受害者等领域。

最后，CBKB 网站提供了"新视角"工具，它允许司法规划师和程序管理员从多个受影响方的角度捕捉预期和正在进行的程序的成本和收益。该工具提供了以下量化成本的方法：①纳税人；②犯罪受害者（包括有形和无形成本）；③项目参与者；④司法机构及其工作人员；⑤企业和居民区。在再进入区，例如，鼓励设计师检查双方效益（如授予参与者技能以获得更好的工作和更宽广的工作前途）和成本（如人员工资、交通费和如果参与者被录用而不是参加这个项目可能已经赚了的工资损失）的工具。该工具还鼓励考虑重返社会的罪犯的孩子的效益，企业和社区可以增加商业活动以及增加财产价值从而减少犯罪产生的效益。"这个视角包括或排除——CBA［成本效益分析］可以影响底线"，CBKB 说。

CBKB 可在 Facebook 网（http://www.facebook.com/costbenefit）和 Twitter（@ CBKBANK）上使用。它也有它自己的 YouTube 频道（http://www.youtube.com/user/CBKBank）。还可以订阅一个电子邮件通讯，以保持对 CBKB 活动的更新。

> *References*: National Institute of Corrections, *Evidence-Based Policy, Practice, and Decisionmaking: Implications for Paroling Authorities* (Washington, D. C.: NIC, 2011; updated 2013); and: Cost-Benefit Knowledge Bank for Criminal Justice, "Featured Content," http://cbkb.org (accessed August 21, 2014).

囚犯的权利

1995 年 5 月，一名囚犯因为与另一名囚犯争吵而被铐在了高速公路边。两个小时后，在监管的工作人员认为他们不会再发生争吵时，他们才被恢复自由。在这两个小时中，这个犯人希望喝水和要求去其他的地方被关押，他的这一切要求仅仅是被记录在案而已。一个月以后，这个人因为在去参加监狱劳动的路上打盹被工作人员命令下车，并且把他铐在了马桩上面。因为他被铐在了一个很高的马桩上面，整个身体很难受，他想要通过移动让自己的血液循环得到正常运转，但是因为他的移动，手铐切进了他的手腕，造成了剧烈的疼痛。他被铐在马桩上面长达 7 小时，他的皮肤被晒伤，当他要求喝水的时候，得到的却是监管人员的嘲笑，并且把他和狗相提并论。

最后，这个囚犯对 3 位监狱的工作人员提起了民事诉讼，他说自己受到了不必要的痛苦，并且这些不道德的行为是法律所明确禁止的。最终法院认为该囚犯受到了必要的处理，但是人权受到了侵害，最后判定这个囚犯胜诉。这个案例是美国法院 40 年来第一次关注到囚犯的权利。这个案例可能会让许多人吃惊，因为在 1960 年之前，法院一直采取的是中立态度。法官一般认为监狱的管理一直很专业，并且可以为那些囚犯提供应有的服务。正是由于这个原因，很多囚犯丧失了他们应有的权利。许多州禁止囚犯选举、担任公职甚至结婚。像这样的情况在美国很多州并不陌生。

虽然针对囚犯的这种差别对待并没有完全消失，但是从 1970 年开始，联邦法院开始听取那些不应该残酷对待囚犯和非常规惩罚的意见。监狱中一直人满为患并且居住条件简陋。在监狱服刑时间长的囚犯声称，有许多人是被监狱的工作人员打死的，并且埋在了监狱的坟墓中。经过调查，确实发现一些骷髅，但是他们的身份并未确定。1975 年，阿拉巴马州的法官佛兰克·约翰逊下达命令，要求州监狱不再收纳犯人，原因是这里的监狱已经饱和。他要求把监狱的容量扩大一倍，并且对囚犯的权利要求尽量维护，还对监狱工作人员的种族比例和食物标准作了规定。

囚犯权利的法律依据

1974年，美国联邦最高法院针对佩文顿案件作了一个权利平衡测试，这个测试是针对监狱囚犯人权的，之后这个标准被当作一般标准在全部监狱适用。在这个案件中，法院规定监狱的囚犯同样平等地享受应有的人权，不能因为他们是囚犯就剥夺他们的人权。随着这个规定的适用，我们发现我们很难在各个矫正机构的实施过程中找到个人权利和公共秩序的平衡。囚犯的权利因为受监禁法规的制约可以被认为是有条件地适用权利而不是完全地适用。比如，《美国联邦宪法第二修正案》规定，公民有权利携带武器，但是如果这条规定囚犯也适用，显然是不可能的。我们必须找一个办法来平衡囚犯权利与安全。囚犯有条件地适用个人权利是维护公共秩序和安全的需要，他们的部分权利被剥夺这无可厚非。矫正机构可以根据具体的法律有条件地让囚犯们行使他们合理的权利，但是如果没有充分的理由，这些权利是不应该被剥夺的。

在过去的十几年中，很多法律因为囚犯的要求被修改。就像我们在本书第九章中说的那样，针对囚犯的权利限制必须具有合法性。囚犯的个人财产和人身权利也应该受到法律的平等保护。这里我们要强调的就是这些法律行为的做出必须具有合法性和合理性。

自由还是安全？你决定

监狱通信审查

尽管对"9·11"恐怖袭击的担忧仍然很高，NBC新闻宣布，它已经获悉，联邦最高安全监狱中的阿拉伯恐怖分子已经向外面的极端分子发出信件，敦促他们攻击西方利益。恐怖分子包括激进派酋长奥玛尔·阿卜杜-勒拉赫曼的追随者穆罕默德·萨拉米。萨拉米因参与1993年纽约世贸中心爆炸袭击而被判处一百多年监禁。那次袭击造成6人死亡、1000多人受伤，将其中一座塔楼的地下停车场炸出一个大洞，但没有能让建筑物倒塌。

这些人被关押在科罗拉多州佛罗伦萨联邦的 ADMAX 设施,这是该国最安全的联邦监狱。美国全国广播公司新闻透露,他们在那里向一个西班牙恐怖组织发送了至少 14 封信,在阿拉伯报纸上赞扬了奥萨马·本·拉登,并鼓吹进行更多的恐怖袭击。2002 年 7 月,来自约旦一所大学的具有伊斯兰法学学位的巴勒斯坦人萨拉米给圣城阿拉伯日报写信,宣称"本·拉登是我这一代的英雄"。

安迪·麦卡锡,一位前联邦检察官,曾努力将恐怖分子送进监狱,他说萨拉米的信是"劝告恐怖主义行为,并帮助圣战招募潜在的恐怖分子"。迈克尔·麦可在贸易中心爆炸事件中失去父亲,他提出了这个问题:"如果他们在国际上鼓励恐怖主义行为,我们怎么知道他们在美国本土不鼓励恐怖主义行为?"

监狱官员告诉记者,涉及被监禁的轰炸机的通信没有受到严密的审查,因为这些人没有被认为是非常危险的。这些信件没有任何攻击计划,也没有任何具体的目标。一位司法部官员说,萨拉米是一个"低级人物",没有受到任何特殊限制,他的信件被视为"通用材料",并且"没有理由担心"。

人权倡导者建议,囚犯应有言论自由的权利,即使是那些因恐怖主义行为而被监禁的人,提倡恐怖主义与计划或实施恐怖主义并不相同。毕竟,他们说,呼吁圣战,无论在当前的国际背景下多么令人反感,都仅仅是政治声明,而政治并不违反法律。

你决定

什么样的监狱沟通(信件、电话、电子邮件)应该被监控或限制?你认为像包含上述内容的声明的通信应该被没收吗?什么样的政治声明(如果有的话)应该被允许?

参考文献

Lisa Myers, "Imprisoned Terrorists Still Advocating Terror," NBC Nightly News, February 28, 2005, http://www.msnbc.msn.com/id/7046691 (accessed August 28,

2005); and Lisa Myers, "Bureau of Prisons under Fire for Jihad Letters," March 1, 2005, http://www.msnbc.msn.com/id/7053165 (accessed August 28, 2010).

申诉程序

当前监狱有很多程序是针对囚犯的申诉的，在他们向有关部门申诉的同时，相关部门有必要作出回应。申诉程序的范围包括对整个监狱的投诉和针对某一个监狱工作人员的指控。囚犯如果对处理的结果不满意，可以越过本级监狱系统直接向更高级的部门反映相关情况。这个规定有相关的程序，特别是对那些工作人员对囚犯使用暴力的事件，处理程序更为严格。申诉程序对监狱工作人员的监管起到了监督的作用，申诉程序必须要进行听证会，这也保证了监狱的囚犯平等地享有基本权益。这个程序的创造大大提高了囚犯的地位，也保护了他们的权益。

这个正当程序的好处在于，政府会根据这个程序作出判断，法院也会采纳申诉程序的处理意见：①通知他们受到了相关的指控；②提供辩护的机会；③举行一个公正的听证会；④提供证人证言。

服刑人员的条件权利

通信与探视

①直接从出版商接收出版物的权利；

②会见新闻工作者的权利；

③与非囚犯沟通的权利。

宗教自由

①宗教服务和团体的集会权；

②参加其他宗教团体服务的权利；

③牧师的访问权；

④与宗教领袖联系的权利；

⑤遵守宗教饮食法的权利；

⑥佩戴宗教徽章的权利。

进入法院和法律援助

①有权进入法院;

②律师的访问权;

③与律师进行邮件沟通的权利;

④与法律援助机构沟通的权利;

⑤咨询监狱律师的权利;

⑥协助提交法律文件的权利,应包括下列内容之一:

- 接触藏有足够充足的法律图书的图书馆;
- 有偿律师;
- 律师助理或法律专业学生。

医疗保健

①卫生和健康的权利;

②严重身体问题的医疗注意权;

③需要药物的权利;

④按照"医嘱"进行治疗的权利。

保护免受伤害

①食物、水和庇护所的权利;

②保护不受不可预见的攻击权;

③保护不受性侵犯的权利;

④防止自杀的权利。

制度惩戒

不被体罚的绝对权利(除非被判处刑罚),处罚前的正当程序的有限权利,包括:

- 费用通知单;
- 公平公正的听证会;
- 辩护的机会;
- 证人出庭作证权;
- 书面决定。

当前关于监狱的观点

监狱是社会解决一些棘手问题的地方,因为这里负责收容那些社会的弃儿、格格不入的人,还有那些危险分子。虽然监狱解决了对犯罪的控制问题,但是它们自身也存在着许多的问题。下面我们将介绍一些监狱存在的特殊问题。

表 12-1 涉及囚犯权利要求的重要的美国联邦最高法院的案件

案例	年份	宪法基础	发现
豪斯诉菲尔兹案	2012	第五修正案	执法人员在被监禁期间接受讯问的囚犯不需要被告知他们的米兰达权利。
佛罗伦萨诉伯灵顿县案	2012		官员们可能会在接受任何违法行为(包括未成年人)之前对其进行搜查,然后再将他们送进监狱。
布朗诉普拉塔案	2011	第四修正案	加利福尼亚州监狱过于拥挤的状况非常严重,以至于该州无法为患有严重医疗和心理健康问题的囚犯提供最低限度的护理,需要强制减少监狱人口。
美国诉格鲁吉亚案	2006	第八修正案	根据美国残疾人法案,一个州可能要对其监狱中残疾囚犯所遭受的权利剥夺负责。
约翰逊诉加利福尼亚案	2005	第八修正案	美国加利福尼亚州惩教和康复部门要求在每次进入新的惩教设施时,将双重牢房中的囚犯种族隔离的不成文政策无效。
威尔金森诉奥斯丁案	2005		法院维持了一项俄亥俄州的政策,允许最危险的罪犯在转移前经过多次审查后被关押在最高安全等级的牢房中。
奥弗顿诉巴泽塔案	2003		法院维持了一项探视规定,该规定拒绝对在监禁期间犯下两种滥用药物的囚犯进行大多数探视。
波特诉纳斯尔案	2002	第八修正案	《监狱诉讼改革法案》的"用尽要求"适用于所有关于监狱生活的囚犯诉讼,无论是涉及一般情况还是特定事件,以及他们是否指称过度使用武力或其他错误。

续表

案例	年份	宪法基础	发现
霍尔诉佩尔泽案	2002	第八修正案	法院认定，对于遭受不必要的痛苦、羞辱和身体伤害风险的囚犯而言，宪法上存在违法行为。
布斯诉搅乱者案	2001	第八修正案	法院维持了《监狱诉讼改革法案》的要求，即在监狱条件下提起诉讼之前，州囚犯必须"尽可能地使用这种行政补救办法"。
刘易斯诉凯西案	1996		不要给囚犯提供任何必要的资金来提出任何类型的法律索赔。所需要的只是"为他们提供攻击他们的判刑的工具"。
桑丁诉康纳案	1995	第四修正案	法院驳回了关于惩罚囚犯是剥夺宪法正当程序权利的论点。
亨利诉麦金尼案	1993	第八修正案	必须改善对囚犯健康构成威胁的监狱生活的环境条件，包括二手香烟烟雾。
威尔逊诉塞特案	1991	第八修正案	法院澄清了整体条件概念，认为某些"监禁"的条件可能会侵犯囚犯的权利，而每个人都不会单独这样做。
华盛顿诉哈珀案	1990	第八修正案	对自己或他人构成危险的精神病患者可能会被精神药物强行治疗。
特纳诉萨弗利案	1987	第一修正案	密苏里州囚犯之间的通信禁令被视为"与合法的刑事利益合理相关"。
惠特利诉阿尔伯斯案	1986	第八修正案	囚犯的枪击和伤人并没有违反囚犯的权利，因为"枪击事件是恢复监狱安全的真诚努力的重要组成部分"。
庞德诉瑞丽案	1985		囚犯有权享受纪律听证会的某些权利。
哈德逊诉帕尔默案	1984	第四修正案	囚犯在监狱牢房中没有合理的隐私期望，也没有对"不合理的搜查"的保护。
布雷克诉卢瑟福案	1984	第一修正案	国家规定可以禁止囚犯工会会议以及使用邮件在监狱内提供工会信息；此外，囚犯在牢房搜索期间无权在场。
罗德诉查普曼案	1981	第八修正案	对囚犯进行双重处理本身并不是残忍和不寻常的惩罚。

续表

案例	年份	宪法基础	发现
鲁伊斯诉埃斯特尔案	1980	第八修正案	德克萨斯州监狱系统内存在违宪的情况,包括过度拥挤、工作人员不足、残忍和不合规格的医疗护理。
库珀诉莫林案	1980		对于女性囚犯来说,与男性囚犯待遇不同,不便和费用高都不是可接受的理由。
贝尔诉沃尔菲斯案	1979	第四修正案	无论被监禁的原因如何,对审前被拘留者和其他囚犯都可以进行脱衣搜查,包括根据需要进行体腔搜查。
琼斯诉北卡罗来纳囚犯工会有限公司	1977	第一修正案	囚犯没有固有的权利发布报纸或新闻信件供其他囚犯使用。
伯纳德诉史米斯案	1977		这项决定导致许多监狱设立了法律图书馆。
埃斯特尔诉甘博案	1976	第八修正案	监狱官员有责任提供适当的囚犯医疗服务。
鲁伊斯诉埃斯特尔案	1975	第八修正案	德克萨斯州监狱系统内的监禁条件被认为是违宪的。
沃尔夫诉麦克唐纳案	1974	第四修正案	没有适当的正当程序,不能对囚犯进行制裁。
普罗尼耶诉马丁内兹案	1974	第一修正案	只有在必要时才能接受对囚犯邮件的审查,以保护合法的政府利益。
珀尔诉普鲁尼耶案	1974	第一修正案	囚犯保留第一修正案的权利,这些权利与其作为囚犯的身份或矫正制度的合法刑事目标并不矛盾。
美国诉希区柯克案	1972	第四修正案	无证单元搜索并非不合理。
克鲁兹诉贝托案	1972	第一修正案	必须为囚犯提供一个"合理的机会"来追求他们的宗教信仰;如果它们构成对安全的威胁,也可以禁止访问。
约翰逊诉埃弗里案	1968		如果没有经过培训的法律援助,囚犯有权咨询"监狱律师"。
梦露诉帕佩案	1961		当州政府官员根据州法律行使剥夺权利时,囚犯有权向联邦法院提起诉讼。

一个回到不干涉的学说?

许多州创设的权利和受保护的自由可能很快就会成为过去。1991 年 6 月,一个日益保守的美国联邦最高法院发出信号,标志着似乎至少部分恢复了早期的放任主义。威尔逊诉塞特一案涉及 1983 年对当时俄亥俄州康复与矫正部主任理查德·P. 塞特和俄亥俄州纳尔逊维尔的霍奇矫正机构（HCF）监管人卡尔·汉弗莱斯提起的诉讼。在诉讼中,被监禁在 HCF 的重罪犯珀尔·威尔逊指控,他的一些监禁条件构成了残酷和不寻常的惩罚,违反了《美国联邦宪法第八修正案》和《美国联邦宪法第十四修正案》。具体而言,威尔逊列举了过于拥挤、噪音过多、储物柜空间不足、供暖和冷却不足、通风不当、洗手间不洁和不足、餐厅设施和食物准备不卫生,以及与患有精神疾病和身体疾病的犯人住同一牢房等问题。威尔逊要求改变监狱条件,从监狱官员那里寻求 900 000 美元的赔偿和惩罚性赔偿金。

威尔逊首次提交书面陈述的联邦地区法院和第六巡回上诉法院认为,由于威尔逊所列举的条件不是官员的恶意意图,所以没有违宪行为存在。美国联邦最高法院同意,注意到埃斯特尔诉甘博案（1976 年）在涉及医疗保健的索赔中采用的故意冷漠标准同样适用于其他囚犯对其监禁条件提出质疑的情况。事实上,法院制定了一个标准,有效地意味着所有囚犯未来面临的监狱条件的挑战,这都是由《美国联邦宪法第八修正案》提出的,在法庭审理控诉之前,必须对那些有条件的官员表现出漠不关心的态度。

威尔逊诉塞特案在法庭上的书面陈述表明了这一点。安东宁·斯卡利亚法官为大多数人撰文,指出:"如果监狱锅炉在寒冷的冬天意外发生故障,犯人即使客观上受到重大的伤害,也无法提出第八修正案的要求。"如果一个警卫不小心踩到了一个囚犯的脚趾头,把它弄断了,这决不会像人们所认可的字面意思那样受到惩罚。在威尔逊案的判决被下达时,批评者表示担心,这个判决可以基于简单的预算有限有效地为监狱当局开脱,不再需要改善监狱内的生活条件。

在桑丁诉康纳案（1995 年）中,美国联邦最高法院采取了更加明确的立场,支持一种新型的移交原则,并以 5∶4 投票否决了因惩罚性原因而采取的任何州行动侵犯犯人不被剥夺自由的宪法正当程序权利的论点。在桑丁诉康纳案中，夏威夷哈拉瓦惩教所的囚犯康纳被判处30年无期徒刑，罪名包括谋杀、绑架、抢劫和盗窃。在联邦法院的诉讼中，康纳指控，当听证委员会拒绝他在纪律听证会上出庭作证时，监狱官员剥夺了他的程序性正当程序，然后他因被指控的不当行为而被判处隔离。上诉法院同意康纳的意见，认为现行的监狱规定指示听证委员会在有确凿证据支持不当行为指控的案件中认定有罪，这意味着如果委员会不审查所有证据，就不能实行隔离。

然而，最高法院驳回了上诉法院的裁决，认为"虽然这种结论在解释一般公众可获得的权利和补救办法的法规这一普通任务中是完全合理的"，但在最高法院的结论是"这些规定并非旨在赋予囚犯权利"，而是旨在向监狱工作人员提供指导方针。

在桑丁诉康纳案中，法院有效地搁置了早期判决的大部分内容，如沃尔夫诉麦克唐纳案（1974年）和休伊特诉赫尔姆斯案（1983年），撰写了这两项判决的大法官更多地关注程序问题，而不是"实质问题"。这类案件"不允许"将焦点从正当程序剥夺的性质转移到基于特定州或监狱规定的语言上。"休伊特的做法"，大多数人在桑丁诉康纳案中写道，"与我们在几个案件中所表达的观点相悖，即联邦法院应该为试图管理动荡环境的州官员提供适当的尊重和灵活性"。最高法院说，"现在是回到之前正确确立和适用的正当程序原则的时候了"。简而言之，桑丁诉康纳案使囚犯更加难以有效地挑战监狱官员强加给他们的行政法规和程序，即使官员没有明确遵守规定的程序。

一个最近的案件结果支持联邦矫正官员的行动是阿里诉联邦监狱局案。该案件由美国联邦最高法院于2008年裁决，涉及一名叫阿卜杜勒沙希德·M.阿里的联邦囚犯，他声称当他从一个联邦监狱转移到另一个联邦监狱时，他的一些个人物品消失了。这些遗失的物品原本应该装在阿里的两个大包里，包括古兰经、祈祷毯和许多宗教杂志。阿里根据《联邦侵权索赔法》向联邦监狱局提起诉讼，该法授权"向美国索赔金钱损失……受伤或财产损失……由政府中任何雇员在办公室或工作范围内的过失或不当行为或不作为引起的"。法院驳回阿里的申诉，认为法律明确规定联邦执法人员有豁免权，并确定联邦惩戒人员是"执法人员"的法律含义。

类似地，在米尔布鲁克诉美国一案（2013年）中，法院再次裁定，联邦贸易法委员会排除"执法人员（包括惩教人员）"在其受雇范围内发生的行为或不作为，而不管这些官员是否参与调查或执法活动，或正在执行搜索、取证或逮捕。

最后，在 2012 年以后的两起案件中，美国联邦最高法院坚定地裁定支持惩教官员限制囚犯的权利。在第一个案件——豪斯诉菲尔兹案（2012 年）中，法院裁定，在监禁期间面临执法人员讯问的囚犯，在开始审讯之前，不必告知他们米兰达权利。在第二个案件——佛罗伦萨诉伯灵顿县案（2012 年）中，法院裁定官员有权光身搜查在被允许进入监狱或其他拘留设施之前被逮捕的人员，即使他们被捕的罪行是轻罪。埃内迪为大多数人写信，指出"在拘留中心维持安全和秩序需要惩戒官员的专业知识，他们必须有很大的自由裁量权来设计合理地解决问题的方法"，他接着写道，"监狱"这个术语在更广泛的意义上中使用时包括监狱和其他拘留设施。

1996 监狱诉讼改革法案

1961 年，一年只有约 2000 份关于犯人问题的请愿书被提交到法院，但到 1975 年，申请的数量已经增加到 17 000 份左右。1996 年，囚犯在全国范围内的联邦法院提交了 68 235 项民事权利诉讼。20 世纪 90 年代中期，一些源于囚犯的诉讼似乎明显成为许多媒体报道的主题。其中一桩诉讼涉及一名佛罗里达州立监狱的囚犯，他的名字叫罗伯特·普罗科普，他因谋杀他的商业伙伴而服刑。普罗科普多次起诉佛罗里达州监狱官员，第一次是因为他晚餐只吃了一个卷，第二次是因为他没有午餐沙拉吃，第三次是因为监狱提供的电视晚宴没有带饮料，第四次是因为他的牢房没有电视。另外两起广为人知的案件涉及一名囚犯，他上法庭要求允许他裸体参加监狱礼拜仪式，从而行使宗教自由；还有一名囚犯，他认为自己可以通过同性恋关系怀孕，起诉了监狱里的医生，但医生不愿为他提供避孕药。一个臭名昭著的例子是，囚犯们要求宗教自由，并要求每星期五为新歌教堂（CONS）的成员提供牛排和哈维的布里斯托奶油来庆祝圣餐。新歌教堂诉讼在十年前一直遍及各个法庭，但最终都被推翻。

犯人数量巨大，起源于 20 世纪 90 年代中期许多联邦法院案件的积压，被媒体和一些市民团体作为不必要的浪费纳税人金钱的目标。全国检察官协会支持限制不必要的囚犯的诉讼，估计不必要囚犯提起诉讼每年花费美国超过 8100 万美元的法律费用。

1996，联邦《监狱诉讼改革法案》（PLRA）成为法律。PLRA 是明确立法努力限制犯人针对有价值的案件提出诉讼和减少在联邦法院的囚犯通过以下方式带来的诉讼数量：

- 要求囚犯在提起对监狱条件提出质疑的联邦诉讼之前，用尽任何可用的行政补救措施（一般是指他们的监狱的申诉程序）。
- 要求法官审查所有对联邦政府的囚犯投诉，并立即驳回那些被认为不必要或无价值的投诉。
- 禁止犯人因精神或情绪伤害提起诉讼，除非他们能证明确实有身体伤害。
- 要求犯人缴纳诉讼费。
- 限制服刑人员诉讼中律师费的奖励。
- 如果他们提起恶意诉讼就撤销联邦犯人提前释放的申请。
- 要求影响监狱管理的法院命令不得超过纠正侵犯特定囚犯民事权利的必要程度。
- 使州政府官员有可能在两年后撤销法院命令，除非有新的发现表明联邦保障的民权继续受到侵犯。
- 规定任何因人满为患而要求释放囚犯的法庭命令，须经三人法院批准，方可生效。

美国联邦最高法院在许多场合支持了 PLRA 的规定。根据 BJS 的一项研究，PLRA 在减少犯人因违反宪法的监狱条件而提起的不必要的诉讼数量方面是有效的。研究发现，该法案通过 4 年后，囚犯向联邦法院提交民权申请的比例已经降低了一半。

PLRA 的反对者担心这会扼杀囚犯面临真正剥夺的值得称赞的诉讼。例如，美国公民自由联盟（ACLU）表示，"《监狱诉讼改革法案》试图向社会上最脆弱的成员关紧法院的大门。它试图通过改变监狱改革诉讼的基本规则，剥夺联邦法院通过修改管理监狱改革法的基本规则纠正甚至最恶劣的监狱条件的大部分权力。PLRA 还使通过解决监狱案件使它变得困难，并且限制了任何法院判决的使用期限"。ACLU 领导了一项全国性的努力，推翻了 PLRA 的许多规定，但迄今为止，它的努力收效甚微。

监狱面临的问题

监狱是社会对许多社会问题的答案,因为它们收容了被驱逐者、不合格者和一些高度危险的人。尽管监狱为犯罪控制问题提供了一部分答案,但他们也面临着自己的问题。这里描述了一些特殊问题。

艾滋病

本书第六章讨论了警察机构为应对后天免疫机能丧失综合症(艾滋病)带来的健康威胁所采取的步骤。2012 年,司法局统计局(BJS)报告发现,20 093 名州和联邦因犯感染了艾滋病毒(人类免疫缺陷病毒),这种病毒导致艾滋病。BJS 报告发现,州和联邦监狱囚犯的艾滋病毒/艾滋病感染率从 2001 年的每 10 万名囚犯有 194 例下降到 2010 年年末的每 10 万例中有 146 例。

加利福尼亚州、佛罗里达州、纽约州和德克萨斯州各有 1000 多名感染艾滋病毒/艾滋病的囚犯;在这些州中占所有州有艾滋病毒/艾滋病的囚犯的 51%(9492 人)。在 2010 年年底,州和联邦艾滋病毒/艾滋病囚犯中,18 337 人为男性,1756 人为女性。

几年前,艾滋病是监狱囚犯死亡的主要原因。然而,今天,死于艾滋病(或者更确切地说,死于艾滋病相关并发症,如肺炎或卡波西氏肉瘤)的囚犯数量远远低于过去。引入药物如蛋白酶抑制剂和有用的抗逆转录病毒疗法组合可显著减少艾滋病患者的死亡人数。BJS 报告称,2001 年至 2010 年期间,所有州和联邦监狱囚犯中与艾滋病相关的死亡人数平均每年下降 16%,从 2001 年每 10 万名囚犯中有 24 人死亡到 2010 年每 10 万人中有 5 人死亡。

大多数囚犯在进入监狱之前就已经感染艾滋病。一项研究显示,仅有 10% 的囚犯是在进入监狱以后感染艾滋病毒的。艾滋病毒一般是通过同性性行为、静脉注射器共享、文身等方式传染的。如果囚犯在进入监狱前有这些行为,那么他们无疑是艾滋病的高危人群。

一项国家司法研究所(NIJ)的报告显示,矫正机构主要通过两种方式来减少艾滋病的产生。第一种策略是通过医疗技术来甄别那些病毒呈阳性的人。在发现他们感染以后,对他们进行隔离。只用这种方式来甄别艾滋病的成本是巨大的，而且一些州明令禁止使用这种方法来进行测试。即便是采取了这种测试，也很难保证万无一失。一些地方监狱中，被艾滋病毒感染的囚犯经常受到歧视，并且监狱不会给他们提供工作的机会、接受教育的机会、探视亲属的机会等，这无疑是剥夺了这些囚犯的基本权利，他们并没有受到应有的公平待遇。比如，加利福尼亚州监狱禁止艾滋病囚犯参与食品服务的工作。

第二种策略是通过相关的教育来达到防治艾滋病的目的。这个教育的内容是告诉监狱的囚犯和工作人员那些高危的行为的危害和如何避免感染艾滋病。教育的方式一般是采取一些触目惊心的案例展示，并且聘请相关的专业人员进行科学的讲解。全国有98%的监狱都采取了艾滋病教育行动，并且90%的监狱在这方面做得很出色。

老年人犯罪

2013年，已故慈善家和社会名流布鲁克·阿斯特的儿子，89岁的安东尼·马歇尔，身体虚弱，坐在轮椅上，成为因非暴力犯罪被送往纽约监狱的最年长的人。马歇尔依靠氧气罐呼吸，被判抢劫他母亲的巨额财产，并被判入狱一至三年。虽然马歇尔在入狱后仅仅两个月就因健康状况恶化而被医疗假释，但他的案件表明了随着老年人口继续增加，矫正当局面临的问题。

老年人犯罪，特别是暴力犯罪，近年来呈下降趋势。尽管如此，美国退休人口的显著增长已经导致被关进监狱的老年人数增加。事实上，暴力犯罪是大多数老年人进入惩戒系统的原因。根据一项早期的研究，50岁以上的犯人在入狱时有52%犯有暴力犯罪，而年轻的犯人只有41%。

ACLU的调查发现，1981年美国有8853名55岁及以上的州和联邦囚犯分散在监狱中。今天，这个数字是124 900，专家预测到2030年将有超过400 000名这样的囚犯。因此，预计在这50年的时间内，美国监狱的老年人口将增加4400%。同样，55岁及以上囚犯的人均监禁率为每10万名同龄居民中有230人。

并不是所有现在的老年囚犯入狱时都很老。由于20世纪90年代全国通过了严厉的量刑法律，一小部分但正在增长的囚犯（10%）将在监狱服刑20年或更长时间，5%的人永远不会被释放。这意味着许多在他们年轻的时候进入监狱的犯人将会在监狱里变老。美国监狱人口的"老龄化"有许多原因：

①反映在监狱内部的美国人口的普遍老龄化；②一些新的量刑政策，如"三振出局""量刑真实""强制性最低"法律，都带来了更多的变化；③20 世纪 80 年代和 90 年代发生的大规模监狱建设热潮，为更多的囚犯提供了空间，减少了释放囚犯以缓解过度拥挤的需要，假释理念和实践发生了重大变化。

最后一点意味着，州和联邦当局（至少在最近的州预算短缺之前）已经逐步停止或取消假释计划，从而迫使囚犯被判无期徒刑，直到他们死去。

长期居住者和老年囚犯有特殊需要：他们往往有生活障碍、身体残疾，以及会患上较年轻的同龄人一般不会遇到的疾病。不幸的是，很少有监狱能够应付老年罪犯的医疗需求。一些大型监狱已经开始设立专门的科室来照顾患有"典型"疾病的老年犯人，如阿尔茨海默病、癌症或心脏病。不幸的是，这种努力几乎没有跟上老年罪犯目前所面临的问题。预计在未来二十年，需要昼夜护理的囚犯数量会急剧增加。

把人监禁到老年是昂贵的，可能会适得其反。研究一直表明，"到50 岁时，大多数人已经明显地活过了他们最有可能犯罪的年龄"。此外，大多数年长的犯人不会因为严重或暴力犯罪而被监禁，并且可能在对别人几乎没有危险的前提下被允许重新进入社区。例如，在德克萨斯州，65% 的老年囚犯被囚禁仅限于非暴力毒品犯罪、财产犯罪和其他非暴力犯罪的罪犯的监狱。由于医疗费用的增加，关押 50 岁以上囚犯的费用跃升到平均每人68 270美元，而关押 50 岁以下囚犯的住房和其他相关费用仅为每人 34 135 美元。

最后，改造观念在老年罪犯中有着新的意义。什么样的程序对于提供老年囚犯需要获得外部成功的工具是最有用的？在即将被释放的老年罪犯的长期生活方式中引入社会可接受的行为模式方面，哪种咨询策略最有希望？这些问题很少有简单的答案。在 http:/www.aclu.org/criminal-law-reform/elderly-prison 看关于这个问题的 YouTube 视频，并在 http:/www.aclu.org/ 了解阅读一份 2012 年的报告"美国花费：老年人的大规模监禁"。

患有精神疾病和智力残疾的囚犯

患有精神疾病的囚犯也是另外一种有特殊需要的囚犯群体，他们中的很多人有精神问题或者人格问题，他们的存在增加了监狱关系的紧张。还有很多人因为严重的心理障碍，可能会逃脱原本应受的法律制裁。在监狱中，有很多犯人患有精神疾病，这个群体的数量在不断地增加。

美国司法统计局（BJS）的调查显示，全美有51%的矫正机构会提供全天候24小时的心理医生服务，71%的监狱会进行精神方面的特殊培训。大部分的监狱会针对这些囚犯提供精神类的药品，有66%的相关项目对那些已经出狱的患有精神疾病的犯人提供相应的帮助。据BJS调查显示，13%的囚犯被调查的时候患有精神疾病，10%的人已经开始服用精神类药物。

不幸的是，全美只有少数的监狱能够为精神病类囚犯提供这些服务。美国司法统计局（BJS）的报告显示，政府正在计划开设一个专门为患有精神病的犯人设置的监狱。就像我们之前提到的那样，美国联邦最高法院规定那些患有精神疾病的囚犯是可以使用抗精神疾病的药物的。一项研究发现，有超过一半的监狱人口被报告患有精神疾病，这些疾病包括抑郁症、狂躁症、精神病等。患有精神类疾病的囚犯人数从1998年的28.38万上升为目前的125万人。这项研究还显示，有40%的患有精神疾病的囚犯自始至终就没有得到过任何的治疗。

智障囚犯构成了另一个有特殊需要的群体。一些研究估算，精神缺陷的囚犯比例约为10%。智商低的囚犯比其他囚犯成功完成训练和改造项目的可能性更小，而且他们也被证明难以适应监狱的日常生活。因此，他们可能超过平均服刑时间比例。只有7个州报告了智障人士的特殊监狱设施或项目方案。其他州系统将这些囚犯"主流化"，使他们与其他囚犯一起参加定期活动。

恐怖主义

为了防止将来对美国社会的恐怖袭击，反恐已经在整个矫正机构中占了很重要的位置。这也就要求所有的矫正机构针对恐怖主义采取相应程度的措施。"9·11"事件数年后，前纽约警察局局长伯纳德告诉那些前来出席美国矫正协会（ACA）冬季会议的参会者，矫正机构的工作人员可以帮助反恐部门搜集情报。情报是反恐战役的关键，我们不得不去这么做，因为很多囚犯都是与这些恐怖主义个人、团伙有关联的，我们可以为相关机构获得很多有价值的情报。

伊利诺伊大学的学者杰斯表示，从矫正机构获得的关于恐怖主义的情报是值得分析和重视的，这是一个很重要的情报获取渠道，能够防止那些潜在的将要发生的恐怖袭击事件。他同时还指出，监狱中工作人员和囚犯之间的交流是一个很重要的情报来源渠道。此外，一些监狱囚犯与外界的联系也是很重要的情报来源，因为他们的很多人与外界的恐怖主义组织有联系。如果我们可以有效地获得这些有价值的信息，那么我们就可以成功地打击恐怖主义行为。当囚犯与外界交流的时候，监狱的管理人员必须要重视这些行为，因为其中可能会包含一些潜在的恐怖主义袭击的信息。

在矫正机构日常的工作和管理中，应该特别注意那些可能与外界恐怖组织有联系的犯人。一些囚犯会认为自己是政府的俘虏，他们会产生一些仇恨的情绪，很多的恐怖主义组织就是看到了这一点，才来利用这些有复仇情绪的囚犯来实施犯罪。囚犯可能会因为很多种原因变得激进，他们可能会被种族主义感染、被一些文学作品鼓动、被一些极端的反美组织煽动。美国联邦调查局官方说，基地组织正在持续发展美国监狱中的囚犯成为他们的成员，特别是在全美 9600 名囚犯中寻找合适的对象来发展他们的成员。很不幸的是，美国的矫正机构确实是一个适合他们发展成员的地方。休斯顿大学最近的一项调查显示，一些极端的宗教主义正在不断地在美国的监狱中传播，这样发展下去无疑将会产生巨大的隐患。

刑事司法新闻："激进"的伊斯兰教、恐怖主义和美国的监狱

尽管每年都有数千名美国囚犯皈依伊斯兰教，但担心他们释放后会犯下恐怖主义罪行的忧虑并没有实现。在少数几个犯人策划恐怖主义的案件中，他们没有与基地组织等组织建立联系，他们的计划被挫败。

普渡大学社会学教授伯特·尤西姆博士在 2011 年 6 月向美国众议院一个专门研究此事的小组表示："美国监狱将导致数十名恐怖分子涌入我们城市街道的说法似乎是错误的，或者至少被夸大了。"尤西姆指出，178 名美国穆斯林卷入与恐怖主义有关的暴力事件中，只有 12 名与监狱里的激进分子有联系。

专家们认为，"9·11"事件过去十多年后，这一积极结果既与美国囚犯对中东问题缺乏兴趣有关，也与监狱当局为确保囚犯不走上这条道路而采取的措施有关。联邦监狱局和州系统已经改进了对囚犯的监测，并减少了他们接触伊斯兰教文献的机会,并且像 FBI 这样的机构在部分囚犯被释放后跟踪了一段时间。

在一个穆斯林不到 1% 的国家,据说 10% 的美国囚犯信仰伊斯兰教。印第安纳州立大学犯罪学教授马克·哈姆(Mark Hamm)博士写道:"我发现,主要的动机是寻求精神上的'搜索'——寻找宗教意义解释和解决不满。"他对囚犯激进主义 2 年的研究发表 2008 年 10 月的《国家司法研究所》上。

尽管这种精神追求与圣战的道路截然不同,哈姆警告说,"潜在的意识形态引发的犯罪行为"仍然存在。他指出,在佛罗里达州和加利福尼亚州监狱发现了一些恐怖阴谋。2005 年,在加利福尼亚州新福尔索姆监狱,凯文·詹姆斯领导的几名穆斯林罪犯密谋对国民警卫队、犹太教堂和以色列领事馆实施恐怖行动。当该组织的几个成员被假释后,他们实施了一系列抢劫银行来为他们的计划提供资金,但是他们在未能实施之前就被抓住了。

中东的利益已经延伸到美国监狱。2003 年,《华尔街日报》报道说,沙特阿拉伯"每个月向监狱牧师和伊斯兰组织运送数百本《古兰经》以及宗教小册子和视频,然后传给囚犯"。

许多美国囚犯和他们的伊斯兰牧师已经接受沙特的瓦哈比·萨拉菲特教派,以其伊斯兰至上主义解释古兰经。瓦哈比·萨拉菲特教派的 Warith Deen Umar 是 2000 年前纽约监狱的首席穆斯林牧师,他告诉《华尔街日报》,监狱是"激进主义和伊斯兰宗教的完美招募和训练基地"。

《华尔街日报》的披露引发了检察官办公室(OIG)对监狱使用穆斯林牧师和伊斯兰文学的审查。OIG 2004 年的报告发布了 16 项建议,包括要求伊玛目(穆斯林牧师)与安全人员密切合作,密切监视志愿者伊玛目,并审查祈祷书。许多州监狱也采纳了这些建议。

此外,虽然长期禁止使用互联网限制了囚犯获得自由基的网站,但还是有走私手机。作为进一步的预防,监狱局在 2006 年开始将几十个激进的伊斯兰囚犯分离在两个通信管理单元,严格限制探视权和监控所有的电话和邮件。美国伊利诺伊州玛丽恩监狱的 CMU 拥有 18 名穆斯林，包括凯文·詹姆斯。

参考文献

Professor Bert Useem, "Testimony for the Committee on Homeland Security," Purdue University, June 15, 2011, http://homeland.house.gov/sites/homeland.house.gov/files/Testimony%20Useem.pdf.

Daniel J. Wakin, "Imams Reject Talk That Islam Radicalizes Inmates," *New York Times*, May 23, 2009, http://www.nytimes.com/2009/05/24/nyregion/24convert.html?_r=1&ref=us. Mark S. Hamm, "Prisoner Radicalization: Assessing the Threat in U.S. Correctional Institutions," *National Institute of Justice Journal*, October 2008, http://www.nij.gov/journals/261/prisoner-radicalization.htm. Paul M. Barrett, "How a Muslim Chaplain Spread Extremism to an Inmate Flock," *The Wall Street Journal*, February 5, 2003, http://online.wsj.com/news/articles/SB10443950937146811453.

总结

监狱是一个小型的社会，尽管我们有些时候把它描述为一个机构的总称。监狱存在着自己的文化，或者我们称之为囚徒世界，同时囚犯们有自己的价值观、社会角色和生活方式。刚刚进入监狱的囚犯必定会经受监狱文化给他们带来的洗礼。监狱文化是十分有影响力的，这就要求所有的囚犯和监狱的工作人员必须要认真对待。当前的监狱也是社会的一个缩影，因为它反映了社会问题的存在，同时也对现有的社会结构造成了冲击。

监狱中的男性人数比女性人数要多得多，监狱中男女囚犯比例为 15∶1。但是，女性囚犯的人数正在逐年攀升。女性监狱受害者的人数不管是在州监狱还是在联邦监狱都是不成比例的。

许多的女性囚犯都有受身体虐待和性虐待的历史。虽然她们也想独立地抚养自己的子女，但是她们的能力确实有限。大多数女性囚犯被集中关押在女子监狱中，这些监狱是专门为女性设置的。然而一些州，特别是那些人口少的州，仍旧把女性囚犯和男性囚犯一起关押。只有很少的矫正机构会专门针对女性设置相应的服务项目。

矫正机构的工作人员会使用一个系统的方式来对囚犯进行教育,其中包括一些监狱工作人员的非官方方式。监狱的工作人员最关心的是他们对囚犯的监管和控制。监狱官员的工作是十分严格的,他们会对囚犯进行身体和其他细节的检查、进行暗访、对危险物品进行控制,同时也会使用摄像机、报警器来保证监狱的安全。虽然当前的监狱安保仍然存在不足,但是矫正机构正在变得越来越专业化,所有的工作人员都会接受专门的培训,这一切已经比过去先进很多了。

就像我们在这个章节讨论的那样,造成监狱骚乱的原因是多方面的,包括:①犯人的需求没有得到满足;②一些囚犯的暴力倾向;③监狱非人化的居住条件;④管理囚犯社会和重新分配权力的欲望;⑤监狱管理的变化产生了权力的真空,其中包括那些影响力很大的囚犯被转移或者是由法院命令直接介入管理。

法院对监狱管理的介入极其有限,并且这个情况持续了很多年。20 世纪 60 年代末,美国联邦最高法院开始明确囚犯的宪法权利。这些权利包括人身安全、绝对自由权利不受无端惩罚的权利、信仰宗教的权利和一些必要的程序权利(比如,聘请律师参加诉讼的权利)。囚犯的权利是有条件的,并且这些权利是得到法院支持的。所以,这就要求监狱的管理部门要更加专业,并且要根据法律提供必要的服务。最高法院的这项决定保留了囚犯的基本宪法权利,这些权利并不会因为他们是囚犯而打折。也就是说,监狱中的囚犯有和正常人一样的权利,只要是合理的要求,都应该被满足。

当前监狱遇到的主要问题包括:①艾滋病的传播;②不断增长的老年人犯罪人口;③相当数量的精神病囚犯和智力存在缺陷的囚犯;④对于那些有潜在恐怖主义倾向和与恐怖主义犯罪有关的囚犯的关注。

问题回顾

1. 什么是监狱亚文化?它们如何影响监狱生活?它们是如何发展的?它们的目的是什么?

2. 女性监狱与男性监狱的区别是什么?为什么对女性监狱的研究比男性的少?

3. 女性囚犯面临的特殊问题是什么？成为母亲的犯人的特殊需要和关注是什么？

4. 监狱工作人员最关心的是什么？还有哪些关注的目标？

5. 什么导致监狱暴乱？如何防止暴乱？

6. 今天美国囚犯普遍接受的权利是什么？这些权利来自何方？美国联邦最高法院在罪犯权利领域最重要的案件是什么？

7. 监狱今天面临的主要问题是什么？可能会有什么新问题？

第五部分

青少年司法系统

第十三章

青少年司法

📚 学习目标

读完本章后，应该能够：
1. 描述西方青少年司法制度是如何发展的。
2. 描述美国联邦最高法院有关青少年司法的重要裁决，包括它们对该系统处理青少年的影响。
3. 比较未成年人和成年人的合法权利以及各自的司法制度。
4. 简要描述青少年司法可能的未来方向。

介绍

在2010年，就格雷厄姆诉佛罗里达州案而言，美国联邦最高法院正式承认了青少年与成年人之间在刑事司法领域的根本区别。法官们写道："心理学和大脑科学的发展继续显示出青少年和成人之间的根本区别。"他们继续举例说，"涉及行为控制的大脑部分在青春期后期逐渐成熟"，"比起成年人，他们的变革能力更强，他们的行为不像成人的行为那样是不可挽回的堕落性格"。因此，在格雷厄姆案件中，法院废除了对作为青少年犯下严重罪行（杀人罪除外）的人适用不可假释的无期徒刑的规定。

两年之后的2012年，法院在米勒诉阿拉巴马州案中加强了对青少年司法的发展，法院认为，"未成年人不得假释的强制性生活排除了他的年龄和其标志性特征的考虑，其中包括不成熟、急躁和不了解风险和后果"。我们将在本章后面讨论这两种情况，这为支持他们的书面意见提供了重要的证据，因为它表明对青少年行为的认识正在发生变化，而这些变化正在以重大的新方式影响着青少年司法系统。

青少年司法和犯罪预防办公室（OJJDP）召集的严重和暴力青少年犯罪问题研究小组的一项重要发现是，大多数慢性少年犯在 12 岁之前就开始了他们的犯罪事业，有些人早在 10 岁就开始了。最新的国家数据显示，2012 年，警方逮捕了大约 67 723 名 12 岁及以下的儿童。这些非常年轻的罪犯（称为儿童罪犯）几乎占被捕青少年（18 岁以下）总数的 7%。

虽然各州关于进入成年期的法定年龄各不相同，但犯罪统计数据清楚地表明，年轻人不成比例地参与某些犯罪行为。例如，最近的一份报告发现，近 18% 的暴力犯罪和 18% 的财产犯罪都是 18 岁以下的人犯下的，尽管这个年龄组占美国人口的 26%。平均而言，任何一年内所有逮捕的人中约有 11% 是青少年，18 岁以下的人因抢劫和其他财产犯罪而被捕的可能性高于任何其他年龄组的人。图 13－1 显示了 UCR/NIBRS（统一犯罪报告被基于国家事件的报告系统）关于特定犯罪类别的青少年被逮捕的统计数据。

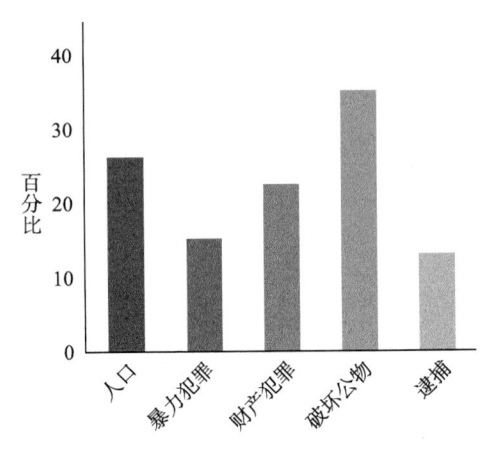

图 13－1　青少年参与犯罪类型统计

青少年司法与犯罪预防项目是美国青少年司法信息的主要来源。关于青少年犯罪与青少年司法制度的概述如下：

- 在美国每年大约有 100 万名青少年（18 岁以下）被逮捕。
- 青少年暴力犯罪在减少。

- 被逮捕的青少年数量和关于青少年的庭审案件数占很大的比例。
- 女性犯罪的数量正在大幅上升（比过去10年增加了76%）。
- 青少年破坏公共设施的犯罪数量急剧增加。
- 在拘留的人口中，少数民族青少年的人数在大幅增加。
- 在青少年司法监禁设施中，拥挤是一个严重的问题。

2011年，一个为期7年的名为"停止犯罪途径研究"的多学科项目研究表明：

- 大多数犯下重罪的年轻人，无论受到何种干预或治疗，都会大大减少他们的犯罪行为。
- 在青少年机构待的时间长，不会减少累犯的数量。
- 以社区为基础的监督是对那些已经真诚悔罪的青少年的有效照顾。
- 药物滥用的治疗减少了药物的使用和犯罪。

由OJJDP资助的"停止犯罪途径研究"在定罪后的7年内追踪了1354名14至18岁的严重少年罪犯。该研究考察了导致严重犯罪的青年继续或停止犯罪的因素，包括个人成熟、生活变化和参与刑事司法系统。通过http://www.ojjdp.gov了解有关OJJDP的更多信息，并阅读该机构最近推出的少年司法杂志，网址为http://www.journalofjuvjustice.org.

通过这一章的学习，希望大家能够达到四个目标。第一，简单了解青少年司法制度的历史，包括政府机构干预青少年罪犯或法院对青少年犯罪的监督。成年人系统是青少年司法制度的根源，但我们要在原生系统上找到一个更加统一的理论基础和一个相对清晰的关于系统目的的协议。这些差异可能是源于这样的事实：这个系统是相对较新的，社会普遍认为青少年值得拯救。然而，这个理论在美国青少年司法制度中越来越受到那些法律和秩序的拥护者"强硬的"质疑，他们中的许多人已经受够了当前青少年暴力犯罪的困扰。

我们的第二个目的是比较青少年和成人目前的操作系统。青少年司法制度背后的原因，导致其在行政和其他程序等许多方面是在成年人系统无法找到的。例如，青少年司法过程通常不像成年人程序那样的公开（庭审不公开、罪犯的名字不公开、后来程序和记录可能被销毁）。

我们的第三个目的是讲述青少年司法自身的机构、程序和问题。虽然每个州可能各不相同，但所有州共享一个共同的系统结构。

本章快结束时，我们将转向第四个目的，我们会考虑一些批评者提出的问题。在过去的几十年里，虽然保守态度使成年人的刑事司法系统开始变化，但青少年司法系统一直保持相对不变。因为青少年司法系统的前提完全不同于成人系统，青少年司法一直是以单独裁决、保护孩子的最佳利益为重点。正如我们将看到的，实质性的改变正在进行中。

图 13 – 2　案例：科罗拉多州的两名高中生哈里斯（18 岁）和柯宝德（17 岁）在学校里开枪造成了 15 人死亡和 20 人受伤。我们将来如何才能避免这样的惨剧发生呢？

历史上的青少年司法

早期

现代之前，在西方世界，青少年犯罪并没有因为他们是青少年而得到特殊对待。对他们的裁决和处罚与成年人是一样的。事实上，一些案例记录了历史上有的孩子 6 岁就被绞死或被绑在火刑柱上烧死。犯罪、不良行为和其他不法行为之间没有太大区别。

处理青少年问题的早期理论源自古罗马的家父权原则。在罗马法中（大约公元前 753 年），孩子是他们的家庭成员，但父亲享有对他们绝对控制的权力，他们也有绝对服从父亲意愿的责任。古罗马对儿童社会角色的理解强烈影响了英国的文化，最终导致了国家亲权主义在西方法律体系中的发展，这让国王（或英国的郡）在处理孩子触犯法律的问题上代替了其父母。18世纪末，欧洲和美国的社会条件已经开始改变。启蒙运动是一个非常重要的思想和社会运动，它强调了人类潜能。在这个新时代，孩子被认为是未来唯一真正的继承人，社会也开始越来越关心他们的幸福。

19世纪中期，大规模的人口移民到美国。他们居住在肮脏的、仓促形成的贫民区，一些移民家庭成为一些城市的犯罪受害者。许多孩子因为无法得到抚养而被家庭抛弃，他们被迫流落街头成为乞丐，以"寄生者"的身份生存于这座城市中。

1823年，纽约的社会预防贫困组织发布的报告呼吁，政府应兴建一定数量的"避难所"来挽救那些生活在犯罪与贫困中的孩子。1824年，纽约市开放了第一所这样的房子，受它庇护的大多是年轻的小偷、流浪者、逃亡者。其他的孩子，特别是那些犯下更严重罪的孩子被安置在成人监狱和拘留所。因为纽约的这种避难所很受欢迎，所以随后其他城市也迅速纷纷效仿。然而，随着发达城市的居住环境日益拥挤，他们的生活条件也不断地恶化。

之后不久，美国的儿童救助者运动开始了。儿童救助者信奉一种纠正懒惰和不道德行为的新生理论。儿童救助者运动的一个成果是建立了很多不良青少年改造学校，这些学校中能够体现健康的家庭环境和气氛。到了19世纪中叶，一种以教养院的方式来处理青少年犯罪的改造学校在芝加哥建立，并在1860年运行。改造学校教育的对象是那些更有可能参加严重犯罪的青少年累犯。

青少年法庭时代

1870年，在青少年犯罪产生的影响不断扩大的背景下，马萨诸塞州开始对青少年单独庭审进行立法。纽约在1877年也颁布了相关的法律，规定禁止青少年和成年犯罪者接触。罗得岛州1898年也颁布少年法庭法案，科罗拉多州1899年的法律成为第一个旨在裁决问题儿童的全面立法。1899年伊利诺伊州编纂的青少年法律，成为全国青少年法庭的典型。

根据《伊利诺伊州少年法庭法》创建了一个青少年法庭，它的形式和功能都区别于成年人刑事法庭。为了避免留下长期的犯罪烙印，适用于裁决青少年犯罪者的法律术语是"不良行为"而不是"犯罪"。法条详细说明了，青少年法庭在合议判决结果时，应当把孩子的最佳利益作为判决的原则。事实上，法官作为青少年的指导者，应指引他们的发展。有罪或无罪的判决对于这些需要改造的孩子来说是第二位的。法条放弃了像要求成人起诉程序那样严格遵守法律程序，允许对青少年适用非正式程序，旨在观察他们的情况。通过采用保护未成年人、避免适用成年人刑法的理论，伊利诺伊州青少年法庭强调用矫正替代惩罚。

1938 年，联邦政府通过了《少年法庭法》，这部法案中体现了很多《伊利诺伊州少年法庭法》的特征。到 1945 年，每个州都针对青少年犯罪作了特别的立法，并且各州政府都十分关注对青少年的处理，青少年法庭运动由此变得成熟。

青少年法庭的运动，是基于以下五个理论原则：

1. 州对其境内所有的青少年享有"更高或终极亲权"。
2. 青少年们值得被挽救，应该用非刑罚程序来拯救他们。
3. 对青少年应该培养，在培养的过程中，他们不应该因正常的审判程序而被打上罪犯的烙印。
4. 为了实现改革的目标，司法需要个性化，也就是说，每个孩子都是不同的，如需求、愿望、生活条件等，法院可以在每个孩子的个人细节问题上给予帮助。
5. 非犯罪化程序主要考虑孩子们的需要。基于这个原因，可以违背宪法的正当程序，这是合理的挑战，因为法院的目的不是惩罚而是帮助。

了解更多关于青少年司法的历史和青少年法庭的信息，可访问 http://www.justicestudies.com/pubs/juvenile.pdf。

表 13 - 1　青少年司法的法律环境

1966 年	肯特诉美国案	法院必须提供青少年诉讼中的"正当程序要件"。这一重要案件标志着美国联邦最高法院开始系统地审查下级法院在犯罪听证会的做法。
1967 年	高尔特案	在听证会上可能导致对一个机构的承诺，未成年人有四个基本权利：①控告通知；②委托律师的权利；③当面质问证人和交叉询问证人的权利；④不得自证其罪的保护。

续表

1970 年	温希普案	在违法问题上，国家必须证明其案件已排除合理怀疑。在温希普案之前，一些州的青少年法庭要求较低的证据标准，仅仅要求存在证据优势。
1971 年	麦克凯文诉宾夕法尼亚州案	少年案件不要求符合宪法的陪审团审判。与此同时，法院确定不对青少年禁止陪审团审判。今天，有 12 个州允许在涉及青少年的严重案件中进行陪审团审判。
1975 年	布里德诉琼斯案	对可能会发生从青少年法庭转移到成人法庭严格限制了条件。在这种情况下，琼斯在青少年法庭被裁定违法，然后被转移到成人法庭，导致违反一罪不受两次审理原则。现在，向成人法庭的转移如果要发生，必须在青少年法庭的裁决听证会之前作出。
1984 年	沙尔诉马丁案	法院推翻了下级法院禁止审前拘留未成年人判决的裁决，并认为这种拘留可能是保护儿童和其他人的必要条件。
1988—1989 年	汤普森诉俄克拉荷马州案和斯坦福诉肯塔基州案	最低死刑年龄定为 16 岁。
2005 年	罗珀诉西蒙斯案	美国联邦最高法院裁定，当罪犯在年龄小于 18 岁时犯下死罪时，年龄是一个执行的禁令。法院认为，"即使是青少年犯下的滔天罪行"也不是"无可挽回的堕落性质的证据"。罗珀案使 12 个州的 72 名死刑犯的判刑无效。
2010 年	格雷厄姆诉佛罗里达州案	《美国联邦宪法第八修正案》禁止残忍和不寻常的惩罚，禁止将终身监禁且不得假释作为对不涉及杀人罪的青少年罪犯的惩罚。
2012 年	米勒诉阿拉巴马州案	对 17 岁或以上犯有杀人罪的青少年罪犯判处强制性无假释的无期徒刑违反《美国联邦宪法第八修正案》。

青少年法庭系统的分类

在大萧条时期，大多数州扩张了关于青少年的法规，将青少年不良行为分为以下六个类别。今天这些类别在大多数司法管辖区内仍然适用：

1. 不良行为的青少年。不良行为的青少年是指青少年违反了刑法。如果存在不良行为的是一个成年人，那么我们将用"罪犯"这个词来称呼这个人。

2. 不守纪律的青少年。一个不守纪律的青少年是指那些在家长控制之外的孩子，这也就证明他或她拒绝服从合法当局，如学校官员和教师的管理，这样的孩子需要国家保护。

3. 受抚养的青少年。通常是指没有父母或监护人照顾的孩子，其中大多数孩子的父母已故，或者他们是被收养或者被非法遗弃的孩子。

4. 被忽视的青少年。一个被忽视的孩子是指从父母或监护人那里没有得到恰当的照顾。这样的孩子可能患有营养不良症，也可能无家可归。

5. 受虐待的青少年。受虐待的青少年是指遭受其监护人身体虐待的孩子。这一类后来被扩大到包括情感和性虐待。

6. 少年犯。这个术语是一个特殊的类别，仅包括违反法律的儿童。在一些州，少年犯被称为需要监管的罪犯。

少年犯包括旷课、流浪、离家出走、屡教不改等行为，年幼在这种罪行中是一个必要的构成要件。例如，成年人"离家出走"可能并没有违反任何法律。但是，青少年离家出走就可能会受到少年法庭的处理，因为国家法律要求他们必须受父母的监护。

身份犯罪是青少年法院理论上的自然产物。然而实际情况是，青少年需要帮助的时候，经常会面临依照程序处理，把他们视为不良少年来对待。青少年法庭运动并没有降低青少年的监禁率，反而导致了监禁人口的增加。青少年法庭运动的批评者很快将注意力集中在放弃正当司法程序权利上，他们认为在没有犯罪的情况下拘留和监禁孩子是不恰当的选择。

法律环境

从20世纪上半叶开始，就像早期监狱那样（见本书第十二章），美国联邦最高法院遵循不予干涉的青少年司法工作方式。对青少年犯罪的判决和进一步处理，主要由专门的青少年审判法院或地方法院进行处理。虽然一个或两个早期的最高法院的判例会涉及青少年司法问题，但直到20世纪60年代，法院才开始密切关注相关的法律审查制度本身的原则。表13-1所示的是美国联邦最高法院涉及未成年人司法案件的一些最重要的判例。

1966年，在肯特案中，美国联邦最高法院开始考虑用什么来保证青少年司法检验的持续性，并且这种检验会一直伴随青少年司法的每个过程。法官认为,法院在未成年人刑事诉讼中必须提供"正当程序"。这个重要的案例标志着美国联邦最高法院对下级法院处理青少年犯罪问题开始了司法审查。

接着,一年后,美国联邦最高法院裁定的内容如下:

青少年法庭的法官行使国家权力的行为就像父母管束自己的孩子一样,是不受限制的。请注意,为了符合正当程序的要求,所有行为必须满足所有的法律程序,因为只有这样才符合法律的规定。监护官不能作为孩子的律师。事实上,他在整个裁决过程中的角色就像是逮捕这些孩子的官员和目击者,这个作用是与孩子们对立的。没有材料显示处理成年人罪犯的程序和青少年罪犯有何不同。在这里,成年人和青少年的诉讼无实质差别,其中的问题是孩子是否会被发现是"罪犯"的程序,并且如果是犯有相当严重的重罪的起诉,是否应该适用自由刑。青少年需要在律师的帮助下来解决法律问题,因为这样他们才能够更加了解法律的规定,从而能够更好地为自己辩护。

然而,在1967年的另一个高尔特案中,法院不同意律师的意见:应保持青少年庭审笔录。法院认为记录是没必要的,因为:①宪法没有规定记录的权利;②大多数成年人轻罪罪犯是没有庭审记录的。

今天,高尔特案对整个青少年司法体系产生了广泛的影响:保障青少年在许多诉讼中享有与成年人相同的诉讼权利。高尔特案之后,联邦最高法院处理的大部分青少年犯罪的案件在判决时都会进一步阐述青少年的权利,主要集中在少数正当程序没有明确解决的问题上。其中一个是1970年的温希普案,争论的焦点主要围绕在青少年法庭证据证明标准上。温希普的律师认为,青少年面临着有罪审判时应该采用成年人刑事审判的排除合理怀疑的证明标准。他说:在审理青少年案件时,宪法的保护措施要像高尔特案一样要满足排除合理怀疑的标准。我们因此认为,12岁的孩子因盗窃行为被判6年,当时,正当程序需要证明标准排除合理怀疑。

正如温希普案所显示的那样,当前对于青少年不良行为的判决一定要建立在排除合理怀疑的基础上。然而,法院仍然对青少年犯罪这类身份犯罪适用比较低的证据标准。即使两者的标准继续存在差异,但大多数司法辖区已经选择适用比较严厉的举证责任,并将其作为认定不良行为的依据。

正如高尔特案和温希普案那样,法院在审判青少年案件时,还没有延伸到可适用所有成人诉讼权利上。举例来说,麦克凯文诉宾夕法尼亚州的案件

（1971），反复强调了较早的案件所确立的，特别是青少年没有被同类人的陪审团审判的宪法权利。然而，它很注重的是麦克凯文决定选择青少年陪审团审判。结果，当前大约有 12 个州准许在审判时有权选择青少年陪审团。

1975 年，在布里德诉琼斯案中，法院严格限制了从青少年法庭转移到成年人法庭的条件，并且规定这种转移必须发生在青少年法庭接管之前。

1984 年，在沙尔诉马丁案中，联邦最高法院认为纽约州的法律是符合宪法的，规定审判前拘留必须基于"严重的危险"并且不违反正当程序要求的公平公正原则。因此，法院认为州有权利和义务避免青少年因思想变化而影响他们将来的行为。虽然沙尔诉马丁案的判决维持了防护性拘留，但是法院抓住由该案件提供的机会，把诉讼程序的需要强加于羁押权之上。结果，防护性拘留至今不能适用，除非：①事前通知；②公正的拘留听证；③由法官阐述对拘留的四项理由。

1988 年，在汤普森诉俄克拉荷马州一案中，联邦最高法院决定了正当国家标准，不允许对任何 16 岁以下的罪犯执行死刑。2005 年，在罗珀诉西蒙斯案中，法院确定了一个新的标准，规定当罪犯小于 18 岁时，哪怕他犯了死罪，也禁止适用死刑。在罗珀诉西蒙斯案中，法官的陈述为：事实上青少年仍然在努力地对自己的身份下定义，没有证据显示，一个青少年犯了十恶不赦的大罪是不可挽回的。罗珀诉西蒙斯案使 12 个州的 72 名死刑犯的死刑判决无效了。

2010 年，在格雷厄姆诉佛罗里达州案中，法院解释了美国设立的严厉的惩罚条款，除非一个青少年犯了杀人罪，否则不能够在没有假释的条件下被判决终身监禁。法院认为这个规定给青少年犯一个机会展示其成熟和改造。

最后，2012 年，米勒诉阿拉巴马州一案中，联邦最高法院驳回了对一名未成年人谋杀犯判处无缓刑的终身监禁的强制处分。法院规定，州法院对犯谋杀罪的青少年判处不得假释的终身监禁违反了《美国联邦宪法第八修正案》禁止残酷刑罚的相关规定。法官艾琳娜·卡根认为，强制的终身监禁阻止了审判员和陪审团对减轻青少年罪责的思考。卡根写道："要求所有的孩子承认他们杀了人，还要让他们接受自己的余生将会一直在监狱中度过，并且他们永远都没有假释的可能。我想这样的做法无论是在针对青少年罪犯的年龄、与年龄相关的特性，还是犯罪的自然属性，都是不合理的。因此《美国联邦宪法第八修正案》废止了残酷和反常的刑罚。"

刑事司法新闻：学校严肃对待欺凌行为

学校里的欺凌行为，一度被认为是成长过程中的一部分，现在被广泛认为是学习成绩不好、校园暴力和自杀的根源，这一修正的观点引发了各州反欺凌法的大量出台和学校政策的重大调整。

专家表示，20%至50%的学生曾在某一地点被欺负，10%的人经常被欺负。在美国的一些研究中，已经记录了有害的影响。为了防止被欺负，每天有16万名儿童待在家里，4.1%的受害者带着武器上学。校园霸凌的受害者自杀的可能性是其他原因的5.6倍。

但直到最近，许多学校什么也没做。全国学校心理学家协会报告说，近25%的教师不相信对欺凌行为的干预是必要的。

在一个学生上网社交的时代，不良行为已经从楼梯间和更衣室搬到了脸书网和推特。这种所谓的网络欺凌，使这个问题复杂化，因为它不是在学校发生的，许多家长和老师没有参与到社交媒体中。

1999年丹佛郊区的哥伦拜恩高中的枪击案被部分归咎于欺凌行为，此后，各州开始通过反欺凌法。一些被嘲笑的学生自杀，往往是因为同性恋身份而被驱逐，也促使了这些法律的诞生。到2012年3月，除蒙大拿州以外的每个州都有反欺凌法。

虽然法律各不相同，但总的来说，这些法律包括要求学校制定反欺凌政策，跟踪事件动态，为教师和学生制定培训和预防方案，并建立诸如停学、搬迁或开除等制裁。此外，各州修改了法律，以覆盖网络欺凌和更微妙的骚扰，比如孤立。

到目前为止，这类法律已经在法庭上出现了。弗吉尼亚州西部的一名高中生因为伪造另一名学生的网络档案而被学校停学，原因是前者称后者为"患有疱疹的荡妇"，前者的父母基于言论自由起诉了学校，但是联邦上诉法院驳回了其诉讼。

即使是崇敬的高中体育项目，也不能免除愤怒的家长适用新法律的影响。2010年，印第安纳州卡梅尔市高中篮球队的三名球星，在比赛结束后乘公共汽车回家的路上欺负了两名新生队员，被停赛5天。

然而，在许多情况下，法律被强制执行。在佐治亚州（第一个于1999年通过反欺凌法的州）亚特兰大地区的学校在2009—2010学年报告了1900多起欺凌事件，但是结果只有30人被驱逐或搬迁，而整个郊区县没有报告任何事件。

此外，学校的政策也不能阻止欺凌行为。一个因恃强凌弱而发生自杀事件的马萨诸塞州学校已经制定了一个反欺凌政策。

学校有很多不良行为，但什么构成欺凌行为呢？一位纽约法官写道，这个标准是：这种行为是否"足够严厉、持续或普遍，以至于造成了一种剥夺学生大量教育机会的'敌对环境'"。参见正义援助出版物《虚拟世界中的真实犯罪》。

参考文献

Real Crimes in Virtual Worlds（Washington, DC：Bureau of Justice Assistance, 2013）.

"Schools, parents try to keep pace with cyber-bullying tactics," Baltimore Sun, April 22, 2012, http://articles.baltimoresun.com/2012-04-22/news/bs-md-ho-cyber-reader-20120422_1_cyber-bullying-anti-bullying laws-rutgers-university-freshman.

"Analysis of State Bullying Laws and Policies," U.S. Department of Education, December 2011, http://www2.ed.gov/rschstat/eval/bullying/state-bullying-laws/state-bullying-laws.pdf.

"Law Firmer against Bullies," Atlanta Journal-Constitution, November 20, 2010, http://www.ajc.com/news/atlanta/law-firmer-against-bullies-748057.html.

关于儿童和法官的立法

为应对20世纪60年代后期快速增加的犯罪率，1968年国会通过了犯罪控制和安全街道综合法，该法给州和市追求现代化的正义制度提供了金钱和技术支持。安全街道法案也为青少年服务机构提供资金服务。1967年总统委员会的报告还特别推荐了这些机构。

这些部门对警察、少年法庭、缓刑部门开放，并作为一个集中的社区资源来处理少年犯的问题。青年服务局同样应学校和青少年提请处理青少年犯问题。不幸的是，在他们成立后的 10 年内，大多数青年服务局消匿于缺乏持续的联邦资金支持。

1974 年，意识到未成年人的特殊需要，国会通过了《青少年司法和犯罪预防法》（JJDP）。采用与 1968 年法案基本相同的战略，法案给寻求改善他们对青少年犯的处理和处置的州和城市提供联邦资助。几乎所有的州都选择通过法案接受联邦资金。参与的州必须在 5 年内满足以下两个条件：

1. 它们必须同意将青少年罪犯与成年人罪犯分离关押，以避免他们之间的相互接触。

2. 青少年犯必须接受非制度化的管理，他们绝大部分被释放回社区或安置在寄养家庭。

在短短几年之内，机构数量被消减了一半以上，作为替代品的社区矫正机构却在蓬勃发展。被监禁的青少年会被安置在与成年人分开的房间中，或完全被关押在专门的青少年监狱之中。

1980 年《青少年司法和犯罪预防法》被再授权提供资金后，专门关押青少年罪犯的监狱由各州自行建设。《青少年司法和犯罪预防法》在 1984～1988 年间被重新授权做专门的研究，但是研究发现，有近一半的州在实施层面阳奉阴违。因此，国会对该法案的要求重新作了修改，要求各州根据自身的具体情况来逐渐将青少年罪犯和成年人罪犯分开关押。1988 年重新立法，增加了一个"不成比例的少数限制"（DMC）的要求：如果各州为他们的青少年司法系统向联邦申请资金，那么他们就必须改善目前将青少年罪犯和成年人罪犯一同关押的现状。

1996 年，由于社会各方对青少年罪犯被关押在监狱里的情况持续的关注，美国青少年司法和预防犯罪办公室（OJJDP）在各方压力下制定了新的规则。新的规定允许在没有准备好专门关押青少年罪犯的牢房之前，可以把青少年罪犯关进成年人监狱长达 12 小时。最近一次的青少年司法改革发生在 2002 年，该法案把对青少年罪犯的保护扩大到司法程序的每个阶段。从 2005 年起，全美的 57 个州和领地中已经有 56 个接受了联邦关于青少年司法方面的资金援助，也就意味着它们都在对青少年司法进行大刀阔斧的改革。

在 2003 年，美国国会通过了通常所说的"AMBER 警报法律"来保护青少年和儿童。此法正式的名称为《2003年保护法案》，此法案规定联邦政府资助各州创建国家的 AMBER 网络（America's Missing: Broadcast Emergency Response，美国失踪人口：广播紧急回应），以方便执法部门和社区对绑架或劫持的儿童的情况进行快速处理。该法还建立了联邦 AMBER 警报协调职位并对使用 AMBER 警报设置了全国统一标准。法律另外规定了关于对任何人迫使儿童从事色情活动的行为予以起诉，其中还包含一个治外法权的条款，这使得有关美国公民在境外从事青少年犯罪的联邦诉讼成为可能。了解联邦政府的 AMBER 警报，可以通过 http://www.amberalert.gov 访问。

青少年的合法权益

如今的大多数司法管辖区都制定了法令，旨在将米兰达条款扩展到青少年，许多警官在审问被拘押的青少年之前，例行公事地向他们发出米兰达警告。然而，目前还不清楚青少年是否可以合法放弃他们的米兰达权利。1979年，美国联邦最高法院的一项裁决认为，当青少年长大并受过足够的教育以理解放弃权利的行为后果时，他们应该获得明知权利却放弃的机会。后来的高等法院裁决维持了对一名少年的谋杀罪的判决，该少年被告知他的权利，并在他母亲面前放弃了这些权利。

青少年权利的一个重要领域是调查程序。例如，在 1985 年，美国联邦最高法院在新泽西州诉 T. L. O. 一案中裁定，学童对个人财产的隐私有合理的期望。这起案件涉及一名 14 岁的女孩，她被指控违反高中校规，在高中的浴室里吸烟。一位副校长搜查了这名女孩的钱包，发现了使用大麻的证据。随后，青少年管理人员被召集起来，女孩最终被送到青少年法庭，并被认定违法。

该名女生向新泽西州最高法院提起了上诉，她的律师成功地帮助她推翻了定罪，理由是手提包为私人财产，进行搜查是不合理的行为。州法院又向美国联邦最高法院提起了上诉，美国联邦最高法院最终裁定禁止学校官员对学生或其财产进行不合理的搜查。联邦最高法院的判决说明，如果搜查：①是基于对违规行为的合理怀疑；②是维持学生秩序、纪律和安全所必需的；③未超出最初怀疑的范围，则搜查就是合理的。

2011 年，美国联邦最高法院宣布，在确定嫌疑犯是否坦然地以沉默应对警方质询时，必须考虑嫌疑犯的年龄。在 J. D. B. 诉北卡罗来纳州一案的判决书中，索尼娅法官写道，"少年儿童通常认为必须对警方的盘问做出回答，而成年人在同等情况下却会觉得不一定非要回答，这一点是毋庸置疑的"。最近法院强调的发育神经生物学的研究发现，"从历史上看，法律反映了同样的假设，即孩子们特别缺乏成熟的判断力，他们只拥有理解周围世界的不完全能力"。

现行青少年司法程序

青少年法庭的管辖权取决于罪犯的年龄和行为。目前大多数州规定，受青少年法庭管辖的少年儿童应不满 18 周岁。另外一些州规定为 16 岁，还有一些州为 17 岁。大部分州都规定，满 18 周岁的青年应接受成人刑事法庭的审判。

2013 年，犯罪预防办公室报告称，美国青少年法庭每年处理的违法犯罪案件约达 170 万件。青少年法庭的管辖权根据各州的法律以及所牵涉的犯罪行为可以为专属管辖。如果青少年法庭是唯一拥有法定权限处理针对青少年违法行为的法院，则适用专属管辖。比如，逃学等身份犯罪通常属于青少年法庭的专属管辖范围。但涉及违反刑法的犯罪行为通常不在青少年法庭的专属管辖范围内。全部 50 个州、华盛顿哥伦比亚特区以及联邦政府都规定，允许将犯下严重罪行的青少年交给刑事法庭审理。46 个州的青少年法庭法官有权放弃对涉及青少年案件的管辖权，并可将案件转交至刑事法庭。50 个州"明文"规定，公诉人有权决定将某些暴力案件提交少年法庭或者刑事法庭。暴力犯罪或有案底的青少年最有可能被移交给成年人法庭审理。

如果青少年法庭不享有专属管辖权，则享有初审或共同管辖权。初审管辖权是指必须由青少年法庭对特定的犯罪行为提起诉讼，青少年法庭对大部分犯罪案件及全部身份犯罪享有初审管辖权。如果其他法庭也拥有提起诉讼的同等法定权限，则存在共同管辖权。例如，青少年犯下杀人、强奸或其他严重犯罪行为，可由成年人法庭下发逮捕令。

有些州规定，青少年法庭对于某些特定犯罪不具有管辖权。比如，特拉华州、路易斯安那州和内华达州规定，青少年法庭对于被指控一级谋杀的青少年不具有管辖权。另外 29 个州的规定，将某些严重暴力或重犯行为排除在青少年法庭的管辖权范围之外。

成年人及青少年司法对比

我们在本节确认的与青少年司法制度相关的诉讼案件有两个共同特点：①都体现出《权利法案》规定的正当法律程序保障；②都主张将成年人的正当法律程序作为青少年诉讼的参考。正如美国联邦最高法院解释的那样，明确正当法律程序是为了保证青少年诉讼的公正以及保障青少年的权利，但并不能以法院的解释为借口向青少年提供与成年人被告同等的保护。尽管最高法院倾向于赞成青少年可享受正当法律程序的保护，但却没有公开宣布青少年有权获得成年人被告享有的各项正当法律程序。详见表13-2有关成年人刑事诉讼和青少年刑事诉讼程序的对比。

表13-2 成年人和青少年刑事诉讼程序对比

成年人刑事诉讼程序	青少年刑事诉讼程序
• 注重犯罪行为本身。 • 对于犯罪嫌疑人个人和财产不合理的搜查，需更加全面地理解。 • 在被证明有罪之前，所有的犯罪嫌疑人都被假设为无罪。 • 对抗性的设置。 • 大多数的假设基于逮捕令。 • 有聘请律师的权利。 • 有接受公开审判的权利。 • 司法的目的是惩罚和矫正不法行为。 • 无权处分。 • 有通过缴纳保释金被释放的可能性。 • 审判和量刑需要被记录。 • 有在成年人矫正机构接受矫正的可能性。	• 关注不法行为和犯罪主体的特殊性。 • 对青少年犯罪嫌疑人的无理由搜查具有限制条件。 • 不得自证其罪（弃权证书需要质疑）。 • 罪与非罪不是首要问题（制度集中关注儿童利益）。 • 有援助的内容。 • 基于上诉状或投诉进行逮捕。 • 有聘请律师的权利。 • 不公开审理；拒绝陪审团审判的权利。 • 首要目标是预防犯罪和处理不法行为。 • 享有特殊的权利。 • 释放由父母监护的权利。 • 密封记录。 • 在每一个阶段的设施都是完备的。

青少年法庭的哲学与成年人的制度还存在其他差别，主要在于：①减少对于有罪或无罪的法律问题的关注，转而强调青少年的最大利益；②强调挽救而不是惩罚；③通过采用记录封存及禁止公布少年犯姓名等公共监督手段保护隐私；④在进行意向决策时使用社会科学技术，而不是因认为需要惩罚而作出判决；⑤不长期监禁，无论犯下何种罪行，大多数青少年将在年满21

岁时获得释放；⑥青少年单独关押；⑦整个过程中均拥有广泛的自由裁量权。法庭哲学与正当法律程序要求的结合，创造出了独特的青少年司法体系。这种司法体系在试图为社会提供合理保护的同时，也兼顾到了青少年的特殊要求。

体系工作方式

可以将青少年司法体系视为一个包含四个阶段的执行过程：受案、判决、处置及判决后复审。尽管在组织上类似于成人刑事司法过程，但青少年司法体系更有可能最大限度地使用自由裁量权，并更有可能在诉讼过程中不采用正式的诉讼程序。后文将逐一介绍每个阶段。

受案及拘留听证

青少年犯可能会因遭到逮捕或受害人提交青少年诉状而引起警方或青少年法庭的注意（青少年诉状很像起诉非法行为的刑事诉状）。青少年诉状通常是由教师、校方管理人员、邻居、店铺经理或其他与青少年频繁接触的人提交的。很多无法管束自己十几岁孩子行为的父母也可以提交诉状。其他青少年在犯罪过程中的行为也引起了警方的注意，在转给青少年法庭的全部案件中，有3/4直接来自执法机构。

很多警察局都设置了少教警官一职，少教警官接受了如何与青少年打交道的特殊培训。青少年司法程序的特点是改造，鉴于对这一特点的强调，少教警官通常可从多个体现为特别方案的自由裁量方案中作出选择，尤其是在处理非暴力罪犯的过程中。以宾夕法尼亚州特拉华县为例，该县的警察局加入了"青少年援助小组"。援助小组由普通公民组成，他们自愿提供除正式青少年法庭流程以外的其他服务。被推荐给援助组并同意遵守小组决议的青少年是由青少年法庭转交的。

现实司法会议（RJC）也是一种移送计划。现实司法会议1995年首次在宾夕法尼亚州伯利恒实行，据称是一种可有效预防青少年犯罪、违反校纪以及防止暴力的行为方法。它以家庭小组会议（有时也称作社区会议）代替校纪或司法过程或作为补充。家庭小组会议建立在恢复性司法模式的基础上，青少年犯可以在会议上叙述自己的所作所为并了解受害人的想法，同时还可以帮助青少年犯决定如何弥补他们的行为给受害人造成的伤害。能够参与现实司法会议的青少年犯，可以避免接受更加正式的青少年司法机制的审判。

但最终逃脱青少年司法体系审判的青少年，仍有可能接受一定时期的监禁。有1/5的青少年违法犯罪案件在作出最终裁定前，都会首先对犯罪人员进行拘禁。在成年人体系中，监禁对于等待首次出庭的犯人来说是主要的监管手段，但与之不同的是，对青少年进行拘禁却只能作为最后的手段。拘留听证会调查监禁候选人是否"对其自身或他人构成明显且直接的危险"，且通常会在24小时的拘押期内作出判决。不被拘留的青少年通常会被释放，并由其父母或监护人监管，或由临时收容所收容，或由教养院进行监督。

拘留听证会

有关收押青少年的拘留听证会，由青少年法庭的法官或法庭人员（如青少年保护官）组织召开，他们有权根据（涉嫌）违法行为决定是否召开听证会。受案人员和警方一样也拥有自由裁量权。除拘留外，他们还可以选择改变或完全取消对青少年犯的某些或全部指控。被释放的青少年可以被送去参加工作培训项目、精神卫生设施、毒品治疗项目、教育咨询或其他社区服务机构。如果父母关心孩子并且能够承担私人咨询或改造费用，受案官在了解到他们有能力对孩子进行改造后，可以将孩子交由父母监管。青少年司法中心预计，在受案处置的青少年犯罪案件中，超过一半的案件没有诉状且未能得到正规处理，并被转交给了社会服务机构。

预审听证会

预审听证会可以和拘留听证会一同进行。预审听证的目的在于确定是否存在青少年涉嫌犯罪的合理原因。在听证会上，青少年（及其父母或监护人）将了解到他根据州立法及法庭判例而应享有的权利。如果可能的原因得以确定，青少年仍可以选择其他移送方式，如"改进期"或"缓刑判决"。这些可供选择的处罚方式均规定青少年必须在一年的时间内避免陷入法律困境、按时上学并听从父母的教导。非正式的缓刑期结束后，如果青少年符合上述条件，则可取消对其的指控。

移交听证会

如所涉罪行严重，法律规定，可应检察官的要求将案件移交给成年人法庭。移交听证会在青少年法庭举行，需要确定的重点为：①移交法规是否适用于在审案件；②能够利用青少年司法体系可用的资源对青少年进行改造。

法规要求移交的情况（有时为如前所述的一级谋杀）存在例外。

裁决

裁决审理实为调查过程，青少年法庭在此期间确定是否掌握足够的违法证据。裁决审理类似于成人审判，但有一些显著的例外。相似点在于青少年和成年人的正当法律程序权利是相同的。裁决审理和成年人审判之间的区别包括：

• 注重隐私。青少年司法体系的一个重要的鲜明特点是注重隐私。青少年听证会并不向公众或媒体开放。证人仅允许在作证时上庭，而整个听证会的其他时间则不允许证人在场，且不对诉讼过程进行文字记录。注重隐私的目的是避免青少年被社会打上负面标签。

• 非正式。成年人刑事审判是高度结构化的过程，而青少年听证却不那么正式、不那么充满敌对情绪。青少年法庭的法官在事实认定过程中起到了更加积极的作用，而不是充当控辩双方之间仲裁人的角色。

• 速度。非正式性、缺少陪审团以及不存在敌对环境，加快了审理的速度。与成年人审判动辄几周甚至几个月的审理时间相比，青少年听证通常在几个小时或几天内就能结束。

• 证据标准。听证会结束后，青少年法庭的法官必须对证据进行权衡。如果指控涉及身份犯罪，法官可在确认证据优势后对青少年作出有罪判决（犯罪证据比相反证据更有信服力的情况下，存在证据优势）。如果指控涉及刑事犯罪，证据标准将会提升到排除合理怀疑的水平。

• 法庭的哲学。即使有强有力的证据证明青少年的罪行，法官仍可认定有罪判决不符合孩子的最佳利益。即使收到了证据，法官仍有权将青少年排除在青少年司法体系之外。青少年法庭的统计数字显示，在青少年法庭审理的全部案件中，仅有约55%得到了正式处理。正式处理包括提交诉状要求举行审判或移交听证会。非正式案件是在没有诉状的情况下审理的。在非正式审理（无诉状）的违法案件中，将近一半被法庭驳回，而59%的有诉状案件造成了青少年被裁定有罪。

• 无权接受陪审团审判。正如前面所提到的美国联邦最高法院在麦克维尔诉宾夕法尼亚州一案中的判决，青少年不享有宪法上规定的由陪审团审判的权利，大多数州不向青少年提供由陪审团审案的机会。

参见表 13-3 了解青少年法庭及成年人法庭在措辞方面的对比。

表 13-3 青少年法庭 v. 成年人法庭

在青少年法庭使用的语言要比成人法庭温和得多，例如： ①接受"犯罪请愿书"而不是刑事诉讼； ②召开听证会而不是审判； ③只判决他们的不法行为，而不是打击他们的自尊心； ④选择一种合理的方式来"处置"他们，而不是直接逮捕。

但有一些行政辖区允许青少年犯在青少年法庭接受同龄人的审判。以佐治亚州的哥伦布县的青少年法庭为例，该法庭早在1980年便开始尝试青少年法庭及同龄人陪审。佐治亚州的同龄陪审团成员年龄在17岁以下，且接受过法庭的专业培训。陪审员需在校表现优异，不能处于法庭的监督之下或受到法庭的起诉。培训包括在课堂上学习青少年法庭体系的法哲学、佐治亚州的青少年发展，以及影响青少年司法的最高法院判决。该县的青年陪审员仅在法庭程序中的处置（或判决）阶段且仅在青年志愿者参与陪审团裁决的情况下启用。

目前，全国正在实施的青少年法庭计划有几百个。青少年司法和犯罪预防办公室指出，"青少年法庭在许多行政辖区是一项有效的干预手段，但由于待处理案件数量繁多以及需要关注重刑犯，因此那些辖区并没有优先考虑执行轻罪指控。"青少年司法和犯罪预防办公室表示，青少年法庭"给社区提供了向青年人讲授生命可贵和传授应对技能的机会，促进了同龄人对于成为被告的青年人和在青少年法庭审理过程中担任不同角色的青年志愿者们的积极影响"。请登录 http://www.justicestudies.com/pubs/teencourts.pdf 获取更多有关青少年法庭的信息。

处置

一旦发现青少年犯罪，法官将组织召开处置性听证。这种听证类似于成年人的量刑听证，用于确定法庭针对青少年罪犯应采用哪种处置方式。在成年人法庭，法官可在作出处置性判决前下令开展量刑前调查。这种调查有时候由称作青少年法庭辅导员的特别法庭人员进行，这些人员实际上就是青少年犯调查官。控辩双方的律师也有机会就处置方案提出意见。

青少年司法体系下，法官可使用的量刑方案范围通常比成年人司法体系的范围更加宽泛。对青少年处置的方式主要有两种：关押或不关押。由于青少年法庭的主要目的还是在于改造，因此，在确认社会对于保护的合理关切时，法官有可能选择能够满足青少年要求的限制性最小的方案。

大多数法官作出了不予关押的裁定。统计数据显示，在 2009 年（可以获得统计数据的最近一年）判决的全部违法案件中，有 27% 的案件被法庭下令执行家外安置，而这一比例在 1985 年曾高达 32%。2009 年判决的违法案件中，53%（541 400 件）采用了最具限制性的处置方式——缓刑，缓刑仍然是青少年法庭最有可能施加的制裁。

图 13-3 案例：青少年法庭活动。 青少年法庭期望在青少年到法庭之前就能维护他们的最大利益。不管这些青少年们犯罪与否，在他们到法庭之前，法庭的规则对所有的青少年都适用吗？

缓刑处置通常意味着青少年将被释放并交由父母或监护人进行教育，并被下令接受某种形式的矫正。和成年人体系一样，被处以缓刑判决的青少年罪犯需依照法庭命令缴纳罚金或归还财物。在 11% 被判定有罪的案件中，法庭均命令青少年罪犯缴纳罚金或罚款、参与某种形式的社区服务或者加入治疗或咨询计划，这些内容都要求缓刑人员全面执行最低限度的持续监督。由于青少年几乎没有财务来源或工作，大部分经济制裁内容都被法庭命令的工作形式所代替，如修缮学校或清扫校车。

当然，并非所有被判定有罪的青少年都会接受缓刑判决，超过 1/4（27%）的判决将会把青少年罪犯安置在家外的住宿矫正机构内，只有相对少量的案件（4%）中的青少年会被判定有罪，大多数案件最后都会被驳回或将犯罪嫌疑人释放。

青少年安全机构

表现出严重的再次犯罪倾向的青少年可能被勒令加入在安全环境中进行改造的项目，如青少年中心或培训学校。2010 年底，美国共有约 79 166 名年轻人处于被关押状态。其中，37% 的青少年是因谋杀、强奸、抢劫等个人犯罪行为而被关押；24% 因财产犯罪；7% 因毒品犯罪；11% 因社会治安犯罪（包括武器犯罪）；4% 因身份犯罪；16% 因违反缓刑或假释的规定。

大部分被关押的青少年均被关押在半监管的设施中，这些设施看上去并不像监狱，反而更像高中宿舍。但大部分州至少都设有一个青少年安全设施以作为最顽固少年犯的收容所。疗养所、"军训式矫正中心"、林务营、野外训练、教养院和州立私人设施也关押了一些据称受到监禁的青少年。安置在教养所的孩子们仍继续到学校上课，与其他被判决有罪的孩子一起住在家庭式的环境中，并由"舍管员"负责看管。请登录国家青少年司法中心的州青少年司法档案（http：//www. ncjj. org/Research _ Resources/StateProfiles. aspx. ）了解更多有关各州青少年司法体系的信息。

青少年扣押计划的运行哲学着眼于改造。青少年通常会被移送到安全的设施中关押一段时期，关押期一般少于一年。释放时间通常都是迎合学年的开始或结束时间。

大多数关押青少年的设施规模并不大，其中的 80% 只能够收容 40 人以下。许多被收容的青少年被关押在家庭式的设施中，全国共有 1000 个左右的家庭式设施，每个设施仅限于收容 10 名或更少的青少年。与之形成对比的是全国的 70 间大型的青少年安全机构，每间机构均可收容 200 名以上的核心犯人，并且青少年住宿设施中配备了很多管理人员。一项研究显示，州立机构的管理人员数量平均比被收容人员的数量多出 9~10 人，而私营设施的这一比例甚至更高。

各个行政辖区在青少年安全拘留的使用上差别很大。2010 年，夏威夷的青少年拘留人员数量最低，为 90 人，加利福尼亚州的数量最多，为 11 532 人。这一差别反映出不同人在经济现实和哲学信仰方面的差异。同样地，一些州坚决拥护改造理想，因此更有可能采用青少年移送方案。

在押青少年的特点

被收容的青少年尽管数量很少，却是有着严重问题的特殊人群。司法统计局最近的一份有关被收容青少年的报告发现了五个显著的特点：

1. 大多数（87.8%）为男性。

2. 在种族方面，41.1% 为白人，34.8% 为非裔美国人，21.1% 为西班牙裔人。

3. 约 4% 为身份犯罪，如旷课、离家出走或违反宵禁令而被收容。

4. 约 61% 的青少年罪犯被关押在那些针对严重个人或财产犯罪的住宿设施内。

5. 仅 1.3% 被控谋杀。

青少年设施人满为患

与成年人监狱一样，许多青少年收容机构也存在人满为患的问题。政府最近的一项调查显示，接受调查的设施中有 31% 的机构认为其关押的青少年数量已经饱和或超出设计容量。

青少年司法和犯罪预防办公室在对全国青少年关押设施的条件进行研究后发现，"青少年设施中存在的问题在一些方面是实质的而且是广泛的，在生活空间、卫生保健、安全和自杀行为的控制方面最为显著"。通过使用各种评估标准，这项研究发现，47% 的青少年被关押在在押人员数量超出设计容量的设施中，33% 的被收容人员不得不睡在"小于国家公认标准的房间"内。为了解决这个问题，研究人员建议使用其他处置方式，并只把被裁定为对社会危害性最大的青少年关押在安全设施中。研究还发现，由于大型宿舍式环境中最有可能发生被收容人员受伤害的情形，因此，青少年司法和犯罪预防办公室建议，"取消青少年设施中的大宿舍"。研究还建议"在收押后立即对所有青少年进行自杀行为风险筛查"，且首次健康检查应在"收押后立即进行"。青少年司法和犯罪预防办公室认为，"重要到足以引起关注"的其他问题还包括教育和治疗服务，青少年司法和犯罪预防办公室认为还需对上述两个方面继续进行研究。

许多州使用私人设施。一项调查发现，有 13 个州与 328 个私人设施（大多数被分类为疗养所）就关押有罪的青少年问题签订了协议。过去的几年间，私人设施（主要包括疗养所、教养院、收容所以及牧场、营地或农场）的收容人数增长率超过 100%，而公共设施（主要为拘留中心和培训学校）的增长率仅为 10% 左右。人数增长速度最快的为毒品和酒精类少年犯，约 7.4% 的青少年在押人员被关押的原因为酒精和毒品犯罪。青少年司法和犯罪预防办公室的一份有关社会经济广泛差距的报告称，"公共设施关押的青少年多为年龄在 14～17 岁之间的黑人男性，被押的主要原因是财产犯罪或人身犯罪。另一方面，在私人设施关押的青少年多为 14～17 岁的白人男性，被押的主要原因为非违法犯罪，如离家出走、旷课或桀骜不驯"。报告还指出，"青少年矫正变得日益私营化"。

刑事司法新闻：女生研究团体

在 20 世纪 90 年代，一大批女童被捕使女性青少年犯罪引起了全国的关注。一些女孩的被捕率比男孩的逮捕率增长得更快。到 2004 年，女孩占所有青少年逮捕的 30%，但犯罪问题专家不知道这些趋势是否反映了女孩行为的变化或逮捕模式的变化。青少年司法界在努力弄懂如何最好地回应女孩进入该系统的需求。

因此，2004 年，职业妇女发展局召集了女童研究小组（GSG），以建立一个以研究为基础的基金会，指导制定、测试和传播减少或防止女童参与犯罪和暴力的战略。2008 财政年度开始了此项研究工作。研究小组在 2008 年 3 月在科罗拉多州丹佛举行的预防暴力蓝图会议上赞助了一天的会前会议。会前会议的重点是传达调查结果，并讨论关于研究女孩的项目和需求的证据基础。此外，GSG 成员向少年司法和预防犯罪协调理事会提交了该小组的一些调查结果。

2008 年 6 月，职业妇女发展局推出了一个女孩违法犯罪网页，并制作了一系列的公告，展示了研究小组在青少年犯罪模式、女孩与男孩之间的差异等问题上的发现，与犯罪相关的危险和保护因素（包括性别差异），以及女孩犯罪的原因和相关因素。

第十三章 青少年司法

最后，在 2012 年，乔治敦贫困、不平等和公共政策中心发布了一份针对少女的关于改善青少年司法制度的报告。报告指出，现行的青少年司法制度最初是为犯罪男孩设计的，并没有充分认识到女孩的需要。该中心还审查了少女在青少年司法系统中面临的挑战，并为地方、州和联邦层面的促进性别平等改革提出了建议。用报告的话说：

该系统中的典型女孩是非暴力犯罪者，她通常风险很低，但需求很高，这意味着女孩对公众的风险很小，但她进入该系统时具有重大和紧迫的个人需求。女孩在进入少年司法系统时经常面临着一系列挑战，包括创伤、暴力、忽视、精神和身体问题、家庭冲突、怀孕、居住和学习不稳定以及被学校开除。青少年司法系统往往因为在女孩最需要帮助的时候不向她们提供服务而加剧这些问题。

该中心在其报告中总结了一些政策建议，希望能在联邦一级颁布。它们包括：

● 对女童方案进行研究，特别是考虑到促进性别平等项目和改善女童监禁条件的最佳实践。

● 授权美国司法部作出全面努力，改进培训和技术援助，以便法官、执法人员和青少年司法工作人员更好地认识到处于社会边缘地位的女孩的独特需要。

● 分配联邦资金并鼓励各州申请联邦资助针对特定性别的项目。

● 填补目前允许各州因违反法庭命令而拘留青少年的漏洞，因为这种做法对女孩的影响过大。

● 鼓励制定促进性别平等项目的国家标准。

● 促进妇女脱离成年人刑事司法体系的政策。

今天，其他女孩研究群体包括由国家犯罪和违法事务理事会（NCCD）和青少年司法与犯罪预防办公室（OJJDP）、国家犯罪和违法事务理事会女孩和年轻妇女中心联合资助的全国女子学院（NGI）。他们提供的技术援助和培训提升了女孩在青少年司法和儿童福利制度和年轻妇女的结果。了解女童犯罪的内容，请访问青少年司法与犯罪预防办公室的网页 http://www.ojjdp.gov/programs/girlsdelinquency.html。

> **参考文献**
>
> Girls Study Group: *Understanding and Responding to Girls' Delinquency* (Washington, DC: OJJDP, 2010); and Liz Watson and Peter Edelman, *Improving the Juvenile Justice System for Girls: Lessons from the States* (Washington, DC: Georgetown Center on Poverty, Inequality and Public Policy, October 2012).

判决后复审

少年犯收容的危害使得上诉审查的机会对于青少年来说远比对于成年人重要。尽管大部分州存在支持上诉的法定条文，但联邦法院的判例尚未明确确认向青少年法庭上诉的权利。

但是从实际的角度出发，青少年上诉可能并不像成年人刑事定罪上诉那样在逻辑上存在必然性。大多数青少年的投诉被进行了非正式处理，仅有相当少的少年犯受到了家庭外安置的处理结果。另外，由于大部分在押青少年的刑期较短，上诉法院很难在释放青少年之前完成复审过程。

后少年法庭期

21世纪早期，和本章开篇的巴斯·塔曼特一案类似的严重青少年犯罪案件以及全美国对青少年暴力犯罪的广泛报道，使得公众误以为青少年犯罪已经蔓延到了各个角落，没有任何社区能够在青少年暴力的恣意妄为中独善其身。大约在同时，违法犯罪的明显"专业化"开始被视为对于青少年司法体系理想的一个重大挑战，"专业化"的标志是青少年反复参与毒品帮派的暴力犯罪活动。所以，几年前，青少年暴力问题被提到了各州立法机构和州长议事日程的首位。为了阻止青少年危险犯罪升级，大部分州都采取了某些立法或行政措施。青少年司法和犯罪预防办公室指出，"这种（立法和政治）活跃程度之前在美国历史上只还出现过三次：20世纪转折时少年法庭运动的初期；1967年美国联邦最高法院对高尔特案判决后；1974年颁布《青少年司法及犯罪预防法案》后"。青少年司法和犯罪预防办公室确认了多个州在过去的15年间实现的重大进展：

1. 移交规定。新的移交规定使得将青少年犯从青少年司法体系移交到刑事司法体系变得更为简单。

2. 量刑权。有关量刑的新法使得刑事及青少年法庭有权采用更多的量刑方式，如在涉及青少年的案件中采用混合量刑（即将刑期分为两部分，如前期的青少年处置顺利完成，则后期可采用成年人缓刑）。

3. 保密修改。为了逐步公开青少年犯罪记录及诉讼过程，涉及法庭保密规定的法律接受了修订。

4. 受害人的权利。加大青少年犯罪受害人在青少年司法体系中的作用的法律已获得通过。

5. 矫正计划。成年人和青少年设施制作了新的矫正计划以处理暴力青少年犯。

面对这些变化，青少年司法专家兼华盛顿特区城市研究所法律及行为计划成员组成员杰弗里·巴特斯和奥贾马尔·米切尔表示，"全美的决策者很大程度上混淆了青少年司法和刑事司法之间的界限。违法的青少年不再受到法律制度特别考虑的保护。虽然各州仍保留着某些形式的青少年法庭，但青少年法庭和刑事法庭的目的和程序却越来越无法区分"。

出于对青少年犯罪的担心，有些人认为许多州实质上将青少年法庭"非法化"了。比如，2000 年 3 月，加利福尼亚州的选民投票通过了第 21 号提案《黑帮暴力及青少年犯罪预防法案》，支持对该州青少年司法体系进行全面改革。该法案降低了青少年法庭的保密性，限制了对青少年犯的缓刑判决，加大了检察官将青少年移交成年人法庭并送进成年人监狱的权力。类似加州第 21 号提案的法律使得很多专家表示，"青少年法庭和成年人法庭的相似性越来越大于二者之间的差异了"。

迈阿密戴德县首席法官辛迪·莱德曼将这些变化称作青少年司法体系的"成年人化"。莱德曼认为，青少年法庭自创立后发生了重大变化。20 世纪早期，青少年法庭注重社会福利，重点关注如何作出符合青少年最大利益的判决。但到了 20 世纪中叶，法庭开始将青少年的正当法律权利作为重要的指导原则。但是，近年来，法庭已经将关注点转移到了问责和惩罚上。

但成年人化的原则并非无处不在，当州财政预算萎缩以及对采用寄宿处置完成改造的能力缺乏信心时，许多行政辖区就会出现相反的发展趋势。举例来说，2011 年，一贯以保守的刑事及青少年司法而著称的德克萨斯州，通过立法将前德克萨斯州青少年委员会及德克萨斯州青少年缓刑委员会合并为：德克萨斯州青少年司法部。根据法律，新成立的德州青少年司法部的工作内容包括评估县、州青少年计划及服务的有效性和制定适合评估的成果措施。司法部还需充分将基于社区的计划用作替代寄宿处置方案。德州立法机构关闭了州内 3/10 的青少年监狱，并向地方改造计划投入了大笔的州财政资金。德州这种新方法的一大重要特点是全德州各县的缓刑部门集资为社区监督的青少年犯提供心理健康服务。

2012 年，加利福尼亚州开始实施青少年司法"调整"策略。这一策略要求由加州的各县负责管理州内的全部青少年犯。在实施调整策略前，加州法律仅允许将严重暴力或性犯罪的青少年送往州设施监管。因此，截至 2012 年，县立设施中收容或监管该州 99% 的青少年犯。为了确定调整策略，加州州长布朗宣布，2013 年 1 月 1 日，加州将停止向青少年司法部（DJJ）的设施移送犯人。布朗州长承诺将向各个县提供地方管理青少年犯所需的资金支持。调整策略的目的是"在青少年犯最有可能回归的点上"提供矫正干预。即便如此，这种策略在很大程度上还是依赖于必要的经济条件。设在加州的青少年刑事司法中心所出具的一份报告指出，"加利福尼亚州无力运行双重青少年司法体系"。

今天，在青少年司法领域的基于证据的实践（见"刑事司法问题"："基于证据的青少年司法"）正在帮助建立一套最佳实践指导方针，向国家政策制定者和少年司法行政人员提供对控制青少年犯罪改造青少年罪犯的最有效的了解。例如，2010 年，青少年司法和犯罪预防办公室（OJJDP）启动了国家青少年拘留中心（NC4YC），以支持、改进和改革青少年拘留所和改造设施和成年人设施。NC4YC 的目标是通过提供培训和技术援助，以及向司法社区传播有效的做法和方法，促进青少年司法领域的发展。该中心将努力服务青少年被安置的各种设施，包括那些关押青少年犯的成年人设施。该中心强调青少年司法系统的恢复目标，并有四个中心目标：

- 向援助拘留或监禁青少年的设施直接提供战略、针对性和可测量的培训和技术。

- 识别、记录和促进有效的、以证据为基础的针对被拘留青少年工作方式。

- 扩大在拘留和监禁青少年方面的青少年司法和最佳实践的知识基础和研究。
- 为被拘禁的青少年及其家庭和青少年司法从业者建立一个资源社区。

由于国家和联邦一级的预算担忧，目前的趋势正在转向以证据为基础的模式，证明对青少年罪犯的处理是有效的。由于公众要求青少年承担更大责任的需求激增，因此，最近的联邦和州立法浪潮中已经出现了最近实施的以证据为基础的节约成本模式。因此，21世纪中叶的青少年司法系统在许多方面与我们所知道的完全不同。

刑事司法职业：青少年司法职业

姓名：弗雷德·布莱恩

职位：亨内平县少年服务司司长

学历：爱荷华北部大学社区矫正和康复学院

专业：社会工作

工作内容：未成年人矫正

聘用年份：

1984 – 1990 年，少年管教主任；1990 – 1991 年，少年管教主任；1991 – 1997 年，少年管教（JP）干事；1997 – 2002 年，JP 单位主管；2002 – 2006 年，JP 行政经理；2006 – 2007 年，（代理）少年拘留中心主管；2007 – 2009 年，亨内平县家庭学校（HCHS）主管；2009 – 2012 年，HCHS 主管；2012 – 现在，青少年服务主任。

请简要介绍一下你的工作：

作为青少年服务区主任，我负责监督我们三个青少年服务区：我们的青少年缓刑部、青少年拘留中心和青少年住宅治疗中心（亨内平县家庭学校）。

你最喜欢的职位是什么？

在亨内平县，我们致力于使用基于证据的青少年服务，并根据从内部和其他管辖区收集的数据作出关于项目变更的决定。因此，在我职业生涯的某个阶段，我希望自己能够有机会做出决策，包括实施全系统的基于证据的方案。通过担任这个职位，我能够与系统利益攸关者和合作伙伴合作，实施影响我们在全县范围内如何对待青年的方案改革。

你如何描述面试过程？

应聘这个级别的工作不仅需要了解向我汇报的青少年服务的特定领域的复杂性，还需要了解青少年服务和如何适应我们部门的大局。作为县域的整体结构。在面试过程中，我必须阐明我将如何能够与系统伙伴和利益攸关方合作，例如，县委员会和行政部门、青少年法院、服务部和社区利益攸关方，以便满足青年人的需要；能够预见青少年服务领域的决策会如何影响我们部门或整个社区的其他方面。

典型的一天是什么样的？

对我来说，典型的一天可能需要我花时间在青少年服务的每个领域，处理诸如规划、预算、人员配备或纪律诉讼之类的需求。每个区域都有一个负责日常业务的经理，这些经理和我密切合作，以确保每个区域都有继续为青年提供有效的循证实践所需的资源和支持。我也是我们部门行政团队的一员，行政团队要求我与我们的其他区域主任和部门主任一起处理部门范围的问题。此外，在任何一天，我可能会与我们的少年法官、县行政人员、公共服务部或以社区为基础的组织合作。

什么样的品质/特征对这份工作最有帮助？

与广泛的专业人士一起工作的能力是必不可少的。政治敏锐也是一种非常有用的技能，通常所做出的决定对更广泛系统内的其他领域产生影响。这项工作还需要有能力对广泛的信息进行类比并应用相关的信息。

典型的起薪是多少？

工资范围是每年95 000美元到131 000美元。

当你进入更高层次的工作时，薪水潜力如何？

部门主任的薪水范围是每年117 000美元到176 000美元。

对于那些在刑事司法学院学习中的学生，你会给什么样的职业建议？

第十三章 青少年司法

> 我的建议是集中研究刑事司法中与现行做法内容相关的部分。例如，在青少年司法领域，研究告诉我们，只有高危青少年才应该从社区中移出并被安置在家庭之外，低风险到中等风险的青少年最好以社区为基础的方式得到服务，并且要将这些青少年从他们的家庭中移出事实上是不必要的，而且会使社区的情况变得更糟。另外，在你感兴趣的刑事司法系统的不同领域花时间研究或志愿服务，你将获得一个更广阔的视角，帮助你确定最终的职业道路。

刑事司法问题：循证青少年司法

基于证据的研究允许通过评估和分析正在进行的项目来识别有效的策略。2012 年，国家科学院青少年司法改革评估委员会发布了一份关于青少年司法改革的报告。委员会发现："严酷的惩处问题青年的制度会使情况变得更糟，而基于科学的青少年司法制度可以使许多最需要这种结构和服务的青少年的生活产生持久的变化。"委员会建议，青少年司法系统的目标、设计和运作"应由日益增长的关于青少年发展的知识体系提供信息"，委员会说，如果以发展性知识的方式设计和实施，使青少年对自己的犯罪行为负责的程序以及提供给他们的服务，能够促进积极的法律社会化，加强亲社会认同，从而可以减少再犯罪。然而，该委员会警告说，"如果青少年司法系统的目标、设计和运作不被这一不断增长的知识体系告知，结果很可能是青年和司法系统官员之间的负面互动，对法律和法律权威的更加不尊重，以及对一个越轨身份和社会不满的强化"。

今天在青少年司法领域最著名的两个基于证据的举措是：①由科罗拉多大学暴力和预防研究中心（CSPV）制定的预防暴力蓝图（Blueprints for Violence. Program）；②青少年司法和犯罪预防办公室（OJJDP）制定的预防犯罪模型程序指南（MPG）。蓝图研究是最早将重点放在循证犯罪方案上的研究之一，最初是为了确定预防暴力的示范性倡议并在科罗拉多州内实施这些倡议。OJJDP 很快成为蓝图项目的积极支持者，并为

CSPV 提供额外资金，以资助和提升美国各地的同类项目。因此，蓝图项目已经演变成一个大规模的预防行动，既确定示范方案，又提供技术支持，以帮助网站选择和实施那些已被证明有效的方案。在审查了迄今为止的 600 多个项目之后，蓝图研究已经确定了 11 个示范项目和 21 个有前途的项目，这些项目可以防止暴力和吸毒，并治疗有行为问题的年轻人。

MPG 也是在 OJJDP 的支持下开发的，旨在帮助社区实施基于证据的预防和干预方案，以改变儿童的生活。从预防到制裁，再进入社会，它被青少年司法从业人员、行政人员和研究人员用来发起已经证明有能力加强问责制、确保公共安全和减少累犯的项目。OJJDP 以易于使用的在线数据库的形式为 MPG 提供数据处理一系列问题，包括药物滥用、心理健康和教育计划。MPG 数据库包含许多基于证据的青少年犯罪项目的摘要信息。根据一套已建立的方法学标准和研究结果的强度，将项目分为示例性的、有效的和有前途的。MPG 数据库可以通过在线搜索工具在 http：//www. OjjdP. Gov/MPG/Salc. ASPX 查询。

参考文献

Richard J. Bonnie, Robert L. Johnson, Betty M. Chemers, and Julie A. Schuck, eds. *Reforming Juvenile Justice*: *A Developmental Approach*. Committee on Assessing Juvenile Justice Reform, Committee on Law and Justice, Division of Behavioral and Social Sciences and Education. National Research Council. （Washington, DC：The National Academies of Sciences Press, 2012）.

Sharon Mihalic, Abigail Fagan, Katherine Irwin, Diane Ballard, and Delbert Elliott, *Blueprints for Violence Prevention* （Washington, DC：OJJDP, July 2004）.

OJJDP, *OJJDP Model Programs Guide*, http：//www. ojjdp. gov/mpg/Default. aspx（accessed March 10, 2013）.

总结

根据现行的法律，青少年占据着特殊的地位，西方世界在过去的二百年中密切地关注这一领域相关文化的不断发展。在现代之前，犯罪的青少年在结案、惩罚、囚禁等方面与成年人并无差异，他们没有因为年纪轻而得到优惠待遇。从几百年前开始，英格兰（我们从其身上得到了许多的法律传统）创造了亲权的原则。这一原则规定，在处理青少年犯罪时，允许政府代替父母管教他们。在 19 世纪中叶，青少年救助者运动始于美国。此后不久，1899 年编纂的《伊利诺伊州青少年法律》，在美国青少年法庭律例方面成了模型，它创建了青少年法庭独立的形式和功能。很快，全国青少年法庭的工作主要以关注青少年的最佳利益为指导。

今天的青少年司法体系注入正当程序是为了确保未成年人诉讼的公正性，确保青少年的利益受到保护。尽管美国联邦最高法院建立了青少年基本诉讼保护程序，但避免公开宣称他们是有权利要求法院提供所有和成年被告人一样的全部正当程序的。青少年司法制度与成年人的系统在许多方面存在不同：①不太关心有罪或无罪的法律问题，而是更加关注儿童的最佳利益；②它强调帮助而不是惩罚；③它通过密封青少年罪犯的名字和他们的记录来确保他们的隐私；④它使用外在的社会科学来决策，而不是只注重判决和惩罚；⑤它没有长期监禁刑，大多数青少年会被管教到他们 21 岁生日为止；⑥它有单独的设施；⑦它允许在所有的司法程序中使用广泛的自由裁量权。

青少年司法制度致力于对未成年人的保护和救助，青少年法庭运动开始于 19 世纪末和 20 世纪初，平息在 21 世纪初期。青少年犯罪的"职业化"特点是指重复暴力犯罪、参与毒品帮派活动。所谓的成年人化倾向，就是一个理想主义的青少年司法制度遇到了重大的挑战。然而，目前的趋势再次承认了在处理青少年罪犯的时候要与成年人存在差异，最近在州一级地区开始了加大对青少年面临法院处理的额外保护。因此，青少年司法系统是一种保护和改造哲学的承诺，在 19 世纪末和 20 世纪初的青少年法庭运动中表现出来，并开始消散。然而，由于国家和联邦政府对预算问题的关注，这一趋势正向以证据为基础的模式转变，以证明对青少年罪犯的处理是有效的。目前的青少年司法系统在很大程度上与成年人系统有很大的不同，因为它提供了大量的机会来转移注意力，而且强调的是改造而不是惩罚。

美国刑事司法

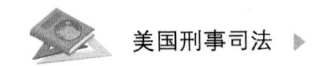

📋 问题回顾

　　1. 描述西方国家青少年司法制度的历史与演变，列出大多数国家法律所承认的六类儿童。

　　2. 说出与青少年司法相关的美国联邦最高法院重要决定。这些决定对美国青少年司法的影响是什么？

　　3. 青少年和成年人的司法制度有哪些主要的异同？

　　4. 你认为，青少年是否应该继续接受法院的许多优惠待遇？为什么？

附录 A

权利法案：美国宪法的前十个修正案被称为《权利法案》。1791年批准的以下修正案内容与刑事司法有关。

第一修正案：国会不得制定关于下列事项的法律：确立国教或禁止信教自由；剥夺言论自由或出版自由；剥夺人民和平集会和向政府请愿申冤的权利。

第二修正案：纪律严明的民兵是保障自由州的安全所必需的，人民持有和携带武器的权利不可侵犯。

第三修正案：未经房主同意，士兵平时不得驻扎在任何住宅；除依法律规定的方式，战时也不得驻扎。

第四修正案：人民的人身、住宅、文件和财产不受无理搜查和扣押的权利，不得侵犯。除依据可能成立的理由，以宣誓或代誓宣言保证，并详细说明搜查地点和扣押的人或物，不得发出搜查和扣押状。

第五修正案：除根据大陪审团的报告或起诉书外，任何人不受死罪或其他重罪的审判，但发生在陆、海军中或发生在战时或出现公共危险时服役的民兵中的案件除外；任何人不得因同一犯罪行为而两次遭受生命或身体的危害；不得在任何刑事案件中被迫自证其罪；不经正当法律程序，不得被剥夺生命、自由或财产。不给予公平赔偿，私有财产不得充作公用。

第六修正案：在一切刑事诉讼中，被告有权由犯罪行为发生地的州和地区的公正陪审团予以迅速和公开的审判，该地区应事先已由法律确定；得知控告的性质和理由；同原告证人对质；以强制程序取得对其有利的证人；并取得律师帮助为其辩护。

第七修正案：在普通法的诉讼中，其争执价额超过二十美元，由陪审团审判的权利应受到保护。由陪审团裁决的事实，合众国的任何法院除非按照习惯法规则，不得重新审查。

第八修正案：不得要求过多的保释金，不得处以过重的罚金，不得施加残酷和非常的惩罚。

第九修正案：本宪法对某些权利的列举，不得被解释为否定或轻视由人民保留的其他权利。

第十修正案：宪法未授予合众国、也未禁止各州行使的权力，由各州各自保留，或由人民保留。

附录 B

ABA：American Bar Association，美国律师协会
ACA：American Correctional Association，美国惩教协会
ACJS：Academy of Criminal Justice Sciences，刑事司法科学学院
ADAM：Arrestee Drug Abuse Monitoring，被捕药物滥用监测
ADMAX：administrative maximum，最高安全等级
AEDPA：Antiterrorism and Effective Death Penalty Act，反恐怖主义和有效死刑法（1996年）
AFDA：Association of Federal Defense Attorneys，联邦国防律师协会
AFIS：automated fingerprint identification system，自动指纹识别系统
ALI：American Law Institute，美国法律研究所
AMBER：America's Missing：Broad cast Emergency Response，美国失踪人口：广播应急回应
AOUSC：Administrative Office of the United States Courts，美国法院行政办公室
APPA：American Probation and Parole Association，美国缓刑和假释协会
ASC：American Society of Criminology，美国犯罪学学会
ASIS：American Society for Industrial Security，美国工业安全协会
ASLET：American Society for Law Enforcement Training，美国执法培训协会
ATF：Bureau of Alcohol, Tobacco, Firearms and Explosives，酒精、烟草、枪支和炸药管理局
BJA：Bureau of Justice Assistance，司法援助局
BJS：Bureau of Justice Statistics，司法统计局
BOP：Bureau of Prisons，监狱管理局
BSEBP：British Society of Evidence-Based Policing，英国循证警务协会

CALEA：Commission on Accreditation for Law Enforcement Agencies，执法鉴定委员会

CAPS：Chicago's Alternative Policing Strategy，芝加哥替代警务策略

CAT：computer-aided transcription，计算机辅助测试

CDA：Communications Decency Act（1996），通信规范法（1996 年）

CFAA：Computer Fraud and Abuse Act（1986），计算机欺诈和滥用法案（1986 年）

CIA：Central Intelligence Agency，中央情报局

CID：Criminal Investigative Division，刑事调查部门

CJIS：Criminal Justice Information Services（FBI），（联邦调查局）刑事司法信息服务

CLET：Certified Law Enforcement Trainer，认证执法培训师

CODIS：Combined DNA Index System（FBI），（联邦调查局）联合 DNA 指数系统

COPS：Community Oriented Policing Services，社区警务办公室

CPOP：Community Police Officer Program（New York City），（纽约市）社区警务人员计划

CPTED：Crime prevention through environmental design，通过环境设计预防犯罪

CRIPA：Civil Rights of Institutionalized Persons Act（1980），机构化人员公民权利法（1980 年）

CRIPP：Courts Regimented Intensive Probation Program，法庭制定强化缓刑计划

CSA：Controlled Substances Act（1970），管制物质法案（1970 年）

CSC：Correctional Services Corporation，惩教服务公司

DEA：Drug Enforcement Administration，毒品管制局

DNA：deoxyribonucleic acid，脱氧核糖核酸

DPIC：Death Penalty Information Center，死刑信息中心

DWI：driving while intoxicated，酒驾

EUROPOL：European Police Office，欧洲警察局

FBI：Federal Bureau of Investigation，联邦调查局联邦调查局

FCC：federal correctional complex，联邦惩教复杂

FCI：federal correctional institution，联邦惩教机构

FLETC：Federal Law Enforcement Training Center，联邦执法培训中心

FLIR：forward-looking infrared，前视红外

FOP：Fraternal Order of Police，警察的兄弟会的秩序

FPC：federal prison camp，联邦监狱集中营

FTCA：Federal Tort Claims Act（1946），联邦侵权索赔法（1946年）

HIV：human immunodeficiency virus，人类免疫缺陷病毒

IACP：International Association of Chiefs of Police，国际警察总长协会

ICE：Immigration and Customs Enforcement，移民和海关执法局

IDRA：Insanity Defense Reform Act（1984），疯狂防御改革法案（1984年）

ILC：International Law Commission（United Nations），（联合国）国际法委员会

ILEA：International Law Enforcement Academy（FBI），（联邦调查局）国际执法学院

IPS：intensive probation supervision，强化的缓刑监督

JJDP：Juvenile Justice and Delinquency Prevention Act（1974），青少年司法与犯罪预防法（1974年）

JTTF：Joint Terrorism Task Force，联合反恐特遣部队

LAPD：Los Angeles Police Department，洛杉矶警察局

LEAA：Law Enforcement Assistance Administration，美国执法援助局

LEMAS：Law Enforcement Management and Administrative Statistics，执法管理与行政统计

MCFP：medical center for federal prisoners，联邦囚犯医疗中心

MDC：metropolitan detention center，大都会看守所

MPC：Model Penal Code，模范刑法典

NACDL：National Association of Criminal Defense Lawyers，国家刑事辩护律师协会

NCAVC：National Center for the Analysis of Violent Crime，国家暴力犯罪分

析中心

NCCD：National Council on Crime and Delinquency，国家犯罪和违法事务理事会

NCIC：National Crime Information Center（FBI），（联邦调查局）国家犯罪信息中心

NCISP：National Criminal Intelligence Sharing Plan，国家刑事情报分享计划

NCSC：National Center for State Courts，国家州法院中心

NCVS：National Crime Victimization Survey，全国犯罪受害者调查

NCWP：National Center for Women and Policing，全国妇女与警务中心

NDAA：National District Attorneys Association，国家地区律师协会

NDIS：National DNA Index System（FBI），（联邦调查局）国家DNA指数系统

NFCA：National Fusion Center Association，国家融合中心协会

NIBRS：National Incident-Based Reporting System（FBI），（联邦调查局）全国事故报告系统

NIJ：National Institute of Justice，国家司法研究所

NJC：National Judicial College，国家司法学院

NLADA：National Legal Aid and Defender Association，国家法律援助和辩护人协会

NOBLE：National Organization of Black Law Enforcement Executives，全国黑人执法人员组织

NVCAP：National Victims' Constitutional Amendment Project，国家被害人宪法修正案

NW3C：National White Collar Crime Center，国家白领犯罪中心

NYGC：National Youth Gang Center，全国青少年帮会中心

OJJDP：Office of Juvenile Justice and Delinquency Prevention，青少年司法和犯罪预防办公室

OJP：Office of Justice Programs，司法项目办公室

ONDCP：Office of National Drug Control Policy，国家药物管制政策办公室

PCR：police-community relations，警察－社区关系

PDS：podular/direct supervision，直接监督

PERF：Police Executive Research Forum，警察执行研究论坛

PINS：persons in need of supervision，需要监督的人员

PLRA：Prison Litigation Reform Act（1996），监狱诉讼改革法案（1996年）

RJC：Real Justice Conferencing（Pennsylvania），现实司法会议（宾夕法尼亚州）

ROR：release on recognizance，释放担保

RTTF：Regional Terrorism Task Force，地区恐怖主义特别工作组

SAMHSA：Substance Abuse and Mental Health Services Administration，物质滥用和心理健康服务行政中心

SBI：State Bureau of Investigation，国家调查局

TWGEDE：Technical Working Group for the Examination of Digital Evidence，数字证据审查技术工作组

UCR：Uniform Crime Reports（FBI），（联邦调查局）犯罪统一报告

USP：United States penitentiary，美国监狱

VAWA：Violence against Women Act，反对侵害女性犯罪法案（1994年）

VOCA：Victims of Crime Act，联邦犯罪受害者法案（1984年）

VWPA：Victim and Witness Protection Act（1982），受害者和证人保护法案（1982）

后　记

　　刑事司法制度是每一个现代法治社会都不可或缺的制度。刑事司法制度的主要任务是打击和控制犯罪，同时又要保证稳定的社会秩序。西方刑事司法学者普遍认为，有效控制犯罪和有效保护公民的合法权利应是刑事司法制度在其运行中追求的双重目标。这就造成了我们在执行刑事法律规定时可能会不可避免地侵犯公民的基本权利。美国刑事司法制度最显著的特点就是它的宪法性，具体表现就是公民和刑事程序当事人的许多权利都是直接由宪法规定的。根据美国联邦宪法，美国法律赋予公民和刑事程序当事人诸多的权利（例如：米兰达警告、沉默权、非法证据排除规则、免受双重危险原则、预审程序、辩诉交易等）。根据本书的介绍我们可以发现，美国的刑事司法学者一直以来都在谋求一种既能有效地控制犯罪又不过多地侵犯公民基本权利的完美的刑事司法制度。就像本书开篇作者描述的那样，维护公共秩序和保障人权就像一个天平，我们要在运行刑事司法制度的同时，保障这个天平不向任何一端过多地倾斜。

　　笔者书写此后记之际，业已完成所有译稿，在长舒一口气的同时不禁感慨万千。回想起留美期间日日夜夜地挑灯夜读，此刻却惶恐起来。诚自知，在书稿上交的时候，也就意味着它将和我二十多年的求学经历一起接受大家的批评和审阅，但这也何尝不是对亲人、师长、朋友的一种回报。回首自己28年的人生道路，深刻地体会到自己是一个幸运儿，我认为我的幸运来自无数人对我的关爱与支持，面对这些"大爱"，我一直都想用一种自己的方式来报答他们。今天，当我将这本书呈现赠给他们的时候，同时交出的也是我所有的感激和一点微薄的成绩，我期待你们未来对我一如既往地支持。

　　完稿之时，我已从美国硕士毕业回国，在这个国家留下的只有我辛勤的汗水和面对庞大工作"挣扎"的记忆。在我的求学生涯中，我要特别感谢我的恩师——裴广川先生。能够成为先生的弟子，是我一生之幸。先生无论是在学问还是为人方面，都是我辈之楷模。是先生带我敲开了法学博大精深之门，也是先生的谆谆教诲和恳切鼓励使我取得了今天这一点微薄的成绩。我依稀记得当我每次将书稿呈递先生时，先生逐字逐句批改的情景。大到法理推敲、文纲布局，小到标点符号、中文语法，恩师无不逐一点出。在每一次拿到先生满是批注的文稿后，我都会被先生严谨的治学态度和创作精神深深感染，可以说，我工作和学习的态度无一不受先生的影响。当我画上本书的最后一个标点之时，我深知这其中也包含着先生的汗水和操劳。在这里感谢您在百忙之中对我的关怀和帮助，不论是在您家的当面探讨，还是拿到您满是批改痕迹的书稿之后，每一次的感动和感激都会化为我继续前进的动力。还要感谢北京广川律师事务所的周丽萍老师、裴愚律师、裴莉莉律师的大力帮助，没有你们的指正和建议，本书绝不可能在专业知识和契合国情方面达到现有的高度。你们为本书所做的努力，我会铭记于心。

感谢我的美国教授 Gary LaFree，每一次在您办公室的请教都使我受益匪浅、茅塞顿开。能够成为您的学生是每一个刑事司法专业学生梦寐以求的事情，我不仅实现了这个梦想，还得到了您一直以来的鼎力相助。您的那句"超，你一定要成为刑事司法领域的顶尖人才"一直是我鞭策自己的警句。还要感谢我的教授 Brian D. Johnson, Thomas A. Loughran, Kiminori Nakamura 和 David Maimon。你们的课程激发了我对刑事司法专业强烈的兴趣，你们的每一次答疑也让我受益匪浅。

由衷地感谢我的美国辅导员老师兼好友 Lisa Chen，感谢你在美国对我的一切帮助和英语语法的指导。至今仍清晰地记得你对初来美国时的我给予的无私关爱，也同样记得机场送别时那深情的拥抱。两年的海外学习生涯让我与多位同窗结下了深厚的友谊，不论我们身处何处，我始终坚信你们"广阔天空，大有可为"。

特别要感谢的是中国政法大学出版社的尹树东社长和各位编辑老师的辛勤工作和关照。与你们的交流使我大开眼界，也让我更加有理由地相信"宝剑锋从磨砺出，梅花香自苦寒来"。你们一直以来给予的无私帮助和学业上的指导，让我每一次都有醍醐灌顶之感。

最后，我要把我最美好的祝福和深深的感激献给我的父母。感谢你们辛劳地工作来为我的梦想保驾护航，感谢你们在我倦怠之时的鞭策和鼓励，感谢你们一直以来用默默地支持来表达对我的疼爱。每每想到已是这把年华却仍旧让父母大人为自己的梦想买单，愧疚之情难以言表。本书是孩儿的一点成绩，也是对你们恩情的丁点报答。是你们让我没有后顾之忧，孩儿也定会倍加努力、不敢懈怠半分。

  目前，我国系统引进美国刑事司法制度的学术著作可以说是凤毛麟角，我硕士毕业于全球最好的刑事司法专业——美国马里兰大学帕克学院犯罪学与刑事司法系，硕士期间从事了大量的刑事司法研究和阅读工作，对美国的刑事司法制度较为了解。经过再三比较后认为，本书不仅能够客观真实地反映美国刑事司法制度的原貌，还可以为我国广大的法律工作者提供极大的帮助，正所谓"他山之石，可以攻玉"。由于受时间和水平所限，译文难免有不当之处，敬请广大读者批评指正。

徐轶超　于北京
2020 年 6 月 16 日

声　明
1. 版权所有，侵权必究。
2. 如有缺页、倒装问题，由出版社负责退换。

图书在版编目（CIP）数据

美国刑事司法：第十一版／（美）弗兰克·施马兰格著；徐轶超译. —北京：中国政法大学出版社, 2020.9
　ISBN 978-7-5620-3602-9

　Ⅰ.①美…　Ⅱ.①弗…　②徐…　Ⅲ.①刑事诉讼－司法制度－研究－美国　Ⅳ.①D971.252

中国版本图书馆CIP数据核字(2020)第153591号

出　版　者	中国政法大学出版社
地　　　址	北京市海淀区西土城路 25 号
邮寄地址	北京 100088 信箱 8034 分箱　邮编 100088
网　　　址	http://www.cuplpress.com（网络实名：中国政法大学出版社）
电　　　话	010-58908285(总编室)　58908334(邮购部)
承　　　印	北京九州迅驰传媒文化有限公司
开　　　本	720mm×960mm　1/16
印　　　张	37
字　　　数	586 千字
版　　　次	2020 年 9 月第 1 版
印　　　次	2020 年 9 月第 1 次印刷
定　　　价	98.00 元